제 4 판

민사소송법

이 헌 묵

弘 文 社

제 4 판 머리말

처음 본 교과서를 출판할 때 밝힌 바와 같이 본 교과서는 학술서가 아니라 학생의 학습을 위한 교과서입니다. 특히 변호사시험을 대비하기 위한 데 주된 목적이 있습니다. 이에 따라서 본 교과서는 법조문과 법조문의 해석을 위한 대법원 판례를 중심으로 구성되어 있습니다. 법조문과 대법원 판례를 숙지한 학생은 다른 자료를 참고하여 학설을 공부하시기 바랍니다. 한편 다년간의 노력에도 불구하고 교과서의 내용에 오류가 있는 부분이 다수 발견되었기 때문에 이를 수정할 필요가 있었고, 새롭게 중요한 대법원 판례가 나옴에 따라서 이를 반영할 필요가 있었습니다. 본 교과서로써 민사소송법의 기초를 공부하는 학생들에 항상 좋은 결과가 있기를 바랍니다.

2022년 8월
선배산 언저리에서

제 3 판 머리말

민사소송법 제 2 판을 출간한 지 여러 해가 지나면서 민사소송법을 포함한 관련 법률이 개정되었고 또한 새로운 대법원 판례도 적지 않게 나왔다. 이러한 변화를 반영하기 위하여 민사소송법 제 3 판을 준비하게 되었다. 또한 민사소송법 제 2 판을 가지고 강의하는 과정에서 적지 않은 내용상 오류가 발견되었기 때문에 이를 시정할 필요가 있었다. 민사소송법 제 3 판을 준비하면서 학설을 추가할 것인지 고민이 있었지만 오히려 졸업한 학생들이 반대하여 이를 추가하지 않았다. 또한 저자의 연구분야인 국제민사소송법을 보강할 것인지도 고민하였지만 변호사시험이나 실무에서 그 비중이 높지 않기 때문에 기존의 분량을 유지하였다. 시간적 이유로 민사집행법의 요약부분을 좀 더 충실하게 보강하지 못한 점은 아쉬움으로 남는다. 마지막으로 민사소송법 제 3 판의 출간을 위하여 노고를 아끼지 않으신 홍문사 이경희 주간님과 임정우 상무님에게 감사의 말씀을 전한다.

2020. 2.
청계산 밑자락에서
이 헌 묵

제 2 판 머리말

민사소송법 초판을 출판한 지 1년이 지났다. 그 동안 민사소송법이나 민사소송법에 관한 대법원판례에 큰 변화는 없었지만 초판을 가지고 강의를 하는 과정에서 다수의 오류가 발견되었기 때문에 개정판을 내는 것이 시급하였다. 개정판에서는 초판의 오류를 시정하고, 초판이 출판된 후의 새로운 대법원판례를 반영하였으며, 사례문제를 추가하였다. 개정판도 초판과 마찬가지로 민사소송법과 민사소송법에 관한 대법원판례를 바탕으로 하고 있으며 학설이나 개인적 의견에 대한 언급은 피하였다.

필자가 학설에 관한 언급을 피하는 이유는 다음과 같다. 민사소송법의 핵심적 논점에 관하여는 수많은 주장이 존재하는데, 이를 긍정설 · 부정설 · 절충설 등 몇 개의 그룹을 나누는 것이 가능한지 의문이 들고, 필자가 통계조사를 한 바도 없이 다수설 · 소수설 · 유력설 · 통설 등 통계적 명칭을 사용하는 것이 적절한 것인지도 의문이기 때문이다. 그리고 대부분의 비핵심적 논점에 관하여는 대법원이 확고한 판례를 갖고 있어서 변화의 가능성이 적으므로 학설의 실익이 크지도 않다. 무엇보다 법학공부는 단계적으로 실정법 - 판례 - 학설의 순서로 이뤄져야 하는데, 학설은 그 양이 방대하고 내용이 어렵기 때문에 학설에 대한 언급이 오히려 실정법과 판례에 대한 이해를 방해할 염려가 있다고 보기 때문이다. 덧붙여 사법시험이나 변호사시험의 사례문제가 작은 문제로 나누어지다 보니 학설의 비중이 적거나 없어지고 있으며 사견으로는 완전히 배제시켜야 마땅하다고 본다.

마지막으로 개정판을 위하여 수고하신 홍문사의 이경희 주간님을 포함한 모든 임직원 여러분과 여러 방면에 관하여 아낌없는 조언을 주신 전북대학교 김기학 교수님, 법무법인 대언의 유길종 대표변호사님, 서울시립대학교 정영수 교수님께 감사드린다.

2016. 7.

이 헌 묵

머 리 말

경북대학교 법학전문대학원에서 민법과 민사소송법을 강의한 지 여러 해가 지났다. 그 동안 강의를 하면서 가장 크게 느끼는 점은 학생들이 법학전문대학원 3년 동안 소화해야 하는 공부량이 지나치게 많다는 것이다. 완벽한 법조인을 배출하려는 욕심이 오히려 법학과목을 충분히 소화하지 못한 법조인을 배출하고 있는 것은 아닌지 우려된다. 어쨌든 짧은 시간에 많은 공부를 해야 하는 이유로, 대다수의 학생들은 대학교수들의 저서를 멀리하고, 보다 간략하고 시험 중심으로 작성된 학원의 자료를 가지고 공부하고 있는 실정이다. 이미 적지 않은 민사소송법의 대가들이 민사소송법 책을 출판하였음에도 불구하고, 학자라고 불리기에도 민망한 저자가 이 책을 쓰는 이유는, 법학전문대학원 학생들이 공부할 수 있는 적정한 '교과서'를 만들기 위함에 있다. 기존의 민사소송법 책이 학자들의 연구성과를 집적한 '학술서'의 성격을 많이 갖고 있다면, 이 책은 법과 판례만을 바탕으로 한 민사소송법의 '기초'에 관한 '교과서'이다. 이러한 이유로 저자는 법학전문대학원 학생을 비롯한 민사소송법의 입문자에 한정하여 이 책으로 공부할 것을 권장하며, 좀더 심도 있는 공부를 목적으로 한다면 다른 민사소송법 책을 참조할 것을 권장한다.

민사소송법 '교과서'를 출판하기 위해서 이 책에서는 아래와 같은 사항에 중점을 두었다.

첫째, 본문의 내용은 법률과 판례만을 바탕으로 하고 학설이나 사견은 각주에서 최소한으로 언급하였다. 법조인이 실제로 사건을 해결하는 데 있어서 학설의 역할이 크지 않은 반면에, 많은 학설이 존재하여 학생들의 공부에 부담이 되기 때문이다.

둘째, 판례 사안을 바탕으로 한 사례문제를 다수 포함시켜서 민사소송법의 이해를 돕는 동시에 변호사시험의 사례문제에 대비할 수 있도록 하였다.

셋째, 절차법으로서의 민사소송법의 올바른 이해를 위하여 소장, 신청서 등 가능한 많은 민사소송절차에 필요한 서식을 포함시켰다. 더불어 판결의 주문과 소장의 청구취지의 예시도 필요한 부분에서 언급하였다.

넷째, 민법뿐만 아니라 상법에서의 민사소송법적 논점에 대하여도 풍부하게 설명함과 동시에 다수의 사례문제를 포함시켜서 민사소송법의 진정한 이해를 돕고 변호사시험의 통합형 사례문제를 대비할 수 있도록 하였다.

다섯째, 변호사시험에 중점을 두고서 가능한 분량은 적게 하되, 판례는 풍부하게 언급하였다.

여섯째, 향후 변호사로서 국제법무를 담당할 때에 사용할 수 있도록 민사소송법의 용어를 가능한 범위에서 영어와 함께 언급하였다.

일곱째, 채권자대위권, 채권자취소권, 상계 등 중요한 쟁점사항은 표 등을 이용하여 핵심정리를 함으로써 종합적 이해를 돕고자 하였다.

여덟째, 변호사시험에 민사집행법이 계속하여 출제되고 있을 뿐만 아니라, 민법과 민사소송법의 적정한 이해를 위해서 민사집행법의 기초적 지식이 필수적으로 요구된다. 이를 위해서 필요한 부분에서 민사집행법 용어와 법률적 의미를 설명함과 동시에 이 책의 마지막에 민사집행법의 기초를 간략하게 정리하여 학생들이 민사집행법의 공부를 포기하기보다는 기초적 지식만이라도 익힐 수 있도록 하였다.

이 책을 만드는 과정에서 여러 차례의 수정을 거쳤음에도 불구하고 아직도 많은 부분에 오류가 있거나 부족한 부분이 있을 것으로 생각한다. 그러나 모든 오류를 시정하고 부족한 부분을 보충하기에는 오랜 시간이 소요될 것이므로, 향후에 문제점을 보완한 개정판을 낼 예정이다. 그러므로 독자들이 이 책의 오류를 발견하여 저자에게 연락하여 준다면 감사하겠다.

끝으로 법학서의 판매량이 급감하여 법학서를 출판하는 것이 손해가 되는 상황임에도 불구하고 이 책의 출판을 흔쾌히 결정하여 주신 홍문사의 임권규 사장님과 이 책의 출판을 위하여 물심양면으로 도와주신 홍문사의 임정우 상무님, 이경희 부장님께 감사드린다. 그리고 모든 면에서 부족한 저자가 연구자의 길을 갈 수 있도록 지도편달 해주신 서울대학교 법학전문대학원 석광현 교수님, 어리석은 질문에도 언제나 정성어린 답을 주시는 경북대학교 김연 교수님 · 권혁재 교수님, 저자의 갑작스런 술자리 제안을 마다하지 않고 받아주시는 경북대학교 차상육 교수님, 육아에 지쳐 있으면서도 언제나 훌륭한 조언을 주시는 경북대학교 최민용 교수님, 공부시간을 빼앗기면서도 이 책의 교정을 맡아 준 경북대학교 법학전문대학원 5기 정재훈, 김진수, 이영희, 허엽, 태승모, 한성관과 6기 강웅에게 감사한다. 마지막으로 나의 사랑하는 가족 고한선과 이소원에게 이 책을 바친다.

대구 무학산 밑에서
2015. 7. 20.
이 헌 묵

차　　례

제 1 편　민사소송법(Civil Procedure Law)의 기초

제 3 편 제1심 소송절차의 개시

제 1 장 소장(訴狀, statement of claim 또는 complaint)의 제출

제 2 장 소장의 송달

제 4 편 변론기일에서의 당사자의 변론

제 1 장 변론절차에 적용되는 원칙들

제 2 장 변론의 실시

제 3 장 소송상 합의와 소송행위의 내용과 효력

제 4 장 변론의 진행과 종결

제 5 편 증거(evidence)

제1장 총 설

제 2 장 증거신청과 증거조사의 개시

제 3 장 증거조사의 실시

제 6 편　소송의 종료와 판결의 효력

제 1 장　소송종료선언

제 2 장　당사자의 행위에 의한 소송종료

제 3 장　종국판결에 의한 소송의 종료

제 4 장 기판력(res judicata)

제 3 장 상고(上告), 재심(再審), 항고(抗告)

제 8 편 독촉절차(지급명령신청)

제 9 편 민사소송절차와 강제집행

제 1 장 민사집행의 종류

제 2 장 집행권원과 집행문

제 1 편

민사소송법 (Civil Procedure Law) 의 기초

제 1 절 민사소송법의 의의

I. 민사소송법의 규율내용

(1) 민법 등 실체법(substantive law)이 권리관계를 발생, 변경, 소멸시키는 법이라면, 민사소송법은 실체법에 의하여 형성된 권리관계를 확정, 보전, 강제집행하는 절차를 규율하는 절차법(procedural law)이다. 여기서 권리관계를 확정하는 절차는 소송절차를 의미하며, 보전절차(interim remedies)는 가압류 또는 가처분과 같이 확정판결의 강제집행을 보전하기 위한 절차를 의미하고, 강제집행(enforcement)은 강제경매 또는 인도집행 등 강제력을 행사하여 소송절차에 의하여 확정된 판결을 실현하는 절차를 말한다.

(2) 시간적 순서로 가압류 등 보전절차를 취한 후에 소송을 개시하고, 소송절차에서 확정판결을 받은 후에 강제집행을 한다. 소송절차는 민사소송법에서, 보전절차와 강제집행은 민사집행법에서 각 규율하고 있다.[1)]

(3) 민사구제절차에서 가장 중요한 절차는 소송절차인데 소송절차에서 소송당사자는 권리와 의무가 발생하는 근거가 되는 ① 사실의 존재를 주장하고 ② 이러한 사실의 존재를 증명할 수 있는 증거를 제출하며 ③ 법원은 이와 같이 소송당사자가 제출한 사실과 증거를 바탕으로 하여 판단한다. 이를 간단히 정리하면 민사소송절차는 사실의 주장, 증명, 판단의 과정이다.

II. 민사소송법의 절차법적 성질

(1) 민사소송법은 법률관계를 확정, 보전, 강제집행하는 절차를 규율하는 법으로서 절차법에 속한다. 절차법과 실체법을 개념적으로 구분하는 것은 간단하지만, 절차법과 실체법 양자의 성격을 모두 갖고 있는 경우가 적지 않고 이러한 경우에 어떠한 법적 성질로 분류해야 하는지 그 구분에 어려움이 있다.

(2) 절차법과 실체법을 구분할 실익은 주로 국제사건에 적용되는 준거법을 결정하는 과정에서 발생한다. 국제사건에는 국제사법에 의하여 지정된 국가의 실체법이 적용되지만, '절차는 법정지법에 따른다.'(*forum regit processum*)는 원칙에 따라서 외국법이 준거법이라고 하더라도 대한민국 법원에서는 대한민국의 절차법이 적용된다. 그 결과 외국법이 준거법이라고 하더라도 그 외국의 절차법은 대한민국 법원에서 적용되지 않는다.

---

1) 넓은 의미의 민사소송절차에는 채무자의 파산 등의 '도산절차'가 포함되고 이러한 '도산절차'에는 「채무자 회생 및 파산에 관한 법률」, 「금융산업의 구조개선에 관한 법률」 등 도산절차에 관한 법이 적용된다.

[「소송촉진 등에 관한 특례법」의 지연이자를 실체법으로 본 판결]

「소송촉진 등에 관한 특례법」 제3조 제1항에서 정하는 법정이율[2]에 관한 규정은 비록 소송촉진을 목적으로 소송절차에 의한 권리구제와 관련하여 적용되는 것이기는 하지만 그 실질은 금전채무의 불이행으로 인한 손해배상의 범위를 정하기 위한 것이다. 따라서 소송촉진 등에 관한 특례법 제3조 제1항에서 정한 법정이율에 관한 규정을 절차법적인 성격을 가지는 것이라고만 볼 수는 없다.

(대법원 2011. 1. 27. 선고 2009다10249 판결) – 결론적으로 「소송촉진 등에 관한 특례법」은 실체법이므로 준거법이 일본법인 사건에서 적용되지 않고, 지연이자율은 일본법[3]에 따라서 결정된다.[4]

한편 대법원 2015. 2. 26. 선고 2012다79866 판결에서는 "가집행선고부 제1심 판결에 기하여 금원을 지급하였다가 다시 상소심판결의 선고에 의해 그 가집행선고가 실효됨에 따라 금원의 수령자가 부담하게 되는 원상회복의무는 성질상 부당이득의 반환채무이지만, 이러한 원상회복의무는 가집행선고의 실효가 기왕에 소급하는 것이 아니기 때문에 본래부터 가집행이 없었던 것과 같은 원상으로 회복시키려는 공평의 관념에서 민사소송법이 인정한 법정채무이므로, 국제사법 제31조 단서에 정한 '부당이득이 당사자 간의 법률관계에 기하여 행하여진 이행으로부터 발생한 경우'에 해당한다고 볼 수 없다."고 하여 가지급물반환청구를 절차법적 성질로 분류하여 준거법인 영국법이 아닌 「소송촉진 등에 관한 특례법」의 지연이자율을 적용하였다.

III. 민사소송법의 강행적 성질

소송의 당사자(parties to proceedings)가 민사소송절차를 자유롭게 합의하여 형성할 수 있다면 다량의 사건을 처리해야 하는 법원은 혼란에 빠질 것이다. 이러한 점에서 민사소송절차는 획일적으로 규율될 필요가 있고, 따라서 민사소송법은 원칙적으로 당사자가 임의로 그 적용을 배제할 수 없는 강행법규(mandatory provision)에 해당한다.[5] 즉 원칙적으로 당사자자치(party autonomy)가 허용되지 아니하다. 예를 들어 당사자가 합의부의 재판을 받으면서 합의부가 판사 2명으로 구성되도록 하는 합의를 하더라도 아무런 효력이 없다. 그러나 아래와 같이 민사소송절차에서도 예외적으로 당사자의 합의가 허용되

2) 「소송촉진 등에 관한 특례법」 제3조 제1항에서 정하는 법정이율에 관하여는 제3편 제2장 제2절 「소장송달의 효과」 참조.

3) 일본에는 우리의 「소송촉진 등에 관한 특례법」과 같은 법률이 없기 때문에 소 제기 후에도 민법과 상법의 법정이율이 적용된다.

4) 그러나 사견은 대법원 판례와 달리한다. 어떤 법규정이 절차법과 실체법의 성격을 모두 갖고 있는 경우에는 원칙적으로 실체법으로 보는 것이 합당하지만, 양자의 이익을 비교형량 하였을 때에 절차법적 이익이 더욱 크다면 이를 절차법으로 보는 것이 합당하다. 위 법정이율에 관한 규정은 지연손해를 배상하도록 하는 목적보다는 소송촉진을 위한 제재적 목적을 주로 하고 있으므로 이를 절차법으로 보아서 법정지법인 「소송촉진 등에 관한 특례법」을 적용했어야 한다고 본다. 구체적인 내용은 이헌묵, "법정지법의 적용에 있어서 절차와 실체의 구분", 민사소송 제16권 2호(2012) 참조.

5) 반면에 자율적 분쟁해결절차인 중재절차에서는 당사자의 합의가 가장 중요하므로 당사자는 원칙적으로 중재절차에 관하여 자유롭게 합의할 수 있다(중재법 제20조 제1항).

는 경우가 있다.

1. 법문에 있는 경우

관할의 합의(법 제29조, 관할은 당사자의 편의를 위한 규정이므로 처분이 가능하다.), 비약적 상고의 합의(법 제390조, 항소권을 포기하고 제1심 판결에 대하여 바로 상고심 법원에 상고하기로 하는 합의를 말한다. 사실관계에 다툼이 없고 법리적 다툼만 있는 경우에 법률심인 상고심 법원에 바로 상고를 제기하여 소송을 신속히 종결시키고 소송비용을 아끼는 데 그 목적이 있다.).

2. 법문에 없지만 판례에서 인정하는 경우

가. 부제소의 합의

소를 제기하지 않기로 하는 당사자 사이의 합의를 '부제소의 합의'라고 한다(대법원 1999. 3. 26. 선고 98다63988 판결). 그러나 부제소의 합의 시에 예상할 수 있는 상황에 한정되어 그러한 합의가 유효하므로 합의 시에 예상할 수 없었던 상황(예를 들어 합의 당시에 예상할 수 없었던 후유증)이 발생하면 부제소의 합의에도 불구하고 소를 제기할 수 있다(대법원 1999. 3. 26. 선고 98다63988 판결). 이러한 부제소의 합의에 반하여 소를 제기하면 부적법한 소로서 각하(dismissal)[6]된다. 따라서 소송요건의 하나이므로 소가 부제소 합의에 위배되어 제기된 경우 법원은 직권으로[7] 소의 적법 여부를 판단할 수 있다(대법원 2013. 11. 28. 선고 2011다80449 판결).

나. 소취하의 합의

소를 취하[8]하기로 하는 소송당사자 사이의 합의를 '소취하의 합의'라고 한다(대법원 2005. 6. 10. 선고 2005다14861 판결). 소의 취하는 원고의 법원에 대한 의사표시이므로 당사자 사이의 소취하의 합의만으로 소취하의 효력이 발생하지 않고, 원고가 실제로 법원에 소취하의 의사표시를 해야 비로소 소취하의 효력이 발생한다. 그러나 소취하의 합의에도 불구하고 원고가 소를 취하하지 아니하면 금반언 또는 신의칙에 반하므로 권리보호의 이익이 없다는 이유로 소가 각하된다(앞의 판결).

---

6) 원고의 소가 민사소송법에서 요구하는 적법한 요건을 갖추지 못한 경우에는 '각하'되고, 원고의 청구가 이유가 없을 때에는 '기각'된다.

7) 소의 적법요건은 소송당사자가 법원에 대하여 주장하지 않더라도 법원이 직권으로 심판의 대상으로 삼아서 판단해야 한다. 소의 적법요건은 대체적으로 공적 이익을 보호하는데 바탕을 두기 때문이다.

8) 소의 취하는 원고가 법원에 대하여 소 제기를 철회하는 의사표시를 말한다.

다. 부집행의 합의

채권자가 확정판결 등 집행권원[9]을 갖고 있음에도 불구하고 강제집행하지 않기로 하는 합의를 '부집행의 합의'라고 한다(대법원 1996. 7. 26. 선고 95다19072 판결). 부집행의 합의에 반하여 강제집행을 신청을 해도 집행신청으로서의 효력이 없고, 만일 실제로 강제집행을 하여 채무자에게 손해가 발생하였다면 채권자는 손해배상의 책임을 진다.

라. 불상소의 합의

(1) 소송(litigation)이 진행되던 중에 그 소송의 당사자가 판결 선고 전에 미리 상소(上訴, appeal)[10]하지 아니하기로 하는 합의를 '불상소의 합의'라고 한다(대법원 2007. 11. 29. 선고 2007다52317 판결). 불상소의 합의가 있으면 더 이상 상소를 제기할 수 없으므로 그 판결은 선고와 동시에 확정된다. 이러한 합의는 소송당사자에 대하여 상소권의 사전 포기와 같은 중대한 소송법상의 효과가 발생하게 되는 것으로서 반드시 서면에 의하여야 작성되어야 하며, 그 서면의 문언에 의하여 당사자 쌍방이 상소를 하지 않는다는 취지가 명백하게 표현되어 있어야 한다(앞의 판결).

(2) 이러한 불상소의 합의는 상고권을 유보한 채 항소권만을 포기하여 제1심의 판결에 대하여 바로 대법원에 상고하도록 하는 민사소송법 제390조 제1항의 불항소의 합의 또는 비약적 상고의 합의와 차이가 있다.

마. 항소취하의 합의

당사자 사이에 항소취하의 합의가 있는데도 항소취하서가 제출되지 않는 경우 상대방은 이를 항변으로 주장할 수 있고, 이 경우 항소심법원은 항소의 이익이 없다고 보아 그 항소를 각하함이 원칙이다(대법원 2018. 5. 30. 선고 2017다21411 판결).

Ⅳ. 효력규정과 훈시규정

당사자는 법원 또는 상대방의 소송행위가 소송절차에 관한 규정에 위반한 경우 민사소송법 제151조에 의하여 그 소송행위의 무효를 주장하는 이의신청을 할 수 있고 법원이 당사자의 이의를 이유 있다고 인정할 때에는 그 소송행위를 무효로 하고 이에 상응하는 조치를 취하여야 한다. 그러나 소송절차에 관한 규정이라 하더라도 단순한 훈시적 규정

9) 집행권원에 관하여는 제9편 제3장 제1절 「집행권원」 참조.

10) 심급(審級)은 제1심, 제2심, 제3심으로 나누어져 있고 제1심 판결에 대한 불복을 '항소', 제2심 판결에 대한 불복을 '상소'라고 한다. '항소'와 '상고'를 합쳐서 '상소'라고 한다. 제1심과 제2심은 사실심이고 제3심은 법률심에 해당한다. 사실심에서는 사실의 주장과 증거의 제출이 가능하지만 법률심에서는 사실의 주장과 증거를 제출할 수 없고 오직 법률적 관점에 대하여만 주장할 수 있다. 그 결과 법률심은 사실심에서 확정한 사실관계에 구속되는 것이 원칙이다.

을 위반한 경우에는 무효를 주장할 수 없다. 법원이 민사소송법 제199조(종국판결 선고기간)에 따라서 종국판결 선고기간 5월 이내에 판결을 선고하지 않았다거나 민사소송법 제207조(선고기일)에 따라서 변론종결일로부터 2주 이내 판결을 선고하지 아니하였다고 하더라도 위 규정은 모두 훈시규정이므로 판결의 무효를 주장할 수는 없다(대법원 2008. 2. 1. 선고 2007다9009 판결).

제2절 민사소송과 다른 분쟁해결절차

I. 다른 소송절차와의 관계

(1) 형사소송절차(형사소송법이 적용), 행정소송절차(행정소송법이 적용),[11] 가사소송절차(가사소송법이 적용)는 민사소송절차와 독립된 절차이다. 위와 같은 소송절차에서 인정된 사실은 민사소송절차에서 구속력이 없으므로 민사소송절차에서는 사실인정을 달리할 수 있다. 그러나 소송절차가 다르더라도 법원은 하나의 조직이므로 다른 소송절차에서 인정된 사실이 민사소송절차에서 부인되는 것은 법원의 신뢰가 무너진다는 점에서 바람직하지 않다.

(2) 이러한 이유에서 다른 소송절차에서 인정된 사실은 이를 채용할 수 없는 특별한 사정이 나타나 있지 아니하는 한 사실 인정의 유력한 자료가 되어서 이를 함부로 배척할 수 없다(대법원 2012. 8. 17. 선고 2010두23378 판결). 만일 배척하고자 한다면 배척이유가 되는 특별한 사정이 있어야 하고, 이러한 특별한 사정은 판결이유에서 설시되어야 하며, 설시되지 아니하면 이유불비의 상고이유가 된다.[12]

II. 대체적 분쟁해결절차(alternative dispute resolution; ADR)와의 차이

(1) 분쟁의 해결방법으로는 민사소송절차를 통한 판결 이외에도 조정(mediation, 민사조정법에 따라서 당사자가 법원에 조정을 신청하거나 수소법원이 직권으로 사건을 조정에 회부하면, 담당판사, 상임조정위원 또는 조정위원회가 당사자 사이의 화해를 유도하고, 조정이 성립하면 재판

---

11) 행정소송법 제8조(법적용예) ② 행정소송에 관하여 이 법에 특별한 규정이 없는 사항에 대하여는 법원조직법과 민사소송법 및 민사집행법의 규정을 준용한다.

12) 상고심인 대법원은 사실의 존부에 대한 판단을 하지 않고 법률적 판단만 하는 법률심으로서 대법원은 소수의 대법관을 구성되어 있으므로 제2심의 모든 판결에 대하여 심리를 진행하는 것은 불가능하다. 이러한 이유로 민사소송법 제423조 및 제424조에서는 대법원에 상고를 하기 위한 상고이유를 제한하고 있다.

상 화해와 동일한 효력이 있다.), 재판상 화해(settlement, 법 제220조), 제소전화해(pretrial settlement, 법 제385조), 중재(arbitration, 중재는 당사자가 합의하여 선임한 중재인에 의한 중재판정에 의하여 분쟁을 종결하기로 하는 합의로서 법관이 아닌 중재인에 의하여 분쟁을 종식시키고 항소가 없어서 단심으로 끝난다는 점에서 특징이 있다. 중재에 관하여는 중재법이 적용된다.) 등의 대체적 분쟁해결절차가 존재한다. 이러한 대체적 분쟁해결절차에 의한 분쟁의 해결에 대하여는 관련 법률에서 확정판결과 동일한 효력을 인정하고 있으므로 이를 집행권원으로 하여 강제집행이 가능하다.

(2) 반면에 당사자 사이의 임의적 분쟁해결방법인 민법의 화해계약에는 확정판결로서의 효력이 없다. 따라서 당사자 일방이 화해계약의 내용대로 이행하지 않더라도 화해계약만을 근거로 하여 법원에 강제집행을 신청할 수 없고, 화해계약에 대한 이행판결을 받아야 비로소 법원에 강제집행을 신청할 수 있다.

III. 비송사건(non-contentious case)과의 차이

민사사건 중 소송절차로 처리하지 않는 사건을 비송사건이라고 하는데, 이러한 사건에 대하여는 비송사건절차법이 적용된다. 비송사건에는 법인등기(company registration), 상업등기(commercial registration), 신탁(trust), 공탁(deposit), 가사비송사건[13] 등이 있다. 비송사건은 권리의무에 관한 분쟁을 해결하는 민사소송절차가 아니므로 당사자의 주장과 증명에 한정하여 법원이 판단해야 한다는 변론주의가 적용되지 않고, 당사자의 주장이 없더라도 법원이 직권으로 사실의 탐지와 필요하다고 인정하는 증거의 조사를 하여야 한다(비송사건절차법 제11조).

IV. 보전소송과 차이

장래 확정판결의 강제집행이 불능이 되는 것을 방지하기 위하여 채무자의 현재의 상태를 유지시키기 위한 조치를 보전처분이라고 한다.

1. 보전처분(interim remedies, interim measures)의 종류

가. 가압류(prejudgment attachment)

(1) 금전채권의 만족을 위한 강제경매

금전채권의 만족을 얻기 위해서는 채무자로부터 금전을 지급받아야 한다. 따라서 금

13) 가사비송사건에 대하여는 비송사건절차법이 아니라 가사소송법이 적용된다.

전채권의 강제집행의 방법은 채무자의 재산을 강제경매 하여 그 경락대금으로부터 변제를 받는 것이다. 이러한 강제경매를 위해서는 채무자의 재산을 압류하여 채무자가 자신의 재산을 처분하는 것을 금지시켜야 하는데 압류를 위해서는 확정판결이 필요하다.

(2) 강제경매의 대상인 재산의 보전

금전채권에 대하여 확정판결 등 집행권원이 발생하기 전에 채무자가 자신의 재산을 제3자에게 처분함으로써 채권자가 강제집행을 할 재산이 소멸되는 것을 방지하기 위한 임시적 조치를 가압류라고 한다. 가압류결정이 있다고 하더라도 채무자는 가압류된 재산을 제3자에게 처분할 수 있다(압류의 경우에도 마찬가지이다.). 다만 가압류된 재산이 제3자에게 양도되더라도 채권자는 확정판결 등 집행권원을 취득한 뒤에 여전히 가압류된 재산에 대하여 강제경매를 신청할 수 있다.

나. 가처분(injunction, injunctive relief)

(1) 계쟁물에 대한 가처분

계쟁물에 대한 가처분[14]은 계쟁물에 대한 비금전채권의 집행보전을 목적으로 한다. 예를 들어 부동산에 대한 소유권이전등기청구의 소를 제기하기 전에 현재 등기명의인이 제3자에게 토지를 처분하여 강제집행의 불능하게 하는 것을 막기 위한 부동산처분금지가처분신청을 할 수 있다. 계쟁물에 대한 가처분의 경우에는 채무자가 계쟁물을 제3자에게 양도 또는 이전할 수 있지만 채무자가 제3자에게 계쟁물을 양도하거나 이전하더라도 채권자는 확정판결 등의 집행권원을 취득한 후 여전히 계쟁물에 대하여 강제집행을 할 수 있다. 이러한 점에서 가압류와 동일하다.

(2) 임시의 지위를 정하는 가처분

임시의 지위를 정하는 가처분은 채권보전의 목적이 아니라 급박한 위험을 피하기 위한 목적으로 한다. 예를 들어 이사를 선임한 주주총회결의무효확인의 소를 제기하기 전에 그 이사가 직무를 수행하여 회사에 손해를 발생하는 것을 방지하기 위한 직무집행정지가처분신청을 할 수 있다. 임시의 지위를 정하는 가처분의 경우에는 가처분에 위반하여 한 행위는 무효가 된다. 예를 들어 법원의 직무집행정지 가처분결정에 의해 회사를 대표할 권한이 정지된 대표이사가 그 정지기간 중에 체결한 계약은 절대적으로 무효이다(대법원 2008. 5. 29. 선고 2008다4537 판결).

(3) 단행적 가처분

단행적 가처분은 본안소송을 통하여 얻고자 하는 바에 대하여 일시적 만족을 얻는데

---

14) 계쟁물(subject matter of the dispute)이란 소송의 목적이 된 물건을 말한다. 예를 들어 부동산매매계약을 근거로 하여 소유권이전등기청구의 소를 제기하였다면 대상 목적물인 부동산을 계쟁물이라고 한다.

그 목적이 있다. 예를 들어 지적재산권이 침해된 경우 권리자는 침해자에 대하여 침해중지청구의 소를 제기할 수 있는데 이러한 소는 상당히 오래 시간이 소요되므로 침해자의 계속적 침해가 발생할 수 있다. 이를 방지하기 위하여 권리자는 지적재산권사용금지가처분을 통하여 신속하게 침해중지를 구할 수 있는데 단행적 가처분의 경우에는 가처분의 내용대로 강제집행을 하여 종국적 만족을 얻을 수 있으므로 그 결과는 침해중지청구의 소를 통한 결과와 동일하다.

2. 민사소송절차와의 차이

보전처분과 민사소송은 그 절차와 효과에 있어서 큰 차이가 있는데, 대표적으로 보전처분은 판결이 아니라 결정에 의하며, 보전처분에 대한 불복은 상소가 아니라 이의신청에 의해야 한다. 그리고 가집행의 경우에는 밀행성(密行性)이 요구되므로 피신청인인 채무자에게 방어의 기회가 주어지지 않는다.

제 3 절 민사소송절차의 개시와 종결

1. 의뢰인의 방문 및 사실관계의 파악

의뢰인이 방문하여 사건의 사실관계를 상담하는 것으로 민사사건이 개시된다.

2. 실체법적 권리관계의 파악

의뢰인의 주장이 모두 진실이라는 전제에서 실체법적 권리발생의 요건을 검토하여 의뢰인에게 권리 또는 의무가 있는지 파악해야 한다.

3. 구제방법의 검토

상대방에 대한 청구서면 등과 같이 신속하고 경제적인 해결방법을 먼저 강구하고, 이러한 방법에도 효과가 없는 경우에 비로소 민사소송으로 진행해야 한다. 민사소송으로 진행할 경우 이행의 소(의무자에게 의무이행을 명령하는 판결을 구하는 소), 확인의 소(권리 또는 의무의 존재 및 부존재의 확인판결을 구하는 소), 형성의 소(법률관계의 변동을 구하는 소) 중 어떠한 형태의 소를 제기할 것인지를 결정해야 한다. 또한 누가 원고가 되고 누구를 피고로 할 것인지 결정해야 한다. 이와 같이 소를 제기하기 전에 필요한 보전처분이 있다면 이를 신청해야 한다. 그리고 같은 피고에 대하여 여러 개의 청구를 함께 제기하거나(소의 객관적 병합), 원고 또는 피고가 여러 명이 될 수도 있다(소의 주관적 병합).

4. 소송요건의 구비 여부 검토

(1) 소가 적법하기 위한 요건을 소송요건이라고 한다. 소가 적법요건을 갖추지 못하면 위법한 소가 되어 각하된다. 일단 소가 적법해야 법원은 비로소 원고의 청구가 이유가 있는지, 즉 정당한지 여부를 심판한다. 소송요건에는 소의 이익, 당사자능력, 소송능력, 당사자적격, 제척기간 등 다양하게 요건가 있다. 민사소송법 이외에 개별 법률에서 소송요건을 규정하는 경우도 있다.

(2) 예를 들어 상법 제403조 제1항, 제3항, 제4항에 의하면, 발행주식 총수의 100분의 1 이상에 해당하는 주식을 가진 주주는 회사에 대하여 이사의 책임을 추궁할 소의 제기를 청구할 수 있는데, 회사가 위 청구를 받은 날로부터 30일 내에 소를 제기하지 아니하거나 위 기간의 경과로 인하여 회사에 회복할 수 없는 손해가 생길 염려가 있는 경우에는 발행주식 총수의 100분의 1 이상에 해당하는 주식을 가진 주주가 즉시 회사를 위하여 소를 제기할 수 있다는 취지를 규정하고 있다. 이러한 규정은 주주의 대표소송이 회사가 가지는 권리에 바탕을 둔 것임을 고려하여 주주에 의한 남소를 방지하기 위해서 마련된 소송요건에 관한 규정에 해당한다.

(3) 따라서 회사에 회복할 수 없는 손해가 생길 염려가 없음에도 불구하고 회사에 대하여 이사의 책임을 추궁할 소의 제기를 청구하지 아니한 채 발행주식 총수의 100분의 1 이상에 해당하는 주식을 가진 주주가 즉시 회사를 위하여 소를 제기하였다면 그 소송은 부적법한 것으로서 각하되어야 한다(대법원 2010. 4. 15. 선고 2009다98058 판결).

5. 증거의 파악

실체법적으로 승소의 가능성이 있다면 의뢰인이 주장하는 사실관계를 모두 법정에서 증명할 수 있는지 검토해야 한다. 이를 위해서는 먼저 증명책임이 누구에게 있는지 검토하고서, 의뢰인에게 증명책임이 있다면 증거방법(서증, 증인, 검증, 감정 등)이 충분한지, 충분하지 아니하다면 이를 보충할 수 있는 방법을 검토해야 한다.

6. 소장의 작성 및 접수

민사소송법에 규정된 방식에 따라서 소장이 작성되어야 하고, 법원은 접수된 소장이 민사소송법에 규정된 방식에 위반되었는지 여부를 판단한다.

7. 소 제기 이후의 민사소송

소장의 접수 → 피고에 대한 소장 송달 → 피고는 소장을 송달받은 날부터 30일 이내에 답변서 제출 → 제1회 변론기일의 시작 → 변론종결(결심), 판결 선고기일의 지정 → 선고 → 판결문의 송달 → 판결문을 송달받은 날부터 2주 이내에 항소 제기.

(1) 소 제기 후 제1차 변론기일 이전의 절차

소장의 송달, 피고의 답변서 제출, 준비절차 등.

(2) 변론기일에서의 절차

변론기일에 당사자는 법정에 출석하여 ① 사실의 존재를 주장하고 ② 주장된 사실의 존재를 증명하기 위하여 증거를 제출해야 한다.

(3) 변론의 정지

당사자의 사망 또는 천재지변으로 인하여 변론을 진행할 수 없는 경우에는 다시 변론을 진행할 수 있을 때까지 변론이 정지된다.

(4) 변론의 종결 및 제1심 판결

판결을 할 정도로 민사소송절차가 성숙되면 변론절차를 종결하고 판결 선고기일을 지정한다. 판결 선고기일에 판결이 선고되고, 판결문이 당사자에게 송달된다.

8. 제1심 판결 후의 민사소송(상소)

제1심 판결에 대한 불복방법인 '항소' 및 제2심 판결에 대한 불복방법인 '상고'는 각 제1심 판결과 제2심 판결을 송달받은 날로부터 2주 이내에 해야 한다. 상소를 제기하면 사건의 확정이 차단되고 상급심으로 이심(移審)되는 효력이 발생한다.

9. 판결의 확정(finality)

판결을 더 이상 다툴 수 없는 상태를 '판결의 확정'이라고 한다. 예를 들어 상소기간이 경과되거나 대법원 최종판결이 있으면 판결을 더 이상 다툴 수 없으므로 이러한 경우에 판결이 확정된다. 이와 같이 판결이 확정되면 기판력이 발생하여 판결의 내용대로 법률관계가 확정되고, 집행력이 발생하여 강제집행을 개시할 수 있게 된다. 그러나 확정된 판결에 대하여 예외적으로 다시 심판을 구할 수 있는 경우가 있는데, 이를 '재심(再審) 청구'라고 한다.

제 4 절 민사소송의 이념

민사소송법 제1조 제1항에서 "법원은 소송절차가 공정하고 신속하며 경제적으로 진행되도록 노력하여야 한다."고 규정하여 재판의 적정, 공평, 신속, 경제를 민사소송의 이념으로 규정하고 있다. 위 네 가지 이념은 상호보완적인 동시에 상호제한적인 작용을 하고 있다. 민사소송법의 모든 규정은 위 네 가지 이념의 하나 또는 그 이상을 실현하기 위한 목적을 갖고 있으므로 민사소송법 규정의 해석과 보충[15]에 있어서 위 이념은 중대한 기준이 된다.

1. 재판의 적정(適正)

재판의 기본적인 목적은 실체진실의 발견이다. 실체진실을 발견할 수 없는 경우에는 증명책임에 따라 판단하는데, 증명책임을 지는 자가 증명에 성공하지 못하면 그러한 사실이 존재하지 않는 것으로 보게 되는 불이익을 입게 된다. 재판에서는 실체진실의 발견이 가장 중요하지만, 실체진실의 발견을 무제한으로 추구하면 장기간의 재판, 고문, 불법증거, 불공평한 재판, 비싼 재판 등을 용인하는 문제가 발생한다. 따라서 이 이념도 다른 이념에 의하여 제한된다.

2. 재판의 공평(公平)

소송의 당사자에게 동등한 공격과 방어의 기회가 주어져야 한다. 법원은 중립적 제3자의 위치에 있어야 하므로, 당사자가 주장한 사실만을 기초로 하여 법원이 판결해야 한다는 변론주의가 민사소송의 지배이념이 된다. 그러나 형식적으로 동등한 기회가 주어지더라도 소송당사자 사이의 소송수행능력의 차이로 인하여 실질적으로 동등한 기회가 주어지지 못하는 경우가 발생한다. 이러한 엄격한 변론주의의 폐단을 시정하고, 실질적 공평을 추구하기 위하여 법원이 후견적 입장에서 소송절차에 관여할 수 있는 경우가 있다.

3. 재판의 신속(迅速)

신속한 권리구제는 소송의 당사자에게 매우 중요하다. 그러나 신속한 재판만을 추구하다가 실체진실을 발견하지 못할 수 있으므로 양자의 목적을 모두 달성할 수 있는 적정

15) 예를 들어 국제사건에 관한 민사소송절차를 일컫는 국제민사소송법에 관하여 국내에 별도의 규정이 없고 민사소송법에 일부 규정이 있다. 그러나 이러한 규정이 충분하지 않기 때문에 보충되어야 하는데 이때 민사소송법의 이념을 바탕으로 하여 보충된다.

한 재판시간이 요구된다. 재판의 신속을 위하여 집중심리주의, 변론준비절차, 기일불출석에 대한 제재 등의 제도가 있다.

4. 재판의 경제(經濟)

소송비용이 과다하면 소송을 통하여 얻게 되는 경제적 이익에 비하여 소송비용이 더 큰 경우가 발생하므로 적정한 소송비용은 민사소송절차에서 큰 의미를 갖는다. 이러한 재판의 경제는 재판의 신속과 함께 실체진실발견에 대한 제한사유로 작용한다.

제 5 절 민사소송에서의 신의성실(bona-fide)의 원칙

I. 규정내용

민사소송법 제1조 제2항에서는 "당사자와 소송관계인은 신의에 따라 성실하게 소송을 수행하여야 한다."고 규정하여 민사소송절차에서도 신의성실의 원칙이 인정된다는 점을 명시하고 있다. 따라서 사회통념상 용납될 수 없는 방법 또는 목적을 위하여 소송이 수행된 경우에는 그러한 소송행위의 효력이 부정된다.

II. 신의성실의 원칙에 반하는 소송행위의 유형 및 효력

1. 소권의 남용(abuse of process)

(1) 판결을 통하여 분쟁을 해결하고자 하는 목적보다도 소송 외적 목적을 추구하기 위하여 소송상 권능을 행사하는 것을 '소권의 남용'이라고 한다. 이와 같이 소송행위가 소권의 남용에 해당하는 경우에는 민사소송법 제1조 제2항의 신의칙에 반하는 소송행위로서 그 효력이 부인된다. 그러나 재판받을 권리인 소권은 헌법에서 인정하고 있는 기본권이므로 함부로 부정되어서는 안 되기 때문에 소권의 남용은 예외적인 경우에만 인정되어야 한다.

(2) 예를 들어 법원에서 수회에 걸쳐 같은 이유로 재심청구가 기각당하여 확정되었음에도 불구하고, 법률상 받아들여질 수 없음이 명백한 이유를 들어 같은 내용의 재심청구를 거듭하는 것은 상대방을 괴롭히는 결과가 되고, 나아가 사법인력을 불필요하게 소모하게 하는 것이므로, 그러한 제소는 특별한 사정이 없는 한 소권을 남용하는 것으로서 각하된다(대법원 2005. 11. 10. 선고 2005재다303 판결).

2. 금반언(禁反言)의 원칙(estoppel)에 반하는 경우

가. 소송상 합의에 위반한 경우

(1) 소취하의 합의를 한 후 소취하를 하지 아니하는 경우

법원에 계속 중인 소송을 취하하기로 하는 합의를 하였음에도 불구하고 원고가 그 소를 취하하지 아니하면 그 소송의 원고에게는 권리보호의 이익이 없게 되므로 그 소는 각하되어야 한다(대법원 2005. 6. 10. 선고 2005다14861 판결).

(2) 부제소의 합의에 위반하여 소를 제기한 경우

특정한 권리나 법률관계에 관하여 분쟁이 있어도 제소하지 아니하기로 하는 합의에 반하여 제기된 소는 권리보호의 이익이 없고, 또한 신의성실의 원칙에도 어긋나는 것이므로 그 소는 각하되어야 한다(대법원 2013. 11. 28. 선고 2011다80449 판결).

(3) 항소취하의 합의에 위반하여 항소취하서를 제출하지 아니한 경우

당사자 사이에 항소취하의 합의가 있는데도 항소취하서가 제출되지 않는 경우 상대방은 이를 항변으로 주장할 수 있고, 이 경우 항소심 법원은 항소의 이익이 없다고 보아 그 항소를 각하함이 원칙이다(대법원 2018. 5. 30. 선고 2017다21411 판결).[16]

나. 실효의 원칙

(1) 의 의

'실효의 원칙'이라 함은 권리자가 장기간에 걸쳐 그 권리를 행사하지 아니함에 따라 그 의무자인 상대방이 더 이상 권리자가 권리를 행사하지 아니할 것으로 신뢰할 만한 정당한 기대를 가지게 된 경우에 새삼스럽게 권리자가 그 권리를 행사하는 것은 법질서 전체를 지배하는 신의성실의 원칙에 위반되어 허용되지 않는다는 것을 의미한다(대법원 1996. 7. 30. 선고 94다51840 판결).

(2) 요 건

(가) 권리자가 장기간 권리를 행사하지 않을 것

'장기간'을 너무 길게 보면 실효의 원칙과 소멸시효가 구분하기 어렵게 되고, 너무 짧게 보면 소권을 박탈하는 결과를 가져오므로 그중간의 적정한 기간을 '장기간'으로 보아야 하는데 개별적 · 구체적 사정을 고려하여 결정할 수밖에 없다.

---

16) 항소에 정당한 이유가 없는 경우에는 항소를 기각하고 항소가 적법요건을 갖추지 못한 경우에는 항소를 각하한다.

(나) 권리자가 더 이상 권리를 행사하지 아니할 것이라는 점에 대하여 상대방이 정당한 기대를 가지게 될 것

i) '정당한 기대'는 권리자가 일정한 행위를 하거나 또는 기대되는 행위를 하지 아니한 결과 권리자가 더 이상 소권을 행사하지 아니할 것이라는 기대를 의무자가 갖게 되는 경우를 의미하며, 단순히 장기간 소권을 행사하지 아니한 것만으로는 '정당한 기대'를 갖게 되었다고 볼 수 없다.

ii) 예를 들어 아버지인 원고가 아들인 피고를 상대로 하여 부동산의 소유권이전등기청구의 소를 제기하면서 소장에 피고의 주소를 허위로 기재하여 피고가 소장을 송달받지 못한 채 답변서를 제출하지 아니하였고, 이에 원고가 무변론 승소판결을 받아 소유권이전등기를 마친 경우, 판결서도 허위의 주소로 송달되어 피고가 판결을 송달받지 못하였으므로 항소기간이 진행하지 않지만,[17] 피고가 이러한 사위판결을 알고도 4년이 경과한 후에야 항소를 제기하였다는 이유로 원심은 실효의 원칙에 따라서 피고의 항소권이 실효되었다고 보았다.

iii) 이에 대하여 대법원은 피고가 아버지인 원고에게 소유권등기가 있는 동안에는 임의로 돌려받거나 상속으로 돌려받을 수 있으므로 안심하여 항소를 제기하지 아니하다가, 아버지가 그 부동산을 제3자에게 처분한 사실을 듣고서 소유권이 완전히 상실될 위험에 처하자 비로소 항소를 제기한 경우에는 피고가 항소권을 포기하였다는 점에 대하여 원고가 정당한 기대를 가졌다고 볼 수 없다는 이유로 원심판결을 파기하였다(대법원 1996. 7. 30. 선고 94다51840 판결).

◇ 판례는 노동사건(특히 해고무효확인사건)에서 신의칙상 소권의 실효를 넓게 인정하고 있다

(1) 사용자와 근로자 사이의 고용관계(근로자의 지위)의 존부를 둘러싼 노동분쟁은, 그 당시의 경제적 정세에 대처하여 최선의 설비와 조직으로 기업활동을 전개하여야 하는 사용자의 입장에서는 물론, 임금 수입에 의하여 자신과 가족의 생계를 유지하고 있는 근로자의 입장에서도 신속히 해결되는 것이 바람직하므로 실효의 원칙이 다른 법률관계에 있어서보다 더욱 적극적으로 적용되어야 할 필요가 있다(대법원 1992. 1. 21. 선고 91다30118 판결).

(2) 근로자가 사직원의 작성·제출이 자신이 아닌 그의 형에 의하여 이루어졌음을 이유로 의원면직의 무효확인을 구하는 사안에서, 근로자의 형이 사직원을 제출하게 된 경위 및 근로자가 아무런 이의 없이 퇴직금을 수령한 점 등 제반 사정에 비추어 볼 때, 의원면직일로부터 5년여가 경과한 후에 위와 같은 소를 제기하는 것은 신의칙 내지 금반언의 원칙에 반하는 것으로서 부적법하다(대법원 2005. 10. 28. 선고 2005다45827 판결).

(3) 갑이 이 사건 의원면직처분이 무효인 것임을 알고서도(사안에서 함께 의원면직된 자가 다른 소송절차에서 의원면직처분무효확인의 소를 제기하여 승소확정되었다.) 2년 4개월 남짓한 동안이나 그 처분이 무효인 것이라고 주장하여 자신의 권리를 행사한 바 없다

17) 항소는 판결서가 송달된 날부터 2주 이내에 하여야 한다(법 제396조 제1항).

는 점을 함께 고려하여 보면, 갑이 의원면직처분으로 면직된 때로부터 12년 이상이 경과된 후에 새삼스럽게 그 처분의 무효를 이유로 을과의 사이에 고용관계가 있다고 주장하여 소를 제기하는 것은, 노동분쟁의 신속한 해결이라는 요청과 신의성실의 원칙 및 실효의 원칙에 비추어 허용될 수 없다(대법원 1992. 1. 21. 선고 91다30118 판결).

3. 법률상 주장과 금반언의 원칙

법률적 문제는 법원의 전권사항이므로 당사자가 어떤 사실에 관하여 법률적 주장을 한 후에 그와 다른 법률적 주장을 하는 것만으로는 금반언의 원칙이나 신의성실의 원칙에 반한다고 할 수 없다(대법원 2010. 6. 24. 선고 2010다2107 판결). 예를 들어 원고가 제1심에서는 제1차 이사회의 소집절차가 적법함을 전제로 한 주장을 하였다가 항소심에 이르러서는 그 소집절차에 하자가 있었다고 주장하였다고 하더라도, 그러한 주장이 금반언의 원칙이나 신의성실의 원칙에 반한다고 할 수 없다(앞의 판결). 따라서 법원이 소집절차의 하자의 주장을 받아들이더라도 문제되지 않는다.

제 6 절 민사소송에서의 기간

I. 기간의 계산

(1) 민사소송법은 기간의 계산에 관하여 별도의 규정을 두지 않고 민법의 기간에 관한 규정을 준용하고 있다(법 제170조). 따라서 기산일에 있어서 초일을 산입하지 않지만(민법 제157조), 연령계산에는 출생일을 산입한다(민법 제158조). 그리고 역(주, 월, 연)에 의하여 계산하는 경우에는 기산일에 해당한 날의 전일 24:00로 기간이 만료하되(민법 제160조 제2항), 그 날이 토요일 또는 공휴일이면 그 다음날로 기간이 만료한다.

(2) 예를 들어 민사소송법 제396조 제1항에서는 판결문이 송달된 날부터 2주 이내에 항소를 제기하도록 규정하고 있으므로 만일 11월 4일(화요일)에 판결문을 송달받았다면 항소기간은 송달받은 다음날인 11월 5일부터 진행하여 그로부터 2주 뒤에 해당하는 11월 19일의 전일인 11월 18일 24:00로 만료된다.

사 례

전산정보처리시스템을 통하여 진행된 사건에서 제1심 판결이 선고되자 법원 사무관은 3월 5일(목) 판결문을 전자문서로 전산정보처리시스템에 등재하고 그 사실을 피고에게 전자적으로 통지하였다. 그러나 피고는 등재통지를 받은 후에도 전산정보처리시스템에 등재된 판결문을 1주 이내에 확인하지 아니하였다. 항소기간은 언제 만료하는지 논하시오.

1. 항소기간

항소는 판결서가 송달된 날부터 2주 이내에 하여야 한다(법 제396조 제1항). 이때 기간의 계산에 관하여는 민법의 규정이 준용된다(법 제170조). 사안에서 항소기간이 언제 만료하는지 판단하기 위해서는 항소기간의 기산점인 판결서가 송달된 날을 검토할 필요가 있다.

2. 판결문이 송달된 날

「민사소송 등에서의 전자문서 이용 등에 관한 법률」 제11조 제4항 단서에서는 송달받을 자가 송달받을 문서의 등재사실을 통지받은 날부터 1주 이내에 이를 확인하지 아니하면 등재사실을 통지받은 날부터 1주가 지난 날에 송달된 것으로 보고 있다.

역에 의하여 기간을 계산하는 경우에 기간의 기산에서 초일을 산입하지 않고(민법 제157조), 그 기산일에 해당한 날의 전일로 기간이 만료한다(민법 제160조 제2항). 따라서 사안에서는 판결문의 등재가 통지된 날의 다음 날인 3월 6일부터 기산하여 1주일에 해당하는 날인 같은 달 13일의 전날인 12일 24:00이 경과한 때인 같은 달 13일 0시에 판결문이 송달된 것으로 보게 된다(대법원 2014. 12. 22. 2014다229016 명령).

3. 항소기간의 기산점

역에 의하여 기간을 계산하는 경우에 기간의 기산에서 초일을 산입하지 않지만, 그 기간이 오전 영시로부터 시작하는 때에는 초일을 산입한다(민법 제157조 단서).

그런데 사안에서 판결문의 송달의 효력이 발생하는 때는 3월 13일 0시가 되므로 초일을 산입하여 이날부터 항소기간을 기산하여 2주가 되는 날에 항소기간이 만료한다(앞의 명령).

4. 결 론

항소기간을 3월 13일부터 기산할 때 2주 뒤에 해당하는 날은 같은 달 27일이므로 항소기간은 27일의 전날인 26일 24:00에 만료된다.

II. 기간의 신축과 부가기간

법원은 법정기간 또는 법원이 정한 기간을 늘이거나 줄일 수 있지만, 불변기간은 그러하지 아니하다(법 제172조 제1항). 그러나 법원은 불변기간에 대하여 주소 또는 거소가 멀리 떨어진 곳에 있는 사람을 위하여 부가기간(附加期間)을 정할 수 있다(같은 조 제2항).

III. 불변기간이 도과된 소송행위의 추후보완

1. 의 의

당사자가 책임질 수 없는 사유로 말미암아 불변기간을 지킬 수 없었던 경우에는 그 사유가 없어진 날부터 2주 이내에 불변기간이 도과된 소송행위를 할 수 있다(법 제173조 제1항). 이를 '소송행위의 추후보완'이라고 한다.

2. 요 건

가. 불변기간의 도과

소송행위의 추후보완은 불변기간이 도과된 경우에만 가능하다. 불변기간이란 민사소송법에서 '위 기간은 불변기간으로 한다'라고 규정하고 있는 기간을 말한다. 상소기간(법 제396조 제2항, 법 제425조), 즉시항고(법 제444조 제2항), 재심기간(법 제456조 제2항), 화해권고결정에 대한 이의신청(법 제226조 제2항) 등과 같이 주로 불복신청에 관한 기간이 불변기간으로 규정되어 있다. 그러나 상고이유서 제출기간에 관한 민사소송법 제427조[18]에서는 이 기간을 불변기간이라고 규정하고 있지 않으므로 이 기간을 도과한 후에는 추후보완이 허용되지 않는다(대법원 1981. 1. 28. 자 81사2 결정).

나. 당사자가 책임질 수 없는 사유

(1) 주의의무의 내용 및 주의의무를 부담하는 자

당사자가 그 책임을 질 수 없는 사유라고 함은 당사자가 그 소송행위를 하기 위하여 일반적으로 하여야 할 주의를 다하였음에도 불구하고 그 기간을 준수할 수 없었던 사유를 가리키고 그 당사자에는 당사자 본인뿐만 아니라 그 소송대리인 및 대리인의 보조인도 포함된다(대법원 1999. 6. 11. 선고 99다9622 판결). 따라서 소송당사자에게 과실이 없었다고 하더라도 소송대리인인 변호사의 직원의 과실로 인하여 항소기간이 도과되었다면 추완항소가 허용되지 않는다(앞의 판결). 그러나 무권대리인이 소송을 수행하고 판결정본을 송달받은 경우에는 당사자는 과실 없이 소송 계속[19] 사실 및 그 판결정본의 송달 사실을 몰랐던 것으로 볼 수 있으므로 그 당사자의 추완항소는 적법하다(대법원 1996. 5. 31. 선고 94다55774 판결).

(2) 대표적 예로서 공시송달[20]

(가) 추후보완항소(추완항소)의 허용

소장부본과 판결정본 등이 피고의 주거불명 등을 이유로 공시송달의 방법에 의하여 피고에게 송달되었다면 피고가 실제로 위와 같은 서류를 송달받기를 기대할 수 없다. 따

---

18) 제427조(상고이유서 제출) 상고장에 상고이유를 적지 아니한 때에 상고인은 제426조의 통지를 받은 날부터 20일 이내에 상고이유서를 제출하여야 한다.

19) 소송 계속이란 사건이 법원의 판결절차에 진행되고 있는 상태를 의미한다. 피고에게 소장부본이 송달된 때에 소송 계속이 발생한다.

20) 공시송달에 관하여는 송달부분에서 자세히 설명한다.

라서 공시송달에 의하여 소장부본과 판결정본 등이 송달되었고 이에 따라서 불변기간이 도과되었다면 특별한 사정이 없는 한 피고는 과실 없이 그 판결의 송달을 알지 못한 경우에 해당한다. 이러한 경우 피고는 그의 책임을 질 수 없는 사유로 인하여 불변기간을 준수할 수 없었던 때에 해당하므로 그 사유가 없어진 후 2주일 내에 추완항소를 할 수 있다(대법원 2013. 10. 17. 선고 2013다41318 판결).

(나) 추완항소가 허용되지 아니하는 공시송달

i) 공시송달에 의하여 소장이 송달되었다고 하더라도 피고가 소 제기 사실을 알고 있으면서도 이를 방치하였다거나, 피고가 스스로 법원에 신고한 주소로 송달이 되지 않아 공시송달이 되었다면 공시송달에 의하여 판결이 송달된 사실을 몰랐다고 하더라도 그 모른데 대하여 피고에게 과실이 있다 할 것이어서 추완항소가 허용되지 않는다(대법원 2010. 10. 28. 선고 2010므2082 판결).

ii) 송달이 되다가 소송의 진행 도중 소송서류의 송달이 불능하게 된 결과 부득이 공시송달의 방법에 의하게 된 경우에는 처음부터 공시송달의 방법에 의한 경우와는 달라서 당사자에게 소송의 진행 상황을 조사할 의무가 있는 것이므로, 당사자가 법원에 소송의 진행 상황을 알아보지 않았다면 과실이 없다고 할 수 없다(대법원 2013. 4. 25. 선고 2012다98423 판결).

3. 추후보완방법

가. 추후보완의 기간

불변기간을 지킬 수 없었던 장애사유가 없어진 날로부터 2주 이내에 소송행위를 해야 하며, 만일 그 사유가 없어질 당시 당사자가 외국에 있었다면 30일 이내에 소송행위를 해야 한다. 여기서 '장애사유가 없어진 날'이 언제인지 문제가 되는데, 공시송달의 방법으로 판결정본이 송달된 경우에는 당사자나 소송대리인이 단순히 판결이 있었던 사실을 안 때가 아니고 그 판결이 공시송달의 방법으로 송달된 사실을 안 때를 의미한다(대법원 2021. 3. 25. 선고 2020다46601 판결). 통상의 경우에는 당사자나 소송대리인이 그 사건기록을 열람하거나 또는 새로이 판결정본을 영수한 때에 비로소 그 판결이 공시송달의 방법으로 송달된 사실을 알게 되었다고 보아야 한다(앞의 판결).

나. 추후보완을 위한 신청

추후보완신청을 할 때에는 불변기간이 도과된 본래의 소송행위를 하면서 추후보완사유를 밝혀야 한다. 추후보완신청은 반드시 추후보완이라는 문구가 포함될 필요는 없으며, 전체적인 취지에서 추후보완이란 점을 알 수 있으면 충분하다(대법원 2008. 2. 28. 선고 2007다41560 판결). 예를 들어 항소기간이 도과되어 추완항소를 하고자 한다면, 불변기간이 도과된 본래의 소송행위인 항소장을 제출하면서 추후보완사유를 기재해야 하는데, 항소장이라고만 기재해도 충분하며 굳이 추완항소장이라고 기재할 필요는 없다.

다. 추후보완사유의 직권조사(investigation *ex officio*)

추후보완사유의 유무는 소송요건으로서 당사자의 주장이 없더라도 법원의 직권에 의하여 조사해야 하는 직권조사사항이다(대법원 1999. 4. 27. 선고 99다3150 판결). 따라서 당사자에게는 신청권이 없고 설령 당사자가 추후보완사유를 주장하더라도 이러한 주장은 법원의 직권발동을 촉구하는 의미밖에 없으므로 법원이 이에 대하여 판단하지 않더라도 판단유탈의 상고이유로 삼을 수 없다(앞의 판결). 반면에 대법원 2021. 4. 15. 선고 2019다244980 판결에서는 판결의 선고 및 송달 사실을 알지 못하여 상소기간을 지키지 못한데 과실이 없다는 사정은 상소를 추후보완 하고자 하는 당사자 측에서 주장 · 입증하여야 할 것이라고 하여 혼란이 있다.

4. 추후보완요건의 불비

추후보완신청을 하였지만 그 요건을 갖추지 못한 경우에는 보완된 소송행위가 부적법한 경우에 해당하므로 법원은 이에 따라서 처리해야 한다. 예를 들어 추완항소나 추완상고가 부적법하면 항소 또는 상고가 부적법한 경우에 해당하므로 항소각하판결 또는 상고각하판결을 해야 한다(대법원 2004. 3. 12. 선고 2004다2083 판결).

5. 추후보완의 효력

가. 기판력의 배제

추완항소가 허용되는 경우에는 형식적으로 확정된 소송절차가 다시 개시된다는 의미를 갖는다. 따라서 형식적으로 확정된 판결이라도 추완항소가 받아들여지면 그 확정이 차단되어 기판력이 발생하지 않는다(대법원 1999. 4. 27. 선고 99다3150 판결). 따라서 추완항소가 허용되는 경우에는 공시송달에 의하여 송달된 제1심 판결은 그 확정이 차단되어 제1심 판결에 기판력이 발생할 수 없으므로 항소심이 제1심 판결과 다른 판단을 하여도 기판력에 저촉되는 것이 아니다(앞의 판결).

나. 강제집행정지의 신청

추후보완신청이 받아들여지더라도 집행법원은 그러한 사실을 알지 못하므로 강제집행의 효력이 자동적으로 정지되거나 취소되는 것은 아니다. 집행법원은 당사자의 신청에 따라서 담보를 제공하게 하거나 담보를 제공하지 아니하게 하고 강제집행을 일시정지 하도록 명할 수 있고, 담보를 제공하게 하고 강제집행을 실시하도록 명하거나 실시한 강제처분을 취소하도록 명할 수 있다(법 제500조 제1항).

6. 다른 구제수단과의 관계

추후보완과 별도로 다른 구제방법이 가능하다면 당사자는 양자 중에서 선택하여 행사할 수 있다. 예를 들어 원고가 피고의 주소 또는 거소를 알고 있었음에도 불구하고 소재불명 또는 허위의 주소나 거소로 하여 소를 제기한 탓으로 공시송달의 방법에 의하여 판결정본이 송달된 때에는 민사소송법 제451조 제1항 제11호의 재심을 청구할 수 있음은 물론이나 소송행위 추완에 의하여도 상소를 제기할 수도 있다(대법원 2011. 12. 22. 선고 2011다73540 판결). 따라서 추완상소기간이 도과하였다 하더라도 재심기간 내에는 재심의 소를 제기할 수 있다(앞의 판결).

제 2 편

소송요건
(법원, 당사자, 청구)

제 1 장 소송요건

I. 의 의

(1) 민사소송은 실체법상의 권리의무에 관한 분쟁을 해결하기 위한 절차이다. 여기서 실체법상의 권리의무에 관한 분쟁을 본안(本案, subject matter)이라고 한다. 본안에 관하여 원고의 청구가 이유가 있으면 법원은 '청구인용판결'을 하고, 원고의 청구가 이유가 없다면 '청구기각판결'을 한다.

(2) 그런데 이러한 본안에 관한 판단을 하기에 앞서 법원은 소가 적법한지 여부를 먼저 판단해야 하고, 소가 적법한 경우에 비로소 본안에 관하여 심판을 진행한다. 이러한 소의 적법성에 관한 문제를 '본안전(本案前) 사항'이라고 한다. 예를 들어 개에게 물려서 치료비 상당의 손해를 입은 피해자가 가해자인 개를 상대로 하여 민법 제750조에 따른 손해배상청구의 소를 제기한 경우를 상상해 보자. 개는 민법상 권리의무의 주체가 될 수 없으므로 손해배상책임을 부담하지 않는다는 점이 명백하다. 따라서 법원이 민법 제750조의 요건이 충족되었는지 여부를 심판하는 것은 무의미하다. 이러한 경우에 법원은 소가 부적법하다는 이유로, 즉 본안에 대하여 심리를 진행할 필요가 없다는 의미에서 '소각하판결'을 한다.

(3) 이와 같이 사법상의 소가 적법해 지기 위한 요건을 '소송요건'이라고 하고, 소송요건은 본안전 사항이 된다. 소송요건은 크게 법원, 당사자, 청구에 관한 사항으로 분류할 수 있다.

II. 소송요건의 유형

1. 법원에 대한 요건

법원은 재판권과 관할을 갖고 있어야 한다. 법원이 사건에 대하여 재판권이 없는 경우에는 소를 각하해야 하지만 관할이 없는 경우에는 소를 각하할 것이 아니라 관할이 있는 법원으로 이송해야 한다.

2. 당사자에 대한 요건

당사자는 당사자능력 · 소송능력 · 당사자적격을 갖고 있어야 하고, 대리인은 대리권을, 대표자는 대표권을 갖고 있어야 한다. 만일 위와 같은 요건을 충족하지 못하면 당장 소를 각하할 것이 아니라 보정명령을 내려서 보정할 수 있는 기회를 주어야 한다는 것이 판례의 입장이란 점은 앞서 언급한 바와 같다. 그리고 통상공동소송에서는 소송요건의 구비 여부를 각 공동소송인 별로 판단해야 하지만, 고유필수적 공동소송에서는 공동소송인 중 1인이라도 소송요건에 흠이 있다면 전원에 대하여 소송요건의 흠이 발생하므로 소를 각하해야 한다(대법원 2012. 6. 14. 선고 2010다105310 판결).

그리고 소송 도중에 당사자가 사망하거나 소송능력을 상실하거나 법정대리권이 소멸한 때에는 소송요건의 부재로 각하할 것이 아니라 소송절차를 중단해야 한다(법 제233조, 제235조).

3. 청구의 요건

소의 이익이 있을 것, 제척기간 내일 것, 병합소송 또는 공동소송의 요건을 갖출 것, 참가의 요건을 갖출 것, 제소금지사유(중복제소, 재소금지)가 없을 것 등의 요건을 갖추어야 한다.

III. 직권조사사항(*ex officio*)

1. 직권조사

(1) 대부분의 소송요건은 법원의 직권조사사항이므로 당사자가 주장하지 않더라도 법원이 직권에 의하여(on its own initiatives) 조사해야 한다. 당사자(특히 피고)도 소송요건의 흠결을 주장할 수 있지만 법원의 직권조사를 촉구하는 의미만이 있으므로, 즉 법원에 대하여 신청권이 없으므로 법원이 이러한 주장에 대하여 재판하지 않더라도 판단누락의 상고이유가 되지 않는다(대법원 1997. 1. 24. 선고 96다32706 판결). 이러한 당사자의 소송요건에 관한 주장을 '본안전 항변'이라고 한다.

(2) 예를 들어 비법인사단이 당사자인 사건에 있어서 대표자에게 적법한 대표권이 있는지 여부는 소송요건에 관한 것으로서 법원의 직권조사사항이므로, 법원으로서는 그 판단의 기초자료인 사실과 증거를 직권으로 탐지할 의무까지는 없다 하더라도 이미 제출된 자료에 의하여 그 대표권의 적법성에 의심이 갈만한 사정이 엿보인다면 그에 관하여 심리 · 조사할 의무가 있다(대법원 2011. 7. 28. 선고 2010다97044 판결). 따라서 비법인사

단이 총유재산에 관한 소송을 제기함에 있어서는 정관에 다른 정함이 있다는 등의 특별한 사정이 없는 한 사원총회의 결의를 거쳐야 하는데, 법원이 직권으로 조사한 결과 비법인사단이 이러한 사원총회의 결의 없이 그 명의로 소송을 제기하였다면 대표권이 없는 자에 의하여 제기된 소송요건이 흠결된 소송으로서 부적법 각하해야 한다(앞의 판결).

2. 증명책임

직권조사사항에 관하여도 그 사실의 존부가 불명한 경우에는 증명책임의 원칙이 적용되어야 할 것인바, 소송요건의 경우 본안판결을 받는다는 것 자체가 원고에게 유리하다는 점에 비추어 원고에게 소송요건에 대한 증명책임이 있다(대법원 1997. 7. 25. 선고 96다39301 판결).

3. 직권증거조사

채권자취소의 소에서의 제소기간(대법원 2012. 4. 12. 선고 2011다110579 판결), 운송인에 대한 손해배상청구의 소에서의 제소기간(대법원 2007. 6. 28. 선고 2007다16113 판결), 종중이 당사자인 사건에 있어서 종중의 대표자의 대표권(대법원 2009. 2. 26. 선고 2008다8898 판결)은 소송요건으로서 직권조사사항에 해당한다. 만일 제소기간이 도과하였다고 의심이 되거나 대표권의 적법성에 의심이 갈 만한 사정이 엿보인다면 상대방이 이를 구체적으로 지적하여 다투지 않더라도 법원은 이에 관하여 직권증거조사를 할 의무가 있다(앞의 판결). 그러나 소송요건의 존재에 대하여 의심할 만한 사정이 발견되지 않는 경우까지 법원이 직권으로 추가적인 증거조사를 하여 기간 준수 여부를 확인하여야 할 의무는 없다(앞의 판결).

IV. 방소항변

소송요건 중 예외적으로 피고의 항변이 있어야 비로소 소송요건의 흠결여부에 대하여 심리가 진행되는 경우가 있다. 이를 '방소항변'이라고 한다. 이러한 방소항변은 법률에서 방소항변으로 규정하고 있는 경우에 한정된다. 대표적으로 중재합의의 존재가 방소항변에 해당한다. 예를 들어 중재합의가 있는 데도 소를 제기했다면 피고가 최초 변론기일 전까지 중재합의가 있다는 사실을 주장해야 비로소 소가 각하되고 그렇지 아니하면 적법한 소 제기로 취급된다(중재법 제9조 제2항).

V. 소송요건의 판단시기

소송요건은 원칙적으로 사실심 변론종결시를 기준으로 하여 판단해야 한다(대법원 2013. 1. 10. 선고 2011다64607 판결). 따라서 제소 당시에는 소송요건을 갖추지 못하더라도 사실심 변론종결시까지 소송요건을 구비하면 적법한 소가 된다. 다만 법원의 관할은 소를 제기한 때를 표준으로 정한다(법 제33조).

제 2 장 법　원

제 1 절 민사재판권과 재판관할

I. 의　의

'민사재판권'이란 대한민국 법원이 민사분쟁을 종국적으로 해결할 수 있는 권한을 말한다. 민사재판권이 없는 사건에 대하여 소가 제기되면 위법한 소가 되어서 각하된다. 반면에 '재판관할'은 대한민국 법원이 재판권을 갖고 있는 사건에 대하여 대한민국 법원 중 어느 법원이 재판권을 행사할 것인가의 문제를 말한다. 만일 관할법원이 아닌 법원에 소가 제기되면 소를 각하할 것이 아니라 관할이 있는 법원에 사건을 이송해야 된다.

II. 주권면제이론 또는 국가면제이론(sovereign immunity, state immunity)

1. 의　의

민사재판권과 관련하여 주권면제이론이 있다. 주권면제이론이란 외국정부[1]를 피고로 하여 재판권을 행사하는 것은 그 외국의 주권에 대한 부당한 간섭이 되므로 허용되지 않는다는 것이다. 이 이론에 따르면 외국정부를 피고로 하여 제기한 소는 부적법한 소가 되어 각하된다. 이러한 주권면제이론에는 외국정부는 무조건 다른 국가의 피고가 될 수 없다는 절대적 주권면제이론과 주권적 활동과 관련해서만 주권면제가 허용되고 주권적 활동과 관계없는 경제적 활동과 관련해서는 외국정부도 피고가 될 수 있다는 상대적 주권면제이론이 있다.

2. 상대적 주권면제

우리나라에는 주권면제에 관한 실정법이 없고,[2] 다만 대법원 판례에 의하여 인정되

---

1) 외국정부가 무엇인지 그 범위가 명확한 것은 아니다. 이 문제에 관하여는 이헌묵, "주권면제이론에서의 인적범위에 관한 소고", 국제거래법연구 제15집 제1호 참조.

2) 미국에는 The Foreign Sovereign Immunities Act가 있고, UN에서는 2004년 The United Nations Convention on Jurisdictional Immunities of States and Their Property를 채택하였지만 아직 발효되지 않고 있다. 이 UN

고 있다. 종전의 대법원 판례는 '절대적 주권면제이론'을 취하여 외국정부는 우리 법원에서 피고가 될 수 없다고 보았지만 현재의 대법원 판례는 '상대적 주권면제이론'을 택하여 물품매매계약과 같이 외국정부의 주권적 활동과 관계없는 활동으로 인하여 발생한 분쟁에 대하여는 우리 법원이 재판권을 갖고 있다고 보고 있다(대법원 1998. 12. 17. 선고 97다39216).

3. 외국을 제3채무자로 하는 추심명령

가. 외국을 제3채무자로 하는 추심명령의 금지와 추심금 소송

채권압류 및 추심명령은 집행법원이 일방적으로 제3채무자에게 채무자에 대한 채무의 지급금지를 명령하고 피압류채권의 추심권능을 집행채권자에게 부여하는 것으로서 우리 법원이 외국정부에 대하여 이러한 명령을 하는 것은 주권침해에 해당한다(대법원 2011. 12. 13. 선고 2009다16766 판결). 따라서 사법적 활동에 의하여 발생한 외국정부에 대한 채권이라고 하더라도 외국정부를 제3채무자로 하는 추심명령이 허용되지 아니하며 설령 추심명령이 발령되었다고 하더라도 채권자는 외국정부를 피고로 하여 추심금청구소송을 제기할 수 없고 만일 소를 제기하였다면 우리 법원은 외국정부에 대하여 재판권이 없어서 소는 각하된다(앞의 판결).

나. 예외적 허용

우리나라 법원의 압류 등 강제조치에 대하여 재판권 면제 주장을 포기한 것으로 볼 수 있는 경우 등에 한하여 그 해당 국가를 제3채무자로 하는 채권압류 및 추심명령을 발령할 재판권을 가진다(앞의 판결). 우리나라 법원이 외국을 제3채무자로 하는 추심명령에 대하여 재판권을 행사할 수 있는 경우에는 그 추심명령에 기하여 외국을 피고로 하는 추심금 소송에 대하여도 역시 재판권을 행사할 수 있다(앞의 판결).

III. 국제재판관할(international jurisdiction)

1. 국제재판관할의 의의

계약지, 당사자국적, 이행지 등이 외국에 존재하는 것과 같이 외국적 요소(foreign elements)가 있는 사건(이하 '국제사건'이라고 한다.)에 대하여 어느 국가의 법원이 '민사재판권'을 갖고 있는가의 문제를 '국제재판관할'이라고 한다. 예를 들어 국내회사와 외국회

협약에서도 외국국가의 상업적 행위에 한정하여 외국국가가 다른 국가의 법원에서 피고가 될 수 있다고 하여 '상대적 주권면제이론'에 따르고 있다.

사 사이에 체결된 계약에 관하여 분쟁이 발생한 경우에 우리 법원과 외국 법원 중 어느 국가의 법원이 민사재판권을 행사할 수 있는지 결정해야 한다. 소송의 당사자는 자신에게 유리한 법의 적용을 받기 위하여 자신에게 유리한 국가의 법원을 찾아다니는 경향이 있는데 이를 '법정지 쇼핑'(forum shopping)이라고도 한다.

2. 국제재판관할의 두 가지 역할

국제재판관할은 두 가지 측면의 역할을 수행한다.

첫째, 국제사건에 대하여 대한민국법원에 소가 제기되었을 때 대한민국법원이 당해 사건에 대하여 재판권을 행사할 수 있는지를 심사하는 기준이 된다(이를 '직접관할'이라고도 한다. 만일 대한민국 법원에 재판권이 없다면 그 소를 각하해야 한다.

둘째, 외국 법원의 판결도 민사소송법 제217조 제1항의 요건을 갖추면 국내에서 기판력을 가지며[3] 민사집행법 제27조의 집행판결을 받으면 국내에서 집행력이 발생하여 강제집행을 할 수 있다. 그런데 같은 항 제1호에서는 "대한민국의 법령 또는 조약에 따른 국제재판관할의 원칙상 그 외국 법원의 국제재판관할권이 인정될 것"을 외국재판의 승인을 위한 요건 중의 하나로 규정하고 있으므로 외국 법원이 국제재판관할을 갖고 있어야 외국재판이 비로소 승인된다(이를 '간접관할'이라고도 한다.).

3. 국제재판관할 배분의 판단기준

당사자는 분쟁이 발생하기 전 또는 그 후에 국내재판관할에 관하여 합의할 수 있다. 마찬가지로 국제재판관할에 관하여도 당사자는 합의할 수 있다. 다만 전속적 국제재판관할의 합의에 관하여는 대법원 판례에 의한 제한이 있다. 이에 대하여는 뒤에서 설명한다. 만일 당사자 사이에 국제재판관할에 관한 합의가 없는 경우에 국제재판관할의 분배에 관하여는 민사소송법이 아니라 국제사법에서 규정하고 있다.

> 국제사법 제2조(국제재판관할)
> ① 법원은 당사자 또는 분쟁이 된 사안이 대한민국과 실질적 관련이 있는 경우에 국제재판관할권을 가진다. 이 경우 법원은 실질적 관련의 유무를 판단함에 있어 국제재판관할 배분의 이념에 부합하는 합리적인 원칙에 따라야 한다.
> ② 법원은 국내법의 관할 규정을 참작하여 국제재판관할권의 유무를 판단하되, 제1항의 규정의 취지에 비추어 국제재판관할의 특수성을 충분히 고려하여야 한다.

3) 승인을 위한 별도의 절차는 없으며 외국재판의 기판력이 문제된 경우에 외국재판이 승인의 요건을 갖추면 자동승인이 된다.

가. 실질적 관련성의 요구

대한민국법원이 당해 국제사건에 대하여 국제재판관할권을 행사하는 것을 정당화할 수 있을 정도로 당사자 또는 분쟁 대상이 우리나라와 실질적 관련성(substantial relationship)이 있어야 한다. 예를 들어 거주지, 사건의 발생지 또는 재산의 소재지 등이 전적으로 외국에 소재하고 있어서 우리나라와 어떠한 관련도 없는 외국인 사이의 분쟁에 대하여는 대한민국 법원에 재판권이 없다.

[실질적 관련성의 판단기준에 관한 판례]

법원이 국제재판관할권의 유무를 판단함에 있어서 당사자 간의 공평, 재판의 적정, 신속 및 경제를 기한다는 기본이념에 따라 국제재판관할을 결정하여야 하고, 구체적으로는 소송당사자들의 공평, 편의 그리고 예측가능성과 같은 개인적인 이익뿐만 아니라 재판의 적정, 신속, 효율 및 판결의 실효성 등과 같은 법원 내지 국가의 이익도 함께 고려하여야 하며, 이러한 다양한 이익 중 어떠한 이익을 보호할 필요가 있을지 여부는 개별 사건에서 법정지와 당사자의 실질적 관련성 및 법정지와 분쟁이 된 사안과의 실질적 관련성을 객관적인 기준으로 삼아 합리적으로 판단하여야 한다.(대법원 2010. 7. 15. 선고 2010다18355 판결)

[제조물책임 소송에서 국제재판관할을 인정하기 위한 특별요건]

물품을 제조 · 판매하는 제조업자에 대한 제조물책임 소송에서 손해발생지의 법원에 국제재판관할권이 있는지 여부를 판단하는 경우에는 제조업자가 그 손해발생지에서 사고가 발생하여 그 지역의 법원에 제소될 것임을 합리적으로 예견할 수 있을 정도로 제조업자와 손해발생지 사이에 실질적 관련성이 있는지를 고려하여야 한다(이러한 제한이 없으면 제조물이 소재하고 손해가 발생한 모든 곳이 불법행위지가 되어 제조자에게 가혹하다.). (대법원 2013. 7. 12. 선고 2006다17539 판결) – 베트남 전쟁에서 고엽제를 제조한 피고회사는 한국군이 참전한 사실 및 고엽제에 노출된 한국군이 한국에 돌아갈 것이라는 사실을 알고 있었으므로 한국에서 손해가 발생하리라는 점에 대한 예견가능성이 있다고 인정.

나. 토지관할에 관한 규정의 참조

실질적 관련성은 매우 추상적 기준이기 때문에 좀 더 명확한 기준이 필요하다. 그런데 민사소송법의 토지관할(각 지역에 있는 법원 중에 어느 법원이 관할법원이 되는가의 문제)에 관한 규정은 사건과 법원 사이의 관련성을 고려하여 마련된 것이므로 어느 국제사건에 관하여 국내에 토지관할이 인정되면 그 사건과 국내법원 사이에 실질적 관련성이 높다고 볼 수 있다.[4] 이러한 취지에서 국제사법 제2조 제2항에서는 국제재판관할을 결정할 때 국내 관할규정을 참조하도록 규정하고 있다.

---

4) 국제재판관할은 재판권에 관한 문제이므로 원칙적으로 국제재판관할이 먼저 결정된 후에 국내토지관할이 문제된다. 따라서 거꾸로 국내에 토지관할이 있으면 국제재판관할이 있다고 보는 것은 논리순서를 역행하지만 현재는 국제사법에서 이를 명시적으로 받아들였다.

[국내 토지관할에 관한 규정을 이유로 국제재판관할을 인정한 판결]

일제강점기에 국민징용령에 의하여 강제징용되어 일본국 회사인 미쓰비시중공업 주식회사에서 강제노동에 종사한 대한민국 국민 갑 등이 구 미쓰비시가 해산된 후 새로이 설립된 미쓰비시중공업 주식회사를 상대로 국제법 위반 및 불법행위를 이유로 한 손해배상과 미지급 임금의 지급을 구한 사안에서, 미쓰비시가 일본법에 의하여 설립된 일본 법인으로서 주된 사무소를 일본국 내에 두고 있으나 대한민국 내 업무 진행을 위한 연락사무소가 소 제기 당시 대한민국 내에 존재하고 있었던 점, 대한민국은 구 미쓰비시가 일본국과 함께 갑 등을 강제징용한 후 강제노동을 시킨 일련의 불법행위 중 일부가 이루어진 불법행위지인 점, 피해자인 갑 등이 모두 대한민국에 거주하고 있고 사안의 내용이 대한민국의 역사 및 정치적 변동 상황 등과 밀접한 관계가 있는 점, 갑 등의 불법행위로 인한 손해배상청구와 미지급임금 지급청구 사이에는 객관적 관련성이 인정되는 점 등에 비추어 대한민국은 사건 당사자 및 분쟁이 된 사안과 실질적 관련성이 있다는 이유로, 대한민국 법원의 국제재판관할권을 인정.(대법원 2012. 5. 24. 선고 2009다22549 판결)

[중국민항기가 김해공항에 추락하여 사망한 중국인 승무원의 가족이 우리나라 법원에 중국항공사를 상대로 손해배상청구한 사건에서 실질적 관련성을 인정한 판결]

이 사건에서 피고 회사의 영업소가 대한민국에 존재하고 피고 회사 항공기가 대한민국에 취항하며 영리를 취득하고 있는 이상, 피고 회사가 그 영업 활동을 전개하는 과정에서 대한민국 영토에서 피고 회사 항공기가 추락하여 인신사고가 발생한 경우 피고 회사로서는 대한민국 법원의 재판관할권에 복속함이 상당하고, 피고 회사 자신도 이러한 경우 대한민국 법원에 피고 회사를 상대로 손해배상소송이 제기될 수 있다는 점을 충분히 예측할 수 있다고 보아야 한다. 따라서 개인적인 이익 측면에서도 대한민국 법원의 재판관할권이 배제된다고 볼 수 없다.(대법원 2010. 7. 15. 선고 2010다18355 판결)

다. 국제재핀관할의 특수성의 고려

민사소송법의 토지관할에 관한 규정은 구체적 사건에서의 특수성을 고려하지 않고 획일적으로 마련된 것이다. 만일 국제사건에서도 토지관할에 관한 규정을 획일적으로 적용하게 되면 국내 법원과 실질적 관련이 없는 국제사건에 대하여도 재판권을 행사하는 경우(이를 '과잉관할'(exorbitant jurisdiction)이라고도 한다.)가 발생할 수 있다. 이러한 이유로 국제재판관할의 배분은 원칙적으로 토지관할에 따르되, 토지관할만으로 실질적 관련성을 인정할 수 없다면 토지관할의 기준을 배척할 수 있다.

[이혼소송에서 피고의 주소가 대한민국에 있어야 한다는 판결]

외국인 간의 이혼심판 청구사건에 대한 재판청구권의 행사는 소송절차상의 공평 및 정의 관념에 비추어 상대방인 피청구인 행방불명 기타 이에 준하는 사정이 있거나 상대방이 적극적으로 응소하여 그 이익이 부당하게 침해될 우려가 없다고 보여져 그들에 대한 심판의 거부가 오히려 외국인에 대한 법의 보호를 거부하는 셈이 되어 정의에 반한다고 인정되는 예외적인 경우를 제외하고는 상대방인 피청구인의 주소가 우리나라에 있는 것을 요건으로 한다.(대법원 1975. 7. 22. 선고 74므22 판결)

국제재판관할의 특수성의 예시

1. 사 안

국회의원 선거에 출마했다가 상대방 정당의 인터넷 비방글로 인하여 낙선했다고 주장하는 사람이 미국에 일시 체류하면서 미국법원에 위 정당을 피고로 하여 명예훼손을 원인으로 한 손해배상청구를 하였다. 손해의 내역은 선거운동비와 4년간의 국회의원의 보수이다. 그런데 피고가 소장의 송달을 받고도 응소하지 아니하였고 원고는 궐석재판(judgment by default)으로 승소하였다. 그 후 원고는 국내법원에 위 미국판결에 대하여 집행판결을 구하는 소를 제기하였다. 이 소송에서 원고는 위 정당에 의한 인터넷명예훼손의 결과는 미국의 한인사회에서도 발생한 것이므로 미국법원은 위 손해배상청구사건과 실질적 관련이 있다고 주장하였다

2. 판 결

대법원의 판시내용을 요약하면 다음과 같다. 원고가 미국법원에서 주장한 손해내역은 선거운동비와 4년간의 국회의원의 보수이고, 이러한 손해는 전적으로 대한민국에서의 명예훼손과 관련이 있으므로 사건과 미국법원 사이에 실질적 관련이 없다. 그리고 원고는 미국에 일시 거주하는 것에 불과하여 굳이 미국법원에 소를 제기할 이유도 없다(대법원 2003. 9. 26. 선고 2003다29555 판결).

3. 평 가

위 사안은 우리 민사소송법상 미국법원이 위 사건에 대하여 국제재판관할을 갖고 있는가에 관한 사건이므로 간접관할에 관한 사안이다.

가. 토지관할

민사소송법 제8조에서는 "재산권에 관한 소를 제기하는 경우에는 거소지 또는 의무이행지의 법원에 제기할 수 있다."라고 하여 의무이행지 토지관할을 인정하고 있다. 그런데 불법행위에 기한 손해배상채무는 금전지급채무로서 민법 제467조 제2항에 따라서 채무자가 채권자의 주소에 가서 이행을 해야 하는 '지참채무'에 해당한다. 원고가 미국법원에 손해배상청구소송을 제기할 당시 원고는 미국에 거주하고 있었으므로 불법행위채무의 이행지는 미국이 되어, 일면 의무이행지인 미국의 법원에 국제재판관할이 있어 보인다.

나. 국제재판관할의 특수성의 고려

원고가 미국법원에서 주장한 손해내역은 선거운동비와 4년간 국회의원보수로서 미국에서의 명예훼손과 관련이 없고, 원고가 미국에 거주한 것은 일시적 거주로서 우연적 사정에 불과하다. 그러므로 비록 민사소송법상 토지관할이 인정된다고 하더라도 사건과 미국법원 사이에 '실질적' 관련이 없으므로 미국법원의 판결에 대하여 집행판결을 거부한 법원의 판단은 정당하다.

4. 소비자와 근로자에 관한 특칙

가. 소비자와 근로자의 보호

국제사법 제27조와 제28조는 약자인 소비자 및 근로자를 보호하기 위하여 국제재판관할결정의 특칙을 규정하고 있다. 간략히 소개하면 소비자를 피고로 하여 소송을 제기

할 때는 소비자가 상시 거주하는 곳(이를 '상거소'(permanent residence)라고 한다.)의 법원만이 관할을 갖고, 근로자를 피고로 하여 소송을 제기할 때는 근로자의 상거소지의 국가 또는 일상적인 노무제공지의 국가의 법원만이 국제재판관할을 갖는다. 이는 강행규정이므로 이와 다른 국제재판관할의 합의는 효력이 없다.

나. 예 외

이미 분쟁이 발생한 경우에는 소비자와 근로자가 약자라고 볼 수 없으므로 국제재판관할의 합의를 할 수 있으며, 소비자와 근로자가 국제사법 제27조와 제28조에 규정된 관할법원 이외의 법원에 소를 제기할 수 있도록 관할법원을 추가하는 국제재판관할의 합의는 소비자와 근로자에게 오히려 이익이 되므로 허용된다(국제사법 제27조 제6항, 제28조 제5항).

제 2 절 법원의 종류와 법관의 제척 · 기피 · 회피

I. 법원의 분류

대한민국의 법원은 심급과 규모에 따라서 대법원, 고등법원, 지방법원, 지원(지방법원 밑의 소규모 법원), 시군법원(소액사건심판법의 적용을 받는 민사사건, 화해 · 독촉 및 조정에 관한 사건, 20만원 이하의 벌금 또는 구류나 과료에 처할 범죄사건, 「가족관계의 등록 등에 관한 법률」 제75조에 의한 협의상 이혼의 확인을 담당)으로 구성된다. 특정한 사건에 대하여 배타적 관할을 갖는 법원으로는 특허법원(고등법원급), 회생법원, 행정법원, 가정법원이 있다.

II. 법관의 제척 · 기피 · 회피

1. 법관의 제척과 기피

가. 법관의 제척

법관과 사건 사이에 민사소송법 제41조에 규정된 각 호의 특수한 관계에 있는 경우에 직권 또는 당사자의 신청에 의하여 법관이 그 사건의 직무에서 배제되는 것을 '법관의 제척'이라고 한다. 만일 제척사유가 있음에도 불구하고 법관이 판결을 하였다면 이러한 판결은 법률상 그 재판에 관여할 수 없는 법관이 관여한 때에 해당하여 상고이유 및 재심사유가 된다(법 제451조 제1항 제2호). 제척사유는 다음과 같다.

1. 법관 또는 그 배우자나 배우자이었던 사람이 사건의 당사자가 되거나, 사건의 당사자와 공동권리자 · 공동의무자 또는 상환의무자의 관계에 있는 때
2. 법관이 당사자와 친족의 관계에 있거나 그러한 관계에 있었을 때
3. 법관이 사건에 관하여 증언이나 감정을 하였을 때
4. 법관이 사건당사자의 대리인이었거나 대리인이 된 때
5. 법관이 불복사건의 이전심급의 재판에 관여하였을 때. 다만 다른 법원의 촉탁에 따라 그 직무를 수행한 경우에는 그러하지 아니하다.

이때 법관의 제척원인이 되는 "이전심급의 재판에 관여하였을 때"라 함은 최종변론과 판결의 합의에 관여함을 말하는 것이고, 그 전의 변론이나 증거조사에만 관여한 경우는 포함되지 않는다(대법원 1994. 8. 12. 선고 92다23537 판결). 만일 최종변론과 판결의 합의에 관여한 법관이 다시 동일한 사건에 관여한다면 당사자가 새로운 법관에 의하여 새로운 판단을 받을 수 있다는 심급의 이익이 박탈되기 때문이다.

나. 법관의 기피

(1) 법관의 제척 사유 이외에 법관에게 공정한 재판을 기대하기 어려운 사정이 있는 때에 소송당사자는 법원에 기피신청을 할 수 있고, 기피신청이 받아들여지면 법관은 재판에서 배제된다(법 제43조).

(2) 여기서 "재판의 공정을 기대하기 어려운 사정이 있는 때"라 함은 당사자가 불공정한 재판이 될지도 모른다고 추측할 만한 주관적인 사정이 있는 때를 말하는 것이 아니고, 통상인의 판단으로서 법관과 사건과의 관계로 보아 불공정한 재판을 할 것이라는 의혹을 갖는 것이 합리적이라고 인정될 만한 객관적인 사정이 있는 때를 말한다(대법원 1992. 12. 30. 자 92마783 결정). 예를 들어 소송당사자 일방이 재판장의 변경에 따라 소송대리인을 교체하였다 하더라도 그와 같은 사유만으로는 재판의 공정을 기대하기 어려운 객관적인 사정이 있는 때에 해당하지 않는다(앞의 결정).

다. 제척 또는 기피신청이 있는 경우의 처리

(1) 합의부에서 처리

제척 또는 기피신청에 대한 재판은 그 신청을 받은 법관의 소속 법원 합의부에서 결정으로 하여야 한다(법 제46조).

(2) 소송절차의 정지

법원은 제척 또는 기피신청이 있는 경우에는 그 재판이 확정될 때까지 소송절차를 정지하여야 한다. 다만 제척 또는 기피신청이 각하된 경우 또는 종국판결을 선고하거나 긴급을 요하는 행위를 하는 경우에는 그러하지 아니하다(법 제48조). 따라서 기피신청에

따라서 소송절차가 정지되어 있음에도 재판부가 변론기일을 지정하였고 이에 당사자가 출석하지 아니하였다면 쌍방불출석의 효과가 발생하지 않고, 그 후 위 기피신청을 각하하는 결정이 확정되더라도 쌍방불출석의 효과를 발생시킨 절차 위반의 흠결이 치유되지 않는다(대법원 2010. 2. 11. 선고 2009다78467 판결).

(3) 항 고

제척 또는 기피신청이 제44조에 규정된 방식에 어긋나거나 소송의 지연을 목적으로 하는 것이 분명하다고 하여 각하되거나(법 제45조) 또는 제척이나 기피신청이 이유 없다는 결정에 대하여는 즉시항고를 할 수 있다(법 제47조 제2항). 그러나 재판의 신속을 위하여 제척 또는 기피신청에 정당한 이유가 있다는 결정에 대하여는 불복할 수 없다(같은 조 제1항). 그런데 재판장에 대한 기피신청 각하결정에 대하여 기피신청인이 항고를 하였지만 그 동안에 종국판결이 선고되었다면, 사건이 그 재판장으로부터 벗어나서 그 기피신청에 대한 재판을 할 이익이 없으므로 항고를 각하해야 한다(대법원 2008. 4. 1.자 2008마420 결정).

2. 법관의 회피

법관은 제척사유 또는 기피사유가 있는 경우에 당사자의 신청이 없다고 하더라도 스스로 사건에서 벗어날 수 있는데, 이를 '법관의 회피'라고 한다(민사소송법 제49조).

제 3 절 관할(jurisdiction)

관할이란 특정 법원이 재판권을 행사할 수 있는 권한을 의미한다. 법원은 우선 사건에 관하여 관할권의 유무를 확인한 후에 분쟁의 실체에 대하여 심리를 진행하므로 법원의 관할권은 실체심리를 위한 전제조건이 된다. 따라서 관할의 원인이 동시에 본안[5]의 내용과 관련이 있는 때에는 법원은 원고의 청구원인사실을 기초로 하여 관할권의 유무를 판단할 것이지, 본안의 심리를 한 후에 관할의 유무를 결정할 것은 아니다(대법원 2004. 7. 14.자 2004무20 결정). 예를 들어 원고의 주장만으로 특정법원의 전속관할이 인정되면 충분하므로 실체심리 결과 원고의 주장이 인정되지 않는다고 하여 전속관할을 부정하여서는 안 된다(앞의 판결). 이러한 관할에는 다양한 종류가 있다.

---

5) 본안이란 원고가 피고에 대하여 주장하는 청구내용을 의미한다. 소송요건과 같이 원고의 청구내용이 아닌 사항과 대비된다.

I. 전속관할(exclusive jurisdiction)

1. 의 의

전문성 또는 고도의 공익적 필요로 인하여 특정한 사건에 대하여는 특정한 법원만이 관할권을 갖는 경우가 있는데 이를 '전속관할'이라고 한다. 만일 전속관할 사건에 대하여 일반법원에 소를 제기하면 관할위반이 되므로 전속관할을 갖고 있는 법원에 사건이 이송된다.

2. 민사소송법상 전속관할

가. '특허권 등의 지식재산권'과 '특허권 등을 제외한 지식재산권'

(1) 전속관할을 규정하고 있는 민사소송법 제24조에서는 '특허권 등의 지식재산권'과 '특허권 등을 제외한 지식재산권'을 구분하여, 특허권 등의 지식재산권에 관한 소에 관하여만 전속관할을 규정하고, 특허권 등을 제외한 지식재산권에 관한 소에 관하여는 중복관할만 인정하고 있다.

(2) '특허권 등의 지식재산권'은 통상 산업재산권으로 지칭되는 '특허권, 실용신안권, 디자인권, 상표권, 품종보호권'으로서 특허청에 등록이 되어야 비로소 권리가 발생한다는 특징이 있다. 반면에 '특허권 등을 제외한 지식재산권'은 일반적으로 저작권이 될 것인데, 이러한 권리는 창작에 의하여 즉시 발생하므로 등록이 없어도 권리가 발생하는 특징이 있다.

나. '특허권 등의 지식재산권에 관한 소'에서의 전속관할

기술과 산업재산권에 관한 전문성이 강조되는 '특허권 등'에 관한 소를 제기하는 경우(예를 들어 특허등록의 무효에 관한 특허청의 특허심결에 관하여는 특허법에 따라서 특허법원이 전속적 관할법원이 되지만, 특허권 침해를 청구원인으로 하는 손해배상청구사건은 민사법원이 제1심 법원이 된다.)에는 민사소송법의 토지관할의 규정에 따른 관할법원 소재지를 관할하는 고등법원 소재지 지방법원의 전속관할(서울 지역은 서울서부지방법원 등 다른 지방법원을 제외하고 서울중앙지방법원으로 한정한다.)이 된다(법 제24조 제2항). 예를 들어 특허권침해중지청구의 소에 관하여 민사소송법의 토지관할의 규정에 따라서 창원지방법원이 관할법원이라면 창원지방법원의 고등법원인 부산고등법원이 소재한 곳의 지방법원인 부산지방법원이 전속관할법원이 된다.

다. 중복관할

위와 같은 전속관할에도 불구하고 소송당사자가 서울중앙지방법원이 축적해 온 특허권 등의 지식재산권 소송의 전문성을 활용할 수 있도록 당사자의 선택으로 특허권 등의 지식재산권에 관한 소를 서울중앙지방법원에도 제기할 수 있도록 중복관할에 관한 규정을 두었다(법 제24조 제3항).

라. 현저한 손해 또는 지연을 피하기 위한 이송

이와 같이 전속관할이 정하여진 특허권 등 지식재산권에 관한 소이더라도 현저한 손해 또는 지연을 피하기 위해 필요한 경우에는 법원의 직권 또는 당사자의 신청에 따른 결정으로 그 소송의 전부 또는 일부를 이송할 수 있다(법 제36조 제3항).

마. 항소심 법원

위 민사소송법 제24조 제2항과 제3항에서 따른 사건의 항소사건에 대하여는 특허법원이 항소심 법원이 된다(법원조직법 제28조의4 제2호). 즉 특허법원의 전속관할이 된다.

3. 기타 법률에 의한 전속관할

민사소송법 이외의 특별법에서도 전속관할을 인정하고 있다. 예를 들어 특허심판의 심결에 대하여는 특허법원(특허법 제186조 제1항), 행정처분의 취소소송에 대하여는 행정법원(행정소송법 제9조), 「독점규제 및 공정거래에 관한 법률」상의 공정거래위원회의 처분에 대하여 불복의 소를 제기하고자 할 때는 공정거래위원회의 소재지를 관할하는 서울고등법원(독점규제 및 공정거래에 관한 법률 제55조), 주식회사 설립무효의 소는 그 주식회사의 본점 소재지 지방법원(상법 제328조), 소비자단체소송의 경우 피고의 주된 사무소가 있는 곳의 지방법원 본원 합의부(소비자기본법 제71조)가 각 전속관할법원이 된다.

[특허권의 양도에 관한 분쟁은 특허권 등록국가의 전속관할이 아니라는 판결]

당해 사건이 외국 법원의 전속관할에 속하는지 여부와 관련하여 특허권은 등록국법에 의하여 발생하는 권리로서 법원은 다른 국가의 특허권 부여행위와 그 행위의 유효성에 대하여 판단할 수 없으므로 등록을 요하는 특허권의 성립에 관한 것이거나 유·무효 또는 취소 등을 구하는 소는 일반적으로 등록국 또는 등록이 청구된 국가 법원의 전속관할[6]에 속하는 것으로 볼 수 있으나, 그 주된 분쟁 및 심리의 대상이 특허권의 성립, 유·무효 또는 취소와 관계없는 특허권 등을 양도하는 계약의 해석과 효력 유무일 뿐인 그 양도계약의 이행을 구하는 소는 등록국이나 등록이 청구된 국가 법원의 전속관할에 속하는 것으로 볼 수 없다.(대법원 2011. 4. 28. 선고 2009다19093 판결) – 현행법에 따르면 특허권의 양도는 특허권에 관한 소에 해당하므로 민사소송법 제24조 제2항과 제3항의 전

6) 특허권 등의 지적재산권은 등록된 국가에서만 권리로서 인정되는 속지주의를 바탕으로 하고 있다.

속관할에 관한 규정이 적용될 것이다.

[특허권의 유효성이 선결문제인 경우에 전속관할이 아닌 경우]

진보성이 없어 본래 공중에게 개방되어야 하는 기술에 대하여 잘못하여 특허등록이 이루어져 있음에도 별다른 제한 없이 그 기술을 당해 특허권자에게 독점시킨다면 공공의 이익을 부당하게 훼손할 뿐만 아니라 위에서 본 바와 같은 특허법의 입법목적에도 정면으로 배치된다. 또한 특허권도 사적 재산권의 하나인 이상 특허발명의 실질적 가치에 부응하여 정의와 공평의 이념에 맞게 행사되어야 할 것인데, 진보성이 없어 보호할 가치가 없는 발명에 대하여 형식적으로 특허등록이 되어 있음을 기화로 발명을 실시하는 자를 상대로 침해금지 또는 손해배상 등을 청구할 수 있도록 용인하는 것은 특허권자에게 부당한 이익을 주고 발명을 실시하는 자에게는 불합리한 고통이나 손해를 줄 뿐이므로 실질적 정의와 당사자들 사이의 형평에도 어긋난다. 이러한 점들에 비추어 보면, 특허발명에 대한 무효심결이 확정되기 전이라고 하더라도 특허발명의 진보성이 부정되어 특허가 특허무효심판에 의하여 무효로 될 것임이 명백한 경우에는 특허권에 기초한 침해금지 또는 손해배상 등의 청구는 특별한 사정이 없는 한 권리남용에 해당하여 허용되지 않는다고 보아야 하고, 특허권침해소송을 담당하는 법원으로서도 특허권자의 그러한 청구가 권리남용에 해당한다는 항변이 있는 경우 당부를 살피기 위한 전제로서 특허발명의 진보성 여부에 대하여 심리·판단할 수 있다.(대법원 2012. 1. 19. 선고 2010다95390 전원합의체 판결)[7] – 그러나 특허권 등 지적재산권에 관한 소송에 대하여 전속관할이 인정되고 있다는 점에서 위와 같은 선결문제에 대하여도 전속관할이 제한이 있는지 문제가 제기된다.

II. 심급관할

법원은 심급에 따라서 제1심(first instance), 제2심(second instance), 제3심(third instance) 법원으로 구성되는데, 어느 심급법원이 관할을 갖고 있는가의 문제가 심급관할이다. 제1심 법원의 판결에 대하여 불복하는 것을 '항소(抗訴)'라고 하고, 제2심 법원의 판결에 대하여 불복하는 것을 '상고(上告)'라고 한다. 이를 합쳐서 '상소(上訴)'라고 한다.

1. 제1심 관할법원

제1심 관할법원은 지방법원본원, 지원, 시군법원으로 구성된다.

가. 사건번호

제1심 민사소송사건 사건번호는 '가'이고, 합의부사건은 '가합', 단독판사사건은 '가단', 소액사건은 '가소'로 표기한다. 예) 서울중앙지방법원 2004.12.12. 선고 2013가합12345 판결.

---

7) 대법원 2012. 10. 18. 선고 2010다103000 전원합의체 판결에서는 상표권에 관하여 동일한 판시를 하고 있다.

나. 사물관할(pecuniary jurisdiction)

사물관할이란 제1심 법원 내에서 단독판사와 합의부의 관할분담관계를 말한다(법원조직법 제32조 제1항 제2호).

(1) 합의부의 관할사건

합의부는 재판장 1명과 좌·우 배석판사 2명, 총 3인의 법관으로 구성된다.

- 소가(訴價) 5억원을 초과하는 사건(「민사 및 가사소송의 사물관할에 관한 규칙」 제2조)
- 재정합의사건: 합의부에서 심판하기로 스스로 결정한 사건
- 비재산권상의 소: 소송대상의 경제적 가치를 산정할 수 없는 소를 '비재산권상의 소'라고 한다. 예를 들어 인격권침해금지청구, 일조방해, 소음금지, 주주총회결의 무효확인 등이 비재산권상의 소에 해당한다. 이러한 비재산권상의 소는 인지액 등의 산정을 위해서는 원칙적으로 소가를 5천만원으로 본다(「민사소송 등 인지규칙」 제18조의2).
- 재산권상의 소이지만 소가를 산정할 수 없는 경우. 예) 시가확인이 불가능한 고서(古書)반환청구소송 등. 인지액 등의 산정을 위해서는 원칙적으로 소가를 5천만원으로 본다(「민사소송 등 인지규칙」 제18조의2).

(2) 단독판사의 관할사건

판사 1인으로 구성된 재판부.

- 소가 2억원 이하의 사건.
- 소가 2억원을 초과하지만 난순하고 정형적인 사건도 단독판사의 관할사건이 된다. 예를 들어 금융기관 대여금, 자동차사고, 수표금, 어음금 등이 있다(「민사 및 가사소송의 사물관할에 관한 규칙」 제2조).

(3) 소액사건

단독판사의 관할 사건 중 제소한 때의 소가가 3천만원을 초과하지 아니하는 금전 기타 대체물이나 유가증권의 일정한 수량의 지급을 목적으로 하는 사건이 소액사건이 된다(소액사건심판규칙 제1조의2). 다량의 소액사건을 신속하게 재판하기 위하여 민사소송법의 특별법으로서의 소액사건심판법이 적용된다. 대표적으로 소액사건에서는 판결이유를 기재하지 않고, 대법원에 대한 상고이유를 엄격하게 제한하고 있다.

다. 소가(訴價)

(1) 의 의

원고가 소로써 달하려는 목적이 갖는 경제적 이익을 화폐단위로 평가한 금액을 '소가'라고 한다. 금전지급청구소송의 경우에는 청구금액이 소가가 된다. 금전지급청구소송

이외의 소송에서의 소가산정에 관하여는 「민사소송 등 인지규칙」에 규정되어 있다.

(2) 소 제기 후 소가가 변동되는 경우

단독판사 사건이 원고의 청구취지확장 등으로 인하여 합의부 사건이 되는 경우에는 사건을 합의부로 이송해야 한다(대법원 1983. 6. 21. 자 83마214 결정). 그러나 소액사건심판법의 적용대상인 소액사건에 해당하는 여부는 제소당시를 기준으로 정해지는 것이므로 병합심리로 그 소가 합산액이 소액사건의 소가를 초과하였다고 하여도 소액사건임에는 변함이 없으므로 소액사건심판법이 적용된다(대법원 1991. 9. 10. 선고 91다20579 판결).

(3) 청구권병합에서 소가

(가) 단순병합의 경우 합산

1개의 소로써 수개의 청구를 하는 경우에 그 수개의 청구의 경제적 이익이 독립한 별개의 것인 때(즉 단순병합)에는 합산하여 소가를 산정한다(「민사소송 등 인지규칙」 제19조). 예를 들어 대여금 1억원의 반환청구의 소와 불법행위에 기한 1억원의 손해배상청구의 소를 병합하여 제기한다면 소가는 2억원이 된다.

(나) 불합산의 경우

i) 1개의 소로써 주장하는 수개의 청구의 경제적 이익이 동일하거나 중복되는 때에는 중복되는 범위 내에서 흡수되고, 그중 가장 다액인 청구의 가액을 소가로 한다(「민사소송 등 인지규칙」 제20조). 예를 들어 동일한 계약위반을 이유로 채무불이행청구와 불법행위에 기한 손해배상청구를 선택적 병합한 경우에 궁극적으로 하나의 손해에 대한 배상청구이므로 합산하지 않고, 하나의 청구금액만을 소가로 산정한다. 마찬가지로 주위적 및 예비적 청구의 병합이나 연대채무자에 대한 청구 또는 동일한 사실에 기초한 이행청구와 확인청구도 경제적 효과는 하나이므로 합산하지 않는다.

ii) 1개의 소로서 비재산권을 목적으로 하는 소송과 그 소송의 원인이 된 사실로부터 발생하는 재산권에 관한 소송을 병합한 경우에는 액수가 많은 소송목적의 값에 따라 인지를 붙인다(「민사소송 등 인지법」 제2조 제5항). 예를 들어 해고무효확인청구와 그 해고가 무효임을 전제로 한 임금지급청구가 1개의 소로 병합된 경우에는 그중 다액인 소가에 의한 인지만을 붙이면 된다(대법원 1994. 8. 31. 자 94마1390 결정).

(다) 부대청구의 불합산

과실(법정이자 등을 말한다.)·손해배상·위약금 또는 비용의 청구가 소송의 부대목적이 되는 경우에는 그 값은 소송목적의 값에 넣지 않는다(법 제27조 제2항). 이때 "손해배상"이라 함은 손해배상청구소송을 의미하는 것이 아니라 '소송의 부대목적이 되는 손해배상'으로서 주된 청구의 이행을 지연했기 때문에 발생하는 지연손해에 대한 배상청구를 의미한다(대법원 1992. 1. 7. 자 91마692 결정). 예를 들어 1억원의 대여금반환을 청구하면서 변제기 이후의 지연손해금을 법정이율에 따라서 청구하는 경우 "피고는 원고에게 금 1억원 및 이에 대하여 2013.4.1.부터 연 5%의 비율에 의한 금원을 지급하라."고 소를 제기하였다면 1억원만 소가가 되고, 5%의 법정이자의 청구는 지연손해에 대한 배상청구로서 부대청구에 해당하여 소가에 산정되지 않는다.

[근저당권등기말소청구의 소가에 관한 판결]

특정부동산에 설정된 근저당권등기의 말소를 구하는 소송에 있어서의 소가는 일응 그 피담보채권액에 의할 것이나 그 근저당권이 설정된 당해 부동산의 가격이 피담보채권액 보다 적을 때는 부동산의 가격이 소가산정의 기준이 되는 것이다.(대법원 1976. 9. 28. 선고 75다2064 판결)

2. 제2심 관할법원

제2심 민사소송사건 사건번호는 '나'이다. 예) 서울고등법원 2014.9.1. 선고 2013나 1234 판결.

제2심의 관할법원은,

- 제1심 합의부 판결의 경우에는 고등법원(현재는 지방법원마다 고등법원 지부를 설치하여 편의를 도모하고 있다.)이고(법원조직법 제28조),
- 제1심 단독판사 판결이나 소액사건 판결의 경우에는 지방법원 본원 합의부(지방법원 항소부)가 된다(법원조직법 제32조 제2항).

3. 제3심 관할법원

(1) 제3심 민사소송사건 사건번호는 '다'이다. 예) 대법원 2014. 4. 1. 선고 2013다 1234 판결.

(2) 제3심의 관할법원은 대법원이다. 대법원은 13인의 대법관과 대법원장으로 구성되어 있다. 상고심절차가 진행되기 위해서는 민사소송법 제423조 또는 제424조에 규정된 상고이유가 상고이유서에 기재되어 있어야 한다. 만일 이러한 상고이유가 기재되어 있지 않다면 대법원은 더 이상 심리를 진행하지 않는다는 심리불속행판결을 선고한다(「상고심절차에 관한 특례법」 제4조).

(3) 대법원은 통상 3~4인으로 구성되는 부(部)에서 심리 및 판결을 하고(법원조직법 제7조 제1항에 따르면 3명 이상의 대법관으로 구성된 부에서 심리하는 것을 원칙으로 하고 있다.), 대법관 전원에 의한 전원합의체 판결은 기존의 대법원 판례를 변경하거나, 명령 또는 규칙이 헌법이나 법률에 위반함이 인정되는 경우에 한다(법원조직법 제7조 제1항). 전원합의체판결은 사건번호에 전원합의체 판결이란 사실이 명시된다. 예) 대법원 2014. 3. 1.

선고 2013다1234 전원합의체 판결.

III. 토지관할(territorial jurisdiction)

1. 토지관할의 의의

소재지를 달리하는 법원 사이의 관할배분을 '토지관할'이라고 한다. 통상적으로 소송당사자는 자신이 소재하는 곳의 법원에서 소송이 진행되기를 바라므로 토지관할은 중요한 의미를 갖는다. 다만 전속관할이 있는 경우에는 그 전속관할법원만이 관할권을 갖고 있으므로 토지관할에 관한 규정이 적용되지 않는다.

2. 재 판 적(connecting factor)

가. 재판적의 의의

법원이 소재한 장소와 아무런 관련이 없는 당사자 또는 사건에 대하여 법원이 재판권을 행사하는 것은 과잉관할에 해당하므로 허용되지 않는다. 따라서 토지관할을 결정하는데 있어서 법원이 소재한 장소와 당사자 또는 사건과의 관련성이 요구되는데, 토지관할의 발생원인이 되는 인적, 물적 관련지점(재산의 소재지, 영업소 소재지, 불법행위지 등)을 '재판적'이라고 한다.

나. 재판적의 종류

재판적에는 사건의 내용에 관계없이 모든 사건에 적용되는 보통재판적(일반재판적, general jurisdiction)과 특정한 종류의 사건에 대하여만 적용되는 특별재판적(special jurisdiction)이 있다. 만일 여러 곳에 보통재판적과 특별재판적이 있으면 그러한 곳에 소재한 법원 모두가 관할법원이 되고, 관할법원 사이에 우열관계가 없으므로 원고는 그중에서 하나의 법원을 선택하여 소를 제기할 수 있다.

다. 보통재판적

원고가 제기한 소의 승패를 알 수 없는 상황에서 피고가 자신의 거주지 이외의 지역의 법원에 응소하도록 하는 것은 피고에게 부당하다. 피고가 이러한 부당한 불편을 당하지 아니하도록 보통재판적은 피고에게 유리하게 정해져 있다. 민사소송법 제2조는 "소는 피고의 보통재판적이 있는 곳의 법원이 관할한다."고 규정하고 있다. 이러한 원칙은 세계적으로 인정되고 있는데 이를 '*actor sequitur forum rei*'라고 한다.

(1) 사람의 보통재판적

민사소송법 제3조는 "사람의 보통재판적은 그의 주소에 따라 정한다. 다만 대한민국에 주소가 없거나 주소를 알 수 없는 경우에는 거소에 따라 정하고, 거소가 일정하지 아니하거나 거소도 알 수 없으면 마지막 주소에 따라 정한다."고 규정하고 있다. 따라서 피고의 주소지에 소재한 법원은 사건의 내용에 관계없이 항상 당해 사건에 관하여 토지관할을 갖는다.

(2) 법인 등의 보통재판적

(가) 국내에 소재하는 법인, 그밖의 사단 또는 재단의 보통재판적은 이들의 주된 사무소 또는 영업소가 있는 곳[8]에 따라 정하고, 사무소와 영업소가 없는 경우에는 주된 업무담당자의 주소에 따라 정한다(법 제5조 제1항).

(나) 외국에 소재하는 법인, 그밖의 사단 또는 재단의 경우에는 주된 사무소 또는 영업소와 주된 업무담당자의 주소가 외국에 있으므로 이들의 보통재판적은 대한민국에 있는 이들의 사무소 · 영업소 또는 업무담당자의 주소에 따라 정한다(같은 조 제2항).[9] 이때 그 분쟁이 외국법인의 대한민국 지점의 영업에 관한 것이 아니라 하더라도 우리 법원의 관할권을 인정되는 것이 원칙이다(대법원 2000. 6. 9. 선고 98다35037 판결). 만일 외국에 소재하는 법인, 그밖의 사단 또는 재단이 국내에 사무소 · 영업소가 없다면 특별재판적에 따라서 관할이 결정된다.

(3) 국가의 보통재판적

국가에 대하여 국가배상청구를 하는 경우와 같이 국가를 피고로 하여 소를 제기하는 경우에 국가의 보통재판적은 그 소송에서 국가를 대표하는 관청 또는 대법원이 있는 곳이 된다(법 제6조). 예를 들어 국세청을 상대로 과오납금에 대한 부당이득반환청구를 한다면 국세청이 소재하는 곳의 관할법원 또는 대법원이 있는 곳의 관할법원인 서울중앙지방법원이 관할법원이 된다.

라. 특별재판적

(1) 의 의

보통재판적은 피고에게 유리하도록 획일적으로 규정되어 있기 때문에 모든 경우에 있어서 재판의 적정, 공평, 신속, 경제에 합치하는 것이 아니다. 이러한 문제를 해결하고 구체적 타당성이 있는 관할규정을 확보하기 위하여 특별재판적이 존재한다. 민사소송법

8) 국내법인과 외국법인의 구분은 통상적으로 주로 법인의 주된 사무소의 소재지를 기준으로 한다(법인세법 제1조 제3호, 국제사법 제16조 등).

9) 외국법인의 영업소 소재지를 보통재판적을 보는 것에 관하여는 의견이 분분하다. 구체적인 논의는 이헌묵, "국제재판관할의 결정에 있어서 몇 가지 문제점", 국제사법연구 제19권 제1호(2013.6.) 참조.

에서는 다수의 특별재판적을 규정하고 있으므로 아래에서는 대표적인 특별재판적에 대하여만 설명한다.

(2) 대표적인 특별재판적

(가) 지급지 특별재판적

어음수표에는 어음금 또는 수표금이 지급되는 장소인 지급지가 기재된다. 어음수표에 관한 소를 제기할 때는 지급지 법원에 제기할 수 있다(법 제9조).

(나) 재산소재지 특별재판적

① 대한민국에 주소가 없는 사람 또는 주소를 알 수 없는 사람에 대하여 ② 재산권에 관한 소를 제기하는 경우에는 ③ 청구의 목적 또는 담보의 목적이나 압류할 수 있는 피고의 재산이 있는 곳의 법원에 제기할 수 있다(법 제11조).[10] 재산이 소재하면 강제집행이 가능하기 때문이다.

(다) 의무이행지 특별재판적

재산권에 관한 소를 제기하는 경우에는 거소지 또는 의무이행지의 법원에 제기할 수 있다(법 제8조). 계약분쟁에 있어서 가장 많이 사용되는 특별재판적이다.

i) 재산권에 관한 소

민사소송법 제8조에서는 '재산권에 관한 소'에 관하여 제한을 두고 있지 않으므로 청구원인이나 청구형식을 묻지 않고 모든 재산권에 관한 소(금전지급, 부동산관련 소송, 확인의 소, 이행의 소 등)가 포함된다.

ii) 의무이행지

① 지참채무원칙: 민법 제467조[11]에서는 지참채무원칙을 선언하고 있으므로 채무자가 채권자의 주소지에서 채무를 이행해야 한다. 따라서 채권자는 자신의 주소지 법원에 재산권에 관한 소를 제기할 수 있는데, 이로 인하여 채무자의 주소지가 보통재판적이란 점을 무의미하게 만드는 문제가 있다. 참고로 독일의 경우에는 추심채무원칙이므로 우리와 같은 문제가 없다.

② 예외적 추심채무: 특정물의 인도는 민법 제467조에 따라서 채권성립 당시에 그 물건이 있던 장소가 이행지가 되므로 그곳의 법원이 관할법원이 된다.

③ 채권자의 지점: 상법 제56조에서는 "채권자의 지점에서의 거래로 인한 채무이

---

10) 지명채권의 소재지가 채권자의 주소지라는 견해와 채무자의 소재지라는 견해가 있다. 민사집행법 제224조 제2항은 "집행법원은 압류한 채권의 채무자의 보통재판적이 있는 곳의 지방법원으로 한다."고 규정하여 집행법원의 관할에 관하여 후자의 견해이다.

11) 민법 제467조(변제의 장소) ① 채무의 성질 또는 당사자의 의사표시로 변제장소를 정하지 아니한 때에는 특정물의 인도는 채권성립당시에 그 물건이 있던 장소에서 하여야 한다. ② 전항의 경우에 특정물인도 이외의 채무변제는 채권자의 현주소에서 하여야 한다. 그러나 영업에 관한 채무의 변제는 채권자의 현영업소에서 하여야 한다.

행의 장소가 그 행위의 성질 또는 당사자의 의사표시에 의하여 특정되지 아니한 경우 특정물 인도 외의 채무이행은 그 지점을 이행장소로 본다.고 규정하고 있으므로 상행위로 인한 거래에서는 채권자의 지점이 이행지가 될 수도 있다.

④ 등기소 소재지: 등기의무는 성질상 등기권리자의 주소지가 아니라 관할등기소에서 이루어져야 하므로 등기에 관한 소의 특별재판적은 등기권리자의 주소지가 아니라 등기소 소재지가 된다(대법원 2002. 5. 10.자 2002마1156 결정). 같은 취지에서 민사소송법 제21조에서는 "등기 · 등록에 관한 소를 제기하는 경우에는 등기 또는 등록할 공공기관이 있는 곳의 법원에 제기할 수 있다."고 규정하고 있다.

(라) 불법행위지 특별재판적

불법행위에 관한 소를 제기하는 경우에는 불법행위지의 법원에 제기할 수 있다(법 제18조 제1항). 불법행위지에 증거가 집중되어 있으므로 증거조사의 편의를 위하여 인정되고 있다. 불법행위의 요건사실의 전부 또는 일부가 발생한 곳 모두가 불법행위지가 되고, 가해행위지와 손해발생지(결과발생지)가 다른 경우에 양자 모두 불법행위지가 된다(대법원 2013. 7. 12. 선고 2006다17553 판결).

[인터넷은 전세계적 접근이 가능하므로 결과발생지 관할의 인정에 신중해야 한다는 판결]

인터넷을 통한 명예훼손에 있어서 불법행위의 결과발생지로서의 재판관할의 인정에는 피해자의 보호, 피해의 경중, 증거수집의 편의, 가해자의 의도와 예측가능성 등이 고려되어야 한다. (대법원 2003. 9. 26. 선고 2003다29555 판결) - 위와 같은 요소를 고려하지 아니하면 인터넷을 통한 불법행위의 결과발생지가 인터넷 접속이 가능한 모든 지역이 되는 문제가 발생한다.

(마) 부동산 소재지 특별재판적

부동산에 관한 소를 제기하는 경우에는 부동산이 있는 곳의 법원에 제기할 수 있다(법 제20조). 부동산에 대한 물권에 관한 소(소유권에 기한 점유인도청구의 소)와 부동산에 대한 채권에 관한 소(매매계약에 기한 이전등기청구의 소)가 모두 '부동산에 관한 소'에 포함된다. '부동산에 관한 소'는 부동산 자체와 관련된 소를 의미하므로 간접적으로 관련이 있을 뿐인 부동산의 매매대금이나 임대료 등에 관련된 소는 포함되지 않는다. 결국 부동산에 관한 소 중 부동산등기에 관한 소는 민사소송법 제21조에 따라서 등기소 소재지 법원 또는 민사소송법 제20조에 따라서 부동산 소재지 법원이 모두 관할법원이 된다.

(바) 지식재산권, 국제거래 특별재판적 및 중복관할

i) 민사소송법 제24조 제1항에서는 '특허권 등을 제외한 지식재산권'과 국제거래에 관한 소에 대한 규정을 두고 있다. 이러한 소에 관하여는 '특허권 등의 지식재산권에 관한 소'와 달리 전속관할이 인정되지 않으므로 원고는 민사소송법 제2조 내지 제23조의 토지관할에 관한 규정에 따른 관할법원에 소를 제기해야 한다.

ii) 원고는 위와 같은 관할법원에 덧붙여 민사소송법 제2조 내지 제23조의 규정에 따른 관할법원 소재지를 관할하는 고등법원이 있는 곳의 지방법원에도 소를 제기할 수 있다(법 제24조 제1항). 즉 중복관할이 인정된다. 이때 서울고등법원이 있는 곳의 지방법원은 서울중앙지방법원으로 한정한다(법 제24조 제1항 단서). 예를 들어 국제거래에 관한 소에 관하여 의정부지방법원이 관할법원인 경우에 의정부지방법원의 고등법원인 서울고등법원이 소재하는 곳의 지방법원인 서울중앙지방법원도 관할법원이 된다.

iii) 그리고 '특허권 등의 지식재산권에 관한 소'에서는 서울중앙지방법원에도 중복관할을 인정하고 있지만(법 제24조 제3항) '특허권 등을 제외한 지식재산권에 관한 소'에서는 서울중앙지방법원에 중복관할을 인정하고 있지 않는다.

3. 관련재판적(병합청구에서의 재판적)

가. 의 의

원고가 하나의 소로써 여러 개의 청구를 병합하여 제기하거나(소의 객관적 병합) 또는 여러 사람이 공동으로 소송당사자가 되는 경우(소의 주관적 병합)에 그중 어느 하나의 청구 또는 사람에 대하여 관할을 갖는 법원은 병합된 다른 청구 또는 사람에 대하여도 관할을 갖게 되는데 이를 '관련재판적'이라고 한다. 관련재판적으로 인하여 여러 청구가 하나의 법원에 집중되어 심리될 수 있기 때문에 분쟁의 일회적 해결, 소송경제에 도움이 된다.

나. 객관적 병합에서의 관련재판적

하나의 소로써 여러 개의 청구를 하는 경우에는 법 제2조 내지 제24조의 규정에 따라서 하나의 청구에 대하여 관할권이 있는 법원이 병합된 다른 청구에 대하여도 관할권을 갖는다(법 제25조 제1항). 예를 들어 대구에 주소를 두고 있는 원고가 서울에 주소를 두고 있는 피고에 대하여 불법행위에 기한 손해배상청구권과 제주도에 있는 부동산에 대한 등기청구권을 갖고 있다고 할 때 대구지방법원은 이행지특별재판적에 따라서 불법행위에 기한 손해배상청구권에 대하여 관할을 갖고 있지만 부동산에 대한 등기청구권에 관하여는 보통재판적이나 특별재판적을 갖고 있지 않다. 그러나 원고가 위 청구권을 병합하여 소를 제기한다면 관련재판적에 의하여 대구지방법원도 부동산에 대한 등기청구의 소에 대하여 관할을 갖는다.

다. 주관적 병합에서의 관련재판적

(1) ① 연대채무나 연대채권과 같이 소송목적이 되는 권리나 의무가 여러 사람에게 공통되거나 ② 사실상 또는 법률상 같은 원인으로 말미암아 그 여러 사람이 공동소송인

으로서 당사자가 되는 경우(예를 들어 하나의 교통사고의 다수의 피해자들이 손해배상청구소송을 제기하는 경우)에는 그중 1인에 대하여 관할권이 있는 법원에 다른 공동소송인에 대하여도 관할권이 발생한다(법 제25조 제2항).

(2) 그런데 민사소송법 제65조에서는 공동소송인이 될 수 있는 경우를 ① 소송목적이 되는 권리나 의무가 여러 사람에게 공통된 경우 ② 사실상 또는 법률상 같은 원인으로 말미암아 생긴 경우, ③ 소송목적이 되는 권리나 의무가 같은 종류인 경우, ④ 사실상 또는 법률상 같은 종류의 원인으로 말미암은 것인 경우 네 가지를 규정하고 있는 반면에, 같은 법 제25조 제2항에서는 위 ①, ②의 경우에만 관련재판적을 인정하고 ③, ④의 경우에는 관련재판적을 인정하고 있지 않는다는 점에 주의할 필요가 있다.

(3) 그 이유는 ①, ②의 경우에는 주요한 공격방어방법이 공통되므로 하나의 법원에서 사건을 해결하는 것이 소송의 적정, 신속, 경제에 부합되는 반면에 당사자들 사이에 직접적 관련이 없는 ③, ④에까지 관련재판적을 인정하게 되면 피고들에게 가혹한 결과가 발생할 수 있기 때문이다. 예를 들어 같은 종류의 권리에 대하여 관련재판적을 허용한다면, 은행으로서는 자신의 본점소재지 법원에 전국 각지에 있는 대출채무자들을 공동피고(co-defendant)로 하여 소를 제기할 수 있는데 이는 과잉관할(exorbitant jurisdiction)로서 피고들에게 부당하므로 허용될 수 없다.

라. 전속관할의 예외

관련재판적은 당사자의 편의를 위하여 인정되지만, 전속관할은 당사자의 편의보다도 전문성과 고도의 공익을 위하여 인정되고 있으므로 전속관할의 경우에는 관련재판적이 발생하지 않는다(법 제31조). 따라서 전속관할이 있는 청구는 그 전속관할법원에만 소를 제기해야 한다.

마. 관할의 항정

민사소송법 제33조에서는 "법원의 관할은 소를 제기한 때를 표준으로 정한다."고 규정하고 있기 때문에 소를 제기한 후에 사정변경이 있더라도 소 제기시를 표준으로 관할이 결정되고 사정변경에 의하여 관할에 변동이 발생하지 않는다. 따라서 관련재판적의 발생원인이었던 청구가 취하되었다고 하더라도 관련재판적이 발생한 청구에 대한 관할이 소멸되지 않고 여전히 당해 법원에 관할이 인정된다.

4. 합의관할

가. 의 의

법률규정이 아닌 당사자의 합의에 의하여 발생하는 관할을 '합의관할'이라고 한다.

관할은 재판의 적정, 공평, 신속, 경제라는 공적 이익을 위하여 지정되기도 하지만, 주로 당사자의 편의를 고려하여 정해지기 때문에 당사자에게 관할의 결정에 대하여 처분권을 준 것이다. 관할의 합의에 시기적 제한이 없으므로 계약을 체결하면서 합의할 수도 있고, 분쟁이 발생한 후에 합의할 수도 있다.[12)]

나. 유효요건

민사소송법 제29조(합의관할)에 따르면 관할의 합의가 유효하기 위해서는 다음의 요건을 충족해야 한다.

1. 제1심 법원의 관할에 관한 것이어야 한다.
2. 합의의 대상인 법률관계가 특정되어야 한다. 예를 들어 향후에 발생하는 모든 분쟁에 대하여 관할의 합의를 하는 것은 허용되지 않는다.
3. 서면(in writing)으로 작성되어야 한다.
4. 관할법원이 특정되어야 한다.

다. 관할합의가 제한되는 경우

(1) 전속관할이 있는 경우

전속관할은 강행적이므로 전속관할을 가진 법원이 아닌 법원을 관할법원으로 하는 관할의 합의를 할 수 없다(법 제31조).

(2) 약관규제법에 위반된 경우

(가) 약관에 규정된 관할합의조항이 고객에게 부당하게 불리한 경우에는 그러한 관할합의는 무효가 된다(「약관의 규제에 관한 법률」 제14조). 그러나 합의의 효력은 되도록 유지시켜주는 것이 바람직하므로 약관에 있는 관할합의조항이 위 법에 위반된 경우에도 이를 무효로 하지 않고 제한적으로 해석하여 그 효력을 유지시키는 경우도 있다.

(나) 예를 들어 주택분양보증약관에서 '대한주택보증 주식회사의 관할 영업점 소재지 법원'을 전속적 합의관할 법원으로 정한 경우에, 위 회사의 내부적인 업무조정에 따라서 관할영업소가 이전되면 관할법원이 변경되므로, 결국 당사자 중 일방이 지정하는 법원에 관할권을 인정하는 결과를 가져온다. 그렇다고 이를 무효로 하기보다는 위 약관조항에서 말하는 '위 회사의 관할 영업점 소재지 법원'은 주택분양보증계약이 체결될 당시 이를 관할하던 위 회사의 영업점 소재지 법원을 의미하는 것으로 해석해야 한다(대법원 2009. 11. 13. 자 2009마1482 결정).

---

12) 관할의 합의는 일반적으로 계약과 함께 이뤄지지만, 계약이 무효인 경우에도 관할의 합의에 독자적 무효사유가 없는 한 관할의 합의는 유효하다고 본다. 따라서 합의된 관할법원에서 계약의 무효를 다투어야 한다. 중재법 제17조 제1항에서는 위와 같은 취지의 규정을 두고 있지만, 민사소송법에는 위와 같은 규정이 없다.

(3) 부당하게 불리한 합의

"당사자 중 일방이 지정하는 법원을 관할 법원으로 한다."는 내용의 관할에 관한 합의는 피고의 권리를 부당하게 침해하고 공평의 원칙에 어긋나는 결과가 되어 무효이다(대법원 1977. 11. 9.자 77마284 결정). 그리고 관할법원이 특정되어야 한다는 위 유효요건 4.에도 위반된다.

라. 부가적 합의와 전속적 합의

(1) 의 의

부가적 합의는 법정관할 이외에 다른 관할을 추가하는 합의를 말한다. 예를 들어 "본 계약의 당사자는 법정관할 이외에 서울중앙지방법원에도 소를 제기할 수 있다."와 같이 합의한다. 전속적 합의는 합의관할만 배타적으로 인정하고 법정관할은 배제하기로 하는 합의를 말한다. 따라서 합의된 관할법원 이외의 법원에 소를 제기하면 관할위반으로 이송된다. 예를 들어 "본 계약으로부터 발생하는 모든 분쟁은 서울중앙지방법원에만 소를 제기할 수 있다."와 같이 합의한다.

(2) 부가적 합의인지 전속적 합의인지 불명확한 경우

"본 계약에 관한 분쟁은 서울중앙지방법원을 관할법원으로 한다."와 같이 합의된 문구만으로 부가적 합의인지 전속적 합의인지 불명확한 경우가 있다. 이러한 경우에는 당사자들이 법정의 관할법원에 속하는 여러 관할법원 중 어느 하나의 법원을 관할법원으로 하기로 약정한 경우에는 전속적 합의로 해석되고, 법정의 관할법원이 아닌 법원을 관할법원으로 약정한 경우에는 그 법원을 관할법원 중의 하나로 추가하는 부가적 합의로 해석된다(대법원 2008. 3. 13. 선고 2006다68209 판결).

마. 국제재판관할의 합의

(1) 외국 법원을 전속적 관할법원으로 하는 합의의 유효요건

대한민국 법원의 관할을 배제하고 외국의 법원만을 관할법원으로 하는 전속적인 국제재판관할의 합의가 유효하기 위해서는 다음의 요건을 갖추어야 한다(대법원 2010. 8. 26. 선고 2010다28185 판결).

① 당해 사건이 대한민국 법원의 전속관할에 속하지 아니하여야 한다.

예를 들어 일본회사가 한국회사로부터 한국에 등록된 특허권사용허락을 받으면서 계약상의 분쟁뿐만 아니라 당해 특허권의 유무효에 관하여도 일본 동경법원을 배타적 관할법원으로 지정한 경우에, 한국에 등록된 특허권의 유무효에 관하여는 한국의 특허법원이 전속관할을 갖고 있으므로 위와 같은 관할의 합의는 허용되지 않는다(대법원 2011. 4. 28. 선고 2009다19093 판결). 이때는 한국의 특허법원이 여전히 전속관할을 갖는다.

② 지정된 외국 법원이 그 외국법상 당해 사건에 대하여 관할권을 가져야 한다.

합의된 외국 법원은 그 외국법상 관할권을 가져야 하므로 우리 민사소송법이나 국제사법에 따라서 관할권을 가질 필요는 없다.

③ 당해 사건이 그 외국 법원에 대하여 합리적인 관련성이 있어야 한다.

이때 합리적 관련성이란 그 외국 법원이 재판권을 행사하는 것을 정당하게 할 정도의 관련성을 의미한다. 따라서 외국 법원과 사건 사이에 아무런 관련이 없거나 아주 미약한 관련만이 있다면 그러한 법원을 관할법원으로 하는 국제재판관할의 합의는 효력이 없다.

④ 그와 같은 전속적인 관할합의가 현저하게 불합리하고 불공정하여 공서양속에 반하는 법률행위에 해당하지 않아야 한다.

예를 들어 계약을 체결할 당시에는 어느 국가의 법원이 관할법원인지 확정하지 않고 장래 일방당사자의 일방적 의사에 의하여 관할법원을 지정할 수 있도록 하는 것은 당사자의 공평의 원칙에 반하므로 허용되지 않는다.

[도쿄지방법원이 합리적 관련성이 없어서 관할합의의 효력이 없다는 판결]

원심은, 이 사건이 일본국의 도쿄지방법원과 관련성을 갖는다고 볼 만한 점은 이 사건 화물의 수출자(홍콩에 있는 한화 주식회사)가, 일본에 본점을 둔 운송업자인 피고와 사이에 화물의 운송계약을 체결하고, 피고 소유의 선박에 의하여 화물을 운송하였다는 점 정도라 할 것인데, 한편 이 사건 신용장 개설은행인 원고와 이 사건 화물의 수입자인 동해펄프 주식회사(이하 '동해펄프'라 한다.는 모두 대한민국에 주된 사무소를 두고 대표자 및 사원이 한국인으로 구성된 대한민국의 법인이고, 운송의 목적지도 대한민국 울산항이어서 일본국 도쿄와는 관련이 없고, 운송물이 멸실된 경위에 관하여는 원 · 피고 사이에 다툼이 없고 그밖에 이 사건의 심리에 필요한 중요한 증거방법이 모두 대한민국 내에 있는 한국인인 증인들이거나 문서들이며, 운송인의 책임 범위나 면책 요건에 관한 일본국의 법이 대한민국의 법보다 운송인인 피고에게 더 유리하다고 볼 만한 자료도 없는 점 등에 비추어, 일본국 도쿄에서 소송을 수행하는 것이 피고에게 반드시 더 유리하다고 볼 수 없으므로, 이 사건 전속적 관할 합의는 사건이 그 지정된 외국 법원에 대하여 합리적인 관련성을 결여함으로써 전속적 관할 합의가 유효 요건을 구비하지 못하여 무효인 경우라고 판단하였는바, 여기에 다음에서 보는 바와 같이 이 사건의 준거법이 일본국 법이 아니라 대한민국 법이라는 점까지 아울러 고려하여 보면, 원심의 위 판단은 정당하고, 상고이유 제1점에서 주장하는 전속적 국제관할 합의 요건 및 효력에 관한 법리오해 등의 위법이 없다.(대법원 2004. 3. 25. 선고 2001다53349 판결)

(2) 대한민국 법원을 전속적 관할법원으로 하는 합의의 유효요건

대한민국 법원을 전속적 관할법원으로 하는 합의의 유효요건은 앞의 외국 법원을 전속적 관할법원으로 하는 합의의 유효요건과 동일하다. 외국 법원의 관할을 배제하고 대한민국 법원을 관할법원으로 하는 전속적인 국제관할의 합의가 유효하기 위해서는, ① 당해 사건이 외국 법원의 전속관할에 속하지 않고, ② 대한민국 법원이 대한민국법상 당해 사건에 대하여 관할권을 가져야 하는 외에, ③ 당해 사건이 대한민국 법원에 대하여 합리적인 관련성을 가질 것이 요구되며, ④ 그와 같은 전속적인 관할 합의가 현저하게 불합리하고 불공정하여 공서양속에 반하는 법률행위에 해당하지 않아야 한다(대법원 2011. 4. 28. 선고 2009다19093 판결).

(3) 국제사법 제27조 및 제28조의 특별규정

사회적 약자인 소비자와 근로자를 보호하기 위하여, 소비자계약·근로계약에서의 국제재판관할의 합의는 다음의 경우에만 가능하다.

① 분쟁이 이미 발생한 경우

이미 분쟁이 발생한 경우에는 소비자와 근로자의 자유로운 의사가 보장되므로 국제재판관할합의를 할 수 있다.

② 소비자 또는 근로자에 대하여 부가적 합의를 하는 경우

국제사법에 따라서 결정된 국제재판관할법원에 추가하여 소비자 또는 근로자가 원고로서 다른 법원에도 제소할 수 있도록 허용하는 부가적 합의를 하는 경우는 소비자 또는 근로자에게 유리하므로 허용된다.

바. 관할합의의 승계

(1) 채권의 포괄승계인(일반승계인)과 특정승계인

사망·합병과 같이 포괄승계가 있는 경우에는 피승계인의 모든 권리의무가 포괄승계인에게 승계되므로 관할합의의 효력도 승계된다. 그리고 관할합의는 권리행사의 조건으로서 그 권리관계에 불가분적으로 부착되어 있으므로 당해 권리관계의 특정승계인에게도 관할합의의 효력이 미친다(대법원 2006. 3. 2. 자 2005마902 결정). 따라서 채권의 양수인이 채무자에게 채무이행의 소를 제기하고자 한다면 양수인은 기존의 관할합의에 구속된다.

(2) 물권의 특정승계인의 배제

물권의 특정승계인이 그 물건에 관한 채권적 합의까지도 승계하기로 하는 별도의 합의를 하지 않았다면, 물권의 승계만으로는 그 물건에 관한 채권적 합의는 승계되지 않으므로 채권적 합의인 관할합의의 효력은 물권의 특정승계인에게 미치지 않는다. 예를 들어 근저당권설정자와 근저당권자 사이에 근저당권에 관하여 관할합의를 하더라도 근저당권설정자로부터 소유권을 취득한 양수인이 양도인과 근저당권자 사이의 채권을 양수하거나 채무를 인수하지 않았다면 근저당권설정자와 근저당권자 사이의 채권적 합의에 구속되지 않으므로 양수인은 위 관할의 합의에 구속되지 않는다(대법원 1994. 5. 26. 자 94마536 결정).

(3) 국제적 채권양도의 특별취급

외국에서 이루어진 관할합의의 약정은 그 약정이 이루어진 국가 내에서 재판이 이루어질 경우를 예상하여 그 국가 내에서의 관할법원을 정하는 취지의 합의라고 해석되므로, 특별한 사정이 없는 한 다른 국가의 재판관할권을 완전히 배제하거나 다른 국가에서의 전속적인 관할법원까지 정하는 합의를 한 것으로 볼 수는 없다(대법원 2008. 3. 13. 선고 2006다68209 판결). 예를 들어 일본에서 발생한 채권에 관하여 도쿄지방법원을 전속적 관할법원으로 하는 관할합의는 한국법원의 관할을 배제하는 합의로 해석되지 않는다. 따라서 그 채권이 한국으로 양도되었다면 한국의 양수인은 위와 같은 관할합의에 구속되지 않으므로 도쿄지방법원이 아니라 한국의 민사소송법의 규정에 따라서 결정된 한국 내의 관할법원에 소를 제기할 수 있다(앞의 판결).

포괄승계	관할합의의 승계
채권의 특정승계	관할합의의 승계(채권의 속성이 그대로 이전되므로)
물권의 특정승계	관할합의의 불승계(채권적 합의는 승계되지 않으므로)
외국채권의 양도	관할합의의 불승계(다른 국가법원의 관할을 배제하는 합의로 해석되지 않으므로)

5. 변론관할(응소관할)

가. 의 의

원고가 법정관할 또는 합의관할에 위반하여 소를 제기하였는데 피고가 이의 없이 본안(merits, substance of the dispute)[13]에 관하여 변론하게 되면 그 법원에 관할이 발생한다. 이를 '변론관할' 또는 '응소관할'이라고 한다(법 제30조). 이러한 경우에는 당사자 사이에 그 법원을 관할법원으로 하는 묵시적 합의가 있다고 볼 수 있기 때문이다.

나. 요 건

변론관할을 규정하고 있는 민사소송법 제30조에 따르면 변론관할이 발생하기 위한 요건은 다음과 같다.

(1) 제1심 임의관할

변론관할은 일종의 묵시적 관할의 합의라고 볼 수 있으므로 관할의 합의에서와 마찬가지로 제1심 임의관할에 대하여만 변론관할이 발생하고, 제1심 전속관할의 위반에 대하

13) 소송당사자가 주장하는 권리와 의무에 관한 실체법적 사항(substantive issues)을 '본안'(merits)이라고 한다. 따라서 소송당사자의 소송법적 하자에 관한 주장은 본안에 관한 사항에 포함되지 않는다.

여는 변론관할이 발생하지 않는다(법 제31조). 하지만 전속적 관할합의는 전속관할이 아니므로 전속적 관할합의에 위반된 경우에는 변론관할이 발생한다.

(2) 본안에 대한 변론

피고가 관할위반에 대한 이의를 하지 않고, 변론기일에 본안에 대하여 변론하거나 변론준비기일에서 진술하여야 한다. 만일 피고가 당사자능력의 부재나 당사자적격의 부재와 같은 본안전 항변을 했다면 본안에 대하여 변론을 했다고 볼 수 없으므로 변론관할이 발생하지 않는다.

(3) 구두에 의한 변론

변론관할이 발생하기 위한 변론은 구두변론에 한정되며 준비서면, 답변서의 진술간주[14]만으로는 변론관할이 발생하지 않는다(대법원 1980. 9. 26. 자 80마403 결정).

다. 국제재판관할에서의 변론관할

국내 법원에 국제재판관할이 없는데도 불구하고 원고가 국내 법원에 소를 제기하고, 피고가 이에 대하여 아무런 이의를 제기하지 아니한 채 본안에 대하여 변론한 경우에도 변론관할이 발생하는지 문제된다. 일본국에 주소를 둔 재외동포 갑이 일본국에 주소를 둔 재외동포 을을 상대로 3건의 대여금채무에 대한 변제를 구하는 소를 대한민국 법원에 제기하였고, 3건의 대여금 청구 중 2건은 분쟁이 된 사안과 대한민국 사이에 실질적 관련성이 있어 대한민국 법원에 국제재판관할권이 인정되고, 나머지 1건은 당사자 또는 분쟁이 된 사안과 법정지인 대한민국 사이에 실질적 관련성이 있다고 볼 수는 없는 사건에서, 대법원 판례는 국제재판관할에서 민사소송법 제30조의 변론관할을 인정하더라도 ① 당사자 사이의 공평을 해칠 우려가 없고, ② 오히려 같은 당사자 사이의 분쟁을 일거에 해결할 수 있으며, ③ 효과적인 절차의 진행 및 소송경제에도 적합하다는 점에서 비록 당사자 또는 분쟁이 된 사안과 법정지인 대한민국 사이에 실질적 관련성이 없다 하더라도 이에 관하여 제1심 법원에 국제재판관할권이 생긴다고 보고 있다(대법원 2014. 4. 10. 선고 2012다7571 판결).

6. 관할위반의 직권조사

당사자의 주장이 없더라도 법원은 직권으로 관할에 관한 사항을 조사할 수 있다(법 제32조). 한편 법원의 관할은 소를 제기한 때를 표준으로 하므로(법 제33조), 영업소의 변동과 같이 소 제기 이후에 재판적이 바뀌더라도 법원의 관할에는 변동이 없다.

---

14) 소송의 당사자가 소장, 답변서, 준비서면 등을 제출한 후 변론기일에 불출석하면 그러한 서면의 기재내용대로 진술한 것으로 간주되는데 이를 '진술간주'라고 한다(제148조 제1항). 관련부분에서 다시 설명한다.

7. 소송의 이송(移送, transfer)

가. 의 의

어느 법원에 소가 제기되어 계속(係屬)된 사건을 다른 법원에 이전시키는 것을 '소송의 이송'이라고 한다.

나. 이송을 할 수 있는 경우

(1) 관할위반에 의한 이송

법원이 직권조사 한 결과 관할위반이 발견되면 소를 각하할 것이 아니라 직권으로 소를 관할법원으로 이송해야 한다(법 제34조 제1항). 원고가 다시 소를 제기해야 함으로써 발생되는 소송지연을 방지하고, 소 제기로 인한 시효중단 등의 이익을 유지시켜 주기 위한 방법이다.

(가) 토지관할의 위반뿐만 아니라 심급관할의 위반의 경우에도 이송한다. 예를 들어 재심청구는 확정된 판결이 선고된 법원에 제기해야 하는데, 항소심에서 본안판결을 한 사건에 관하여 상고심 법원에 재심의 소를 제기하였다면, 항소심으로 이송해야 한다(대법원 1984. 4. 16. 선고 84사4 판결).

(나) 가정법원 또는 행정법원에 제기해야 할 사건을 민사법원에 제기한 경우와 같은 전속관할의 위반의 경우에도 원고의 편의를 위하여 관할법원에 이송해야 한다(대법원 2010. 3. 25. 선고 2009다102964 판결).

이송결정을 하는 때에는 "이 사건 소를 인천지방법원으로 이송한다."와 같이 이송결정 주문을 한다.

(2) 현저한 손해나 지연을 피하기 위한 이송

법원은 소송에 대하여 관할권이 있는 경우라도 현저한 손해 또는 지연을 피하기 위하여 필요하면 직권 또는 당사자의 신청에 따른 결정으로 소송의 전부 또는 일부를 다른 관할법원에 이송할 수 있다(법 제35조). 그러나 이러한 이송은 많이 사용되지 않고 있다.

(3) 지식재산권과 국제거래사건의 이송

법원은 지식재산권과 국제거래에 관한 소가 제기된 경우 직권 또는 당사자의 신청에 따른 결정으로 그 소송의 전부 또는 일부를 민사소송법 제24조에서 규정하고 있는 지식재산권과 국제거래사건의 특별재판적이 있는 관할법원에 이송할 수 있다(법 제36조). 다른 요건을 요구하지 않고 지식재산권 또는 국제거래 사건이라는 이유만으로 이송할 수 있다는 점에 특징이 있다.

(4) 반소에 의한 이송(사물관할에서의 이송)

본소가 단독판사사건인 경우에 피고가 반소로 합의부사건에 속하는 청구를 한 때에는 법원은 직권 또는 당사자의 신청에 따른 결정으로 본소와 반소를 합의부로 이송하여야 한다(법 제269조 제2항). 다만 이러한 반소에 관하여 원고가 이의를 제기하지 않고 반소청구의 본안에 관하여 진술을 함으로써 민사소송법 제30조의 변론관할의 요건을 충족하면 이송하지 않는다(같은 항 단서).

다. 당사자의 이송신청권

(1) 관할위반을 이유로 한 이송신청

이송의 원인 중 관할위반을 이유로 한 이송의 경우에는 법원만 직권으로 이송결정을 할 수 있으므로 당사자에게는 이송신청권이 없다. 따라서 당사자가 관할위반을 이유로 한 이송신청을 한 경우에도 이는 단지 법원의 직권발동을 촉구하는 의미밖에 없으므로 법원은 이 이송신청에 대하여는 재판을 할 필요가 없고, 설령 법원이 이 이송신청을 거부하는 재판을 하였다고 하여도 이에 대하여 항고가 허용되지 않으므로 항고를 하였다면 이를 각하하여야 한다(대법원 1993. 12. 6. 자 93마524 전원합의체 결정).

(2) 그밖의 이유로 한 이송신청

관할위반을 원인으로 한 이송 이외의 경우에는 당사자에게 이송신청권이 있으므로 법원의 이송결정과 이송신청에 대한 기각결정에 내하여 즉시항고를 할 수 있다(법 제39조).

라. 이송결정의 효력(기속력(binding effect) 및 재이송금지)

(1) 원　　칙

소송이송을 받은 법원은 이송결정에 따라야 하며 잘못된 이송이라고 하여 이를 거부하고 반송할 수 없다(법 제38조 제1항). 이를 '이송결정의 기속력'이라고 한다. 그리고 이송을 받은 법원이 자신이 관할법원이 아니라는 이유로 사건을 다른 법원에 이송하면 소송지연이 불가피하므로 재이송이 금지된다(법 제39조 제2항). 이를 '재이송금지'라고 한다.

(2) 전속관할을 위반한 이송결정에도 기속력이 있다

전속관할에 위반한 이송결정이 있는 경우에 당사자는 즉시항고를 제기하여 이송결정의 효력을 번복시켜야 한다. 만일 당사자가 이송결정에 대하여 즉시항고를 하지 아니하여 그 결정이 확정되면 전속관할의 규정을 위반한 이송결정에 대하여도 기속력이 발생하므로 이송받은 법원은 이를 거부하거나 반송할 수 없다(대법원 1995. 5. 15. 자 94마1059 결정).

(3) 심급관할을 위반한 상급심에의 이송에는 기속력이 없지만 하급심에의 이송에는 기속력이 있다

심급관할을 위배하여 이송한 경우에 이송결정의 기속력이 이송받은 상급심 법원에도 미친다고 한다면 당사자의 심급의 이익을 박탈하여 부당할 뿐만 아니라, 이송을 받은 법원이 법률심인 대법원인 경우에는 직권조사사항을 제외하고는 새로운 소송자료의 수집과 사실확정이 불가능한 관계로 당사자의 사실에 관한 주장, 증명의 기회가 박탈되는 불합리가 생긴다. 따라서 심급관할을 위배한 이송결정의 기속력은 이송받은 상급심 법원에는 미치지 않는다(대법원 2009. 4. 15. 자 2007그154 결정). 따라서 상급심 법원은 원심법원에 반송하거나 관할법원에 재이송할 수 있다. 그러나 심급관할을 위배하여 하급심법원으로 이송결정을 한 경우에는 위와 같은 문제가 발생하지 않으므로 이송결정의 기속력은 이송받은 하급심 법원에는 미친다고 보아야한다(대법원 1995. 5. 15. 자 94마1059 결정).

라. 이송의 효과(소송 계속의 이전)

이송결정이 확정된 때에는 소송은 처음부터 이송받은 법원에 계속된 것으로 본다(법 제40조). 따라서 시효중단, 제척기간 준수 등의 효과는 처음 소를 제기한 때에 발생하고 사건이 이송되더라도 그 효력은 여전히 유지된다.

제 3 장 소송당사자(parties to proceedings)

제 1 절 소송당사자 기초

I. 당사자대립주의

(1) 민사소송법은 원고(claimant, plaintiff)와 피고(defendant) 두 당사자의 대립구조를 취하고 있다. 즉, 원고가 피고에 대하여 일정한 권리를 주장하고 피고가 이에 대하여 대항하는 구조로서 이러한 당사자대립구조가 성립되지 않은 소송은 부적법하다.

(2) 예를 들어 원고와 피고가 동일인인 경우, 당사자 일방이 이미 사망하여 존재하지 아니한 경우, 당사자 일방이 소송도중에 사망하였지만 상속인이 없거나 이혼소송과 같이 일신전속적 성질이 있어서 상속될 수 없는 경우, 타방당사자가 사망한 당사자를 상속한 경우 등에는 당사자대립구조가 성립되지 않으므로 소송절차는 종료된다.

(3) 소를 제기할 당시부터 당사자대립구조가 성립되지 아니하였다면 소를 각하해야 하고(대법원 2002. 8. 23. 선고 2001다69122 판결), 소송도중에 당사자대립구조가 소멸되면 소송종료선언을 해야 한다(대법원 1982. 10. 12. 선고 81므53 판결).

[원고와 피고가 동일인인 경우]

지방자치단체로서의 도는 1개의 법인이 존재할 뿐이고, 다만 사무의 영역에 따라 도지사와 교육감이 별개의 집행 및 대표기관으로 병존할 뿐이므로 도 교육감이 도를 대표하여 도지사가 대표하는 도를 상대로 제기한 소유권 확인의 소는 자기가 자기를 상대로 제기한 것으로 권리보호의 이익이 없어 부적법하다.(대법원 2001. 5. 8. 선고 99다69341 판결) - 결국 각하된다.

II. 당사자의 확정

1. 당사의 확정의 필요성

소송에 있어서 당사자가 누구인가는 기판력의 주관적 범위, 인적 재판적, 법관의 제척원인, 당사자적격, 당사자능력, 소송능력, 소송절차의 중단과 수계, 송달, 소멸시효의 중단 등에 관한 문제와 직결되는 중요한 사항이다. 따라서 사건을 심리판결하는 법원으로서는 직권으로 소송당사자가 누구인가를 확정하여 심리를 진행(직권조사사항)

해야 함은 물론 판결의 표시에도 이를 분명히 하여야 한다(대법원 1987. 4. 14. 선고 84다카1969 판결).

2. 당사자의 확정의 기준

(1) 소송의 당사자가 누구인지는 원칙적으로 소장에 기재된 '표시'를 기준으로 하여 결정하지만, 원고의 의사도 고려해야 하므로 청구의 내용과 원인사실 등 '소장의 전 취지'를 합리적으로 해석하여 당사자를 확정해야 한다(대법원 2011. 7. 28. 선고 2010다97044 판결).

(2) 예를 들어 법인격 없는 사단으로서의 요건을 갖추고 있는 '전라북도 장애인부모회'가 자신에게는 당사자능력이 없다고 오인하여 상급단체인 '사단법인 한국장애인부모회'를 소장에 원고로 기재한 사건에서, 대법원은 ① 원고의 표시 중 '소관'란에는 전북지회를 의미하는 '전라북도 장애인부모회'를 함께 기재함으로써 실질적인 소송당사자가 전북지회라는 뜻을 표시한 점, ② 소장 기재 청구원인에서도 피고들이 전북지회에 대한 불법행위를 함으로써 전북지회가 손해를 입었음을 주장하는 한편 전북지회의 자산임대료 보증금 등을 기초로 청구취지 기재 손해액을 산정하였던 점, ③ 소장에 첨부하여 제출한 증거들 중 고소장에는 '전북지회'가 고소인으로 기재되어 있는 점 등을 종합하여 사단법인 한국장애인부모회가 원고가 아니라 사단법인 한국장애인부모회 전라북도지회가 원고라고 보았다(앞의 판결). 따라서 원고의 표시를 사단법인 한국장애인부모회에서 사단법인 한국장애인부모회 전라북도지회로 변경하는 당사자표시정정이 허용된다(앞의 판결).

3. 당사자표시정정

가. 의 의

당사자의 표시(이름, 주소, 주민번호 등)에 오기 또는 혼동이 있는 경우에 진정한 당사자로 표시를 정정하는 것을 '당사자표시정정'이라고 한다. 당사자표시정정은 판례에서 인정하고 있으며, 민사소송법에 별도의 규정이 없다.

나. 요 건

(1) 당사자의 동일성

(가) 당사자표시정정이 허용되려면 표시된 당사자와 정정될 당사자 사이에 동일성이 있어야 한다(대법원 2009. 10. 29. 선고 2009다54744,54751 판결). 예를 들어 회사의 대표이사가 자신의 명의로 소송을 제기한 후에 회사를 당사자로 하는 당사자표시정정을 하는 것은 변경 전후에 당사자의 동일성이 인정되지 않으므로 부적법하다(대법원 2008. 6. 12.

선고 2008다11276 판결).

(나) 만일 당사자 사이에 동일성이 없다면 민사소송법 제260조의 피고경정을 통하여 피고를 변경해야 하는데, 원고의 경정은 허용되지 아니하다는 점, 피고경정의 요건이 엄격하다는 점(피고경정은 제1심 변론종결시까지만 가능하지만 당사자표시정정은 상급심에서도 가능하다.), 시효중단이나 기간준수의 효력이 경정신청서를 제출한 때에 발생한다는 점(당사자표시정정은 처음 소를 제기한 때에 발생한 시효중단과 기간준수의 효력이 유지된다.)에서 당사자표시정정이 유리하다.

(다) 이와 같이 당사자표시정정 전후의 당사자 사이에 동일성이 있는지 여부는 앞서 언급한 당사자의 확정에 관한 기준을 적용하여 해결한다.[15] 실제로 당사자의 확정에 관한 대부분의 대법원 판례는 당사자표시정정에 관한 것이다.

(2) 사실심에서의 변경

당사자표시정정은 사실심에서만 가능하며 상고심에서 허용되지 않는다(대법원 2012. 6. 14. 선고 2010다105310 판결). 대법원 판례에서는 그 이유를 설시하고 있지 않지만 상고심에 이르러서 당사자표시정정의 방법으로 그 흠결을 보정하고자 한다면 당사자표시에 오류가 존재하는지 여부, 변경 전후의 당사자가 동일한 지 여부 등에 관한 사실심리가 이루어져야 하는데, 상고심은 법률심으로서 사실관계에 대한 심리를 진행하지 않기 때문으로 보인다. 예를 들어 이미 사망한 피고를 상대로 하여 소를 제기한 후에 원고가 상고심에 이르러 상속인으로 당사자표시정정을 신청하였다고 하더라도 이러한 신청은 허용되지 않는다. 그리고 피고는 이미 사망하여 당사자능력이 없으므로 상고심은 소를 각하해야 한다(대법원 2006. 7. 4. 자 2005마425 결정).

다. 구체적 사례

(1) 표시상의 오기가 있는 경우

자연인의 경우 성명 · 주민등록번호 · 주소 등, 회사의 경우 상호 · 대표자 등의 표시에 오기가 있는 경우.

(2) 표시상의 오기는 없지만 당사자능력이나 당사자적격이 불확실하거나 이를 오해하여 표시상의 오류가 있는 경우(하부기관이나 지부 등에서 주로 문제)

(가) 당사자능력의 존재 여부가 불확실하여 산하기관이 상급기관을 당사자로 표시하여 소송을 진행하는 경우. 예를 들어 앞서 원고 표시를 사단법인 한국장애인부모회에서 사단법인 한국장애인부모회 전라북도지회로 정정하는 경우가 이에 해당한다.

---

15) 법인을 상대로 소를 제기한 후 법인격남용을 주장하면서 그 이면에 있는 실질적 당사자를 당사자로 변경하는 당사자표시정정이 가능한지 논의가 있다. 아직 판례는 없는 것으로 보인다.

(나) 소장에 표시된 당사자에게 당사자능력이 없어서 소장의 전취지를 합리적으로 해석한 결과 인정되는 올바른 당사자능력자로 표시를 정정하는 경우(대법원 2011. 3. 10. 선고 2010다99040 판결). 예를 들어 대한민국이 당사자가 되어야 하는데 당사자능력의 오해로 인하여 국가기관에 불과한 국립경북대학교를 당사자로 기재한 경우에는 대한민국으로 당사자표시정정이 허용된다.

(3) 이미 사망한 자를 피고로 한 후 상속인으로 당사자표시정정

(가) 당사자표시정정의 허용

원고가 사망 사실을 모르고 사망자를 피고로 표시하여 소를 제기한 경우에, 청구의 내용과 원인사실, 당해 소송을 통하여 분쟁을 실질적으로 해결하려는 원고의 소제기 목적 내지는 사망 사실을 안 이후의 원고의 피고 표시 정정신청 등 여러 사정을 종합하여 볼 때 사망자의 상속인이 처음부터 실질적인 피고이고 다만 그 표시를 잘못한 것으로 인정된다면, 사망자의 상속인으로 피고의 표시를 정정할 수 있다(대법원 2006. 7. 4.자 2005마425 결정).

(나) 상속인의 범위

당사자표시정정이 허용되는 사망자의 상속인은 실제로 상속을 하는 사람을 가리키고, 상속을 포기한 자는 상속 개시 시부터 상속인이 아니었던 것과 같은 지위에 놓이게 되므로 제1순위 상속인이라도 상속을 포기한 경우에는 이에 해당하지 아니하며, 후순위 상속인이라도 선순위 상속인의 상속포기 등으로 실제로 상속인이 되는 경우에는 이에 해당한다(앞의 결정).

(다) 상속포기를 한 1순위 상속인에 대하여 소를 제기한 후 2순위 상속인으로 피고경정신청을 한 경우

앞서의 법리는 채권자가 채무자의 사망 이후 그 1순위 상속인의 상속포기 사실을 알지 못하고 1순위 상속인을 상대로 소를 제기한 경우에도 적용된다(대법원 2009. 10. 15. 선고 2009다49964 판결). 따라서 이러한 경우에 실질적인 피고는 2순위 상속인이 되고 당사자표시정정의 대상이 된다(앞의 판결). 이와 같이 변경 전후 당사자의 동일성이 인정됨을 전제로 진정한 당사자를 확정하는 표시정정의 대상으로서의 성질을 지니는 이상 비록 원고가 소송에서 피고의 표시를 바꾸면서 피고경정의 방법을 취하였다 해도 피고표시정정으로서의 법적 성질 및 효과는 잃지 않는다고 보아야 할 것이다(앞의 판결). 결국 피고경정신청서를 제출한 때 소멸시효가 중단되는 것이 아니라 소장을 제출한 때에 소멸시효가 중단된다(앞의 판결).

(4) 채권자대위소송에서 채무자의 표시의 정정

채권자대위소송에서 채무자는 소송당사자가 아니지만 이행청구의 상대방이 되므로

청구취지에 기재된다(예를 들어 "피고는 소외 A에 대하여 금 100만원을 지급하라.). 채권자가 채무자의 사망 사실을 모르고 제3채무자를 상대로 채무자에 대한 의무의 이행을 구하는 채권자대위소송을 제기하여 그 소장부본이 제3채무자에게 송달된 후에 원고인 채권자는 소장정정을 통하여 제3채무자의 의무이행 상대방을 채무자의 상속인들로 정정할 수 있고 이와 같이 정정이 이루어지면 그 소송 계속의 발생시기는 당초의 소장부본이 제3채무자에게 송달된 때로 보아야 하고 소장정정서부본 등이 제3채무자에게 송달된 때로 볼 것은 아니다(대법원 1994. 11. 25. 선고 94다12517, 94다12524 판결).

라. 당사자표시정정을 위한 석명(clarification)[16)]

앞서 언급한 것처럼 당사자의 확정은 법원의 직권조사사항이다. 법원이 당사자 기재의 오류 또는 당사자능력이나 당사자적격의 흠결을 발견하였다면 바로 소를 각하하거나 기각할 것이 아니라 석명권을 행사하여 당사자표시정정의 기회를 주어야 한다(대법원 1997. 6. 27. 선고 97누5725 판결).

마. 당사자표시에 오류가 있는 판결의 효력

비록 소장의 당사자표시가 착오로 잘못 기재되었음에도 소송 계속 중 당사자표시정정이 이루어지지 않아 잘못 기재된 당사자를 표시한 본안판결이 선고, 확정된 경우라 하더라도 그 확정판결을 당연무효라고 볼 수 없다. 그 확정판결의 효력은 잘못 기재된 당사자와 동일성이 인정되는 범위 내에서 적법하게 확정된 당사자에 대하여 미친다(대법원 2011. 1. 27. 선고 2008다27615 판결). 예를 들어 진정명의회복을 위한 소유권이전등기청구소송에서 부동산등기부상 소유자의 기재에 오기(한자의 오류)가 있었고, 원고가 이러한 소유자의 기재대로 피고를 표시하여 이러한 표시대로 판결이 선고되었다면 판결의 효력은 소유자에게 미친다(앞의 판결).

당사자표시정정의 실익

어차피 정당한 당사자가 판결의 효력을 받는다면 굳이 당사자표시정정을 할 실익이 무엇인가?

원고가 승소확정판결을 받아서 강제집행을 신청했을 때, 만일 판결문의 당사자표시와 강제집행의 목적물의 권리자의 당사자표시가 다르다면 양자 사이에 동일성이 없다는 이유로 집행법원이 강제집행신청을 기각하거나, 집행법원이 이를 간과하고 강제집행개시결정을 하여도 집행관이 강제집행을 거부할 것이다. 수소법원이 아닌 집행법원이나 집행관

16) 민사소송법 제136조에 따른 법원의 석명권행사는 ① 당사자의 주장에 모순된 점이 있거나 불완전·불명료한 점이 있을 때에 이를 지적하여 정정·보충할 수 있는 기회를 주고, ② 계쟁 사실에 대한 증거의 제출을 촉구하는 것을 말한다(대법원 2005. 2. 17. 선고 2004다59959 판결). 만일 당사자의 주장 및 증명이 불명확한데도 법원이 석명권을 행사하지 아니하면 석명의무위반의 위법이 된다.

은 소송당사자의 동일성을 확정할 권한이 없기 때문이다.

위와 같은 경우에 원고는 판결의 경정[17]을 받아서 다시 강제집행신청을 해야 하는데, 판결의 경정은 당사자표시정정에 비하여 시간과 비용이 더 소요된다는 문제가 있다. 판결의 경정에 관하여는 관련부분에서 설명한다.

바. 부적법한 당사자표시정정신청이 받아들여져서 변론이 진행된 경우의 효과

회사의 대표이사가 개인 명의로 제기한 소송에서 그 개인을 회사로 당사자표시정정을 하는 것은 당사자표시정정의 전후에 당사자의 동일성이 없어서 부적법하다(대법원 2008. 6. 12. 선고 2008다11276 판결). 그러나 법원이 이러한 부적법한 당사자표시정정신청을 받아들이고 피고도 이에 명시적으로 동의하였다면, 당사자표시정정신청이 부적법하다고 하여 그 후에 진행된 변론과 그에 터 잡은 판결을 모두 부적법하거나 무효라고 하는 것은 소송절차의 안정을 해칠 뿐만 아니라 그 후에 새삼스럽게 이를 문제삼는 것은 소송경제나 신의칙 등에 비추어 허용될 수 없다(앞의 판결). 결국 당사자로 표시된 원고 회사에게 판결의 효력이 미친다. 이러한 경우에는 상소 또는 재심에 의하여 문제를 해결해야 한다.

III. 당사자의 사망

아래에서는 당사자가 사망한 경우의 소송절차의 효력에 관하여 개략적으로 살펴본다. 아래의 각 부분은 관련 부분에서 다시 자세히 설명한다.

1. 당사자가 소 제기 전에 사망한 경우

가. 피고가 소장 부본을 송달받기 전에 사망한 경우

(1) 당연무효의 판결

사망한 당사자는 당사자능력이 없으므로 소 제기 전에 이미 사망한 피고에 대한 소는 각하된다. 그리고 피고가 소 제기 전에 이미 사망한 사실을 간과하고 내려진 판결은 당사자대립구조가 없는 판결이므로 당연무효이다(대법원 2000. 10. 27. 선고 2000다33775 판결). 그리고 소 제기 후 소장부본이 피고에게 송달되기 전에 피고가 사망한 사실을 간과하고 내려진 판결도 당사자대립구조가 성립되기 전의 판결이므로 당연무효이다(대법원 2015. 1. 29. 선고 2014다34041 판결).

---

17) 제211조(판결의 경정) ① 판결에 잘못된 계산이나 기재, 그밖에 이와 비슷한 잘못이 있음이 분명한 때에 법원은 직권으로 또는 당사자의 신청에 따라 경정결정(更正決定)을 할 수 있다.

(2) 무효판결에 대한 재심, 상소, 소송수계의 효력

당연무효의 판결이란 점은 재심사유가 아니므로 이를 이유로 한 사망자의 상속인에 의한 재심청구는 부적법하다(대법원 2001. 3. 9. 선고 2000다58668 판결). 그리고 당연무효의 판결의 효력은 사망자인 피고의 상속인들에게 미치지 않으므로 이러한 상속인들에 의한 항소나 소송수계신청도 부적법하다(대법원 2015. 1. 29. 선고 2014다34041 판결). 또한 사망자를 상대로 한 상소도 당사자대립구조가 없기 때문에 부적법하여 상소가 각하된다(대법원 2000. 10. 27. 선고 2000다33775 판결).

(3) 시효중단의 효력의 부재

판결이 당연무효이므로 앞서 본 바와 같이 소의 제기로 인한 시효중단의 효력도 없다(대법원 2014. 2. 27. 선고 2013다94312 판결). 소 제기 당시 이미 사망한 당사자와 상속인이 공동원고로 표시되어 손해배상청구의 소가 제기되었다면, 이미 사망한 당사자 명의로 제기된 소 부분은 부적법하여 각하되어야 하므로 소의 제기로써 상속인은 자기 고유의 손해배상청구권에 대하여만 권리를 행사하였다고 봐야 하며, 이미 사망한 당사자의 손해배상청구권에 대한 자신의 상속분에 대해서까지 함께 권리를 행사한 것으로 볼 수는 없다.[18] 따라서 시효중단의 효력은 자기 고유의 손해배상청구권에 대하여만 발생한다(대법원 2015. 8. 13. 선고 2015다209002 판결).

(4) 당사자표시정정

앞서 언급한 것처럼 원고가 피고의 사망사실을 모르고 선의로 소를 제기한 후에 피고의 사망사실을 알게 되었다면 피고의 상속인으로 당사자표시정정을 할 수 있다는 것이 판례이다.

나. 원고가 소 제기 전에 사망한 경우

원고가 사망 전에 소송대리인에게 소송위임을 한 후에 소 제기 전에 사망한 경우 이러한 소가 적법한지 문제된다. 당사자가 사망하더라도 소송대리인의 소송대리권은 소멸하지 않으므로(법 제95조 제1호), 위와 같은 경우에 소송대리인이 당사자가 사망한 것을 모르고 그 당사자를 원고로 표시하여 소를 제기하였다면 이러한 소의 제기는 적법하다(대법원 2016. 4. 29. 선고 2014다210449 판결). 그리고 이러한 소 제기는 적법하므로 시효중단 등 소 제기의 효력이 발생하고 이러한 효력은 상속인들에게 귀속된다(앞의 판결). 이 경우 민사소송법 제233조 제1항이 유추적용 되어 사망한 사람의 상속인들은 그 소송절

18) 예를 들어 교통사고로 인하여 사망에 이르게 된 경우에 사망자는 자신의 사망에 대한 재산상 손해와 정신적 손해에 대하여 가해자에게 청구권을 취득하고 이러한 청구권은 사망과 동시에 상속인에게 상속된다. 그리고 사망자의 상속인은 사망자의 가족으로서 가해자에 대하여 정신적 손해 등에 관하여 독자적인 손해배상청구권을 취득한다.

차를 수계하여야 한다(앞의 판결).

2. 당사자가 소 제기 후 변론종결 전에 사망한 경우

가. 소송절차의 중단[19)]

(1) 원 칙

(가) 소송이 적법하게 개시되었지만 소송도중 변론종결 전에 당사자가 사망한 때에는 소송을 수행할 사람이 없으므로 소송을 수행할 당사자가 나타날 때까지 소송절차가 중단된다(법 제233조). 이 경우에는 상속인 · 상속재산관리인, 그밖에 법률에 의하여 소송을 계속하여 수행할 사람이 소송절차를 수계(상속인 등이 법원에 소송수계신청을 하는 방법으로 소송절차를 수계한다.)해야 비로소 변론이 재개된다.

(나) 소송이 적법하게 계속된 후 당해 소송의 당사자에 대하여 실종선고가 확정된 경우에는 실종자가 사망하였다고 보는 시기는 5년의 실종기간이 만료한 때에 소급한다(민법 제28조). 그러나 소송상의 지위의 승계절차는 실종선고가 확정되어야만 비로소 이를 취할 수가 있는 것이므로 실종선고가 있기까지는 소송상 당사자능력이 없다고는 할 수 없고 소송절차가 법률상 그 진행을 할 수 없게 된 때, 즉 실종선고가 확정된 때에 소송절차가 중단된다(대법원 1983. 2. 22. 선고 82사18 판결).

(2) 예 외

(가) 사망한 당사자에게 소송대리인이 있다면 소송수행에 지장이 없으므로 소송절차가 중단되지 않는다(법 제238조).

(나) 일신전속권(이혼청구권, 공무원의 의원면직처분무효확인 등)에 관한 소송 중 당사자가 사망한 경우에는 소송물인 일신전속권이 상속되지 아니하여 당사자대립구조가 소멸하므로 소송절차가 중단되는 것이 아니라 법원은 소송종료선언을 해야 한다(대법원 2019. 2. 14. 선고 2015다255258 판결). 예를 들어 이사가 그 지위에 기하여 주주총회결의 취소의 소를 제기하였다가 소송 계속 중에 사망하였거나 사실심 변론종결 후에 사망하였다면, 이사는 주식회사의 의사결정기관인 이사회의 구성원이고 의사결정기관 구성원으로서의 지위는 일신전속적인 것이어서 상속의 대상이 되지 않으므로 그 소송은 종료된다(앞의 판결).

나. 소송절차의 중단을 간과하고 판결한 경우

소송 계속 중 어느 일방 당사자의 사망에 의한 소송절차 중단을 간과하고 변론이 종

---

19) 적법하게 개시된 소송이 진행되던 중에 당사자가 사망, 합병, 소송능력을 상실하는 등의 이유 때문에 소송을 수행할 사람이 없는 경우에는 소송절차를 중단하고, 소송을 수행할 적법한 사람이 소송절차를 수계한 경우에 소송절차가 다시 개시된다.

결되어 판결이 선고된 경우에는 그 판결은 소송에 관여할 수 있는 적법한 수계인의 권한을 배제한 결과가 되는 절차상 위법은 있지만 그 판결이 당연무효라 할 수는 없다. 다만 그 판결은 대리인에 의하여 적법하게 대리되지 않았던 경우와 마찬가지로 보아 대리권흠결을 이유로 상소 또는 재심에 의하여 그 취소를 구할 수 있을 뿐이다(대법원 1995. 5. 23. 선고 94다28444 전원합의체 판결). 그리고 사망자의 적법한 상속인들이 판결이 선고된 후 수계신청을 하여 판결을 송달받아 상고하거나 또는 사실상 송달을 받아 상고장을 제출하고 상고심에서 수계절차를 밟은 경우에도 그 수계와 상고는 적법하다(앞의 판결).

당연무효 판결에 대한 처리

판결이 당연무효인 경우에는 취소의 대상인 유효한 확정판결이나 기판력이 존재하지 않으므로 재심의 소를 제기할 수 없다. 그리고 판결의 당연무효가 재심사유로서 포함되어 있지도 않다. 만일 채권자가 무효의 판결을 가지고 강제집행을 하려고 한다면 채무자는 집행단계에서 그 무효를 주장하여 강제집행을 저지할 수 있고, 이미 집행된 경우에는 불법행위에 기한 손해배상청구 또는 부당이득반환청구 등으로 손해를 회복할 수 있을 것이다.

3. 당사자가 변론종결 후 판결 선고 전에 사망한 경우

가. 판결의 선고

판결의 선고는 소송절차가 중단된 중에도 할 수 있다(법 제247조 제1항). 판결을 선고하기 위해서는 변론이 종결되어야 하므로 당사자의 사망에도 불구하고 판결을 선고할 수 있는 경우는, 당사자가 '변론종결 후 그리고 판결이 선고되기 전'에 사망한 경우를 의미한다(대법원 2007. 12. 14. 선고 2007다52997 판결). 당사자가 변론종결 후에 사망하더라도 사망한 당사자로서는 판결의 선고에 필요한 모든 주장과 증명을 마쳤으므로 소송절차가 중단되더라도 법원은 판결을 선고할 수 있다.

나. 판결의 선고와 동시에 중단

변론종결 후 당사자가 사망한 뒤 판결이 선고되면 일방당사자나 양당사자에게 항소권이 발생하는데, 만일 사망한 당사자에게 소송대리인이 없다면 항소권을 행사할 사람 또는 항소권을 행사할 상대방이 사망하여 존재하지 않으므로 판결의 선고와 동시에 소송절차는 중단된다(앞의 판결). 따라서 판결정본을 송달하더라도 효력이 없기 때문에 항소기간이 진행하지 않으며 이와 같이 중단된 소송절차는 상속인이 소송절차를 수계해야 다시 개시된다(앞의 판결).

제 2 절 당사자능력, 소송능력, 당사자적격

I. 당사자능력(capacity to sue or be sued)

1. 의 의

당사자능력은 소송당사자가 될 수 있는 '능력' 또는 지위를 말한다. 민사소송절차는 실체법상의 권리를 처분하는 절차이므로 민사소송에서의 당사자는 소송의 대상이 된 실체법상의 권리를 처분할 '능력'이 있어야 한다. 만일 실체법상의 권리를 처분할 '능력'이 없는 자가 소송당사자가 되었다면 그러한 소송절차는 무용의 절차라고 볼 것이다. 따라서 당사자능력은 민법의 권리능력에 대응하는 개념이다. 당사자능력은 소송요건이므로 당사자능력이 없는 자가 제기한 소는 부적법하여 각하[20]된다.

2. 당사자능력자의 범위

가. 권리능력자

(1) 자연인과 법인

당사자능력자의 범위는 원칙적으로 민법의 권리능력자(자연인과 법인)의 범위와 동일하다(법 제51조).

(2) 실 종 자

(가) 문 제 점

소송이 적법하게 계속된 후 당해 소송의 당사자에 대하여 실종선고가 확정된 경우에는 실종자가 사망하였다고 보는 시기는 실종기간이 만료한 때에 소급한다(민법 제28조). 이러한 경우에 실종자의 당사자능력이 실종기간이 만료한 때에 소급하여 소멸하는지 아니면 실종선고가 있는 때부터 소멸하는지 문제된다.

(나) 실종선고 시를 기준

위 문제 대하여 대법원 판례는 소송상의 지위의 승계절차는 실종선고가 확정되어야

---

20) 청구가 소송요건을 갖추지 못하여 부적법한 경우에는 본안에 대한 심사를 거치지 않고 소를 각하한다. 반면에 청구는 소송요건을 갖추어 적법하지만 청구의 이유가 없는 부당한 청구인 경우에는 기각판결을 한다. 그런데 소를 각하하는 경우에 간이한 절차가 따로 마련되어 있지 아니하여 당사자의 본안에 대한 주장 및 증명이 끝난 후에 비로소 소를 각하하고 있다. 이는 소송지연과 소송비용증가의 원인이 된다. 영국(정확히는 England와 Wales) 민사소송규칙(Civil Procedure Rules)에는 간이절차(Summary Judgment)가 마련되어 있어서 소가 부적법한 경우에는 본안에 대한 주장을 거치지 않고 신속하게 소를 각하하고 있다. 우리도 고려해 볼 만한 제도이다.

만 비로소 이를 취할 수가 있는 것이므로 실종선고가 있기까지는 소송상 당사자능력이 있다는 입장이다(대법원 1983. 2. 22. 선고 82사18 판결). 따라서 실종선고 확정 전에는 실종기간이 만료된 실종자를 상대로 하여 제기된 소도 적법하고 실종자를 당사자로 하여 선고된 판결도 유효하며 그 판결이 확정되면 기판력도 발생한다(대법원 1992. 7. 14. 선고 92다2455 판결). 이와 같이 발생한 기판력은 적법하게 대리되지 아니한 경우 등의 이유로 재심이나 추완항소를 통하여 소멸시킬 수 있다(앞의 판결).

(3) 태　아

태아는 민법 제3조의 사람이라고 볼 수 없으므로 원칙적으로 권리능력이 없지만, 상속 · 불법행위 · 유증과 같이 예외적으로 태아가 이미 출생한 것으로 의제되는 경우가 있다. 이러한 경우에 태아가 당사자능력을 갖는지 문제되는데, 대법원 판례(대법원 1976. 9. 14. 선고 76다1365 판결)는 "태아가 특정한 권리에 있어서 이미 태어난 것으로 본다는 것은 살아서 출생한 때에 출생시기가 문제의 사건의 시기까지 소급하여 그때에 태아가 출생한 것과 같이 법률상 보아 준다고 해석"하여 정지조건설에 따르고 있으므로 출생 전의 태아는 당사자능력이 없고, 일단 살아서 출생해야 당사자능력을 갖게 된다.

(4) 하부조직

국가나 지방단체, 법인은 당사자능력이 있지만, 그 하부조직은 독자적인 당사자능력이 없다(읍면에 당사자능력이 없다는 판결, 대법원 2002. 3. 29. 선고 2001다83258 판결). 국회도 독자적 법인격이 없는 국가조직의 일부이므로 당사자능력이 없고, 이때는 국가인 대한민국이 당사자가 되어야 한다. 다만 사단법인의 하부조직이 별도로 법인격 없는 사단으로서의 요건을 갖춘 경우에는 당사자능력이 있다(대법원 2011. 7. 28. 선고 2010다97044 판결).

(5) 학　교

학교법인은 당사자능력이 있지만 학교는 일반적으로 법인도 아니고 대표자 있는 법인격 없는 사단 또는 재단도 아닌 교육시설의 명칭일 뿐이기 때문에 원칙적으로 민사소송에서 당사자능력이 인정되지 않는다(대법원 2017. 3. 15. 선고 2014다208255 판결).

(6) 권리능력의 소멸

자연인은 사망에 의하여 권리능력이 소멸하므로 이때 당사자능력이 소멸하며, 법인은 해산사유가 있다고 하여 권리능력이 소멸하는 것이 아니라 청산사무가 종료되어야 비로소 권리능력이 소멸하므로 이때 당사자능력이 소멸한다(대법원 1992. 10. 9. 선고 92다23087 판결).

[도롱뇽의 당사자능력]

도롱뇽은 천성산 일원에 서식하고 있는 도롱뇽목 도롱뇽과에 속하는 양서류로서 자연물인 도롱뇽 또는 그를 포함한 자연 그 자체로서는 소송을 수행할 당사자능력을 인정할 수 없다.(대법원 2006. 6. 2.자 2004마1148 결정)

나. 법인이 아닌 사단 또는 재단

법인이 아닌 사단이나 재단(입주자대표회의, 아파트부녀회, 교회, 사찰 등)은 대표자 또는 관리인이 있는 경우에는 그 사단이나 재단의 이름으로 당사자가 될 수 있다(법 제52조). 따라서 비법인 사단 또는 비법인 재단에 대한 판결의 효력은 그 단체에 대하여만 미치며 그 구성원에게는 미치지 않는다. 법인과 마찬가지로 비법인 사단이나 재단에 해산사유가 발생하였다고 하더라도 곧바로 당사자능력이 소멸하는 것이 아니하며, 청산사무가 완료될 때까지 청산의 목적범위 내에서 권리 · 의무의 주체가 되므로 당사자능력이 있다(대법원 2007. 11. 16. 선고 2006다41297 판결).

다. 조 합

조합은 2인 이상이 상호 간에 금전 기타 재산 또는 노무를 출자하여 공동사업을 경영할 것을 약정하는 계약에 의하여 성립한다. 조합은 어느 정도 단체성에서 오는 제약을 받게 되는 것이지만 구성원의 개인성이 강하게 드러나는 인적 결합체이므로 조합에게는 당사자능력이 없다. 예를 들어 부도난 회사의 채권자들이 조직한 채권단이 비법인사단으로서의 실체를 갖추지 못하면 조합에 불과하므로 당사자능력이 부인된다(대법원 1999. 4. 23. 선고 99다4504 판결).

3. 당사자능력의 판단

당사자능력은 소송요건으로서 직권조사사항이고, 사실심 변론종결시를 기준으로 판단하여야 한다(대법원 2010. 3. 25. 선고 2009다95387 판결 참조). 따라서 소 제기 당시에 비법인사단으로서의 요건을 갖추지 못하더라도 변론종결시까지 비법인사단으로서의 요건을 갖추면 적법한 소가 된다(대법원 2013. 1. 10. 선고 2011다64607 판결).

[사실심 변론종결시]

당사자가 모든 주장과 증거를 제출하고, 법원도 판결하기에 성숙했다고 판단을 하면 변론절차를 종결하고 선고기일을 지정한다. 법원은 변론이 종결된 때까지 제출된 주장과 증거를 바탕으로 선고를 하므로 법원의 판결에 의하여 확정되는 법률관계는 변론이 종결된 때의 법률관계를 의미한다. 그런데 당사자는 사실에 관한 주장과 증거를 사실심에서만 제출할 수 있으므로 판결에 의하여 확정되는 법률관계는 사실심 변론종결시의 법률관계가 된다. 만일 제1심 판결이 확정되었다면 사실심 변론종결시는 제1심의 변론종결시를 의미하고, 제1심 판결에 대하여 항소가 제기되어 항소심 판결이 선고되었다면 사실심 변론종결시는 항소심 변론종결시를 의미한다.

II. 소송능력(protected party)

1. 의 의

소송능력은 민법의 행위능력에 대응하는 개념으로서 독자적으로 소송을 수행할 수 있는 능력을 말한다. 소송행위를 독자적으로 수행하기 어려운 보호의 필요성이 있는 사람을 보호하기 위한데 그 목적이 있다. 당사자능력과 마찬가지로 소송능력도 원칙적으로 민법 등 법률의 규정에 따른다(법 제51조). 그러나 민사소송법에 특별한 규정이 다수 존재한다.

2. 외국인에 대한 특칙

외국인은 그의 본국법에 따르면 소송능력이 없는 경우라도 대한민국의 법률에 따라 소송능력이 있는 경우에는 소송능력이 있는 것으로 본다(법 제57조). 예를 들어 외국인이 본국법상 미성년자이지만 대한민국법에서는 성년자인 경우에는 소송능력이 인정된다.

3. 법정대리인에 의한 소송행위

미성년자 또는 피성년후견인은 법정대리인에 의해서만 소송행위를 할 수 있는 것이 원칙이다(법 제55조 제1항). 다만 미성년자가 독립하여 법률행위를 할 수 있는 경우와 가정법원이 민법 제10조 제2항에 따라서 취소할 수 없는 법률행위로 정한 범위에서는 미성년자 또는 피성년후견인도 독립적으로 유효한 법률행위를 할 수 있으므로 소송행위도 독자적으로 유효하게 할 수 있다(법 제55조 제1항 단서). 예를 들어 근로기준법 제68조의 규정에 따라서 미성년자는 독자적으로 노무제공에 따른 임금의 청구를 할 수 있으므로 이러한 소송에서는 소송능력이 인정된다(대법원 1981. 8. 25. 선고 80다3149 판결). 이러한 미성년자나 피성년후견인과 달리 피한정후견인의 소송능력은 원칙적으로 인정된다. 다만 한정후견인의 동의가 필요한 행위에 대하여는 한정후견인에 의해서만 소송행위를 할 수 있다(법 제55조 제2항).

4. 소송능력의 부재의 효력

소송행위에 하자가 있더라도 이를 보정할 수 있다면 이를 보정하도록 하여 가급적 소송행위가 효력을 갖도록 하는 것이 당사자의 권리구제에 합당하다. 이러한 이유에서 소송능력이 없는 자가 제기한 소는 각하해야 하지만, 바로 각하할 것이 아니라 법원은 기간을 정하여 이를 보정하도록 명하여야 하며(보정명령) 만일 보정하는 것이 지연됨으로써 손해가 생길 염려가 있는 경우에는 법원은 보정하기 전의 당사자 또는 법정대리인으로 하여금 일시적으로 소송행위를 하게 할 수 있다(법 제59조). 법원은 이 기간 내에 보정이 없는 경우에 비로소 소를 각하할 수 있다. 대표적인 보정방법으로는 법정대리인의 추인이 있다. 법정대리인이 소송무능력자의 소송행위를 추인하면 소송무능력자의 소송행위가 유효하게 된다. 만일 소송 도중에 소송당사자가 소송능력을 상실하였다면 소송절차는 중단되고 소송능력을 회복한 당사자 또는 법정대리인이 그 소송절차를 수계해야 한다(법 제235조).

5. 추 인

소송무능력자가 소송행위를 한 뒤에 법정대리인이 이를 추인하면 그 소송행위는 이를 한 때에 소급하여 효력이 생긴다(법 제60조).

III. 당사자적격

1. 의 의

당사자적격이란 소송사건에서 정당한 당사자가 될 수 있는 자격을 말한다. 당사자능력과 소송능력이 있어도 재판의 대상과 직접적 관련이 없는 자는 소송을 수행하기에 부적절하고 판결의 효력을 받는 자도 아니므로 이러한 자를 당사자로 하여 받은 판결은 실효성이 없기 때문에 소송절차에서 배제시켜야 한다. 이러한 당사자적격에는 원고적격과 피고적격이 있고 당사자적격은 소가 적법하게 되기 위한 소송요건이므로 원고적격이나 피고적격이 없으면 소가 각하된다. 소송의 형태에 따라서 당사자적격의 판단기준이 달라지므로 먼저 소송의 형태에 관하여 설명한다.

2. 소송의 형태

소송의 형태에는 이행의 소, 확인의 소, 형성의 소가 있다. 어떠한 소송형태를 취할 것인지는 원고가 선택하며 원고가 제출하는 소장의 청구취지[21]의 기재로부터 소송의 형태를 알 수 있다.

가. 이행의 소

(1) 의 의

원고가 실체법상의 일정한 권리를 주장하면서 피고에게 작위의무 또는 부작위의무의 이행을 청구하는 소를 '이행의 소'라고 한다.

(2) 강제집행의 가능

이행의 소의 특징적인 모습은 채무자인 피고가 이행을 명하는 판결이 확정된 후에도 이행을 거부하면 원고는 법원을 통하여 채무의 강제집행(금전채권을 위한 강제경매, 비금전채권을 위한 이행강제, 부작위의무이행강제를 위한 간접강제 등)을 할 수 있다는 점에 있다. 이러한 강제집행을 보전하기 위하여 가압류, 가처분의 보전처분을 미리 할 수 있다. 그리고 이행의 소에서 가집행선고가 있으면 판결이 확정되기 전에도 강제집행이 가능하다.

(3) 청구취지의 예시

"피고는 원고에게 금 100만원 및 이에 대하여 이 사건 소장부본 송달일 다음날부터 다 갚는 날까지 연 12%의 비율에 의한 금원을 지급하라."

"피고는 원고에게 대구 북구 산격동 280 전 300평방미터를 인도하라."

"피고는 원고에게 대구 북구 산격동 80 대 100평방미터에 관하여 2012.3.1. 매매를 원인으로 한 소유권이전등기절차를 이행하라."

"피고는 별지 목록 기재 주차장을 원고가 주차의 목적으로 사용하는 것을 방해하는 일체의 행위를 하여서는 안 된다." - 부작위 이행청구

나. 형성의 소

(1) 의 의

법률관계의 변동을 가져오는 소를 '형성의 소'라고 한다(이혼소송 → 혼인관계의 해소, 채권자취소소송 → 사해행위의 취소, 주주총회결의취소소송 → 주총결의효력의 소멸, 재심의 소 → 확정판결의 취소, 중재판정취소소송 → 중재판정의 효력 소멸, 공유물분할의 소-공유관계의 소멸과 분할부분의 소유권취득 등). 이러한 형성의 소는 법률에 규정이 있는 경우에만 가능하다. 법률에 규정이 없는 형성의 소는 부적법하여 각하된다.

(2) 실체법상의 형성권과 차이

형성의 소에서는 판결이 확정되어야 비로소 법률관계가 변동된다는 점(대법원 2019.

---

21) 청구취지란 당사자가 당해 소를 통하여 종국적으로 얻고자 하는 결론을 의미한다. 청구취지는 소장에 기재되어야 한다.

3. 14. 선고 2018다277785, 277792 판결)에서 판결 없이 의사표시만으로 법률관계가 변동되는 실체법상의 형성권과 차이가 있다. 예를 들어 민법 제628조에 의한 임차인의 차임감액청구권은 사법상의 형성권으로서 의사표시가 상대방에게 도달하는 즉시 효력이 발생하므로 이를 행사한 결과를 가지고 차임감액 또는 부당이득반환의 소송상 항변으로 행사할 수 있을 뿐이다. 이러한 차임감액청구권은 법원에 대하여 형성판결을 구할 수 있는 형성소권이 아니므로 반소로서 차임의 감액을 청구하면 부적법한 형성의 소로서 각하된다(대법원 1968. 11. 19. 선고 68다1882 판결).

[사해행위취소의 반소 청구가 인용될 경우, 사해행위의 효력이 소멸된 것을 전제로 하여 본소 청구에 대한 판단이 가능하다는 판례]

사해행위취소소송은 형성의 소로서 그 판결이 확정됨으로써 비로소 권리변동의 효력이 발생하나, 민법 제406조 제1항은 채권자가 사해행위의 취소와 원상회복을 법원에 청구할 수 있다고 규정함으로써 사해행위취소청구에는 그 취소판결이 미확정인 상태에서도 그 취소의 효력을 전제로 하는 원상회복청구를 병합하여 제기할 수 있도록 허용하고 있다. 또한 원고가 매매계약 등 법률행위에 기하여 소유권을 취득하였음을 전제로 피고를 상대로 일정한 청구를 할 때, 피고는 원고의 소유권 취득의 원인이 된 법률행위가 사해행위로서 취소되어야 한다고 다투면서, 동시에 반소로써 그 소유권 취득의 원인이 된 법률행위가 사해행위임을 이유로 법률행위의 취소와 원상회복으로 원고의 소유권이전등기의 말소절차 등의 이행을 구하는 것도 가능하다. 위와 같이 원고의 본소 청구에 대하여 피고가 본소 청구를 다투면서 사해행위의 취소 및 원상회복을 구하는 반소를 적법하게 제기한 경우, 사해행위의 취소 여부는 반소의 청구원인임과 동시에 본소 청구에 대한 방어방법이자, 본소 청구 인용 여부의 선결문제가 될 수 있다. 그 경우 법원이 반소 청구가 이유 있다고 판단하여, 사해행위의 취소 및 원상회복을 명하는 판결을 선고하는 경우, 비록 반소 청구에 대한 판결이 확정되지 않았다고 하더라도, 원고의 소유권 취득의 원인이 된 법률행위가 취소되었음을 전제로 원고의 본소 청구를 심리하여 판단할 수 있다고 봄이 타당하다. 그때에는 반소 사해행위취소 판결의 확정을 기다리지 않고, 반소 사해행위취소 판결을 이유로 원고의 본소 청구를 기각할 수 있다.(대법원 2019. 3. 14. 선고 2018다277785, 277792 판결)

- 예를 들어 근저당권이 설정된 부동산을 매입한 매수인이 피담보채무의 소멸을 이유로 하여 근저당권의 말소를 구하는 본소를 제기하였고, 이에 대하여 피고 근저당권자가 원고 매수인의 매수가 사해행위에 해당한다고 주장하면서 당해 매매계약의 취소 및 원상회복을 구하는 반소를 제기하였는데, 법원이 이러한 반소 청구가 정당하다고 하여 이를 인용한다면, 법원은 위 매매계약이 취소된 것을 전제로 하여 원고에게 소유권이 없다는 이유로 원고의 본소 청구를 기각해야 한다.

(3) 가 처 분

형성의 소는 채권자가 채무자에 대하여 채무이행을 구하는 소가 아니라 법률관계의 변동을 목적으로 하는 소로서 판결이 확정되는 즉시 법률관계에 변동을 가져오므로 강제집행이나 가집행이 필요하지 않다. 그러나 형성판결에 의하여 변동되는 법률관계의 현상을 유지하거나 현저한 손해나 급박한 위험을 방지하기 위하여 "임시의 지위를 정하기 위한 가처분"(민사집행법 제300조 제2항)을 할 수 있다. 예를 들어 이사를 선임한 주주총회 결의에 대한 취소소송을 제기하는 경우에 그 이사의 직무로 인한 손해발생을 방지하기 위하여 직무집행정지가처분신청을 할 수 있다.

(4) 청구취지의 예시

"원고와 피고는 이혼한다."

"피고의 임시주주총회에서 2012.3.1. 갑을 이사에서 해임하는 결의는 취소한다."

(채권자취소소송에서 사해행위의 취소의 형성의 소와 원상회복청구의 이행의 소가 병합하여 제기된 경우의 청구취지)

"1. 피고와 소외 갑 사이에 별지 목록 기재 부동산에 관하여 2012.3.1. 체결된 매매계약을 취소한다."

"2. 피고는 소외 갑에게 위 부동산에 관하여 대구지방법원 2012.3.30. 접수 제000호로 마친 소유권이전등기의 말소등기절차를 이행하라."

다. 확인의 소

(1) 의 의

법률관계의 존재 또는 부존재의 확인을 구하는 소를 '확인의 소'라고 한다. 법률관계와 결부되지 아니한 채, 사실의 존재 또는 부존재에 대하여만 확인을 구하는 소 또는 가치판단에 대한 확인을 구하는 소는 허용되지 않는다. 그러나 뒤에서 설명하는 증서의 진정여부를 확인하는 소(법 제250조)는 객관적 사실인 서면의 위조 여부를 확인하기 위한 소임에도 불구하고 예외적으로 확인의 소가 허용된다.

(2) 종 류

확인의 소에는 법률관계의 존재에 대한 확인을 구하는 적극적 확인의 소(존재확인)와 법률관계의 부존재에 대한 확인을 구하는 소극적 확인(negative declaration)의 소(부존재확인, declaration of none liability)가 있다.

(3) 확인의 이익

확인의 소가 적법하기 위해서는 확인의 이익이 있어야 한다. 확인의 이익이란 법률관계에 불안 또는 분쟁을 해결하는데 있어서 확인판결을 받는 것이 유효적절한 수단이야 한다는 것을 의미한다. 확인판결만 가지고 강제집행을 하거나(이행의 소) 법률관계의 변동(형성의 소)을 가져올 수 없으므로 확인의 소는 다른 소송형태에 비하여 미약한 구제수단이다. 따라서 다른 형태의 소송이 가능하면 그러한 형태의 소송을 제기하는 것이 확인의 소를 제기하는 것보다 당사자와 법원 모두에게 이익이 된다. 이러한 점에서 확인의 소는 다른 형태의 소송을 제기할 수 없는 경우에 비로소 허용되는 보충적 소송이고, 따라서 확인판결이 권리구제의 유효적절한 수단이어야 한다는 확인의 이익이 요구된다(대법원 1991. 7. 23. 선고 91다6757 판결).

(4) 가 처 분

확인의 소를 위한 보전처분으로서 가처분신청이 있다. 확인판결을 기다려서는 현저한 손해가 발생하거나 급박한 위험이 있는 경우에는 "임시의 지위를 정하기 위한 가처분"(민사집행법 제300조 제2항)을 신청할 수 있다. 예를 들어 면직처분을 받은 사립학교의 교원이 면직처분무효확인의 소를 제기하고자 하는 경우에 면직처분효력정지가처분신청을 하여 가처분결정을 받으면 소송이 진행되는 도중에도 계속하여 근무할 수 있다.

(5) 청구취지의 예시

"대구 북구 산격동 100 대 100평방미터가 원고의 소유임을 확인한다." - 소유권의 귀속에 관하여 분쟁이 있는 경우에 소유권등기명의인은 이미 소유권이전등기를 갖고 있어서 이행의 소나 형성의 소를 통해서 분쟁을 해결할 수 없으므로 확인의 이익이 인정된다. 반면에 소유권등기명의인의 소유권을 다투는 자는 소유권이전등기의 말소등기를 청구하는 이행의 소를 제기할 수 있으므로 소유권확인의 소를 제기할 확인의 이익이 없다.

"원고의 피고에 대한 2012.3.1. 금전소비대차계약에 기한 원금 000원 및 이에 대한 이자채무가 존재하지 아니함을 확인한다." - 채무의 존재에 관하여 분쟁이 있는 경우에 채권자는 이행의 소를 제기할 수 있는 반면에, 채무자는 이행의 소나 형성의 소를 제기할 수 없으므로 채무부존재확인의 소에 대하여 확인의 이익이 인정된다.

"피고의 원고에 대한 2014.3.1.자 해고처분은 무효임을 확인한다." - 해고의 무효를 다투는 방법은 이행의 소나 형성의 소로 불가능하므로 확인의 이익이 인정된다.

3. 이행의 소에서의 당사자적격

가. 원고적격

이행의 소에서 주장되고 있는 청구권과 직접적 관련을 갖고 있는 자는 이행청구권을 갖고 있다고 주장하는 자이므로 원칙적으로 이러한 자가 원고적격을 갖는다. 만일 원고가 자신이 아니라 제3자에게 청구권이 있다는 사실을 인정하면서도 아무런 권한 없이 채무자에게 채무이행을 청구한다면 법원은 원고적격의 부재로 소를 각하해야 한다. 원고가 자신의 청구권을 주장했지만 법원의 심리결과 청구권이 존재하지 않는 경우에 청구를 기각하는 것과 차이가 있다.

나. 피고적격

마찬가지로 원고로부터 이행의무가 있다고 주장되는 자에게 피고적격이 있는 것이 원칙이다. 따라서 원고가 피고가 아닌 제3자가 채무자란 사실을 인정하면서도 채무이행을 청구하는 소를 제기하면 그러한 소는 피고적격의 부재로 각하된다.

다. 예 외

위와 같은 이행의 소에서의 당사자적격의 결정의 원칙에는 예외가 있다. 첫째는 뒤에서 보는 제3자의 소송담당이다. 둘째는 당사자적격은 무용의 판결을 방지하기 위한 제도이므로 설령 권리자라고 주장하는 자 또는 의무자라고 주장되는 자를 소송당사자로 하여 판결을 하더라도 판결의 내용대로 실효성을 확보할 수 없다면 그러한 판결은 무용의 판결이 된다. 따라서 이때는 위와 같은 권리자 또는 의무자에게 당사자적격이 없다. 부동산등기청구의 소가 대표적인 예이다.

(1) 말소등기청구의 소에서의 피고적격

(가) 등기의 말소절차이행을 구하는 소에서는 등기의무자, 즉 등기부상의 형식상 그 등기에 의하여 권리를 상실하거나 기타 불이익을 받을 자(등기명의인이거나 그 포괄승계인)나 등기에 관한 이해관계 있는 제3자[22]만이 피고적격을 갖고 있다(대법원 2019. 5. 30. 선고 2015다47105 판결). 왜냐하면 등기는 법률에 다른 규정이 없는 경우에는 등기권리자와 등기의무자가 공동으로 신청하므로(부동산등기법 제23조 제1항) 등기법상 등기의무자에 해당되지 않으면 등기신청을 할 수 없기 때문이다(대법원 1979. 7. 24. 선고 79다345 판결). 따라서 원고가 위와 같은 자 이외의 자가 말소등기의무를 갖고 있다고 주장하면서 그를 피고로 하여 소를 제기하더라도 이러한 주장만으로 그에게 피고적격이 발생하는 것이 아니므로 부적법한 소가 된다(앞의 판결).

(나) 예를 들어 근저당권의 양도에 의한 부기등기는 기존의 근저당권설정등기에 의한 권리의 승계를 등기부상 명시하는 것뿐으로 그 등기에 의하여 새로운 권리가 생기는 것이 아닌 만큼 근저당권설정등기의 말소등기청구는 근저당권의 양수인만을 상대로 하면 족하고 양도인은 그 말소등기청구에 있어서 피고적격이 없다(대법원 1995. 5. 26. 선고 95다7550 판결). 그리고 근저당권 이전의 부기등기는 기존의 주등기인 근저당권설정등기에 종속되어 주등기와 일체를 이루는 것이어서 피담보채무가 소멸된 경우 또는 근저당권설정등기가 당초 원인무효인 경우 주등기인 근저당권설정등기의 말소만 구하면 되고 그 부기등기는 별도로 말소를 구하지 않더라도 주등기의 말소에 따라 직권으로 말소된다(앞의

22) 원인무효인 소유권이전등기 명의인을 채무자로 한 가압류등기와 그에 터 잡은 경매신청기입등기가 경료된 경우, 그 부동산의 소유자는 원인무효인 소유권이전등기의 말소를 위하여 이해관계에 있는 제3자인 가압류채권자를 상대로 하여 원인무효 등기의 말소에 대한 승낙을 청구할 수 있고, 그 승낙이나 이에 갈음하는 재판이 있으면 등기공무원은 신청에 따른 원인무효 등기를 말소하면서 직권으로 가압류등기와 경매신청기입등기를 말소하여야 할 것인바, 소유자가 원인무효인 소유권이전등기의 말소와 함께 가압류등기 등의 말소를 구하는 경우, 그 청구의 취지는 소유권이전등기의 말소에 대한 승낙을 구하는 것으로 해석할 여지가 있다(대법원 1998. 11. 27. 선고 97다41103 판결).

판결).

(다) 무효의 소유권이전등기에 대하여 말소등기를 청구하는 대신에 진정한 등기명의의 회복을 위한 소유권이전등기청구[23]를 하는 경우에도 현재의 등기명의인을 상대로 하여야 하고 현재의 등기명의인이 아닌 자는 피고적격이 없다(대법원 2017. 12. 5. 선고 2015다240645 판결).

(2) 회복등기청구의 소

말소된 등기의 회복등기절차의 이행을 구하는 소에서도 회복등기의무자에게만 피고적격이 있다. 예를 들어 가등기가 이루어진 부동산에 관하여 제3취득자 앞으로 소유권이전등기가 마쳐진 후 그 가등기가 말소된 경우, 그와 같이 말소된 가등기의 회복등기절차에서 회복등기의무자는 가등기가 말소될 당시의 소유자인 제3취득자이므로 그 가등기의 회복등기청구는 회복등기의무자인 제3취득자를 상대로 하여야 한다(대법원 2009. 10. 15. 선고 2006다43903 판결). 전소유자는 가등기를 회복시켜 줄 지위에 있지 아니하므로 그를 상대로 하여 판결을 받아도 실효성이 없는 판결이 되기 때문이다.

(3) 채권적 청구권에 기한 이전등기청구의 소와 비교

토지의 매수인이 매도인을 상대로 소유권이전등기청구의 소를 제기하였지만 매도인이 이중양도로 제2매수인에게 소유권이전등기를 해주고 그 등기를 회복할 수 없는 경우라도 원고의 피고에 대한 소유권이전등기청구권이 소멸되는 것은 아니므로 피고적격이 없다는 이유로 소를 각하할 것이 아니라 피고의 이행불능을 이유로 청구를 기각해야 한다(대법원 1981. 6. 23. 선고 81다225 판결). 이때는 등기부상 형식적으로 물권의 행사를 방해하는 자를 상대로 하는 물권적 청구의 소가 아니라 채무자를 상대로 하는 채권적 청구의 소이기 때문이다. 마찬가지로 취득시효가 완성된 후에 토지의 소유자가 토지를 제3자에게 매도하거나 토지가 수용된 경우에도 소유권이전등기청구권이 소멸되는 것은 아니므로 점유자의 취득시효 완성 당시의 소유자를 상대로 한 소유권이전등기청구는 이행불능을 이유로 기각되어야 한다(대법원 1991. 6. 25. 선고 90다14225 판결).

4. 형성의 소에서의 당사자적격

가. 의 의

형성의 소의 당사자적격은 법률에서 당사자적격을 규정하는 경우에는 그에 따르고

23) 이른바 "진정한 등기명의의 회복을 원인으로 한 소유권이전등기청구"는, ① 당해 부동산에 관하여 이미 자기의 명의로 소유권을 표상하는 등기가 되어 있었거나 ② 법률에 의하여 소유권을 취득한 그 부동산의 진정한 소유자가 그의 등기명의를 회복하기 위한 방법으로 현재의 등기부상의 소유명의인을 상대로 소유권이전등기절차의 이행을 직접 청구하는 경우에 인정된다(대법원 1992.1.21. 선고 91다35175 판결).

(예를 들어 상법 제376조 제1항에서는 주주총회결의취소소송의 원고적격자를 주주, 이사, 감사로 규정하고 있다.[24]), 법률에 규정이 없으면 분쟁과 가장 직접적 관련이 있는 자 또는 소송을 수행하기에 가장 적합한 자가 당사자적격을 갖는다.

나. 채권자취소소송에서의 예시

(1) 채권자취소권에 있어서의 채무자의 사해행위의 취소는 절대적인 취소가 아니라 악의의 수익자 또는 악의의 전득자에게 대한 관계에 있어서만 상대적으로 취소하는 제도이다. 채권자라고 하더라도 타인의 법률관계에 함부로 관여하는 것은 허용되지 않으므로 원상회복 및 강제집행을 위하여 악의의 수익자 또는 악의의 전득자에게 대한 관계에서만 상대적으로 취소하는 것이다. 따라서 채권자취소권은 악의의 수익자 또는 악의의 전득자에게 대해서만 행사할 수 있으므로 이들에게만 피고적격이 있고, 채무자에게 대하여서는 행사할 수 없으므로 채무자는 피고적격이 없다(대법원 1967. 12. 26. 선고 67다1839 판결).

(2) 이와 같이 채무자에게 피고적격이 없기 때문에, 원고가 채무자를 공동피고로 하여 소를 제기하지 않고 수익자 또는 전득자에 대하여만 채권자취소소송을 제기한다면 청구취지에서 채무자는 당사자적격이 없는 제3자로서 소외인으로 표시된다.

"피고와 소외 A 간의 대구 북구 산격동 대 100 평방미터에 관한 2013.3.1.자 매매계약을 취소한다. 피고는 소외 A에 대하여 위 부동산에 관한 대구지방법원 2013.4.1. 접수 제000호로 등기된 소유권이전등기에 대한 말소등기절차를 이행하라."

[주주총회결의취소소송에서 원고적격]

상법 제376조 제1항에서는 수수의 지위반으로 주주총회취소소송의 원고적격을 인정하고 기타 다른 요건을 요구하지 않으므로 주주가 다른 주주에 대한 소집절차상의 하자를 이유로 주주총회결의취소의 소를 제기할 수 있다.(대법원 2003. 7. 11. 선고 2001다45584 판결)

5. 확인의 소에서의 당사자적격

확인의 소에서는 확인의 이익을 갖고 있는 자가 확인판결에 대하여 직접적 이해관계를 갖고 있으므로 원고적격을 갖고, 이러한 원고와 반대되는 이익을 갖고 있는 자가 피고적격을 갖는다. 예를 들어 주주총회와 이사회는 모두 주식회사의 기관으로서 주주총회결의와 이사회결의는 주식회사의 의사결정에 해당한다. 따라서 주주총회결의무효확인과 이사회결의무효확인의 소의 피고적격은 주식회사만이 갖는다(대법원 1982. 9. 14. 선고 80다2425 전원합의체 판결).

---

24) 다만 회사의 이사로 등기되어 있던 사람이 회사를 상대로 사임을 주장하면서 이사직을 사임한 취지의 변경등기를 구하는 소에서 상법 제394조 제1항은 적용되지 아니하므로 그 소에 관하여 회사를 대표할 사람은 감사가 아니라 대표이사가 된다(대법원 2013. 9. 9.자 2013마1273 결정).

6. 고유필수적 공동소송에서의 당사자적격

(1) 고유필수적 공동소송이란 실체적 권리에 대한 관리 · 처분권이 여러 사람에게 공동으로 귀속되어 있어서 처분권자 전원이 원고가 되거나 피고가 되어야 비로소 당사자적격이 인정되는 소송을 말한다. 만일 일부 당사자가 누락되면 관리처분권이 없는 자가 소송당사자가 되기 때문이다.

(2) 예를 들어 민법 제272조와 제273조에 따라서 합유물과 합유지분은 합유자 전원의 동의를 얻어서만 처분할 수 있으므로 합유물에 관한 소송(예를 들어 합유물인 부동산에 대하여 매수인이 합유자들에게 소유권이전등기청구를 하는 경우 또는 합유자들이 매매계약에 기하여 매도인에게 소유권이전등기청구하는 경우, 후자의 경우에는 소유권이전등기청구권의 준합유이다.)에서는 합유자 전원이 원고 또는 피고가 되어야 하며, 누락이 있는 경우에는 당사자적격의 부재로 각하된다(대법원 1994. 10. 25. 선고 93다54064 판결). 다만 합유물에 대한 보존행위는 각자 할 수 있으므로 고유필수적 공동소송이 아니다.

7. 제3자의 소송담당

가. 의 의

권리의무의 귀속주체가 아닌 제3자임에도 불구하고 권리의무의 귀속주체와 함께 또는 갈음하여 실체법상의 처분권을 가지는 결과 소송상 당사자적격을 갖고 있는 경우가 있는데, 이를 '제3자의 소송담당'이라고 한다. 이러한 제3자의 소송담당에는 '법정소송담당'과 '임의적 소송담당'이 있다.

나. 법정소송담당

(1) 의 의

법률에서 권리와 의무의 주체 이외의 제3자에게 소송수행권을 수여하고 있는 경우를 '법정소송담당'이라고 한다. 법정소송담당에는 권리 · 의무의 주체와 함께 제3자가 당사자적격을 갖고 있는 경우(민법 제404조의 채권자대위권, 상법 제403조의 주주대표소송 등; 이를 '병행형 제3자의 소송담당'이라고도 한다.)와 권리 · 의무의 주체는 당사자적격을 상실하고 제3자만이 당사자적격을 갖고 있는 경우(「채무자회생 및 파산에 관한 법률」 제78조와 제395조에 따라서 회생절차가 개시되거나 파산절차가 개시된 채무자의 재산에 관한 소송에서는 채무자에 갈음하여 회생회사의 관리인 또는 파산관재인이 소송당사자가 된다[25]; 이를 '갈음형 제3자의 소송담당'이라고도 한다.)가 있다.

---

25) 도산절차는 채권자 전원을 위한 절차이므로 채무자의 관여를 배제하고 도산절차의 관리인이 채무자의 재산에 관하여 일괄적으로 관리처분하고 채권자에게 변제하기 위한 절차이기 때문이다.

[유언집행자]

유언집행자가 있는 경우 그의 유언집행에 필요한 한도에서 상속인의 상속재산에 대한 처분권은 제한되며 그 제한 범위 내에서 상속인은 원고적격이 없다.(대법원 2010. 10. 28. 선고 2009다20840 판결)

(2) 추심명령에서의 원고적격

채권에 대한 압류 및 추심명령이 있으면 제3채무자에 대한 이행의 소는 추심채권자만이 제기할 수 있고 채무자는 피압류채권에 대한 이행소송을 제기할 당사자적격을 상실한다(대법원 2010. 11. 25. 선고 2010다64877 판결). 따라서 추심명령의 전후에 관계없이 채무자가 제3채무자를 상대로 제기한 이행의 소는 당사자적격의 부재로 각하된다. 다만 채무자의 이행소송 계속 중에 추심채권자가 압류 및 추심명령 신청의 취하 등에 따라 추심권능을 상실하게 되면 채무자는 당사자적격을 회복한다(앞의 판결).

한편, 추심금청구의 소에서 제3채무자는 자신이 집행채무자에 대하여 채무를 부담하지 않는다고 다툴 수 있지만, 추심채권자의 추심채무자에 대한 집행채권이 부존재한다거나 소멸했다고 주장하여 채무의 변제를 거절할 수 없다(대법원 1996. 9. 24. 선고 96다13781 판결). 이러한 사유는 집행채무자가 추심채권자를 상대로 한 청구이의의 소에서 주장해야 한다(앞의 판결).

추심명령이란?

1. 의　　의

금전채권의 강제집행은 채무자의 재산을 현금으로 만들어 변제받는 것을 목표로 하는데, 추심명령은 채무자의 제3채무자에 대한 금전채권을 현금으로 만드는 방법 중의 하나이다.

2. 추 심 권

채권자가 법원으로부터 추심명령을 받게 되면 채권자는 제3채무자에 대한 추심권을 취득하여 직접 원고가 되어 제3채무자를 상대로 금전지급청구소송을 제기할 수 있다. 이때 채무자는 그 채권에 대한 원고적격을 상실하고 추심채권자만이 채무자에 갈음하여 원고적격을 갖게 된다. 제3채무자에 대하여 채권을 갖고 있지 아니한 채권자가 원고적격을 갖고 있다는 점에서 추심금청구의 소는 제3자의 소송담당에 해당한다(민사집행법 제232조).

3. 변제의 효력

추심채권자가 제3채무자로부터 추심한 금전은 추심채권자 자신의 변제에만 충당하는 것이 아니라 배당신청을 한 다른 채권자와 안분하여 변제에 충당한다. 이와 같이 변제에 충당된 금액의 한도 내에서 추심채권자의 채권이 소멸한다.

전부명령(garnishment)이란?

1. 의　　의

전부명령은 추심명령과 같이 채무자의 제3채무자에 대한 금전채권에 대하여 강제집행하는 방법 중의 하나이다.

2. 채권양도의 효력

전부명령이 있으면 채무자의 채권이 전부채권자에게 이전되는 채권양도의 효력이 발생하고, 이에 따라서 전부채권자가 제3채무자에 대한 채권자가 된다. 그리고 추심명령에서는 제3채무자로부터 추심된 금원 중에 실제로 채권자가 변제에 충당해야 변제의 효력이 발생하지만, 전부명령은 전부명령이 제3채무자에게 송달되어 채권양도의 효력이 발생한 때에 전부된 채권의 권면액의 한도에서 변제가 이루어진 것으로 본다(민사집행법 제231조). 이러한 점에서 강제적 대물변제라고 볼 수 있다.

3. 권리의 주체로서의 소권의 행사

전부명령이 있은 후에 제3채무자가 이행을 거절하면 전부채권자는 제3채무자를 상대로 전부금청구의 소를 제기할 수 있는데, 이때 전부채권자는 채권의 양수인으로서 자신의 권리를 행사하는 것이므로 추심금청구의 소와 달리 제3자의 소송담당에 해당하지 않는다.

전부명령의 장단점

전부명령은 채권양도의 효력이 있으므로 전부채권자는 다른 채권자를 배제하고 배타적으로 제3채무자로부터 변제를 받을 수 있다. 이러한 점에서 다른 채권자와 안분하여 변제받는 추심명령보다 장점이 있다.

그러나 추심명령에서는 제3채무자가 변제자력이 없어서 실제로 변제받지 못하면 변제의 효력이 없는 반면에 전부명령에서는 이러한 경우에도 변제의 효력에는 변함이 없기 때문에 제3채무자의 변제자력에 대한 위험을 전부채권자가 부담하게 되는 단점이 있다.

(3) 채권자대위소송에서의 원고적격

(가) 채권자대위권 발생요건

민법 제404조의 채권자대위권의 행사가 적법하기 위해서는 ① 채권자자 채무자에 대하여 피보전채권을 갖고 있어야 하고, ② 그 채권에 대하여 보전의 필요성이 있어야 한다. 이러한 두 가지 요건은 채권자가 채무자의 권리를 대신하여 행사할 수 있는 제3자의 소송담당의 요건이 되므로 채권자대위소송에서 채권자의 원고적격이 발생하기 위한 요건이 된다.

(나) 피보전권리가 없는 경우

i) 채권자대위소송에서 채권자의 채무자에 대한 피보전채권의 존재는 원고적격이 인정되기 위한 요건이므로 피보전채권의 존재가 인정되지 않으면 원고적격 부재를 이유로 소를 각하해야 한다(대법원 2009. 4. 23. 선고 2009다3234 판결). 또한 피대위자인 채무자가 실존인물이 아니거나 사망한 사람인 경우 역시 피보전채권인 채권자의 채무자에 대한 권리를 인정할 수 없는 경우에 해당하므로 그러한 채권자대위소송은 당사자적격이 없어 부적법하다(대법원 2021. 7. 21. 선고 2020다300893 판결). 그리고 피보전채권의 존재는 법원의 직권조사사항이므로 당사자의 주장이 없더라도 법원이 심리를 진행해야 한다(앞의

판결). 반면에 채무자의 제3채무자에 대한 채권인 피대위권리는 본안의 판단사항으로서 직권조사사항이 아니므로 변론주의가 적용되고, 피대위권리의 존재가 인정되지 않으면 원고의 청구가 근거라 없다는 이유로 청구를 기각해야 한다.

ii) 이때 제3채무자는 채무자가 채권자에 대하여 가지는 항변권이나 형성권 등과 같이 권리자에 의한 행사를 필요로 하는 사유(형성권 행사의 의사표시를 하지 않으면 효력이 없기 때문이다.)를 들어 채권자의 채무자에 대한 권리가 인정되는지 여부를 다툴 수 없지만, 채권자의 채무자에 대한 권리의 발생원인이 된 법률행위가 무효라거나 위 권리가 변제 등으로 소멸하였다는 등의 사실(이러한 경우에는 별도로 의사표시가 필요 없기 때문이다.)을 주장하여 채권자의 채무자에 대한 권리가 인정되는지 여부를 다투는 것은 가능하다(대법원 2015. 9. 10. 선고 2013다55300 판결).

iii) 채권자대위권을 행사하는 경우, 채권자가 채무자를 상대로 보전되는 청구권에 기한 이행청구의 소를 제기하여 승소판결을 선고받고 판결이 확정되었다면, 특별한 사정이 없는 한 그 청구권의 발생원인이 되는 사실관계가 제3채무자에 대한 관계에서도 증명되었다고 볼 수 있다(대법원 2019. 1. 31. 선고 2017다228618 판결).

(다) 보전의 필요성이 없는 경우

보전의 필요성이 없는 채권자대위소송도 원고적격의 부재로 부적법 각하된다(대법원 2013. 6. 13. 선고 2011다83820 판결). 예를 들어 채권자가 대위권을 행사할 당시에 이미 채무자가 권리를 재판상 행사하였을 때에는 보전의 필요성이 없으므로 설사 패소의 본안판결을 받았더라도 채권자는 채무자를 대위하여 채무자의 권리를 행사할 당사자적격이 없다(대법원 1992. 11. 10. 선고 92다30016 판결). 반면에 비법인사단이 채무자를 상대로 소를 제기하였으나 사원총회의 결의 없이 총유재산에 관한 소가 제기되었다는 이유로 각하판결을 받고 그 판결이 확정된 후에 비법인사단의 채권자가 비법인사단을 대위하여 채권자대위소송을 제기한 경우에, 채무자인 비법인사단이 스스로 제3채무자에 대한 권리를 행사한 것으로 볼 수 없으므로 보전의 필요성이 인정된다(대법원 2018. 10. 25. 선고 2018다210539 판결).

(라) 채권자취소소송에서 피보전채권의 부존재와 비교

민법 제406조의 채권자취소권은 채권자의 수익자 또는 전득자에 대한 자신의 권리이지 채무자의 권리를 대신하여 행사하는 것이 아니므로 제3자의 소송담당이 아니다. 따라서 채권자의 채무자에 대한 채권의 존재는 실체법상의 권리인 채권자취소권이 발생하기 위한 요건이지 원고적격이 발생하기 위한 요건이 아니다. 그러므로 이때의 피보전채권의 존재는 법원의 직권조사사항이 아니므로 변론주의의 원칙상 원고가 주장 및 입증을 해야 하고, 만일 이에 대하여 주장 및 입증에 실패한다면 원고의 청구는 기각된다.

다. 임의적 소송신탁

(1) 의 의

재산권에 관한 소송에서 소송물인 권리 또는 법률관계에 관한 관리처분권을 가지는 권리주체가 관련 소송의 당사자적격을 제3자에게 수여하여 소송을 수행하게 하는 것을 '임의적 소송신탁'이라고 한다. 당사자가 제3자에게 소송대리권을 수여하는 경우에는 그 당사자가 여전히 소송당사자의 지위를 유지하지만 당사자적격을 제3자에게 수여하게 되면 그 당사자는 당사자적격을 상실하고 당사자적격을 취득한 제3자가 당사자 본인이 된다는 점에서 양자가 차이가 있다.

(2) 임의적 소송신탁의 제한

민사소송법 제87조의 변호사대리의 원칙과 신탁법 제6조의 소송신탁의 금지[26]에 따라서 임의적 소송신탁은 이를 허용하는 법률규정이 있는 경우에만 허용되는 것이 원칙이다. 만일 임의적 소송신탁을 무제한으로 허용하면 변호사가 아닌 자에게 당사자적격을 수여하여 대신 소송을 수행하도록 할 수 있기 때문이다. 다만 변호사대리의 원칙이나 소송신탁의 금지 등을 회피하기 위한 탈법적인 것이 아니고, 이를 인정할 합리적인 이유와 필요가 있는 경우에는 예외적·제한적으로 임의적 소송신탁이 허용될 수 있다(대법원 2016. 12. 15. 선고 2014다87885, 87892 판결).

(3) 임의적 소송신탁을 허용하는 대법원 판례

(가) 민법상의 조합에 있어서 조합규약이나 조합결의에 의하여 자기의 이름으로 조합재산을 관리하고 대외적 업무를 집행할 권한을 수여받은 업무집행조합원은 조합재산에 관한 소송에 관하여 조합원으로부터 임의적 소송신탁을 받아 자기의 이름으로 소송을 수행하는 것은 허용된다(대법원 1984. 2. 14. 선고 83다카1815 판결).

(나) 관리단으로부터 집합건물의 관리업무를 위임받은 위탁관리회사는 특별한 사정이 없는 한 구분소유자 등을 상대로 자기 이름으로 소를 제기하여 관리비를 청구할 당사자적격이 있다(대법원 2016. 12. 15. 선고 2014다87885, 87892 판결).

(다) 집합건물의 관리단이 입주자대표회의에 공용부분 변경에 관한 업무를 포괄적으로 위임한 경우에는, 공용부분 변경에 관한 업무처리로 인하여 발생하는 비용에 관한 재판상 또는 재판외 청구를 할 수 있는 권한도 함께 수여한 것으로 볼 수 있다(대법원 2017. 3. 16. 선고 2015다3570 판결).

---

26) 제6조(소송을 목적으로 하는 신탁의 금지) 수탁자로 하여금 소송행위를 하게 하는 것을 주된 목적으로 하는 신탁은 무효로 한다.

8. 당사자적격의 판단의 시기

가. 원 칙

당사자능력과 마찬가지로 당사자적격에 관한 사항은 소송요건에 관한 것으로서 사실심의 변론종결시를 기준으로 판단해야 한다(대법원 2008. 9. 25. 선고 2007다60417 판결).

나. 주주대표소송에서의 특칙

(1) 상법 제403조 제1항에서는 주주대표소송을 제기할 수 있는 주주(즉 원고적격을 갖는 주주)를 발행주식 총수의 1%이상을 소유한 주주에 한정하고 있다. 반드시 주주 1인이 이러한 요건을 갖출 필요는 없고 소를 제기한 주주들이 보유한 발행주식의 합계가 1%이상이면 충분하다(대법원 2013. 9. 12. 선고 2011다57869 판결). 이러한 주식보유요건은 주주대표소송을 제기할 때 갖추면 되고, 소 제기 후에 보유주식의 수가 그 요건에 미달하게 되어도 원고적격을 갖춘 것으로 인정된다(상법 제403조 제5항).

(2) 그러나 대표소송을 제기한 주주 중 일부가 주식을 처분하는 등의 사유로 주식을 전혀 보유하지 아니하게 되어 주주의 지위를 상실하면, 특별한 사정이 없는 한 그 주주는 원고적격을 상실하여 그가 제기한 부분의 소는 부적법하게 되고, 이는 함께 대표소송을 제기한 다른 원고들이 주주의 지위를 유지하고 있다고 하여 달리 볼 것은 아니다(앞의 판결). 또한 그 주주가 자신의 의사에 반하여 주주의 지위를 상실하였다 하더라도 원고적격을 상실한다(대법원 2018. 11. 29. 선고 2017다35717 판결).

9. 당사자적격의 흠결

가. 직권조사

당자사적격의 존부는 소송요건이므로 법원은 이를 직권으로 조사하여 판단해야 한다(대법원 2008. 9. 25. 선고 2007다60417 판결). 그리고 당사자적격은 직권조사사항이므로 비록 당사자가 사실심 변론종결시까지 이에 관하여 주장하지 아니하였다고 하더라도 상고심에서 새로이 이를 주장·입증할 수 있다(앞의 판결).

나. 보정명령

만일 당사자적격의 흠결이 발견되고 보정이 가능하다면 법원은 당사자에게 보정의 기회를 주어야 하며, 이러한 기회를 주지 않고 소를 각하하는 것은 석명의무에 위반된다(대법원 2013. 8. 22. 선고 2012다68279 판결). 만일 당사자적격의 흠결이 보정될 수 없거나 보정명령에도 불구하고 당사자가 이를 보정하지 아니하면 법원은 당사자적격의 부재를 이유로 소를 각하해야 한다.

제 3 절 소송대리인

소송당사자인 원고와 피고의 소송행위를 대리하는 자를 '소송대리인'이라고 한다. 소송대리인에는 법률규정에 의하여 대리권을 수여받은 '법정대리인'과 소송당사자로부터 대리권을 수여받은 '임의대리인'이 있다.

I. 법정대리인

1. 법정대리인의 범위

누가 법정대리인이 될 것인지는 민법 및 기타 법률의 규정에 따른다(법 제51조).

가. 소송무능력자의 법정대리인

소송무능력자인 미성년자는 부모(민법 제909조), 부모가 없는 미성년자, 성년후견개시결정을 받은 자, 한정후견결정을 받은 자는 후견인(각 민법 제928조, 제929조, 제959조의 4)이 법정대리인으로서 소송행위를 수행한다.

나. 권리주체의 보호를 위한 법정대리인

소송상 법정대리인은 소송무능력자 보호에 한정되지 않고, 권리주체에게 손해가 발생하는 것을 방지하기 위한 경우도 있다. 예를 들어 민법 제22조의 부재자는 자신의 재산을 관리할 수 없으므로 이러한 부재자의 손해를 방지하기 위하여 법원이 선임한 부재자재산관리인이 부재자의 법정대리인이 되고 소송상 법정대리인도 된다. 그러나 앞서 본 판례와 같이 유언집행자(민법 제1093조)는 상속재산에 관하여 당사자적격을 갖고 있으므로 상속인이나 피상속인의 법정대리인이 아니라 당사자 본인이 된다.

다. 제한능력자와 의사무능력자를 위한 특별대리인

(1) 제한능력자를 위한 특별대리인

미성년자 · 피한정후견인 또는 피성년후견인이 당사자인 경우에 그 친족, 이해관계인(미성년자 · 피한정후견인 또는 피성년후견인을 상대로 소송행위를 하려는 사람을 포함한다.), 대리권 없는 성년후견인, 대리권 없는 한정후견인, 지방자치단체의 장 또는 검사는 다음 각 호의 경우에 소송절차가 지연됨으로써 손해를 볼 염려가 있다는 것을 소명하여 수소법원에 특별대리인을 선임하여 주도록 신청할 수 있다(법 제62조 제1항).

1. 법정대리인이 없거나 법정대리인에게 소송에 관한 대리권이 없는 경우

2. 법정대리인이 사실상 또는 법률상 장애로 대리권을 행사할 수 없는 경우

3. 법정대리인의 불성실하거나 미숙한 대리권 행사로 소송절차의 진행이 현저하게 방해받는 경우

(2) 의사무능력자를 위한 특별대리인

의사무능력자[27]를 보호하기 위하여 제한능력자를 위한 특별대리인에 관한 규정은, 의사능력이 없는 사람을 상대로 소송행위를 하려고 하거나 의사능력이 없는 사람이 소송행위를 하는 데 필요한 경우에도 준용된다(법 제62조의2 제1항). 다만 이러한 의사무능력자의 특별대리인이 소의 취하, 화해, 청구의 포기·인낙 또는 독립당사자참가에 따른 탈퇴(즉 소송을 종료시키는 행위)를 하는 경우 법원은 그 행위가 본인의 이익을 명백히 침해한다고 인정할 때에는 그 행위가 있는 날부터 14일 이내에 결정으로 이를 허가하지 아니할 수 있다(같은 조 제2항).

2. 법정대리인의 지위

법정대리인이 소송대리권을 행사하기 위해서는 법정대리권이 있는 사실 또는 후견감독인의 동의를 얻은 사실을 서면으로 증명하여야 한다(법 제58조 제1항).[28] 그리고 법정대리인은 소송당사자와 마찬가지로 증인이 될 수 없고 당사자신문의 방식으로 신문하며(법 제372조), 소장 등의 송달은 당사자 본인이 아니라 법정대리인에게 한다(법 제179조). 판결문에는 법정대리인이 표시되어야 하지만(법 제208조 제1항 제1호), 법정대리인 표시를 누락하더라도 판결에 영향을 미친 위법이 있다고 할 수 없으므로 상고이유는 아니다(대법원 1995. 4. 14. 선고 94다58148 판결).

3. 법정대리인의 대리권의 범위

미성년자의 법정대리인인 친권자의 법정대리권에는 제한이 없으므로 친권자는 일체의 소송행위를 할 수 있다. 그러나 친권자가 아닌 후견인이 소송행위를 하고자 할 때에는 후견감독인의 동의를 얻어야 한다(민법 제950조 제1항 제5호). 다만 미성년후견인, 대리권 있는 성년후견인 또는 대리권 있는 한정후견인이 상대방의 소 또는 상소 제기에 관하

---

27) 대법원 2009. 1. 15. 선고 2008다58367 판결에서는 "의사능력이란 자신의 행위의 의미나 결과를 정상적인 인식력과 예기력을 바탕으로 합리적으로 판단할 수 있는 정신적 능력 내지는 지능을 말하는 것으로서, 의사능력의 유무는 구체적인 법률행위와 관련하여 개별적으로 판단되어야 하므로, 특히 어떤 법률행위가 그 일상적인 의미만을 이해하여서는 알기 어려운 특별한 법률적인 의미나 효과가 부여되어 있는 경우 의사능력이 인정되기 위하여는 그 행위의 일상적인 의미뿐만 아니라 법률적인 의미나 효과에 대하여도 이해할 수 있을 것을 요한다."고 판시하고 있다.

28) 민사소송절차에서는 자유심증주의가 적용되므로 원칙적으로 증거방법에 제한이 없지만, 대리권의 증명방법에는 예외적으로 서면을 요구하고 있다.

여 소송행위를 하는 경우는 피후견인에게 이익이 되는 행위이므로 그 후견감독인으로부터 특별한 권한을 받을 필요가 없다(법 제56조 제1항). 하지만 위와 같은 경우에도 법정대리인이 소의 취하, 화해, 청구의 포기 · 인낙 또는 독립당사자참가에 따른 탈퇴와 같이 소송을 종료시키는 행위를 하기 위해서는 후견감독인으로부터 특별한 권한을 받아야 한다(같은 조 제2항). 다만 후견감독인이 없는 경우에는 가정법원으로부터 특별한 권한을 받아야 한다(같은 항 단서).

4. 법정대리권의 소멸통지

(1) 소송절차가 진행되는 중에 법정대리권이 소멸한 경우에는 본인 또는 대리인이 상대방에게 소멸된 사실을 통지하지 아니하면 소멸의 효력을 주장하지 못한다(법 제63조 제1항). 따라서 법정대리권이 소멸된 후 그 사실을 상대방에게 통지하기 전에 법정대리인이 소취하 또는 항소취하 등의 소송행위를 하였다면 그러한 소송행위는 유효하다(대법원 2007. 5. 10. 선고 2007다7256 판결). 이때 당사자가 그 법정대리권이 소멸한 사실을 알았는지의 여부, 모른 데에 과실이 있었는지 여부 또는 상대방이 그 소멸 사실을 알았는지의 여부, 모른 데에 과실이 있었는지의 여부를 불문하고 본인 또는 대리인이 상대방에게 법정대리권이 소멸된 사실을 통지하지 아니하면 소멸의 효력을 주장하지 못한다(대법원 1998. 2. 19. 선고 95다52710 전원합의체 판결).

(2) 다만, 법원에 법정대리권의 소멸사실이 알려진 뒤에는 그 법정대리인은 제56조 제2항의 소송행위(소의 취하, 화해, 청구의 포기 · 인낙(인낙) 또는 제80조에 따른 탈퇴)를 하지 못한다(법 제63조 제1항 단서).

5. 법인 등 단체의 대표자

가. 법정대리인에 관한 규정의 준용

(1) 법인의 대표자 또는 비법인사단과 비법인재단의 대표자 또는 관리인에 대하여는 법정대리인에 관한 규정을 준용한다(법 제64조). 따라서 대표자는 증인이 될 수 없고 당사자신문의 방식으로 증거조사를 해야 하고, 판결문에 표시되어야 한다.

(2) 또한 법인의 대표자의 대표권이 소멸된 경우에 민사소송법 제63조가 준용되어 그 통지가 있을 때까지는 다른 특별한 사정이 없는 한 소송절차상으로는 그 대표권이 소멸되지 아니한 것으로 보아야 하므로, 대표권 소멸 사실의 통지가 없는 상태에서 구 대표자가 한 소취하는 유효하다(대법원 1998. 2. 19. 선고 95다52710 전원합의체 판결).

(3) 그리고 법인의 대표자가 없거나 대표권을 행사할 수 없는 경우에도 법정대리인과 마찬가지로 법원이 특별대리인을 선임할 수 있다. 만일 특별대리인의 선임요건이 갖

추어 있지 않음에도 불구하고 법원이 이를 간과하고 특별대리인을 선임하였다면 그러한 특별대리인에게는 대리권이 없다(대법원 2015. 4. 9. 선고 2013다89372 판결).

[이사선임 주총결의의 하자를 다투는 소에서 그 결의에서 선임된 이사가 회사를 대표할 수 있다는 판결]

회사의 이사선임 결의가 무효 또는 부존재임을 주장하여 그 결의의 무효 또는 부존재확인을 구하는 소송에서 회사를 대표할 자는 현재 대표이사로 등기되어 그 직무를 행하는 자라고 할 것이고, 그 대표이사가 무효 또는 부존재확인청구의 대상이 된 결의에 의하여 선임된 이사라고 할지라도 그 소송에서 회사를 대표할 수 있는 자임에는 변함이 없다.(대법원 1983. 3. 22. 선고 82다카1810 전원합의체 판결)

나. 대표자의 권한범위

대표자의 소송상 권한범위는 그 대표권에 관한 법률규정 및 정관 또는 규약에 따라서 정해진다. 예를 들어 비법인사단의 재산인 총유재산의 처분과 관리는 정관에 다른 정함이 없으면 사원총회의 결의를 거쳐야 하므로(민법 제276조 제1항) 이러한 결의를 거치지 않고 대표자가 총유재산에 관하여 제기한 소는 대표권이 없는 자에 의하여 제기되어 소송요건이 흠결된 것으로서 부적법하여 각하된다(대법원 2013. 4. 25. 선고 2012다118594 판결).

7. 직권조사사항

법정대리권의 존재 또는 법인 기타 비법인사단의 대표자에게 적법한 대표권이 있는지는 소송요건으로서 법원의 직권조사사항이므로 법정대리인의 대리권 또는 대표자의 대표권 유무가 의심스러운 경우에 법원은 이를 직권으로 조사하여야 한다(대법원 2013. 4. 25. 선고 2012다118594 판결). 그리고 직권조사사항은 자백의 대상이 아니므로 상대방이 법정대리권이나 대표권의 존재를 인정하더라도 자백[29]으로서의 효력이 발생하지 않는다(대법원 2002. 5. 14. 선고 2000다42908 판결).

II. 임의대리인

1. 의　　의

임의대리인이란 소송당사자로부터 소송대리권을 수여받은 소송대리인을 말한다. 이러한 임의대리인에는 법률에 의하여 포괄적 대리권이 수여된 결과 소송대리권도 갖고 있는 경우가 있는데, 대표적으로 선박의 선장이 있다. 선장은 선박소유자로부터 개별적 위

29) 자백에 관하여는 제4편 제1장 제2절 IV 참조.

임을 받지 않더라도 상법 제749조 제1항에 따라서 선적항 외에서 항해에 필요한 재판상 또는 재판 외의 모든 행위를 할 권한이 있다. 법률에 의하여 대리권이 수여된다는 점에서 법정대리인과 유사하지만 선장은 선박소유자가 선임 또는 해임할 권한이 있으므로(상법 제745조) 법정대리인이 아니라 임의대리인에 해당한다. 선장과 같은 포괄적 소송대리인은 많지 않으므로 아래에서는 개별적 소송위임에 의한 임의대리인에 한정하여 본다.

2. 소송대리인과 본인의 지위

가. 소송대리인의 지위

소송대리인은 소송의 당사자가 아니므로 판결의 효력을 받지 않고, 증인 및 감정인이 될 수 있다.

나. 본인의 소송수행권

소송대리인을 선임하더라도 당사자는 소송수행권을 상실하지 않는다. 따라서 송달을 받을 수 있고, 변론기일에 출석하여 진술할 수 있다. 특히 당사자 본인의 진술이 소송대리인의 진술에 우선하므로 당사자 본인이 소송대리인의 사실상 진술을 즉시 취소하거나 경정한 때에는 소송대리인의 사실상 진술은 그 효력을 잃는다(법 제94조). 이를 당사자의 '경정권'(correction)이라고 한다.

3. 변호사대리의 원칙

가. 원 칙

변호사가 아니면 소송대리인이 될 수 없다(법 제87조). 변호사에는 법무법인(변호사법 제49조 제1항), 법무법인(유한)(변호사법 제58조의16), 법무조합(변호사법 제58조의30)이 포함되므로 이러한 조직은 소송대리권을 수여받아 소송대리인이 될 수 있고, 구체적인 업무집행은 '담당변호사'가 한다.

나. 예 외

(1) 단독판사 사건

단독판사가 심리 · 재판하는 사건(다만 소송목적의 값이 소 제기 당시 또는 청구취지 확장이나 변론의 병합 당시 1억 원을 넘는 소송사건은 제외)에서 배우자, 4촌 안의 친족, 당사자와 고용관계를 맺은 자는 그 생활관계와 업무내용상 상당하다고 인정되는 경우에는 변호사자격이 없더라도 '법원의 허가'를 얻어서 소송대리인이 될 수 있다(법 제88조 및 민사소송규칙 제15조). 그러나 항소심은 합의부 사건이므로 위와 같은 소송대리가 허용되지 않는다.

(2) 소액사건

소액사건에서는 당사자의 배우자 · 직계혈족 또는 형제자매가 법원의 '허가 없이' 소송대리인이 될 수 있다(소액사건심판법 제8조 제1항). 그리고 변리사는 특허, 실용신안, 디자인 또는 상표에 관한 사항의 소송대리인이 될 수 있다(특허법 제8조).

4. 소송대리권의 수여

(1) 소송능력자가 소송대리권을 수여하거나 소송무능력자의 경우에는 법정대리인이 소송대리권을 수여할 수 있다. 이러한 소송대리권은 서면으로 증명하여야 한다(법 제89조 제1항). 변호사의 경우 의뢰인으로부터 소송위임장을 받아서 법원에 제출하는데, 개별적으로 작성한 소송위임장을 사용하거나 대한변호사협회에서 작성한 표준소송위임장을 사용할 수도 있다.

(2) 소송대리인을 선임한 당사자가 소송 도중에 사망한 경우에 망인의 소송대리인은 당사자 지위의 당연승계로 인하여 상속인에게서 새로이 수권을 받을 필요 없이 법률상 당연히 상속인의 소송대리인으로 취급되어 상속인들 모두를 위하여 소송을 수행할 수 있다(대법원 2011. 4. 28. 선고 2010다103048 판결).

5. 소송대리권의 범위

가. 법정의 소송대리권의 범위

소송대리인은 위임인으로부터 개별적으로 수권받지 않더라도 위임 받은 사건에 대하여 반소 · 참가 · 강제집행 · 가압류 · 가처분에 관한 소송행위 등 일체의 소송행위와 변제의 영수를 할 수 있다(법 제90조 제1항). 그러나 대리권 수여는 소송당사자의 일방적인 단독행위이므로 소송대리인에게 소송대리권이 있다고 하여 그러한 대리권을 수행할 의무가 있다고 볼 수 없으며, 구체적으로 소송수행의무가 있는지 여부는 소송당사자와 소송대리인 사이의 위임계약에서 정한다(대법원 1997. 12. 12. 선고 95다20775 판결). 따라서 위임계약에서 가압류에 관하여 아무런 언급이 없다면 소송대리인이 가압류신청을 하지 않더라도 원칙적으로 계약위반이라고 볼 수 없다.

나. 특별수권사항

다음의 사항은 소송당사자의 중대한 이익과 관련이 있으므로 소송대리인이 소송당사자로부터 개별적으로 특별한 권한을 수여받아야 비로소 소송대리권을 취득한다(법 제90조 제2항). 이러한 특별수권도 서면으로 증명되어야 하므로 소송위임장에 기재되어야 한다.

(1) 반소[30]의 제기 – 반소의 제기는 반소 소송물에 대한 처분행위이므로 본소의 소

송대리권에 포함된다고 볼 수 없다.

(2) 소의 취하,[31] 화해,[32] 청구의 포기 · 인낙[33] 또는 제80조의 규정에 따른 탈퇴 – 소송을 종료시키는 행위이므로 별도의 대리권 수여가 필요하다.

(3) 상소의 제기 또는 취하 – 심급대리의 원칙이므로 상소 제기에 대하여 특별수권이 필요하다.

(4) 대리인의 선임 – 복대리인은 본인의 대리인으로서 본래의 소송대리인이 할 수 있는 모든 소송행위를 할 수 있다. 이러한 복대리인의 선임행위는 본인에게 중요한 사항이므로 특별수권이 필요하다.

[소취하 동의에는 특별수권이 필요하지 않다는 판결]

소취하에 대한 소송대리인의 동의는 민사소송법 제82조 제2항 소정의 특별수권사항이 아닐 뿐 아니라, 소송대리인에 대하여 특별수권사항인 소취하를 할 수 있는 대리권을 부여한 경우에도 상대방의 소취하에 대한 동의권도 포함되어 있다고 봄이 상당하므로 그 같은 소송대리인이 한 소취하의 동의는 소송대리권의 범위내의 사항으로서 본인에게 그 효력이 미친다.(대법원 1984. 3. 13. 선고 82므40 판결)

6. 심급대리의 원칙

가. 의 의

소송대리인이 상소심 절차에 관한 소송대리권을 수여받지 못했다면 소송대리권의 범위는 특별한 사정이 없는 한 당해 심급에 한정된다. 이를 '심급대리의 원칙'이라고 한다.

나. 소송대리권이 소멸되는 시기

소송대리인이 당사자로부터 상소 제기에 관한 특별수권을 받지 못했다면 당해 심급의 판결이 송달된 때에 그 심급이 종료되므로 이때 소송대리권이 소멸한다(대법원 2016. 9. 8. 선고 2015다39357 판결). 소송대리인이 상소 제기에 관하여 특별수권을 받았다면 판결문이 송달된 뒤라고 하더라도 소송대리인은 상소 제기에 관한 대리권을 갖고 있으므로 상소를 제기한 때 또는 상소기간이 만료한 때에 소송대리권이 소멸한다(앞의 판결).

---

30) 반소란 소송 계속 중 당해 소송절차를 이용하여 피고가 원고를 상대로 제기하는 소를 말한다(법 제269조).

31) 소의 취하란 처음부터 소가 제기되지 않았던 것과 같은 상태로 만드는 원고의 법원에 대한 소송행위를 말한다(법 제266조).

32) 소송절차에서 당사자가 화해를 하고, 이러한 화해의 내용이 조서에 기재되면 소송이 종료되고 화해조서는 확정판결과 동일한 효력이 있다(법 제220조).

33) 원고가 스스로 청구가 이유 없음을 인정하는 것을 '청구의 포기'라고 하고, 피고가 스스로 원고의 청구가 정당하다고 인정하는 것을 '청구의 인낙'이라고 한다. 청구의 포기와 인낙은 각 원고의 청구의 기각 및 인용의 확정판결과 동일한 효력이 있다(법 제220조).

다. 파기환송 후 대리권의 부활

대법원에 의한 파기환송 전 항소심에서의 소송대리인의 대리권은 파기환송[34] 후의 항소심에서 당연히 부활한다. 따라서 항소심법원이 이러한 소송대리인에게 송달하였다면 적법한 송달이 된다(대법원 1985. 5. 28. 선고 84후102 판결). 반면에 상고심에서 항소심으로 파기환송된 사건이 다시 재상고되었을 경우에 환송 전의 상고심에서의 소송대리인의 대리권이 재상고심에서 다시 부활하게 되는 것은 아니다(대법원 1996. 4. 4. 자 96마148 결정).[35]

7. 개별대리의 원칙

여러 소송대리인이 있는 때에는 각자가 당사자를 대리한다(법 제93조). 그러나 송달은 여러 소송대리인 가운데 한 사람에게 하면 된다(법 제180조). 당사자에게 여러 소송대리인이 있는 경우 항소기간은 소송대리인 중 1인에게 최초로 판결정본이 송달되었을 때부터 기산된다(대법원 2011. 9. 29. 자 2011마1335 결정). 소송비용을 계산할 때에는 여러 변호사가 소송을 대리하였더라도 한 명의 변호사가 대리한 것으로 본다(법 제109조 제2항).

III. 무권대리

1. 효　　력

가. 무권대리인의 소송행위는 무효이다(대법원 2011. 7. 28. 선고 2009다86918 판결). 따라서 무권대리인이 소를 취하했다면 소취하의 효력이 없으므로 법원은 소송절차를 계속 진행할 수 있다. 그리고 소송수행의 대표권이 없는 대표이사에 대한 소장의 송달은 소장이 회사에게 적법·유효하게 송달되었다고 볼 수 없음은 물론 회사의 대표이사가 회사를 대표하여 한 소송행위나 이사가 회사의 대표이사에 대하여 한 소송행위는 모두 무효가 된다(대법원 2011. 7. 28. 선고 2009다86918 판결). 따라서 대표권이 없는 대표이사가 선임한 소송대리인은 소송대리권이 없고 그가 한 소송행위는 무권대리가 되어 무효이다(앞의 판결).

나. 한편 소송행위는 상대방에 대한 행위가 아니라 법원에 대한 행위이므로 민법의

---

34) 파기환송에 관하여는 제7편 제3장 I 참조.

35) 대법원 판례에서 양자를 구분하는 이유는 불명확하다. 심급대리의 원칙에 따라서 이미 대리권이 소멸되었다면 의뢰인과 대리인 사이의 신뢰관계도 더 이상 유지되고 있다고 볼 수 없으므로 대리권을 자동적으로 부활시키는 것은 적절하다고 보이지 않는다.

표현대리의 법리가 적용되지 않는다(대법원 1994. 2. 22. 선고 93다42047 판결).

2. 보정명령 및 추인

가. 법원이 대리권의 흠결을 발견하였다면 보정명령을 해야 한다(법 제59조). 만일 보정하는 것이 지연됨으로써 손해가 생길 염려가 있는 경우에는 법원은 보정하기 전의 당사자 또는 법정대리인으로 하여금 일시적으로 소송행위를 하게 할 수 있다(법 제59조).

나. 보정명령에 따라서 소송당사자 또는 적법한 소송대리인이 무권대리행위를 추인하면 그 소송행위를 한 때에 소급하여 효력이 발생한다(법 제60조). 이러한 추인은 상고심에서도 할 수 있다(대법원 2012. 4. 13. 선고 2011다70169 판결).

다. 피고 법인의 대표권에 흠결이 있어서 원고가 보정한 경우, 법원은 새로운 대표자에게 다시 소장의 부본을 송달한 다음 그로 하여금 피고 회사의 대표자로 소송에 참여케 하여 소송절차를 진행한 뒤, 본안 즉 청구의 당부에 관하여 심리판단을 해야 한다(대법원 1990. 5. 11. 선고 89다카15199 판결). 법원이 새로운 대표자에게 소장의 부본을 송달하지도 아니한 채 변론기일소환장만을 송달하는 것은 위법하다(앞의 판결).

3. 묵시적 추인

무권대리에 대한 추인은 묵시적 방법에 의해서도 가능하다. 예를 들어 항소에 대한 특별수권이 없는 변호사가 제기한 항소심에서 당사자 또는 당사자가 선임한 변호사가 이의를 제기하지 않고 변론한 경우에는 무권대리에 대한 묵시적 추인으로 인정되어 적법한 항소로 취급된다(대법원 2007. 2. 22. 선고 2006다81653 판결).

4. 일부추인

가. 원 칙

무권대리인이 행한 소송행위의 추인은, 특별한 사정이 없는 한, 소송행위의 전체를 대상으로 하여야 하는 것이고 그중 일부의 소송행위만을 추인하는 것은 허용되지 않는다(대법원 2008. 8. 21. 선고 2007다79480 판결). 따라서 상고제기만을 추인하고 나머지 소송행위에 대하여 추인을 거절하는 것은 허용되지 않는다(앞의 판결).

나. 예 외

예외적으로 소취하를 포함한 일련의 소송행위 중 소취하만을 제외하고 나머지 소송행위를 추인함은 소송의 혼란을 일으킬 우려가 없고 소송경제상으로도 적절하여 그 추인은 유효하다(대법원 1973. 7. 24. 선고 69다60 판결).

5. 추인거절에 따른 확정적 무효

일단 추인거절의 의사표시가 있은 이상 그 무권대리행위는 확정적으로 무효가 되므로 그 후에 다시 이를 추인할 수 없다(대법원 2008. 8. 21. 선고 2007다79480 판결).

6. 무권대리를 간과한 판결

무권대리를 간과한 판결은 당연무효가 아니라 상고이유(법 제424조 제1항 제4호)이고, 재심사유(법 제451조 제1항 제3호)이므로 상고 또는 재심에 의하여 취소시켜야 한다. 그러나 대리권의 흠결이 있다고 하더라도 확정판결의 결론이 재심청구인에게 유리하게 변경될 수 없다면 재심의 이익이 인정되지 않으므로 재심청구는 기각된다(대법원 2000. 12. 22. 선고 2000재다513 판결). 법정대리인에 관한 규정은 법인의 대표자에게 준용되므로 법인의 대표자의 대표권이 흠결된 경우에도 위와 동일한 법리가 적용된다.

Ⅳ. 진술보조인

소송대리인은 아니지만 소송대리인과 유사한 지위를 가진 사람으로 진술보조인이 있다. 질병, 장애, 연령, 그밖의 사유로 인한 정신적 · 신체적 제약으로 소송관계를 분명하게 하기 위하여 필요한 진술을 하기 어려운 당사자는 법원의 허가를 받아 진술을 도와주는 사람과 함께 출석하여 진술할 수 있는데, 이러한 사람은 '진술보조인'이라고 한다(법 제143조의2 제1항). 법원은 위 허가를 언제든지 취소할 수 있다(같은 조 제2항).

제 4 절 선정당사자

Ⅰ. 의 의

(1) 공동의 이해관계를 가진 여러 사람이 공동소송인의 지위에 있는 경우에는, 이들은 그 가운데에서 모두를 위하여 당사자가 될 한 사람 또는 여러 사람을 선정할 수 있는데, 이렇게 선정된 사람을 '선정당사자'라고 하고, 선정한 사람을 '선정자'라고 한다(법 제53조 제1항). 이러한 선정당사자의 선임은 선정자가 선정당사자에게 소송수행권을 신탁하는 것이고, 선선정당사자의 선임이 강제되는 것은 아니므로 이는 임의적 소송신탁으로서

제3자의 소송담당의 일종이다.

(2) 아파트하자담보소송과 같이 동일한 원인으로 인한 다수의 당사자가 존재하는 경우에 모든 당사자가 개별적으로 소송행위를 하게 되면 법원이 모든 당사자에게 송달해야 하는 불편과 당사자들의 주장과 증명이 통일되지 않는 문제가 발생하므로 선정당사자 제도는 매우 유용하다. 그리고 이러한 다수당사자를 위하여 소송대리인이 선임되었다고 하더라도 소송대리인이 소송행위를 할 때마다 모든 당사자의 의사를 확인하는 것은 매우 번거로운 일이므로 선정당사자의 존재는 소송대리인에게도 이익이 된다.

II. 요　　건

1. 공동소송인이 될 다수인의 존재

선정당사자를 선임하기 위해서는 공동소송에 관한 민사소송법 제65조에 따라서 공동소송인이 될 수 있는 다수인이 존재해야 한다(대법원 2007. 7. 12. 선고 2005다10470 판결).

2. 공동의 이해관계

공동소송인 사이에 '공동의 이해관계'가 있어야 한다. 여기서 공동의 이해관계란 주요한 공격방어방법을 공통으로 하는 것을 의미한다(앞의 판결). 민사소송법 제65조의 네 가지 형태의 공동소송인 중 앞의 두 가지 형태의 공동소송, 즉 소송목적이 되는 권리나 의무가 여러 사람에게 공통되거나 사실상 또는 법률상 같은 원인으로 말미암아 생긴 경우(즉 주요한 공격방어방법이 공통되는 경우)에는 공동의 이해관계가 인정되지만, 뒤의 두 가지 형태의 공동소송, 즉 소송목적이 되는 권리·의무가 동종이며 그 발생원인이 동종인 경우에는 공동소송인 사이의 공격과 방어방법을 달리하여 공동의 이해관계가 있다고 할 수 없으므로 선정당사자의 선정이 허용되지 않는다(대법원 2007. 7. 12. 선고 2005다10470 판결).

3. 공동의 이해관계인 중에서 선정

공동소송인 중 또는 공동소송인이 될 관계에 있는 사람 중에 선정해야 하며, 제3자를 선정당사자로 선정할 수 없다. 선정당사자는 한 명 또는 여러 명이 될 수 있다(법 제53조 제1항). 그리고 여러 그룹의 공동소송인이 각자 자신의 선정당사자를 선정할 수도 있고, 일부 공동소송인은 선정당사자를 선정하고 나머지 공동소송인은 선정당사자를 선정하지 않을 수 있다.

III. 다수의 선정당사자 사이의 관계

여러 명의 선정당사자 사이 또는 선정당사자와 선정을 하지 아니한 당사자 사이의 관계는 본래의 공동소송인의 관계와 동일하다. 따라서 통상공동소송에서 여러 명의 선정당사자가 선정되었다면 선정당사자 사이도 통상공동소송이 되고, 필수적 공동소송에서 여러 명의 선정당사자가 선정되었다면 선정당사자 사이도 필수적 공동소송이 된다(대법원 2003. 12. 12. 선고 2003다44615 판결).

IV. 선정의 시기

선정당사자의 선정시기에는 제한이 없으므로 소 제기 전, 후 모두 가능하다.

V. 선정당사자와 선정자의 지위

1. 선정당사자의 지위

가. 당사자 본인으로서의 지위

선정당사자는 소송대리인이 아니라 당사자 본인이다. 선정당사자는 선정자들로부터 소송수행을 위한 포괄적인 수권을 받아 상소 제기, 소취하, 소송상화해 등 일체의 소송행위를 할 수 있으므로 ① 소송대리인의 대리권 제한에 관한 민사소송법 제90조가 적용되지 아니할 뿐만 아니라, ② 소송수행에 필요한 사법상의 행위도 할 수 있고(소송 외에서의 합의 등), ③ 개개의 소송행위를 함에 있어서 선정자의 개별적인 동의를 받을 필요가 없다(대법원 2010. 5. 13. 선고 2009다105246 판결).

나. 변호사와 체결한 보수약정의 효력범위

선정자가 소송수행에 필요한 한도에서 사법상의 행위를 할 수 있지만 변호사인 소송대리인과 사이에 체결하는 보수약정은 선정자의 소송수행에 필수적으로 수반되어야 하는 것은 아니므로(우리나라는 변호사강제주의가 아니다.) 선정당사자가 독자적인 권한으로 행할 수 있는 소송수행에 필요한 사법상의 행위라고 할 수 없다(앞의 판결). 따라서 변호사의 보수에 관하여 부제소의 합의를 하더라도 이러한 합의의 효력이 선정자에게 미치지 않는다(앞의 판결).

다. 심급의 무제한 원칙

선정당사자는 당사자 본인이므로 당해 소송의 종결에 이르기까지 총원을 위하여 소송을 수행할 수 있고, 소송대리인처럼 권한의 범위가 당해 심급에 한정되는 것이 아니다(대법원 2003. 11. 14. 선고 2003다34038 판결). 그러나 선정당사자의 선정은 총원의 합의로써 장래를 향하여 이를 취소, 변경할 수 있으므로 선정자는 당초부터 심급을 한정하여 선정당사자를 선정할 수 있다(앞의 판결).

2. 선정자의 지위

가. 선정자가 선정당사자를 선임하는 행위는 임의적 소송신탁으로서 선정자는 소송수행권을 상실하기 때문에 당사자적격을 갖지 않는다. 따라서 선정당사자만이 당사자 본인으로서 소를 제기하고 소송을 수행할 수 있으며, 만일 소 제기 후에 선정당사자를 선정하게 되면 선정자는 임의적 소송신탁으로 인하여 당사자적격을 상실하므로 당연히 소송에서 탈퇴하고, 선정당사자만이 소송당사자가 된다(법 제53조 제2항).[36]

나. 선정자는 소송당사자가 아니므로 소장이나 판결서의 당사자로 기재되지 않고, 다만 선정자목록이 첨부된다. 선정당사자가 받은 판결은 제3자의 소송담당으로서 받은 판결이고 선정자는 제3자의 소송담당에서 권리와 의무의 귀속주체이므로 판결의 효력은 선정자에게도 미친다(법 제218조 제3항). 물론 당해 선정당사자를 선정한 자가 아니라 다른 선정당사자를 선정한 선정자에게는 판결의 효력이 미치지 않는다.

임의대리인	선정당사자
대리인이다	당사자 본인이다
특별수권사항이 있다	소송수행권에 제한이 없다
심급대리의 원칙이다	심급에 제한이 없다

36) 선정당사자를 선정한 선정자가 민사소송법 제94조의 당사자 본인의 소송대리인의 사실상의 진술에 대한 경정권과 같은 소송수행권을 갖고 있는지 논의가 있다. 그러나 당사자가 아닌 선정자에게 소송수행권을 인정하는 것은 무리가 있고 선정당사자의 취지에 반하여 소송절차를 복잡하게 만들 가능성이 있다. 또한 선정당사자의 선정과 소송대리인의 선임은 그 성격이 다르므로 이를 동일하게 취급할 이유도 없으므로 선정자에게는 경정권이 없다고 본다.

VI. 선정당사자 자격의 상실

1. 자격을 상실하는 경우

선정자는 선정당사자의 선정을 장래를 향하여 이를 취소, 변경할 수 있다(법 제53조 제1항). 따라서 선정당사자가 과거에 이미 취한 소송행위의 효력은 유지된다. 그리고 선정당사자가 사망한 경우에 그 자격을 상실한다(법 제54조). 또한 선정당사자는 공동의 이해관계를 가진 여러 사람 중에서 선정되어야 하는 것이므로, 선정당사자 본인에 대한 소가 취하되거나 판결이 확정되는 등으로 공동의 이해관계가 소멸하는 경우에는 선정당사자는 선정당사자의 자격을 당연히 상실한다(대법원 2007. 5. 31. 선고 2005다44060 판결).

2. 소송수계

여러 명의 선정당사자 중에 선정당사자의 자격을 잃는 사람이 있다면 다른 선정당사자가 모두를 위하여 소송행위를 한다(법 제54조). 만일 모든 선정당사자가 자격을 잃게 되면 더 이상 소송을 수행할 사람이 없으므로 소송절차는 중단되고, 선정자 또는 새로 선정된 선정당사자가 소송절차를 수계해야 한다(법 제237조 제2항).

VII. 선정당사자의 요건을 갖추지 못한 경우

1. 직권조사사항

선정당사자의 자격은 당사자적격의 문제이므로 직권조사사항이고, 선정당사자의 자격이 인정되지 아니하면 이를 각하해야 한다. 자격이 없는 선정당사자의 소송행위는 무권대리와 마찬가지로 당사자가 추인할 수 있다고 본다.

2. 흠결의 효과

가. 원　　칙

선정당사자의 요건이 흠결(즉 선정당사자의 자격이 없는 경우)되어 있음에도 불구하고 법원이 이를 간과하고 판결한 경우에 이를 어떻게 처리할 것인지에 관하여 민사소송법에는 규정이 없다. 민사소송법 제451조 제1항 제3호에서는 대리권의 흠결을 재심사유로 규정하고 있는데, 선정당사자는 소송대리인은 아니지만 위 규정이 유추적용 되어 선정당사자의 요건이 흠결된 경우는 재심사유가 된다는 것이 대법원 판례이다(대법원 2007. 7. 12. 선고 2005다10470 판결). 대리권 흠결은 상고이유이므로 선정당사자의 요건의 흠결은 상고이유도 될 것이다.

나. 예 외

대리권의 흠결을 재심사유로 한 것은 본인이 실질적인 소송행위를 할 기회 또는 적법하게 당해 소송에 관여할 기회를 박탈당한 것을 이유로 하므로 선정자가 만일 실질적으로 소송행위를 할 기회를 가졌다면 재심사유가 되지 않는다(앞의 판결). 예를 들어 주요한 공격방어방법을 공통으로 하지 아니하는 공동소송인들이 그중에서 선정당사자를 선임하는 것은 선정당사자의 요건이 흠결되는 경우에 해당하지만, 선정자들에게 소송수행의 기회가 주어졌으므로 앞의 흠결사유는 재심사유가 되지 못한다(앞의 판결).

제 5 절 공동소송(共同訴訟, multi party actions)

I. 의 의

원고 또는 피고가 여러 명인 소송을 '공동소송' 또는 '소의 주관적 병합'이라고 한다. 이러한 공동소송에는 소를 제기할 때부터 당사자가 여럿인 '원시적 공동소송'과 소 제기 후에 당사자의 추가 등으로 당사자가 여럿이 되는 '후발적 공동소송'이 있다.

II. 공동소송의 요건

공동소송은 공동소송인 사이에 다음의 네 가지 관계가 있는 경우에 허용된다(법 제65조).

(1) 소송목적이 되는 권리나 의무가 여러 사람에게 공통된 경우

하나의 권리가 여러 사람에게 공통된 경우는 연대채권자, 공유자, 공동임대인, 합유자 등이 있고, 하나의 의무가 여러 사람에게 공통된 경우는 연대채무자, 공동임차인, 불가분채무자 등이 있다.

(2) 소송목적이 되는 권리나 의무가 사실상 또는 법률상 같은 원인으로 발생한 경우

하나의 불법행위에 의한 공동피해자들이 손해배상청구권을 갖고 있는 경우 또는 공동불법행위자로서 부진정연대채무를 부담하고 있는 경우 등이 이에 해당한다.

(3) 소송목적이 되는 권리나 의무가 같은 종류인 경우

개별적으로 은행으로부터 대출받은 다수의 채무자가 연체한 경우에 은행이 채무자들을 공동피고로 하여 소를 제기하는 경우 등이 이에 해당한다.

(4) 소송목적이 되는 권리나 의무가 사실상 또는 법률상 같은 종류의 원인으로 발생한 경우

개별적으로 발생한 특정 항공사의 항공기 사고의 피해자들이 공동원고가 되어서 그 항공사를 상대로 손해배상청구를 하는 경우가 이에 해당한다.

앞의 두 가지의 공동소송은 공동소송인이 소송절차에서 주장하거나 증명해야 하는 주요한 공격방어방법을 같이 하지만, 뒤의 두 가지의 공동소송의 경우에는 공동소송인이 자신이 관련된 개별적 사건에 대하여만 주장과 증명을 해야 한다는 점에서 양자의 차이가 있다. 이러한 이유에서 보다 밀접한 관련이 있는 앞의 두 가지 공동소송에서는 관련재판적과 선정당사자가 허용되지만, 뒤의 두 가지 공동소송에서는 허용되지 않는다(법 제25조 제2항, 법 제53조 제1항).

III. 공동소송의 종류

공동소송은 공동소송인 사이에 판결의 내용이 일률적이어야 한다는 합일확정(合一確定)이 요구되는지 여부에 따라서 통상공동소송과 필수적 공동소송으로 분류되고, 특수한 형태로 예비적 · 선택적 공동소송이 있다. 공동소송인 사이에 판결의 합일확정이 필요하다는 것은 공동소송인 사이에 승패가 통일되어야 한다는 것을 의미한다. 예를 들어 공동원고 A와 B가 있는데, 합일확정이 요구되지 아니하는 통상공동소송이라면 A는 승소하고 B는 패소할 수 있지만, 합일확정이 요구되는 필수적 공동소송이라면 A와 B의 승패는 동일해야 한다.

1. 통상공동소송(보통공동소송)

가. 의 의

통상공동소송이란 소송의 목적인 권리와 의무에 대한 처분권이 공동소송인 사이에 공동으로 귀속되지 아니하여 공동소송인이 이를 각자 처분할 수 있고, 이러한 결과 어느 공동소송인에 대한 판결의 효력이 다른 공동소송인에게 미치지 아니하는 공동소송을 말한다. 즉 원래 개별적, 상대적으로 해결될 수 있는 사건이 편의상 하나의 소송절차에 병합된 소송형태이다. 이러한 통상공동소송에서는 공동소송이 강제되지 않고, 공동소송인 독립의 원칙이 적용되며, 공동소송인 사이에 판결의 합일확정이 필요하지 아니하다는 특징이 있다.

나. 공동소송인독립의 원칙

(1) 내 용

민사소송법 제66조에서는 "공동소송인 가운데 한 사람의 소송행위 또는 이에 대한 상대방의 소송행위와 공동소송인 가운데 한 사람에 관한 사항은 다른 공동소송인에게 영향을 미치지 아니한다."고 규정하여 '공동소송인 독립의 원칙'을 선언하고 있다. 통상공동소송은 개별사건이 편의상 병합된 것에 불과하고 판결의 효력이 상호 미치지 않으므로, 공동소송인들은 서로 독립하여 소송을 수행하고, 이러한 소송행위의 효력은 다른 공동소송인에게 미치지 아니하며, 다른 공동소송인의 제한이나 간섭을 받지 않는다. 이 원칙의 구체적 내용은 다음과 같다.

(가) 소송요건을 갖추었는지 여부는 각 공동소송인 별로 판단해야 하며, 공동소송인 중 일부에 대한 소가 부적법하더라도 나머지 공동소송인에 대하여는 아무런 영향이 없다.

(나) 상소기간도 각 공동소송인에게 판결문이 송달된 날부터 각 공동소송인에 대하여 개별적으로 진행된다.

(다) 공동소송인 중 판결을 하기에 성숙하게 된 사건에 대하여는 변론을 분리하여 그 사건에 대하여만 일부판결을 할 수 있다.

(라) 소위 '주장공통'의 원칙이 통상공동소송에서는 적용되지 않으므로[37] 소취하 · 항소 · 자백 · 청구인낙 · 항소취하 등 공동소송인 중 한사람의 소송행위 또는 한사람에 대한 소송행위는 다른 공동소송인에게 유불리를 불문하고 효력이 미치지 않는다(법 제66조).[38]

(2) 예 시

원고가 자신으로부터 A로의 소유권이전등기가 원인무효임을 이유로 A의 소유권이전등기 및 그 후 순차로 경료된 B의 소유권이전등기가 각 무효라고 주장하면서 A와 B를 공동피고로 하여 제기한 말소등기청구소송에서, A는 자신의 등기가 실체관계에 부합하는 등기라고 주장한 반면에 B는 그러한 주장을 하지 않았다면, A의 주장의 효력이 B에게는 미치지 않으므로 B는 위 등기가 실체관계에 부합한다는 주장을 한 것으로 인정되지 않는

---

37) 통상공동소송에서 공동소송인 사이에 증거공통의 원칙이 적용된다는 주장이 있다. 즉, 공동소송인 1인이 제출한 증거에 의하여 법원이 심증을 얻었다면 이러한 심증은 다른 공동소송인에게도 적용될 수 있으므로 다른 공동소송인에게 유리하다면 그의 원용이 없더라도 유리한 사실인정의 자료로 삼을 수 있다고 한다. 이에 대한 판례를 찾아보기 힘들며, 변론주의원칙상 의문이다. 적절한 석명권의 행사로 해결해야 할 것으로 본다.

38) 진실은 하나라는 점에서 하나의 사건에 관한 판결에서 모순된 판단이 있는 것은 적절하지 못하다. 그렇다고 변론주의를 무시하고 주장공통을 인정하는 것도 무리가 있으므로 석명권을 적절하게 행사하여 주장의 원용을 유도하고, 그럼에도 불구하고 원용하지 않는 경우에 비로소 변론주의를 적용하는 것이 적절하다고 본다.

다(대법원 1994. 5. 10. 선고 93다47196 판결).

(3) 이유모순의 발생

(가) 이러한 결과 통상공동소송에서는 공동당사자들 상호 간의 공격방어방법의 차이에 따라 모순되는 결론이 발생할 수 있고(앞서 예에서 A는 자백을 하여 등기가 무효라는 이유로 A는 패소하고, B에 대하여는 등기가 무효라는 점에 대하여 증거가 불충분하므로 B의 등기가 유효하다는 이유로 B가 승소하는 경우), 이는 변론주의를 원칙으로 하는 소송제도 아래서는 부득이한 일로서 판결의 이유모순이나 이유불비의 상고이유가 된다고 할 수 없다(대법원 2012. 5. 17. 선고 2010다28604 전원합의체 판결).

(나) 그리고 공동소송인 상호 간에 그 주장이 일치하지 않고 다른 입장을 취하고 있다고 하여도 재판장이 당사자에게 석명권을 행사하여 진상을 규명하여야 할 의무는 없다(대법원 1982. 11. 23. 선고 81다39 판결).

다. 통상공동소송이 되는 경우

(1) 공유지분

(가) 공유지분의 처분의 자유

공유자는 합유자와 달리 다른 공유자의 동의를 받지 않고 자신의 지분을 자유로이 처분할 수 있고(민법 제263조), 공유자 1인이 공유지분에 관하여 받은 판결의 효력은 다른 공유자에게 미치지 않는다. 따라서 공유지분에 관한 소송은 원칙적으로 통상공동소송에 해당한다.

(나) 예 시

구체적으로 공유자가 자신의 공유지분의 확인을 구하는 소(대법원 2010. 2. 25. 선고 2008다96963 판결), 공유토지의 일부에 대하여 점유취득시효완성을 원인으로 토지소유자인 공유자들을 상대로 그 시효취득부분에 대한 소유권이전등기절차의 이행을 청구하는 소(대법원 1994. 12. 27. 선고 93다32880 판결), 소유자가 공유자를 상대로 공유물의 반환 또는 철거를 구하는 소(대법원 1969. 7. 22. 선고 69다609 판결), 소유자가 물권적 청구권으로서 공유자를 상대로 하여 부동산의 공유지분등기의 말소를 구하는 소(대법원 1991. 4. 12. 선고 90다9872 판결)는 통상공동소송에 해당하므로 공유자 전원이 소송당사자가 되어야 하는 것은 아니다.

(다) 공동상속인

소송 계속 중 당사자인 피상속인이 사망한 경우 공동상속재산은 상속인들의 공유이므로 소송의 목적이 공동상속인들 전원에게 합일확정 되어야 할 필수적 공동소송관계라고 인정되지 아니하는 이상 통상공동소송에 해당한다(대법원 1993. 2. 12. 선고 92다29801

판결). 따라서 반드시 공동상속인 전원이 공동으로 수계하여야 하는 것은 아니며, 수계되지 아니한 상속인들에 대한 소송은 중단된 상태로 그대로 피상속인이 사망한 당시의 심급법원에 계속되어 있다(앞의 판결).

(2) 기 타

– 순차로 경료된 등기들의 말소를 청구하는 소송(대법원 2008. 6. 12. 선고 2007다36445 판결).

– 부진정연대채무자를 공동피고로 하는 소송(대법원 2012. 9. 27. 선고 2011다76747 판결).

– 수인의 명의수탁인을 상대로 소유권이전등기를 청구하는 소송(대법원 1968. 4. 23. 선고 67다1953 판결).

간단히 필수적 공동소송과 예비적 공동소송에 해당하지 않은 경우가 통상공동소송에 해당한다.

2. 필수적 공동소송(필요적 공동소송)

가. 의 의

필수적 공동소송은 통상공동소송에 반대되는 개념으로서 공동소송인 사이에 판결의 승패가 통일되어야 한다는 합일확정이 요구되는 공동소송을 말한다. 공동소송인들이 개별적으로 소송행위(자백, 항소 등)를 하는 것을 허용하고 그러한 소송행위에 효력을 부여하게 되면 공동소송인마다 판결의 결과가 달라질 수밖에 없다. 따라서 필수적 공동소송에서는 공동소송인 사이에 모순되는 결과가 발생하는 것을 방지해야 하므로 공동소송인 독립의 원칙이 적용되지 않는다. 판결의 합일확정을 위하여 ① 공동소송인의 소송행위의 효력이 제한되고 ③ 절차진행의 통일이 요구된다. 이러한 필수적 공동소송에는 공동소송이 강제되는지 여부에 따라서 '고유필수적 공동소송'과 '유사필수적 공동소송'이 있다.

나. 필수적 공동소송에서의 심리방법

필수적 공동소송에서는 판결의 결과가 공동소송인 사이에 통일되어야 있어야 한다는 합일확정이 요구되므로 ① 당사자의 개별적 소송행위의 효력을 인정하거나 ② 각 청구별로 개별적 절차가 진행되는 것을 허용할 수 없다. 이를 허용하면 각 공동소송인 사이에 모순된 내용의 판결의 결과가 나올 수 있기 때문이다.

(1) 당사자의 소송행위의 효력의 통일

(가) 필수적 공동소송인이 하는 소송행위(능동적 소송행위)의 효력

i) 필수적 공동소송에서는 공동소송인 사이에 합일확정이 필요하고, 이를 위하여 공

동소송인들의 소송행위를 통일시킬 필요가 있다. 그렇다고 모든 소송행위를 공동으로 하도록 하는 것은 현실성이 없으며, 다른 공동소송인에게 불리한 소송행위에 대하여 효력을 인정하는 것도 부당하다. 따라서 필수적 공동소송에서 공동소송인 중 1명의 소송행위는 다른 공동소송인에게 유리한 경우에만 효력이 발생하고, 불리한 소송행위의 경우에는 효력이 발생하지 않고 그 소송행위를 한 공동소송인에 대하여도 효력이 없다(법 제67조 제1항). 불리한 소송행위는 전원이 함께 하는 경우에만 효력이 있다.

ii) 예를 들어 변론기일에의 출석, 부인, 항변, 증거의 제출, 상소 등은 승소를 위한 소송행위이므로 공동소송인 모두에게 유리한 소송행위에 해당한다. 따라서 공동소송인 1인이 상소를 제기하면 나머지 공동소송인들이 상소를 제기하지 않더라도 전원에 대하여 상소 제기의 효력이 발생한다(대법원 2010. 4. 29. 선고 2008다50691 판결).[39)]

iii) 반면에 자백, 청구의 포기 · 인낙과 화해 등은 소송당사자에게 패소를 가져오거나 소송을 종료시키는 행위로서 다른 공동소송인에게 불리한 소송행위이므로 전원이 함께해야 효력이 있다.

(나) 필수적 공동소송인에 대한 소송행위(수동적 소송행위)의 효력

공동소송인 사이에 합일확정의 필요성이 있으므로 공동소송인의 상대방이 공동소송인 가운데 한 사람에 대하여 한 소송행위는 유불리를 불문하고 공동소송인 모두에게 효력이 미친다(법 제67조 제2항). 그렇지 않으면 공동소송인 사이에 모순된 판결이 나올 수 있기 때문이다. 그러므로 상대방이 공동수송인 중 1인에 대하여 상소를 제기하면 나머지 공동소송인에 대하여도 확정차단 및 이심의 효력[40)]이 발생하여 상급심의 심판의 대상이 된다(대법원 2010. 4. 29. 선고 2008다50691 판결).

(2) 각 청구별 개별적 소송진행의 금지

(가) 모순된 판결을 방지하기 위하여 필수적 공동소송인 전원에 대하여 하나의 소송절차가 진행되어서 하나의 판결이 이루어져야 한다. 따라서 변론이 분리되어 공동소송인 중 일부에 대하여만 변론이 진행되고 종결되어 판결이 선고되는 것을 방지해야 한다(대법원 2019. 10. 23. 선고 2012다46170 전원합의체 판결).

(나) 만일 공동소송인 가운데 한 사람에게 소송절차를 중단 또는 중지하여야 할 사유가 발생하였다면 그 중단 또는 중지는 모두에게 효력이 미친다(법 제67조 제3항). 모두에게 중단 또는 중지의 효력이 발생하지 않으면, 중단 또는 중지되지 아니한 당사자에 대하여 변론이 계속 진행되어 판결이 선고되고, 그 후 중단 또는 중지된 당사자에 대하

---

39) 이때 상소하지 않은 피고를 단순히 '피고'라고만 표시하고 항소인 또는 상고인이라고 표시하지 아니하며, 상소비용은 상소한 피고에게만 부담시킨다(대법원 1995. 1. 12. 선고 94다33002 판결).

40) 상소의 제기에 따라서 판결의 확정이 차단되고, 사건이 당해 심급을 이탈하여 상급심으로 넘어가는 것을 '확정의 차단과 이심'이라고 한다.

여 판결이 선고된 결과 양자 사이에 모순이 발생될 가능성이 있기 때문이다.

(다) 만일 법원이 공동소송인 중 일부만을 당사자로 하여 판결을 선고하고 나머지 당사자를 판결에서 누락하더라도 그 심급의 법원이 그 나머지 당사자에 대하여 추가판결[41]을 할 수 없으며, 상소가 제기되면 공동소송인 전원에 대하여 상소심으로 이심되어 상소심에서 공동소송인 전원에 대하여 판단해야 한다(대법원 2010. 4. 29. 선고 2008다50691 판결).

(3) 소의 취하의 경우

고유필수적 공동소송에서는 공동소송이 강제되므로 원고들 일부가 한 소 취하 또는 피고들 일부에 대한 소의 취하는 특별한 사정이 없는 한 그 효력이 생기지 않는다(대법원 2007. 8. 24. 선고 2006다40980 판결). 반면에 공동소송이 강제되지 아니하는 유사필수적 공동소송에서는 원고들 중 일부가 소를 취하하거나 피고들 일부에 대하여 소를 취하하는 것이 허용된다(대법원 2013. 3. 28. 선고 2011두13729 판결).

다. 고유필수적 공동소송

(1) 의 의

실체법상 권리와 의무에 대한 처분권이 여러 사람에게 공동으로 귀속되어 있는 경우에는, 권리자 또는 의무자 전원이 원고 또는 피고가 되어야 비로소 당사자적격이 인정되고, 공동소송인 사이에 판결의 합일확정도 요구된다. 이를 '고유필수적 공동소송'이라고 한다. 실체법상 권리와 의무가 여러 사람에게 공동으로 귀속되어 있는 경우에 권리자의 일부 또는 의무자의 일부만이 소송당사자가 될 수 있도록 허용한다면, ① 사실상 그 일부 당사자가 권리 또는 의무를 전부 또는 일부를 처분할 수 있도록 허용하는 결과를 가져오거나, ② 처분권이 없는 자에 의한 소송진행이 되어 판결을 받아도 아무런 실효성이 없는 판결이 될 수 있으므로 공동소송이 강제된다.

[권리의무가 공동으로 귀속되지 아니한 경우]

(1) 복수의 권리자가 소유권이전등기청구권을 보존하기 위하여 가등기를 마쳐 둔 경우 특별한 사정이 없는 한 그 권리자 중 한 사람은 자신의 지분에 관하여 단독으로 그 가등기에 기한 본등기를 청구할 수 있고, 이는 명의신탁해지에 따라 발생한 소유권이전청구권을 보존하기 위하여 복수의 권리자 명의로 가등기를 마쳐 둔 경우에도 마찬가지이다. 따라서 그 가등기 원인을 매매예약으로 하였다는 이유만으로 가등기 권리자 전원이 동시에 본등기절차의 이행을 청구하여야 한다고 볼 수 없다.(대법원 2002. 7. 9. 선고 2001다

---

41) 청구병합 또는 공동소송에서 일부의 청구에 대한 판단이 누락된 것을 재판의 누락이라고 한다. 재판이 누락된 청구는 여전히 원래의 심급에 남아 있으므로 그 법원이 추가판결을 해야 한다. 그런데 이러한 추가판결은 변론이 분리될 수 있는 경우에만 가능하므로 청구병합에서는 단순병합의 경우에, 공동소송에서는 통상공동소송에서만 허용된다.

43922 판결)

(2) 갑이 을에게 돈을 대여하면서 담보 목적으로 을 소유의 부동산 지분에 관하여 을의 다른 채권자들과 공동명의로 매매예약을 체결하고 각자의 채권액 비율에 따라 지분을 특정하여 가등기를 마쳤다면, 채권자가 각자의 지분별로 별개의 독립적인 매매예약완결권을 갖는다. 따라서 갑이 단독으로 담보목적물 중 자신의 지분에 관하여 매매예약완결권을 행사할 수 있고, 이에 따라 단독으로 자신의 지분에 관하여 가등기에 기한 본등기절차의 이행을 구할 수 있다.(대법원 2012. 2. 16. 선고 2010다82530 전원합의체 판결)

(2) 당사자적격의 문제

(가) 공동소송인 전원

고유필수적 공동소송에서는 공동소송이 강제되기 때문에 원고 측이든 피고 측이든 관계없이 공동소송인이 되어야 할 사람 전원이 함께 소송당사자가 된 경우에만 당사자적격이 인정되고 공동소송인의 일부가 누락되면 당사자적격의 부재로 소가 각하된다(대법원 2004. 12. 9. 선고 2002후567 판결).

(나) 공동소송인의 추가

고유필수적 공동소송에서 공동소송인의 누락이 있어서 소가 각하되는 것을 방지하기 위해서 제1심 변론이 종결될 때까지 원고의 신청에 의하여 누락된 원고 또는 피고를 공동소송인으로 추가할 수 있다(법 제68조 제1항). 다만 제3자로 하여금 원고가 되도록 강제할 수 없으므로 원고 측 추가를 위해서는 추가될 당사자의 동의를 얻어야 한다(같은 항 단서). 이와 같이 필수적 공동수송인이 추가된 경우에는 처음 소가 제기된 때에 추가된 당사자와의 사이에서도 소가 제기된 것으로 보므로(같은 조 제3항), 소 제기 시에 발생한 시효중단의 효력이나 기간순수의 효력은 유지된다. 이러한 섬에서 경성신청을 한 때에 비로소 시효중단이나 기간준수의 효력이 발생하는 피고경정과 차이가 있다.

(다) 공동소송인의 권리양도

고유필수적 공동소송에서 공동소송의 요건은 변론종결시까지 유지되어야 하므로 만일 변론종결 전에 공동소송인 중 1인이 자신의 권리를 제3자에게 양도했으면, 변론종결시까지 민사소송법 제81조에서 정한 승계참가나 민사소송법 제82조에서 정한 소송인수 등의 방식으로 권리의 승계인이 소송당사자가 되어야 하고 그렇지 못한 경우에는 공동소송인이 되어야 할 사람이 누락된 경우에 해당하여 소송 전부가 부적법하게 된다(대법원 2014. 1. 29. 선고 2013다78556 판결).

(라) 공동소송인 1인의 소송요건 흠결

공동소송인 중 1인이라도 소송요건에 흠이 있다면 전원에 대하여 소송요건의 흠이 발생하므로 소 전체를 각하해야 한다(대법원 2012. 6. 14. 선고 2010다105310 판결). 예를 들어 고유필수적 공동소송인으로 기재된 사람 중 한 사람이 소 제기 당시에 이미 사망하였다면 이때는 공동소송인 전원에 대하여 소를 각하해야 한다(앞의 판결).

(3) 고유필수적 공동소송이 되는 경우

(가) 합유물[42]과 합유지분

i) 합유자 전원의 동의에 의한 처분

합유물을 처분 또는 변경함에는 합유자 전원의 동의가 있어야 하고(민법 제272조), 합유지분은 다른 합유자 전원의 동의가 있어야 처분할 수 있다(민법 제273조). 따라서 합유물과 합유지분의 처분에 대한 관리처분권은 합유자 전원에게 공동으로 귀속되어 있으므로 합유재산에 관한 소송은 고유필수적 공동소송에 해당하여 합유자 전원이 원고가 되거나 피고가 되어야 한다.

ii) 물권적 청구권, 채권적 청구권

이러한 합유재산에 관한 소송에는 말소등기청구와 같은 물권적 청구권에 관한 소송(대법원 2011. 2. 10. 선고 2010다82639 판결)뿐만 아니라, 조합이 매수한 부동산에 관하여 매도인에게 소유권이전등기청구를 하는 경우와 같이 채권적 청구권에 관한 소송도 준합유 재산에 관한 소송이므로 고유필수적 공동소송이 된다(대법원 2010. 4. 29. 선고 2008다50691 판결). 따라서 합유로 소유권이전등기가 된 부동산에 관하여 명의신탁 해지를 원인으로 한 소유권이전등기절차의 이행을 구하는 소송도 조합재산인 합유물의 처분에 관한 소송으로서 합유자 전원에 대하여 합일적으로 확정되어야 하는 고유필수적 공동소송에 해당한다(대법원 2015. 9. 10. 선고 2014다73794 판결).

iii) 조합원 개인에 대한 청구

조합의 채권자가 조합원에 대하여 조합재산에 의한 공동책임을 묻는 것이 아니라 각 조합원의 개인적 책임에 기하여 당해 채권을 행사하는 경우(예를 들어 조합채무에 관하여 조합원 1인에게 민법 제712조에 의한 분담비율에 따른 채무이행을 청구하는 경우)에는 조합원 각자를 상대로 하여 그 이행의 소를 제기할 수 있다(대법원 1991. 11. 22. 선고 91다30705 판결).

다만 이때는 같이 조합재산에 대하여 강제집행을 할 수 없고 당해 조합원의 개인재산에 대하여만 강제집행을 할 수 있을 뿐이다(대법원 2015. 10. 29. 선고 2012다21560 판결). **민법상 조합에서 조합의 채권자가 조합재산에 대하여 강제집행을 하려면 조합원 전원에 대한 집행권원을 필요로 하고, 조합재산에 대한 강제집행의 보전을 위한 가압류의 경우에도 마찬가지로 조합원 전원에 대한 가압류명령이 있어야 하므로, 조합원 중 1인만을 가압류채무자로 한 가압류명령으로써 조합재산에 가압류집행을 할 수는 없다**(대법원 2015. 10. 29. 선고 2012다21560 판결).

---

42) 법률의 규정 또는 계약에 의하여 수인이 조합체로서 물건을 소유하는 때에는 합유로 한다(민법 제271조 제1항). 대표적으로 동업계약이 조합에 해당한다(대법원 2002. 6. 14. 선고 2000다30622 판결).

iv) 보존행위

합유물에 대한 보존행위는 합유자 각자가 할 수 있으므로(민법 제272조 단서)43) 합유자 전원이 소송당사자가 되지 않아도 무방하다.

v) 표현은 공유이지만 실질은 합유인 경우

법률에서는 '공유'라고 규정하고 있어도 다른 공유자의 동의를 얻어야 비로소 공유지분을 처분할 수 있기 때문에 실제로는 합유인 경우가 있는데, 특허권(특허법 제37조 제3항) · 상표권(상표법 제12조 제5항) · 저작권(저작권법 제48조 제1항) · 디자인권(법 제54조 제3항)의 공유지분이 그러하다. 이러한 권리의 공유지분에 관한 소송은 고유필수적 공동소송에 해당한다(대법원 1982 .6. 22. 선고 81후43 판결, 대법원 1987. 12. 8. 선고 87후111 판결).

[보존행위에 관한 판결]

민법상 조합인 공동수급체가 경쟁입찰에 참가하였다가 다른 경쟁업체가 낙찰자로 선정된 경우, 그 공동수급체의 구성원 중 1인이 그 낙찰자 선정이 무효임을 주장하며 무효확인의 소를 제기하는 것은 그 공동수급체가 경쟁입찰과 관련하여 갖는 법적 지위 내지 법률상 보호받는 이익이 침해될 우려가 있어 그 현상을 유지하기 위하여 하는 소송행위이므로 이는 합유재산의 보존행위에 해당한다.(대법원 2013. 11. 28. 선고 2011다80449 판결)

합유물에 관하여 경료된 원인무효의 소유권이전등기의 말소를 구하는 소송은 합유물에 관한 보존행위로서 합유자 각자가 할 수 있다.(대법원 1997. 9. 9. 선고 96다16896 판결)

(나) 총 유 물

법인격 없는 사단은 당사자능력이 있으므로 사단 자체가 당사자가 될 수 있지만 사단 자체가 당사자가 되지 않고 사원 전원이 당사자가 되어서도 소를 제기할 수 있다. 이때 총유물의 관리 및 처분은 사원총회의 결의에 의하므로(민법 제276조 제1항), 총유물에 관한 소송은 사원 전원이 당사자가 되어야 하는 고유필수적 공동소송이 된다(대법원 1994. 5. 24. 선고 92다50232 판결). 그리고 공유나 합유에 비하여 단체성이 강한 총유재산에 관하여는 보존행위가 허용되지 않으므로 법인격 없는 사단의 구성원은 설령 그가 사단의 대표자라거나 사원총회의 결의를 거쳤다 하더라도 그 소송의 당사자가 될 수 없고, 사원 전원 또는 법인격 없는 사단이 소송의 당사자가 되어야 한다(대법원 2005. 9. 15. 선고 2004다44971 전원합의체 판결).

[관련 판례]

원고는 이 사건 토지들이 분열당시의 종전 교회의 교인들의 총유에 속한다고 주장하면서, 제1차 예비적 청구로 그 총유임을 공시하기 위하여 이 사건 토지들에 관하여 원고 교회와

43) 합유재산의 보존행위는 합유재산의 멸실 · 훼손을 방지하고 그 현상을 유지하기 위하여 하는 사실적 · 법률적 행위를 말한다. 이러한 합유재산의 보존행위를 각 합유자 단독으로 할 수 있도록 한 취지는 그 보존행위가 긴급을 요하는 경우가 많고 다른 합유자에게도 이익이 되는 것이 보통이기 때문이다(대법원 2013. 11. 28. 선고 2011다80449 판결).

위 신점 교회의 공동 명의로서 소유권이전등기 절차의 이행을 구하고, 제2차 예비적 청구로 이 사건 토지들이 원고 교회의 교인들과 위 신점교회의 교인들의 총유임의 확인을 구하고 있음을 알 수 있으므로, 분열 당시 종전 교회의 교인들 전원이 아닌 일부로만 구성된 원고 교회가 분열 당시의 종전 교회의 총유임을 주장하여 구하는 이 사건 제1, 2차 예비적 청구는 당사자적격을 갖추지 못한 부적법한 소라고 할 것이다.(대법원 1995. 9. 5. 선고 95다21303 판결)

(다) 공 유 물

i) 공유물처분행위의 제한

① 공유자는 다른 공유자의 공유지분에 관한 권리를 행사할 수 없고(대법원 2010. 1. 14. 선고 2009다67429 판결), ② 공유자는 다른 공유자를 동의를 얻어야 공유물을 처분하거나 변경할 수 있으며(민법 제264조), ③ 공유자의 지분의 과반수로 공유물의 관리에 관한 사항을 결정한다(민법 제265조). 그러므로 공유자의 공유지분에 한정되지 않고 공유물 전체를 처분하는 소송은 공유자 전원이 소송당사자가 되어야 하는 고유필수적 공동소송이 된다.[44]

ii) 공유물분할청구

공유물분할청구권은 모든 공유자에게 공동으로 귀속되어 있고(민법 제268조 제1항) 공유물분할은 공유물 전체의 처분에 해당하므로 공유물분할청구의 소는 고유필수적 공동소송에 해당한다. 따라서 공유물분할청구의 소를 제기하는 공유자는 다른 공유자 전원을 공동피고로 해야 한다(대법원 2014. 1. 29. 선고 2013다78556 판결).

iii) 공유재산확인

공유자가 자신의 공유지분에 대하여만 확인을 구하는 경우와 달리 공유자 사이에 어떤 재산이 공유재산에 속하는지 다툼이 있어서 공유자가 다른 공유자를 상대로 공유재산임을 확인을 구하는 것은 공유물분할의 전제가 되므로 고유필수적 공동소송이 된다(대법원 2007. 8. 24. 선고 2006다40980 판결). 마찬가지로 공동상속인 사이에 어떤 재산이 피상속인의 상속재산에 속하는지 여부에 관하여 다툼이 있어 일부 공동상속인이 다른 공동상속인을 상대로 그 재산이 상속재산임의 확인을 구하는 소를 제기한 경우에도 공유재산임을 확인으로 구하는 소로서 고유필수적 공동소송이 된다(앞의 판결).

iv) 경계확정의 소

토지의 경계는 토지소유권의 범위와 한계를 정하는 사항이므로 공유에 속하는 토지의 경계를 확정하는 것은 공유물 전체의 범위를 결정하는 것이다. 따라서 인접하는 토지의 한편 또는 양편이 여러 사람의 공유에 속한다면, 그 경계의 확정을 구하는 소송은 관

---

44) 판례는 공유물철거청구와 공유물에 대한 반환청구를 공유지분에 관한 소송으로 봐서 이를 필수적 공동소송이 아니라고 판시하고 있지만, 이와 같이 보게 되면 판결에 모순저촉이 발생되어 궁극적으로 집행이 불가능한 판결이 나올 가능성이 있다는 이유로 판례의 입장을 비판하는 견해가 있다. 필자도 동의하는 바이다.

련된 공유자 전원이 공동하여서만 제소하고 상대방도 관련된 공유자 전원이 공동으로서만 제소될 것을 요건으로 하는 고유필수적 공동소송이다(대법원 2001. 6. 26. 선고 2000다24207 판결).

v) 보존행위의 예외

공유물에 대한 보존행위는 공유자 각자가 할 수 있으므로 공유자 중 한 사람은, 보존행위로서 공유물 전체의 인도를 청구할 수 있고(대법원 2014. 5. 16. 선고 2012다43324 판결), 공유물에 경료된 원인무효의 등기에 관하여 각 공유자에게 해당 지분별로 말소등기청구청구를 하거나 진정명의회복을 원인으로 한 소유권이전등기를 이행할 것을 단독으로 청구할 수 있다(대법원 2005. 9. 29. 선고 2003다40651 판결).

(라) 제3자가 타인 사이의 법률관계의 해소를 청구할 수 있는 경우

제3자가 타인 사이의 법률관계의 해소를 청구할 수 있는 경우에, 그 법률관계에 대한 처분권은 법률관계의 당사자 모두에게 귀속되어 있으므로 그 당사자 모두를 상대로 소를 제기해야 한다.

i) 친생자관계가 없음에도 불구하고 친생자관계 있는 것처럼 호적상 기재되어 있다는 것을 전제로 하여 이해관계 있는 제3자가 그 친생자관계부존재확인을 구하는 청구에 있어서는 그 친자쌍방이 모두 당사자가 되어야 하는 필요적 공동소송에 해당한다(대법원 1983. 9. 15. 자 83즈2 결정). 일방에 대한 소를 허용하면 그 일방에 대하여는 친자관계가 소멸하고 다른 일방에 대하여는 친자관계가 유지되는 결과가 발생한다.

ii) 집합건물의 소유 및 관리에 관한 법률 제24조 제5항[45]에서 정한 구분소유자에 의한 관리인 해임의 소는 관리단과 관리인 사이의 법률관계 해소를 목적으로 하는 형성의 소이므로 법률관계의 당사자인 관리단과 관리인 모두를 공동피고로 하여야 하는 고유필수적 공동소송에 해당한다(대법원 2011. 6. 24. 선고 2011다1323 판결). 일방에 대한 소를 허용하면 그 일방에 대하여는 관리인고용계약이 종료되는데, 다른 일방에 대하여는 관리인고용계약이 유지되는 결과가 발생한다.

iii) 상법 제539조 제2항에서는 "청산인이 그 업무를 집행함에 현저하게 부적임하거나 중대한 임무에 위반한 행위가 있는 때에는 발행주식의 총수의 100분의 3 이상에 해당하는 주식을 가진 주주는 법원에 그 청산인의 해임을 청구할 수 있다."고 규정하고 있는데, 이러한 해임의 소는 회사와 청산인 사이의 위임계약을 종료시키기 위한 소이므로 회사와 청산인 모두를 피고로 해야 하는 고유필수적 공동소송에 해당한다(대법원 1976. 2. 11. 자 75마533 결정).

---

45) 제24조 ⑤ 관리인에게 부정한 행위나 그밖에 그 직무를 수행하기에 적합하지 아니한 사정이 있을 때에는 각 구분소유자는 관리인의 해임을 법원에 청구할 수 있다.

(마) 기타 법률에서 관리처분권을 공동으로 귀속시킨 경우

i) 유증 목적물에 대한 관리처분권은 유언의 본지에 따른 유언의 집행이라는 공동의 임무를 가진 수인의 유언집행자에게 합유적으로 귀속되고, 그 관리처분권 행사는 과반수의 찬성으로써 합일하여 결정하여야 한다. 따라서 유언집행자가 수인인 경우 유언집행자에게 유증의무의 이행을 구하는 소송은 유언집행자 전원을 피고로 하는 고유필수적 공동소송이 된다(대법원 2011. 6. 24. 선고 2009다8345 판결). 예를 들어 피상속인이 유언집행자를 따로 지정하지 않았다면 상속인 전원이 피상속인의 유언집행자가 되므로(민법 제1095조) 이러한 피상속인들을 상대로 유증의무의 이행을 구하는 소송은 고유필수적 공동소송이 된다(앞의 판결).

ii) 파산관재인이 여럿인 경우에는 법원의 허가를 얻어 직무를 분장하였다는 등의 특별한 사정이 없는 한 그 여럿의 파산관재인 전원이 파산재단의 관리처분권을 갖고 있기 때문에 파산관재인 전원이 소송당사자가 되어야 하므로 그 소송은 필수적 공동소송에 해당한다(대법원 2008. 4. 24. 선고 2006다14363 판결).

iii) 파산채권자가 파산채권확정의 소를 제기하는 경우에는 자신의 파산채권신고에 대하여 이의를 제기한 자 전원을 피고로 하여야 한다(「채무자 회생 및 파산에 관한 법률」 제463조 제3항). 파산채권신고에 대하여 이의를 제기한 자 전원이 파산채권의 확정에 대하여 공동의 이해관계를 갖고 있어서 이를 일률적으로 확정할 필요가 있기 때문이다.

라. 유사필수적 공동소송

(1) 의 의

유사필수적 공동소송이란 공동소송이 강제되지는 않지만, 일단 공동소송으로 진행된 이상 판결의 합일확정이 요구되는 필수적 공동소송을 말한다.

(2) 유사필수적 공동소송이 되는 경우

고유필수적 공동소송처럼 실체법상의 권리와 의무에 대한 처분권이 여러 명에게 공동으로 귀속된 경우는 아니지만, 서로 판결의 효력을 받는 지위에 있는 당사자들이 공동소송인이 되는 경우에 유사필수적 공동소송이 된다.[46] 공동소송인들은 상호 판결의 효력을 받는 지위에 있는 경우에 공동소송인 사이에 판결의 결과가 달라지면 기판력의 모순·저촉이 발생하기 때문이다. 예를 들어 공동소송인 A와 B가 상호 판결의 효력을 받는 관계에 있는데 A에 대하여는 청구인용판결을 하고 B에 대하여는 청구기각판결을 하였다면 A, B 모두에게 청구인용판결과 청구기각판결이라는 모순된 내용의 판결이 효력이 미치게 되는 문제가 발생한다.

---

46) 판결의 효력이 소송당사자 이외의 제3자에게 확장되는 경우는 기판력의 주관적 범위에서 설명하고 있으므로 이곳에서는 설명을 생략한다.

(3) 예 시

(가) 제3자의 소송담당에서 원고가 여러 명인 경우

i) 제3자의 소송담당에서는 판결의 효력이 권리의무의 주체에 미친다(법 제218조 제3항). 그 결과 원고가 여러 명인 제3자의 소송담당에서 원고마다 다른 내용의 판결이 선고될 수 있다면 서로 모순되는 판결의 효력이 동일한 권리의무의 주체에게 미친다. 결과적으로는 모순되는 판결의 효력이 공동소송이 사이에 미치게 되는 문제가 발생하기 때문에 이를 방지하기 위하여 이러한 소송은 유사필수적 공동소송이 된다.

ii) 예를 들어 채권자 A와 B가 공동으로 채권자대위청구소송을 제기한 사건에서 채권자 A의 대위청구에 대하여는 채무자의 제3채무자에 대한 채권의 존재가 인정된다고 하여 승소판결을 하고, 채권자 B의 대위청구에 대하여는 채무자의 제3채무자에 대한 채권의 존재가 인정되지 않는다고 하여 패소판결을 하였다면, (채무자가 위 채권자대위청구소송이 제기된 사실을 알았다고 할 때) 채무자에게는 모순된 내용의 판결의 효력이 모두 미치는 문제가 발생한다. 따라서 다수의 채권자가 채권자대위소송에서 공동원고가 되었다면 이 판결의 효력은 채무자에게 미치므로 원고들 사이의 공동소송의 형태는 유사필수적 공동소송이 된다(대법원 1991. 12. 27. 선고 91다23486 판결).

iii) 원고가 채무자를 대위하여 제3채무자에게 소유권이전등기말소등기절차의 이행을 구하는 소를 제기하였다가 그 소송 계속 중에 원고가 사망하여 그 상속인들이 소송수계를 하여 이들이 공동원고가 되었다면, 이러한 공동원고들은 유사필수적 공동소송인의 관계에 있게 된다(앞의 판결).

iv) 상법상 대표소송은 주식회사의 이사에 대한 손해배상청구권을 주주가 대신하여 행사하는 소송으로서 제3자의 소송담당에 해당한다(상법 제403조). 따라서 판결의 효력이 소송당사자가 아닌 주식회사에도 미치게 되므로 다수의 주주들이 공동으로 주주대표소송을 제기하였다면 종국적으로 그 주주들 사이에 판결의 효력이 상호 미치게 된다. 그러므로 주주들에게 공동소송이 강제되지는 않지만 일단 공동소송이 된 이상 합일확정이 필요한 유사필수적 공동소송에 해당한다(서울중앙지방법원 2008.6.20. 선고 2007가합43745 판결).

(나) 대세적 효력이 있는 판결을 해야 하는 소송절차에서 여러 명이 공동소송인이 된 경우

i) 주주총회결의의 부존재 또는 무효 확인을 구하는 소의 경우, 상법 제380조에 의해 준용되는 상법 제190조 본문에 따라 청구를 인용하는 판결은 제3자에 대하여도 효력이 있다. 이러한 소를 여러 사람이 공동으로 제기한 경우 당사자 1인이 받은 승소판결의 효력이 다른 공동소송인에게 미치므로 공동소송인 사이에 소송법상 합일확정의 필요성이 인정되고, 상법상 회사관계소송에 관한 전속관할이나 병합심리 규정(상법 제186조, 제188조)도 당사자 간 합일확정을 전제로 하는 점 및 당사자의 의사와 소송경제 등을 함께 고려하면, 이는 민사소송법 제67조가 적용되는 필수적 공동소송에 해당한다(대법원 2021.

7. 22. 선고 2020다284977 전원합의체 판결).[47]

ii) 행정소송에서의 판결과 같이 판결에 대세적 효력이 있고, 그 소송의 당사자가 여러 명이어서 공동소송인의 관계에 있다면 이러한 공동소송인 사이에서는 판결의 효력이 상호 미치므로 유사필수적 공동소송이 된다. 예를 들어 특허를 무효로 한다는 심결이 확정된 때에는 당해 특허는 제3자와의 관계에서도 무효로 되므로, 동일한 특허권에 관하여 2인 이상의 자가 공동으로 특허의 무효심판을 청구하는 경우 그 심판은 심판청구인들 사이에 합일확정을 필요로 하는 이른바 유사필수적 공동심판에 해당한다. 따라서 이러한 심판사건에서 패소한 특허권자가 공동심판청구인 중 일부만을 상대로 심결취소소송[48]을 제기하였다 하더라도 그 심결은 청구인 전부에 대하여 모두 확정이 차단된다(대법원 2009. 5. 28. 선고 2007후1510 판결). 필수적 공동소송인 중 일부에 대한 소송행위는 전원에 대하여 효력이 있기 때문이다.

3. 예비적 · 선택적 공동소송(주관적 예비적 · 선택적 병합)

가. 의 의

공동소송인 가운데 일부의 청구가 다른 공동소송인의 청구와 법률상 양립할 수 없거나 공동소송인 가운데 일부에 대한 청구가 다른 공동소송인에 대한 청구와 법률상 양립할 수 없는 경우에 예비적 · 선택적 공동소송이 된다(법 제70조). 이러한 예비적 · 선택적 공동소송은 권리자나 의무자가 누구인지 불확실한 경우 또는 소송 도중에 다른 관련자가 있다는 것을 알게 된 경우에 관련자 사이의 분쟁을 한 번에 해결한다는 점에서 유용한 제도이다.

나. 심판의 순서

(1) 처분권주의의 원칙에 따라서 예비적 · 선택적 공동소송을 제기할 것인지는 전적으로 원고가 결정할 문제이며, 이를 강제할 수 없다. 그리고 예비적 공동소송으로 할 것인지 선택적 공동소송으로 할 것인지도 원고가 결정하게 되며, 예비적 공동소송에서 누가 주위적 당사자가 되고 누가 예비적 당사자가 될 것인지도 원고가 결정한다. 예비적 공동소송에서 법원은 주위적 당사자에 대하여 먼저 심판을 해야 하고 주위적 당사자에 대한 청구가 인정되지 아니하는 경우에 비로소 예비적 당사자에 대하여 심판을 해야 한다.

(2) 반면에 선택적 공동소송에서는 법원이 순서에 구속되지 않고 공동소송인에 대하

47) 본 판결의 반대의견은 인용판결에만 대세적 효력이 있는(편면적 대세효) 회사관계소송에서는 '실체법'상 합일확정의 필요성이 인정되지 않는다는 이유로 이를 통상공동소송으로 봐야 한다고 주장하고 있다.

48) 특허의 무효를 다투고자 하는 이해관계인은 특허심판원에 특허무효심판을 청구해야 한다(특허법 제133조). 특허심판원의 심결을 다투고자 하는 자는 심결의 등본을 송달받은 날로부터 30일 이내에 특허법원에 심결취소소송을 제기할 수 있다(특허법 제186조 제3항).

여 심판할 수 있다. 그러나 소의 객관적 병합에서의 예비적 병합이나 선택적 병합과 달리(객관적 예비적 병합에서 주위적 청구를 인용하면 예비적 청구에 대하여 심판할 필요가 없고 선택적 병합에서 하나의 청구를 인용하면 나머지 청구에 대하여 심판할 필요가 없다.) 예비적 공동소송이나 선택적 공동소송이나 모두 모든 공동소송인에 관한 청구에 대하여 주문과 판결이유에서 판결을 해야 하므로(법 제70조 제2항), 양자에 큰 차이가 없다.

다. 적법요건과 적법요건 흠결의 효과

(1) 적법요건

청구가 공동소송인들 사이에 법률상 양립될 수 없는 관계에 있어야 한다. '법률상 양립될 수 없다.'는 뜻은 다음과 같다(대법원 2011. 9. 29. 선고 2009다7076 판결).

(가) 동일한 사실관계에 대한 법률적인 평가를 달리하여 두 청구 중 어느 한 쪽에 대한 법률효과가 인정되면 다른 쪽에 대한 법률효과가 부정됨으로써 두 청구가 모두 인용될 수는 없는 관계에 있는 경우. 예를 들어 대리인이 본인의 명의가 아니라 자신의 명의로 계약을 체결한 것이 대리권의 행사인지 불명확한 경우에, 대리인의 상대방은 대리권의 행사라고 주장하여 주위적으로 본인을 상대로 계약이행청구를 하고 이러한 청구가 기각될 것에 대비하여 대리인을 예비적 피고로 하여 계약이행을 청구할 수 있다.

(나) 당사자들 사이의 사실관계 여하에 의하여 또는 청구원인을 구성하는 택일적 사실인정에 의하여 어느 일방의 법률효과를 긍정하거나 부정하고 이로써 다른 일방의 법률효과를 부정하거나 긍정하는 반대의 결과가 되는 경우. 즉 사실관계가 불확실하여 법적 효과의 귀속자를 특정할 수 없는 경우를 의미한다. 예를 들어 토지의 소유자가 그 토지의 무단점유자를 상대로 부당이득반환청구를 하고자 하지만 점유자가 A인지 B인지 불확실한 경우에 A와 B를 예비적 또는 선택적 피고로 하여 소를 제기할 수 있다.

(다) 실체법상 서로 양립할 수 없는 경우뿐 아니라 소송법상으로 서로 양립할 수 없는 경우를 포함한다. 예를 들어 동대표지위부존재확인의 소에서 그 동대표자 개인과 입주자대표회 중에 누가 피고적격을 가지는지에 관한 법률적 평가에 따라서 어느 한 쪽에 대한 청구는 부적법하고 다른 쪽의 청구만이 적법하게 되므로 소송법상 서로 양립될 수 없는 경우에 해당하여 위 양자를 공동피고로 하여 예비적·선택적 공동소송을 제기할 수 있다(대법원 2007. 6. 26. 자 2007마515 결정).

(2) 적법요건 흠결의 효과

청구가 공동소송인들 사이에 법률상 양립될 수 있는 관계에 있음에도 불구하고 원고가 예비적·선택적 공동소송으로 소를 제기한 경우에는 이를 원래의 공동소송의 형태에 따라서 처리해야 한다. 예를 들어 부진정연대채무자는 각 자신의 채무를 부담하고 이들 사이의 채무는 양립가능하므로 채권자가 이들을 공동피고로 하여 소를 제기하면 통상공동소송이 된다. 따라서 원고가 이를 예비적 공동소송의 형태로 소를 제기하더라도 여전히 통상공동소송으로 취급해야 하므로, 원고가 공동피고 중 1인에 대하여만 항소를 제기했다면 공동소송인독립의 원칙상 다른 공동소송인에게는 항소 제기의 효력이 미치지 않아서 그에 대한 판결은 분리확정된다(대법원 2012. 9. 27. 선고 2011다76747 판결).

라. 당사자의 예비적 · 선택적 추가

예비적 · 선택적 공동소송에 관한 민사소송법 제70조는 필수적 공동소송에 관한 제67조 내지 제69조를 준용하고 있다. 그 결과 고유필수적 공동소송에서와 마찬가지로 원고는 소가 제기된 이후에도 새로운 원고와 피고를 예비적 또는 선택적으로 추가할 수 있고, 다만 새로운 원고를 추가하고자 하는 경우에는 추가될 사람의 동의를 얻어야 한다(법 제68조 제1항). 예비적 또는 선택적으로 당사자가 추가된 경우에는 처음의 소가 제기된 때에 추가된 당사자와의 사이에서도 소가 제기된 것으로 본다(같은 조 제3항). 따라서 처음에 소가 제기된 때의 시효중단과 기간준수의 효력은 추가된 당사자에게도 미친다. 이러한 점에서 신청이 있는 때에 소 제기의 효력이 있는 피고경정과 차이가 있다.

마. 예비적 · 선택적 공동소송의 다양한 형태

(1) 주위적 피고에 대하여 말소등기청구를 하고 예비적 피고에 대하여 손해배상청구를 하는 것과 같이 주위적 피고와 예비적 피고에 대한 청구내용이 동일하지 않아도 상관없다(대법원 2008. 7. 10. 선고 2006다57872 판결).

(2) 민사소송법 제70조 제1항 본문이 규정하는 '공동소송인 가운데 일부에 대한 청구'를 반드시 '공동소송인 가운데 일부에 대한 모든 청구'라고 해석할 근거는 없으므로, 주위적 피고에 대한 주위적 · 예비적 청구 중 주위적 청구 부분이 인용되지 아니할 경우 그와 법률상 양립할 수 없는 관계에 있는 예비적 피고에 대한 청구를 인용하여 달라는 취지로 결합하여 소를 제기하는 것도 가능하다(대법원 2014. 3. 27. 선고 2009다104960, 104977 판결).

바. 예비적 · 선택적 공동소송에서의 심리방법

(1) 필수적 공동소송에 관한 규정의 준용

(가) 합일확정의 요구

예비적 · 선택적 공동소송은 양립될 수 없는 청구가 결합된 경우이므로 공동소송인 사이에 합일확정이 필요하다는 점에서 필수적 공동소송과 차이가 없다. 예를 들어 주위적 피고에 대하여 승소판결을 하면서 예비적 피고에 대하여도 승소판결을 하는 것은 양립될 수 없는 청구의 존재를 인정하는 것이어서 허용되지 않는다.

(나) 필수적 공동소송에 관한 규정의 준용

합일확정의 요청으로 인하여 민사소송법 제70조에서는 예비적 · 선택적 공동소송의 진행에 관하여 필수적 공동소송에 관한 민사소송법 제67조를 준용하고 있다.[49] 그리고 모순된 판결이 나오지 않도록 같은 조 제2항에서는 모든 공동소송인에 대한 청구에 관하여 하나의 판결을 하도록 규정하고 있다. 따라서 필수적 공동소송과 마찬가지로 공동소송인 사이에 소송행위의 효력이 통일되어야 하고 변론의 분리나 일부판결 또는 남겨진 당사자를 위한 추가판결은 허용되지 않는다(대법원 2022. 4. 14. 선고 2020다224975 판결). 예를 들어 주관적 · 예비적 공동소송에서 주위적 공동소송인과 예비적 공동소송인 중 어느 한 사람이 상소를 제기하면 다른 공동소송인에 관한 청구 부분도 확정이 차단되고 상소심에 이심되어 심판대상이 된다(대법원 2014. 3. 27. 선고 2009다104960 판결). 이러한 점에서 항소심의 심판범위를 항소인이 불복한 사항으로 제한하고 있는 민사소송법 제415조는 적용되지 않는다.

(2) 예 외

(가) 예비적 · 선택적 공동소송은 고유필수적 공동소송과 같이 공동소송이 강제되는 경우는 아니므로 소송을 종료시키는 소송행위인 청구의 포기 · 인낙, 화해 및 소의 취하는 민사소송법 제67조에 불구하고 각 공동소송인이 자유롭게 할 수 있도록 하였다(법 제70조 제1항 단서). 만일 공동소송인 중 일부가 소를 취하하거나 일부 공동소송인에 대한 소를 취하하였다면, 이 경우 소를 취하하지 않은 나머지 공동소송인에 관한 청구 부분은 여전히 심판의 대상이 된다(대법원 2018. 2. 13. 선고 2015다242429 판결). 또한 화해권고결정에 대하여 일부 공동소송인이 이의하지 않았다면, 원칙적으로 그 공동소송인에 대한 관계에서는 위 결정이 확정될 수 있다(대법원 2022. 4. 14. 선고 2020다224975 판결).

(나) 조정에 갈음하는 결정은 위 예외에 포함되어 있지 않지만 조정에 갈음하는 결정이 확정되면 재판상 화해와 동일한 효력이 있으므로(민사조정법 제34조 제4항) 원칙적으로 예비적 · 선택적 공동소송에서 공동소송인 일부에 대한 관계에서도 조정에 갈음하는 결정이 확정될 수 있다(대법원 2008. 7. 10. 선고 2006다57872 판결). 다만 조정에 갈음하는 결정에서 분리 확정을 불허하고 있거나, 그렇지 않더라도 그 결정에서 정한 사항이 공동소송인들에게 공통되는 법률관계를 형성함을 전제로 하여 이해관계를 조절하는 경우 등과 같이 결정 사항의 취지에 비추어 볼 때 분리 확정을 허용할 경우 형평에 반하고 또한 이해관계가 상반된 공동소송인들 사이에서의 소송진행 통일을 목적으로 하는 민사소송법 제70조 제1항 본문의 입법 취지에 반하는 결과가 초래되는 경우에는 분리 확정이 허용되지 않는다(앞의 판결). 이러한 법리는 이의신청 기간 내에 이의신청이 없으면 재판

49) 예를 들어 예비적 피고가 청구인낙을 하고, 법원이 주위적 피고에 대하여 승소판결을 하면 기판력에 모순저촉이 발생한다.

상 화해와 동일한 효력을 가지는 화해권고결정의 경우에도 마찬가지로 적용된다(대법원 2015. 3. 20. 선고 2014다75202 판결).

(3) 공동소송인 모두에 대한 판결

(가) 내 용

만일 예비적·선택적 공동소송에서 일부의 공동소송인에 대하여만 판단을 하고 나머지 공동소송인에 대한 판단을 누락하면 분쟁이 종국적으로 해결되지 않으므로 법원은 모든 공동소송인에 관한 청구에 대하여 판결을 하여야 한다(법 제70조 제1항). 예를 들어 법원이 원고의 주위적 피고에 대한 청구를 받아들여서 인용판결을 한다면 예비적 피고에 대한 청구에 대하여 기각판결을 해야 한다.[50] 예비적 피고는 기각확정판결의 기판력을 받을 이익이 있고 원고로부터 소송비용도 지급받을 필요가 있기 때문이다. 이러한 점에서 주위적 청구에 대하여 인용판결을 하면 예비적 청구에 대하여 판단할 필요가 없는 객관적 예비적 병합청구와 차이가 있다.

(나) 판단유탈이 있는 경우

만일 주위적 피고에 대하여만 승소판결을 하면서 예비적 피고에 대하여 기각판결을 하지 않았다면 모순된 판결이 나오는 것을 방지하기 위하여 그 심급법원은 예비적 피고에 대하여 추가판결을 할 수 없다. 이때는 주위적 공동소송인과 예비적 공동소송인 중 어느 한 사람이 상소를 제기하면 다른 공동소송인에 관한 청구 부분도 확정이 차단되고 상소심에 이심되어 심판대상이 된다(대법원 2014. 3. 27. 선고 2009다104960,104977 판결).[51]

제 6 절 당사자의 변경(당사자의 추가, 경정 그리고 승계)

소 제기 이후에 당사자가 변동되는 경우를 '당사자의 변경'이라고 한다. 당사자의 변경에는 ① 기존의 당사자에 새로운 당사자를 추가하는 당사자 추가, ② 기존의 당사자가 새로운 당사자로 대체되는 당사자 경정, ③ 기존의 당사자의 권리의무를 승계하여 당사자의 지위도 승계하는 소송승계가 있다. 이러한 당사자의 변경은 민사소송법에서 허용하는 경우에만 가능하므로 그 요건을 충족해야 한다.

---

50) 예를 들어 판결의 주문에서 "1. 주위적 피고는 원고에게 금 1억원을 지급하라. 2. 원고의 예비적 피고에 대한 청구를 기각한다."와 같이 공동소송인 모두에 대한 판단을 해야 한다.

51) 통상공동소송에서는 일부 공동소송인에 대한 판단이 누락되면 누락된 공동소송인에 대한 사건은 여전히 그 심급에 남아 있으므로 그 심급의 법원이 추가판결을 해야 한다는 점에서 예비적·선택적 공동소송과 차이가 있다.

I. 당사자의 추가(addition of parties)

1. 원칙적 불허

소가 계속된 후에 기존의 원고 또는 피고에 새로운 원고 또는 피고를 추가할 필요가 발생하는 경우가 있다. 그러나 이러한 필요가 발생하였다고 하여 임의로 당사자를 추가하는 것은 허용되지 않고 법률에서 허용하는 경우에만 당사자를 추가할 수 있다(대법원 2009. 5. 28. 선고 2007후1510 판결). 예를 들어 주식회사의 대표이사가 개인 명의로 소를 제기한 후에서야 당사자적격이 회사에 있음을 발견하여 회사를 당사자로 추가하고, 그 개인 명의의 소를 취하하는 것은 허용되지 않는다(대법원 1998. 1. 23. 선고 96다41496 판결).

2. 예외적 허용

가. 허용되는 경우

소가 계속된 후에 새로운 당사자를 추가할 수 있는 경우는 민사소송법 제68조에 따른 필수적 공동소송인의 추가와 제70조에 따른 예비적 · 선택적 공동소송인의 추가에 한정된다. 필수적 공동소송인의 추가의 경우에도 고유필수적 공동소송인에 한하여 당사자를 추가할 수 있다(대법원 2009. 5. 28. 선고 2007후1510 판결).[52] 예를 들어 특허를 무효로 한다는 심결이 확정된 때에는 당해 특허는 제3자와의 관계에서도 무효로 되므로(즉 대세적 효력이 있다.), 동일한 특허권에 관하여 2인 이상의 자가 공동으로 특허의 무효심판을 청구하는 경우 그 심판은 심판청구인들 사이에 합일확정을 필요로 하는 이른바 유사필수적 공동심판에 해당한다(앞의 판결). 따라서 이러한 소송에서 당사자추가신청은 명목이 어떻든 간에 부적법하여 허용될 수 없다(앞의 판결).

나. 요　　건

이와 같이 공동소송인을 추가하기 위해서는 ① 추가될 당사자가 판결의 합일확정이 필요한 고유필수적 공동소송인 또는 예비적 · 선택적 공동소송인이 될 수 있는 지위에 있어야 하고,[53] ② 이러한 지위에 있다고 인정될 때 제1심 변론종결시까지[54] 원고의 신청

52) 그러나 공동소송인을 추가하더라도 추가되는 당사자의 심급의 이익을 박탈하는 것이 아니고, 분쟁의 기초적 사실이 동일하여 쟁점을 같이 한다면 분쟁의 일회적 해결이란 측면에서 공동소송인의 추가를 넓게 인정해도 무방하리라고 본다. 예를 들어 영국 민사소송규칙 제19조에서는 분쟁의 일회적 해결에 바람직하다면 원 · 피고를 구분하지 않고 교체 및 추가를 허용하고 있다.

53) 유사필수적 공동소송도 판결의 합일확정이 필요하지만, 공동소송이 강제되지 않고, 예비적 · 선택적 공동소송처럼 사건의 진행과정에 따라서 밝혀진 사실에 따라서 당사자를 추가할 필요가 없다는 점에서 공동소송인의 추가가 허용되지 않는다. 그러나 절차상 불편과 불이익이 없다면 굳이 이와 같이 한정적으로 볼 필요가 있는지는 의문이다.

54) 이에 반하여 행정소송법 제14조에서는 피고의 경정을 제1심 변론종결시에 한정하지 않고 있고, 대법원 판

에 따라서 법원이 공동소송인의 추가를 허가해야 하며, ③ 원고 측 추가는 추가될 당사자의 동의를 얻어야 한다(법 제68조 제1항).

다. 시효중단, 기간준수의 효력

추가된 당사자와의 사이에서는 처음 소가 제기된 때에 소가 제기된 것으로 본다(같은 조 제3항). 따라서 추가된 당사자에 대하여도 처음 소가 제기된 때부터 시효중단 또는 기간준수의 효력이 발생하고, 그 동안 다른 공동소송인의 소송행위의 효력도 추가된 당사자에게 미친다.

II. 당사자의 경정

1. 의 의

기존의 당사자를 새로운 당사자로 교체하는 것을 '당사자의 경정'이라고 한다. 원고의 경정은 허용되지 아니하며, 피고의 경정만이 일정한 요건에서 허용되고 있다(법 제260조). 피고의 경정은 교체되는 당사자 사이에 동일성이 없다는 점에서, 당사자의 동일성이 인정되지만 표시만 정정하는 당사자표시정정과 차이가 있다.[55]

2. 피고의 경정의 요건

가. 피고를 잘못 지정한 것이 분명할 것

(1) '피고를 잘못 지정한 것이 분명한 때'라고 함은 청구취지나 청구원인의 기재 내용 자체로 보아 원고가 법률적 평가를 그르치는 등의 이유로 피고의 지정이 잘못된 것이 명백하거나 법인격의 유무에 관하여 착오를 일으킨 것이 명백한 경우 등을 말하고, 피고로 되어야 할 자가 누구인지를 증거조사를 거쳐 사실을 인정하고 그 인정 사실에 터 잡아 법률판단을 해야 인정할 수 있는 경우는 이에 해당하지 않는다(대법원 1997. 10. 17. 자 97마1632 결정).

(2) 예를 들어 원고가 공사도급계약상의 수급인은 그 계약명의인인 피고라고 하여 계약명의인을 상대로 소송을 제기하였다가 심리 도중 변론에서 피고의 답변이나 증거에 따라 이를 번복하여 실제 수급인이 제3자라고 하면서 피고경정을 구하는 경우에는 계약

례(대법원 1996. 1. 23. 선고 95누1378 판결)는 행정소송에서는 항소심에서도 피고의 경정이 허용된다는 취지의 판시를 하고 있다. 이러한 이유로 민사소송에서도 당사자의 변경이 항소심에서 허용되어야 한다는 논의가 있다.

55) 그러나 이러한 피고의 경정은 예비적 공동소송인의 추가로 해결될 수 있는 경우가 많고, 피고의 경정보다 예비적 공동소송인의 추가가 수월하므로 현재는 피고의 경정의 효용성이 많이 줄었다고 보인다.

명의인이 아닌 실제 수급인이 누구인지는 증거조사를 거쳐 사실을 인정하고, 그 인정 사실에 터 잡아 법률 판단을 하여야 인정할 수 있는 사항이므로 '피고를 잘못 지정한 것이 명백한 때'에 해당한다고 볼 수 없다(앞의 판결).

(3) 반면에 도시계획에 따른 보상금지급의무가 서울시장에게 있는데도 원고가 법률적 평가를 그르쳐 서울시를 피고로 하여 소를 제기하였다면 서울시장으로 피고경정을 할 수 있다(대법원 1997. 9. 12. 선고 95다42027 판결).

나. 피고가 본안에 관하여 답변한 후에는 피고의 동의를 얻을 것

피고가 본안에 관하여 답변한 후에는 피고도 청구기각판결을 받을 이익이 발생하므로 원고가 소를 취하하기 위해서는 피고의 동의를 얻어야 한다(법 제266조 제2항). 그런데 피고의 경정을 하게 되면 기존의 피고에 대한 소가 취하되는 효력이 발생하므로 피고가 본안에 관하여 답변한 후에 피고의 경정을 하려면 피고의 동의를 얻어야 한다(법 제260조 제1항 단서). 그리고 소취하의 서면이 송달된 날부터 2주 이내에 상대방이 이의를 제기하지 아니한 경우에는 소취하에 동의한 것으로 보는 것(법 제266조 제6항)과 마찬가지로, 피고가 피고경정신청서를 송달받은 날부터 2주 이내에 이의를 제기하지 아니하면 피고의 경정에 동의를 한 것으로 본다(법 제260조 제4항).

다. 제1심 변론종결 전일 것

새로운 피고의 심급의 이익을 보호할 필요가 있으므로 피고의 경정은 제1심 변론종결 전까지만 가능하다. 반면에 행정소송에서는 사실심 변론종결 전까지 피고의 경정이 가능하다.

3. 절 차

위와 같은 요건이 충족된 경우에 원고의 신청에 따라서 법원이 피고의 경정을 허가해야 한다.[56] 법원이 피고경정결정을 하게 되면, 결정문과 소장부본을 새로운 피고에게 송달해야 한다(법 제261조 제2항).[57] 피고경정신청을 허가하는 결정에 대하여는 종전의 피고가 동의를 하지 않았다는 사유로만으로 즉시항고를 할 수 있을 뿐이고(법 제261조 제3

56) 피고가 이미 사망한 사실을 모르고 소를 제기한 후에 피고를 상속인으로 경정하는 신청은 피고표시정정신청으로 봐서 피고표시정정을 할 수 있다(대법원 2009. 10. 15. 선고 2009다49964 판결).

57) 즉시항고란 재판이 고지된 날부터 1주 이내에 하여야 하는 항고를 말하고(법 제444조), 특별항고란 불복할 수 없는 결정이나 명령에 대하여 예외적으로 재판에 영향을 미친 헌법위반이 있거나, 재판의 전제가 된 명령·규칙·처분의 헌법 또는 법률의 위반 여부에 대한 판단이 부당하다는 것을 이유로 대법원에 제기하는 항고를 말한다(법 제449조 제1항). 이러한 특별항고는 재판이 고지된 날부터 1주 이내에 하여야 한다(같은 조 제2항). 그리고 통상항고는 즉시항고나 특별항고의 대상이 아닌 결정 또는 명령에 대한 항고로서 기간의 제한이 없다(법 제439조).

항), 다른 사유를 가지고 다투고자 하는 경우에는 특별항고만이 가능하다(대법원 1994. 6. 29. 자 93두48 결정). 피고경정신청을 기각하는 결정에 대하여는 민사소송법 제439조의 통상항고를 제기할 수 있다(대법원 1997. 3. 3. 자 97으1 결정).

4. 피고경정의 효과

피고경정이 되면 종전의 피고에 대한 소는 취하된 것으로 본다(법 제261조 제4항). 그리고 새로운 피고에 대하여는 피고경정신청서를 제출한 때에 소가 제기된 것으로 취급되므로 피고경정신청서를 법원에 제출한 때에 시효가 중단된다(법 제265조). 이러한 점에서 처음 소를 제기한 때의 소 제기의 효과가 유지되는 당사자표시의 변경과 차이가 있다.

제 7 절 소송참가(訴訟參加, intervention)

I. 의 의

이미 계속되어 있는 소송에 제3자가 자신의 이익을 보호하기 위하여 관여하는 것을 '소송참가'라고 한다. 소송참가에는 i) 소송 계속 중에 소송의 목적인 권리와 의무가 제3자에게 승계되어서 승계인이 그 소송에 참가하는 경우(승계참가, 소송인수), ii) 소송결과에 이해관계가 있는 제3자가 한쪽 당사자의 승소를 보조하기 위하여 그 소송에 참가하는 경우(보조참가, 공동소송적 보조참가), iii) 종전의 당사자에 추가 하여 제3자가 새로운 당사자로서 참가하는 경우(공동소송참가, 독립당사자참가)가 있다.

II. 소송의 목적인 권리와 의무의 승계에 의한 참가

1. 의 의

(1) 소송이 진행되는 도중에 소송의 목적인 권리의무(소송물)가 양도되면 양도인은 더 이상 소송을 진행할 이익이 없고, 양수인이 그 소송의 직접적 이해관계자가 되므로 당사자적격이 양수인에게 이전된다. 따라서 기존의 당사자인 양도인을 새로운 당사자인 양수인으로 교체할 필요가 발생한다. 이와 같이 권리의무가 양도되는 때에 당사자를 교체하는 방법으로 승계참가와 소송인수(이를 '소송승계'라고도 한다.)가 있다.[58)]

58) 사망이나 합병 등 포괄적 승계원인이 발생한 경우에는 소송절차가 중단되고, 승계인이 수계절차를 밟아야 소송절차가 재개된다. 이에 관하여는 소송절차의 중단과 중지에서 설명한다.

(2) 승계참가란 소송이 법원에 계속되어 있는 동안에 제3자가 소송목적인 권리 또는 의무의 전부나 일부를 승계하였다고 주장하며 스스로 새로운 당사자로 소송에 참가하는 것을 말하고(법 제81조), 소송인수란 승계인이 스스로 참가하는 것이 아니라 기존의 당사자(양도인 또는 양도인의 상대방)가 승계인을 소송에 끌어들이는 것을 말한다(법 제82조 제1항).

2. 소송의 목적인 권리와 의무의 승계의 의미

가. 소송물인 권리와 의무의 승계

(1) 승계참가와 소송인수에 관한 민사소송법 제81조 및 제82조에서 '소송의 목적인 권리의무의 승계'라 함은 소송 계속 중에 제3자가 매매, 채권양도 등과 같은 이유로 소송물인 권리의무를 승계하는 경우를 말한다. 예를 들어 금전채권에 기하여 금전지급의 이행을 구하는 소송 도중에 원고가 피고에 대한 금전채권을 제3자에게 양도하였다면 소송물인 금전지급청구권이 양도되었으므로 양수인은 승계참가를 할 수 있다.

(2) 반면에 그 소송의 목적이 된 권리의무와는 관계없는 권리의무를 위한 승계참가와 소송인수가 허용되지 않는다(대법원 1971. 7. 6. 자 71다726 결정). 예를 들어 건물철거소송 도중에 건물의 소유권등기가 제3자에게 이전된 경우에 원고가 그 제3자에 대한 소유권이전등기가 무효라고 주장하면서 등기의 말소를 구하기 위한 제3자의 소송인수는 허용되지 않는다(앞의 결정).[59] 이때는 별소를 제기할 수밖에 없다.

(3) 채권을 양수하기는 하였으나 아직 양도인에 의한 통지 또는 채무자의 승낙이라는 대항요건을 갖추지 못하였다면 채권양수인은 채무자와 사이에 아무런 법률관계가 없어 채무자에 대하여 아무런 권리주장을 할 수 없고, 양도인이 채무자에게 채권양도통지를 하거나 채무자가 이를 승낙하여야 채무자에게 채권양수를 주장할 수 있다. 이에 따라 채권양수인이 소송계속 중의 승계인이라고 주장하며 참가신청을 한 경우에, 채권자로서의 지위의 승계가 소송계속 중에 이루어진 것인지 여부는 채권양도의 합의가 이루어진 때가 아니라 대항요건이 갖추어진 때를 기준으로 판단해야 한다(대법원 2019. 5. 16. 선고 2016다8589 판결 참조). 따라서 소송이 개시되기 전에 채권양도의 합의를 했다고 하더라도 소송이 개시된 후에 대항요건을 갖추었다면 적법하게 승계참가를 할 수 있다(앞의 판결).

나. 당사자적격의 근거가 되는 실체법상 지위의 이전

실체법상 일정한 지위를 갖고 있는 사람만이 당사자적격을 갖는 경우에는 그러한 실체법상 지위가 이전되면 당사자적격도 함께 이전된다. 예를 들어 주식회사의 신주발행무

59) 그러나 분쟁이 제3자에게 확대된 경우에 이를 하나의 소송절차에서 해결하는 것은 소송경제에 적합하고, 이를 금지할 특별한 이유가 없으므로 이를 허용하는 방향으로 민사소송법을 개정할 필요가 있다고 본다.

효의 소에서는 주주·이사 또는 감사만이 당사자적격을 갖고 있는데(법 제429조), 신주발행무효의 소가 계속되던 중에 그 원고적격의 근거가 되는 주식이 양도되면 그 양수인은 원고적격을 승계한다(대법원 2003. 2. 26. 선고 2000다42786 판결). 따라서 새로운 양수인은 승계참가를 할 수 있다. 그러나 새로운 양수인은 소송물인 권리와 의무를 양수한 것이 아니므로 기존의 신주발행무효의 소를 승계하지 않고[60] 새로운 소를 제기할 수도 있다(앞의 판결). 다만 소송승계를 하면 처음에 소가 제기된 때에 소를 제기한 것으로 보게 되므로 기간준수의 효력이 유지되는 이점이 있다.

다. 물권적 청구권에 관한 소에서 계쟁물의 양수인

(1) 원고가 물권적 청구권에 기하여 소를 제기한 후에 피고가 계쟁물(소송물인 권리의무의 대상이 되는 목적물)을 제3자에게 양도하면 피고적격도 제3자에게 이전된다. 예를 들어 토지에 대한 근저당권설정등기에 대하여 말소를 구하는 소가 진행되던 중 당해 근저당권이 제3자에게 양도되어 부기등기가 되었다면 근저당권설정등기를 말소시켜 줄 수 있는 지위도 양수인에게 이전되어 피고적격도 양수인에게 이전되므로 양수인을 인수승계시킬 수 있다(대법원 2011. 7. 28. 선고 2010다5977,5984,5991 판결).

(2) 반면에 원고가 채권적 청구권에 기하여 소를 제기한 후에 피고가 계쟁물을 제3자에게 양도하더라도 이 제3자가 계쟁물과 함께 채무를 승계하지 아니하면 원고는 제3자에 대하여 아무런 권리를 취득하지 못하므로 당사자적격이 이전되지 않는다. 예를 들어 원고가 부동산매매계약에 기하여 피고에게 소유권이전등기청구의 소를 제기한 후 제3자가 그 부동산에 대한 소유권이전등기이행의 채무 자체를 승계함이 없이 단순히 위 부동산에 대한 소유권을 취득하였다면 당사자적격이 제3자에게 이전되지 않으므로 소송인수는 허용되지 않는다(대법원 1983. 3. 22. 자 80마283 결정). 위와 같은 소송도중에 계쟁물이 양도되는 것을 막기 위해서는 미리 처분금지가처분을 해 두어야 한다.

3. 승계참가와 소송인수의 방법

가. 승계참가의 방법

(1) 승계참가신청의 방법

승계참가신청은 권리의무의 승계인이 할 수 있으므로 권리의 승계인만 아니라 채무의 승계인도 할 수 있다(대법원 1983. 9. 27. 선고 83다카1027 판결). 권리의무의 전부를 승계한 사람뿐만 아니라 일부만 승계한 사람도 승계참가를 할 수 있다(법 제81조). 승계참가의 방법은 독립당사자참가의 방법에 의하므로 기존의 당사자 모두를 상대로 하여 참가해

60) 승계하지 아니하면 기존의 소는 당사자적격의 부재로 각하될 것이다.

야 한다(법 제81조).

(2) 참가요건의 흠결

승계참가신청은 일종의 소의 제기에 해당하므로 참가요건은 소송요건에 해당한다. 따라서 참가요건에 흠이 있는 때에는 변론을 거쳐 판결로 참가신청을 각하해야 한다(대법원 2012. 4. 26. 선고 2011다85789 판결). 예를 들어 채권의 양수를 주장하면서 승계참가를 하였지만 채권양수가 무효로 판단된다면 참가신청을 각하해야 한다(앞의 판결). 그러나 부적법한 승계참가신청을 각하하는 판결을 반드시 원래의 당사자 사이의 소송에 대한 판결과 함께 해야 할 필요는 없다(앞의 판결).

(3) 사실심에서의 신청

승계참가신청이 있으면 권리의무의 승계사실에 대한 사실판단이 필요하므로 승계참가신청은 사실심에서만 가능하고 법률심인 상고심에서는 할 수 없다(대법원 2001. 3. 9. 선고 98다51169 판결).

(4) 소송에서의 탈퇴

(가) 상대방의 동의

독립당사자참가의 경우에 피참가인인 원고나 피고는 상대방의 승낙을 받아 소송에서 탈퇴할 수 있고, 탈퇴한 당사자에 대하여도 판결의 효력이 미친다(법 제80조).[61] 승계참가는 독립당사자참가의 방법에 의하므로 승계참가가 있는 경우 피참가인은 상대방의 동의를 얻어서 소송에서 탈퇴할 수 있다(대법원 2004. 7. 9. 선고 2002다16729 판결). 이 경우에 판결의 효력은 탈퇴한 당사자에게도 미친다(기판력의 주관적 범위가 확장). 이와 같이 상대방의 동의를 얻어야 한다는 점에서 선정당사자를 선임한 선정자가 당연히 탈퇴된다는 점과 차이가 있다.

(나) 탈퇴하지 않은 경우

권리승계형 승계참가에서 피참가인인 원고가 소송탈퇴, 소 취하(일부 취하의 의미를 갖는 청구감축 포함) 등을 하지 않아 승계된 부분에 관한 원고의 청구가 그대로 유지되는 경우 원고의 피고에 대한 청구와 승계참가인의 피고에 대한 청구는 그 주장 자체로 법률상 양립할 수 없는 관계에 있다. 원고의 피고에 대한 채권이 존재하는 경우 승계참가인이 승계 원인으로 주장하는 채권양도나 전부명령에 의하여 채권이 법률상 유효하게 승계되었는지 여부에 따라 원고 또는 승계참가인 중 어느 쪽의 청구는 인용되고 다른 쪽의 청구는 기각되어 두 청구가 모두 인용될 수는 없기 때문이다. 따라서 권리승계형 승계참가의 경우에도 원고의 청구가 그대로 유지되고 있는 한 독립당사자참가소송이나 예비

---

61) 따라서 기판력이 소송당사자 이외의 제3자에게 미치는 기판력의 주관적 범위가 확장되는 경우에 해당한다.

적 · 선택적 공동소송과 마찬가지로 필수적 공동소송에 관한 규정을 적용하여 같은 소송절차에서 두 청구에 대한 판단의 모순, 저촉을 방지하고 이를 합일적으로 확정할 필요성이 있다. 민사소송법 제81조는 승계인이 독립당사자참가에 관한 제79조에 따라 소송에 참가할 것을 정하는데, 제79조는 제2항에서 필수적 공동소송에 관한 특칙인 제67조를 준용하고 있으므로 제81조는 승계참가에 관하여도 필수적 공동소송에 관한 특별규정을 준용할 근거가 된다(대법원 2019. 10. 23. 선고 2012다46170 전원합의체 판결).

(다) 승계참가신청이 부적법한데도 소송탈퇴를 한 경우

승계참가신청이 부적법한 경우에는 피참가인의 소송탈퇴는 허용되지 않는다. 설령 법원이 승계참가신청의 부적법함을 간과하고 판결을 했다고 하더라도 소송탈퇴를 한 피참가인과 상대방 사이의 소송관계는 피참가인이 소송탈퇴를 한 심급에 유효하게 존속한다(대법원 2012. 4. 26. 선고 2011다85789 판결). 따라서 이러한 판결에 대하여 당사자가 상소를 제기하였다면 상소법원은 실체판단을 한 제1심 판결을 취소하고 승계참가신청을 각하해야 하며, 원심법원은 소송탈퇴를 한 피참가인에 대하여 심리를 진행한 후 판결을 선고해야 한다(앞의 판결).

(라) 소송탈퇴 후 소송수계신청 후 승계참가신청취하

원고 甲은 소송 중 사망하였지만 소송대리인이 있어서 소송절차가 중단되지 않았고, 甲이 사망하기 전에 소송탈퇴에 관한 특별수권을 받은 소송대리인은 乙이 승계참가신청을 하자 소송탈퇴를 신청하였고 상대방 측 소송대리인이 위 탈퇴에 동의하였다. 그 후 乙이 소송물과 관련한 甲의 재산을 단독으로 상속하게 되었다면서 소송수계신청을 하였고 이후 乙은 승계참가신청취하서를 제출하여 상대방 측 소송대리인이 위 취하에 동의하였다.

甲의 소송대리인이 한 소송탈퇴신청은 상속인들 모두에게 그 효력이 미치므로 甲과 상대방 사이의 소송관계, 즉 甲의 상속인들과 상대방 사이의 소송관계는 소송탈퇴로 적법하게 종료된다. 그리고 乙의 소송수계신청은 소송탈퇴에 의하여 종료된 소송관계에 관한 것이어서 이유 없음이 명백하다. 한편 乙과 상대방 사이의 소송관계도 승계참가신청취하와 상대방의 이에 대한 동의로 적법하게 종료되었다(대법원 2011. 4. 28. 선고 2010다103048 판결). 따라서 법원은 소송종료선언을 해야 한다(앞의 판결).

(5) 시효중단, 기간준수의 효과

피고경정과 달리 승계참가의 경우에는 최초 소를 제기한 때에 권리자가 권리를 행사한 것이므로 소송이 법원에 처음 계속된 때부터 시효의 중단 또는 법률상 기간준수의 효력이 생긴다(법 제80조). 그리고 기존의 소송행위는 유불리를 불문하고 승계참가인에게 당연히 미친다.

나. 소송인수

(1) 소송인수신청[62)]

승계참가와 마찬가지로 권리승계와 의무승계 모두 소송인수신청이 가능하다. 이때 권리 또는 의무의 전부를 승계한 승계인뿐만 아니라 일부를 승계한 승계인에 대하여도 소송인수신청을 할 수 있다(법 제82조 제1항). 소송도중에 권리의무를 양도한 양도인이나 그 상대방 모두 양수인인 제3자에 대하여 소송인수신청을 할 수 있다. 소송인수신청이 있으면 법원은 신청인과 그 제3자를 심문해야 한다(같은 조 제2항).

(2) 효 과

소송인수가 있는 경우에 종전의 당사자는 민사소송법 제80조에 따라서 상대방 당사자의 동의를 얻어서 소송에서 탈퇴할 수 있고(법 제82조 제3항), 이 경우에 판결의 효력은 탈퇴한 당사자에게도 미친다(기판력의 주관적 범위가 확장). 그리고 승계참가와 마찬가지로 소송이 법원에 처음 계속된 때부터 시효의 중단 또는 법률상 기간준수의 효력이 생긴다(같은 항). 다만 법원이 인수참가인의 청구의 당부에 관하여 심리한 결과 인수참가인의 청구를 기각하거나 소를 각하하는 판결을 선고하여 그 판결이 확정된 경우에는 원고가 제기한 최초의 재판상 청구로 인한 시효중단의 효력은 소멸한다. 이러한 경우 인수참가인에 대한 청구기각 또는 소각하 판결이 확정된 날부터 6개월 내에 탈퇴한 원고가 다시 탈퇴 전과 같은 재판상의 청구 등을 한 때에는, 민법 제170조에 따라서 탈퇴 전에 원고가 제기한 재판상의 청구로 인하여 발생한 시효중단의 효력은 그대로 유지된다(대법원 2017. 7. 18. 선고 2016다35789 판결).

(3) 소송인수신청이 부적법한 경우

소송인수신청이 그 요건을 갖추지 못한 경우의 효과에 관하여 승계참가와 차이가 있다. 원고가 피고 측의 의무가 승계되었다는 이유로 승계인을 상대로 소송인수신청을 한 경우에 신청의 이유로서 주장하는 사실관계 자체에서 그 승계적격의 흠결이 명백하지 않는 한 그 신청을 각하해서는 안 되고, 그 승계인에 해당하는가의 여부는 피인수신청인에 대한 청구의 당부와 관련하여 판단할 사항이므로 심리한 결과 승계 사실이 인정되지 않으면 청구기각의 본안판결을 해야 한다(대법원 2005. 10. 27. 선고 2003다66691 판결).

---

62) 가처분결정에는 당사자항정의 효력이 있으므로 가처분결정을 받은 원고는 소송 중에 피고의 승계인에 대하여 소송인수신청을 할 필요 없이, 판결이 확정된 후에 승계집행문을 받아서 피고의 승계인에게 강제집행을 할 수 있다(대법원 1999. 3. 23. 선고 98다59118 판결). 예를 들어 점유이전금지가처분결정을 받은 후에 피고가 점유를 제3자에게 이전하더라도 피고적격은 여전히 피고에게 있으므로 원고는 판결이 확정된 후에 점유를 승계한 제3자에 대하여 승계집행문을 받아서 그의 점유를 배제시키는 강제집행을 할 수 있다.

III. 당사자의 승소보조를 위하여 참가하는 경우

당사자의 승소를 보조하기 위하여 제3자가 소송에 참가하는 경우에는 보조참가와 공동소송적 보조참가가 있다. 보조참가는 판결의 효력을 받지 않지만 판결의 결과에 법률상 이해관계가 있는 자가 참가하는 것이고, 공동소송적 보조참가는 판결의 효력을 받지만 당사자적격이 없는 제3자가 보조참가하는 것이다.

1. 보조참가

가. 의 의

소송의 결과에 법률상 이해관계가 있는 제3자가 당사자적격이 없기 때문에 소송의 당사자가 되지 못하지만 자신의 법률상 이익을 보호할 기회를 가질 필요가 있으므로 제3자의 절차참가권이 보장될 필요가 있다. 이와 같이 제3자가 원고 또는 피고의 승소를 돕기 위하여 소송에 참가하는 것을 '보조참가'라고 한다(법 제71조). 이때 보조참가를 하는 사람을 '보조참가인'이라고 하는데, 통상공동소송의 경우에는 공동소송인독립의 원칙에 따라서 공동소송인이 다른 공동소송인의 승소를 보조하기 위하여 보조참가인이 될 수 있다. 이러한 보조참가인이 승소를 돕는 당사자를 '피참가인'이라고 하는데, 원고 또는 피고 모두 피참가인이 될 수 있다. 보조참가가 있더라도 피참가인이 여전히 소송의 당사자가 된다.

나. 참가의 요건으로서 소송의 결과에 대한 이해관계

(1) 의 미

제3자가 특정 소송사건에서 당사자 일방을 보조하기 위하여 보조참가를 하려면 당해 소송의 결과에 대하여 이해관계가 있어야 하고, 여기서 말하는 이해관계는 사실상·경제상 또는 감정상의 이해관계가 아니라 법률상의 이해관계를 말한다(대법원 2014. 5. 29. 자 2014마4009 결정). 이러한 이해관계가 있다는 것은 당해 소송의 판결의 효력이 직접 미치지는 않는다고 하더라도 적어도 그 판결을 전제로 하여 보조참가를 하려는 자의 법률상의 지위가 결정되는 관계에 있는 경우를 의미한다(앞의 결정). 예를 들어 보증인에 대한 보증금지급청구소송에서 보증인이 패소하면 주채무자는 보증인에게 구상의무를 부담하게 되므로 주채무자는 위 소송에 대하여 법률상 이해관계를 갖게 된다.

(2) 사 례

(가) 긍정한 사례

i) 불법행위로 인한 손해배상책임을 지는 자는 피해자가 다른 공동불법행위자들을

상대로 제기한 손해배상청구소송의 결과에 의하여 자신이 궁극적으로 부담할 책임범위가 결정되므로 위 소송에 대하여 법률상의 이해관계를 갖고 있고, 따라서 원고를 위하여 보조참가를 할 수 있다(대법원 1999. 7. 9. 선고 99다12796 판결).

ii) 건물의 소유권에 대한 방해배제청구로서 피고에 대하여 건축주명의변경절차의 이행을 구하는 소를 제기한 원고가 이 소송에서 패소할 경우를 해제조건으로 하여 제3자에게 위 건물을 매도하였다면, 위 소송의 결과에 따라서 위 제3자의 매수인의 지위가 확정되는지 여부가 결정되므로 이 제3자는 위 소송의 결과에 대하여 법률상의 이해관계를 갖는다고 할 것이다(대법원 2007. 4. 26. 선고 2005다19156 판결).

(나) 부정한 사례

i) 사립대학의 신입생이 모집요강이 무효라고 주장하면서 등록금반환청구를 한 것에 대하여, 이 소송과 직접적 관련이 없는 사립대학을 경영하는 자들이 위 원고의 피고에 대한 등록금반환청구가 인용되면 자신들에게도 위 소송의 간접적 영향으로서 파급효가 미치게 되어 위 보조참가인들의 교육 재정의 대부분을 차지하는 등록금제도 운영에 차질이 생기게 될 염려가 있다는 사유만으로 보조참가신청을 하는 것은 법률상 이해관계가 있다고 볼 수 없다(대법원 1997. 12. 26. 선고 96다51714 판결).

ii) 사립학교를 위하여 출연된 재산에 대한 소유권은 학교법인에 있고, 설립자는 학교법인이 설립됨으로써, 그리고 종전이사는 퇴임함으로써 각 학교운영의 주체인 학교법인과 더 이상 구체적인 법률관계가 지속되지 않으므로, 설립자나 종전이사가 사립학교 운영에 대하여 가지는 재산적 이해관계는 법률적인 것이 아니라 사실상의 것에 불과하다(대법원 2014. 1. 23. 선고 2012두6629 판결).

다. 참가신청 및 허부결정

(1) 보조참가신청의 방식은 민사소송법 제72조에 따르므로 서면으로 신청해야 하고 참가취지와 이유를 기재해야 한다. 당사자는 보조참가신청에 대하여 이의를 제기할 수 있다. 당사자가 참가에 대하여 이의를 신청한 때에는 참가인은 참가의 이유를 소명하여야 하며, 법원은 참가를 허가할 것인지 아닌지를 결정하여야 한다(법 제73조). 만일 보조참가신청이 요건을 충족하지 못하면 법원은 이를 각하해야 한다(대법원 2007. 6. 28. 선고 2007다16885 판결).

(2) 위와 같은 결정은 주문에 기재해야 하므로 비록 판결이유에서 그 당부를 판단하였더라도 주문에 설시가 없으면 특별한 사정이 없는 한 그에 대한 재판은 누락된 것으로 보아야 한다(대법원 2015. 10. 29. 선고 2014다13044 판결). 따라서 상소가 제기되더라도 재판의 누락된 부분은 아직 원심에 남아 있으므로 상소심은 참가신청의 적법성을 판단할 수 없다(앞의 판결).

보 조 참 가 신 청

사　　건　서울중앙지방법원 2015가합1234　소유권이전등기
원　　고　박 수 형
피　　고　양 소 혜
보조참가인　정 세 호
　　　　　주 소　충청남도 천안시 000

참 가 취 지

위 당사자간 귀 원 2015가합1234호 소유권이전등기청구사건에 관하여 피고를 보조하기 위하여 위 소송에 참가하고자 하오니 결정하여 주시기 바랍니다.

참 가 이 유

1. 사실관계 생략
   (소송결과에 따른 법률상 이해관계가 있는 제3자임을 기재)

입 증 방 법

1. 기타 변론시 제출 입증하겠습니다

첨 부 서 류

1. 송달료납부서

2019.　.　.
위 보조참가인 정 세 호 ㊞

서울중앙지방법원 민사 제32부　귀중

라. 보조참가인의 소송상 지위

(1) 독 립 성

보조참가인의 소송수행권능은 피참가인으로부터 유래된 것이 아니라 독립된 권능이므로 보조참가인은 피참가인의 동의를 얻지 않고 소송에 관하여 공격·방어·이의·상소 그밖의 모든 소송행위를 할 수 있다(법 제76조 제1항). 그리고 피참가인과는 별도로 보조참가인에 대하여도 기일의 통지, 소송서류의 송달 등을 행하여야 하므로 보조참가인에게 기일통지서 또는 출석요구서를 송달하지 아니함으로써 변론의 기회를 부여하지 아니한 채 행하여진 기일의 진행은 적법한 것으로 볼 수 없다(대법원 2007. 2. 22. 선고 2006다75641 판결). 또한 피고에게 귀책될 수 없는 사유로 피고가 항소기간을 준수하지 못한

경우에 피고 보조참가인이 동 판결이 있은 사실을 비로소 알아 그로부터 2주일 이내에 보조참가신청과 동시에 제기한 추완항소는 적법하다(대법원 1981. 9. 22. 선고 81다334 판결).

(2) 피참가인에 대한 종속성

(가) 참가할 때의 소송의 진행정도에 따라 할 수 없는 소송행위

보조참가인은 소송의 당사자가 아니라 피참가인의 승소를 보조하는 데 불과하므로 참가를 할 때에 피참가인도 할 수 없는 소송행위는 보조참가인도 할 수 없다(법 제76조 제1항 단서). 예를 들어 피참가인에 대하여 상소기간이 경과되어서 피참가인이 상소를 제기할 수 없는 경우에는 보조참가인도 상소를 제기할 수 없다(대법원 2007. 9. 6. 선고 2007다41966 판결). 마찬가지로 실기한 공격방어방법의 제출, 자백의 취소 등 피참가인이 할 수 없는 행위는 보조참가인도 할 수 없다.

(나) 참가인의 소송행위가 피참가인의 소송행위와 어긋나는 경우

보조참가인의 소송행위가 피참가인의 소송행위와 어긋나는 경우에는 보조참가인의 소송행위는 효력을 가지지 않는다(법 제76조 제2항). 이 규정의 취지는 피참가인들의 소송행위와 보조참가인들의 소송행위가 서로 어긋나는 경우에는 피참가인의 의사가 우선하는 것을 뜻한다(대법원 2010. 10. 14. 선고 2010다38168 판결). 구체적으로 이 규정은 두 가지의 의미를 갖고 있다.

i) 피참가인의 소송행위와 어긋나는 행위의 금지

보조참가인은 피참가인이 이미 한 소송행위와 어긋나는 행위를 할 수 없고 하더라도 효력이 없다. 예를 들어 피참가인이 자백을 하면 보조참가인이 자백사실을 부인하더라도 효력이 없고(대법원 2001. 1. 19. 선고 2000다59333 판결), 보조참가인은 피참가인인 원고가 제기한 소를 변경하는 행위를 할 수 없다(대법원 1992. 10. 9. 선고 92므266 판결). 그리고 보조참가인의 소송행위가 피참가인의 소송행위에 어긋나는 경우라 함은 보조참가인의 소송행위가 피참가인의 행위와 명백히 적극적으로 배치되는 경우를 말하며, 소극적으로 배치되는 경우는 제외된다(대법원 2007. 11. 29. 선고 2007다53310 판결). 예를 들어 피참가인인 피고가 원고가 주장하는 사실을 명백히 다투지 아니하여 민사소송법 제150조에 의하여 의제자백의 효력이 발생한 경우라면 보조참가인이 그 사실에 대하여 다투더라도 피참가인의 행위와 명백히 적극적으로 배치되는 경우라 할 수 없으므로 그 소송행위는 유효하다(앞의 판결).[63] 그리고 피참가인이 패소판결에 대하여 상소를 하지 않더라도 상소기간 내라면 보조참가인이 상소를 제기하더라도 피참가인의 소송행위와 어긋난다고 볼 수

63) 명시적으로 자백을 하면 그 자백이 진실에 반하고, 착오로 말미암은 것임을 증명한 때에만 취소할 수 있다는 제한이 있다(법 제288조 단서). 그러나 민사소송법 제150조의 의제자백의 경우에는 항소심 변론종결시까지 자백된 사실을 다투면 자백의 의제의 효력이 소멸된다(대법원 1987. 12. 8. 선고 87다368 판결).

없다(대법원 1999. 7. 9. 선고 99다12796 판결).

ii) 피참가인의 소송행위의 우선적 효력

피참가인은 보조참가인의 소송행위와 어긋나는 행위를 함으로써 보조참가인의 소송행위의 효력을 무력화시킬 수 있다. 예를 들어 보조참가인이 항소를 제기하였다고 하더라도 피참가인은 항소를 포기 또는 취하할 수 있다(대법원 2010. 10. 14. 선고 2010다38168).

마. 참가적 효력

(1) 의 의

(가) 민사소송법 제77조에서는 재판의 효력이 보조참가인에게도 미친다고 규정하고 있다. 그러나 보조참가인은 소송의 당사자가 아니므로 '재판의 효력이 미친다.'는 의미는 기판력이 보조참가인에게도 미친다는 의미가 아니다. '재판의 효력이 미친다.'는 보조참가인이 피참가인을 보조하여 공동으로 소송을 수행하였으나 피참가인이 그 소송에서 패소한 경우에는 형평의 원칙상 보조참가인이 피참가인에게 그 패소판결이 부당하다고 주장할 수 없도록 하는 이른바 '참가적 효력'을 의미한다(대법원 1988. 12. 13. 선고 86다카2289 판결). 그리고 일단 보조참가를 한 이상 참가신청을 취하하더라도 여전히 참가적 효력이 미친다(대법원 1974. 6. 4. 선고 73다1030 판결). 소송수행의 기회가 부여되었기 때문이다.

(나) 예를 들어 채권자가 보증인에 대하여 제기한 보증금지급청구소송에서 주채무자가 보증인을 피참가인으로 하여 보조참가를 한 뒤 주채무의 부존재를 주장하였지만 패소하였다면, 보증인의 주채무자에 대한 구상금청구소송에서 주채무자는 더 이상 주채무의 부존재를 주장할 수 없다(대법원 2005. 7. 22. 선고 2004다43909 판결).

(2) 객관적 범위

(가) 기판력은 판결의 주문에 한하여 발생하고 판결이유 중의 판단에 대하여는 미치지 아니하지만(법 제216조 제1항), 참가적 효력은 판결주문뿐만 아니라 판결이유에서의 사실상 · 법률상 판단에 대하여도 미친다(대법원 2007. 12. 27. 선고 2006다60229 판결). 예를 들어 채권자가 보증인에 대하여 제기한 보증금지급청구소송에서 주채권자가 보조참가를 하여 주채무의 부존재를 주장하였지만 패소하였다면, 기판력은 소송물인 원고의 피고에 대한 보증금지급청구권의 존재에 대하여만 발생하지만 참가적 효력은 보증금지급청구권의 전제가 되어서 판결이유 중에서 판단된 주채무의 존재에 대하여도 발생한다. 그러나 판결에 필수적인 요소가 아니어서 결론에 영향을 미칠 수 없는 부가적 또는 보충적인 판단이나 방론 등에는 참가적 효력이 발생하지 않는다(대법원 1997. 9. 5. 선고 95다42133 판결).

(나) 그러나 소송이 확정판결이 아닌 화해권고결정에 의하여 종료된 경우에는 공동

의 소송수행의 결과라고 볼 수 없고 확정판결에서와 같은 법원의 사실상 및 법률상의 판단이 이루어졌다고 할 수 없으므로 참가적 효력이 인정되지 않는다(대법원 2015. 5. 28. 선고 2012다78184 판결).

(3) 주관적 범위

참가적 효력은 참가인과 피참가인 사이에서만 발생하고 참가인과 피참가인의 상대방 사이에는 기판력도 참가적 효력도 발생하지 않는다(대법원 1988. 12. 13. 선고 86다카2289 판결). 예를 들어 채권자가 보증인에 대하여 제기한 보증금청구소송에 주채무자가 참가하여 주채무의 부존재를 주장하였지만 주채무의 존재가 인정되어 원고의 청구가 기각되어 확정되었다면, 그 후 채권자가 주채무자를 상대로 하여 채무이행청구의 소를 제기하더라도 채권자와 주채무자 사이에서는 기판력이나 참가적 효력이 발생하지 않으므로 후소 법원은 전소 법원이 확정한 주채무가 존재한다는 사실에 구속되지 않는다.

	기판력	참가적 효력
주관적 범위	원칙적으로 소송의 당사자 사이에서만 발생	참가인과 피참가인 사이에서만 발생
객관적 범위	소송물에 대하여만 발생	소송물과 판결이유 중의 판단에 대하여 발생

(4) 참가적 효력이 배제되는 경우

보조참가인이 피참가인을 보조하여 공동으로 소송을 수행하였으나 피참가인이 그 소송에서 패소한 경우에는 공동으로 책임을 부담해야 한다는 형평의 원칙을 근거로 참가적 효력이 인정되고 있으므로 보조참가인이 책임질 수 없는 소송행위에 대하여는 참가적 효력이 없다(대법원 2007. 12. 27. 선고 2006다60229 판결). 즉 보조참가인이 피참가인과 공동이익으로 주장하거나 다툴 수 있었던 사항에 한하여 참가적 효력이 미친다(앞의 판결).

(가) 공동의 이익으로 주장할 수 없었던 사항

공동의 이익으로 주장할 수 없었던 사항에 대하여는 참가적 효력이 발생하지 않는다. 보조참가인과 피참가인의 이해가 상반되는 경우가 보조참가인이 피참가인과 공동이익으로 주장할 수 없는 경우에 해당한다(대법원 2007. 12. 27. 선고 2006다60229 판결). 예를 들어 약정의 해제에 관하여 보조참가인과 피참가인의 이해가 상반되어서 보조참가인이 공동의 이익으로 주장할 수 없었다면 보조참가인에 대하여 참가적 효력이 미치지 않는다(앞의 판결).

(나) 다툴 수 없었던 사항

보조참가인이 참가할 때의 소송의 진행정도에 따라 할 수 없는 소송행위 또는 보조참가인의 소송행위가 피참가인의 소송행위와 어긋나서 효력이 없는 경우에는 그로 인한 패소판결이 공동소송의 수행의 결과라고 볼 수 없으므로 참가적 효력이 미치지 않는다(법 제77조 제1호). 예를 들어 원고가 피고를 상대로 하여 양도담보약정을 원인으로 한 지분권이전등기청구의 소를 제기하였는데, 피고를 피참가인으로 한 보조참가인이 양도담보약정을 부인하였음에도 불구하고 피고가 이를 인낙하여 패소하였다면, 참가적 효력이 보조참가인에게까지 미치지 않는다(대법원 1988. 12. 13. 선고 86다카2289 판결).

(다) 기 타

그밖에 피참가인이 참가인의 소송행위를 방해한 때 또는 참가인이 할 수 없는 소송행위를 피참가인이 고의나 과실로 하지 아니한 때에도 참가적 효력이 미치지 않는다(법 제77조 제2호, 제3호). 예를 들어 참가인은 소변경신청을 할 수 없는데 피참가인이 고의 또는 과실로 소변경신청을 하지 아니하여 패소하였다면 피참가인은 참가적 효력을 주장할 수 없다.

바. 소송고지(訴訟告知)

(1) 의 의

(가) 소송의 당사자는 참가할 수 있는 자에게 소송고지의 이유와 소송의 진행정도를 고지할 수 있다(법 제84조 제1항). 소송고지를 통하여 참가를 할 수 있는 사람은 참가의 기회를 갖는다는 점과 소송고지를 받은 사람에게는 소위 참가적 효력이 미친다는 점에서 소송고지의 제도적 의의가 있다. 소송고지에 의하여 소송수행의 기회가 부여되었기 때문이다. 고지를 받을 수 있는 사람은 보조참가를 할 수 있는 사람에 한정되지 않고, 공동소송적 보조참가나 공동소송참가를 할 수 있는 사람 모두가 포함된다. 다만 소송고지는 궁극적으로 고지 받은 사람에게 참가적 효력이 미치도록 하는데 그 목적이 있으므로 피고지자가 보조참가 할 수 있는 사람인 경우에 주로 이용되고 있다.

(나) 예를 들어 보증인이 채권자로부터 보증금청구소송을 당한 경우에 보증인은 주채무자에게 소송고지를 할 수 있고, 보증인이 소송고지를 한 후에 주채무의 존재를 이유로 패소확정 되었다면 주채무자가 소송참가를 하지 않더라도 참가적 효력이 발생하므로 보증인의 주채무자에 대한 구상금청구소송에서 주채무자는 주채무의 부존재를 주장할 수 없다. 이와 같이 피고가 소송에서 패소하여 제3자를 상대로 구상청구나 손해배상청구를 할 수 있을 때에 소송고지가 활용된다.[64)]

64) 미국연방민사소송규칙 제14조에서는 피고가 당해 소송절차에서 제3자 원고(third party plaintiff)가 되어 제3자를 상대로 소를 제기할 수 있도록 하는 '제3자 소송인수'(third party practice)를 허용하고 있다. 우리는 소송구조를 양당사자대립구조로 보아서 이러한 형태의 소송구조를 허용하지 않는데, 소송고지는 참가적 효력이 있음에 불과하여 분쟁의 종국적 해결을 가져오지 못하므로 '제3자 소송인수' 제도의 도입을 고려할 필요가 있다고 본다.

(2) 고지자의 범위

소송고지를 할 수 있는 고지자는 소송당사자에 한정되지 않고, 소송고지를 받은 피고지자도 소송에 참가하거나 참가하지 않고 소송고지를 할 수 있다(법 제84조 제2항). 예를 들어 A, B, C, D 순차로 소유권이전등기가 된 후에 A가 B로의 소유권이전등기가 무효임을 주장하며 D에게 말소등기청구를 하였다면 D는 패소 시에 C에게 매수대금의 반환을 청구할 수 있으므로 C에게 소송고지를 할 수 있고, C도 B와 마찬가지 이유로 소송에 참가하거나 참가하지 않고 B에게 소송고지를 하여 참가적 효력이 미치게 할 수 있다.

(3) 고지의 방식

소송고지를 할 수 있는 사람이 직접 피고지자에게 고지하지 않고 법원을 통하여 소송고지를 한다. 고지자가 소송고지를 위하여 그 이유와 소송의 진행정도를 적은 서면을 법원에 제출하면 법원은 소송고지서를 상대방에게 송달하여야 한다(법 제85조).

(4) 소송고지의 효과

(가) 참가적 효력

소송고지를 받은 사람이 참가할 것인지는 전적으로 소송고지를 받은 사람의 자유이다. 그러나 보조참가를 할 수 있는 피고지자가 참가하지 않더라도 참가할 수 있었을 때에 참가한 것으로 간주되므로 피고지자에게 참가적 효력이 미친다(법 제86조). 이때 보조참가에서와 마찬가지로 피고지자가 보조참가를 하여 상대방에 대하여 고지자와 공동이익으로 주장하거나 다툴 수 있었던 사항에 한하여 참가적 효력이 미치고(대법원 1986. 2. 25. 선고 85다카2091 판결), 참가적 효력이 배제되는 민사소송법 제77조에 규정된 사유가 있는 경우에는 피고지자에 대하여도 참가적 효력이 발생하지 않는다.

(나) 판결에 포함된 내용에 대하여만 참가적 효력이 발생

참가적 효력은 기판력과 달리 판결이유 중의 판단에도 발생하지만 판결이유 중의 판단에서 명시적으로 판단하지 않은 사항에 대하여는 발생하지 않는다. 예를 들어 A가 B에 대하여 갖고 있는 채권을 C에게 양도하면서 B에게 확정일자 있는 증서에 의하여 양도통지를 하였는데, 그 후 A의 채권자 D가 A의 B에 대한 채권에 대하여 전부명령을 받아서 B를 상대로 하여 전부금청구의 소를 제기하였다. B는 채권의 양수인 C에게 소송고지를 하였지만 C는 위 소송에 참가하지 않았다. 그런데 B는 위 소송절차에서 채권압류 및 전부명령을 받기 전에 C에게 채권이 양도되고 확정일자 있는 증서에 의하여 양도통지된 사실을 항변으로 제기하지 않았고, 이로 인하여 위 소송의 수소법원이 위 채권압류 및 전부명령과 위 채권양도의 효력의 우열에 관하여 아무런 사실인정이나 법률판단을 하지 아니한 채 고지자에게 패소판결을 하였다면, 피고지자가 구속받을 판단 자체가 존재하지 않으므로 참가적 효력이 발생하지 않는다(대법원 1991. 6. 25. 선고 88다카6358 판결).

즉 C의 B에 대한 양수금지급청구에 대하여 B는 참가적 효력을 이유로 대항할 수 없다.

(5) 소멸시효의 중단

(가) 소멸시효중단의 효력

소송고지의 요건이 갖추어진 경우에 그 소송고지서에 고지자가 피고지자에 대하여 채무의 이행을 청구하는 의사가 표명되어 있으면 민법 제174조에 정한 시효중단사유로서의 최고의 효력이 인정된다. 따라서 6월내에 민법 제174조에 규정된 재판상의 청구, 파산절차참가, 화해를 위한 소환, 임의출석, 압류 또는 가압류, 가처분을 해야 시효중단의 효력이 유지된다.

(나) 시효중단의 시기

소송고지에 의한 최고는 보통의 최고와는 달리 법원의 행위를 통하여 이루어지는 것이므로 만일 법원이 소송고지서의 송달사무를 우연한 사정으로 지체하는 바람에 소송고지서의 송달 전에 시효가 완성된다면 고지자가 예상치 못한 불이익을 입을 수 있다. 따라서 소송고지에서는 최고처럼 상대방에게 최고의 의사표시가 도달된 때에 시효가 중단되는 것이 아니라, 소 제기처럼 당사자가 소송고지서를 법원에 제출한 때에 시효중단의 효력이 발생한다(대법원 2015. 5. 14. 선고 2014다16494 판결).

(다) 소멸시효가 다시 진행되는 때

당해 소송이 계속 중인 동안은 최고에 의하여 권리를 행사하고 있는 상태가 지속되는 것으로 본다(대법원 2009. 7. 9. 선고 2009다14340 판결). 그러므로 소송고지서를 법원에 제출한 때가 아니라 당해 소송이 종료된 때로부터 6월내에 민법 제174조에 규정된 재판상의 청구, 파산절차참가, 화해를 위한 소환, 임의출석, 압류 또는 가압류, 가처분을 하면 시효중단의 효력이 유지된다(앞의 판결).

2. 공동소송적 보조참가

가. 의 의

공동소송적 보조참가는 소송당사자 일방의 승소를 보조하기 위하여 소송에 참가한다는 점에서는 보조참가와 동일하지만 보조참가와 달리 기판력이 미치는 제3자가 소송에 참가하는 경우이다(법 제78조). 뒤에서 보는 공동소송참가는 기판력을 받고 동시에 당사자적격을 갖고 있는 제3자가 공동소송인으로 참가하는 형태라면, 공동소송적 보조참가는 기판력을 받지만 당사자적격이 없는 제3자가 공동소송인이 아닌 보조참가인으로 참가하는 형태라는 점에서 양자는 차이가 있다. 기판력을 받는 공동소송적 보조참가인은 보조참가인보다도 소송에 대한 이해관계가 더 크기 때문에 공동소송적 보조참가인은 보조참가인과 달리 피참가인의 의사에 반하는 소송행위를 할 수 있다는 점에서 제도적 의미를 갖고 있다.

나. 당사자적격이 없으면서 판결의 효력을 받는 제3자의 범위

(1) 제3자의 소송담당 중 권리의무의 귀속 주체가 당사자적격을 상실하는 경우

(가) 앞서 언급한 바와 같이 제3자의 소송담당에는 권리주체와 함께 제3자가 당사자적격을 갖고 있는 경우(민법 제404조의 채권자대위권, 상법 제403조의 주주대표소송 등)와 권리주체는 당사자적격을 상실하고 제3자만이 당사자적격을 갖고 있는 경우(파산관재인, 회생회사의 관리인「채무자회생 및 파산에 관한 법률」제78조,[65] 추심채권자(대법원 2010. 11. 25. 선고 2010다64877 판결), 유언집행자(대법원 2010. 10. 28. 선고 2009다20840 판결))가 있다. 이때 후자의 제3자의 소송담당에서 권리의무의 귀속주체는 판결의 효력을 받지만 당사자적격을 상실하므로 자신의 이익을 보호하기 위하여 공동소송적 보조참가를 할 수 있다.

(나) 예를 들어 유언집행자의 소송에 권리의무의 귀속주체인 상속인은 당사자적격이 없지만 판결을 효력을 받는 자이므로 상속인이 참가를 하면 공동소송적 보조참가가 된다. 하지만 주주대표소송에서 주식회사는 당사자적격을 상실하지 않으므로 주식회사가 상법 제404조 제1항에 따라서 주주대표소송에 참가하면 당사자적격이 있는 자의 소송참가이므로 공동소송적 보조참가가 아니라 공동소송참가가 된다(대법원 2002. 3. 15. 선고 2000다9086 판결).[66]

(2) 판결에 대세적 효력이 있는 경우

(가) 가사소송, 행정소송, 회사관계소송 등 판결의 효력이 소송당사자가 아닌 제3자에 대하여도 미치는 경우에 소송당사자가 아닌 제3자가 참가를 하면 공동소송적 보조참가가 된다.[67] 예를 들어 공정거래위원회가 명한 시정조치에 대하여 그 취소 등을 구하는 행정소송에서 당해 시정조치가 사업자의 상대방에 대한 불공정행위를 중지·금지시키는 것을 내용으로 하는 경우, 그 불공정행위의 상대방은 행정소송판결의 대세적 효력으로 인하여 판결을 효력을 받으면서 그 판결로 법률상 지위가 결정된다고 볼 수 있으므로 그

---

65) 파산절차 또는 회생절차가 개시된 채무자의 재산에 관한 소송에서는 파산관재인 또는 회생회사의 관리인만이 당사자적격을 갖는다.

66) 일단 대표소송이 제기된 후에는 회사의 당사자적격이 소멸되므로 이때는 공동소송적 보조참가로 봐야 한다는 견해가 있다. 그러나 당사자적격이 소멸된다는 근거가 무엇인지 불확실하다.

67) 실제로 공동소송적 보조참가는 판결의 대세적 효력이 있는 행정소송에서 많이 이용되고 있다. 예를 들어 공정거래위원회가 명한 시정조치에 대하여 그 취소 등을 구하는 행정소송에서 당해 시정조치가 사업자의 상대방에 대한 특정행위를 중지·금지시키는 것을 내용으로 하는 경우, 당해 소송의 판결 결과에 따라 해당 사업자가 특정행위를 계속하거나 또는 그 행위를 할 수 없게 되고, 따라서 그 특정행위의 상대방은 행정소송판결의 대세적 효력으로 인하여 판결을 효력을 받으면서 그 판결로 법률상 지위가 결정된다고 볼 수 있으므로 그는 위 행정소송에서 공정거래위원회를 보조하기 위하여 공동소송적 보조참가를 할 수 있다(대법원 2013. 7. 12.자 2012무84 결정).

는 위 행정소송에서 공정거래위원회를 보조하기 위하여 공동소송적 보조참가를 할 수 있다(대법원 2013. 7. 12. 자 2012무84 결정).

(나) 반대로 사단법인이 행한 그 임원에 대한 징계결정이 무효라고 주장하면서 사단법인의 구성원이 징계결정무효확인소송을 제기한 경우에, 그 판결에는 대세적 효력이 없으므로[68] 징계의 대상인 임원에 대하여 판결의 효력이 미치지 않는다. 따라서 그 임원은 법률상 이해관계인에 불과하므로 그 임원이 위 소송에 참가를 하였다면 공동소송적 보조참가가 아니라 통상의 보조참가가 된다(대법원 2010. 10. 14. 선고 2010다38168 판결).

다. 필수적 공동소송에 관한 규정의 준용

(1) 공동소송적 보조참가인은 본소 판결의 효력을 받으므로 공동소송적 보조참가인에 대한 법원의 판단과 피참가인에 대한 판단 사이에 모순저촉이 발생하는 것을 방지해야 한다. 이러한 점에서 피참가인과 공동소송적 보조참가인은 유사필수적 공동소송의 관계와 유사하므로 필수적 공동소송에 관한 제67조의 규정이 준용된다(법 제78조).[69] 따라서 소송행위의 효력과 소송진행이 모두 통일되어야 한다.

(2) 그러므로 공동소송적 보조참가인과 피참가인은 모두에게 이익이 되는 소송행위만을 할 수 있고, 자백이나 청구의 포기인낙 등 불리한 소송행위는 효력이 없다. 그리고 보조참가와 달리 피참가인에게도 이익이 되면 공동소송적 보조참가인은 피참가인의 소송행위와 어긋나는 소송행위를 할 수 있다(대법원 2015. 10. 29. 선고 2014다13044 판결). 또한 소송절차의 중단 또는 중지 사유는 모두에게 효력이 있다(법 제67조 3항).[70] 다만 공동소송적 보조참가인은 피참가인을 보조하기 위하여 참가하는 것이므로 참가할 때의 소송의 진행 정도에 따라서 피참가인이 할 수 없는 행위를 할 수 없다는 점에서는 통상의 보조참가인과 동일하다(앞의 판결). 앞서의 설명을 종합하여 구체적 사례를 들면,

(가) 공동소송적 보조참가인이 항소를 제기한데 대하여 피참가인이 항소포기를 하는 것은 원판결을 확정시키는 행위로서 공동소송적 보조참가인에게 불리한 행위이므로 항소포기의 효력이 없다(대법원 2010. 10. 14. 선고 2010다38168 판결).

(나) 그러나 공동소송적 보조참가는 그 성질상 필수적 공동소송 중에서는 이른바 유사필수적 공동소송에 준한다 할 것인데 유사필수적 공동소송의 경우에는 원고들 중 일부가 소를 취하하는데 다른 공동소송인의 동의를 받을 필요가 없다. 따라서 피참가인이 공

68) 판결의 효력은 법률에 별도의 규정이 없다면 소송당사자 사이에서만 발생하고 제3자에 대하여는 효력이 미치지 않는다.

69) 그러나 필수적 공동소송에 관한 규정이 준용된다는 단순한 규정은 공동소송적 보조참가인의 지위를 명확히 하지 못하는 문제가 있다. 예를 들어 공동소송적 보조참가인도 필수적 공동소송인처럼 당사자의 지위를 갖고 있어 독자적으로 상소기간이 진행되는지 명확하지 않다.

70) 공동소송적 보조참가인은 소송당사자가 아니라는 점에서 공동소송적 보조참가인이 사망한 경우에도 소송절차가 중단되는지는 규정만으로 불명확하고, 아직 대법원 판례는 없는 것으로 보인다.

동소송적 보조참가인의 동의 없이 소를 취하하였다 하더라도 이는 유효하다(대법원 2013. 3. 28. 자 2012아43 결정).

(다) 하지만 재심의 소를 취하하는 것은 통상의 소를 취하하는 것과는 달리 확정된 종국판결에 대한 불복의 기회를 상실하게 하여 더 이상 확정판결의 효력을 배제할 수 없게 하는 행위이므로, 이는 재판의 효력과 직접적인 관련이 있는 소송행위로서 그 확정판결의 효력이 미치는 공동소송적 보조참가인에 대하여는 불리한 행위라고 할 것이다. 따라서 재심의 소에 공동소송적 보조참가인이 참가한 후에는 피참가인이 재심의 소를 취하하더라도 공동소송적 보조참가인의 동의가 없는 한 효력이 없다(대법원 2015. 10. 29. 선고 2014다13044 판결).

Ⅳ. 소송의 당사자로서 참가하는 경우

1. 공동소송참가(joinder)

가. 의 의

공동소송참가는 판결의 효력을 받는 제3자가 당해 소송에 대하여 당사자적격을 갖고 있는 경우에 원고 또는 피고의 공동소송인으로 참가하는 것을 말한다. 예비적 공동소송, 고유필수적 공동소송에서의 공동소송인의 추가가 원고에 의한 것이라면 공동소송참가는 참가인이 스스로 공동소송인이 된다는 점에서 차이가 있다. 참가인이 당사자적격을 갖고 있다는 점과 공동소송인으로서 소송당사자의 지위를 얻게 된다는 점에서 공동소송적 보조참가와 차이가 있다. 그러므로 공동소송참가는 소의 제기에 준하여 인지를 붙여야 한다(「민사소송 등 인지법」 제6조).

나. 요 건

소송목적이 한 쪽 당사자와 제3자에게 합일적으로 확정되어야 할 경우 그 제3자는 공동소송인으로 소송에 참가할 수 있다(법 제83조 제1항).

첫째 참가인은 타인간의 소송에 공동소송인으로서 참가하므로 당해 소송에 대하여 당사자적격을 갖고 있어야 한다(대법원 2002. 3. 15. 선고 2000다9086 판결).

둘째 피참가인과 참가인 사이에 합일확정의 필요가 있어야 하므로 참가인이 피참가인과 상대방 사이의 소송의 판결의 효력을 받는 지위에 있어야 한다(대법원 2001. 7. 13. 선고 2001다13013 판결).

셋째 피참가인과 참가인 사이에 합일확정의 필요가 있어야 하므로 피참가인이 주장하는 소송물과 참가인이 주장하는 소송물이 동일해야 한다(대법원 2015. 7. 23. 선고 2013

다30301 판결).

대표적으로 필수적 공동소송인이 될 수 있는 사람이 공동소송참가의 요건을 갖추게 된다. 구체적인 사례를 통하여 보면 다음과 같다.

(1) 채권자대위소송이 계속 중인 상황에서 다른 채권자가 동일한 채무자를 대위하여 채권자대위권을 행사하면서 공동소송참가신청을 할 경우, 양 청구의 소송물이 동일하다면 민사소송법 제83조 제1항이 요구하는 '소송목적이 한쪽 당사자와 제3자에게 합일적으로 확정되어야 할 경우'에 해당하므로 참가신청은 적법하다.[71] 채권자대위청구소송에서 소송물은 피대위채권이 되므로 참가인의 청구의 소송물이 본소 청구의 소송물과 동일한지 여부는 채권자들이 각기 대위행사 하는 피대위채권이 동일한지에 따라 결정된다(대법원 2015. 7. 23. 선고 2013다30301 판결).

(2) 주주대표소송은 손해배상청구권자인 주식회사를 위하여 주주가 당사자적격을 갖는 경우이므로 제3자의 소송담당에 해당하여 그 판결의 효력이 주식회사에 미치고(법 제218조 제3항), 주주대표소송이 제기되더라도 주식회사는 여전히 당사자적격을 갖고 있으므로 주식회사는 주주대표소송에 공동소송참가를 할 수 있다(대법원 2002. 3. 15. 선고 2000다9086 판결).

(3) 주식회사가 아닌 사단법인 또는 학교법인의 이사회결의무효확인소송의 판결의 효력은 위 소송의 당사자 사이에서만 발생하는 것이지 대세적 효력이 있다고 볼 수는 없으므로, 이사회결의무효확인의 소는 그 소송의 목적이 당사자 일방과 제3자에 대하여 합일적으로 확정될 경우가 아니어서 제3자는 공동소송참가를 할 수 없다(대법원 2001. 7. 13. 선고 2001다13013 판결).

다. 참가인의 독립적 지위

(1) 참가인은 피참가인과 종속적 관계가 아니라 독립적이고 대등한 관계를 맺게 되므로 공동소송참가 후에 피참가인의 소가 각하되더라도 공동소송참가인의 소송 계속 상태는 유지된다(대법원 2002. 3. 15. 선고 2000다9086 판결). 그리고 소 제기 당시부터 소송요건을 갖추지 못하여 소가 각하되거나 소 제기 후에 소송요건을 갖추지 못하여 각하되거나 관계없이 소가 확정적으로 각하되기 전까지는 소송 계속의 상태가 유지되고 있는 것이므로 각하되기 전에 공동소송참가를 했다면 공동소송참가인의 소송 계속 상태는 유지된다(앞의 판결).

(2) 그리고 공동소송참가는 항소심에서도 할 수 있고, 항소심절차에서 공동소송참가가 이루어진 이후에 피참가인의 소가 소송요건의 흠결로 각하된다고 할지라도 소송의 목

---

71) 채권자대위청구소송이 제기된 사실을 채무자가 알게 되면 채무자에게 기판력이 미치고, 이때 다수의 채권자가 공동으로 채권자대위청구소송을 제기하였다면 기판력의 모순저촉을 피하기 위하여 유사필수적 공동소송인의 관계가 된다(대법원 1991. 12. 27. 선고 91다23486 판결).

적이 당사자 일방과 제3자에 대하여 합일적으로 확정될 경우에 한하여 인정되는 공동소송참가의 특성에 비추어 볼 때, 심급이익 박탈의 문제는 발생하지 않는다(앞의 판결).

라. 필수적 공동소송에 관한 규정의 준용

(1) 공동소송참가인은 필수적 공동소송인의 지위를 취득하므로 민사소송법 제67조 내지 제69조의 규정이 적용된다. 따라서 공동소송인 모두에게 이익이 되는 한도에서 소송행위의 효력이 발생하고(소송행위의 효력의 통일), 공동소송참가인의 청구에 대하여도 판결을 해야 하고 변론을 분리하여 일부판결을 할 수 없다(개별적 소송진행의 금지). 그러나 유사필수적 공동소송인과 마찬가지로 일부 당사자에 의한 소의 취하 등 판결 이외의 방법으로 일부 당사자에 대하여 소송을 종결시키는 행위는 허용된다.

(2) 공동소송참가신청이 적법함에도 불구하고 부적법하다고 하여 각하되었고 이에 상고가 제기되었다면 상고심법원은 원심판결 중 참가인의 공동소송참가신청 각하 부분을 파기하여야 한다. 그런데 원고의 청구와 참가인의 청구는 합일적으로 확정될 필요가 있으므로 상고심법원은 공동소송참가신청의 각하 부분만을 파기할 것이 아니라 원심판결 전부를 파기해야 한다(대법원 2015. 7. 23. 선고 2013다30301,30325 판결).

2. 독립당사자참가

가. 의 의

소송목적의 전부나 일부가 자기의 권리라고 주장하거나, 소송결과에 따라 권리가 침해된다고 주장하는 제3자가 소송당사자의 양 쪽 또는 한 쪽을 상대방으로 하여 당사자로서 이미 계속된 소송에 참가하는 것을 '독립당사자참가'라고 한다(법 제79조). 독립당사자참가는 원 · 피고 일방의 승소를 보조하기 위하여 참가하는 것이 아니라 자신의 독자적 청구를 위하여 참가한다는 점에서 특징이 있다. 특히 독립당사자참가인은 공동소송참가처럼 당사자 일방과 공동소송인이 되지 않고 원 · 피고와 독립된 당사자가 되기 때문에 예외적으로 소송이 3면 구조가 된다.[72] 분쟁의 일회적 해결을 위하여 인정되고 있는 제도이지만, 아래에서 보는 바와 같이 권리주장참가와 사해방지참가에 한정되어 있기 때문에 전면적으로 다수당사자대립구조를 허용하는 것은 아니다.

나. 요 건

아래의 요건은 주장 자체에 의하여 충족되면 충분하며 본안에 들어가 심리한 결과 이유가 없는 것으로 판단된다고 하더라도 참가신청이 부적법하게 되는 것은 아니다(대법

72) 3면 구조를 넘어서 4면 구조 이상의 참가를 허용하는 것이 타당할 것인지 논의가 있고, 입법적으로 생각할 필요가 있다고 본다.

원 2007. 6. 15. 선고 2006다80322 판결). 즉 참가인의 주장 자체에서 참가요건이 충족되지 아니하면 법원은 독립당사자참가신청을 각하해야 하지만, 주장 자체는 요건을 충족하지만 심리결과 주장사실이 인정되지 아니하면 독립당사자의 청구를 기각해야 한다.

(1) 타인 간의 소송이 사실심에 계속되어 있을 것

(가) 타인 간의 소송일 것

제3자 사이의 소송에 대하여만 독립당사자참가를 할 수 있으므로 당해 소송의 당사자는 독립당사자참가를 할 수 없다(대법원 2009. 7. 23. 선고 2008다44085 판결). 그리고 보조참가인은 소송당사자가 아니므로 참가한 소송절차에 독립당사자참가를 할 수 있지만, 독립당사자참가인은 소송의 당사자이어서 보조참가인이 될 수 없으므로 보조참가인이 독립당사자참가를 하였다면 그와 동시에 보조참가는 종료된다(대법원 1993. 4. 27. 선고 93다5727 판결).

(나) 사실심에 계속되어 있을 것

독립당사자참가는 항소심에서도 할 수 있지만, 실질에 있어서 소 제기의 성질을 가지고 있으므로 법률심인 상고심에서는 독립당사자참가를 할 수 없다(대법원 1994. 2. 22. 선고 93다43682,51309 판결). 그리고 참가신청은 참가인으로서 할 수 있는 소송행위와 동시에 할 수 있으므로(법 제72조 제3항, 제79조 제2항) 항소기간 내이면 독립당사자참가신청과 함께 항소를 제기할 수 있다(대법원 1978. 11. 28. 선고 77다1515 판결).

(2) 권리주장참가에 한정된 추가요건

(가) 요 건

타인 간의 소송목적의 전부 또는 일부가 자기의 권리임을 주장하면서 참가하는 것을 '권리주장참가'라고 한다(법 제79조 제1항 전단). 권리주장참가를 하기 위해서는 앞의 두 가지 참가요건 이외에 다음과 같은 추가적 요건을 갖추어야 한다.

i) 본소 청구와 양립될 수 없는 청구

① 참가인이 소송의 당사자 양쪽 또는 한쪽을 상대방으로 하여 원고의 본소 청구와 양립할 수 없는 청구를 하여야 한다(대법원 1997. 6. 27. 선고 95다40977 판결).

② 이때 양립할 수 없는 참가인의 청구는 본소청구의 소송물과 엄격하게 모순저촉이 있을 것을 요하지 않고 이보다 넓게 해석된다. 예를 들어 원고가 토지에 대한 점유취득시효가 완성되었음을 이유로 피고를 상대로 소유권이전등기를 구하는 본소에 대하여, 참가인이 원고와 피고를 상대로 그 토지가 자신의 소유라는 확인을 구함과 아울러 원고에게 그 토지 중 원고가 점유하고 있는 부분의 인도를 구하는 독립당사자참가를 한 경우, 원고의 본소 청구는 소유권이전등기청구권이고 참가인의 청구는 소유권확인이어서 소송물에는 차이가 있지만 양자는 그 주장 자체에서 서로 양립할 수 없으므로 독립당사자참

가로서 적법하다(대법원 1997. 9. 12. 선고 95다25886 판결).

③ 만일 본소에 수개의 청구가 병합되었다면 그중 어느 하나의 청구가 독립당사자참가인의 주장과 양립하지 않는 관계에 있으면 충분하다(대법원 2007. 6. 15. 선고 2006다80322 판결).

ii) 소의 적법요건

참가인의 청구는 확인의 이익 등 소의 이익을 갖추어야 한다(대법원 2009. 10. 15. 선고 2009다42130,42147,42154,42161 판결 등 참조).

(나) 구체적 사례

i) 원고가 피고에 대하여 부동산의 소유권확인을 구하는 본소에 대하여 참가인이 위 부동산의 소유권이 자신에게 있다고 주장하면서 원고에 대하여는 소유권확인청구를 하고 피고에 대하여는 소유권이전등기의 말소를 청구하는 것은 참가인의 주장 자체에 의하여 원고의 소유권확인청구와 양립될 수 없으므로 독립당사자참가가 적법하다(대법원 1998. 7. 10. 선고 98다5708 판결).

ii) 참가인이 채권적 권리를 주장하면서 참가하는 경우에도 독립당사자참가가 허용될 수 있다. 원고가 점유취득시효의 완성을 원인으로 하여 피고에게 소유권이전등기청구를 하는 본소에 대하여 참가인이 자신의 취득시효완성을 주장하면서 피고에 대하여 소유권이전등기청구를, 원고에 대하여 관리위탁계약해제를 주장하고 있다면 참가인이 주장하는 권리가 원고가 주장하는 권리와 양립될 수 없으므로 이러한 독립당사자참가는 적법하다(대법원 1996. 6. 28. 선고 94다50595 판결).

iii) 채권자가 채무자에 대하여 매매계약에 의한 소유권이전등기청구권이 있다는 이유로 채무자의 제3채무자에 대한 매매계약에 의한 소유권이전등기청구권을 대위하여 행사한 경우에, 채권자의 채무자에 대한 소유권이전등기청구권과 채무자의 제3자에 대한 소유권이전등기청구권은 주장 자체만으로도 양립될 수 없는 권리가 아니므로 채무자가 제3채무자에 대한 권리가 자신의 권리라고 주장하면서 위 채권자대위청구소송에 권리주장참가를 하는 것은 허용되지 않는다(대법원 2005. 10. 17. 자 2005마814 결정).

(3) 사해방지참가에 한정된 추가요건

(가) 요 건

타인 간 소송결과에 따라 권리가 침해된다고 주장하면서 참가하는 것을 '사해방지참가'라고 한다(법 제79조 제1항 후단). 권리주장참가와 같이 독립된 권리를 주장할 필요가 없다. 사해방지참가는 다음과 같은 추가적 요건을 갖추어야 한다.

i) 본소의 원고와 피고[73]가 당해 소송을 통하여 참가인을 해할 의사를 갖고 있다고

---

73) 종전에는 쌍면참가만이 허용되었으므로 사해방지참가에서도 원고와 피고 모두가 사해의사가 있을 것을 요구한 것으로 이해되었다. 그러나 현행법에서는 편면적 사해방지참가를 허용하고 있으므로 원고 또는 피고

객관적으로 인정될 것(대법원 2009. 10. 15. 선고 2009다42130 판결).

ii) 그 소송의 결과 참가인의 권리 또는 법률상 지위가 침해될 우려가 있다고 인정될 것(앞의 판결).

(나) 구체적 사례

i) 원고가 피고를 상대로 근저당권등기가 불법말소 되었음을 이유로 말소등기의 회복을 구하는 소송을 제기하였다면, 이 부동산의 후순위 근저당권자는 위 소송의 결과에 따라서 자신의 법률상 지위가 침해될 우려가 있으므로 원고의 피담보채무가 부존재한다는 확인을 구하면서 사해방지참가를 하는 것은 적법하다(대법원 2001. 8. 24. 선고 2000다12785 판결).

ii) 채권자가 사해행위의 취소와 함께 수익자 또는 전득자로부터 책임재산의 회복을 명하는 사해행위취소의 판결을 받은 경우 취소의 효과는 채권자와 수익자 또는 전득자 사이에만 미치므로, 수익자 또는 전득자가 채권자에 대하여 사해행위의 취소로 인한 원상회복 의무를 부담하게 될 뿐, 채권자와 채무자 사이에서 취소로 인한 법률관계가 형성되거나 취소의 효력이 소급하여 채무자의 책임재산으로 복구되는 것은 아니다(대법원 2014. 6. 12. 선고 2012다47548,47555 판결). 이러한 사해행위취소의 상대적 효력에 의하면, 원고의 피고에 대한 청구의 원인행위가 사해행위라는 이유로 원고에 대하여 사해행위취소를 청구하면서 독립당사자참가신청을 하는 경우, 독립당사자참가인의 청구가 그대로 받아들여진다 하더라도 원고와 피고 사이의 법률관계에는 아무런 영향이 없고, 따라서 그러한 참가신청은 사해방지참가의 목적을 달성할 수 없으므로 부적법하다(앞의 판결).

(4) 독립당사자참가의 요건이 충족되지 못하는 경우에 대비하여 예비적으로 보조참가신청을 할 수 있는지 여부

독립당사자참가는 세 당사자 사이에 서로 대립되는 권리 또는 법률관계를 하나의 판결로써 모순 없이 일거에 해결하려는 제도이고, 보조참가는 원 · 피고의 어느 일방의 승소를 보조하기 위하여 소송에 참가하는 것으로서, 독립당사자참가를 하면서 예비적으로 보조참가를 한다는 것은 주장 자체로서 모순이므로 허용될 수 없다(대법원 1994. 12. 27. 선고 92다22473 판결).

다. 참가의 형태

(1) 쌍면참가(雙面參加)

참가인이 원고와 피고 모두에 대하여 청구하면서 참가하는 것을 '쌍면참가'라고 한다. 참가취지는 동일할 수도 있고, 다를 수도 있다.

일방만 사해의사가 있어도 사해방지참가를 허용된다고 해석된다.

[참가취지의 예시]

1. (원고에 대하여) 별지목록 기재 부동산이 참가인의 소유임을 확인한다.
2. 피고는 참가인에게 별지목록 기재 부동산에 관하여 소유권이전등기절차를 이행하라.

(2) 편면참가(片面參加)

참가인이 원고 또는 피고 중 일방에 대하여만 청구하면서 참가하는 것을 '편면참가'라고 한다. 종전에는 편면참가가 허용되지 않았지만, 현행법에서는 편면참가를 허용하고 있다. 따라서 참가인이 원고 또는 피고 일방에 대하여만 분쟁을 갖고 있는 경우에도 독립당사자참가가 가능하다.[74]

라. 참가의 방식

독립당사자참가의 방식에 관하여는 보조참가의 방식에 관한 민사소송법 제72조가 준용된다(법 제79조 제2항). 따라서 참가신청은 참가의 취지와 이유를 밝혀 참가하고자 하는 소송이 계속된 법원에 제기하여야 한다(법 제72조 제1항).

마. 필수적 공동소송에 관한 규정의 준용

(가) 독립당사자참가인은 소송목적의 전부나 일부가 자기의 권리라고 주장하면서 참가하기 때문에 원고의 본소청구와 기판력의 모순저촉이 발생할 가능성이 있다. 예를 들어 부동산의 소유권확인을 구하는 원고의 본소에 대하여 독립당사자참가인이 그 부동산인 자신의 소유라며 권리주장참가를 하였는데 원고와 독립당사자참가인이 모두 승소하는 것은 모순이다. 이러한 기판력의 모순저촉의 가능성을 피하기 위하여 독립당사자참가소송에서도 합일확정이 필요하므로 독립당사자참가소송에는 합일확정을 요구하는 필수적 공동소송에 관한 민사소송법 제67조가 준용된다(법 제79조 제2항). 따라서 세 당사자 중 1인의 소송행위는 다른 당사자 모두에게 이익이 되는 한도에서 효력이 발생하고(소송행위 효력의 제한), 세 당사자 모두에 대하여 판결을 해야 하므로 변론을 분리하여 일부판결을 할 수 없다(소송진행의 통일).

(나) 원고의 주장사실에 대하여 피고가 자백을 하더라도 독립당사자참가인에게 불이익한 소송행위이므로 피고의 자백에는 효력이 없다(대법원 2009. 1. 30. 선고 2007다9030,9047 판결).

(다) 독립당사자참가가 있는 경우에 원 · 피고 사이에만 재판상 화해를 하는 것은 3자 간의 합일확정의 목적에 반하기 때문에 허용되지 않는다. 따라서 확정이 되면 재판상 화해와 동일한 효력이 있는 화해권고결정도 원 · 피고 사이에서만 확정될 수 없으므로 독

---

74) 예를 들어 종전에는 독립당사자참가에 있어 원고와 피고에 대하여 형식상 별개의 청구가 있다 하여도 그 어느 한편에 대한 소송의 이익이 없는 경우에는 독립당사자참가가 부적법하다고 보았지만(대법원 1970. 2. 10. 선고 69다73 판결), 현재는 이러한 독립당사자참가도 적법하도 보아야 한다.

립당사자참가인이 이의한 경우에 이의의 효력이 원·피고 사이에도 미친다고 해석된다(대법원 2005. 5. 26. 선고 2004다25901 판결).[75]

(라) 본안판결을 할 때에는 위 세 당사자를 판결의 명의인으로 하는 하나의 종국판결만을 내려야 하므로 위 당사자의 일부에 관해서만 판결을 하는 것은 허용되지 않는다(대법원 2007. 12. 14. 선고 2007다37776 판결).

바. 본소취하 및 참가취하

(1) 본소취하

독립당사자참가가 있다고 하더라도 원고는 본소를 취하할 수 있다. 그러나 독립당사자참가인도 각 청구에 대하여 논리적으로 모순 없이 재판을 받아야 할 본소 유지의 이익이 있으므로 본소 취하에는 피고의 동의뿐만 아니라 독립당사자참가인의 동의도 필요하다(대법원 1972. 11. 30. 자 72마787 결정). 본소가 취하되더라도 독립당사자참가의 효력까지 소멸되는 것은 아니다. 이때는 독립당사자참가소송의 3면 소송관계는 소멸하고 독립당사자참가인의 원·피고에 대한 공동소송으로 남게 된다(대법원 2007. 2. 8. 선고 2006다62188 판결). 그러므로 더 이상 독립당사자참가의 요건을 갖추었는지 문제되지 않는다(앞의 판결).

(2) 참가취하

독립당사자참가인이 참가신청을 취하하는 경우에는 민사소송법 제266조 제2항이 적용되므로 상대방인 원·피고 쌍방의 동의를 얻지 아니하면 그 효력이 없다(대법원 1981. 12. 8. 선고 80다577 판결). 참가취하를 하면 기존의 원·피고 사이의 소송만이 남게 된다.

사. 소송탈퇴

독립당사자참가가 있는 경우에 원고나 피고가 독립당사자참가인의 주장을 받아들여서 더 이상 소송절차에 남아 있을 필요가 없는 경우에는 상대방의 승낙을 받아 소송에서 탈퇴할 수 있다(법 제80조). 그러나 판결의 효력은 탈퇴한 당사자에 대하여도 미친다(같은 조 단서). 한편 독립당사자참가에서 탈퇴할 수 있는 것은 원고 또는 피고이고, 참가인은 참가신청을 취하할 수 있을 뿐이므로 독립당사자참가인이 소송탈퇴서를 제출하였다면 그 참가신청을 취하한 취지라고 보아야 한다(대법원 2010. 9. 30. 선고 2009다71121 판결).

---

75) 법원의 화해권고결정에 대하여 당사자는 송달받은 날로부터 2주 이내에 이의제기를 할 수 있으며, 이의제기를 하지 아니하면 재판상 화해와 동일한 효력이 있으므로 기판력이 발생한다(법 제231조).

보조참가	공동소송적 보조참가	공동소송참가	독립당사자참가
판결의 효력(×) 법률상 이해(○)	판결의 효력(○) 당사자적격(×)	판결의 효력(○) 당사자적격(○)	- 본소청구와 양립될 수 없는 청구 - 사해의사
종속적 성격	필수적 공동소송에 관한 규정의 준용	필수적 공동소송에 관한 규정의 준용	필수적 공동소송에 관한 규정의 준용
본소가 종료되면 함께 종료	본소가 종료되면 함께 종료	본소가 종료되더라도 참가인의 소송은 유지	본소가 종료되더라도 참가인의 소송은 유지

제 8 절 집단소송과 단체소송

I. 의 의

(1) 공동소송과 유사하지만 차이가 있는 소송제도로 집단소송과 단체소송이 있다. 이 양자는 특별법에서 인정하고 있는데, 집단소송에 관하여는 「증권관련 집단소송법」이 있고 단체소송에 관하여는 소비자기본법과 「개인정보 보호법」이 있다.

(2) 집단소송제도는 미국법의 class action[76]에서 유래한 제도로서 소액다수의 피해자가 발생한 경우에 이러한 피해자가 용이하게 소송을 수행하여 피해를 구제받을 수 있도록 한 제도이고, 단체소송제도는 독일의 Verbandskage에서 유래한 제도로서 개인이 진행하기에 사실상 불가능한 공익소송을 민간단체가 공익의 대표자로서 제기할 수 있도록 한 제도이다. <u>전자가 손해배상청구를 목적으로 한다면, 후자는 부작위청구를 목적으로 한다는 점에서 그 목적에 차이가 있다</u>. 영미법의 집단소송은 증권에 관련된 사건에 한정되지 않고 일정한 요건을 충족하면 허용된다는 점에서 우리와 차이가 있는데, 우리의 경우에도 이를 넓게 인정할 필요가 있다고 본다.

76) 미국의 집단소송에 관하여는 연방법원절차규칙(Federal Rules of Court Procedure) 규칙23에 규정되어 있다. 영국의 집단소송(representative action)에 관하여는 민사소송규칙 (civil procedure rules) 제19.6조에 규정되어 있다. 그러나 영국의 집단소송은 동일한 이해관계(same interest)를 요구하고 있다는 점에서 법률적 또는 사실적 문제의 공통(questions of law or fact common to the class)만 요구하고 있는 미국의 집단소송보다 그 요건이 엄격하다.

II. 증권관련집단소송의 개관

1. 집단소송의 필요성

(1) 증권관련집단소송이란 증권의 매매 또는 그밖의 거래과정에서 다수인에게 피해가 발생한 경우 그중의 1인 또는 수인(數人)이 대표당사자(representative)가 되어 수행하는 손해배상청구소송을 말한다(「증권관련 집단소송법」 제2조 제1호). 대표당사자 이외의 피해자는 소송당사자로서의 지위를 갖고 있지 않지만 판결을 효력을 받는다는 점에서 특징적 모습을 갖고 있다. 증권의 거래과정에서 손해를 입은 소액 다수의 피해자가 개별적으로 소송을 진행하여 손해를 배상받는 것을 기대하기 힘들므로, 이때 피해자 일부가 피해자 전원을 대표하여 소송을 진행할 수 있도록 함으로써 소액 다수의 피해자도 손해를 배상받을 기회를 갖도록 한 점에서 제도적 의의가 있다.

(2) 하지만 개별적 소송위임이 없이 대표당사자가 다수를 대표하여 소송을 진행하는 데도 불구하고 판결의 효력은 피해자 모두에게 미치기 때문에 적정한 소송진행을 확보할 필요가 있다. 이러한 이유로 집단소송에서는 법원의 후견적 역할이 일반 민사소송에 비해 상당히 강화되어 있는데, 대표적으로 소송허가, 직권증거조사, 대표당사자의 선임을 그 예로 들 수 있다.

2. 증권관련집단소송제도의 특징

가. 기판력의 주관적 범위

증권관련집단소송에는 구성원(class members)이란 개념이 있다. 구성원이란 증권거래로 인하여 손해를 입은 모든 피해자를 말하는데(같은 법 제2조 제3호), 소송당사자가 아님에도 불구하고 확정판결의 효력이 미친다는 점에 특징이 있다(같은 법 제37조). 다만 구성원이 확정판결 등의 기판력을 받지 아니하겠다고 법원에 제외신고(除外申告)를 하면 판결의 효력이 미치지 않는다(같은 법 제28조, 제37조). 구성원의 선택이 있어야 비로소 기판력이 미치지 않는다고 하여 이를 'opt-out 방식'이라고도 한다.

나. 분배절차

증권관련집단소송에서 원고가 승소하여 피고로부터 손해금을 지급받았다면 이 손해금을 구성원에게 분배해야 한다. 이때 법원은 분배절차의 진행을 위하여 분배관리인을 선임한다(같은 법 제41조). 구성원은 권리신고기간 내에 분배관리인에게 권리신고를 해야 비로소 분배를 받을 수 있고, 권리신고기간 내에 권리신고를 하지 아니하거나 권리신고를 하더라도 수령기간 내에 분배금을 수령하지 아니한 구성원은 수령기간 후 6월내에만 분배관리인이 공탁한 남은 금액으로부터 분배금을 받을 수 있다(같은 법 제53조). 분배관리인이 분배종료보고서를 제출한 후에도 공탁금이 남아 있다면 피고가 공탁금의 출금을 청구할 수 있다(같은 법 제55조).[77]

3. 증권관련집단소송의 대상

증권관련집단소송은 증권거래에서 발생한 모든 손해배상청구에서 가능한 것이 아니라 같은 법 제3조에서 규정하고 있는 아래의 손해배상청구에 한하여 가능하다.

- 증권신고서와 투자설명서에 허위기재
- 회계보고서의 허위기재
- 내부자거래금지 위반
- 주가조작
- 부정거래
- 회계감사인에 대한 소송

4. 증권관련집단소송의 개시

가. 소장의 제출

증권관련집단소송은 대표당사자가 진행하며, 대표당사자가 되고자 하는 자는 증권관련집단소송의 소장과 소송허가서를 피고의 보통재판적 소재지 지방법원 본원합의부에 제출해야 한다(같은 법 제7조 제1항). 이러한 점에서 증권관련집단소송은 전속관할이다. 법원은 증권관련집단소송이 제기된 사실을 한국거래소에 통지하고 거래소는 이러한 사실을 공시해야 한다(같은 조 제4항).

나. 대표당사자의 선임

(1) 선 임

법원은 같은 법 제11조의 대표당사자의 요건을 충족하는 소를 제기한 구성원과 대표당사자가 되기를 신청한 구성원 중에서 대표당사자를 선임해야 한다(같은 법 제10조 제4항). 대표당사자는 2인 이상일 수 있고 복수의 대표당사자에 대하여는 필수적 공동소송에 관한 규정이 준용된다(같은 법 제20조).

(2) 권한범위

대표당사자는 구성원의 대리인이 아니라 당사자 본인에 해당하므로 소송대리인의 권

77) 이러한 분배절차는 회생채권자나 파산채권자에 대한 분배절차와 유사하다.

한제한에 관한 규정이 적용되지 않고 당사자로서 모든 소송행위를 할 수 있다. 다만 대표당사자의 지위를 남용할 염려가 있기 때문에 법원은 대표당사자가 총원의 이익을 공정하고 적절하게 대표하고 있지 못하거나 그밖의 중대한 사유가 있을 때에는 직권으로 또는 다른 대표당사자의 신청에 의하여 그 대표당사자의 소송수행을 결정으로 금지할 수 있다(같은 법 제22조 제1항).

다. 소송허가결정

증권관련집단소송은 법 제12조의 요건을 갖춘 손해배상청구소송에서만 허용되므로 법원은 이러한 요건을 충족하는지 심사한 후에 소송허가결정을 해야 한다(같은 법 제15조).

라. 소송절차의 특례

(1) 소취하, 화해, 청구의 포기 등 처분권을 제한

대표당사자와 피고가 공모하여 피고에게 유리하게 소송을 종료시킬 위험이 있으므로 이를 방지할 필요가 있다. 이러한 문제를 해결하고자 증권관련집단소송의 경우 소의 취하, 소송상의 화해 또는 청구의 포기는 법원의 허가를 받아야 효력이 발생한다(같은 법 제35조 제1항). 그리고 마찬가지 이유로 증권관련집단소송에서는 소취하 간주에 관한 민사소송법 제268조가 적용되지 않는다(같은 조 제4항).

(2) 변호사강제주의

증권관련집단소송의 원고와 피고는 변호사를 소송대리인으로 선임하여야 한다(같은 법 제5조).

(3) 직권증거조사

증권관련집단소송에서는 법원의 후견적 역할이 강화되므로, 법원은 필요하다고 인정할 때에는 직권으로 증거조사를 할 수 있고(같은 법 제30조), 구성원과 대표당사자를 신문할 수 있으며(같은 법 제31조), 소송과 관련 있는 문서를 가지고 있는 자에게 그 문서의 제출을 명하거나 송부를 촉탁할 수 있다(같은 법 제32조).

(4) 손해액 산정의 특례

개별적 손해산정의 어려움을 해소하기 위하여 증권관련집단소송에서 법원은 정확한 손해액을 산정하기 곤란한 경우에는 여러 사정을 고려하여 표본적 · 평균적 · 통계적 방법 또는 그밖의 합리적인 방법으로 손해액을 정할 수 있다(같은 법 제34조 제2항).

III. 단체소송의 개관

1. 의 의

다수의 피해자가 발생하는 위법한 침해행위가 있는 경우에 법률에 규정된 일정한 단체가 그 침해행위의 중지를 구하는 소송을 '단체소송'이라고 한다.[78]

2. 단체소송의 특징

단체소송에서는 변호사선임이 강제되어 있고(소비자기본법 제72조, 「개인정보 보호법」 제53조), 법원의 소송허가를 받아야 한다는 점(소비자기본법 제74조, 「개인정보 보호법」 제55조)은 증권관련집단소송과 동일하다. 그러나 개인이 원고가 될 수 없고, 일정한 요건을 갖춘 단체만이 원고가 될 수 있다는 점에서 차이가 있다(소비자기본법 제70조, 「개인정보 보호법」 제51조). 한편 단체소송에서 원고의 청구를 기각하는 판결의 효력은 원고적격을 갖고 있는 단체 모두에 대하여 미친다(소비자기본법 제75조, 「개인정보 보호법」 제56조). 따라서 원고의 청구가 확정된 후에는 다른 단체는 단체소송을 제기하더라도 전소 법원의 판단이 후소 법원을 기속한다.

78) 그러나 위와 같은 침해행위에 대하여는 관할관청이 침해행위의 중단을 명령하거나, 형벌이나 과태료의 제재를 할 수 있는데, 굳이 민간단체가 침해행위중지소송을 제기하도록 하는 것이 합당한 것인지 의문이 있다. 특히 개인정보가 침해된 경우에는 피해자의 손해액이 소액이어서 피해자들이 개별적으로 손해배상청구소송을 제기하기가 사실상 불가능하다는 점을 감안하면 침해중지의 단체소송보다 손해배상청구의 집단소송제도를 도입하는 것이 보다 적절하다고 본다.

제4장 청　구

제1절 소의 이익(권리보호의 이익)

I. 의　의

소의 이익 또는 권리보호의 이익이란 법원의 판결을 통하여 얻을 수 있는 법률상 이익을 말한다. 소의 이익이 없다면 법원의 판결을 받을 아무런 실익이 없다는 의미이므로 본안에 대한 판단 없이 소가 각하된다. 소의 이익은 소송요건 중의 하나이다.

II. 소의 이익에 대한 판단

1. 법률관계를 둘러싼 분쟁

가. 분쟁의 존재

민사소송은 분쟁을 해결하는 절차이므로 당사자 사이에 구체적인 권리 또는 법률관계를 둘러싼 분쟁이 없다면 소의 이익이 없다. 법원의 판결을 통하더라도 얻을 수 있는 법률상의 이익이 없기 때문이다.

나. 법률관계에 대한 판단

청구가 적법하기 위해서는 권리와 의무의 관계인 법률관계에 관한 분쟁이어야 한다.

(1) 사실관계의 확인 또는 가치판단을 구하는 경우

구체적인 법률관계의 존부와 관계없이 사실관계의 존부에 대한 판단을 구하는 경우(언제 어디서 비가 내렸다는 사실의 확인을 구하는 소, 신이 존재한다는 확인을 구하는 소), 또는 가치판단을 구하는 경우(김○○은 나쁜 놈이라는 확인을 구하는 소, ○○교는 사이비종교라는 확인을 구하는 소)는 소의 이익이 없어서 각하된다. 예를 들어 종교단체의 징계결의는 종교단체 내부의 규제로서 헌법이 보장하고 있는 종교자유의 영역에 속하므로 교인 개인의 특정한 권리의무에 관계되는 법률관계를 규율하는 것이 아니라면 원칙적으로 법원으로서는 그 효력의 유무를 판단할 수 없다(대법원 2012. 8. 30. 선고 2010다52072 판결). 그러나 그 효력의 유무와 관련하여 구체적인 권리 또는 법률관계를 둘러싼 분쟁이 존재하고 또한 그 청구의 당부를 판단하기에 앞서 위 징계의 당부를 판단할 필요가 있는 경우에는 그 판단의 내용이 종교 교리의 해석에 미치지 아니하는 한 법원으로서는 위 징계의 당부를 판단하여야 한다(앞의 판결).[79]

(2) 법령의 해석

구체적인 법률관계의 존부와 관계없이 일반적, 추상적인 법령 또는 법규 자체의 효력 유무의 확인을 구하는 경우도 소의 이익이 없다(대법원 2011. 9. 8. 선고 2011다38271 판결). 예를 들어 단순히 종중규약이 무효라는 확인을 구하는 것은 구체적 법률관계와 결부되어 있지 않으므로 소의 이익이 없지만, 종중원의 지위를 규정하고 있는 규약의 무효를 주장하면서 종중원의 지위확인을 구하는 소는 구체적 법률관계의 존부에 대한 확인을 구하는 소이므로 소의 이익이 있다.

2. 소 제기에 제한사유가 있는 경우

법률규정에 의한 소 제기 금지사유(중복제소금지, 재소금지) 또는 당사자의 합의에 의한 소 제기 금지사유(중재합의, 부제소의 합의 등)가 없어야 한다.

3. 다른 특별한 구제절차가 있는 경우

(1) 특별한 구제절차가 마련되어 있는데, 이러한 구제절차를 거치지 않고 소를 제기하게 되면 권리보호의 이익이 없는 부적법한 소가 되고 이는 직권조사사항이다(대법원 2002. 9. 4. 선고 98다17145 판결).

(2) 예를 들어 소송에서 승소한 당사자가 상대방으로부터 받을 수 있는 소송비용액수를 확정짓기 위해서는 소송비용확정절차를 거쳐야 하는데(법 제110조), 이러한 절차를 거치지 않고 부당이득반환청구나 불법행위에 기한 소를 제기하는 경우(대법원 2000. 5. 12. 선고 99다68577 판결) 또는 부동산등기에 관한 등기관이 직권으로 한 등기는 부동산등기법 제100조 이하의 이의신청에 의해야 하는데 말소등기청구의 소를 제기하는 경우에는 소의 이익이 인정되지 않는다.

(3) 상법 제429조에서 신주발행의 무효는 주주·이사 또는 감사에 한하여 신주를 발행한 날로부터 6월내에 소만으로 이를 주장할 수 있다고 규정하고 있으므로, 설령 이사회나 주주총회의 신주발행결의에 취소 또는 무효의 하자가 있다고 하더라도 그 하자가 극히 중대하여 신주발행이 존재하지 아니하는 정도에 이르는 등의 특별한 사정이 없는 한 신주발행의 효력이 발생한 후에는 신주발행무효의 소에 의하여서만 다툴 수 있고, 주

---

79) 징계절차에 하자가 있는 경우가 이러한 경우에 해당할 것이다.

주총회결의의 취소 또는 무효확인의 소를 제기하는 것은 부적법하다(대법원 2004. 8. 20. 선고 2003다20060 판결).

(4) 위법한 판결(주위적 청구를 기각하면서 예비적 청구에 대하여 심판하지 않은 경우)로 인하여 불이익을 받게 된 당사자는 별소를 제기할 필요가 없이 간편하게 그 소송절차 내에서 상소를 통하여 그 분쟁해결을 위한 적정한 판단을 구할 길이 열려져 있음에도 이를 이용하지 아니하고 당연무효가 아닌 그 판결을 확정시켰다면, 당사자로서는 보다 더 간편한 분쟁해결수단인 상소절차 이용권을 스스로 포기한 것이 되어, 그 후에는 상소로 다투었어야 할 그 분쟁을 별소로 다시 제기하는 것은 특별한 사정이 없는 한, 그의 권리보호를 위한 적법요건을 갖추지 못한 때문에 허용될 수 없다(대법원 2002. 9. 4. 선고 98다17145 판결).

4. 소 제기가 신의칙에 반하는 경우

소 제기가 금반언의 원칙 또는 실효의 원칙에 반하는 경우에는 소의 이익이 없다. 앞서 언급했으므로 설명을 생략한다.

5. 이미 목적이 달성되어 있는 경우 또는 목적의 달성이 불가능한 경우

(1) 청구목적이 이미 달성되어 있거나 목적의 달성이 불가능한 경우에는 원고로서는 이행판결을 받을 실익이 없으므로 이러한 소는 소의 이익이 없다. 예를 들어 이미 말소된 등기에 대하여 말소등기청구를 하는 것은 소의 이익이 없고(대법원 2009. 2. 26. 선고 2006다72802 판결), 근저당권설정등기의 말소등기절차의 이행을 구하는 소송 도중에 그 근저당권설정등기가 경락을 원인으로 하여 말소된 경우에도 더 이상 근저당권설정등기의 말소를 구할 법률상 이익이 없다고 할 것이다(대법원 2003. 1. 10. 선고 2002다57904 판결).[80]

(2) 그러나 순차로 경료된 등기들의 말소를 청구하는 소송은 통상공동소송이며, 이와 같은 통상공동소송에서는 공동소송인들 상호간의 공격방어방법의 차이에 따라 모순되는 결론이 발생할 수 있고, 이는 변론주의를 원칙으로 하는 소송제도 아래서는 부득이한 일로서 판결의 이유모순이나 이유불비가 된다고 할 수 없으며, 이 경우 후순위 등기에 대한 말소청구가 패소 확정됨으로써 그 전순위 등기의 말소등기 실행이 결과적으로 불가능하게 되더라도, 그 전순위 등기의 말소를 구할 소의 이익이 없다고는 할 수 없다(대법원 2008. 6. 12. 선고 2007다36445 판결).

80) 이러한 경우에는 근저당권자를 상대로 부당이득반환청구나 불법행위에 기한 손해배상청구 또는 경락이 무효인 경우에는 경락인을 상대로 소유권이전등기의 말소를 구해야 한다.

채권자취소소송에서 소의 이익

i) 수익자에서 채무자로 이미 재산이 회복되었다면 사해행위취소소송의 소의 이익이 없다.

어느 한 채권자가 동일한 사해행위에 관하여 채권자취소 및 원상회복청구를 하여 승소판결을 받아 그 판결이 확정되고, 그에 기하여 재산이나 가액의 회복을 마친 경우에는 다른 채권자의 채권자취소 및 원상회복청구는 그와 중첩되는 범위 내에서 권리보호의 이익이 없게 된다(대법원 2012. 4. 12. 선고 2011다110579 판결).

ii) 사해행위취소의 판결이 확정되어도 아직 원상회복되지 않았다면 다른 채권자의 사해행위취소소송에 소의 이익이 있다.

채권자취소권의 요건을 갖춘 각 채권자는 고유의 권리로서 채무자의 재산처분 행위를 취소하고 그 원상회복을 구할 수 있는 것이므로 어느 한 채권자가 동일한 사해행위에 관하여 사해행위취소 및 원상회복청구를 하여 승소판결을 받아 그 판결이 확정되었다는 것만으로는 그 후에 제기된 다른 채권자의 동일한 청구가 권리보호의 이익이 없게 되는 것은 아니고, 그에 기하여 재산이나 가액의 회복을 마친 경우에 비로소 다른 채권자의 사해행위취소 및 원상회복청구는 그와 중첩되는 범위 내에서 권리보호의 이익이 없게 된다(대법원 2008. 4. 24. 선고 2007다84352 판결). - 즉 어느 채권자에 의한 채권자취소판결의 기판력이 다른 채권자에게까지 미치는 것은 아니다. 판결의 효력은 소송당사자 사이에서만 미치는 것이 원칙이다.[81]

iii) 원상회복청구의 소에서 패소할 것이 예상된다고 하여 사해행위취소소송의 소의 이익이 없는 것은 아니다

사해행위 취소의 소와 원상회복청구의 소는 서로 소송물과 쟁점을 달리하는 별개의 소로서 양자가 반드시 동시에 제기되어야 하는 것은 아니고 별개로 제기될 수 있으며, 전자의 소에서는 승소하더라도 후자의 소에서는 당사자가 제출한 공격 · 방어 방법 여하에 따라 패소할 수도 있고, 취소채권자가 사해행위 취소의 소를 제기하여 승소한 경우 그 취소의 효력은 민법 제407조에 의하여 모든 채권자의 이익을 위하여 미치고 이로써 그 소의 목적은 달성된다. 이에 비추어 보면, 채권자가 원상회복청구의 소에서 패소할 것이 예상된다는 이유로 그와 별개인 사해행위 취소의 소에 대하여 소송요건을 갖추지 못한 것으로 보아 소의 이익을 부정할 수는 없다(대법원 2012. 12. 26. 선고 2011다60421 판결).

iv) 사해행위로 경료된 근저당권설정등기가 경락에 의하여 말소되더라도 채권자취소소송의 소의 이익이 있다.

이 사건 근저당권설정계약이 사해행위인 이상 근저당권설정등기가 경락으로 인하여 말소되었다고 하더라도 근저당권자인 피고로 하여금 근저당권자로서의 배당을 받도록 하는 것은 민법 제406조 제1항의 취지에 반하는 것이므로 피고에게 그와 같은 부당한 이득을 보유시키지 않기 위하여 이 사건 근저당권설정등기로 인하여 해를 입게 되는 채권자인 원고는 근저당권설정계약의 취소를 구할 이익이 있다(대법원 1997. 10. 10. 선고 97다8687 판결). 위와 같은 경우에 채권자취소권의 행사에 따른 원상회복의 방법은 수익자에게 바로 배당금의 지급을 명할 것이 아니라 수익자가 취득한 배당금지급청구권을 채무자에게 반환하는 방법으로 이루어져야 하고, 이는 결국 배당금지급채권의 양도와 그 채권양도의 통지를 배당금지급채권의 채무자에게 하여 줄 것을 청구하는 형태가 될 것이다(앞의 판결).

---

81) 민법 제407조에서 사해행위취소와 원상회복은 모든 채권자의 이익을 위하여 그 효력이 있다고 규정하고 있

6. 목적달성을 위한 적절한 구제방법이 아닌 경우

소가 목적달성을 위한 적절한 구제방법이 아니라면 판결을 통하여 얻을 수 있는 이익이 없는 경우에 해당하여 각하된다. 예를 들어 근저당권의 양도에 의한 부기등기는 기존의 근저당권설정등기에 의한 권리의 승계를 등기부상 명시하는 것으로, 기존의 주등기인 근저당권설정등기에 종속되어 주등기와 일체를 이루는 것이어서 근저당권설정등기가 당초 원인무효인 경우 주등기인 근저당권설정등기의 말소만 구하면 되고 그 부기등기는 별도로 말소를 구하지 않더라도 주등기의 말소에 따라 직권으로 말소된다(대법원 2009. 7. 9. 선고 2009다21386 판결). 따라서 근저당권이전의 부기등기의 말소를 별도로 구할 소의 이익은 인정되지 않는다(앞의 판결).

7. 강제집행의 가능성과 소의 이익의 관계

이행의 소는 원칙적으로 원고가 이행청구권의 존재를 주장하는 것으로서 권리보호의 이익이 인정되고, 이행판결을 받아도 집행이 사실상 불가능하거나 현저히 곤란하다는 사정만으로 그 이익이 부정되는 것은 아니다(대법원 2022. 1. 27. 선고 2018다259565 판결).

8. 개별적 · 구체적 사정의 고려

(1) 민사소송절차는 사법상의 권리를 구제하는 절차이다. 따라서 청구의 목적이 이미 달성되었거나, 과거의 법률관계에 대한 확인을 구하는 등 표면적으로는 소의 이익이 없어 보이는 경우에도, 이러한 소를 통하여 얻을 수 있는 권리보호의 이익이 있다면 소의 이익이 인정된다. 그러므로 소의 이익이 있는지 여부는 개별적 사안마다 판단해야 한다.

(2) 원고가 이미 승소확정판결을 받았음에도 다시 소를 제기하는 경우에는 소의 이익이 없어서 각하되어야 한다. 그러나 소멸시효기간이 완성될 염려가 있어서 이를 중단시키기 위하여 소를 제기했다면 확정판결의 존재에도 불구하고 소의 이익이 인정된다(대법원 2013. 4. 11. 선고 2012다111340 판결).

(3) 원고가 이미 승소확정판결을 받았다고 하더라도 그 승소의 판결의 내용이 특정되지 아니하여 집행을 할 수 없는 경우에는 다시 소송을 제기할 권리보호의 이익이 있다(대법원 1998. 5. 15. 선고 97다57658 판결).

(4) 협의이혼으로 혼인관계가 해소된 경우에도 상속, 적출자의 추정, 유족연급의 수급자격 등 현재의 법률상태에 직접적 영향을 끼친다면 과거의 혼인관계의 무효확인을 구

다. 이 규정은 기판력을 다른 채권자에게 확장시키고자 하는 규정이 아니라 취소의 실체적 효력이 다른 채권자에게도 미쳐서 채무자에게 원상회복된 재산에 대하여 취소채권자가 우선적으로 변제받을 수 없고 다른 채권자와 함께 배당받아야 한다는 것을 의미한다(대법원 2005. 8. 25. 선고 2005다14595 판결).

할 정당한 법률상의 이익이 인정된다(대법원 1978. 7. 11. 선고 78므7 판결). 그러나 명예회복만을 이유로 하여 혼인관계의 무효확인을 구하는 소는 법률상 이익이 없으므로 각하된다(앞의 판결).

II. 장래이행의 소

1. 의 의

변론종결시를 기준으로 이행기가 장래에 도달하는 이행청구권을 주장하는 소를 '장래이행의 소'라고 한다(법 제251조). 대표적으로 이행기가 정해져 있지만 아직 그 이행기가 도래하지 아니한 기한부채권의 이행을 청구하는 소와 아직 조건이 성취되지 아니한 조건부채권의 이행을 청구하는 소가 장래이행의 소에 해당한다.

2. 적법요건

가. 청구권 발생의 기초가 되는 법률상 · 사실상 관계의 존재

(1) 장래이행의 소가 적법하기 위해서는 그 청구권 발생의 기초가 되는 법률상 · 사실상 관계가 변론종결 당시 존재하고 그러한 상태가 계속될 것이 예상되어야 한다(대법원 1997. 11. 11. 선고 95누4902 판결).

(2) 예를 들어 채권이 양도되었지만 양도인이 채무자에게 채권양도를 통지하지 않았거나 채무자가 채권양도를 승낙하지 아니하여 아직 대항요건을 갖추지 못하였다면 채권의 양수인은 채무자에 대하여 채무의 이행을 청구할 수 없으므로 양자 사이에는 아무런 법률관계가 존재하지 않는다. 따라서 채무자에 대하여 '채권양도인으로부터 채권의 양도통지를 받은 다음 채무를 이행하라.'는 채권양수인의 청구는 장래이행의 소로서의 요건을 갖추지 못하여 부적법하다(대법원 1992. 8. 18. 선고 90다9452 판결).[82]

(3) 그러나 학교법인이 감독청의 허가 없이 기본재산인 부동산에 관하여 체결한 매매계약은 감독청의 허가가 있을 때까지 유동적 무효상태에 있지만 위 매매계약에 기한 소유권이전등기절차이행청구권의 기초가 되는 법률관계는 이미 존재한다고 볼 수 있고 장차 감독청의 허가에 따라 그 청구권이 발생할 개연성 또한 충분하므로, 감독청의 허가를 조건으로 그 부동산에 관한 소유권이전등기절차의 이행을 청구할 수 있다(대법원

82) 채권의 양도인과 양수인 사이에 채권양도의 효력에 관한 분쟁이 있어서 양도인이 채무자에게 채권양도통지를 할 개연성이 적다면 장래이행의 소로서의 요건을 갖추지 못했다고 보는 것이 타당하지만, 특별한 사정에 의하여 양도인이 채권양도통지를 하지 못하고 있고, 채무자에게 미리 청구할 이익이 있다면 장래이행의 소로서 소의 이익이 있다고 본다.

1998. 7. 24. 선고 96다27988 판결). 이때는 원고와 피고가 법률행위의 당사자란 점에서 앞서의 채권양도에 관한 판례와 다른 결론에 이른 것으로 보인다.

나. 미리 청구할 필요

(1) 의 의

이행기가 도래하지 않은 채권에 기하여 이행청구를 하는 것은, 이행청구권이 없는 자가 이행청구를 하는 것이므로 원칙적으로 권리보호의 이익(소의 이익)이 없다. 그러나 장래에 이행할 것을 '미리 청구할 필요'가 있다면 권리보호의 이익이 있으므로 적법한 소가 된다(법 제251조).

(2) 미리 청구할 필요가 인정되는 경우

(가) 채무자가 채무의 존재를 미리 다투는 경우

i) 채무의 이행기가 도래하기 전 또는 조건이 성취되기 전부터 채무자가 채무의 존재를 다투기 때문에 이행기가 도래하거나 조건이 성취되었을 때에 임의의 이행을 기대할 수 없는 경우에 미리 청구할 필요가 인정된다(대법원 2004. 9. 3. 선고 2002다37405 판결).

ii) 그러나 채무자가 채무의 존재를 다투지 아니하는 경우 또는 장래 이행기에 이르거나 조건이 성취될 때에 채무자의 무자력으로 말미암아 집행이 곤란해지거나 또는 이행불능에 빠질 사정이 있다는 것만으로는 미리 청구할 필요가 있다고 할 수 없다(대법원 2000. 8. 22. 선고 2000다25576 판결). 장래이행을 판결을 받는다고 하더라도 이행기가 도래하거나 조건이 성취되기 전에 강제집행을 할 수 있는 것은 아니므로 장래이행판결을 가지고 채무자의 재산을 보전시킬 수 없기 때문이다.

[청구취지 예시]

피고는 2014.3.1.이 도래하면 원고에게 1,000,000원을 지급하라.

(나) 계속적으로 발생하는 채권

월차임, 이자와 같이 장래 계속적으로 발생하는 채권에 관하여 채무자가 현재 이행분을 이행하지 않고 있다면 장래 이행분에 대한 이행을 기대할 수 없으므로 이에 대하여 미리 청구할 필요가 있다. 예를 들어 부동산의 무단점유에 대하여 부당이득반환청구를 하는 원고는 현재의 부당이득뿐만 아니라 장래의 부당이득도 그 이행기에 지급을 기대할 수 없으므로 이를 미리 청구할 필요가 있다(대법원 1975. 4. 22. 선고 74다1184 전원합의체 판결).

[청구취지의 예시]

피고는 원고에게 2014.3.1.부터 별지 목록 기재 건물의 인도 완료일까지 월 1,000,000

원의 비율에 의한 금원을 지급하라.

다. 채무불이행 사유가 계속 존속할 것이 확정될 것

(1) 채무의 이행기가 장래에 도래할 예정이고 그때까지 채무불이행 사유가 계속 존속할 것이 변론종결 당시에 확정적으로 예정되어 있다면, 장래의 이행을 명하는 판결을 할 수 있다(대법원 2018. 7. 26. 선고 2018다227551 판결). 따라서 장래에 채무의 이행기가 도래할 예정인 경우에도 채무불이행 사유가 언제까지 존속할 것인지가 불확실하여 변론종결 당시에 확정적으로 채무자가 책임을 지는 기간을 예정할 수 없다면 장래의 이행을 명하는 판결을 할 수 없다(앞의 판결).

(2) 예를 들어 원고가 피고의 건물무단점유를 이유로 점유인도시까지의 손해배상청구의 소를 제기하였는데 피고가 건물의 열쇠를 제3자에게 넘겨주어 제3자가 점유사용하고 있는 경우에, 이 제3자는 피고의 양해를 얻어 사용수익하고 있을 뿐이고 여전히 피고가 점유인도의 의무를 부담하고 있는 이상, 피고의 의사와 관계없이 위 제3자에 의하여 무단점유가 중단되어 원고의 손해 발생이 중단될 수도 있다는 이유로 원고의 손해가 계속 발생할 것이 확정적으로 예정되어 있지 않다고 볼 수는 없다(앞의 판결).

라. 장래 동시이행 또는 선이행의무가 있는 채권에 관한 장래이행의 소

미리 청구할 필요가 있다면 장래 동시이행청구도 가능하다(피고는 2012.3.1.이 도래하면 원고로부터 금 100만원을 지급받음과 동시에 원고에게 별시 목록 기재 부동산을 인도하라). 마찬가지로 미리 청구할 필요가 있다면 선이행의무가 있는 채권에 대하여도 장래이행청구가 가능하다(피고는 2012.3.1.이 도래하면 원고로부터 금 100만원을 지급받은 후에 대구지방법원 2014.2.1. 접수 제1234호로 마친 근저당권설정등기에 대하여 변제를 원인으로 한 말소등기절차를 이행하라).

[장래 변제하는 것을 조건으로 등기말소를 구할 필요가 있다는 판결]

채무자는 자신의 채무를 먼저 변제하여야만 비로소 그 채무를 담보하기 위하여 경료되었던 가등기 및 그 가등기에 기한 본등기의 말소나 새로운 소유권이전등기를 청구할 수 있는 것[83]이기는 하지만, 채권자가 그 가등기 등이 채권담보의 목적으로 경료된 것임을 다툰다든지 피담보채무의 액수를 다투기 때문에 채무자가 채무를 변제하더라도 채권자가 위와 같은 소유권의 공시에 협력할 의무를 이행할 것으로 기대되지 않는 경우에는 미리 청구할 필요가 있다고 보아 채무의 변제를 조건으로 채권담보의 목적으로 경료된 가등기 및 그 가등기에 기한 본등기의 말소나 새로운 소유권이전등기를 청구하는 장래이행의 소를 허용하여야 할 것이다.(대법원 1992. 1. 21. 선고 91다35175 판결)

---

83) 담보등기의 말소를 구하기 위해서는 먼저 변제를 해야 하므로 변제는 담보등기의 말소를 청구하기 위한 선이행의무이다.

III. 확인의 이익

1. 의　　의

확인의 소에 있어서는 권리보호의 요건으로서 확인의 이익이 있어야 한다. 앞서 언급한 바와 같이 강제집행이 가능한 이행의 소와 법률관계의 변동을 가져오는 형성의 소가 확인의 소보다 직접적이고 종국적인 구제방법이므로 확인의 소는 이행의 소와 형성의 소에 의하여 권리구제를 받을 수 없는 경우에 비로소 허용되는 보충적 소송이다. 이러한 확인의 소의 보충성으로 인하여 확인의 이익이 있는 경우에 한하여 확인의 소가 적법하게 된다.

2. 확인의 이익의 판단기준

(1) 확인의 이익은 ① 원고의 권리 또는 법률상의 지위에 ② 현존하는 불안, 위험이 있고 ③ 그 불안, 위험을 제거함에는 ④ 피고를 상대로 확인판결을 받는 것이 가장 유효적절한 수단일 때에만 인정된다(대법원 2013. 2. 15. 선고 2012다67399 판결). 따라서 ① 구체적인 권리 또는 법률상의 지위와 관련 없이 단순한 사실의 존부에 관한 확인을 구하는 소를 제기하거나, ② 분쟁이 없는 데도 확인의 소를 제기하거나, ③ 확인의 소 이외에 보다 종국적인 구제절차(이행의 소, 형성의 소)가 있거나 확인판결을 받더라도 아무런 실익이 없는 경우에는 확인의 이익이 없다. 예를 들면 다음과 같다.

(2) 확인의 소는 보충적 소송이므로 금전지급의 이행청구를 할 수 있는 경우에 금전지급청구소송을 제기하지 않고 그 이행의무의 존재확인을 구하는 소를 제기하는 것은 현존하는 불안을 제거하는데 있어 유효적절한 수단이라고 볼 수 없어 확인의 이익이 없다(대법원 1991. 7. 23. 선고 91다6757 판결).

(3) 공유자가 다른 공유자의 지분의 존재에 관하여 확인을 구하는 것은 보존행위로 인정되지 아니하는 한 타인의 권리관계에 관한 확인을 구하는 것이어서 확인의 이익이 없다(대법원 1994. 11. 11. 선고 94다35008 판결).

(4) 법률관계의 존재 또는 부존재의 확인을 구하는 소는 분쟁의 직접적으로 해결방법이 되어야 하므로 간접적으로 영향을 끼치는 것만으로는 확인의 이익이 인정되지 않는다. 예를 들어 토지의 일부에 대한 소유권의 귀속에 관하여 다툼이 있는 경우에 원고로서는 적극적으로 그 부분에 대한 자기의 소유권확인을 구하는 것이 분쟁의 직접적 해결방법이다(대법원 2016. 5. 24. 선고 2012다87898 판결). 따라서 원고가 소극적으로 피고의 소유권의 부존재 확인을 구하는 소를 제기하였다면, 이러한 소에 의하여 원고의 법적 지위의 불안이 제거되어 분쟁이 해결될 수 있는 경우가 아닌 한, 확인의 이익이 인정되지

않는다(앞의 판결).

(5) 채무자가 채무초과의 상태에 이미 빠졌거나 그러한 상태가 임박한 상태에서, 채권자가 다른 채권자를 해할 것을 잘 알면서 자기 채권의 우선적 만족을 위하여 채무자와의 사이에 의도적으로 유치권의 성립요건을 충족하는 내용의 거래를 일으키고 그에 기하여 목적물을 점유하게 됨으로써 유치권이 성립하였다면, 저당권자 등은 경매절차 기타 채권실행절차에서 위와 같은 유치권을 배제하기 위하여 그 부존재의 확인을 소로써 청구할 확인의 이익이 있다(대법원 2011. 12. 22. 선고 2011다84298 판결).

(6) 지상권은 용익물권으로서 담보물권이 아니므로 피담보채무라는 것이 존재할 수 없다. 근저당권 등 담보권 설정의 당사자들이 담보로 제공된 토지에 추후 용익권이 설정되거나 건물 또는 공작물이 축조·설치되는 등으로 토지의 담보가치가 줄어드는 것을 막기 위하여 담보권과 아울러 설정하는 지상권을 이른바 담보지상권이라고 하는데, 이는 당사자의 약정에 따라 담보권의 존속과 지상권의 존속이 서로 연계되어 있을 뿐이고, 이러한 경우에도 지상권의 피담보채무가 존재하는 것은 아니다. 따라서 지상권설정등기에 관한 피담보채무의 범위 확인을 구하는 청구는 원고의 권리 또는 법률상의 지위에 관한 청구라고 보기 어려우므로, 확인의 이익이 없어 부적법하다(대법원 2017. 10. 31. 선고 2015다65042 판결).

3. 기타 쟁점

가. 과거의 법률관계에 대한 확인

(1) 확인의 소에서 확인의 대상은 현재의 권리 또는 법률관계일 것을 요하므로 특별한 사정이 없는 한 과거의 권리 또는 법률관계의 존부확인은 인정되지 않는다(대법원 2013. 8. 23. 선고 2012다17585 판결). 예를 들어 근저당권이 말소된 후 피담보채무의 부존재확인을 구하는 소는 과거의 권리 또는 법률관계의 존부에 관한 것으로서 확인의 이익이 없다(앞의 판결).

(2) 그러나 과거의 권리 또는 법률관계라 할지라도 현재의 권리 또는 법률상 지위에 영향을 미치고 있고 현재의 권리 또는 법률상 지위에 대한 위험이나 불안을 제거하기 위하여 그 법률관계에 관한 확인판결을 받는 것이 유효적절한 수단이라고 인정될 때에는 확인의 이익이 있다. 예를 들어 회사로부터 2개월의 무급정직처분을 받아서 2개월이 이미 경과된 후에 징계처분의 무효확인을 구하는 것은 과거의 법률관계에 관한 확인을 구하는 것이지만, 징계처분의 무효확인판결을 받는 것은 정직기간 동안의 임금을 지급받을 수 있는 유효적절한 수단이므로 자신의 현재의 권리 또는 법률상 지위에 대한 위험이나 불안을 제거할 수 있어 확인의 이익이 있다(대법원 2010. 10. 14. 선고 2010다36407 판결).

나. 당사자 일방과 제3자 사이의 권리관계 또는 제3자 사이의 권리관계에 대한 확인

확인의 소에 있어서 오로지 당사자 사이의 권리관계만이 확인의 대상이 될 수 있는 것은 아니고, 당사자 일방과 제3자 사이의 권리관계 또는 제3자 사이의 권리관계에 관하여도 그에 관하여 당사자 사이에 다툼이 있어서 당사자 일방의 권리관계에 불안이나 위험이 초래되고 있고, 다른 일방에 대한 관계에서 그 법률관계를 확정시키는 것이 당사자의 권리관계에 대한 불안이나 위험을 제거할 수 있는 유효적절한 수단이 되는 경우에는 당사자 일방과 제3자 사이의 권리관계 또는 제3자 사이의 권리관계에 관하여도 확인의 이익이 있다(대법원 2016. 5. 12. 선고 2013다1570 판결).

다. 시효중단을 위한 새로운 방식의 확인소송

채권자가 전소로 이행청구를 하여 승소 확정판결을 받은 후 그 채권의 시효중단을 위한 후소를 제기하는 경우, 후소의 형태로서 항상 전소와 동일한 이행청구만이 시효중단사유인 '재판상의 청구'에 해당한다고 볼 수는 없다. 전소 판결로 확정된 채권의 시효를 중단시키기 위하여 후소인 확인의 소를 제기하였다는 점에 대한 확인을 구하는 형태의 '새로운 방식의 확인소송'이 허용되고,[84] 채권자는 두 가지 형태의 소송 중 자신의 상황과 필요에 보다 적합한 것을 선택하여 제기할 수 있다(대법원 2018. 10. 18. 선고 2015다232316 전원합의체 판결).

라. 현행법상 허용되지 아니하는 권리의 확인

현행법상 허용되지 아니하는 권리의 확인을 구하는 것은 원고의 법률상 지위에 대하여 확인을 구한다고 볼 수 없고, 또는 분쟁해결의 직접적 방법이라고 볼 수 없으므로 확인의 이익이 없다(대법원 2008. 7. 10. 선고 2005다41153 판결). 예를 들어 미등기 건물의 양수인이라도 그 소유권이전등기를 경료받지 않는 한 그 건물에 대한 소유권을 취득할 수 없고,[85] 현행법상 사실상의 소유권이라거나 소유권에 준하는 사용 · 수익 · 처분권이라는 어떤 포괄적인 권리 또는 법률상의 지위를 인정하기도 어렵다(대법원 2006. 10. 27. 선고 2006다49000 판결). 따라서 미등기건물의 양수인이 자신에게 건물의 사용 · 수익 · 처분권 존재한다는 확인을 구하는 소는 확인의 이익이 없다(앞의 판결).

---

84) 이러한 확인의 소는 다음과 같은 청구취지가 적합해 보인다. "원고와 피고 사이에서, 원고와 피고 사이의 00지방법원 2010. 2. 2. 선고 2009가합1123 매매대금 사건의 판결에 기한 채권의 소멸시효 중단을 위하여 이 사건 소의 제기가 있었음을 확인한다."

85) 건물은 등기가 없더라도 건물의 건축을 위하여 비용과 노력을 들인 자가 당연히 소유권을 취득하지만, 이는 법률규정에 의한 물권의 취득이므로 그 소유권을 타인에게 양도하기 위해서는 민법 제187조에 따라서 등기가 필요하다.

마. 국가에 대한 확인의 이익

어느 토지에 관하여 소유자로서 소유권보전등기를 하고자 하지만 이미 그 토지에 관하여 등기부나 토지대장 또는 임야대장상 소유자로 등기 또는 등록되어 있는 자가 있다면, 보존등기신청인이 그 명의자를 상대로 그 토지의 소유자가 자신임을 확인하는 내용의 확정판결을 받아서 소유권보존등기를 신청할 수 있으므로 이때는 국가에 대하여 소유권확인을 구할 확인의 이익이 없다(대법원 1994. 12. 2. 선고 93다58738 판결). 그러나 ① 그 토지가 미등기이고, 토지대장이나 임야대장상에 등록명의자가 없거나 등록명의자가 누구인지 알 수 없을 때와 ② 그밖에 국가가 등기 또는 등록명의자인 제3자의 소유를 부인하면서 계속 국가소유를 주장하는 등 특별한 사정이 있는 경우에는 국가를 상대로 소유권확인을 구할 확인의 이익이 있다(앞의 판결).[86]

4. 확인의 이익의 판단시기

(1) 소송요건을 구비하여 적법하게 제기된 본소가 그 후에 상대방이 제기한 반소로 인하여 소송요건에 흠결이 생겨 다시 부적법하게 되는 것은 아니므로, 원고가 피고에 대하여 손해배상채무의 부존재확인을 구할 이익이 있어 본소로 그 확인을 구하였다면, 피고가 그 후에 그 손해배상채무의 이행을 구하는 반소를 제기하였다 하더라도 그러한 사정만으로 본소청구에 대한 확인의 이익이 소멸하여 본소가 부적법하게 된다고 볼 수는 없다(대법원 2010. 7. 15. 선고 2010다2428 판결). 이 판결의 함축적 의미에 따르면 채무부존재확인의 소를 제기한 후에 제기한 이행의 소는 소의 이익이 있다는 것이다. 채권자로서는 강제력이 있는 이행판결을 받을 이익이 있기 때문이다.

(2) 반면에 채권자가 이행의 소를 제기한 이후에 채무자가 채무부존재확인의 소를 제기하는 것은 확인의 이익이 없다(대법원 2001. 7. 24. 선고 2001다22246 판결). 이행의 소에서 채무의 존재에 관하여 판단이 이루어질 것이므로 별도로 채무부존재의 확인을 구할 이익이 없기 때문이다.

(3) 피고가 권리관계를 다투어 원고가 확인의 소를 제기하였고 당해 소송에서 피고가 권리관계를 다툰 바 있다면 특별한 사정이 없는 한 항소심에 이르러 피고가 권리관계를 다투지 않는다는 사유만으로 확인의 이익이 없다고 할 수 없다(대법원 2009. 1. 15. 선고 2008다74130 판결).

---

86) 부동산 등기법 제130조(토지의 보존등기) 미등기토지의 소유권보존등기는 다음 각 호의 어느 하나에 해당하는 자가 신청할 수 있다.
1. 토지대장등본이나 임야대장등본에 의하여 자기 또는 피상속인이 토지대장 또는 임야대장에 소유자로서 등록되어 있는 것을 증명하는 자
2. 판결에 의하여 자기의 소유권을 증명하는 자
3. 수용(수용)으로 인하여 소유권을 취득하였음을 증명하는 자

IV. 형성의 소에서의 소의 이익

형성의 소를 허용하는 법률규정이 있는 경우에만 적법하게 형성의 소를 제기할 수 있으므로 원칙적으로 법률에 규정된 형성의 소의 요건을 갖추면 소의 이익이 인정된다. 다만 채권자취소소송의 소의 이익에서 언급한 바와 같이 이미 목적이 달성되어 있거나 목적달성이 불가능한 경우는 법원의 판결을 통하여 얻을 수 있는 법률상의 이익이 없으므로 소의 이익이 부정된다.

제 2 절 소송물(subject matter)

I. 의 의

민사소송절차에서 법원의 심판의 대상인 법률관계를 '소송물'이라고 한다. 예를 들어 부동산매매계약에 기한 소유권이전등기청구소송에서 소송물인 권리와 의무(법률관계)는 원고의 피고에 대한 소유권이전등기청구권이 된다. 이러한 소송물과 유사한 개념으로 계쟁물이 있는데 계쟁물은 심판의 대상인 물건을 의미한다. 예를 들어 소유권이전등기청구의 목적이 되는 부동산은 계쟁물이 된다. 한편 민사소송에서 심판의 대상인 소송물이 특정되지 아니한 때에는 법원이 심리 · 판단할 대상과 재판의 효력범위가 특정되지 않으므로, 소송물이 특정되었는지 여부는 소송요건으로서 법원의 직권조사사항에 속한다(대법원 2013. 3. 14. 선고 2011다28946 판결).

II. 소송물의 역할

소송물은 청구의 수와 청구의 동일성을 결정하는 중요한 역할을 한다.

1. 청구의 수

(1) 하나의 소송절차에서 소송물이 다수이면 다수의 청구가 병합된 것이므로 소의 객관적 병합에 해당한다. 반면에 소송물이 1개이지만 원고가 이와 관련하여 다수의 주장을 하고 있다면 공격방어방법이 복수인 경우에 해당한다. 청구가 다수인지 아니면 공격방어방법이 다수인지에 따라서 많은 차이가 발생한다.

(2) 예를 들어 여러 개의 청구가 결합된 병합청구에서 피고가 본안에 대하여 응소한 후에 원고가 병합된 청구 중 일부만 취하하고자 한다면 피고의 동의를 얻어야 한다. 하

지만 청구는 하나이지만 공격방어방법이 다수인 경우에 있어서 원고가 그중 하나의 주장을 철회하는 것은 소의 취하가 아니라 공격방어방법의 일부철회에 해당하므로 피고가 본안에 대하여 응소하였더라도 피고의 동의를 얻을 필요가 없다. 그밖에 이유불비인지 판결의 누락인지, 항소 제기의 확정차단이심의 범위 등을 결정하는데 있어서 청구의 수를 결정하는 것은 매우 중요한데 자세한 내용은 각 해당부분에서 설명한다.

2. 청구의 동일성

소송물은 청구의 동일성의 판단기준도 된다. 법원에 현재 계속된 소송과 동일한 소송을 제기할 수 없다는 중복제소금지의 원칙, 1심의 종국판결이 선고된 뒤에 소를 취하하면 동일한 소를 다시 제기할 수 없다는 재소금지의 원칙, 확정판결이 있는 청구와 동일한 청구에 대하여 다시 법원에 심판을 구할 수 없다는 기판력에서 있어서 전소와 후소의 동일성은 소송물의 동일성을 기준으로 판단한다. 또한 소송물은 소멸시효 중단의 범위를 결정하며, 기타 청구의 변경에 해당하는지, 처분권주의에 위반되는지 등의 판단기준이 된다. 자세한 내용은 각 해당부분에서 설명한다.

III. 소송물의 구분기준

1. 이행의 소에서의 소송물

대법원은 실체법상의 이행청구권의 주장을 소송물로 보고서, 실체법상의 권리가 달라지면, 즉 권리발생의 근거규정이 다르면 소송물도 달라진다는 구실체법설을 따르고 있다.[87]

가. 구체적 사례

(1) 불법행위와 채무불이행

(가) 계약위반이 동시에 불법행위의 요건을 충족하게 되면(예를 들어 운송인의 과실로 운송물이 파손된 경우에는 운송인은 운송계약을 위반함과 동시에 타인의 소유물을 손상시킨 것이므

87) 동일한 사실관계, 동일한 경제적 이익에 관련되어 있는데 달리 취급할 이유가 있는지에 대하여 의문을 제기하며 소송물에 관하여 새로운 이론들이 등장하였다. i) 이분지설은 청구원인과 청구취지를 고려하여 소송물을 판단한다. 즉, 동일한 사실에 대하여 동일한 목적을 추구하는 소송이라면 1개의 소송물이라고 본다. 예를 들어 운송계약에서 화물이 손상된 경우에 한 개의 사실과 하나의 손해이므로 이때의 손해배상청구소송의 원인이 채무불이행인지 불법행위인지 관계없이 1개의 소송물로 본다. ii) 일분지설은 청구취지만을 기준으로 하여 소송물을 판단한다. 예를 들어 매매계약에서 매수대금 지급을 위하여 어음을 교부한 경우에 원인관계에 기한 매수대금청구와 어음금청구의 청구취지는 동일하므로(피고는 원고에게 금000원을 지급하라) 1개의 소송물로 본다.

로 채무불이행책임과 불법행위책임을 모두 부담한다.) 피해자는 채무불이행에 기한 손해배상청구(민법 제390조)와 불법행위에 기한 손해배상청구(민법 제750조)를 할 수 있다. 비록 양 청구권이 하나의 손해에 대한 금전지급청구라는 점에서는 공통되지만 각 청구권 발생의 근거규정이 다르므로 양 청구권은 소송물이 다르다(대법원 1989. 11. 28. 선고 88다카9982 판결).

(나) 따라서 하나의 소송에서 위 양 청구권을 함께 행사하면 소의 객관적 병합[88]이 된다. 그리고 불법행위를 원인으로 한 손해배상청구의 소를 먼저 제기하여 패소확정 된 후에 채무불이행을 원인으로 한 손해배상청구소송을 제기하더라도 전소와 후소의 소송물이 다르므로 기판력에 저촉되지 않는다.

(2) 점유권에 기한 반환청구와 소유권에 기한 반환청구

점유자가 점유의 침탈을 당한 때에는 그 물건의 반환을 청구할 수 있고(민법 제204조), 소유자는 그 소유에 속한 물건을 점유한 자에 대하여 반환을 청구할 수 있다(민법 제213조). 물건의 소유자이자 점유자인 원고가 피고에 대하여 각 소유권과 점유권을 근거로 물건에 대한 반환청구의 소를 제기하였다면, 근거규정이 다른(즉 하나는 점유권의 존재를 요건으로 하고 다른 하나는 소유권의 존재를 요건으로 한다.) 두 개의 청구권을 주장하는 것으로서 양자의 소송물이 다르므로 병합청구가 된다(대법원 1996. 6. 14. 선고 94다53006 판결). 민법 제208조에서는 이러한 취지에서 점유권에 기인한 소와 본권에 기인한 소는 서로 영향을 미치지 못하고, 점유권에 기인한 소는 본권에 관한 이유로 재판하지 못하도록 규정하고 있다.

(3) 이전등기청구의 근거가 다른 경우

원고가 피고에게 각 매매계약(민법 제568조)과 점유취득시효완성(민법 제245조)을 근거로 하여 소유권이전등기를 청구하고 있다면, 양 청구권은 소유권이전등기라는 동일한 목적을 갖고 있음에도 불구하고 그 근거규정이 다르므로 양자의 소송물이 다르다(대법원 1981. 1. 13. 선고 80다204 판결).

(4) 동일한 사실을 원인으로 한 불법행위에 기한 손해배상청구권과 부당이득반환청구권

불법행위에 기한 손해배상청구권(민법 제750조)과 부당이득반환청구권(민법 제741조)은 별개의 실체법상 권리이므로 소송물을 달리 한다(대법원 2013. 9. 13. 선고 2013다45457 판결). 예를 들어 토지의 소유자가 무단점유자에 대하여 불법행위에 기한 손해배상청구소송을 제기하여 패소확정 된 후에 부당이득반환청구의 소를 제기하더라도 양자는 소송물이 다르므로 기판력에 저촉되지 않는다.

---

88) 이때는 동일한 목적을 달성하기 위한 복수의 청구권의 병합이므로 선택적 병합이 된다. 선택적 병합에 관하여는 관련 부분에서 설명한다.

(5) 소유권이전등기의 무효를 이유로 말소등기청구를 하면서 그 무효의 원인을 복수로 주장하는 경우

(가) 소유권이전등기의 원인인 법률행위가 무효이면 그 법률행위를 원인으로 한 소유권이전등기도 당연히 무효가 되므로 기존의 소유자는 여전히 부동산에 대한 소유권을 보유하게 된다. 이때 기존의 소유자는 소유권을 근거로 하여 등기명의인에게 소유권이전등기의 말소를 청구할 수 있는데, 법률적 근거는 물권적 청구권인 민법 제214조의 소유물방해제거청구권이 된다. 따라서 원고가 소유권이전등기의 무효원인을 다수 주장하더라도 하나의 근거규정에 따른 하나의 실체법상의 권리에 불과하므로 소송물은 하나이고 원고가 주장하는 다수의 무효원인은 공격방어방법에 해당하다(대법원 1999. 9. 17. 선고 97다54024 판결).

(나) 예를 들어 매매계약에 따라서 소유권이전등기가 이뤄진 후에 원고가 기망을 이유로 한 매매계약의 취소와 함께 채무불이행을 이유로 한 매매계약의 해제를 주장하면서 소유권에 기한 방해배제청구권으로서 소유권이전등기의 말소를 구하고 있다면, 그 근거규정은 민법 제214조 하나이므로 이 사건의 소송물은 하나이고 원고가 주장하는 매매계약의 취소와 해제는 소유권방해배제청구권의 요건사실 중의 하나인 소유권의 존재를 주장 및 증명하기 위한 공격방어방법에 불과하다. 이와 같이 양자의 소송물이 동일하므로 매매계약의 취소를 이유로 말소등기청구의 소를 제기하여 패소확정 된 후에 매매계약의 해제를 이유로 다시 말소등기청구의 소를 제기하면 후소는 전소의 기판력에 저촉된다.

(다) 반면에 원고가 기망을 이유로 계약을 취소하고 민법 제214조를 근거로 소유권이전등기의 말소청구의 소를 제기하였지만 패소확정 된 후에, 원고가 채무불이행을 이유로 한 매매계약의 해제를 이유로 하지만 민법 제214조가 아니라 계약상 원상회복청구권을 근거로 하여 소유권이전등기의 말소등기를 청구하고 있다면, 소유권에 기한 방해배제청구권과 계약상 원상회복청구권은 그 근거를 달리하므로 양자는 별개의 소송물이 된다(대법원 1993. 9. 14. 선고 92다1353 판결).[89]

(6) 부당이득반환청구에서 법률상 원인이 없는 사유가 다수인 경우

부당이득반환청구에서 법률상 원인 없는 사유가 다수라고 하더라도 부당이득반환청구는 민법 제741조를 근거로 한 하나의 실체법상 권리이므로 법률상 원인이 없는 다수의 사유는 공격방법에 불과하다. 따라서 어느 사유를 주장하여 부당이득반환청구의 소를 제기하였지만 패소의 확정판결을 받았다면 다른 사유를 주장하여 다시 부당이득반환청구의

89) 판결의 사안에서는 원고가 전소에서 소유권에 기한 방해배제청구로서 가등기 및 근저당등기의 말소등기청구를 하고 후소에서는 계약해제에 따른 계약상의 권리에 기하여 원상회복으로서 가등기 및 근저당등기의 말소등기청구를 하였는바, 대법원은 양자가 소송물을 달리하므로 전소의 기판력이 후소에 미치지 않는다고 보았다.

소를 제기하는 것은 기판력에 저촉된다(대법원 2008. 2. 29. 선고 2007다49960 판결).

(7) 말소등기청구와 진정명의회복을 원인으로 한 이전등기청구

(가) 소유권방해배제청구권으로서 소유권이전등기의 말소등기청구와 진정명의회복을 원인으로 한 이전등기청구는 청구취지가 다르지만 동일한 소송물로 파악되고 있다. 예를 들어 A의 소유의 부동산에 대하여 B가 허위서류를 사용하여 소유권이전등기를 경료한 후 C에게 소유권이전등기를 해 주었다면 A는 등기원인의 무효를 이유로 하여 B와 C에게 각 소유권이전등기의 말소등기를 청구할 수 있지만, A는 말소등기청구를 하지 않고, C만을 상대로 하여 진정한 등기명의의 회복을 위한 소유권이전등기청구를 할 수도 있다(대법원 2002. 12. 6. 선고 2002다44014 판결).

(나) 말소등기에 갈음하여 허용되는 진정명의회복을 원인으로 한 소유권이전등기청구권과 무효등기의 말소등기청구권은 어느 것이나 진정한 소유자의 등기명의를 회복하기 위한 것으로서 실질적으로 그 목적이 동일하고, 두 청구권 모두 소유권에 기한 방해배제청구권으로서 그 법적 근거(민법 제214조)와 성질이 동일하므로 비록 이전등기와 말소등기라는 다른 형식을 취하고 있다고 하더라도 그 소송물은 동일하다(앞의 판결).

(8) 원본채권과 지연손해금

금전채무불이행의 경우에 발생하는 원본채권과 지연손해금채권은 발생의 근거가 다르므로 각 별개의 소송물에 해당한다(대법원 2009. 6. 11. 선고 2009다12399 판결).

(9) 기존의 청구를 확장하는 새로운 청구

소를 제기한 후에 청구를 양적으로 확장하게 되면 법원의 심판의 범위가 확장되므로 확장된 청구는 기존의 청구와 다른 소송물에 해당한다. 반면에 청구를 감축하는 청구는 기존의 청구범위 내의 청구에 불과하여 법원의 심판의 범위에 변동이 없으므로 기존의 소송물과 동일한 소송물에 해당한다. 예를 들어 1필 토지의 일부에 대하여 소유권이전등기청구를 하다가 1필지 토지의 전부로 확장하는 것은 청구의 양적 확장으로서 새로운 소송물에 해당한다(대법원 1997. 4. 11. 선고 96다50520 판결). 따라서 소의 추가적 변경의 요건을 갖추어야 한다.

(10) 장래이행의 소와 현재이행의 소

전소가 장래에 소유권이전등기를 이행하라는 장래이행의 소이고 후소가 현재 소유권이전등기를 하라는 현재이행의 소라고 하더라도 양자 모두 동일한 매매계약을 원인으로 하는 소유권이전등기청구라면 소송물이 동일하고 기판력이 작용하는 관계에 있다(대법원 2014. 3. 27. 선고 2011다79968 판결).

나. 불법행위를 원인으로 한 손해배상청구에서의 소송물

(1) 손해삼분론

불법행위로 발생한 손해는 기존 재산의 감소를 야기하는 적극적 손해(치료비), 장래 얻을 수 있는 수익을 얻지 못하게 되는 소극적 손해(일용노임), 정신적 손해로 구성된다. 이러한 각 손해에 대한 손해배상청구는 민법 제750조의 불법행위를 근거로 하고 있지만 각 손해마다 별개의 소송물이라는 것이 대법원 판례이다(대법원 1997. 1. 24. 선고 96다39080 판결). 하지만 편의상 별개의 소송물로 분류하고 있는 것에 지나지 않으므로 이를 실질적으로 파악할 필요가 있다는 것이 대법원 판례이다(대법원 1994. 6. 28. 선고 94다3063 판결). 이에 관하여는 항소의 이익에서 자세히 보도록 한다.

(2) 변론종결 당시 예측할 수 없었던 손해

(가) 불법행위로 인한 적극적 손해의 배상을 명한 전소송의 변론종결 후에 새로운 적극적 손해가 발생한 경우에 그 소송의 변론종결당시 그 손해의 발생을 예견할 수 없었고 또 그 부분 청구를 포기하였다고 볼 수 없는 등 특별한 사정이 있다면 종전의 소송에서 그 부분에 관한 청구가 유보되어 있지 않다고 하더라도 이는 종전의 소송의 소송물과는 별개의 소송물이므로 전소송의 기판력에 저촉되는 것이 아니다(대법원 2007. 4. 13. 선고 2006다78640 판결).

(나) 예를 들어 식물인간 피해자의 여명이 종전의 예측에 비하여 수년 연장되어 그에 상응한 향후치료, 보조구 및 개호 등이 추가적으로 필요하게 된 것은 전소의 변론종결 당시에는 예견할 수 없었던 새로운 중한 손해로서 이를 청구하더라도 전소의 기판력에 저촉되지 않는다(앞의 판결).

다. 일부청구에서의 소송물

(1) 일부청구의 의의

(가) 처분권주의에 따라서 가분채권(대표적으로 금전채권)의 채권자는 채권의 전부가 아닌 일부만의 이행을 구하는 소를 제기할 수 있는데, 이를 '일부청구'라고 한다. 이러한 일부청구에는 전체 청구부분 중에 일부에 해당한다는 점을 밝히면서 이행을 구하는 명시적 일부청구와 이를 밝히지 않고 일부에 대하여 이행을 구하는 묵시적 일부청구가 있다.

(나) 이러한 일부청구는 소 제기 당시에 전체 청구액을 확정할 수 없어서 일단 확정된 금액만 청구하는 경우, 법리가 확립되어 있지 아니하거나 또는 증거가 충분하지 아니하여 승소의 가능성이 불확실한 반면에 채권액이 커서 소송비용을 절약할 필요가 있는 경우 등에 사용된다.

(2) 일부청구임을 명시하는 방법

(가) 명시적으로 일부청구하는 경우에는 일부청구임은 소장의 청구원인에서 밝히는데 통상 "…원고의 손해는 1억원이라고 할 것입니다만 일단 이 중 4천만원에 대하여만 지급청구를 합니다."와 같이 전체금액을 밝히고 이 중 일부를 청구한다는 점을 명시한다.

(나) 청구액이 불명확한 경우에는 위와 같이 전체 손해액을 밝힐 수 없으므로 일부청구하는 손해의 범위를 나머지 청구와 구별하여 그 심리의 범위를 특정할 수 있는 정도의 표시를 하여 전체 손해의 일부로서 우선 청구하고 있는 것임을 밝히는 것으로 족하다(대법원 1989. 6. 27. 선고 87다카2478 판결). 예를 들어 전체 손해액을 밝히지 않고 "재산적 손해 중 우선 금 4,000,000원을 청구하고 그 나머지는 추후에 청구하겠다."고 명시하였다면 명시적 일부청구가 된다(앞의 판결). 그리고 원고가 15세가 끝날 때까지의 개호비를 우선 청구하고, 그 이후에도 계속 개호인이 필요함이 밝혀진다면 나머지 개호비를 추후에 청구하겠다는 의사를 밝힌 것은, 전체 손해 중에 15세가 끝날 때까지의 손해를 우선 청구하고, 나머지 개호비는 당해 소송절차 내에서가 아니라 추후 치료과정을 고려하여 별소를 통하여 청구하겠다는 의사를 표시한 것이므로 명시적 일부청구가 된다(대법원 1986. 12. 23. 선고 86다카536 판결).

(다) 원고의 청구가 장차 신체감정결과에 따라 당해 소송절차에서 청구금액을 확장할 것을 전제로 우선 재산상 및 정신상 손해금 중 일부를 청구한다는 뜻이라면, 장차 밝혀질 손해액도 당해 소송절차 내에서 청구하겠다는 의사를 표시한 것이므로 이를 일부청구라고 볼 수 없다(대법원 1992. 12. 8. 선고 92다29924 판결). 그러나 소장에서 청구의 대상으로 삼은 채권 중 일부만을 청구하면서 소송의 진행경과에 따라 장차 청구금액을 확장할 뜻을 표시하였으나 당해 소송이 종료될 때까지 실제로 청구금액을 확장하지 않은 경우에는 소송의 경과에 비추어 볼 때 채권 전부에 관하여 판결을 구한 것으로 볼 수 없으므로, 나머지 부분에 대하여는 재판상 청구로 인한 시효중단의 효력이 발생하지 않는다(대법원 2020. 2. 6. 선고 2019다223723 판결). 이와 같은 경우에도 소를 제기하면서 장차 청구금액을 확장할 뜻을 표시한 채권자로서는 장래에 나머지 부분을 청구할 의사를 가지고 있는 것이 일반적이라고 할 것이므로, 다른 특별한 사정이 없는 한 당해 소송이 계속 중인 동안에는 나머지 부분에 대하여 권리를 행사하겠다는 의사가 표명되어 최고에 의해 권리를 행사하고 있는 상태가 지속되고 있는 것으로 보아야 하고, 채권자는 당해 소송이 종료된 때부터 6월 내에 민법 제174조에서 정한 조치를 취함으로써 나머지 부분에 대한 소멸시효를 중단시킬 수 있다(앞의 판결).

(3) 소송물의 판단기준

(가) 명시적 일부청구에서는 일부청구만이 소송물이 되고 청구되지 아니한 나머지 청구는 별개의 소송물이 된다(대법원 2010. 11. 11. 선고 2010두14534 판결). 반면에 묵시적

일부청구에서는 전체 청구가 하나의 소송물이 되므로 청구되지 아니한 부분도 소송물에 포함된다(앞의 판결).

(나) 따라서 명시적 일부청구에서는 일부청구가 확정된 후 나머지 잔부를 청구하더라도 전소와 후소의 소송물이 달라서 전소의 기판력에 저촉되지 아니하지만, 묵시적 일부청구에서는 일부청구가 확정된 후 나머지 잔부를 청구하게 되면 전소와 후소의 소송물이 동일하여 전소의 기판력에 저촉된다. 그리고 명시적 일부청구에서는 일부청구에 대하여만 시효중단의 효력이 발생하지만, 묵시적 일부청구에서는 전체 청구에 대하여 시효중단의 효력이 발생한다.

라. 일반법과 특별법에서의 소송물

(1) 동일한 사건에 의하여 발생한 일반법상의 청구권과 특별법상의 소송물은 두 개의 소송물이 아니라 하나의 소송물이다.

(2) 예를 들어 자동차 운전자가 과실로 보행자를 충격하여 손해를 입혔다면 자동차손해배상보장법이 적용되는데, 이 법은 불법행위에 관한 민법 제750조의 특별규정이므로 피해자의 손해배상청구는 하나의 소송물이 된다(대법원 1970. 11. 24. 선고 70다1501 판결).

(3) 부당이득반환청구소송이 진행되던 도중에 채무자의 파산으로 인하여 파산채권확정청구[90]로 소변경이 되더라도, 어느 청구나 파산채권자가 자신이 보유하는 동일한 채권을 회수하기 위한 것으로서 실질적으로 그 목적이 동일하고, 부당이득반환청구라는 그 실체법상 법적 근거와 성질이 동일하며, 다만 파산절차의 개시라는 특수한 상황에 처하여 그 청구취지만을 이행소송에서 확인소송으로 변경한 것에 불과하여 양자의 소송물은 실질적으로 동일하다(대법원 2013. 2. 28. 선고 2011다31706 판결).[91]

마. 청구권 발생의 근거규정이 동일하더라도 사실관계를 달리하는 경우

(1) 청구권 발생의 근거규정이 동일하더라도 사실관계를 달리하는 경우에는 별개의 소송물이 된다.

(2) 부정경쟁방지법위반에 따른 손해배상청구를 하였는데 이 소송의 변론종결 후에도 계속하여 위반행위가 있어서 이에 대하여 따로 손해배상청구소송을 제기하였다면 전소와 후소는 별개의 소송물이 된다(대법원 2009. 6. 25. 선고 2009다22037 판결).

(3) 동일한 부동산에 대한 사기에 의한 의사표시취소를 원인으로 한 근저당권설정등

90) 신고된 파산채권에 대하여 파산채권자 등의 이의가 있으면 법원으로부터 파산채권의 존재에 대한 확인판결을 받아야 비로소 배당을 받을 수 있다(「채무자 회생 및 파산에 관한 법률」 제462조).

91) 소의 교환적 변경은 변경 전후의 소송물이 다른 경우에 허용되는데, 대법원 판례는 부당이득반환청구를 파산채권확정청구로 변경하는 것을 허용하므로 형식적으로는 다른 소송물이지만, 기판력의 작용에 있어서는 동일한 소송물로 본 듯하다. 하지만 이와 같이 보는 것은 법리를 너무 복잡하게 만드는 문제가 있다. 차라리 이를 동일한 소송물로 봐서 소변경을 불허하는 것이 올바른 방법이라고 본다.

기의 말소청구와 피담보채무의 부존재를 원인으로 한 근저당권설정등기의 말소청구는 근거 법률은 동일하지만 사실관계를 달리하므로 별개의 소송물이 되고 다만 목적이 동일하므로 선택적 병합이 된다(대법원 1986. 9. 23. 선고 85다353 판결).

(4) 임야 2434평 중 특정부분 1500평을 매수하였다고 주장하면서 제기한 소유권이전등기청구소송에서 매매계약을 체결한 사실은 인정되지만 특정하여 매수한 것이 아니란 이유로 패소확정 되었다면, 그 후 원고가 특정부분이 아닌 지분(1500/2434)에 대한 이전등기청구소송을 제기하는 것은 전소와 후소의 소송물이 달라서 기판력에 저촉되지 않는다(대법원 1995. 4. 25. 선고 94다17956 전원합의체 판결).[92]

사 례

A는 자신이 B에 대하여 대출채권 1억원을 갖고 있고, B는 C에 대하여 주식매매대금반환채권 1억원을 갖고 있다고 주장하면서 B를 대위하여 C에게 1억원을 원고인 자신에게 지급하라는 채권자대위청구의 소를 제기하였다. 한편 D는 자신이 B에 대하여 구상금채권 1억원을 갖고 있고, B는 C에 대하여 위와 같은 주식매매대금반환채권을 갖고 있다는 이유로 위 A를 피참가인으로 공동소송참가신청을 하면서 C에게 1억원을 참가인인 자신에게 지급할 것을 청구하였다. 하지만 법원은 A의 청구와 D의 청구가 피보전채권을 달리하고, A와 D가 C에 대하여 자신에게 이행할 것을 청구하고 있으므로 양자의 소송물이 다르다는 이유로 D의 공동소송참가신청을 각하하였다.

문 1) 위와 같은 법원의 판단의 적법성에 대하여 논하시오.

문 2) 만일 A가 1억원 중 명시적으로 5천만원만 일부청구 하였고, D는 1억원을 청구하면서 공동소송참가를 했다면 법원은 소송물에 관하여 어떤 판단해야 하는지 기술하시오.

문 1)

1. 공동소송참가의 요건

적법한 공동소송참가가 되려면 민사소송법 제83조 제1항에 따라서 참가인인 참가하려는 소송의 판결의 효력을 받는 지위에 있고, 당사자적격이 있으며, '소송목적이 한쪽 당사자와 제3자에게 합일적으로 확정되어야 할 경우'이어야 한다.

채권자대위권을 행사하는 채권자들 사이에는 판결의 효력이 상호 미치고 당사자 적격이 있다는 점은 명백하다. 그런데 '소송목적이 한쪽 당사자와 제3자에게 합일적으로 확정되어야 할 경우'에 해당하려면 피참가인이 주장하는 소송물과 참가인이 주장하는 소송물이 동일해야 한다(대법원 2015. 7. 23. 선고 2013다30301 판결).

2. 채권자대위청구소송에서의 소송물

채권자대위청구소송에서의 소송물은 피대위채권의 동일성으로 판단해야 한다(앞의 판결). 그리고 채권자대위권을 행사하는 여러 명의 채권자들이 각기 자신을 이행 상대방으로 하여 금전의 지급을 청구하였더라도 채권자들이 채무자를 대위하여 변제를 수령하게

92) 그러나 동일한 매매계약 사실을 근거로 하여 청구내용만 다른 것에 불과하므로 동일한 소송물로 보는 것이 타당하다고 보며, 이 판결의 소수의견도 그러하다.

될 뿐 자신의 채권에 대한 변제로서 수령하게 되는 것이 아니므로 이러한 채권자들의 청구가 서로 소송물이 다르다고 할 수 없다(앞의 판결).

사안에서 비록 피참가인과 참가인의 피보전채권이 다르고 피참가인과 참가인이 각 자신에 대하여 피고가 이행할 것을 청구하고 있더라도 피참가인과 참가인의 주장하는 피대위채권은 동일하므로 소송물은 동일하다.

3. 결 론

법원이 원고의 청구와 참가인의 청구의 소송물이 다르다는 이유로 공동소송참가신청을 각하한 것은 위법하다.

문 2)

명시적 일부청구에서는 일부청구만이 소송물이 되고 청구되지 아니한 나머지 청구는 별개의 소송물이 된다(대법원 2010. 11. 11. 선고 2010두14534 판결). 사안에서 A는 명시적으로 5천만원에 대하여만 일부청구를 했으므로 이 한도에서 소송물이 되고, D는 A의 일부청구를 초과하는 1억원에 대하여 청구를 하고 있으므로 D의 청구의 소송물은 A의 청구의 소송물과 동일하지 아니하다(대법원 2015. 7. 23. 선고 2013다30301 판결). 따라서 법원은 공동소송참가의 요건이 갖추어지지 않았다는 이유로 D의 참가신청을 각하해야 한다.

2. 확인의 소에서의 소송물

(1) 확인의 소에서의 소송물은 확인을 구하고 있는 구체적인 법률관계의 존부, 즉 청구취지에 기재된 법률관계의 존부라는 것이 대법원 판례의 입장이다(대법원 1995. 12. 22. 선고 93다61567 판결, 대법원 1993. 1. 15. 선고 92다20149 판결 등).

(2) 예를 들어 청구취지에 "대구시 수성구 황금동 100 대 100평방미터가 원고의 소유임을 확인한다."라고 기재되어 있다면 소송물은 위 부동산에 대한 원고의 소유권의 존부가 되고, 원고가 소유권을 취득하게 된 개개의 원인(매매계약, 상속, 증여 등)은 공격방어방법에 불과하다. 따라서 매매계약에 기하여 소유권을 취득했다는 것을 원인으로 하여 소유권확인의 소를 제기하였다가 패소확정 된 후에 증여를 통하여 소유권을 취득했다는 것을 원인으로 하여 동일한 부동산에 대하여 소유권확인의 소를 제기하는 것은 기판력에 저촉된다.

3. 형성의 소에서의 소송물

가. 재심청구

확정판결의 효력을 배제시키는 재심청구는 민사소송법 제451조 제1항 각호 소정의 재심사유마다 별개의 소송물이 된다(대법원 1992. 10. 9. 선고 92므266 판결).

나. 이혼소송

재판상 이혼사유에 관한 민법 제840조는 여기서 규정하고 있는 각 호 사유마다 각 별개의 독립된 이혼사유를 구성하는 것이므로 각 이혼사유마다 별개의 소송물이 된다(대법원 2000. 9. 5. 선고 99므1886 판결).

다. 채권자취소소송

(1) 채권자취소소송에서는 채권자취소의 원인이 된 사해행위마다 별개의 소송물이 된다. 따라서 채권자취소의 원인이 된 사해행위가 동일하다면 채권자의 채무자에 대한 피보전채권을 달리하더라도 소송물은 동일하므로, 피보전채권을 추가하거나 교환하는 것은 소송물의 변동을 가져오지 않고 공격방법에 관한 주장을 변경하는 것에 불과하다(대법원 2012. 7. 5. 선고 2010다80503 판결).

(2) 그러나 채권자가 채무자의 어떤 금원지급행위가 사해행위에 해당된다고 하여 그 취소를 청구하면서 그 사해행위를 증여라고 주장했다가 나중에 변제라고 변경하여 주장하더라도 이러한 주장은 동일한 금전지급행위에 대한 법률적 평가를 달리 주장하는 것에 불과하고 사실관계에 변동이 없으므로 공격방법에 관한 주장을 달리하는 것일 뿐이지 소송물 또는 청구 자체를 달리하는 것으로 볼 수 없다(대법원 2005. 3. 25. 선고 2004다10985,10992 판결).

제 3 절 청구의 병합(소의 객관적 병합)

I. 의 의

하나의 소로써 여러 청구에 대하여 판단을 구하는 것을 '청구의 병합' 또는 '객관적 병합'이라고 한다(법 제253조). 주관적 병합과 마찬가지로 소를 제기할 때부터 청구를 병합하는 원시적 병합과 소를 제기한 후에 청구를 병합하는 후발적 병합이 있다. 여러 분쟁을 하나의 소송절차에서 일거에 해결한다는 점에서 청구의 병합은 소송경제에 기여한다.

II. 청구의 병합의 요건

1. 다수의 소송물

소송물이 다수인 경우에 병합청구가 성립되며, 소송물은 하나이지만 이에 대한 공격방어방법이 여러 개인 경우는 하나의 청구에 불과하다. 이에 대한 구분은 앞서 언급한 소송물이론에 따라서 결정된다. 예를 들어 불법행위에 기한 손해배상청구권과 부당이득반환청구권은 소송물을 달리하므로(대법원 2013. 9. 13. 선고 2013다45457 판결) 이를 함께 제기하면 병합청구가 된다. 그러나 부당이득반환청구에서 법률상 원인 없는 사유는 공격방법에 지나지 않으므로(대법원 2008. 2. 29. 선고 2007다49960 판결) 법률상 원인 없는 사유를 다수 주장하더라도 소송물은 1개이고 공격방법의 다수에 불과하다.

2. 같은 종류의 소송절차

다수의 청구는 같은 종류의 소송절차에 따를 수 있는 경우에만 하나의 소로 제기할 수 있다(법 제253조). 따라서 민사본안사건을 행정소송절차에 따르는 행정사건이나 가사소송절차에 따르는 가사사건과 병합하여 민사법원에 제기할 수 없다. 그러나 부당한 과세처분에 대하여 일단 세금을 납부한 후에 과세처분취소소송과 함께 납부한 세금에 대하여 부당이득반환청구를 하는 경우처럼, 행정소송을 제기하면서 손해배상청구나 부당이득반환청구를 병합하여 제기하는 경우에는 행정소송법원에 행정사건과 민사본안사건을 병합하여 제기할 수 있다(행정소송법 제10조).[93)]

3. 공통의 관할권

병합된 청구에 대하여 수소법원이 관할을 갖고 있어야 한다. 하지만 민사소송법 제25조의 관련재판적에 따라서 병합된 청구 중 하나의 청구에 대하여 관할을 갖고 있는 법원이 나머지 청구에 대하여도 관할을 갖게 되므로 관할의 문제가 발생하는 경우는 많지 않다. 그러나 전속관할이 있는 사건에 대하여는 관련재판적이 발생하지 않으므로 병합청구가 허용되지 아니하는 경우가 발생한다.

III. 원시적 병합

원시적 병합의 형태에는 단순병합, 선택적 병합, 예비적 병합이 있다.

1. 단순병합

가. 의 의

원고가 병합된 청구 모두에 대하여 인용판결을 구하여 법원이 병합된 청구 모두에

93) 손해배상청구 등의 민사소송이 행정소송에 관련청구로 병합되기 위해서는 그 청구의 내용 또는 발생원인이 행정소송의 대상인 처분 등과 법률상 또는 사실상 공통되거나, 그 처분의 효력이나 존부 유무가 선결문제로 되는 등의 관계에 있어야 함이 원칙이다(대법원 2000. 10. 27. 선고 99두561 판결).

대하여 판단을 해야 하는 경우가 단순병합이다. 만일 청구의 일부에 대한 판단을 누락하게 되면, 법원은 그 청구에 대하여 추가판결을 해야 한다. 단순병합은 청구취지에 여러 청구를 나열하는 방식을 취한다.

(청구취지에 표시하는 방법)
1. 피고는 원고에게 돈 1억원을 지급하라.
2. 피는는 원고에게 ~소재 토지에 관하여 소유권이전등기절차를 이행하라.

나. 단순병합이 되는 경우

(1) 논리적 관련이 없는 경우

(가) 병합된 청구들이 동시에 존재할 수 있고('양립이 가능하다'라고도 표현한다.), 독자적인 목적을 갖고 있으며, 논리적으로 서로 관련이 없다면 단순병합이 된다(대법원 2008. 12. 11. 선고 2006다5550 판결). 따라서 별개의 소로써 청구할 수 있지만 편의를 위하여 병합시킨 것에 불과한 경우가 단순병합이고, 법원은 병합된 청구 모두에 대하여 인용판결을 할 수 있는 경우에 해당한다.

(나) 예를 들어 토지의 불법점유자에 대하여 토지의 반환청구와 부당이득반환청구를 함께 하는 경우에 양자는 동일한 사실을 원인으로 하지만 양 청구가 동시에 존재할 수 있고, 그 목적이 다르며, 전자와 후자의 요건사실에 차이가 있으므로 논리적으로 서로 관련이 없다. 따라서 단순병합이 된다.

(2) 논리적으로 전제관계에 있는 경우

(가) 하나의 청구에 대하여 인용판결을 하는 것을 전제로 하여 다른 판결에 대하여도 인용판결을 구하는 경우도 단순병합이 된다. 이러한 단순병합도 법원이 병합된 청구 모두에 대하여 인용판결을 할 수 있다는 점에서, 병합된 청구 모두에 대하여 인용판결을 할 수 없는 예비적 병합 및 선택적 병합과 차이가 있다.

(나) 예를 들어 채권자가 본래적 급부청구인 부동산소유권이전등기청구와 대상청구[94]를 병합하여 소구한 경우에, 대상청구는 부동산소유권이전등기청구가 인용될 것을 조건으로 하여 이것이 판결확정 전에 이행불능되거나 또는 판결확정 후에 집행불능이 되는 경우에 대비하여 미리 청구하는 것이므로 부동산소유권이전등기청구와 대상청구의 병합은 현재이행의 청구와 장래이행청구의 단순병합에 속한다(대법원 2006. 3. 10. 선고 2005

94) 대상청구란 본래적 급부청구권이 현존함을 전제로 하여 이것이 판결확정 전에 이행불능되거나 또는 판결확정 후에 집행불능이 되는 경우에 이러한 이행불능 또는 집행불능에 대신하여 채무자가 이득을 얻었다면, 그 이득의 인도를 청구 하는 것을 말한다. 예를 들어 매매목적토지가 수용됨으로써 매수인이 수용보상금을 수령하였다면 그 금원의 지급을 구하는 청구가 대상청구가 된다(대법원 2012. 6. 28. 선고 2010다71431 판결).

다55411 판결).[95] 각 청구는 별개의 소로써 주장할 수 있지만 편의를 위하여 병합한 경우에 해당하기 때문이다.

다. 단순병합을 구해야 하는 사건을 예비적 또는 선택적으로 병합한 경우

(1) 공동소송과 마찬가지로 청구의 병합에서도 병합의 형태는 당사자의 의사가 아닌 병합청구의 성질을 기준으로 판단해야 한다(대법원 2014. 5. 29. 선고 2013다96868 판결). 따라서 단순병합으로 구하여야 할 수개의 청구를 선택적 또는 예비적 청구로 병합하여 청구하는 것은 부적법하여 허용되지 않는다. 원고가 위와 같이 잘못된 형태로 소를 제기한 경우 제1심 법원은 소송지휘권을 적절히 행사하여 이를 단순병합청구로 보정하게 하는 등의 조치를 취하여야 한다(대법원 2008. 12. 11. 선고 2005다51495 판결).

(2) 만일 법원이 위와 같은 조치를 취함이 없이 본안판결을 하더라도 그 병합의 형태가 선택적 또는 예비적 병합으로 바뀌는 것은 아니므로 여전히 단순병합으로 취급해야 한다(앞의 판결).

라. 단순병합에 대한 심리와 판단

(1) 모든 청구에 대한 판단

가. 법원은 단순병합된 청구 모두 대하여 심리를 진행한 후에 모두에 대하여 판결을 해야 한다. 만일 병합된 청구 중 일부에 대하여 판결을 하고 일부에 대한 판결을 누락하면, '재판의 누락'이 되어 누락된 청구는 여진히 그 심급에 남게 되고 법원은 이에 대하여 추가판결을 해야 한다(법 제212조, 대법원 2008. 12. 11. 선고 2005다51495 판결).

나. 공격방어방법에 대한 판결이유가 누락된 '판단의 누락'의 경우에는 추가판결이 아니라 상소 또는 재심을 통하여 문제를 해결하는 것과 차이가 있다(법 제424조 제1항 제6호, 법 제451조 제9호). 이러한 점에서도 소송물과 공격방어방법을 구분할 필요가 있다.

(2) 변론의 분리와 일부판결

단순병합은 병합된 청구 사이에 논리적 관련성이 없으므로, 만일 법원이 병합된 청구 중 일부에 대한 심리를 마쳤다면 변론을 분리하고 일부판결을 할 수 있다(법 제200조 제1항).

(3) 상소 제기의 효력과 심판의 대상

가. 병합된 청구 중 일부의 판결에 대하여만 상소를 제기하더라도 상소불가분의 원칙으로 인하여 상소를 제기하지 아니한 청구에 대한 판결도 확정이 차단되고 상급심으로 넘어가는 이심의 효력이 발생한다. 이와 같이 상소불가분의 원칙이 인정되는 이유는 상

95) 또 다른 예로, 매매계약무효확인청구와 이 청구가 인용될 것을 전제로 한 원상회복청구 및 채권자취소청구와 이 청구가 인용될 것을 전제로 한 원상회복청구를 들 수 있다.

대방이 부대항소[96]를 제기할 수 있기 때문이다. 만일 불복되지 아니한 청구가 분리확정이 된다면 상대방이 부대항소를 할 대상이 소멸될 것이다.

나. 그러나 항소심에서의 심판의 대상은 항소를 제기한 당사자가 불복한 범위에 한정되므로(법 제415조) 불복되지 아니한 청구가 항소심으로 이심된다고 하더라도 상대방이 이에 대하여 부대항소를 제기하지 아니하면 항소심의 심판의 대상이 되지 않는다(대법원 2014. 2. 13. 선고 2013다212509 판결). 따라서 법원은 이에 대하여 판단할 수 없고, 당사자는 이에 대하여 상고할 수 없다(앞의 판결). 항소되지 않고 부대항소도 제기되지 아니한 제1심의 판결은 항소심 판결이 선고된 때에 확정된다.

2. 선택적 병합

가. 의 의

(1) 동시에 존재할 수 있는(양립할 수 있는) 수개의 청구가 같은 목적을 갖고 있는 경우(수개의 청구권이 같은 급부를 목적으로 하거나, 양립할 수 있는 수개의 형성권에 기하여 동일한 형성적 효과를 구하는 경우)에 그 어느 한 청구가 인용될 것을 해제조건으로 하여 수개의 청구에 관한 심판을 구하는 경우에 선택적 병합이 된다(대법원 1998. 7. 24. 선고 96다99 판결). 즉 병합된 청구 중 하나에 대하여 인용판결을 하였다면 목적이 달성되었으므로 나머지 청구에 대하여 심판할 필요가 없다. 선택적 병합은 목적이 하나이므로 청구취지에는 하나의 청구만 기재하고 청구이유에서 선택적 청구의 내용을 기재한다.

(2) 선택적 병합의 경우에는 여러 개의 청구가 하나의 소송절차에서 불가분적으로 결합되어 있기 때문에, 원고의 청구를 기각하고자 한다면 병합된 청구 모두에 대하여 기각을 해야 하며 선택적 청구 중 하나만을 기각하고 다른 선택적 청구에 대하여 아무런 판단을 하지 않는 일부판결은 위법하다(대법원 2018. 6. 15. 선고 2016다229478 판결). 이때는 항소를 통하여 항소심에서 위와 같은 하자를 해결해야 하며 재판의 누락은 아니므로 제1심 법원이 판단이 누락된 청구에 대하여 추가판결을 해야 하는 것은 아니다(대법원 1998. 7. 24. 선고 96다99 판결).

나. 선택적 병합이 되는 경우

(1) 하나의 계약위반사실을 이유로 한 채무불이행을 원인으로 한 손해배상청구와 불법행위를 원인으로 한 손해배상청구는 소송물을 달리하지만 동일한 손해의 전보를 목적으로 한다. 만일 양자 모두 인용판결을 하게 되면 원고는 이중의 이득을 얻게 되므로 원

---

96) 부대항소 또는 부대상고란 상소기간이 도과하거나 상소이익이 없거나 상소권을 포기하는 등의 이유로 항소권 또는 상고권이 없는 당사자가 상대방이 제기한 항소 또는 상고에 편승하여 자신의 청구에 대한 심판을 구하는 것을 말한다.

고는 하나의 청구가 인용될 것을 조건으로 하여 다른 청구를 병합청구할 수밖에 없고, 이때는 선택적 병합이 된다.

(2) 채무자의 제3채무자에 대한 채권에 대하여 전부명령을 받았음을 이유로 한 전부금 지급청구와 제3채무자가 채무자의 채권자에 대한 채무를 병존적으로 인수하였음을 원인으로 하는 채무인수금청구는 동시에 존재할 수 있는 양립가능한 청구이지만 채권자의 채권의 만족에 그 목적으로 하므로 선택적 관계에 있다(대법원 2002. 9. 4. 선고 98다17145 판결).

(3) 기망에 의한 법률행위라는 이유로 법률행위를 취소하고 부당이득반환청구를 하는 것과 그 법률행위가 동시에 불법행위를 구성한다고 하여 불법행위로 인한 손해배상청구를 하는 것은 동일한 손해를 전보하기 위한 동일한 목적을 가지고 있으므로 양자를 병합청구하면 그 형태는 선택적 병합이 된다(대법원 1993. 4. 27. 선고 92다56087 판결).

(4) 반면에 논리적으로 양립될 수 없는 수 개의 청구에 대한 선택적 병합은 허용되지 않는다(대법원 2014. 4. 24. 선고 2012두6773 판결). 예를 들어 원고가 피고 명의의 등기가 원인무효임을 이유로 그 말소를 구하는 것과 그 등기가 유효한 명의신탁등기이지만 신탁이 해지되었음을 이유로 소유권이전등기를 구하는 것은 서로 양립할 수 없는 주장이므로 이들 청구에 대하여는 선택적 병합을 할 수 없고 예비적 병합을 할 수 있을 뿐이다(대법원 1982. 7. 13. 선고 81다카1120 판결).

(5) 단순병합에서 설명한 바와 같이 병합의 형태가 선택적 병합인지 예비적 병합인지는 당사자의 의사가 아닌 병합청구의 성질을 기준으로 판단하여야 한다. 따라서 실질적으로 선택적 병합 관계에 있는 두 청구에 관하여 당사자가 주위적·예비적으로 순위를 붙여 청구하더라도 여전히 선택적 병합으로 취급해야 한다(대법원 2014. 5. 29. 선고 2013다96868 판결).

다. 선택적 병합에 대한 심리와 판단

선택적으로 병합된 청구들은 하나의 목적을 추구한다는 점에서 불가분적으로 결합되어 있으므로 변론을 분리하여 일부판결을 할 수 없다. 만일 일부판결을 허용하면 병합된 청구 모두에 대하여 인용판결이 있을 수 있고 이에 따라서 원고가 이중의 이득을 얻기 때문이다.

(1) 판결의 범위

가. 선택적 병합의 성질상 법원이 병합된 청구 중에 하나의 청구를 선택하여 인용판결을 하였다면 다른 청구에 대하여 판단할 필요가 없다. 하지만 법원이 원고의 청구를 기각하고자 한다면 선택적으로 병합된 모든 청구에 대하여 심판을 해야 하므로 병합된 모든 청구에 대하여 기각판단을 해야 한다(대법원 1998. 7. 24. 선고 96다99 판결).

나. 만일 법원이 청구기각판결을 하면서 선택적으로 병합된 청구 중 일부에 대한 판

단을 누락하고 당사자가 항소를 제기하였다면, 단순병합과 달리 판단이 누락된 청구부분이 그 심급에 남아 있어 추가판결의 대상이 되는 것이 아니라 항소심으로 이심이 되어 항소심의 심판대상이 된다(대법원 2010. 5. 27. 선고 2009다12580 판결). 이를 객관적 병합에서의 합일확정이 요구되는 경우라고 볼 수 있다. 예를 들어 2개의 청구가 선택적으로 병합된 사건에서 법원이 청구기각을 하면서 병합된 청구 중 1개의 청구에 대하여만 심판을 하고 이에 대하여 원고가 항소를 제기했는데, 1심 법원이 재판의 누락이 있다고 하여 추가로 인용판결을 하고 원고의 항소에 의하여 진행된 항소심에서도 인용판결을 하면, 원고는 이중의 이익을 얻게 되는 문제가 발생한다. 즉 앞서 언급한 바와 같이 변론의 분리가 허용되지 않는다.

(2) 상소 제기의 효력과 심판의 대상

가. 선택적으로 병합된 청구들은 선택의 대상으로 불가분적으로 묶여 있으므로 상소불가분의 원칙에 따라서 병합된 청구 중 하나의 판결에 대하여 상소를 제기하더라도 나머지 청구도 상소심으로 이심되어 병합된 청구 모두 상소심의 심판의 대상이 된다(앞의 판결).

나. 예를 들어 제1심에서 선택적으로 병합된 청구 중 하나의 청구가 인용되어 피고가 항소를 제기하였다면 나머지 청구도 항소심으로 이심되고 심판의 대상이 되므로 항소심은 제1심에서 인용된 청구를 먼저 심리하여 판단할 필요는 없고, 원심이 한 것처럼 선택적으로 병합된 수개의 청구 중 하나를 임의로 선택하여 심판할 수 있다(대법원 2006. 4. 27. 선고 2006다7587 판결).

(3) 파기환송의 범위

선택적으로 병합된 청구들은 선택의 대상으로 묶여 있으므로 선택적으로 병합된 수개의 청구를 모두 기각하거나 소를 각하한 항소심 판결에 대하여 원고가 상고한 경우, 상고심 법원이 선택적으로 병합된 청구 중 어느 하나의 청구에 관한 상고가 이유 있다고 인정할 때에는 원심판결을 전부 파기해서 병합된 청구 모두가 환송심의 심판의 대상이 되도록 해야 한다(대법원 2007. 3. 29. 선고 2006다79995 판결). 이러한 법리는 성질상 선택적 관계에 있는 청구를 당사자가 심판의 순위를 붙여 청구한다는 취지에서 예비적으로 병합한 경우에도 마찬가지로 적용된다(대법원 2022. 3. 31. 선고 2017다247145 판결).

3. 예비적 병합

가. 의 의

원고가 심판의 순서를 정하여 주위적 청구에 대하여 먼저 심판을 구하고 주위적 청구의 전부 또는 일부가 인용되는 것을 해제조건으로 하여 예비적 청구에 대하여 심판을 구하는 경우가 예비적 병합이다.

> (청구취지에 표시하는 방법)
> (주위적으로)
> 피고는 원고에게 돈 1억원을 지급하라.
> (예비적으로)
> 피고는 원고에게 ~소재 토지에 관한 소유권이전등기절차를 이행하라.

나. 예비적 병합(객관적 · 예비적 병합)이 되는 경우

(1) 양립될 수 없는 청구 — 원칙

(가) 하나의 청구가 인정되면 논리적으로 다른 청구가 인정될 수 없는 양립불가능한 청구에 순서를 정하여 심판을 구하는 것이 예비적 병합이다. 예를 들어 매매계약의 유효를 전제로 한 매매계약이행청구와 매매계약의 무효를 원인으로 하는 계약금반환청구는 양립될 수 없는 청구에 해당한다. 이러한 점에서 병합된 청구들이 동시에 존재할 수 있는 단순병합이나 선택적 병합과 차이가 있다.

(나) 그러나 주위적 청구의 수량만 감축한 예비적 청구는 별개의 소송물이 아니라 공격방어방법의 변경에 불과하므로 병합청구가 아니다(양적 일부감축). 예를 들어 원고가 주위적 청구로서 석회석광업에 관한 보험료율인 62/1,000에 의하여 산출한 산재보험료 부과처분이 위법하다 하여 그 전체의 취소를 구하고, 예비적 청구로서 위 부과처분 전체가 위법하지 않을 때를 전제로 하여 위 부과처분 중 시멘트원료 채굴 및 제조업에 관한 보험료율인 15/1,000에 의하여 산정한 보험료를 초과한 부분만이 위법하다 하여 그 부분의 취소를 구하는 경우에 이 예비적 청구는 주위적 청구와 동일한 목적물에 관하여 동일한 청구원인을 내용으로 하고 있고 다만 주위적 청구에 대한 수량적 일부분을 감축하는 것에 지나지 아니하여 하나의 소송물에 불과하므로 소송상 예비적 청구라고 할 수 없다(대법원 1991. 5. 28. 선고 90누1120 판결).

(다) 마찬가지로 주위적으로 단순이행청구를 하고, 예비적으로 동시이행청구를 하는 것도 하나의 소송물에 대하여 공격방어방법을 달리하는 경우에 해당하므로 예비적 병합이라고 볼 수 없다(질적 일부감축)(대법원 1999. 4. 23. 선고 98다61463 판결).

(2) 양립될 수 있는 청구(부진정 예비적 병합) — 예외

(가) 논리적으로 양립이 가능한 청구로서 선택적 병합을 해야 하는 청구들이라고 하더라도 당사자가 심판의 순위를 붙여 청구를 할 합리적인 필요성이 있는 경우에는 예외적으로 심판의 순위를 붙여 청구할 수 있다(대법원 2002. 10. 25. 선고 2002다23598 판결). 이

를 '부진정 예비적 병합'이라고도 한다. 당사자가 심판의 순위를 붙여 청구를 할 합리적인 필요가 있는 경우란, 대표적으로 양립가능 하고 동일한 목적을 갖고 있는 청구이지만 수량의 차이가 있어서 좀 더 큰 청구를 주위적으로, 적은 청구를 예비적으로 청구하는 경우를 말한다. 좀 더 큰 청구에 대하여 우선적으로 심판할 합리적 필요성이 있기 때문이다.

(나) 예를 들어 공유자가 보존행위로서 부동산 전부에 대한 소유권이전등기를 주위적으로 청구하고, 예비적으로 공유자 자신의 지분에 해당하는 비율에 대하여만 소유권이전등기청구를 하는 경우에 양 청구가 양립이 가능하지만 수량이 큰 청구인 부동산 전부에 대한 소유권이전등기청구를 주위적으로 청구할 필요가 인정된다(대법원 2002. 2. 8. 선고 2001다17633 판결). 이때 전자의 청구는 민법 제265조를 근거로 하고 있고, 후자의 청구는 민법 제263조를 근거로 하고 있으므로 양 청구는 소송물이 다르다는 점에서 소송물이 동일하지만 청구의 수량만 줄여서 예비적으로 청구하는 청구의 양적 일부감축과 차이가 있다는 점에 주의할 필요가 있다.

(다) 또한 원고가 A에 대한 차용금지급청구의 소에서 승소확정판결을 받은 후에 A의 채무자 B에 대한 금전채권에 관하여 전부명령을 얻어서 B에 대하여 주위적으로 전부금 211,587,688원의 지급을 구하고, 예비적으로는 B가 A의 원고에 대한 위 차용금채무 중 145,000,000원을 중첩적으로 인수하였다고 하여 이를 청구하는 경우에 양자는 양립이 가능하여 성질상 선택적 병합을 할 수 있지만, 수량에 차이가 있어 심판의 순위를 정하여 청구할 필요가 있고 양자가 소송물을 달리하므로 예비적 병합이 허용된다(대법원 2002. 9. 4. 선고 98다17145 판결).

(라) 한편 청구하는 수량이 동일한 경우에도 부진정 예비적 병합이 가능하다. 예를 들어 주위적으로 재산상 손해배상을 청구하면서 그 손해가 인정되지 않을 경우에 예비적으로 같은 액수의 정신적 손해배상을 청구하는 것과 같이 ① 수 개의 청구 사이에 논리적 관계가 밀접하고, ② 심판의 순위를 붙여 청구를 할 합리적 필요성이 있다고 인정되는 경우에는 부진정 예비적 병합 청구의 소도 허용된다(대법원 2021. 5. 7. 선고 2020다292411 판결).

라. 병합청구의 성질에 따른 판단

동일한 금액을 청구하지만 주위적으로 대여금반환청구를 하고 예비적으로 불법행위(사기)를 원인으로 한 손해배상청구를 한 사안[97]에서, 대법원 판례는 병합의 형태가 선택적 병합인지 예비적 병합인지는 당사자의 의사가 아닌 병합청구의 성질을 기준으로 판단하여야 하고, 항소심에서의 심판 범위도 그러한 병합청구의 성질을 기준으로 결정하여야

97) 주위적 청구와 예비적 청구의 사실관계와 청구금액이 동일하지만, 근거법률이 다른 경우이므로 성격상 전형적인 선택적 병합에 해당하고, 당사자가 심판의 순위를 붙여 청구를 할 합리적인 필요성이 없는 경우에 해당한다.

한다고 판시하였다(대법원 2014. 5. 29. 선고 2013다96868 판결). 예를 들어 실질적으로 선택적 병합 관계에 있는 두 청구에 관하여 당사자가 주위적·예비적으로 순위를 붙여 청구하였고, 그에 대하여 제1심 법원이 주위적 청구를 기각하고 예비적 청구를 인용한데 대하여 피고만이 항소를 제기한 경우에도, 항소심으로서는 이를 선택적 병합으로 처리하여 두 청구 모두를 심판의 대상으로 삼아 판단하여야 한다[98](앞의 판결).

마. 예비적 병합에 대한 심리와 판단

(1) 판단의 순서

가. 예비적 병합에서 예비적 청구는 주위적 청구가 인용되는 것을 해제조건으로 하는 것이므로 법원의 심판순서는 당사자가 청구한 심판의 순서에 구속된다. 따라서 원고의 주위적 청구를 인용하는 경우에는 예비적 청구에 대하여 심판할 필요가 없고 주위적 청구를 기각하였다면 반드시 예비적 청구에 대하여 심판을 해야 한다. 주위적 청구를 판단하지 않고 예비적 청구만을 인용하거나 주위적 청구만을 배척하고 예비적 청구에 대하여 판단하지 않는 등의 일부판결은 예비적 병합의 성질에 반하는 것으로서 법률상 허용되지 않는다(대법원 2000. 11. 16. 선고 98다22253 판결).

나. 예를 들어 원고가 제1심에서 양수금청구에 대하여 패소하자 항소심에서 불법행위를 원인으로 하는 손해배상청구를 예비적 청구로 추가한 경우에, 항소심이 주위적 청구와 예비적 청구를 모두 배척하는 판단을 하였다면 주문에서 "원고의 항소와 예비적 청구를 모두 기각한다."라고 하여 예비적 청구에 대하여 별도의 판결을 해야 하며 항소기각판결만을 해서는 안 된다(대법원 2011. 7. 28. 선고 2010다36568 판결).

[판결주문의 예]

주위적 청구의 기각과 예비적 청구의 인용: "원고의 주위적 청구를 기각한다. 피고는 원고에게 금 500원을 지급하라."
주위적 청구와 예비적 청구 모두 기각: "원고의 주위적 청구와 예비적 청구를 모두 기각한다."

다. 주위적 청구원인과 예비적 청구원인이 양립 가능한 경우에도 당사자가 심판의 순위를 붙여 청구를 할 합리적인 필요성이 있는 경우에는 심판의 순위를 붙여 청구할 수 있다는 점은 앞서 언급한 바와 같다. 이러한 경우 주위적 청구가 전부 인용되지 않을 경우에는 주위적 청구에서 인용되지 아니한 수액 범위 내에서의 예비적 청구에 대해서도 판단하여 주기를 바라는 취지로(예를 들어 주위적으로 1억 원을 청구하고 예비적으로 5천만 원

98) 적법한 예비적 병합이라면 주위적 청구를 기각하고 예비적 청구만을 인용한 제1심 판결에 대하여 피고만이 항소한 경우에 피고는 자신이 패소한 예비적 청구에만 불복을 한 것이므로 항소심에서 원고가 부대항소를 하지 아니하는 한 항소심의 심판 범위는 예비적 청구부분에 한정된다(대법원 2002. 12. 26. 선고 2002므852 판결).

을 청구했는데, 법원이 주위적 청구 중 6천만 원만 인용했다면 기각된 나머지 4천만 원에 범위에서 예비적 청구에 대하여 심판을 구하는 경우) 불가분적으로 결합시켜 제소할 수도 있다(대법원 2002. 9. 4. 선고 98다17145 판결). 주위적 청구가 일부만 인용되는 경우에 나아가서 예비적 청구를 심리할 것인지의 여부는 소송에서의 당사자의 의사 해석에 달린 문제이다(대법원 2002. 10. 25. 선고 2002다23598 판결). 따라서 당사자의 의사가 불명확하고 법원이 주위적 청구원인에 기한 청구의 일부를 기각하고 예비적 청구취지보다 적은 금액만을 인용할 경우에는, 원고에게 주위적 청구가 전부 인용되지 않을 경우에는 주위적 청구에서 인용되지 아니한 수액 범위 내에서의 예비적 청구에 대해서도 판단하여 주기를 바라는 취지인지 여부를 석명하여 그 결과에 따라 예비적 청구에 대한 판단 여부를 정해야 한다(앞의 판결).

(2) 상소 제기의 효력과 심판의 대상

(가) 상소 제기의 효력

예비적 병합에 대하여도 상소불가분의 원칙이 적용되므로 주위적 청구에 대하여만 불복하거나 예비적 청구에 대하여 불복하거나 관계없이 상소 제기의 효력은 병합된 청구 모두에 미친다(대법원 2000. 11. 16. 선고 98다22253 판결).

(나) 판단의 누락

주위적 청구와 예비적 청구는 양립될 수 없는 청구이므로 청구 사이에 합일확정이 요구되고 따라서 일부청구에 대한 변론의 분리와 일부판결이 허용되지 않는다. 따라서 제1심에서 주위적 청구를 배척하면서 예비적 청구에 대한 판단을 누락하더라도 '재판의 누락'으로서 추가판결을 할 것은 아니고, 누락된 예비적 청구 부분도 항소심으로 이심되어 항소심에서도 주위적 청구를 배척한다면 예비적 청구에 대하여 심판을 해야 한다(앞의 판결).

(다) 심판의 대상

i) 주위적 청구를 인용할 때 예비적 청구에 대하여 심판할 필요가 없으므로 주위적 청구를 인용하는 판결은 전부판결이 된다. 이에 대하여 피고가 항소를 제기하였다면 제1심에서 심판을 받지 않은 예비적 청구도 모두 이심되고 항소심법원이 제1심에서 인용되었던 주위적 청구를 배척한다면 예비적 청구에 관하여 심판을 해야 한다(앞의 판결).

ii) 제1심 법원이 주위적 청구를 기각하고 예비적 청구를 인용한데 대하여 원고만 항소를 제기하였다면 주위적 청구와 예비적 청구에 판단 모두 확정이 차단되고 항소심으로 이심되고 만일 항소심에서 주위적 청구를 배척한다면 예비적 청구는 항소심의 심판의 대상이 된다.

iii) 제1심 법원이 주위적 청구를 기각하고 예비적 청구를 인용한데 대하여 피고만이 항소를 제기하였다면, 인용된 예비적 청구만이 불복된 것이므로 불복된 예비적 청구만이 항소심의 심판의 대상이 되고, 주위적 청구는 항소심으로 이심되지만 원고가 주위적 청구에 대하여 부대항소를 하지 않는 한 심판의 대상이 되지 않는다(대법원 2014. 5 .29. 선고 2013다96868 판결).

	단순병합	선택적 병합	예비적 병합
일부 청구에 대한 판단의 결여	재판의 누락이므로 추가판결	재판의 누락이 아니므로 추가판결 불허. 상급심에서 해결	재판의 누락이 아니므로 추가판결 불허. 상급심에서 해결
항소 제기의 효력	상소불가분	상소불가분	상소불가분
심판범위	불복되지 아니한 청구는 심판의 대상이 아님. 부대항소가 있어야 심판의 대상이 된다.	병합된 청구 모두 심판의 대상이 된다.	불복되지 아니한 주위적 청구는 심판의 대상이 아님. 부대항소가 있어야 심판의 대상이 된다.

Ⅳ. 후발적 병합

소 제기 이후에 청구를 병합하는 후발적 병합에는 ① 청구를 후발적으로 추가하는 방법, ② 중간확인의 소를 제기하는 방법, ③ 반소를 제기하는 방법이 있다. 청구의 추가는 원고가, 중간확인의 소는 원 · 피고 모두가, 반소는 피고가 제기할 수 있다.

1. 청구의 변경(소의 변경)

가. 의 의

청구의 변경은 청구취지 또는 청구원인을 변경하는 것을 말한다(법 제262조). 즉 새로운 소송물로 변경하거나 추가하는 것을 말한다. 증거조사의 결과 등으로 인하여 새로운 청구권발생의 구성요건사실이 발견되면 원고는 기존의 청구에 새로운 청구를 추가하거나(이를 '추가적 변경'이라고 한다.), 기존의 청구를 새로운 청구로 교체할(이를 '교환적 변경'이라고 한다.) 필요가 있는데, 이때 청구의 변경을 할 수 있다.

나. 청구의 변경이 되는 경우

(1) 소송물의 변동

(가) 청구의 변경은 청구취지 또는 청구원인의 변경으로 인하여 소송물에 변동이 있는 경우(즉 새로운 청구권발생의 요건사실이 있는 경우)에 한정되며, 불명료한 청구취지나 청

구원인을 명확하게 하거나 소송물의 동일성을 유지하면서 사실적 또는 법률적으로 보충 내지 정정하는 것은 공격방어방법의 변경에 불과하므로 청구의 변경의 요건이 충족되지 않더라도 허용된다(대법원 2008. 2. 1. 선고 2005다74863 판결).

(나) 원고가 동일 부동산에 대하여 이전등기를 구하면서 그 등기청구권의 발생원인을 처음에는 매매로 하였다가 후에 취득시효의 완성을 선택적으로 추가하는 것은 단순한 공격방법의 차이가 아니라 별개의 소송물[99]을 추가시킨 것이므로 소의 추가적 변경에 해당한다(대법원 1997. 4. 11. 선고 96다50520 판결).

(다) 원고가 지분이전등기가 원인무효라고 주장하면서 말소등기청구를 하였다가 지분이전등기가 원인무효가 아니더라도 이는 명의신탁에 의한 것이라고 주장하며 명의신탁 해지를 원인으로 한 말소등기청구를 예비적으로 추가시킨 것은 별개의 소송물을 추가시킨 것이므로 소의 추가적 변경에 해당한다(대법원 1998. 4. 24. 선고 97다44416 판결).

(라) 채권자취소소송에서의 소송물은 사해행위이므로 채권자가 보전하고자 하는 채권을 추가하거나 교환하는 것은 사해행위취소권과 원상회복청구권을 이유 있게 하는 공격방법에 관한 주장을 변경하는 것일 뿐이지 소송물 또는 청구 자체를 변경하는 것이 아니다(대법원 2012. 7. 5. 선고 2010다80503 판결).

(2) 청구의 확장과 감축

청구취지의 변경에는 ① 청구를 확장하는 경우와 ② 이를 감축하는 경우가 있다.

(가) 청구의 확장

청구를 확장하면 심판의 범위가 확장되어 종래 심판의 대상이 아닌 부분이 심판의 대상이 되므로 소송물의 변동이 발생하고 따라서 청구의 변경에 해당한다. 예를 들어 1필 토지의 일부에 대하여 소유권이전등기청구를 하다가 1필지 토지의 전부로 확장하는 것은 청구의 양적 확장으로서 소의 추가적 변경에 해당한다(대법원 1997. 4. 11. 선고 96다50520 판결).[100]

(나) 청구의 감축

수량적으로 가분인 청구에서 동일한 청구권의 범위에서 청구의 수량을 감축하게 되면 소송물에 변동이 없고 법원은 감축된 부분에 대하여 심판할 필요가 없어지므로 청구의 변경이 아니라 감축된 부분에 대한 소의 일부 취하가 된다(대법원 2005. 7. 14. 선고 2005다19477 판결). 따라서 피고가 본안에 관하여 응소를 한 후에 원고가 청구감축을 하고자 한다면 민사소송법 제266조 제2항에 따라서 피고의 동의를 얻어야 한다(앞의 판결).

---

99) 이전등기청구라는 점에서 청구취지는 동일하지만 이전등기청구의 근거법률이 달라지므로 소송물이 달라진다.

100) 청구를 확장하려면 청구취지를 변경해야 하는데, 청구를 확장하는 이유도 제시되어야 하므로 청구원인의 변경도 필요하다.

다. 청구의 변경의 요건

청구의 변경을 위해서는 아래의 요건이 충족되어야 한다. 법원이 청구의 취지 또는 원인의 변경이 옳지 아니하다고 인정한 때에는 직권으로 또는 상대방의 신청에 따라 변경을 허가하지 아니하는 결정을 하여야 한다(법 제263조).

(1) 청구기초의 동일성

기존의 청구와 전혀 관련이 없는 청구로 청구의 변경을 허용하게 되면 그 동안의 소송행위의 효력이 무력하게 되고, 피고의 심급의 이익이 박탈되는 문제가 발생한다. 이러한 이유에서 청구기초의 동일성이 인정되는 경우에 한하여 청구의 변경이 허용된다. 청구기초의 동일성이 인정되는 경우란 동일한 생활 사실 또는 동일한 경제적 이익에 관한 분쟁에서 해결 방법에 차이가 있음에 불과한 청구취지 및 청구원인의 변경을 말한다(대법원 2012. 3. 29. 선고 2010다28338 판결).

(가) 원인무효의 등기라는 이유로 말소등기청구를 하다가 명의신탁계약의 해지를 이유로 하여 말소등기청구를 예비적으로 추가하는 것은 결국 자신의 등기명의를 회복하려는 동일한 경제적 이익을 위한 것이므로 청구기초의 동일성이 인정된다(대법원 1998. 4. 24. 선고 97다44416 판결).

(나) 정당한 이유 없이 무단으로 와인을 점유한 채 반환을 하지 아니하여 와인을 손상시켰다는 이유로 원고회사가 입은 영업손실액 상당의 손해배상청구 등을 하였다가 '와인 손상에 따른 손해배상청구'로 교환적으로 변경한 경우에 종전의 청구와 새로운 청구는 모두 피고의 와인의 무단점유로 인하여 원고회사가 입은 손해의 배상을 구하는 것으로서 동일한 생활사실 또는 동일한 경제적 이익에 관한 분쟁에서 해결 방법을 달리하고 있을 뿐이므로 청구의 기초에 변경이 없다(대법원 2012. 3. 29. 선고 2010다28338 판결).

(다) 매매를 원인으로 한 소유권이전등기청구를 유지하면서 취득시효완성을 원인으로 한 소유권이전등기청구를 예비적으로 추가하는 것은 동일한 부동산에 대한 소유권이전등기를 받고자 하는 동일한 생활사실 또는 동일한 경제적 이익에 관한 분쟁에서 해결방법을 달리하고 있을 뿐이므로 청구의 기초에 변경이 없다(대법원 1987. 7. 7. 선고 87다카225 판결).

(라) 청구기초의 동일성이 없는데도 불구하고 청구의 변경이 허용되었고, 상대방에 이에 대하여 아무런 이의를 제기하지 않고 변론하였다면 이의권의 포기 또는 상실이 되어 청구의 변경이 적법하게 취급된다(대법원 1988. 12. 27. 선고 87다카2851 판결).

(2) 소송절차를 현저히 지연시키지 않을 것

(가) 공동소송이나 병합청구와 마찬가지로 청구의 변경도 관련된 모든 분쟁을 하나의 소송절차에서 해결하도록 하는데 그 취지가 있다. 하지만 이를 무제한으로 허용하면

소송지연이 발생하여 신속한 소송을 추구하는 민사소송의 이념과 충돌하는 문제가 있다. 이에 따라서 소송경제와 신속한 소송 사이에 균형이 요구된다. 이러한 균형의 기준으로서 청구기초의 동일성이 요구되지만, 청구기초가 동일하더라도 청구의 변경이 소송절차를 현저히 지연시키는 경우에는 청구의 변경이 허용되지 않는다.

(나) 예를 들어 새로운 청구의 심리를 위하여 종전의 소송자료의 대부분 이용할 수 있는 경우에는 소송절차를 현저히 지연시키지 아니하는 경우에 해당하지만(대법원 1998. 4. 24. 선고 97다44416 판결), 2회에 걸쳐 상고심으로부터 환송된 후 항소심변론종결 당시 청구를 변경한 것은 소송절차를 지연케 함이 현저한 경우에 해당한다(대법원 1964. 12. 29. 선고 64다1025 판결). 청구변경에 따라서 새로운 사실에 대한 심리를 진행해야 하므로 변론을 종결할 수 없고 새로운 변론기일을 지정하여야 하므로 소송지연의 결과를 가져오기 때문이다.

(3) 사실심 변론종결 전

청구변경이 있으면 새로운 사실에 대하여 심판을 해야 하므로 상고심에서는 청구변경이 허용되지 않는다. 사실심 변론종결 전에 청구의 변경을 할 수 있으므로 항소심에서도 청구의 변경을 할 수 있다. 이때 피고의 심급의 이익이 박탈되는 것이 아닌지 문제될 수 있는데, 청구기초의 동일성이 인정되는 경우에만 청구의 변경이 허용되므로 피고의 심급의 이익을 해할 우려가 없다.

(4) 청구의 병합요건

청구의 추가적 변경의 경우에는 청구의 후발적 병합에 해당하므로 병합요건을 갖추어야 한다.

라. 청구의 변경의 효과

(1) 일반적 효과

(가) 기존의 소송행위의 효력

i) 원 칙

청구의 변경이 있다고 하더라도 기존의 소송행위의 효력은 유지된다. 소의 교환적 변경이 있으면 기존의 청구는 취하되지만 청구의 기초에 변경이 없는 한도 내에서 청구의 변경이 허용되므로 이때에도 기존의 소송행위의 효력이 유지된다(대법원 1970. 9. 22. 선고 69다446 판결).

ii) 예 외

다만 원고가 주장하는 요건사실에 대하여 피고가 자백했지만 청구의 교환적 변경으로 인하여 종전의 청구가 취하되었다면 자백의 대상도 소멸하므로 자백의 효력도 소멸한다(대법원 1997. 4. 22. 선고 95다10204 판결). 예를 들어 원고가 매매계약에 기한 소유권이전등기청구를 하여 피고가 매매계약체결 사실을 자백하였는데 원고가 취득시효 완성에 따른 소유권이전등기청구로 교환적 변경을 하였다면 앞서의 자백은 그 대상이 없으므로 효력이 소멸된다. 따라서 원고가 다시 매매계약에 기한 소유권이전등기청구를 예비적 청구로 추가하더라도 종전의 자백의 효력이 다시 살아나는 것은 아니다(앞의 판결).

(나) 기간준수의 효력

i) 원 칙

청구의 변경이 있으면 교환된 또는 추가된 새로운 청구에 대하여 권리를 행사하는 시기는 소변경신청서를 제출한 때이므로 소멸시효의 중단 또는 제소기간의 준수 등의 효력은 원칙적으로 소변경신청서를 제출한 때에 발생한다(법 제265조). 예를 들어 주주총회결의취소의 소는 상법 제376조 제1항에 따라서 그 주주총회결의가 있은 날로부터 2월 이내에 해야 하는데, 2월의 기간이 경과한 후에 주주총회결의무효확인의 소를 제기한 뒤 이를 주주총회결의취소청구로 변경하는 것은 이미 제소기간이 도과된 청구를 하는 것으로서 부적법하다(대법원 2010. 3. 11. 선고 2007다51505 판결).

ii) 예 외

원고가 채권자대위권에 기해 청구를 하다가 당해 피대위채권 자체를 채무자로부터 양수하여 자신의 권리행사로서 양수금청구로 소를 변경한 경우에 원고는 위 계약금반환채권을 채권자대위권에 기해 행사하다 다시 이를 양수받아 직접 행사한 것이어서 위 계약금반환채권과 관련하여 원고를 '권리 위에 잠자는 자'로 볼 수 없는 점 등에 비추어 볼 때, 당초의 채권자대위소송으로 인한 시효중단의 효력이 소멸하지 않는다(대법원 2010. 6. 24. 선고 2010다17284 판결).

(2) 소의 교환적 변경에서의 효과

(가) 기존의 청구에 대한 소취하의 효력

기존의 청구를 새로운 청구로 바꾸는 소의 교환적 변경이 있으면 기존의 청구는 취하된 것으로 취급된다(대법원 2004. 11. 25. 선고 2004두7023 판결). 따라서 피고가 본안에 관하여 응소한 후에 교환적 변경을 하고자 한다면 피고의 동의를 얻어야 하고(대법원 2008. 5. 29. 선고 2008두2606 판결),[101] 법원이 소의 교환적 변경을 간과하고 취하된 기존의 청구에 대하여 판결을 하였다면 판결을 할 수 없는 대상에 대하여 판결을 한 것이므로 상급심에서는 소송종료선언[102]을 하고, 새로운 청구는 여전히 원심에 남아 있으므로

101) 이 판결에서 명시적으로 교환적 변경에 피고의 동의를 얻어야 한다고 판시하지는 않았지만 "피고는 청구의 기초가 동일한 위 변경에 대하여 별다른 이의 없이 2주 이상을 경과함으로써 위 소의 교환적 변경은 적법하게 이루어졌음을 알 수 있다."고 판시하여 동의를 얻어야 한다는 취지로 판시하고 있다.

102) 소의 취하로 소송이 종료되었지만 법원이 이를 간과하고 취하된 청구에 대하여 판결을 하면, 상소법원은 그러한 청구에 대한 심판절차가 종료되었다는 취지로 소송종료선언을 한다.

원심법원은 이에 대하여 판결을 해야 한다(대법원 2003. 1. 24. 선고 2002다56987 판결).

(나) 항소심에서 소의 교환적 변경이 있는 경우

청구의 변경은 사실심 변론종결시까지 할 수 있으므로(법 제262조 제1항) 항소심에서도 소의 교환적 변경을 할 수 있다. 그러나 항소심에서 소의 교환적 변경 후에 변경된 새로운 청구를 기존의 청구로 다시 교환적 변경을 하는 것은 종국판결이 선고된 후 취하된 기존의 청구를 부활시키는 것이므로 재소금지[103]에 위반되어 허용되지 않는다(대법원 1987. 11. 10. 선고 87다카1405 판결).

그리고 항소심에서 소의 교환적 변경이 있으면 기존의 청구는 취하되므로 법원은 제1심 판결에 관계없이 새로운 청구에 대하여 새로운 판단을 해야 한다.

i) 1심에서 패소한 원고가 항소심에서 교환적으로 변경하였는데 항소심 법원이 교환적으로 변경된 새로운 청구를 기각하고자 한다면, 기존의 청구는 취하되고 새로운 청구에 대한 판단을 하는 것이므로 '원고의 청구를 기각한다.'는 주문 표시를 하여야 하고, '항소를 기각한다.'는 주문 표시를 하여서는 안 된다(대법원 1997. 6. 10. 선고 96다25449 판결). 만일 주문에서 '원고의 항소를 기각한다.'고 기재하였다면 항소심에서 교환적으로 변경된 원고의 청구를 기각한다고 할 것을 잘못 표현한 것이 명백하므로 항소심 법원은 그 판결의 주문과 이유의 결론 부분을 바로 잡는 판결경정 결정을 할 수 있다(대법원 1999. 10. 22. 선고 98다21953 판결).

ii) 제1심에서 원고가 일부승소 한 후 쌍방이 항소하였고 항소심에서 원고가 소의 교환적 변경을 하였는데, 항소심이 제1심에서 인용한 판결보다 높은 금액을 인용하더라도 제1심 판결의 대상인 청구는 이미 취하된 것이므로 원고 패소부분을 취소한다는 주문 표시를 하여서는 안 된다(대법원 2009. 2. 26. 선고 2007다83908 판결).

iii) 항소심에서 소의 교환적 변경이 있으면 제1심 판결은 소취하로 실효되고, 항소심의 심판대상은 교환된 청구에 대한 새로운 소송으로 바뀌어져 항소심은 사실상 제1심으로 재판하는 것이 되므로 그 뒤에 항소인이 항소를 취하한다 하더라도 항소취하는 그 대상이 없어 아무런 효력을 발생할 수 없다(대법원 2008. 5. 29. 선고 2008두2606 판결). 만일 항소취하를 한 항소인이 원고라면 원고 측에 대한 석명 등을 통하여 그 항소취하가 교환적으로 변경된 소를 취하하는 의미인지 확인하여 그러한 의미라면 피고 측에 소취하에 대한 동의 여부를 확인해야 한다(앞의 판결). 항소취하에는 피고의 동의가 필요없기 때문이다.

(3) 소의 추가적 변경에서의 효과

기존의 청구에 새로운 청구를 추가하여 심판을 구하는 것을 '소의 추가적 변경'이라고 한다. 소의 추가적 변경도 청구의 병합이므로 단순병합 · 선택적 병합 · 예비적 병합의

103) 본안에 대한 종국판결이 있은 뒤에 소를 취하한 사람이 같은 소를 제기하지 못한다는 것을 '재소금지'라고 한다(법 제267조 제2항). 이를 허용하면 법원의 판결을 농락하는 결과를 가져오기 때문이다.

형태로 이루어진다. 예비적 병합으로 추가하는 경우에는 새로운 청구를 주위적 청구로 추가하거나 예비적 청구로 추가할 수 있다.

(4) 불분명한 경우의 석명의무

위와 같은 소의 교환적 변경과 추가적 변경은 그 효력에 있어서 많은 차이가 있다. 따라서 당사자가 구청구를 취하한다는 명백한 표시 없이 새로운 청구로 변경하는 등으로 그 변경형태가 불분명한 경우에는 사실심 법원으로서는 과연 청구변경의 취지가 교환적인지 추가적인지 석명할 의무가 있다(대법원 1994. 10. 14. 선고 94다10153 판결).

마. 청구의 변경의 절차

원고의 신청에 의하여 청구가 변경된다. 청구취지의 변경은 청구취지변경신청서를 제출하는 방법으로 한다(법 제262조 제2항). 그러나 구두에 의한 변경신청에 대하여 상대방이 즉시 이의를 제기하지 아니하면 이의권의 포기 또는 상실이 되어 하자가 치유된다(대법원 1990. 12. 26. 선고 90다4686 판결). 청구원인만 변경하는 경우에는 신청서를 별도로 제출할 필요 없이 준비서면 등에서 추가적 주장을 하는 것으로 충분하다(대법원 1989. 9. 12. 선고 88다카16270 판결). 그러나 실무적으로는 통상적으로 청구원인변경신청서를 제출하고 있다.

청 구 취 지 변 경 신 청 서

사 건　대구지방법원 2015가합5555 손해배상(기)
원 고　차 상 육
피 고　최 민 용

원고는 다음과 같이 청구취지의 변경을 신청합니다.

기존의 청구취지

피고는 원고에게 100만원을 지급하라

새로운 청구취지

피고는 원고에게 200만원을 지급하라

청구취지 변경의 이유

이러저러한 이유로 변경을 신청합니다.

2015. 3. 2.
원고 소송대리인
변호사 한 성 관

대구지방법원 제5민사부 귀중

2. 중간확인의 소

가. 의 의

(1) 중간확인의 소(법 제264조)는 소송 계속 중에 본래의 청구의 판단에 대하여 선결관계에 있는 법률관계의 존부에 관하여 당사자 사이에 다툼이 있는 때 그 소송절차에 병합하여 그 법률관계의 확인을 구하는 소를 말한다(대법원 1984. 6. 26. 선고 83누554 판결). 중간확인의 소는 공격방어방법이 아니라 독립된 소이므로 확인의 취지를 기재한 서면에 의하여 소를 제기해야 하며, 이는 청구의 후발적 병합에 해당한다. 기판력은 원래 소송물에 대하여만 발생하고 그 선결적 법률관계에 대하여는 발생하지 않기 때문에 선결적 법률관계에 대하여 기판력이 있는 판단을 받기 위해서 중간확인의 소를 제기한다.

(2) 예를 들어 소유권의 방해배제청구권으로서 소유권이전등기말소를 청구하는 소를 제기하였다면 소송물인 방해배제청구권에 대하여만 기판력이 발생하고 선결적 법률관계인 소유권의 존부에 대하여는 기판력이 발생하지 않으므로 중간확인의 소로서 소유권존재의 확인을 구하여 기판력이 있는 판결을 얻을 수 있다.

나. 중간판결과 구분

민사소송법 제201조의 중간판결과 중간확인의 소를 구분해야 한다. 중간판결은 그 심급에서 사건의 전부 또는 일부를 완결하는 재판인 종국판결을 하기에 앞서 종국판결의 전제가 되는 개개의 쟁점을 미리 정리·판단하여 종국판결을 준비하는 재판이다(대법원 2011. 9. 29. 선고 2010다65818 판결). 중간판결은 법원의 직권으로 하고, 종국판결이 아니므로 기판력이 발생하지 않는다. 반면에 중간확인의 소는 당사자에 의하여 개시되고 그 판결은 종국판결로서 기판력이 있다.

다. 요 건

(1) 법률관계의 확인

중간확인의 소는 확인의 소와 동일하게 법률관계의 존재 또는 부존재의 확인을 구하는 소이어야 한다. 사실관계나 가치판단에 대한 확인을 구하거나, 이행을 구하는 청구나 형성을 구하는 청구를 중간확인의 소로서 제기할 수 없다.

(2) 본소 청구와 선결적 관계

중간확인의 대상은 본소 청구와 선결관계에 있어야 한다. 예를 들어 소유권에 기한 방해배제청구에서 소유권의 존재, 이자청구에서 원본채권의 존재가 선결적 법률관계가 된다. 만일 중간확인의 대상이 본소 청구와 선결관계가 없다면 그 소는 중간확인을 구할 이익이 없다는 이유로 각하된다(대법원 1984. 6. 26. 선고 83누554 판결). 그리고 본소청구가 각하 또는 기각되면 중간확인의 소의 선결관계가 소멸되어 중간확인의 소는 각하된다(대법원 2008. 11. 27. 선고 2007다69834 판결). 예를 들어 재심의 소를 제기하여 그 선결관계에 중간확인의 소를 제기하였는데, 재심청구가 기각된다면 중간확인의 소는 각하된다(앞의 판결).

(3) 당사자 사이의 다툼

중간확인의 대상인 법률관계에 대하여 당사자 사이에 다툼이 있어야 하며 분쟁이 없다면 소의 이익이 인정되지 않는다.

(4) 다른 법원의 전속관할에 속하지 아니할 것

중간확인의 소는 소의 후발적 병합이므로 본소 청구와 동일한 소송절차에서 심리될 수 있어야 한다. 따라서 다른 법원이 전속관할을 갖고 있는 확인의 소를 중간확인의 소로서 제기할 수 없다. 예를 들어 특허등록의 무효확인은 특허법원의 전속관할에 속하므로(특허법 제186조 제1항), 일반 법원에 계속된 특허권침해를 이유로 한 손해배상청구소송에서 피고가 특허등록무효확인의 소를 중간확인의 소로서 제기할 수 없다.

(5) 사실심 변론종결시까지

법률심인 상고심에서는 사실인정을 할 수 없으므로 중간확인의 소는 사실심 변론종결시까지 제기할 수 있다.

라. 효　과

중간확인의 소는 독립된 소이므로 그 요건을 갖추지 못하여 각하판결을 하거나 이유가 없어서 기각판결을 하거나 인용판결을 하거나 판결의 주문에 기재해야 한다(대법원 2008. 11. 27. 선고 2007다69834 판결). 만일 중간확인의 소의 요건을 갖추지 못했다고 판단하여 이에 대하여 아무런 판단을 하지 않고 주문에서도 각하판결을 하지 않았다면, '재판의 누락'이 되어 그 부분 소송은 여전히 그 심급에 계속 중이라 할 것이어서 원심법원에서 추가판결을 해야 한다(앞의 판결). 한편 중간확인의 소에 의한 시효중단이나 기간준수의 효력은 그 소를 제기한 때에 발생한다(법 제265조).

3. 반소(反訴, counterclaim)

가. 의　의

반소란 원고에 의하여 개시된 본소의 소송절차에서 그 소송의 피고가 원고를 상대로 하여 제기하는 소를 말한다. 예를 들어 매매계약에 따른 물품인도청구의 소에서 피고가 원고로부터 아직 물품대금을 지급받지 못했다고 주장하면서 물품대금지급청구의 반소를 제기할 수 있다. 이때 피고는 반소원고가 되고, 원고는 반소피고가 된다. 분쟁의 일회적 해결을 목적으로 하며, 독립된 소이므로 피고 측에 의한 청구의 후발적 병합에 해당한다.

나. 항변(plea)과의 구분

독립된 소인 반소와 방어방법인 항변을 구분해야 한다. 항변은 상계항변을 제외하고 기판력과 집행력이 없지만, 반소에는 기판력과 집행력이 있다. 예를 들어 원고의 물품인도청구에 대하여 피고가 원고의 대금지급의무를 가지고 동시이행의 항변을 하여 이러한 항변이 받아들여지더라도 이러한 판단에는 집행력과 기판력이 없지만, 피고가 대금지급청구의 반소를 제기하여 인용판결이 확정되면 집행력과 기판력이 발생한다(대법원 1996. 7. 12. 선고 96다19017 판결).

다. 단순반소와 예비적 반소

(1) 단순반소

본소청구가 인용되든 기각되든 관계없이 피고가 원고에게 자신의 청구를 하는 것을 단순반소라고 한다. 예를 들어 원고가 물품대금지급청구의 소를 제기한데 대하여 피고가 제공받은 물품의 하자로 인하여 발생한 손해에 대한 배상을 청구하는 반소를 제기하는 것은 원고의 본소청구의 인용여부와 관계가 없으므로 단순반소가 된다.

(2) 예비적 반소

(가) 예비적 반소란 조건부로 반소에 대하여 심판을 구하는 것을 말한다. 예비적 반소만 제기할 수도 있고 주위적 청구와 예비적 청구를 병합하여 제기할 수도 있다.

(나) 예비적 반소는 원고의 청구가 인용될 경우에 대비하여 반소에 대한 심판을 구하는 경우가 일반적이다. 예를 들어 원고가 임대차계약의 종료를 원인으로 하여 가옥인도를 구하고 있는데 대하여 피고가 임대차계약이 종료되지 않았다고 다투는 한편 원고의 청구가 인용되는 것에 대비하여 보증금반환청구의 반소를 제기하였다면 이 반소는 예비적 반소가 된다.

(다) 점유권을 기초로 한 본소에 대하여 본권자가 본소청구의 인용에 대비하여 본권에 기초한 장래이행의 소로서 예비적 반소를 제기하고 양 청구가 모두 이유 있는 경우, 법원은 점유권에 기초한 본소와 본권에 기초한 예비적 반소를 모두 인용해야 하고 점유권에 기초한 본소를 본권에 관한 이유로 배척할 수 없다(대법원 2021. 3. 25. 선고 2019다208441 판결).

(라) 예외적으로 피고가 피고의 항소가 인용되는 것을 조건으로 하여서 예비적 반소를 제기하는 경우도 있다. 예를 들어 가집행의 선고가 붙은 제1심 판결에 대하여 피고가

원고에게 가지급을 하고서 항소를 제기하고, 항소심에서 반소로서 가지급물반환신청을 한 경우, 이때 가지급물반환신청은 피고의 항소가 받아들여지는 것을 조건으로 하는 예비적 반소가 된다(대법원 2005. 1. 13. 선고 2004다19647 판결).

라. 반소의 요건

(1) 적극적 내용의 포함

반소청구에는 본소청구의 기각을 구하는 것 이상의 적극적 내용이 포함되어 있어야 한다. 예를 들어 어떤 채권에 기한 이행의 소에 대하여 동일 채권에 관한 채무부존재확인의 반소를 제기하는 것은 그 청구의 내용이 실질적으로 본소청구의 기각을 구하는 데 그치는 것이므로 반소청구의 소의 이익이 없어 부적법하다(대법원 2007. 4. 13. 선고 2005다40709,40716 판결).

(2) 소송지연의 우려가 없을 것

다른 병합청구소송에서와 마찬가지로 분쟁의 일회적 해결이라는 소송경제, 신속한 분쟁의 해결이라는 소송의 신속성에는 균형이 필요하므로 반소 제기에 의하여 소송이 지연될 우려가 없어야 한다.

(3) 본소가 계속 중일 것

반소를 제기하려면 본소가 계속 중이어야 한다. 그러나 반소는 독립된 소이므로 일단 반소가 적법하게 제기된 이상 본소가 취하되더라도 반소의 소송 계속에는 영향이 없다(대법원 1970. 9. 22. 선고 69다446 판결). 반면에 본소 판결이 확정된 후에 피고가 추완항소를 하면서 항소심에 비로소 반소를 제기한 경우에 추완항소[104]가 부적법 각하되면 본소가 소멸되므로 반소도 소멸한다(대법원 2003. 6. 13. 선고 2003다16962 판결). 추완항소가 각하되면 본소에 관한 판결은 확정 상태가 유지되기 때문이다.

(4) 본소의 사실심 변론종결 전일 것

(가) 반소가 제기되면 새로운 사실에 대한 심리를 진행해야 하므로 사실심 변론종결 전까지 반소를 제기할 수 있다. 그러나 원고의 심급의 이익을 보호할 필요가 있으므로 항소심에서의 반소는 ① 상대방의 심급의 이익을 해할 우려가 없는 경우 또는 ② 상대방의 동의를 받은 경우에 제기할 수 있다(법 제412조 제1항).

(나) 여기서 '상대방의 심급의 이익을 해할 우려가 없는 경우'라 함은 반소청구의 기초를 이루는 실질적인 쟁점이 제1심에서 본소의 청구원인 또는 방어방법과 관련하여 충

104) 당사자가 책임질 수 없는 사유로 말미암아 항소기간을 지킬 수 없었던 경우에는 그 사유가 없어진 날부터 2주 이내에 항소를 제기할 수 있는데 이를 '추완항소'라고 한다(법 제173조). 대표적으로 피고가 공시송달의 방법으로 판결정본을 송달받은 경우에 원칙적으로 피고에게 과실이 있다고 할 수 없으므로 피고의 추완항소가 허용된다(대법원 2013. 10. 17. 선고 2013다41318 판결).

분히 심리되어 상대방에게 제1심에서의 심급의 이익을 잃게 할 염려가 없는 경우를 말한다(대법원 2013. 1. 10. 선고 2010다75044 판결).

(다) 그리고 상대방이 이의를 제기하지 않고 반소의 본안에 관하여 변론을 한 때에는 반소 제기에 동의한 것으로 본다(같은 조 제2항). 그러나 항소심에서 피고가 반소장을 진술한 데 대하여 원고가 본안에 대한 진술 없이 '반소기각 답변'을 한 것만으로는 "이의를 제기하지 않고 반소의 본안에 관하여 변론을 한 때"에 해당한다고 볼 수 없다(대법원 1991. 3. 27. 선고 91다1783 판결).

(5) 다른 법원에 전속관할이 없을 것

반소는 청구의 후발적 병합이므로 같은 종류의 소송절차에서 심리될 수 있는 사건이어야 하고, 다른 법원의 전속관할에 속하지 아니하여야 한다.[105]

(6) 본소의 청구 또는 방어방법과 관련이 있을 것

반소를 무제한으로 인정하면 소송지연이 발생한다. 이러한 이유로 청구의 변경에서 청구기초의 동일성을 요구하듯이 반소에서는 반소청구가 본소의 청구 또는 방어방법과 관련이 있을 것이 요구된다. 그러나 반소의 특성상 남용의 염려가 많지 않으므로 본소와의 관련성은 넓게 인정되고 있고, 관련성이 없는 반소에 대하여 원고가 즉시 이의를 제기하지 아니하면 이의권의 포기 또는 상실이 되어 하자가 치유된다(대법원 1968. 11. 26. 선고 68다1886 판결).

(7) 소송요건을 갖추고 있을 것

(가) 반소는 독립된 소이므로 소송요건을 갖추고 있어야 한다. 예를 들어 피고가 반소로써 계약금반환청구를 하였는데 이 채권에 기한 상계항변이 다른 사건에서 인용되어 이미 확정되었다면 상계로 대항한 액수에 대하여 기판력이 발생하므로(법 제216조 제2항), 법원은 위 반소가 권리보호의 이익이 없다는 이유로 부적법 각하해야 한다(대법원 2010. 8. 26. 선고 2010다30966 판결). 즉 승소확정판결을 받은 전소의 원고가 동일한 내용의 소를 제기한 경우와 같다.

(나) 민법 제628조에 의한 임차인의 차임감액청구권은 사법상의 형성권으로서 의사표시가 상대방에게 도달하는 즉시 효력이 발생하므로 이를 행사한 결과를 가지고 차임감액 또는 부당이득반환의 소송상 항변[106]으로만 행사할 수 있을 뿐이며, 법원에 대하여 형

---

105) 전속적 관할의 합의가 있는 사건에 대하여 합의된 법원이 아닌 법원에 반소를 제기할 수 있는지 문제가 될 수 있는데, 당사자의 의사가 우선한다고 보이므로 원고의 동의가 없는 한 허용되지 않는다고 본다.

106) 예를 들어 피고는 다음과 같이 항변할 수 있다. "피고는 2022. 3. 3. 원고에게 차임감액청구권을 내용증명을 통하여 발송하였고, 이러한 의사표시는 같은 달 15. 원고에게 도달하였습니다. 차임감액청구권은 민법상 형성권이라고 할 것이므로 원고에게 도달되는 즉시 효력이 발생하고 따라서 원고가 피고에게 청구할 수 있는 차임은 월 50만이라고 할 것입니다."

성판결을 구할 수 있는 형성소권이 아니므로 반소로써 차임의 감액을 청구하는 것은 부적법한 소에 해당하여 각하된다(대법원 1968. 11. 19. 선고 68다1882 판결).

마. 제3자를 반소의 피고로 할 수 있는지 여부

피고가 원고 이외의 제3자를 반소피고로 할 수 있는지에 관하여 민사소송법에는 아무런 규정이 없다. 다만 대법원 판례는 피고가 원고 이외의 제3자를 추가하여 반소피고로 하는 반소는 원칙적으로 허용되지 않는다고 판시하면서도 예외적으로 피고가 제기하려는 반소가 필수적 공동소송이 될 때에는 민사소송법 제68조의 필수적 공동소송인 추가의 요건을 갖추면 허용될 수 있다고 보고 있다(대법원 2015. 5. 29. 선고 2014다235042 판결). 필수적 공동소송인의 추가의 경우에는 고유필수적 공동소송인에 한하여 당사자를 추가할 수 있다(대법원 2009. 5. 28. 선고 2007후1510 판결). 결국 위 대법원 판례에 따르면 원고와 고유필수적 공동소송인이 될 관계에 있는 제3자만이 반소피고로 추가될 수 있다.

바. 반소 제기의 효력

(1) 반소에 의하여 본소인 확인의 소의 확인의 이익이 소멸되는지 여부

소송요건을 구비하여 적법하게 제기된 본소가 그 후에 상대방이 제기한 반소로 인하여 소송요건에 흠결이 생겨 다시 부적법하게 되는 것은 아니다. 예를 들어 원고가 피고에 대하여 손해배상채무의 부존재확인을 구할 이익이 있어 본소로 그 확인을 구하였다면, 피고가 그 후에 그 손해배상채무의 이행을 구하는 반소를 제기하였다 하더라도 그러한 사정만으로 본소청구에 대한 확인의 이익이 소멸하여 본소가 부적법하게 된다고 볼 수는 없다(대법원 2010. 7. 15. 선고 2010다2428 판결).

(2) 단독사건에서 합의사건의 반소

본소가 단독사건인 경우에 피고가 반소로 합의사건에 속하는 청구를 한 때에는 법원은 직권 또는 당사자의 신청에 따른 결정으로 본소와 반소를 합의부에 이송하여야 한다(법 제269조 제2항).

(3) 반소의 취하

반소는 독립된 소이므로 원고가 반소의 본안에 대하여 응소한 후에 반소를 취하하기 위해서는 원고의 동의를 얻어야 한다. 그러나 원고가 이미 본소를 취하하였다면 원고로서는 모든 소송절차를 종료시킬 의사가 있다는 것이므로 피고는 원고의 동의 없이 반소를 취하할 수 있다(법 제271조).

(4) 부대항소

제1심의 반소청구에 대한 판단에 대하여 항소를 제기하지 않은 당사자도 항소심에서 부대항소를 제기할 수 있다(대법원 2013.10.24. 선고 2010다90661,90678 판결). 따라서 본소청구에 대한 판단에만 불복하여 항소를 제기하더라도 불복되지 않은 반소청구 부분에 대하여도 항소 제기의 효력이 미쳐서 확정이 차단되고 항소심으로 이심되는 효력이 있다. 다만 부대항소가 제기되지 않으면 항소심의 심판의 대상이 되지 않는다. 만일 반소청구부분에 대하여 부대항소를 제기하지 않은 상태에서 항소심 판결이 선고된 후에 비로소 상고를 제기하였다면 상고의 이익이 없는 경우로서 상고는 각하된다(대법원 1988.11.22. 선고 87다카414, 415 판결).

사. 예비적 반소의 심리

(1) 심판의 대상

피고의 예비적 반소는 원칙적으로 본소청구가 기각될 것을 해제조건으로 하므로 법원이 본소청구를 기각하는 경우에는 예비적 반소에 대하여 심판할 필요가 없고, 본소청구를 인용하는 경우에만 예비적 반소에 대하여 심판해야 한다.

(2) 원고의 청구를 기각하면서도 예비적 반소에 대하여 심판한 경우

원고의 청구가 인용될 것에 대비하여 피고가 예비적으로 반소를 제기하였는데, 법원이 원고의 본소청구를 기각하면서 예비적 반소에 대하여 심판을 하였다면 심판대상이 될 수 없는 소에 대하여 심판한 것이므로 이러한 판결은 효력이 없다(대법원 2006. 6. 29. 선고 2006다19061,19078 판결). 마찬가지로 위와 같은 경우에 법원은 본안재판에서 반소비용에 관하여 판단할 필요가 없고, 이에 대하여 판단하였더라도 아무런 효력이 없다(대법원 2018. 4. 6. 자 2017마6406 결정). 이때 당사자는 소송비용 부담의 재판 및 확정절차를 통해서만 예비적 반소의 소송비용을 상환받을 수 있고, 그 소송비용은 소취하의 경우와 마찬가지로 패소한 당사자에 준하여 피고가 부담하는 것이 원칙이다(앞의 결정).

(3) 항소 제기의 효력범위

(가) 피고가 예비적 반소의 기각 부분에 대하여만 항소한 경우

제1심 법원이 원고의 본소를 전부 인용하고, 피고의 예비적 반소를 일부 인용한 데 대하여, 피고가 예비적 반소를 일부 기각한 부분에 대하여만 항소를 제기하였을 뿐 본소에 대하여는 항소를 제기하지 않았다면, 원고의 본소청구는 항소심의 심판범위에서 제외된다(대법원 2008. 3. 13. 선고 2006다53733,53740 판결).

(나) 원고가 본소 청구 기각에 대하여 항소한 경우

제1심 법원이 원고의 본소를 기각하여 예비적 반소에 대하여 아무런 판단을 하지 아니한 경우에 원고가 본소의 기각에 대하여 항소를 제기하였다면 피고의 예비적 반소는 당연히 항소심의 심판의 대상이 되므로 항소심에서 원고의 본소를 인용하였다면 피고의 예비적 반소에 대해 심판해야 한다(대법원 2006. 6. 29. 선고 2006다19061,19078 판결).

(다) 본소 청구를 기각하면서도 예비적 반소를 심판한 판결에 대하여 원고가 항소한 경우

제1심 법원이 본소를 기각하면서도 예비적 반소를 각하하는 판결을 하였다면 심판의 대상이 아닌 예비적 반소에 대하여 심판을 한 것이므로 이러한 각하판단은 효력이 없다(앞의 판결). 따라서 이러한 제1심 법원의 판결에 대하여 원고만이 기각된 본소청구에 대하여 항소를 제기하고 각하된 예비적 반소에 대하여 피고가 항소하지 않더라도 예비적 반소도 항소심으로 이심이 되어 심판의 대상이 된다(앞의 판결). 그러므로 항소심 법원이 원고의 항소를 받아들여 원고의 본소청구를 인용한 이상 피고의 예비적 반소청구를 심판대상으로 삼아 이를 판단해야 한다(앞의 판결).

(4) 파기환송의 범위

원심에서 본소청구를 인용하고 예비적 반소에 대하여 판단을 하였는데, 상급심에서 본소청구를 인용한 판결을 파기하였다면 예비적 반소는 심판의 대상이 아니므로 예비적 반소에 관한 부분도 그 당부를 판단할 필요 없이 당연히 파기해야 한다(대법원 1996. 5. 10. 선고 96다5001 판결).

아. 반소의 제기

반소는 본소에 관한 규정을 따른다(법 제270조). 따라서 소장과 마찬가지로 반소취지와 원인을 기재한 반소장을 제출하고, 인지를 붙여야 한다. 판결의 주문에는 본소청구만 아니라 반소청구에 대하여도 판단을 해야 한다.

반 소 장

사 건 서울중앙지방법원 2015가합1234 대여금 등
원 고(반소피고) 이 정 민
피 고(반소원고) 이 영 희

반소청구취지

원고(반소피고)는 피고(반소원고)에게 금 3만원을 지급하라

반소청구원인

이러저러한 이유로 반소를 제기합니다.

첨부서류

1. 반소장 부본 1통

1. 납부서 1통

2015. 3. 2.
피고(반소원고) 소송대리인
변호사 이 정 길

서울중앙지방법원 제5민사부 귀중

제 3 편

제1심 소송절차의 개시

제1심 소송절차의 흐름

소의 제기(소장의 제출) ⇒ 소장적식의 심사(소장이 형식적 요건을 갖추었는지를 심사) ⇒ 소장의 송달과 답변서 제출의무의 고지 ⇒ 피고의 답변서 제출 ⇒ 변론기일 ⇒ 증거조사 ⇒ 변론의 종결, 선고기일의 지정 ⇒ 판결의 선고 ⇒ 판결문의 송달.

제1장 소장(訴狀, statement of claim 또는 complaint)의 제출

제1절 소장의 제출과 기재사항

I. 소장의 제출

소는 법원에 소장을 제출함으로써 제기한다(법 제248조). 「민사소송 등에서의 전자문서 이용 등에 관한 법률」이 시행됨에 따라서 전자소송시스템(https://ecfs.scourt.go.kr)을 통하여 전자적 방법으로 소장을 제출할 수 있다. 소장의 작성방식과 첨부되어야 하는 서류에 관하여는 민사소송법과 민사소송규칙에 규정되어 있다. 예외적으로 소액사건에서는 구술에 의하여 소를 제기할 수 있다(소액사건심판법 제4조).

소 장

원 고 주식회사 산격동
서울 00구 00동 센터빌딩 1101-1104호
대표이사 박 진 원
소송대리인 법무법인 경북
서울 00구 00동 10 민사소송빌딩 9층 법무법인 경북

피 고 앨러지 홍콩 리미티드 (Allergy Hong Kong Limited)
홍콩 아일랜드 이스트 타이쿠 14 씨티플라자 쓰리스위트
(Suite, Cityplaza Three, 14 Taikoo, Island East, Hong Kong)
대표자 매니징 디렉터(Managing Director) 이영희(Lee YoungHee)

보상금 청구의 소

청 구 취 지

1. 피고는 원고에게 금 50,000,000원 및 이에 대하여 이 사건 소장부본 송달 다음날부터 다 갚는 날까지 연 12%의 비율에 의한 돈을 지급하라.
2. 소송비용은 피고의 부담으로 한다.
3. 제1항은 가집행할 수 있다.

라는 판결의 구합니다.

청 구 원 인

1. 당사자의 지위

피고는 홍콩에서 설립되어 모회사인 미국 캘리포니아에 소재하고 있는 …….

……

7. 결론

그러므로 피고는 원고에게 금 50,000,000원 및 이에 대한 사건 소장부본 송달 다음날부터 다 갚는 날까지 소송촉진 등에 관한 특례법에 따른 연 12%의 비율에 의한 돈을 지급할 의무가 있다고 할 것이므로 원고는 본건 소에 이르게 되었습니다.

입 증 방 법

1. 갑제1호증 독점판매계약서
1. 갑제2호증 이행청구서
1. 갑제3호증 해지통지서

첨 부 서 류

1. 소장부본 1통
1. 위임장 1통
1. 납부서 1통
1. 법인등기부(홍콩) 1통

2016. 5. 2.
원고 소송대리인
법무법인 경북
담당변호사 허 엽

서 울 중 앙 지 방 법 원 귀중

II. 소장의 필요적 기재사항

소장에는 당사자와 법정대리인, 청구의 취지와 원인을 적어야 한다(법 제249조). 당사자와 법정대리인은 이미 설명하였으므로 아래에서는 청구취지와 청구원인에 대하여만 설명한다.

1. 청구취지

원고가 소송을 통하여 궁극적으로 얻고자 하는 소의 결론을 '청구취지'라고 한다. 청구취지는 판결문의 주문에 대응하는 개념이다. 청구취지는 소송물의 범위, 소가의 산정, 사물관할, 상소이익의 유무, 시효중단의 범위, 집행의 범위 등을 결정하므로 매우 중요하다. 따라서 청구취지는 구체적이고 명확히 기재해야 한다. 민사소송에서 청구취지는 그 내용 및 범위가 명확히 알아볼 수 있도록 구체적으로 특정되어야 하고, 이의 특정 여부는 직권조사사항이므로 청구취지가 특정되지 않은 경우에는 법원은 피고의 이의 여부와 관계없이 직권으로 보정을 명하고, 이에 응하지 않을 때에는 소를 각하하여야 한다(대법원 2017. 11. 23. 선고 2017다251694 판결).

2. 청구원인(cause of action)

(1) 청구원인이란 원고의 청구를 이유 있게 하는 법률의 요건사실을 말한다. 채권자가 동일한 채무자에 대하여 수 개의 손해배상채권을 가지고 있다고 하더라도 그 손해배상채권들이 발생시기와 발생원인 등을 달리하는 별개 채권인 이상 이는 별개 소송물에 해당한다(앞의 판결). 따라서 그 손해배상채권들은 각각 소멸시효 기산일이나 채무자가 주장할 수 있는 항변이 다를 수도 있으므로, 이를 소송으로 청구하는 채권자로서는 손해배상채권별로 청구금액을 특정하여야 하고, 법원도 이에 따라 손해배상채권별로 인용금액을 특정하여야 한다(앞의 판결).

(2) 청구원인의 기재방법은 예를 들어 A가 B로부터 자전거를 매수하면서 B에게 1백만원을 계약금으로 지급하였는데, A가 착오를 이유로 B에게 계약취소를 통지하고 계약금 1백만원의 반환을 청구하는 소를 제기하였다면, A는 계약금반환청구의 근거가 되는 민법 제741조의 부당이득반환청구권이 발생되기 위한 요건사실(법률상 원인 없이 타인의 재산 또는 노무로 인하여 이익을 얻고 이로 인하여 타인에게 손해를 가한 자는 그 이익을 반환하여야 한다.)을 기재해야 한다.

부당이득반환청구권의 요건사실

1. 법률상 원인이 없다는 사실: 민법 제109조의 착오에 의한 취소권의 행사의 결과 법률상 원인이 없다는 요건이 충족되므로 민법 제109조의 요건(의사표시는 법률행위의 내용의 중요부분에 착오가 있는 때에는 취소할 수 있다.)을 충족하는 사실을 기재해야 한다.

   ① 법률행위의 존재: "원고와 피고는 2019.6.7. 대구 경북대학교 구내 복지관 안에 있는 슬립리스인시애틀에서 자전거 매매계약을 체결하고, 계약을 체결한 당일에 계약금 1백만원을 피고에게 지급하였습니다."

   ② 법률행위의 중요부분의 착오: "그런데 원고가 피고와 매매계약을 체결한 이유는 피고 제품의 가격이 다른 공급자의 가격에 비하여 월등이 낮다고 생각했기 때문입니다. 하지만 피고가 제공한 카탈로그에 기재된 가격은 본 제품의 본체가격만이고, 본체 이외의 필수적 부속품의 가격을 합산하면 본체가격의 2배를 초과합니다. 원고가 이러한 사실을 알았다면 피고로부터 위 제품을 구매하지 않았을 것이란 점에서 원고에게는 법률행위의 중요부분의 착오가 있고, 따라서 민법 제109조에 따라서 취소권을 취득하였습니다."

   ③ 취소권의 행사: "원고는 2019.8.2. 피고에게 취소의 의사표시를 하여 이 의사표시가 같은 달 15. 피고에게 도달하였으므로 위 계약의 효력이 소멸되었습니다."

   * 민법 제109조 단서에서는 표의자가 착오에 대하여 중과실이 있는 경우에 취소권 발생을 부정하고 있지만 이를 피고의 항변사항으로 규정하고 있으므로 원고가 소장에서 원고의 중과실의 부존재를 언급할 필요가 없고, 피고가 답변서에서 항변으로 주장해야 한다.

2. 타인의 재산 또는 노무로 인하여 이익을 얻었다는 사실: "그런데 원고는 매매계약을 체결하면서 피고에게 계약 당일 계약금 1백만원을 지급한 사실이 있습니다."
3. 이로 인하여 타인에게 손해를 가한 사실: "위 매매계약은 취소되어 효력을 상실하였으므로 피고는 원고로부터 위 1백만원을 지급받을 이유가 없고, 따라서 피고는 원고에게 위 금액을 반환할 의무가 있다고 할 것입니다."

III. 소장의 심사

(1) 소장이 제출되면 재판장은 소장이 민사소송법과 민사소송규칙에 규정된 필수적 기재사항이 기재되었는지, 인지대 및 송달료가 납부되었는지 여부를 심사한다. 만일 이러한 사항에 흠결이 있다면 재판장은 일정한 기간을 정하여 흠결을 보정하도록 명령을 내려야 한다(제254조 제1항). 그리고 재판장은 법원사무관 등으로 하여금 위 보정명령을 하게 할 수도 있다(같은 항 제2문). 만일 위 기간 내에 보정이 없으면 재판장은 소장각하명령(striking out claims)을 내려야 한다(법 제254조 제2항). 원고는 소장각하명령에 대하여 즉시항고를 할 수 있다(법 제254조 제3항). 하지만 일단 소장각하명령이 송달된 이상 하자를 보정하더라도 보정으로서의 효력이 없다(대법원 1996. 1. 12. 자 95두61 결정).

(2) 재판장의 소장심사권은 소장에 필수적 기재사항이 모두 기재되었는지에 한정되

고 그러한 기재에 오류가 있는지 여부에 대하여는 미치지 않는다. 따라서 소장에 일응 법인의 대표자의 표시가 되어 있는 이상 설령 그 표시에 잘못이 있다고 하더라도 이를 정정 표시하라는 보정명령을 하고 그에 대한 불응을 이유로 소장을 각하하는 것은 허용되지 않는다(대법원 2013. 9. 9.자 2013마1273 결정). 이러한 경우에는 법원이 직권으로 적법한 대표자를 조사하여 그 흠결이 있는 경우에 오로지 판결로써 소를 각하할 수 있을 뿐이다(앞의 판결).

제 2 절 소장이 법원에 접수된 때의 효력

소장이 법원에 접수된 때에 시효의 중단 또는 법률상 기간준수의 효력이 발생한다(법 제265조).

I. 시효중단의 효력

대법원 판례는 권리자가 재판절차에서 권리주장을 한 이상 권리 위에 잠자는 자가 아니라고 하여 소의 형태나 주장의 방법에 관계없이 시효중단을 넓게 인정하고 있다.

1. 시효중단의 효력이 있는 소송의 형태

재판상 청구는 권리주장의 방법으로서 가장 확실한 방법이므로 이행의 소, 확인의 소, 형성의 소 모두 시효중단의 효력이 발생한다. 행정소송도 민사상 권리주장이 결부되어 있으면 시효중단 사유가 된다. 예를 들어 과세처분의 취소 또는 무효확인을 구하는 행정소송은 그 과세처분으로 오납한 조세에 대한 부당이득반환청구권을 실현하기 위한 수단으로서 권리 위에 잠자는 것이 아님을 표명한 것으로 볼 수 있으므로 그 소멸시효는 중단된다(대법원 1992. 3. 31. 선고 91다32053 전원합의체 판결).

2. 피고의 응소에 의한 시효중단

가. 요 건

(1) 대법원 판례는 채무자가 제기한 소에 채권자가 응소하여 ① 그 소송에서 적극적으로 권리를 주장하고 ② 그것이 받아들여진 경우도 시효가 중단된다고 보고 있다(대법원 1993. 12. 21. 선고 92다47861 전원합의체 판결). 예를 들어 원고가 피고를 상대로 피담보채권인 대여금채권이 부존재함을 이유로 근저당권설정등기의 말소청구소송을 제기함에 따

라 피고가 이에 적극적으로 응소하여 원고의 청구기각의 판결을 구하고 위 대여금채권이 유효하게 성립된 것이어서 이를 피담보채권으로 하는 위 근저당권설정등기는 유효하다는 내용의 답변내용을 제출한 결과, 그 소송의 제1심 법원에서 피고의 위 주장을 받아들여 원고 패소판결을 선고하였다면 피담보채권에 대한 소멸시효가 중단된다.

(2) 그러나 채무자 이외의 자가 제기한 소에 채권자가 응소하여 권리주장을 하고 이러한 주장이 법원에 의하여 받아들여졌다고 하더라도 시효중단의 효력이 발생하지 않는다. 예를 들어 물상보증인이 채무부존재를 이유로 제기한 저당권등기말소청구에 대하여 채권자가 채권의 존재를 주장하면서 응소하더라도 채무자에 대하여 재판상 청구를 한 것으로 볼 수 없으므로 피담보채무의 소멸시효가 중단되지 않는다(대법원 2004. 1. 16. 선고 2003다30890 판결).

나. 응소하여 권리를 주장하였지만 소가 각하, 취하된 경우

피고가 응소하여 권리를 주장하였으나 그 소가 각하되거나 취하되는 등의 사유로 본안에서 그 권리주장에 관한 판단 없이 소송이 종료되었다면, 채무이행을 최고(催告)한 경우의 소멸시효중단에 관한 민법 제170조 제2항[1]을 유추적용 하여 그때부터 6월 이내에 재판상의 청구 등 다른 시효중단조치를 취하면 응소 시에 소급하여 시효중단의 효력이 발생한다(대법원 2010. 8. 26. 선고 2008다42416,42423 판결).

3. 소송고지에 의한 시효중단

소송고지의 요건이 갖추어진 경우에 그 소송고지서에 고지자가 피고지자에 대하여 채무의 이행을 청구하는 의사가 표명되어 있으면 민법 제174조[2]에 정한 시효중단사유로서의 최고(催告)로서의 효력이 인정된다(대법원 2009. 7. 9. 선고 2009다14340 판결). 그리고 당해 소송이 계속 중인 동안은 최고에 의하여 권리를 행사하고 있는 상태가 지속되는 것으로 보아 민법 제174조에 규정된 6월의 기간은 당해 소송이 종료된 때로부터 기산된다(대법원 2009. 7. 9. 선고 2009다14340 판결).

1) 제170조(재판상의 청구와 시효중단) ①재판상의 청구는 소송의 각하, 기각 또는 취하의 경우에는 시효중단의 효력이 없다. ②전항의 경우에 6월내에 재판상의 청구, 파산절차참가, 압류 또는 가압류, 가처분을 한 때에는 시효는 최초의 재판상 청구로 인하여 중단된 것으로 본다.

2) 제174조(최고와 시효중단) 최고는 6월내에 재판상의 청구, 파산절차참가, 화해를 위한 소환, 임의출석, 압류 또는 가압류, 가처분을 하지 아니하면 시효중단의 효력이 없다.

4. 시효중단의 범위

가. 소송물 이외에 공격방어방법으로 주장한 권리

재판상 청구에 의한 소송물뿐만 아니라 공격방어방법으로 주장한 권리, 선결적 법률관계 및 파생적 법률관계에 대하여도 시효중단의 효력이 발생한다.

(1) 근저당권설정등기청구의 소의 제기에 의하여 피담보채권이 될 채권에 관한 권리의 행사가 있은 것으로 볼 수 있으므로, 근저당권설정등기청구의 소의 제기는 그 피담보채권의 재판상의 청구에 준하는 것으로서 피담보채권에 대한 소멸시효 중단의 효력을 생기게 한다고 봄이 상당하다(대법원 2004. 2. 13. 선고 2002다7213 판결).

(2) 매매계약에 기한 소유권이전등기청구권의 시효중단 사유인 재판상 청구는 권리자가 소송이라는 형식을 통하여 권리를 주장하면 족하고 반드시 그 권리가 소송물이 되어 기판력이 발생할 것을 요하지 않으므로, 소유권이전등기청구권이 발생한 기본적 법률관계에 해당하는 매매계약을 기초로 하여 건축주명의변경을 구하는 소도 소멸시효를 중단시키는 재판상 청구에 포함된다(대법원 2011. 7. 14. 선고 2011다19737 판결).

(3) 확인의 소의 경우에는 그 권리가 발생한 기본적 법률관계에 관한 확인청구를 하는 경우에도 시효중단의 효력이 발생한다. 예를 들어 계약무효확인의 소는 그 계약의 무효에 따른 계약금반환청구권에 대하여 시효중단의 효력이 있다(대법원 2010. 9. 30. 선고 2010다49540 판결). 그리고 교직원의 학교법인을 상대로 한 의원면직처분무효확인청구의 소도 교직원의 학교법인에 대한 급여청구의 한 실현수단이 될 수 있어 소멸시효의 중단사유로서의 재판상 청구에 해당한다(대법원 1994. 5. 10. 선고 93다21606 판결).

(4) 확정판결의 취소를 구하는 재심청구는 형성의 소에 해당하므로 확정판결에 의해 소유권이전등기를 경료받은 자의 당해 토지에 대한 취득시효는 재심의 소 제기일로부터 재심판결 확정일까지 중단된다(대법원 1998. 6. 12. 선고 96다26961 판결).

(5) 소유권의 시효취득에 준용되는 시효중단 사유인 민법 제168조, 제170조에 규정된 재판상의 청구라 함은 시효취득의 대상인 목적물의 인도 내지는 소유권존부확인이나 소유권에 관한 등기청구소송뿐만 아니라 그 소유권을 기초로 하여 하는 방해배제 및 손해배상 혹은 부당이득반환청구소송도 이에 포함된다(대법원 1979. 7. 10. 선고 79다569 판결).

나. 청구권경합에서의 시효중단의 범위

(1) 당해 소송물에 한정하여 시효중단

하나의 사실로부터 여러 청구권이 발생하는 청구권경합에서는 각 청구가 별개의 권리행사이므로 소송을 통하여 주장한 권리에 한정하여 시효중단의 효력이 발생한다(대법원

2002. 5. 10. 선고 2000다39735 판결).

(2) 원인채권의 행사에 따라서 어음채권의 소멸시효가 중단되지 않는다.

원인채권의 지급을 확보하기 위한 방법으로 어음이 수수된 경우에 원인채권과 어음채권은 별개의 권리이므로 채권자가 원인채권에 기하여 청구를 한 것만으로는 어음채권 그 자체를 행사한 것으로 볼 수 없어 원인채권을 행사하더라도 어음채권의 소멸시효를 중단시키지 못한다(대법원 1999. 6. 11. 선고 99다16378 판결).

(3) 어음채권의 행사에 따라서 원인채권의 소멸시효가 중단된다.

원인채권의 지급을 확보하기 위하여 어음이 수수된 경우에 이러한 어음은 경제적으로 동일한 급부를 위하여 원인채권의 지급수단으로 수수된 것으로서 그 어음채권의 행사는 원인채권을 실현하기 위한 것으로 볼 수 있고, 어음수수 당사자 사이에서 원인채권의 시효소멸은 어음금 청구에 대하여 어음채무자가 대항할 수 있는 인적항변 사유에 해당하므로, 채권자가 어음채권의 소멸시효를 중단하여 두어도 원인채권의 시효소멸로 인한 인적항변에 따라 그 권리를 실현할 수 없게 되는 것은 불합리하므로 어음채권을 재판상 행사하면 원인채권의 소멸시효도 중단된다(대법원 2007. 9. 20. 선고 2006다68902 판결).

다. 일부청구에서의 시효중단의 범위

한 개의 채권 중 일부에 관하여만 판결을 구한다는 취지를 명백히 하여 소송을 제기한 경우(명시적 일부청구)에는 소송물이 그 일부청구이므로 소 제기에 의한 소멸시효중단의 효력이 그 일부에 관하여만 발생하고, 나머지 부분에는 발생하지 않는다. 그러나 비록 채권액 중 일부만을 청구한 경우에도 그 취지로 보아 채권 전부에 관하여 판결을 구하는 것으로 해석된다면(묵시적 일부청구) 그 청구액을 소송물인 채권의 전부로 보아야 하고, 이러한 경우에는 그 채권의 동일성의 범위 내에서 그 전부에 관하여 시효중단의 효력이 발생한다(대법원 1992. 4. 10. 선고 91다43695 판결).

라. 당해 소송절차에서 청구취지를 확장을 예정한 경우

(1) 소장에서 청구의 대상으로 삼은 채권 중 일부만을 청구하면서 소송의 진행경과에 따라 장차 청구금액을 확장할 뜻을 표시하고 당해 소송이 종료될 때까지 실제로 청구금액을 확장한 경우에는 소제기 당시부터 채권 전부에 관하여 판결을 구한 것으로 해석되므로, 이러한 경우에는 소제기 당시부터 채권 전부에 관하여 재판상 청구로 인한 시효중단의 효력이 발생한다(대법원 2020. 2. 6. 선고 2019다223723 판결).

(2) 당해 소송이 종료될 때까지 실제로 청구금액을 확장하지 않은 경우에는 소송의 경과에 비추어 볼 때 채권 전부에 관하여 판결을 구한 것으로 볼 수 없으므로, 나머지 부분에 대하여는 재판상 청구로 인한 시효중단의 효력이 발생하지 않는다(앞의 판결).

(3) 그러나 위와 같은 경우에도 소를 제기하면서 장차 청구금액을 확장할 뜻을 표시한 채권자로서는 장래에 나머지 부분을 청구할 의사를 가지고 있는 것이 일반적이라고 할 것이므로, 다른 특별한 사정이 없는 한 당해 소송이 계속 중인 동안에는 나머지 부분에 대하여 권리를 행사하겠다는 의사가 표명되어 최고에 의해 권리를 행사하고 있는 상태가 지속되고 있는 것으로 보아야 하고, 채권자는 당해 소송이 종료된 때부터 6월 내에 민법 제174조에서 정한 조치를 취함으로써 나머지 부분에 대한 소멸시효를 중단시킬 수 있다(앞의 판결).

마. 시효중단의 주관적 범위

(1) 채권자대위권은 제3채무자의 채권자인 채무자가 행사하는 것이 아니라 채무자의 채권자가 행사하는 것이지만 행사의 효과는 채무자에게 귀속되는 것이므로 채권자대위소송의 제기로 인한 소멸시효 중단의 효과 역시 채무자에게 생긴다(대법원 2011. 10. 13. 선고 2010다80930 판결).

(2) 채무자가 제3채무자를 상대로 금전채권의 이행을 구하는 소를 제기한 후 채권자가 위 금전채권에 대하여 압류 및 추심명령을 받아 제3채무자를 상대로 추심의 소를 제기한 경우, 채무자가 권리주체의 지위에서 한 시효중단의 효력은 집행법원의 수권에 따라 피압류채권에 대한 추심권능을 부여받아 일종의 추심기관으로서 그 채권을 추심하는 추심채권자에게도 미친다(대법원 2019. 7. 25. 선고 2019다212945 판결).

재판상의 청구는 소송의 각하, 기각 또는 취하의 경우에는 시효중단의 효력이 없지만, 그 경우 6개월 내에 재판상의 청구, 파산절차참가, 압류 또는 가압류, 가처분을 한 때에는 시효는 최초의 재판상 청구로 인하여 중단된 것으로 본다(민법 제170조). 그러므로 채무자가 제3채무자를 상대로 제기한 금전채권의 이행소송이 압류 및 추심명령으로 인한 당사자적격의 상실로 각하되더라도, 위 이행소송의 계속 중에 피압류채권에 대하여 채무자에 갈음하여 당사자적격을 취득한 추심채권자가 위 각하판결이 확정된 날로부터 6개월 내에 제3채무자를 상대로 추심의 소를 제기하였다면, 채무자가 제기한 재판상 청구로 인하여 발생한 시효중단의 효력은 추심채권자의 추심소송에서도 그대로 유지된다(앞의 판례).

5. 시효중단의 시기

가. 소를 제기한 때

(1) 법원에 소장이 제출된 때에 시효가 중단되고(법 제265조), 응소행위로 인한 시효중단의 효력은 피고가 현실적으로 권리를 행사하여 응소한 때에 발생한다(대법원 2012. 1. 12. 선고 2011다78606 판결). 만일 소가 취하 또는 각하된다면 시효중단의 효력은 소급하

여 소멸된다(민법 제170조 제1항). 다만 6월 내에 시효중단의 조치를 취하면 최초의 소 제기시에 시효가 중단된 것으로 본다(민법 제170조 제2항). 응소한 후에 소가 취하 또는 각하된 경우에도 위 규정이 유추적용된다(앞의 판결). 소송의 이송이 있는 경우에는 시효중단의 효력이 소멸되지 않는다(법 제40조 제1항). 한편 소 제기 당시에 피고가 이미 사망하였지만 이를 간과하고 판결을 한 경우와 같이 판결의 효력이 당연무효인 경우에는 시효중단의 효력이 없다(대법원 2014. 2. 27. 선고 2013다94312 판결).

(2) 소송고지에 의한 최고는 보통의 최고와는 달리 법원의 행위를 통하여 이루어지는 것이므로 만일 법원이 소송고지서의 송달사무를 우연한 사정으로 지체하는 바람에 소송고지서의 송달 전에 시효가 완성된다면 고지자가 예상치 못한 불이익을 입게 된다는 점 등을 고려하면, 소송고지에 의한 최고의 경우에는 민사소송법 제265조를 유추 적용하여 당사자가 소송고지서를 법원에 제출한 때에 시효중단의 효력이 발생한다고 봄이 상당하다(대법원 2015. 5. 14. 선고 2014다16494 판결).

나. 소 제기 이후에 시효중단의 효력이 발생하는 경우

(1) 원 칙

피고경정이 있는 경우에는 피고경정신청을 한 때에 새로운 피고에 대하여 권리를 행사하였다고 볼 수 있으므로 이때 시효가 중단되고 종전의 피고에 대한 시효중단의 효력은 소멸한다(법 제265조). 청구의 변경[3]이 있는 경우에도 청구변경신청이 있는 때에 비로소 변경된 새로운 청구에 대하여 권리를 행사하였다고 볼 수 있으므로 이때 시효가 중단되는데(같은 조), 만일 청구의 교환적 변경이 있다면 종전의 청구는 취하되므로 종전의 청구로 발생한 시효중단의 효력은 소멸된다(대법원 2010. 6. 24. 선고 2010다17284 판결). 마찬가지로 중간확인의 소[4]를 제기하는 경우에는 중간확인의 소를 제기한 때에 시효중단의 효력이 발생한다(법 제265조).

(2) 예 외

위와 같은 경우에도 처음 소를 제기한 때에 원고의 권리행사의 효과가 유지된다고 보여 지는 경우에는 그때의 시효중단의 효력도 유지된다. 예를 들어 원고가 채권자대위권에 기해 청구를 하다가 당해 피대위채권 자체를 양수하여 양수금청구로 소를 교환적으로 변경하였다면 채권자대위권에 기한 종전의 청구는 취하된 것으로 보아야 하지만, 그 채권자대위소송의 소송물과 위 양수금청구는 소송물이 동일하고, 시효중단의 효력은 특정승계인에게도 미치는 점 등을 고려할 때, 채권자대위소송으로 인한 시효중단의 효력이

3) 법 제262조(청구의 변경) ① 원고는 청구의 기초가 바뀌지 아니하는 한도 안에서 변론을 종결할 때(변론 없이 한 판결의 경우에는 판결을 선고할 때)까지 청구의 취지 또는 원인을 바꿀 수 있다.

4) 법 제264조(중간확인의 소) ① 재판이 소송의 진행 중에 쟁점이 된 법률관계의 성립여부에 매인 때에 당사자는 따로 그 법률관계의 확인을 구하는 소를 제기할 수 있다.

소의 변경으로 소멸하지 않는다(앞의 판결).

다. 가압류에 의한 시효중단의 시기

(1) 가압류 신청 시

민법 제168조 제2호에서 가압류를 시효중단사유로 정하고 있지만, 가압류로 인한 시효중단의 효력이 언제 발생하는지에 관해서는 명시적으로 규정되어 있지 않다. 민사소송법 제265조에 의하면, 시효중단사유 중 하나인 '재판상의 청구'(민법 제168조 제1호, 제170조)는 소를 제기한 때 시효중단의 효력이 발생한다. 이는 소장 송달 등으로 채무자가 소 제기 사실을 알기 전에 시효중단의 효력을 인정한 것이다. 가압류에 관해서도 위 민사소송법 규정을 유추적용 하여 '재판상의 청구'와 유사하게 가압류를 신청한 때 시효중단의 효력이 생긴다고 보아야 한다(대법원 2017. 4. 7. 선고 2016다35451 판결).

(2) 가압류 집행의 요구

시효중단 사유로서 '가압류'는 법원의 가압류명령을 얻기 위한 재판절차와 가압류명령의 집행절차를 포함하는데, 가압류명령에 따른 집행이나 가압류명령의 송달을 통해서 채무자에게 고지가 이루어진다(앞의 판결). 따라서 가압류의 신청만으로 시효중단의 효력이 확정적으로 발생하지 않고 가압류의 집행에 의하여 가압류의 효력이 발생해야 비로소 가압류 신청 시에 소급하여 소멸시효 중단의 효력이 발생하고, 집행절차에 착수하지 아니하면 시효중단의 효력이 발생하지 않는다. 예를 들어 유체동산에 관한 인도청구권의 가압류의 경우에는 원칙적으로 금전채권의 가압류에 준해서 집행법원의 가압류명령과 그 송달로써 하는 것이므로(민사집행법 제223조, 제227조, 제242조, 제243조, 제291조), 가압류명령이 제3채무자에게 송달됨으로써 유체동산에 관한 인도청구권 자체에 대한 가압류집행은 끝나고 효력이 생기고, 이 경우 가압류로 인한 소멸시효 중단의 효력은 가압류 신청 시에 소급하여 생긴다(앞의 판결).

(3) 시효중단 효력의 지속

가압류에 의한 집행보전의 효력이 존속하는 동안은 가압류채권자에 의한 권리행사가 계속되고 있다고 보아야 할 것이므로 가압류에 의한 시효중단의 효력은 가압류 집행보전의 효력이 존속하는 동안은 계속된다(대법원 2011. 5. 13. 선고 2011다10044 판결). 따라서 유체 동산에 대한 가압류결정을 집행한 경우 가압류에 의한 시효중단 효력은 가압류 집행보전의 효력이 존속하는 동안 계속된다. 그러나 집행절차를 개시하였으나 가압류할 동산이 없기 때문에 집행불능이 된 경우에는 집행절차가 종료된 때로부터 시효가 새로이 진행된다(앞의 판결).

(4) 가압류가 취소된 경우

민법 제175조는 가압류가 '권리자의 청구에 의하여 또는 법률의 규정에 따르지 아니함으로 인하여 취소된 때에는 소멸시효 중단의 효력이 없다'고 규정하고 있다. 위와 같은 경우 가압류 채권자에게 권리행사의 의사가 없음을 객관적으로 표명하는 행위이거나 또는 처음부터 적법한 권리행사가 있었다고 볼 수 없는 사유에 해당한다고 보기 때문이다. 반면에 법률의 규정에 따른 적법한 가압류가 있었으나 제소기간의 도과로 인하여 가압류가 취소된 경우에는 위 법조가 정한 소멸시효 중단의 효력이 없는 경우에 해당한다고 볼 수 없다. 따라서 취소된 때로부터 소멸시효기간이 다시 진행한다(대법원 2011. 1. 13. 선고 2010다88019 판결).

라. 재판상의 청구가 종국판결 이외의 사유로 종료된 후 시효중단

소송 도중 원고가 소송물을 제3자에게 양도하고 그 양수인에 대하여 인수신청한 후 원고가 상대방의 동의를 받아서 소송탈퇴를 하였는데, 법원이 인수참가인의 청구의 당부에 관하여 심리한 결과 인수참가인의 청구를 기각하거나 소를 각하하는 판결을 선고하여 판결이 확정된 경우에는 원고가 제기한 최초의 재판상 청구로 인한 시효중단의 효력은 소멸한다(민법 제170조 제1항). 다만 소송탈퇴는 소취하와는 성질이 다르며, 탈퇴 후 잔존하는 소송에서 내린 판결은 탈퇴자에 대하여도 효력이 미친다. 이에 비추어 보면 인수참가인의 소송목적 양수 효력이 부정되어 인수참가인에 대한 청구기각 또는 소각하 판결[5]이 확정된 날부터 6개월 내에 탈퇴한 원고가 다시 탈퇴 전과 같은 재판상의 청구 등을 한 때에는, 민법 제170조 제2항에 따라서 탈퇴 전에 원고가 제기한 재판상의 청구로 인하여 발생한 시효중단의 효력은 그대로 유지된다(대법원 2017. 7. 18. 선고 2016다35789 판결).

II. 기간준수의 효력

1. 원 칙

법률에서 일정한 기간 내에 일정한 권리를 행사하도록 제척기간을 규정한 경우에 소제기에 의하여 제척기간 준수의 효력이 발생한다. 그런데 이러한 기간준수의 효력도 소장에 기재된 소송물에 한정되지 않고 동일한 목적을 가진 관련 청구권에 대하여도 발생한다.

---

5) 소송인수에서 설명한 바와 같이 양도의 효력이 인정되지 아니하면 법원은 소송인수인에 대하여 청구기각판결을 해야 하고 양도의 효력이 없다는 점이 명백하면 소각하판결을 해야 한다.

2. 소 변경에 불구하고 기간준수의 효력이 유지 경우

(1) 소 변경이 있으면 소송물에 변동이 있음에도 불구하고 최초 소를 제기한 때의 권리행사의 효력이 변경된 소송물에 대한 권리행사로도 인정되어 최초 소를 제기한 때에 발생한 기간준수의 효력이 유지되는 경우가 있다.

(2) 예를 들어 주주총회결의취소의 소는 상법 제376조에 따라 결의의 날로부터 2월 내에 제기하여야 하지만 동일한 결의에 관하여 무효확인의 소가 위 제소기간 내에 제기되었다면, 위 기간이 경과한 후에 주주총회결의취소소송으로 소를 변경하거나 추가한 경우에도 제소기간을 준수하였다고 보아야 한다(대법원 2007. 9. 6. 선고 2007다40000 판결).

(3) 가등기의 등기원인인 법률행위와 본등기의 등기원인인 법률행위가 명백히 다른 것이 아닌 한, 가등기 및 본등기의 원인행위에 대한 사해행위 취소 등 청구의 제척기간의 기산일은 가등기의 원인행위가 사해행위임을 안 때라고 할 것인바, 채권자가 가등기의 원인행위가 사해행위임을 안 때부터 1년 내에 가등기의 원인행위에 대하여 취소의 소를 제기하였다면[6] 이러한 가등기에 기초하여 이루어진 본등기의 원인행위에 대한 취소청구로의 소 변경이 그 원인행위에 대한 제척기간이 경과한 후 이루어지더라도 적법하다(대법원 2006. 12. 21. 선고 2004다24960 판결). 예를 들어 사해행위인 매매예약이 2018. 9. 10. 성립되어 이 매매계약예약을 원인으로 한 가등기가 2018. 9. 12. 이뤄지고, 이 가등기에 기하여 2019. 4. 10. 본등기가 이뤄진 경우에, 위 매매예약이 사해행위임을 안 때로부터 1년 내인 2019. 5. 20. 가등기의 원인행위인 매매계약에 대한 사해행위취소소송이 제기되었다면 본등기가 이루어진 날로부터 1년이 경과한 후에서야 본등기의 원인행위에 대한 사해행위취소로 소 변경 신청을 하더라도 기간준수의 효력이 유지된다.

---

6) 채권자취소소송은 채권자가 취소원인을 안 날로부터 1년, 법률행위 있은 날로부터 5년 내에 제기하여야 한다(민법 제406조 제2항).

제 2 장 소장의 송달

제 1 절 송달(service)의 방법

I. 의 의

송달이란 소송상의 서류(소장, 답변서, 준비서면, 기일통지서 등)를 당사자에게 전달하는 행위를 말한다. 당사자가 소송상의 서류를 받아보는 것은 방어권의 보장, 기일의 출석 등에 있어서 절대적으로 필요하므로 송달은 중요한 의미를 갖는다. <u>송달은 당사자가 하는 것이 아니라 법원이 직권으로 한다</u>(법 제174조). 이러한 직권송달의 원칙은 소장(complaint)과 출석요구서(summons)의 송달을 원고에게 부담시키고 있는 미국연방민사소송규칙(제4조(c))과 대비된다.

II. 송달사무를 처리하는 담당자와 송달기관

1. 우편집배원을 통한 송달

송달사무는 <u>법원사무관 등</u>(법원서기관 · 법원사무관 · 법원주사 또는 법원주사보)이 처리한다(법 제175조 제1항). 그렇다고 법원사무관이 직접 송달을 하는 것은 아니며, 실제 송달은 우편으로 또는 집행관이 실시한다(법 제176조 제1항). 대부분은 우편으로 송달을 하는데 이때 실제 송달은 우편집배원이 한다(같은 조 제2항). 이때의 우편집배원은 법원의 위탁에 의하여 법원의 업무를 수행하는 것이므로 <u>우체국의 업무로서 우편집배원이 하는 우편송달과 구분해야 한다</u>. 송달사무를 처리한 우편집배원 또는 집행관은 법원에 송달일시 · 장소 · 수령자가 기재된 송달보고서를 제출해야 한다(법 제193조).

2. 법원사무관 등이 직접 송달을 실시하는 경우

법원사무관 등이 예외적으로 직접 송달을 실시하는 경우도 있다. 준비서면 등이 변론기일 직전에 제출되어 상대방에게 송달할 시간적 여유가 없는 경우에는 법원사무관 등이 <u>법정에 출석한 당사자에게 직접 소송서류를 교부하는 방법</u>으로 송달할 수 있다(법 제177조 제1항). 이때는 직접 소송서류를 교부하고 영수증을 받은 때에 송달의 효력이 발생한다(같은 조 제2항). 또한 우편송달은 법원사무관 등이 실시하고 배달만 우편집배원이 한다(이때 우편집배원은 송달을 실시하는 송달기관이 아니라 우체국의 업무를 수행하는 자에 해당한다.), 공시송달, 전자송달 등도 법원사무관 등이 실시한다.

III. 송달받을 사람과 송달장소

1. 송달받을 사람

가. 당사자 · 법정대리인 · 소송대리인

(1) 소송의 당사자가 송달받을 사람이 된다. 다만 소송무능력자에게 할 송달은 그의 법정대리인에게 하고(법 제179조), 임의로 선임된 소송대리인은 일체의 소송행위를 할 수 있으므로 소송대리인에게 송달할 수 있다(법 제90조). 소송대리인이 있는 경우에도 당사자 본인에게 한 서류의 송달은 유효하고 그 동거인에 대한 보충송달도 적법하다(대법원 1970. 6. 5. 자 70마325 결정).

(2) 만일 법정대리인이나 소송대리인이 여러 명이라면 그 가운데 한 사람에게 하면 된다(법 제180조). 법인의 대표자에 대하여는 법정대리인에 관한 규정이 준용되므로(법 제64조) 법인에 대한 송달은 법인의 대표자에게 하여야 한다. 당사자 · 법정대리인 또는 소송대리인이 송달받을 장소를 바꿀 때에는 바로 그 취지를 법원에 신고하여야 한다(법 제185조 제1항).

나. 당사자 이외의 자가 송달받을 수 있는 경우

(1) 당사자가 구속적인 단체에 속하여 자유롭게 행동할 수 없는 경우

당사자가 구속적인 단체에 속하여 자유롭게 행동할 수 없는 경우에는 그 단체의 수장에게 송달한다. 군사용의 청사 또는 선박에 속하여 있는 사람에게 할 송달은 그 청사 또는 선박의 장에게 하고(법 제181조), 교도소 · 구치소 또는 국가경찰관서의 유치장에 체포 · 구속 또는 유치된 사람에게 할 송달은 교도소 · 구치소 또는 국가경찰관서의 장에게 한다(법 제182조).[7]

7) 항소심 소송 계속 중 원고 갑이 구속되어 구치소에 수감되었으나 법원에 그 사실을 밝히거나 수감된 장소를 신고하지 아니하였고, 이에 법원이 갑에 대하여 종전에 송달받던 장소로 등기우편에 의한 발송송달의 방법으로 변론재개기일통지서를 송달한 사안에서, 갑이 수감된 구치소의 장에게 송달하지 않고 종전 송달장소로 한 변론재개기일통지서의 발송송달은, 갑이 원심법원에 수감사실을 신고하였는지 여부나 수감된 장소를 송달장소로 신고하였는지 여부 또는 갑이 변론재개와 함께 새로 지정된 변론기일을 알고 있었는지 여부와 무관하게 적법한 송달로서의 효력이 없다(대법원 2021. 8. 19. 선고 2021다53 판결).

(2) 송달영수인

당사자 · 법정대리인 또는 소송대리인이 제3자로 하여금 송달을 받게 할 필요가 있는 경우에는 이러한 제3자를 법원에 신고할 수 있는데, 이를 송달영수인이라고 한다(법 제184조).

2. 송달장소

가. 송달받을 사람의 주소 · 거소 · 영업소 · 사무소

(1) 내 용

송달받을 사람이 소재하는 곳 어디에서나 송달을 할 수 있는 것은 아니다. 송달은 송달받을 사람의 주소 · 거소 또는 그 송달받을 사람이 운영하는 영업소 · 사무소에서 해야 한다(법 제183조 제1항). 다만 법정대리인에게 할 송달은 본인의 영업소나 사무소에서도 할 수 있다(같은 조 제2항).

(2) 대표이사 개인에 대한 송달

송달받을 사람이 회사를 경영하고 있다고 하더라도 별도의 법인격을 가지는 회사의 사무실은 송달받을 사람이 운영하는 영업소 · 사무실이 아니라 민사소송법 제186조 제2항의 송달받을 사람의 근무장소에 해당한다(대법원 1992. 2. 25. 선고 91다21176 판결). 따라서 주소 · 거소에 송달을 실시하지 않고 바로 회사의 사무실로 송달하는 것은 위법한 송달이다.

(3) 한시적 사무소

여기서 영업소 또는 사무소는 송달받을 사람의 영업 또는 사무가 일정 기간 지속하여 행하여지는 중심적 장소로서, 한시적 기간에만 설치되거나 운영되는 곳이라고 하더라도 그곳에서 이루어지는 영업이나 사무의 내용, 기간 등에 비추어 볼 때 어느 정도 반복해서 송달이 이루어질 것이라고 객관적으로 기대할 수 있는 곳이라면 위 조항에서 규정한 영업소 또는 사무소에 해당한다. 따라서 도의원 보궐선거에 출마하기 위한 선거사무소 송달장소인 영업소 또는 사무소에 해당한다(대법원 2014. 10. 30. 선고 2014다43076 판결).

나. 근무장소

만일 송달받을 사람의 주소 · 거소 · 영업소 · 사무소를 알지 못하거나 그 장소에서 송달할 수 없는 때에는 보충적으로 송달받을 사람이 고용 · 위임 그밖에 법률상 행위로 취업하고 있는 다른 사람의 주소 등의 근무장소에서도 송달할 수 있다(같은 조 제2항). 이때의 '근무장소'는 현실의 근무장소로서 고용계약 등 법률상 행위로 취업하고 있는 지속적인 근무장소라고 해석된다(대법원 2015. 12. 10. 선고 2012다16063 판결). 따라서 비상근이사, 사외이사, 비상근감사로서 회사에 지속적으로 근무하지 아니하지 자에 대하여 그 회사를 근무장소로 하여 송달한 것은 송달로서의 효력이 없다(앞의 판결).

다. 조우송달

송달받을 사람의 주소 등 또는 근무장소가 국내에 없거나 알 수 없는 때, 또는 주소 등 또는 근무장소가 있는 사람의 경우에도 그가 송달받기를 거부하지 아니하면 만나는 장소에서 송달할 수 있다(법 제183조 제3항, 제4항). 이를 조우송달이라고도 한다. 송달을 받을 사람에 대하여만 조우송달을 적법하게 실시할 수 있으므로 동거인과 같이 보충송달을 받을 수 있는 사람에 대하여 실시한 조우송달은 위법한다.

IV. 교부송달(personal service)의 원칙

1. 원 칙

송달은 특별한 규정이 없으면 송달장소에서 송달받을 사람에게 서류의 등본 또는 부본을 직접 교부하는 방식으로 해야 한다(법 제178조). 교부송달이 불가능한 경우에 비로소 다른 방법에 의하여 송달할 수 있다.

2. 교부송달의 예외로서의 보충송달

송달받을 사람이 송달장소에서 직접 송달받을 수 없는 경우에 예외적으로 송달받을 사람 외의 사람에게 송달할 수 있는 경우가 있는데 이를 '보충송달'이라고 한다. 보충송달에서 송달의 효력은 송달받을 사람에게 서류가 전달된 때가 아니라 보충송달을 받는 사람, 즉 수령대행인이 서류를 수령했을 때에 발생한다(대법원 1992. 2. 11. 선고 91누5877 판결). 이러한 보충송달은 ① 송달받을 사람의 주소 · 거소 또는 영업소 · 사무소에서에서 교부송달을 할 수 없는 경우와 ② 근무장소에서 교부송달을 할 수 없는 경우 두 가지가 있다.

가. 송달받을 사람의 주소 · 거소 또는 영업소 · 사무소에서의 보충송달

송달받을 사람의 주소 · 거소 또는 영업소 · 사무소에서 송달받을 사람을 만나지 못한 때에는 그 사무원, 피용자 또는 동거인으로서 사리를 분별할 지능이 있는 사람에게 서류를 교부할 수 있다(법 제186조 제1항).

(1) 사무원 또는 피용자

여기서 사무원 또는 피용자는 반드시 송달받을 사람과 고용관계가 있어야 하는 것은 아니고, 평소 본인을 위하여 사무 등을 보조하는 자이면 충분하다(대법원 2010. 10. 14. 선고 2010다48455 판결). 따라서 송달받을 사람으로부터 명시적 또는 묵시적으로 송달수령의 위임을 받은 사람에 대한 송달도 적법하다. 예를 들어 옆집에 사는 사람이 송달의 수령에 대하여 명시적 위임은 없었지만 송달받을 사람을 위하여 계속하여 우편물 등을 수령하였다면 송달의 수령에 대하여도 묵시적 위임이 있는 것으로 본다(대법원 2011. 5. 13. 선고 2010다108876 판결).

(2) 동 거 인

동거인이란 송달을 받을 사람과 동일한 세대에 속하여 생활을 같이하는 사람이기만 하면 되고 반드시 법률상 친족관계에 있어야 하는 것은 아니므로, 이혼한 배우자라도 사정에 의하여 사실상 동일 세대에 소속되어 생활을 같이하고 있다면 여기에서 말하는 수령대행인으로서의 동거인이 될 수 있다(대법원 2013. 4. 25. 선고 2012다98423 판결). 그러나 송달받을 사람과 동일한 송달장소에 거주하더라도 세대를 달리하는 가옥의 사람은 동거자라고 볼 수 없으므로 임차인이 송달받을 사람이라면 집주인은 동거자에 해당하지 않는다(대법원 1983. 12. 30. 자 83모53 결정).

(3) 사리를 분별할 지능

이러한 사무원 · 피용자 · 동거인은 사리를 분별할 지능이 있어야 하는데, 이때 사리를 분별할 지능이 있다고 하려면, 사법제도 일반이나 소송행위의 효력까지 이해할 수 있는 능력이 있어야 한다고 할 수는 없을 것이지만 적어도 송달의 취지를 이해하고 그가 영수한 서류를 송달받을 사람에게 교부하는 것을 기대할 수 있는 정도의 능력은 있어야 한다. 따라서 만 8세 9개월 남짓의 어린이는 그 소송서류를 송달하는 집행관이 송달하는 서류의 중요성을 주지시키고 부모에게 이를 교부할 것을 당부하는 등 필요한 조치를 취하였다는 등의 특별한 사정이 없는 한 사리를 분별할 지능이 있다고 보기 어렵다(대법원 2013. 1. 16. 선고 2012재다370 판결). 하지만 노령에다가 문맹이고 관절염, 골다공증으로 인하여 거동이 불편하다고 하더라도 그것만으로 사리를 변식할 능력이 없다고 할 수 없다(대법원 2000. 2. 14. 자 99모225 결정).

나. 근무장소에서의 보충송달

근무장소에서 송달받을 사람을 만나지 못한 때에는 ① 그를 고용하고 있는 사람 또는 그 법정대리인이나 피용자 그밖의 종업원(즉 직장동료)으로서 ② 사리를 분별할 지능이 있는 사람이 ③ 서류의 수령을 거부하지 아니하면 그에게 서류를 교부할 수 있다(법 제

186조 제2항). 즉, 근무장소의 직장동료에게 송달할 수 있다.

다. 조우송달에 의한 보충송달의 금지

조우송달은 송달받을 사람에 대하여만 할 수 있고 보충송달을 받을 수 있는 사람에 대하여는 조우송달을 할 수 없다. 따라서 송달장소가 아닌 곳에서 사무원, 고용인 또는 동거자를 만난 경우에는 그 사무원 등이 송달받기를 거부하지 않는다 하더라도 그 곳에서 그 사무원 등에게 서류를 교부하는 것은 보충송달의 방법으로서 부적법하다(대법원 2001. 8. 31. 자 2001마3790 결정). 예를 들어 우체국에서 송달받을 사람의 동거인인 배우자를 우연히 만났고, 그가 송달받기를 거부하지 않았다고 하더라도 그 배우자에게 송달하는 것은 부적법하므로 그러한 송달은 무효이다(앞의 판결).

라. 상반된 이해관계가 있는 자에 대한 보충송달의 금지

보충송달제도는 본인 아닌 그의 사무원, 피용자 또는 동거인, 즉 수령대행인이 서류를 수령하여도 그의 지능과 객관적인 지위, 본인과의 관계 등에 비추어 사회통념상 본인에게 서류를 전달할 것이라는 합리적인 기대를 전제로 한다. 그런데 본인과 수령대행인 사이에 당해 소송에 관하여 이해의 대립 내지 상반된 이해관계가 있는 때에는 수령대행인이 소송서류를 본인에게 전달할 것이라고 합리적으로 기대하기 어려우므로 본인과 당해 소송에 관하여 이해의 대립 내지 상반된 이해관계가 있는 수령대행인에 대하여는 보충송달을 할 수 없다(대법원 2016. 11. 10. 선고 2014다54366 판결). 예를 들어 이혼소송 중에 있는 부부가 동거 중에 있다고 하더라도 이혼소송에 관한 서류를 배우자가 다른 배우자를 위하여 보충송달 받는 것은 허용되지 않는다.

V. 송달장소는 밝혀져 있으나 교부송달 및 보충송달이 불능인 경우의 송달방법

1. 유치송달

① 서류를 송달받을 사람 또는 ② 서류를 송달받을 사람을 대신하여 송달받을 사람의 주소 · 거소 또는 영업소 · 사무소에서 보충송달을 받을 수 있는 사람이 정당한 사유 없이 송달받기를 거부하는 때에는 송달할 장소에 서류를 놓아두는 방법으로 송달할 수 있는데, 이를 '유치송달'이라고 한다(법 제186조 제3항). 조문의 해석상 근무장소에서는 송달받을 사람이 수령을 거부하는 경우에만 유치송달을 할 수 있고, 직장동료 등 보충송달을 받을 수 있는 사람이 수령을 거부하는 경우에는 유치송달을 할 수 없다. 따라서 근무장소에서 송달받을 사람이 아닌 과장에게 유치송달 하였다하여 이것이 적법인 송달이라

고는 볼 수 없다(대법원 1967. 11. 8. 자 67마949 결정).

2. 야간송달, 공휴일송달

당사자의 신청이 있는 때에는 공휴일 또는 해뜨기 전이나 해진 뒤에 집행관에 의하여 송달할 수 있다(법 제190조 제1항).

3. 우편송달

가. 보충송달 또는 유치송달이 불가능한 경우의 우편송달

(1) 의 의

보충송달 또는 유치송달의 방법으로 송달할 수 없는 때에는 등기우편에 의하여 서류를 발송할 수 있는데 이를 '우편송달'이라고 한다(법 제187조). 이러한 우편송달은 우편집배원에 의한 통상의 송달과 구분해야 한다. 우편집배원에 의한 통상의 송달은 교부송달의 원칙이 적용되어 송달받는 사람에게 송달된 때에 송달의 효력이 발생하지만, 우편송달에서는 우편으로 발송한 때에 송달된 것으로 보는 발송주의를 택하고 있다(법 제189조). 그러나 화해권고결정은 당사자가 직접 수령할 필요가 있으므로 우편송달을 할 수 없다(법 제225조 제2항).

[우편송달에서 추완항소를 인정한 판결]

민사소송법 제189조에는 등기우편에 의한 발송송달의 경우 발송한 때 송달된 것으로 본다고 규정되어 있기는 하나, 발송송달의 송달효력 발생시점에 관한 위와 같은 특칙규정의 존재가 일반인들에게 통상적으로 알려져 있지는 아니한 점 및 법원에서 발송송달을 하면서 그 송달이 발송송달이라는 것을 특별히 명시하지 않고 있는 점 등을 고려하여 보면, 이 사건과 같은 경우 원고는 '책임질 수 없는 사유로 말미암아 항소기간을 지킬 수 없었던 경우'에 해당하여 추완에 의한 항소가 가능하다고 해야 할 것이다.(대법원 2007. 10. 26. 선고 2007다37219 판결)

(2) 요 건

i) 우편송달은 송달받을 자의 주소 등 송달하여야 할 장소는 밝혀져 있으나 송달받을 자는 물론이고 그 사무원, 고용인, 동거인 등 보충송달을 받을 사람도 없거나 부재하여서 원칙적 송달방법인 교부송달은 물론이고 보충송달도 할 수 없고 따라서 유치송달도 할 수 없는 경우에 할 수 있다(대법원 2001. 9. 7. 선고 2001다30025 판결).

ii) 우편송달에 의하여 실제로 서류를 교부받을 가능성이 낮으므로 위 요건은 엄격하게 판단되어야 한다. 예를 들어 법원이 소장 부본의 송달장소나 피고의 답변서 발신지 등에 변론기일소환장을 송달하여 보지도 않고 원고의 주소보정서에 기재된 피고의 송달장소로 변론기일소환장을 송달한 후 송달불능되자 곧바로 등기우편에 의한 발송송달을 한 것은 교부송달이나 보충송달이 불가능한 경우가 아니므로 위법하다(대법원 2004. 10. 15. 선고 2004다11988 판결). 결론적으로 우편송달을 위해서는 송달하여야 할 장소가 밝혀져 있지만, 그곳에 야간송달이나 휴일송달 등 교부송달을 위하여 모든 노력을 다했음에도 불구하고 송달이 불능이어야 한다.

iii) 민사소송법 제182조는 교도소 · 구치소 또는 국가경찰관서의 유치장에 체포 · 구속 또는 유치된 사람에게 할 송달은 교도소 · 구치소 또는 국가경찰관서의 장에게 하도록 규정하고 있다. 따라서 수감된 당사자에 대한 송달을 교도소장 등에게 하지 않고 당사자의 종전 주소나 거소로 한 것은 부적법한 송달로서 무효이고, 이는 법원이 서류를 송달받을 당사자가 수감된 사실을 몰랐거나, 수감된 당사자가 송달의 대상인 서류의 내용을 알았다고 하더라도 마찬가지이다. 그러므로 수감된 당사자에 대하여 민사소송법 제185조나 제187조에 따라 종전에 송달받던 장소로 발송송달을 하였더라도 적법한 송달의 효력을 인정할 수 없다(대법원 2021. 8. 19. 선고 2021다53 판결).

(3) 매회 요건의 충족

우편송달은 당해 서류에 관하여 교부송달, 보충송달, 유치송달 등이 불가능한 것임을 요건으로 하므로 당해 서류의 송달에 한하여 할 수 있는 것이지 그에 이은 별개의 서류 등의 송달에 관하여는 위 요건이 또 다시 구비되지 않는 한 당연히 우편송달을 할 수 없다(대법원 1990. 1. 25. 자 89마939 결정).

나. 바뀐 주소를 신고하지 아니한 경우의 등기우편에 의한 발송송달

당사자 · 법정대리인 또는 소송대리인이 송달받을 장소를 바꿀 때에는 바로 그 취지를 법원에 신고하여야 하는데, 신고를 하지 아니하여 '달리 송달장소를 알 수 없는 경우'에 종전에 송달받던 장소에 등기우편의 방법으로 발송할 수 있다(법 제185조 제2항). '달리 송달할 장소를 알 수 없는 경우'라 함은 상대방에게 주소보정을 명하거나 직권으로 주민등록표 등을 조사할 필요까지는 없지만, 적어도 기록에 현출되어 있는 자료로 송달할 장소를 알 수 없는 경우에 한하여 등기우편에 의한 발송송달을 할 수 있음을 뜻한다(대법원 2009. 10. 29. 자 2009마1029 결정). 예를 들어 원고가 소 제기 당시 증거로 제출한 체불임금등사업주확인서에 소장상 피고의 주소와 다른 주소가 기재되어 있었다면, 피고가 처음에 송달을 받다가 주소불명으로 송달되지 않았다고 하여 바로 발송송달을 할 수 있는 것이 아니라 위 확인서에 기재된 주소로 소송서류를 송달해 보고 그때도 송달불능인 경우에 한하여 발송송달을 할 수 있다(대법원 2018. 4. 12. 선고 2017다53623 판결). 이와 같은 시도를 하지 않고 바로 발송송달을 했다면 그러한 송달은 무효이다(앞의 판결).

VI. 송달장소가 불명확한 경우의 처리

1. 주소보정명령

원고가 소장에서 밝힌 피고의 주소로 송달을 실시하였지만, 송달불능이 된 경우에 송달을 실시한 우편집배원은 폐문부재 등의 송달불능사유를 송달불능보고서에 기재한다. 그런데 송달불능이 발생하면 재판장은 민사소송법 제254조의 소장심사권으로서 원고에게 피고의 주소를 보정할 것을 명령한다. 만일 원고가 주소를 보정하지 아니하면 재판장은 소장각하명령을 할 수 있다. 원고가 주소를 보정할 수 없다면 공시송달을 신청할 수 있는데, 송달불능보고서의 내용을 종합할 때 공시송달의 요건인 '당사자의 주소 등 또는 근무장소를 알 수 없는 경우'에 해당한다고 볼 여지가 충분함에도 공시송달을 받아들이지 않고 소장각하명령을 하는 것은 위법하다(대법원 2003. 12. 12. 자 2003마1694 결정).

2. 공시송달

가. 의 의

당사자의 주소 · 거소 · 영업소 · 사무소(이하 '당사자의 주소 등'이라고 함) 또는 근무장소를 알 수 없는 경우나 또는 외국에서 하여야 할 송달에 관하여 제191조[8]의 규정에 따를 수 없거나 이에 따라도 효력이 없을 것으로 인정되는 경우에 송달받을 사람에게 직접 송달하지 않고 송달을 공시(公示)하는 방법으로 실시하는 송달을 공시송달이라고 한다. 그러나 당사자가 직접 수령할 필요가 있는 화해권고결정과 지급명령신청은 공시송달의 방법으로 송달할 수 없다(법 제225조 제2항, 제462조).

나. 공시송달의 실시기관

법원사무관 등(법원서기관 · 법원사무관 · 법원주사 또는 법원주사보)은 직권으로 또는 당사자의 신청에 따라 공시송달을 할 수 있다(법 제194조 제1항).[9] 법원사무관 등 이외에 재판장도 제1항의 경우에 소송의 지연을 피하기 위하여 필요하다고 인정하는 때에는 법원사무관 등에게 공시송달을 명할 수 있고(법 제194조 제3항), 직권으로 또는 신청에 따라 법원사무관등의 공시송달처분을 취소할 수 있다(법 제194조 제4항).

---

8) 제191조(외국에서 하는 송달의 방법) 외국에서 하여야 하는 송달은 재판장이 그 나라에 주재하는 대한민국의 대사 · 공사 · 영사 또는 그 나라의 관할 공공기관에 촉탁한다.

9) 종전에는 재판장의 명령에 따라서 공시송달을 실시하였는데, 2014년 민사소송법의 개정에 따라서 법원사무관 등이 공시송달을 실시하고 있다.

다. 공시송달의 요건으로서 '당사자의 주소 등 또는 근무장소를 알 수 없는 경우'

당사자가 공시송달을 신청하는 경우에는 당사자의 주소 등 또는 근무장소를 알 수 없는 사유를 소명하여야 한다(법 제194조 제2항). 공시송달은 실제로 송달받을 사람이 송달을 받을 가능성이 없기 때문에 엄격한 요건에서만 허용된다. 단순히 송달받을 사람의 주소를 모른다고 하여 공시송달을 할 수 있는 것이 아니라, 다른 송달방법에 의하여 송달이 불가능하고 가능한 모든 노력을 다 했지만 송달받을 사람의 행방을 알 수 없어야 공시송달이 가능하다. 예를 들어 송달받을 사람의 최후의 주소로 야간송달과 휴일송달 등을 실시하였지만 송달이 불능이고, 그 최후의 주소의 집주인 등 주변에 거주하는 사람들에게 확인한 결과 송달받을 사람이 그 주소지에 거주하지 않는 사실이 소명되어야 공시송달이 가능하다. 이러한 공시송달은 송달장소를 알 수 없는 경우에 허용된다는 점에서 송달장소는 밝혀져 있으나 교부송달 · 보충송달 · 유치송달이 불가능한 경우에 허용되는 우편송달과 차이가 있다.

다. 공시송달의 방법

공시송달은 법원사무관 등이 송달할 서류를 보관하고 그 사유를 법원게시판에 게시하거나, 그밖에 민사소송규칙 제54조에서 정하는 방법에 따라서 한다(법 제195조).

라. 공시송달의 효력

(1) 효력발생의 시기

처음에 하는 공시송달은 공시송달을 실시한 날부터 2주가 지나야 효력이 생긴다(법 제196조 제1항). 그러나 같은 당사자에게 하는 그 뒤의 공시송달은 실시한 다음 날부터 효력이 생긴다(같은 항 단서).

(2) 기타의 효력

(가) 답변서 부제출에 따른 무변론판결과 의제자백의 배제

피고가 원고의 청구를 다투는 경우에는 소장의 부본을 송달받은 날부터 30일 이내에 답변서를 제출하여야 하고, 이 기간 내에 답변서를 제출하지 아니하면 청구의 원인이 된 사실을 자백한 것으로 보고 변론 없이 판결할 수 있다(법 제257조 제1항). 하지만 피고가 공시송달의 방법에 따라 소장의 부본을 송달받은 경우에는 이러한 의제자백과 무변론판결의 효력이 발생하지 않는다(법 제256조 제1항 단서). 공시송달의 방법으로 소장이 송달된 경우에 실제로 피고가 소장을 송달받을 가능성은 거의 없기 때문에 피고가 위 기한 내에 답변서를 제출하지 아니한 데에 그에게 책임이 있다고 볼 수 없기 때문이다.

(나) 불출석에 따른 의제자백의 배제

상대방이 제출한 소장, 준비서면을 송달받은 당사자가 변론기일에 출석하지 아니하면 상대방의 주장사실을 명백히 다투지 아니한 것으로 봐서 자백으로 간주하는 효력이 발생한다. 그러나 공시송달에 의하여 기일통지서를 받은 경우에는 이러한 의제자백의 효력이 발생하지 않는다(법 제150조 제3항 단서).

(다) 공시송달에 의하여 판결문을 송달받은 경우

앞서 설명하는 바와 같이 공시송달에 의하여 판결문을 송달받았다면 원칙적으로 추완항소를 제기할 수 있다.

마. 공시송달의 요건을 갖추지 못한 공시송달의 효력

(1) 공시송달은 재판장의 명에 의하여 실시되므로 피고의 주소가 허위이거나 그 요건에 미비가 있다 할지라도 그 송달은 유효하다는 것이 종전의 대법원 판례였다(대법원 2008. 2. 28. 선고 2007다41560 판결). 따라서 요건미비의 공시송달의 방법으로 판결문을 송달받았더라도 항소기간은 진행되고 항소기간의 도과하면 판결은 형식적으로 확정되어 기판력이 발생한다고 보았다(앞의 판결). 그런데 2014년 민사소송법의 개정으로 법원사무관 등이 공시송달을 실시하므로 대법원이 하자 있는 공시송달을 여전히 유효하다고 볼 것인지 지켜볼 필요가 있다. 적어도 위 개정 후에도 재판장의 명에 의하여 실시된 공시송달의 경우에는 하자가 있어도 그 유효성을 인정하고 있다. 대법원 2022. 1. 13. 선고 2019다220618 판결에서는 당사자가 소송 계속 중에 수감된 경우 법원이 판결정본을 민사소송법 제182조에 따라 교도소장 등에게 송달하지 않고 당사자 주소 등에 공시송달 방법으로 송달하였다면, 공시송달의 요건을 갖추지 못한 하자가 있다고 하더라도 재판장의 명령에 따라 공시송달을 한 이상 송달의 효력이 있다고 판시하였다. 다만 이때 당사자는 추완항소를 할 수 있다.

(2) 한편 출석요구서의 송달이 공시송달의 요건을 갖추지 않았다면 당사자가 적법하게 송달받은 것은 아니므로 변론기일에 피고가 출석하지 아니하더라도 쌍방 불출석의 효과가 발생지 않고, 따라서 민사소송법 제268조 제2항의 소취한 간주의 효력도 발생하지 않는다(대법원 1997. 7. 11. 선고 96므1380 판결).

바. 송달받을 사람이 존재하지 않는 경우의 공시송달의 효력

송달법인의 대표자가 사망하여 버리고 달리 법인을 대표할 자도 정하여지지 아니하였기 때문에 법인에 대하여 송달을 할 수 없는 때에는 당사자의 주소 등 또는 근무장소를 알 수 없는 때가 아니라 당사자의 주소 등 또는 근무장소가 없는 경우이므로 공시송달을 할 여지가 없다(대법원 1991. 10. 22. 선고 91다9985 판결). 마찬가지로 이미 사망한 당사자에 대한 공시송달은 당사자의 주소 등 또는 근무장소를 알 수 없는 때가 아니라 송달의 상대방이 존재하지 않은 경우이므로 공시송달로서의 효력이 없다(대법원 2007. 12. 14. 선고 2007다52997 판결).

VII. 변호사 송달의 특칙

1. 변호사에 대한 송달의 특칙

변호사인 소송대리인에 대한 송달은 법원사무관 등이 전화 · 팩시밀리 · 전자우편 또는 휴대전화 문자전송을 이용하여 할 수 있다(민사소송규칙 제46조 제1항).

2. 변호사 사이의 송달

변호사 사이에는 직접 송달이 허용된다. 변호사인 소송대리인은 상대방 소송대리인인 변호사에게 팩스 또는 이메일로 서면을 송부하고 수령확인을 받아서 법원에 제출하는 방법으로 송달할 수 있다(민사소송규칙 제47조). 그러나 전자소송이 널리 사용됨에 따라서 이러한 방법은 점차 사라질 것으로 전망된다.

VIII. 전자적 송달

전자소송이 시행됨에 따라서 송달도 전자적 방법으로 이뤄지고 있다. 법원사무관 등이 송달할 전자문서를 전산정보처리시스템에 등재하고 그 사실을 송달받을 자에게 전자적으로 통지하는 방법으로 한다(「민사소송 등에서의 전자문서 이용 등에 관한 법률」 제11조 제3항). 송달받을 자가 등재된 전자소송시스템이 접속하여 전자문서를 확인한 때에 송달된 것으로 본다(같은 조 제4항). 송달받을 자가 전자문서의 등재사실을 통지받은 후 그 전자문서를 확인하지 아니하더라도 등재사실을 통지한 날부터 1주 이내에 전자문서를 확인하지 아니하면 1주가 지난 날에 송달된 것으로 본다(같은 항 단서).

IX. 국제 송달

1. 외국으로의 송달

당사자가 외국에 소재하여 외국에서 송달할 필요가 있다면 재판장이 그 나라에 주재하는 대한민국의 대사 · 공사 · 영사 또는 그 나라의 관할 공공기관에 촉탁한다(법 제191

조). 만일 이러한 방법에 의하여 송달이 불가능하다면 공시송달을 할 수 있고(법 제194조 제1항), 이때는 공시송달을 실시한 날로부터 2월이 경과한 때에 송달의 효력이 발생한다(법 제196조 제2항). 우리나라는 헤이그송달협약(Convention of 15 November 1965 on the Service Abroad of Judicial and Extrajudicial Documents in Civil or Commercial Matters)에 가입하였으므로 헤이그송달협약에 가입한 국가에 대하여 송달을 하는 경우에는 이 협약에 따라서 송달을 실시한다. 그 구체적인 절차에 관하여 「국제민사사법공조 등에 관한 예규」에 규정되어 있다.

2. 외국으로부터의 송달

(1) 외국으로부터 우리나라로의 송달이 문제되는 경우는 당해 송달에 따른 외국 법원의 재판이 우리나라에서 승인이 문제된 경우이다. 민사소송법 제217조 제1항 제2호에서는 외국재판의 승인요건의 하나로 적법한 송달을 요구하고 있으므로 외국 법원의 송달이 우리 법 및 국제협약상 적법해야 비로소 그 외국재판이 우리나라에서 승인될 수 있다. 송달의 적법성이 요구되는 이유는 적법한 송달에 의하여 피고의 방어권이 보장된 경우에만 그에 따른 외국재판을 승인하는 것이 타당하기 때문이다.

(2) 대법원 1992. 7. 14. 선고 92다2585 판결에서는 영사파견국의 법원이 외교상의 경로를 거치지 않고 우리나라 국민이나 법인을 상대로 하여 자국영사에 의한 직접실시방식으로 송달을 한 것이라면, 이는 위 영사파견국이 우리나라와 영사관계가 있다 하더라도 우리나라의 재판사무권을 침해한 것으로서 적법한 송달로서의 효력이 없고 결국 외국재판의 승인의 요건으로서 송달요건을 갖추지 못한 것이라고 보고 있다.

X. 송달의 하자

1. 하자 있는 송달의 효력

사망한 당사자 또는 제3자에 대한 송달, 그리고 보충송달 · 유치송달 · 우편송달 등의 송달요건을 갖추지 못했는데 실시한 송달은 효력이 없다. 따라서 주소보정명령이 부적법하게 보충송달이 되었음에도 적법하게 고지되었음을 전제로 하여 그 명령에서 정한 기간 내에 주소보정을 하지 않았다는 이유로 항소장을 각하한 명령은 위법하다(대법원 2001. 8. 31. 자 2001마3790 결정). 그러나 앞서 본 바와 같이 요건을 갖추지 않은 공시송달의 경우에는 효력이 있다.

2. 하자의 치유

가. 원칙적 임의규정

하자 있는 송달은 무효이지만, 이의권의 포기 또는 상실의 대상이 될 수 있다(법 제151조). 예를 들어 사망한 자에 대하여 실시된 송달은 위법하여 원칙적으로 무효라고 할 것이나, 그 사망자의 상속인이 현실적으로 그 송달서류를 수령하고도 즉시 이의를 제기하지 않았다면 이의권의 포기 또는 상실로서 하자가 치유되어 상속인에 대한 송달로서 효력이 발생한다(대법원 1998. 2. 13. 선고 95다15667 판결).

나. 강행규정인 경우

강행규정에 위반된 송달의 경우에는 이의권의 포기 또는 상실이 인정되지 않는다(법 제151조). 예를 들어 항소 제기기간은 불변기간이고, 이에 관한 규정은 성질상 강행규정이므로 그 기간 계산의 기산점이 되는 판결정본의 송달의 하자는 이에 대한 피고의 이의권의 포기나 상실로 인하여 치유될 수 없다(대법원 2007. 12. 14. 선고 2007다52997 판결). 예를 들어 사망한 당사자에 대한 판결정본의 공시송달은 무효이므로 망인의 상속인들이 판결의 존재를 알고 있었다거나 수계신청을 하였다는 등의 사정이 있다고 하더라도 이의권의 포기 또는 상실이 허용되는 것은 아니므로 공시송달의 하자가 치유되는 것은 아니다(앞의 판결).

제 2 절 소장송달의 효과

I. 소송 계속(lis pendens, pending before the court)의 발생

소장이 피고에게 송달된 때에 소송 계속이 발생한다(대법원 1994. 11. 25. 선고 94다12517, 94다12524 판결). 소송 계속이란 사건이 법원의 판결절차에 진행되고 있는 상태를 의미한다.

II. 「소송촉진 등에 관한 특례법」의 법정이율의 적용

1. 의 의

(1) 「소송촉진 등에 관한 특례법」 제3조 제1항에서는 소장이 채무자에게 송달된 다음 날부터 채권자가 연 12%의 비율에 의한 지연손해금을 받을 수 있도록 규정하고 있다.

만일 채권자가 청구취지를 확장하면 그 확장된 청구금액에 대하여는 청구취지를 확장한 당해 서면이 채무자에게 송달된 날의 다음 날부터 12%의 이율을 적용한다(대법원 1995. 2. 17. 선고 94다56234 판결). 고율의 법정이율을 부과함으로써 피고가 소송지연만을 목적으로 한 불필요한 응소를 하는 것을 방지하여 소송신속을 도모하는 데 그 취지가 있다.

(2) 위 법정이율은 '금전채무의 전부 또는 일부의 이행을 명하는 판결'을 선고할 경우에만 적용되므로 금전채무의 존재 또는 부존재에 관한 확인의 소에서는 적용되지 않는다(대법원 2021. 6. 3. 선고 2018다276768 판결).

[청구취지의 예시]

피고는 원고에게 금 100만원 및 이에 대하여 이 사건 소장부본이 송달된 다음날부터 다 갚는 날까지 연 12%의 비율에 대한 돈을 지급하라.

2. 예　　외

가. 의　　의

피고가 원고의 청구를 다투는 것이 정당하다면 그 응소가 소송을 지연시킨 것이 아니므로 이러한 경우에는 고율의 법정이율을 적용하는 것이 적절하지 않다. 이러한 이유에서 같은 조 제2항에서는 채무자에게 그 이행의무가 있음을 선언하는 사실심판결이 선고되기 전까지 채무자가 그 이행의무의 존재 여부나 범위에 관하여 항쟁하는 것이 상당하다고 인정되는 경우에는 그 타당한 범위에서 12%의 지연손해금을 적용하지 아니하도록 규정하고 있다. 이러한 경우에는 민법과 상법에 따른 법정이율이 적용된다. 위 규정의 해석상 채무자가 당해 사건의 사실심에서 항쟁할 수 있는 기간은 당해 사건의 사실심 판결 선고 시까지로 보아야 하고 그 선고 시 이후에는 어떤 이유로든지 위 법 제3조 제1항의 적용을 배제할 수 없다(대법원 2017. 7. 18. 선고 2017다206922 판결).

나. 항쟁함이 상당한 경우의 예시

(1) 원고의 청구가 일부 기각된 경우

'채무자가 그 이행의무의 존부나 범위에 관하여 항쟁함이 상당하다고 인정하는 때'는 이행의무의 존부나 범위에 관하여 항쟁하는 채무자의 주장에 상당한 근거가 있는 때이고, 이와 같이 항쟁함이 상당한가 아니한가의 문제는 당해 사건에 관한 법원의 사실인정과 그 평가에 관한 것이다. 원고의 청구가 일부 인용되고 나머지가 기각된 경우에는 피고가 항쟁함이 상당하다고 볼 수 있다(대법원 2000. 9. 8. 선고 99다26924 판결). 이때는 제1심 판결 선고일까지는 연 12%의 법정이율 대신에 약정이율 또는 민사법정이율이나 상사법정이율을 적용하고, 제1심 판결 선고일 다음 날부터 연 12%의 법정이율을 적용한다(대법원 2000. 2. 25. 선고 99다20155 판결).

(2) 제1심 판결이 항소심에서 유지된 경우

제1심 법원이 인용한 청구액을 항소심 법원이 그대로 유지한 경우에는 특별한 사정이 없는 한 피고가 항소심 절차에서 위 인용금액에 대하여 이행의무의 존부와 범위를 다툰 것은 상당하다고 볼 수 없다(대법원 2013. 4. 26. 선고 2011다50509 판결).

(3) 청구병합에서 판단

청구가 병합된 소송에서는 각 소송물마다 위와 같은 법리가 적용된다. 예를 들어 불법행위로 말미암아 신체의 상해를 입었음을 원인으로 한 손해배상소송에 있어서 소송물인 손해는 소극적 재산상 손해, 적극적 재산상 손해 및 정신적 손해의 3가지로 나누어지므로 위 특례법 소정의 법정이율을 적용할 것인지의 여부는 위 각 손해항목별로 판단하여야 한다(대법원 1995. 2. 17. 선고 94다56234 판결). 따라서 피고가 적극적 손해에 대한 배상청구를 다투어 기각되고 반면에 소극적 손해에 대한 배상청구는 전액 인정되었다면, 위 특례법 소정의 법정이율은 소극적 손해에 대한 배상청구에만 적용된다.

(4) 피고의 주장이 제1심에서 받아들여지고 항소심에서 배척된 경우

피고가 이행의무의 존재 여부와 범위를 다투어 제1심에서 원고의 청구가 전부 기각되었다면, 비록 항소심에서 원고의 주장을 받아들여 피고의 주장이 배척되더라도 제1심에서 승소한 피고로서는 항소심에서 원고의 주장을 다투는 것에 상당한 이유가 있다고 할 수 있다(대법원 2013. 9. 12. 선고 2013다30356 판결). 이때는 항소심 판결 선고일 다음날부터 연 12%의 법정이율을 적용한다(앞의 판결).

(5) 피고 승소의 항소심 판결이 환송심에서 변경된 경우

i) 원고의 청구를 인용한 제1심 판결에 대하여 피고가 항소를 제기하여 피고의 항소가 받아들여져 원고 패소판결이 선고되었다가 이에 대하여 원고가 상고한 결과 항소심판결이 파기되어 환송되었고 그 환송 후 항소심에서 제1심 판결과 같이 원고의 청구를 인용하는 판결이 선고된 경우에는, 피고의 주장이 환송 전 원심에 의하여 받아들여진 적이 있을 정도였으므로 적어도 그 판결이 파기되기 전까지는 피고가 이행의무의 존부나 범위에 관하여 항쟁함이 상당한 근거가 있었다고 보아야 하므로 대법원의 환송판결 다음날부터 위 특례법 소정의 법정이율이 적용된다(대법원 2005. 2. 17. 선고 2004다50341 판결).

ii) 피고가 상고한 결과 원고의 청구를 인용한 항소심판결이 파기되어 환송되었지만, 환송 후 원심이 새로운 사정을 이유로 환송 전 원심판결과 같은 내용의 판결을 선고하게 된 경우에, 피고의 주장이 이 사건 환송판결에서 받아들여진 적이 있을 정도이므로 환송 후 원심판결이 선고되기 전까지는 피고가 이행의무의 존재 여부나 범위에 관하여 항쟁하는 것에는 타당한 근거가 있었다고 보아야 한다. 따라서 환송 후 원심판결이 선고된 다음날부터 위 특례법 소정의 법정이율이 적용된다(대법원 2020. 11. 26. 선고 2019다2049 판결).

3. 법정이율의 실체법적 성격

절차는 법정지법에 따른다는 원칙상 섭외사건에서 적용되는 준거법이 외국법이라고 하더라도 절차법은 법정지법인 한국법이 적용된다. 그런데 위 법의 지연손해금에 관한 규정은 비록 소송촉진을 목적으로 소송절차에 의한 권리구제와 관련하여 적용되는 것이기는 하지만 절차법적인 성격을 가지는 것이라고만 볼 수는 없고 그 실질은 금전채무의 불이행으로 인한 손해배상의 범위를 정하기 위한 것이므로, 본래의 채권채무관계의 준거법이 외국법인 경우에는 특례법 규정을 적용할 수 없고 채권의 준거법에 따른다(대법원 2012. 10. 25. 선고 2009다77754 판결).

III. 의사표시의 도달

소장을 통하여 해지, 해제, 취소 등의 의사표시를 하는 경우가 있다. 이러한 경우에 소장이 법원에 접수된 때가 아니라 소장이 피고에게 송달된 때에 피고에게 의사표시가 도달된 것으로 본다(대법원 2000. 1. 28. 선고 99다50712 판결).

IV. 중복제소(*lis pendes*)의 금지(Doctrine of *lis pendens*)

중복제소도 피고에 대한 소장 송달의 효과 중의 하나이다.

1. 의 의

피고에 대하여 소장이 송달되어서 소송 계속이 발생되면 이와 동일한 사건에 대하여는 소를 제기하지 못한다(법 제259조). 이를 중복제소의 금지라고 하는데, 중복제소를 허용하면 모순된 내용의 판결이 나올 수 있고 소송경제에 반하기 때문이다. 중복제소는 소제기의 금지사유이므로 소송요건이 되고, 이에 위반한 후소는 각하된다(대법원 1998. 2. 27. 선고 97다45532 판결). 이러한 중복제소의 금지는 전소 법원과 후소 법원이 모두 관할이 있는 법원인 경우에만 문제가 되고, 만일 전소 법원과 후소 법원 중 관할이 없는 법원이 있다면 이송의 방법으로 해결해야 한다.

2. 중복제소금지의 요건

가. 당사자의 동일

(1) 의 의

중복제소의 목적은 판결의 모순저촉을 방지하는데 있으므로 후소의 당사자가 전소판결의 효력을 받는 자이어야 한다(기판력의 주관적 범위). 판결의 효력은 소송의 당사자 사이에서만 미치는 것이 원칙이므로(법 제218조 제1항) 전소와 후소의 당사자가 동일해야 중복제소가 된다.

(2) 제3자의 소송담당에서의 당사자의 동일성

(가) 소송의 당사자 이외에도 변론종결 후의 승계인, 청구목적물의 소지자, 제3자의 소송담당에서 권리의무의 주체에 대하여도 판결의 효력이 미치므로(법 제218조) 이러한 자가 후소의 당사자가 된 경우에도 원칙적으로 중복제소에 해당한다. 다만 제3자의 소송담당 중 권리의무의 주체가 당사자적격을 상실하는 경우에는 이러한 권리의무의 주체가 제기한 소는 각하될 운명에 있고, 이는 직권조사사항으로서 판결의 모순저촉의 염려가 없으므로 권리의무의 주체가 소를 제기한 이후에 소송담당자인 제3자가 제기한 소는 중복제소에 해당하지 않는다.

(나) 예를 들어 채무자가 제3채무자를 상대로 이행의 소를 제기한 후에 채무자의 채권자가 채무자의 제3채무자에 대한 채권에 대하여 압류 및 추심명령을 받아서 제3채무자를 상대로 하여 추심의 소를 제기한 경우에, 압류채권자가 제3채무자를 상대로 제기한 추심의 소를 중복된 소제기에 해당한다는 이유로 각하한 다음 당사자적격이 없는 채무자의 이행의 소가 각하 확정되기를 기다려 다시 압류채권자로 하여금 추심의 소를 제기하도록 하는 것이 소송경제에 반할 뿐 아니라, 이는 압류 및 추심명령이 있는 때에 민사집행법 제238조, 제249조 제1항에 따라서 보장되는 추심의 소를 제기할 수 있는 권리의 행사를 금지하는 결과를 가져오므로 금지되는 중복제소라고 볼 수 없다(대법원 2013. 12. 18. 선고 2013다202120 전원합의체 판결).[10)]

(다) 참고로 추심채권자는 채무자가 제3채무자를 상대로 제기한 이행의 소에 민사소송법 제81조(승계인의 소송참가), 제79조(독립당사자참가)에 따라 참가할 수도 있으나, 채무자의 이행의 소가 상고심에 계속 중인 경우에는 승계인의 소송참가가 허용되지 않으므로 추심채권자의 소송참가가 언제나 가능하지는 않으며, 추심채권자가 채무자가 제기한 이행의 소에 참가할 의무가 있는 것도 아니다(앞의 판결). 따라서 추심채권자에 의한 별소

10) 그러나 이 판결의 소수의견에서는 이미 법원에 계속되어 있는 소가 소송요건을 갖추지 못한 부적법한 소라고 하더라도 취하·각하 등에 의하여 소송 계속이 소멸하지 않는 한 그 소송 계속 중에 다시 제기된 소는 중복제소에 해당한다고 보았다.

제기는 적법하다.

(3) 채권자대위소송에서 중복제소가 되는 경우

채권자대위소송은 채무자의 권리를 채권자가 대위하여 행사한다는 점에서 제3자의 소송담당에 해당한다.

(가) 채권자대위소송 중에 채무자가 제3채무자에게 후소를 제기한 경우

채권자대위소송 중에 채무자가 제3채무자에게 후소를 제기한 경우에 채무자가 채권자대위소송을 제기한 사실을 알았는지 여부에 관계없이 중복제소라는 것이 대법원 판례이다(대법원 1992. 5. 22. 선고 91다41187 판결). 그러나 대법원 판례는 채무자가 어떠한 사유에 인하였던 적어도 채권자대위소송이 제기된 사실을 알았어야[11] 그 판결의 효력이 채무자에게 미친다고 보고 있는데(대법원 1975. 5. 13. 선고 74다1664 전원합의체 판결), 기판력의 모순저촉을 방지하기 위한 중복제소에서는 채무자의 인지를 요건으로 하지 아니하는 것은 모순이라는 비판이 있다. 참고로 종국판결 선고 후의 소취하로 인한 재소금지에 있어서도 채무자가 채권자대위소송이 제기된 사실을 알고 있어야 채무자에게도 재소금지의 효력이 미친다고 보고 있다(대법원 1996. 9. 20. 선고 93다20177,20184 판결).

(나) 채무자가 제3채무자에게 소를 제기한 후에 채권자가 채권자대위청구소송을 제기하는 경우

기존의 판례는 채무자가 제3자 채무자를 상대로 소를 제기한 후에 비로소 채권자대위청구소송이 제기된 경우에 전소의 원고인 채무자는 후소인 채권자대위청구소송의 판결의 효력을 받는 자에 해당하므로 중복제소가 된다고 보았다(대법원 1981. 7. 7. 선고 80다2751 판결). 그러나 현재 판례는 채무자가 이미 소를 제기한 이상 채권자가 채권자대위청구소송을 제기할 보전의 필요성이 없고,[12] 결국 채권자에게 당사자적격이 없다는 이유로 소를 각하하고 있다(대법원 2009. 3. 12. 선고 2008다65839 판결).

(다) 채권자대위소송 중 다른 채권자에 의한 채권자대위소송이 제기된 경우

채권자대위소송의 판결의 효력이 채무자의 다른 채권자에게까지 미치는 것은 아니지만, 채권자대위소송 중 다른 채권자에 의한 채권자대위소송이 제기된 경우에 전소 판결의 효력과 후소 판결의 효력이 모두 채무자에게 미쳐서 판결의 모순저촉이 발생할 위험이 있으므로 중복제소에 해당한다(대법원 1994. 11. 25. 선고 94다12517).

---

11) 채권자대위권을 행사하는 채권자가 채무자에게 보존행위 이외의 권리행사를 통지해야 하고(민법 제405조 제1항), 이러한 통지를 받은 후에는 채무자가 그 권리를 처분하여도 이로써 채권자에게 대항하지 못한다(같은 조 제2항). 이를 반대로 해석하면 권리행사 통지를 받기 전에는 그 권리를 처분할 수 있다는 뜻이므로 판결의 효력도 미치지 않는다는 것이 대법원 판례의 이유이다.

12) 보전의 필요성이 없으면 채권자대위권이 없고, 결국 채권자는 제3채무자를 상대로 채권자대위권을 행사할 원고적격이 없게 된다.

[채권자취소소송 도중에 다른 채권자가 제기한 채권자취소소송은 중복제소가 아니란 판례]

채권자취소권의 요건을 갖춘 각 채권자는 고유의 권리로서 채무자의 재산처분 행위를 취소하고 그 원상회복을 구할 수 있는 것이므로 각 채권자가 동시 또는 이시에 동일한 사해행위에 대하여 채권자취소 및 원상회복소송을 제기한 경우 이들 소송이 중복제소에 해당하는 것이 아니다.(대법원 2014. 8. 20. 선고 2014다28114 판결)

나. 청구의 동일

판결의 효력은 그 소송의 소송물에 대하여만 미치므로(기판력의 객관적 범위) 중복제소가 되기 위해서는 전소와 후소의 소송물이 동일해야 한다.

(1) 청구취지와 청구원인이 다른 경우

채권자가 병존적 채무인수자를 상대로 제기한 채무이행청구소송(전소)과 병존적 채무인수자가 채권자를 상대로 제기한 원래 채무자의 채권자에 대한 채무부존재확인소송(후소)은 그 청구취지와 청구원인이 서로 다르므로 중복제소에 해당하지 않는다(대법원 2001. 7. 24. 선고 2001다22246 판결). 그리고 원고의 피고에 대한 부동산가등기말소청구소송과 피고의 원고에 대한 그 부동산에 관한 소유권이전등기소송은 소송물이 다르고 다만 견련관계가 있음에 불과하므로 중복제소에 해당하지 않는다(대법원 1969. 6. 24. 선고 69다502 판결).

(2) 상계항변과 중복제소

소송상 상계의 항변에는 기판력이 있기 때문에(법 제216조 제2항) 상계항변으로 수장한 자동채권을 별소에 의하여 지급청구를 하거나, 자동채권에 관한 소송이 진행되던 중에 이러한 자동채권을 가지고 다른 소송절차에서 상계항변을 하는 것이 중복제소에 해당하는지 논의가 있는데, 대법원 판례는 별소로 계속 중인 채권을 가지고 상계항변을 하거나 상계항변으로 제출한 자동채권에 대하여 별소나 반소를 제기할 수 있다는 입장이다(대법원 2022. 2. 17. 선고 2021다275741 판결). 다만 상계의 항변을 제출할 당시 이미 자동채권과 동일한 채권에 기한 소송을 별도로 제기하여 계속 중인 경우, 사실심의 담당재판부로서는 전소와 후소를 같은 기회에 심리 · 판단하기 위하여 이부, 이송 또는 변론병합 등을 시도함으로써 기판력의 저촉 · 모순을 방지함과 아울러 소송경제를 도모함이 바람직하다(앞의 판결).

(3) 일부청구에서의 중복제소

일부청구는 명시적 일부청구와 묵시적 일부청구로 구분되고 전자는 일부청구부분만이 소송물이 되고, 후자는 전체 청구액이 소송물이 된다. 이러한 결과 명시적 일부청구 후 잔부청구를 한 경우에 경우에는 전소와 후소의 소송물이 다르므로 중복제소가 아니지만, 묵시적 일부청구 후 잔부청구를 하는 경우에는 전소와 후소의 소송물이 동일하므로 중복제소에 해당한다(대법원 1985. 4. 9. 선고 84다552 판결).

다. 전소 계속 중 후소의 제기

(1) 중복제소에 해당하려면 전소 계속 중에 후소가 제기되어야 한다. 후소가 중복제소에 해당하면 소송요건 부재로 소가 각하된다. 이때 전소와 후소를 어떻게 구분할 것인가의 문제가 발생하는데, 소송 계속이 발생한 선후를 기준으로 하여 전소와 후소를 구분한다. 따라서 소장이 먼저 접수된 청구라고 하더라도 피고에 대한 소장의 송달이 늦다면 후소가 되어 소가 각하된다(대법원 1992. 5. 22. 선고 91다41187 판결).

(2) 중복제소금지는 소송요건에 관한 것으로서 사실심의 변론종결 시를 기준으로 판단하여야 하므로, 전소가 후소의 변론종결 시까지 취하·각하 등에 의하여 소송계속이 소멸되면 후소는 중복제소금지에 위반되지 않는다(대법원 2021. 5. 7. 선고 2018다259213 판결).

(3) 반대로 이미 계속된 전소가 소송요건을 흠결하여 부적법하다고 할지라도 후소의 변론종결 시까지 취하·각하 등에 의하여 소송 계속이 소멸되지 아니하는 한 후소는 중복제소금지에 위반된다. 예를 들어 전소의 채권자대위청구소송에서 피보전채권의 존재가 인정되지 아니하더라도 이 소가 각하되기 전에 다른 채권자가 동일한 피대위권리에 관하여 채권자대위청구소송을 제기하였다면 중복제소에 해당한다(대법원 1998. 2. 27. 선고 97다45532 판결). 앞서 채무자가 제3채무자를 상대로 소를 제기한 후에 추심채권자가 제3채무자를 상대로 추심금청구의 소를 제기한 경우에, 전소는 어차피 각하될 운명이서 후소는 중복제소에 해당하지 않는다는 대법원 판결과 대비된다.[13)]

라. 후소를 제기할 정당한 사유가 있는 경우

전소와 후소의 당사자가 동일하고 소송물이 동일하여 중복제소에 해당한다고 하더라도 원고가 후소를 통하여 얻을 수 있는 정당한 이익이 있다면(즉 권리보호의 이익이 있다면) 이러한 후소는 중복제소에 해당한다고 볼 수 없다. 예를 들어 소멸시효기간의 도과가 임박하여서 강제집행의 실시가 현실적으로 어렵게 되었다면 동일내용의 소에 대하여 중복제소금지 규정에 위반한 것이라고는 할 수 없다(대법원 1987. 11. 10. 선고 87다카1761 판결).

---

13) 이러한 이유로 채무자가 제3채무자를 상대로 소를 제기한 후에 추심채권자가 제3채무자를 상대로 추심금청구의 소를 제기한 경우에는 중복제소에 해당하지 않는다는 대법원 2013. 12. 18. 선고 2013다202120 전원합의체 판결의 소수의견에서는 대법원 1998. 2. 27. 선고 97다45532 판결과의 일관성을 위하여 위와 같은 경우에도 중복제소에 해당한다고 보았다.

마. 중복제소를 간과하고 내려진 판결

중복제소를 간과하고 내려진 판결은 당연무효는 아니고 상소 또는 재심에 의하여 다툴 수 있다(대법원 1995. 12. 5. 선고 94다59028 판결). 전소와 후소의 확정판결이 서로 모순되는 경우에는 소송 계속의 선후에 관계없이 나중에 확정된 판결이 재심에 의하여 취소될 수 있다(법 제451조 제1항 제10호).

바. 보전처분신청에의 준용

보전처분의 신청에 관하여도 중복된 소 제기에 관한 민사소송법 제259조의 규정이 준용되어 중복신청이 금지된다. 이 경우 보전처분 신청이 중복신청에 해당하는지 여부는 후행 보전처분 신청의 심리종결 시를 기준으로 판단하여야 하고, 보전명령에 대한 이의신청이 제기된 경우에는 이의소송의 심리종결 시가 기준이 된다(대법원 2018. 10. 4. 자 2017마6308 결정). 즉 후행절차의 심리종결 시에 선행절차가 이미 종결되었다면 중복제소가 아니다.

사. 국제적 소송경합

앞서 언급한 것처럼 외국판결이라고 하더라도 민사소송법 제217조의 일정한 요건을 갖추면 국내에 기판력을 갖는다. 이러한 이유로 외국 법원에 이미 소가 제기된 사건에 대하여 국내법원에 소를 제기하는 것이 중복제소에 해당하는지 논의가 있다. 이에 대하여 국제적 소송경합은 중복제소가 아니므로 계속하여 소를 진행해야 한다는 견해(규제소극설)와 민사소송법 제217조의 요건을 충족할 가능성이 있으면 중복제소로 봐야 한다는 견해(승인예측설)가 있다. 아직 대법원 판례는 없다. 하급심 판례는 대체로 승인예측설을 따르고 있다.

제 3 절 답변서(defence)의 제출

I. 답변서의 기재사항

원고의 소장상 주장에 대한 답변으로 피고가 제출하는 답변서에는 청구취지에 대한 답변과 청구원인에 대한 답변을 기재한다.

- 청구취지에 대한 답변: "원고의 청구를 기각한다.", "원고의 소를 각하한다., "이 사건 소를 ㅇㅇ지방법원으로 이송한다."
- 청구원인에 대한 답변: 원고의 사실적 주장에 대한 답변(부인과 항변)과 원고의 법률적 주장에 대한 답변을 기재한다. 만일 사실관계에 다툼이 없다면, 원고 주장사

실을 모두 인정하고 법리적 다툼을 기재하면 된다.

II. 답변서 제출의무와 미제출의 불이익

1. 답변서 제출의무

피고가 원고의 청구를 다투는 경우에는 소장의 부본을 송달받은 날부터 30일 이내에 답변서를 제출하여야 한다(법 제256조 제1항).

2. 답변서 미제출에 따른 자백의제와 무변론 판결

가. 자백의제

피고가 기한 내에 답변서를 제출하지 아니하면 청구원인사실을 자백한 것으로 본다(법 제257조 제1항). 영미법의 궐석재판(judgement by default)의 경우에는 원고승소판결을 하는데 반하여 우리의 경우는 원고의 증명책임을 덜어주는 정도에 그친다.

나. 무변론 판결

피고가 기한 내에 답변서를 제출하지 아니하면 법원은 변론기일을 지정하지 않고 바로 선고기일을 지정하여 그 선고기일에 판결할 수 있다(법 제257조).

3. 자백하는 취지의 답변서의 제출에 따른 자백의제와 무변론 판결

피고가 청구의 원인이 된 사실을 모두 자백하는 취지의 답변서를 제출하고 따로 항변을 하지 아니한 경우에도 원고의 주장사실에 대하여 자백한 것으로 보고 무변론 판결을 할 수 있다(법 제257 제2항).

4. 자백의제와 무변론 판결의 불이익이 소멸되는 경우

피고가 소장을 송달받은 날로부터 30일이 경과하도록 답변서를 제출하지 않았다고 하더라도 바로 판결이 선고되는 것은 아니고 법원은 선고기일을 지정한다. 피고가 <u>선고기일까지 원고의 청구를 다투는 취지의 답변서를 제출한 경우</u>에는 자백의제의 효력이 발생하지 않고 무변론 판결을 할 수 없다(법 제257조 제1항 단서). <u>따라서 법원은 선고기일을 취소하고 변론기일을 지정해야 하며 원고는 부족한 증거를 제출해야 한다</u>.

5. 공시송달과 직권조사사항의 예외

피고가 공시송달의 방법에 따라 소장의 부본을 송달받은 경우에는 실제로 소장을 송달받은 것은 아니므로 피고는 답변서를 제출할 의무가 없다(법 제256조 단서). 그러므로 피고가 답변서를 제출하지 아니하더라도 의제자백이 성립되거나 무변론 판결이 허용되지 않는다. 또한 자백은 주요사실에 대하여만 발생하고 직권조사사항에 대하여는 자백이 성립되지 않으므로 이에 대한 자백의제의 효력도 발생하지 않는다.

제 4 절 변론기일의 지정

I. 필요적 변론

1. 의 의

판결을 선고해야 하는 소송절차에서 당사자는 반드시 법원에서 변론을 해야 한다(법 제134조 제1항). 이를 '필요적 변론'이라고 한다. 환언하면 법원은 법정에서의 변론을 거치지 않고 서면심리만을 진행하여 재판을 종결할 수 없다.

2. 필요적 변론의 예외

가. 임의적 변론

이송결정과 같이 판결이 아닌 결정으로 완결해야 하는 사건의 경우에는 반드시 변론기일을 열 필요가 없으며, 변론을 열 것인지는 법원이 임의로 결정한다(법 제134조 제1항 단서). 만일 법원이 변론기일을 열지 않는다면 서면만으로 심리를 진행할 수 있지만 심문기일을 지정할 수도 있다(같은 조 제2항). 심문기일은 변론기일에 비하여 자유로운 절차가 보장되어 있으므로 법정에서 열 필요가 없고, 법복을 입을 필요가 없으며, 심문절차의 공개가 요구되지 않는다. 또한 심문기일에 불출석하더라도 변론기일 불출석의 불이익인 진술간주, 자백간주, 소취하간주의 효력이 없다.

나. 무변론 판결의 예외적 허용

① 앞서 언급한 바와 같이 피고가 소장을 송달받은 날로부터 30일 이내에 답변서를 제출하지 아니하면 무변론 판결이 허용된다.

② 부적법한 소로서 그 흠결을 보정할 수 없는 경우에는 변론 없이 판결로써 소를 각하할 수 있다(법 제219조).

③ 부적법한 항소로서 흠을 보정할 수 없으면 변론 없이 판결로 항소를 각하할 수 있다(법 제413조).

④ 원고가 대한민국에 주소를 두지 아니한 외국인 또는 외국회사인 경우에 소송비용을 담보하기 위하여 내려진 담보제공명령을 원고가 이행하지 아니하면 법원은 변론 없이 판결로 소를 각하할 수 있다(법 제124조).

⑤ 소액사건에서 소장 기재만으로 청구가 이유 없음이 명확한 경우에도 변론을 거치지 않고 기각판결을 할 수 있다(소액사건심판법 제9조 제1항).

II. 변론기일의 지정

1. 지정권자

소장과 답변서가 제출되면 법원은 당사자가 법원에 출석하여 변론하는 날인 '변론기일'을 지정하여 당사자에게 통지해야 한다(민사소송규칙 제69조 제1항). 이러한 변론기일은 재판장이 지정하지만(법 제165조 제1조), 당사자가 합의하여 첫 변론기일의 변경을 신청하면 재판장은 이를 허가해야 한다(법 제165조 제2항). 만일 변론기일이 지정되지 아니하면 당사자는 변론기일지정신청을 할 수 있다(법 제165조 제1항).

2. 변론기일의 통지

변론기일은 기일통지서 또는 출석요구서를 당사자에게 송달하는 방법으로 통지되어야 한다(법 제167조 제1항 전문). 그러나 변론기일에 출석한 사람에게는 기일을 직접 고지하는 방법으로 통지할 수 있다(법 제167조 제1항 단서).

3. 변론기일 변경신청

실무에서는 제2회 변론기일부터 변론기일의 변경이 필요한 경우에는 상대방의 동의를 얻어서 그 사유를 기재한 변론기일변경신청서를 제출한다. 그러나 이러한 신청은 재판장의 직권발동을 촉구하는 의미밖에 없고, 기일의 지정은 재판장의 전권사항이므로 변경신청을 받아들이지 아니하더라도 이에 대하여 항고할 수 없으므로 만일 항고하였다면 부적법한 항고로서 각하해야 한다(대법원 2008. 11. 13. 자 2008으5 결정).

4. 변론기일의 연기

기일의 지정은 재판장의 전권사항으로서 이러한 권한에는 변론기일을 연기하는 권한도 포함된다. 이때 당사자가 변론에 들어가기도 전에 재판장이 기일을 연기하고 출석한 당사자에게 변론의 기회를 주지 아니함으로써 변론을 하지 아니한 경우에는 출석한 당사자가 변론을 하지 아니한 때에 해당하지 않으므로 소취하 간주의 효력도 발생하지 않는다(대법원 1993. 10. 26. 선고 93다19542 판결). 그리고 원고와 피고가 변론기일에 출석하지 아니하였지만 재판장이 기일을 변경하지 아니한 채 지정된 변론기일에서 사건과 당사자를 호명하였다면, 변론조서에 '연기'라고 기재하여도 당사자 불출석의 효과가 발생한다(대법원 1982. 1. 26. 선고 81다849 판결).

III. 변론기일에의 불출석(default of parties)의 효과

민사소송의 당사자는 소송진행에 협조할 의무가 있으므로 변론기일에 출석할 의무도 있다. 민사소송법은 당사자의 출석의무를 명시하지는 않았지만 불출석에 대하여 불이익을 제공하는 방법으로 간접적으로 규정하고 있다.

1. 변론기일에의 불출석

당사자가 변론기일에 나타나지 아니한 경우뿐만 아니라 법정에는 나왔지만 변론을 하지 아니하는 경우도 불출석으로 처리되어 불이익을 받는다(법 제148조 제1항, 제268조 제1항). 그런데 뒤에서 설명하는 바와 같이 당사자가 변론기일에 출석하지 아니하였다는 사실 또는 출석했지만 변론하지 아니한 사실은 소송의 방식에 관한 사실이므로 오직 변론조서에 의해서만 증명될 수 있다(법 제158조).

2. 불출석의 효과

가. 한쪽 당사자가 출석하지 아니한 경우(진술간주와 자백간주)

(1) 진술간주

(가) 법원의 재량

한쪽 당사자가 변론기일에 불출석하였지만 그 당사자가 소장·답변서, 그밖의 준비서면을 제출한 경우에는 이러한 서면에 적혀 있는 사항을 진술한 것으로 보고 출석한 상대방에게 변론을 명할 수 있다(법 제148조 제1항). 출석하였지만 변론을 하지 아니한 경우에도 마찬가지이다. 이러한 진술간주는 자동적으로 발생하지 않고 법원의 재량에 따라서 결정된다. 그러나 법원이 출석한 당사자만으로 변론을 진행하고자 할 때에는 반드시 불출석한 당사자가 그때까지 제출한 소장·답변서, 그밖의 준비서면에 적혀 있는 사항을 진술한 것으로 보아야 한다(대법원 2008. 5. 8. 선고 2008다2890 판결).

(나) 공증이 필요한 경우

진술간주 되는 답변서, 그밖의 준비서면에 청구의 포기 또는 인낙의 의사표시가 적혀 있다면 이러한 당사자의 진정한 의사를 확인할 필요가 있으므로 이러한 서면이 공증사무소의 인증을 받은 때에 비로소 그 취지에 따라 청구의 포기 또는 인낙이 성립된 것으로 본다(법 제148조 제2항). 그리고 진술의제가 되는 답변서, 그밖의 준비서면에 화해의 의사표시가 적혀 있는 경우에는 일방적 의사표시만으로 화해가 성립될 수 없으므로 이러한 서면에 공증사무소의 인증을 받았을 뿐만 아니라, 상대방 당사자가 변론기일에 출석하여 그 화해의 의사표시를 받아들인 때에 비로소 화해가 성립된 것으로 본다(법 제148조 제3항).

(2) 자백간주(의제자백)

(가) 원 칙

소장, 답변서, 준비서면 등을 송달 받고도 변론기일에 출석하지 아니한 당사자는 상대방의 주장사실을 자백한 것으로 본다(법 제150조 제3항). 비록 변론기일에 출석하더라도 변론하지 아니한 경우에는 '침묵'에 해당하여 역시 자백한 것으로 본다(법 제150조 제1항). 상대방의 주장을 인지하고도 출석하지 아니하거나 다투지 아니한 것은 묵시적으로 상대방의 주장을 인정한 것으로 볼 수 있기 때문이다. 다만 변론 전체의 취지로 보아 그 사실에 대하여 다툰 것으로 인정되는 경우에는 그러하지 아니하다(법 제150조 제1항 단서). 그 사실을 다투었는지는 변론종결 당시의 상태에서 당사자의 변론을 일체로 하여 종합적으로 판단하여야 한다(대법원 2012. 5. 24. 선고 2012다19758 판결).

(나) 예 외

공시송달에 의하여 기일통지서를 송달받았다면 실제로 송달을 받을 가능성이 없으므로 변론기일에 출석하지 않았다고 하여 상대방의 주장을 인정하는 취지로 해석하는 것은 무리가 있다. 따라서 자백간주의 효력이 발생하지 않는다(법 제150조 제3항 단서). 그리고 제1심에서 피고에 대하여 공시송달로 재판이 진행되어 피고에 대한 청구가 기각되었다고 하여도 피고가 원고의 청구원인을 다툰 것으로 볼 수 없으므로, 원고가 항소한 항소심에서 피고가 공시송달이 아닌 방법으로 송달받고도 다투지 아니한 경우에는 민사소송법 제150조의 자백간주가 성립된다(대법원 2018. 7. 12. 선고 2015다36167 판결).

(3) 진술간주된 서면에 의한 재판상 자백

상대방의 주장사실의 존재를 인정하는 서면(즉 자백하는 서면)을 제출하고 변론기일에 출석하지 아니하여 진술간주가 발생하였다면, 이때는 자백간주가 아니라 재판상 자백으로 보아야 한다(대법원 1997. 6. 13. 선고 97다8229 판결). 재판상 자백과 자백간주는 모두 불요증사실이란 점과 법원에 대한 구속력에 있어서는 그 효력이 동일하다. 하지만 재판상 자백의 경우에는 ① 자백이 진실에 어긋나고 ② 착오에 의한 것임을 증명해야지만 취소할 수 있지만(법 제288조 단서), 자백간주에 있어서는 당사자는 변론이 종결될 때까지 어느 때라도 상대방의 주장사실을 다툼으로써 자백간주의 효력을 배제시킬 수 있다는 점에서 차이가 있다(대법원 2004. 9. 24. 선고 2004다21305 판결).

나. 쌍방 당사자가 출석하지 않은 경우(소의 취하 간주)

(1) 당사자 쌍방이 변론기일에 출석하지 아니하거나 출석하더라도 변론하지 아니하는 경우에 법원은 새로운 변론기일을 지정하여 출석을 요구해야 한다(법 제268조 제1항). 이러한 출석요구에도 불구하고 제2회 변론기일 또는 그 후의 변론기일(즉, 연속적으로 2회 불출석할 필요는 없으며 같은 심급에서 2회의 불출석이 있는 것으로 충분하다.)에 당사자 쌍방이 출석하지 아니하거나 출석하더라도 변론하지 않고, 당사자가 1월 이내에 기일지정신청을 하지 아니하면 소를 취하한 것으로 본다(같은 조 제2항).[14] 이를 '쌍불취하간주'라고도 한다.

(2) 당사자가 1개월 이내에 기일지정신청을 하여 지정된 변론기일 또는 그 뒤의 변론기일에 양쪽 당사자가 출석하지 아니하거나 출석하였다 하더라도 변론하지 않았다면 이때에도 소를 취하한 것으로 본다(같은 조 제3항).[15]

(3) 양쪽 당사자가 적법한 절차에 의한 송달을 받고도 변론기일에 출석하지 않아야 한다. 변론기일의 송달절차가 적법하지 않은 경우 비록 그 변론기일에 양쪽 당사자가 출석하지 않더라도, 소 또는 상소를 취하한 것으로 보는 효과는 발생하지 않는다(대법원 2022. 3. 17. 선고 2020다216462 판결).

(4) 당사자가 변론기일에 2회 불출석하고 1월 이내에 기일지정신청을 하지 않더라도 법원이 직권으로 신기일을 지정할 수 있고, 이와 같이 직권으로 정한 기일 또는 그 후의 기일에 당사자 쌍방이 출석하지 아니하거나 출석하더라도 변론하지 아니한 때에는 소의 취하가 있는 것으로 본다(대법원 2002. 7. 26. 선고 2001다60491 판결).

(5) 법정 외에서의 증거조사기일(대표적으로 현장검증이 있다.)은 변론기일이 아니므로 당사자는 증거조사에 참여하지 않더라도 불출석의 불이익이 없지만, 법정에서의 증거조사기일(대표적으로 증인신문이 있다.)은 변론기일이라 할 것이므로 쌍불취하간주의 효력이 발생한다(대법원 1966. 1. 31. 선고 65다2296 판결).

(6) 변론준비기일에서 불출석의 효과가 변론기일에 승계되지 않으므로 양쪽 당사자가 변론준비기일에 한 번, 변론기일에 한 번 불출석하더라도 소를 취하한 것으로 볼 수 없다(대법원 2006. 10. 27. 선고 2004다69581 판결).

---

14) 소취하의 효력이 발생하면 처음부터 소가 제기되지 아니한 것으로 취급된다.

15) 이러한 소취하간주의 효력은 피고에게 유리하므로 원고만 불출석하고 피고만 출석한 경우에, 재판장은 피고가 진술을 하지 아니하여 쌍방불출석을 만들 것인지 석명을 하는 것이 관행이다.

소송절차는 권리 또는 법률관계의 존재 또는 부존재를 판단하는 절차이다. 권리 또는 법률관계가 발생하기 위해서는 그 근거가 되는 법률규정의 요건이 충족되어야 하므로 소송당사자는 법률규정의 요건을 충족하는 요건사실을 주장하고, 이러한 요건사실의 존재를 증명하기 위한 증거를 제출해야 한다. 이와 같은 ① 요건사실의 주장과 ② 증거의 제출을 '변론'이라고 한다. 반면에 당사자가 제출한 증거에 대한 증거조사는 법원이 수행하므로 '당사자에 의한 변론'이라고 볼 수 없다.

이러한 변론에는 여러 가지 원칙이 적용되는데 그중에서, ① 당사자가 어느 범위에서 사실을 주장하고 증거를 제출해야 하며, 법원은 어느 범위에서 심판할 수 있는가에 관한 처분권주의, ② 처분권주의에 의하여 특정된 쟁점의 범위에서 구체적으로 당사자 중 누가 어떤 사실을 주장하고 증거를 제출해야 하는가에 관한 변론주의가 가장 중요한 원칙으로 작용한다.

제 4 편

변론기일에서의 당사자의 변론

제1장 변론절차에 적용되는 원칙들

제1절 변론과 심판의 범위에 관한 처분권주의

I. 처분권주의의 의의

(1) 사권(私權)에 대하여는 사적자치의 원칙이 적용되므로 권리자는 사권을 자유롭게 처분할 수 있다. 이러한 사적자치의 원칙이 소송법상 발현된 것이 처분권주의이다. 구체적으로 소송의 개시, 심판의 대상과 범위, 소송의 종결을 처분권자(통상적으로 원고가 되지만 반소나 상계항변 등과 같이 피고가 처분권을 갖는 경우도 있다.)가 결정할 수 있고, 법원도 이에 구속된다는 원칙을 '처분권주의'라고 한다.

(2) 이러한 처분권주의의 구체적인 효과로서 법원은 당사자가 신청한 대상과 범위의 한도에서 심판해야 하며, 이를 넘어서 심판할 수 없다(법 제203조). 이러한 처분권주의를 넘어선 법원의 재판은 당사자의 재판받을 권리를 침해한 위법한 판결이 된다. 이러한 판결은 상소에 의하여 취소될 수 있다.

II. 심판대상의 동일성

1. 소송물의 동일성

(1) 법원은 원고가 판단을 구한 소송물에 대하여만 심판을 해야 하며, 다른 소송물에 대하여 심판을 하면 처분권주의에 반하는 위법한 판결이 된다.

(2) 예를 들어 원고가 매매를 원인으로 한 소유권이전등기를 청구한 데 대하여 법원이 양도담보약정을 원인으로 하여 소유권이전등기를 명하였다면, 판결의 주문상으로는 원고가 전부 승소한 것으로 보이지만[1] 원고가 심판을 구한 소송물과 판결을 한 소송물이 달라서 처분권주의를 위반한 위법한 판결이다(대법원 1992. 3. 27. 선고 91다40696 판결). 따라서 이러한 경우에는 예외적으로 전부 승소한 원고에게 상소의 이익이 있다(앞의 판결).

---

1) 양 청구의 청구취지와 주문은 모두 "피고는 원고에게 000소재 부동산에 대한 소유권이전등기절차를 이행하라."라고 기재되고, 소유권이전등기의무의 근거는 청구이유 또는 판결이유에만 기재된다. 따라서 주문만으로는 매매를 원인으로 판결한 것인지 양담보약정을 원인으로 하여 판결한 것인지 알 수 없다.

(3) 마찬가지로 동일한 사실을 바탕으로 한 불법행위를 원인으로 한 손해배상청구와 채무불이행을 원인으로 한 손해배상청구는 그 소송물을 달리하므로 전자를 청구한 소송절차에서 후자를 이유로 판단하는 것도 처분권주의에 반한다(대법원 2012. 5. 17. 선고 2010다28604 전원합의체 판결).

(4) 채권자가 금전채무의 불이행을 원인으로 손해배상을 구할 때에 지연이자 상당의 손해가 발생하였다는 취지의 주장은 하여야 하는 것이지 주장조차 하지 아니하여 그 손해를 청구하고 있다고 볼 수 없는 경우까지 지연이자 부분만큼의 손해를 인용해 줄 수는 없다(대법원 2000. 2. 11. 선고 99다49644 판결).

(5) 대리권이 있다는 것을 전제로 하는 유권대리의 주장과 대리권이 없다는 것을 전제로 하는 표현대리의 주장은 소송물이 다르므로 유권대리의 주장이 있으면 표현대리의 주장이 당연히 포함되는 것은 아니고 이 경우 법원이 표현대리의 성립 여부까지 판단해야 하는 것은 아니다(대법원 1990. 3. 27. 선고 88다카181 판결).

(6) 점유권에 기인한 소와 본권에 기인한 소는 서로 영향을 미치지 아니한다(민법 제208조 제1항). 점유권에 기인한 소는 본권에 관한 이유로 재판하지 못한다(민법 제208조 제2항). 따라서 점유권을 기초로 한 본소에 대하여 본권자가 본소청구의 인용에 대비하여 본권에 기초한 장래이행의 소로서 예비적 반소를 제기하고 양 청구가 모두 이유 있는 경우, 법원은 점유권에 기초한 본소와 본권에 기초한 예비적 반소를 모두 인용해야 하고 점유권에 기초한 본소를 본권에 관한 이유로 배척할 수 없다(대법원 2021. 3. 25. 선고 2019다208441 판결).

(7) 그러나 일반법을 주장한데 특별법을 적용한 것은 처분권주의에 반하지 않는다. 일반법에 따른 주장과 특별법에 따른 주장은 소송물이 동일하므로 당사자가 일반법인 민법 제750조에 따라서만 주장을 하더라도 법원은 민법 제750조의 특별법인 자동차손해배상보장법을 우선하여 적용하여야 한다(대법원 1970. 11. 24. 선고 70다1501 판결).

2. 심판범위의 상한

법원은 원고(반소의 경우에 피고)가 심판을 청구한 범위에서 판결해야 하며, 원고가 청구한 범위를 넘어선 판결은 별개의 소송물에 대한 판단이므로 처분권주의에 반하는 위법한 판결이 된다. 하지만 원고가 청구한 범위보다 적게 판결하는 것은 원고가 지정한 소송물의 범위 내의 판단이므로 가능하다.

가. 양적 상한

(1) 원 칙

(가) 법원은 원고가 청구한 양적 범위 내에서 심판해야 한다. 예를 들어 1억원의 지

급청구가 있으면 법원은 1억원 이내에서만 지급명령을 할 수 있을 뿐이고 1억원을 초과하여 지급명령을 하는 것은 별개의 소송물에 대한 판단이 되어 처분권주의에 반한다. 마찬가지로 1000평의 토지인도청구에 대하여 1000평을 초과한 토지의 인도를 명하는 것은 허용되지 않는다.

(나) 이때 청구범위의 상한은 각 소송물 별로 결정해야 한다. 예를 들어 불법행위로 인하여 생명 또는 신체의 손상을 입은 경우에 있어서 적극적 손해와 소극적 손해는 소송물을 서로 달리하는 것이므로 그 손해배상의무의 존부나 범위에 관한 피고의 항쟁이 상당한지의 여부는 적극적 손해와 소극적 손해에 관하여 각기 따로 판단하여야 한다(대법원 2001. 2. 23. 선고 2000다63752 판결). 따라서 원고가 적극적 손해 100만원, 소극적 손해 100만원을 청구한데 대하여 법원이 합계 200만원 내에서 판결했다고 하더라도 적극적 손해를 50만원으로 소극적 손해를 150만원으로 하는 판결은 처분권주의에 위반된다.

(2) 일부청구에서 과실상계

명시적 일부청구에 대하여 과실상계를 함에 있어서 손해액 전액을 기준으로 하여 과실상계를 할 것인지 일부청구액만을 기준으로 하여 과실상계를 할 것인지 문제된다. 이에 대하여 대법원 판례는 손해의 전액에서 과실비율에 의한 감액을 하여 그 잔액이 일부청구액을 초과하지 않을 경우에는 그 잔액을 인용하고, 잔액이 청구액을 초과할 경우에는 처분권주의에 따라서 일부청구액 전액을 인용해야 한다고 보고 있다(대법원 2008. 12. 24. 선고 2008다51649 판결).[2] 만일 일부청구액을 초과한 잔액을 인정하면 처분권주의에 반하게 된다.

예를 들어 손해액 1억원에 대하여 원고가 그 일부인 5천만원만 청구를 하였고 원고의 과실비율이 40%인 경우에, 법원은 손해액 1억원 전체에 대하여 40%의 과실비율을 적용해야 하므로 피해자가 손해배상을 받을 수 있는 금액은 피해자의 과실비율액 4천만원을 1억원에서 공제한 6천만원에 한정된다. 따라서 법원은 원고가 청구한 5천만원만 인용해야 하며 만일 이를 넘어선 6천만원을 인용하면 처분권주의에 반하는 위법한 판결이 된다.

나. 질적 일부 인용

(1) 단순이행청구에 대한 동시이행의 판결

단순이행청구에는 상환이행판결을 구하는 취지도 포함되어 있다고 할 것이므로 단순이행청구에 대하여 피고가 동시이행의 항변을 하고, 법원이 이러한 항변을 받아들인다면 상환이행판결을 할 수 있다(대법원 1979. 10. 10. 선고 79다1508 판결). 그리고 물건의 인도

2) 이에 대하여 일부청구한 금액을 기준으로 과실상계를 해야 한다는 견해가 있다.

를 청구하는 소송에서 피고의 유치권 항변이 인용되는 경우에는 그 물건에 관하여 생긴 채권의 변제와 상환으로 물건의 인도를 명할 수 있다(대법원 2011. 12. 13. 선고 2009다5162 판결).

상환이행판결의 예시

- **청구취지:**
  피고는 원고에게 대구 북구 산격동 100 소재 대지 100평방미터를 인도하라.
- **주문:**
  피고는 원고로부터 금 100만원을 지급받음과 동시에 원고에게 대구 북구 산격동 100 소재 대지 100평방미터를 인도하라.

(2) 사해행위취소청구에서의 일부 인용

사해행위취소소송에서 원고가 사해행위의 전부에 대한 취소와 함께 원상회복으로서 현물의 반환을 구하고 있다면, 그 청구취지 속에는 일부취소와 가액배상을 구하는 취지도 포함되어 있다고 볼 수 있다. 따라서 법원이 사해행위의 전부가 아니라 일부만 취소한다면 원고가 별도로 청구취지를 변경하지 않더라도 법원은 가액반환을 명할 수 있다(대법원 2002. 11. 8. 선고 2002다41589 판결).

일부취소와 가액반환의 예시

- **전부취소와 원상회복의 청구취지:**
  1. 피고와 소외 갑 사이에 별지 목록 기재 부동산에 관하여 2012.3.5. 체결된 부동산 매매계약을 취소한다.
  2. 피고는 소외 갑에게 위 부동산에 관하여 대구지방법원 2011.6.7. 접수 제3000호로 마친 소유권이전등기의 말소등기절차를 이행하라.
- **일부취소와 가액반환의 주문:**
  1. 피고와 소외 갑 사이에 별지 목록 기재 부동산에 관하여 2012.3.5. 체결된 부동산 매매계약을 금 50,000,000원 한도 내에서 취소한다.
  2. 피고는 원고에게 금 50,000,000원을 지급하라.

(3) 현재이행의 청구에 대한 장래이행의 판결

현재이행의 청구에는 장래이행판결의 취지도 포함된 것으로 보아야 한다. 예를 들어 원고가 피담보채무 전액을 변제하였다고 주장하면서 근저당권설정등기에 대한 말소등기절차의 이행을 청구하였으나 그 원리금의 계산 등에 관한 다툼 등으로 인하여 변제액이 채무 전액을 소멸시키는데 미치지 못하고 잔존채무가 있는 것으로 밝혀진 경우에는 특별한 사정이 없는 한, 원고의 청구 중에는 확정된 잔존채무를 변제하고(담보등기말소청구에 있어서 피담보채무의 변제는 선이행의무이다.) 그 다음에 위 등기의 말소를 구한다는 취지도 포함되어 있는 것으로 해석함이 상당하고, 이는 장래 이행의 소로서 미리 청구할 이익도 인정된다(대법원 2008. 4. 10. 선고 2007다83694 판결).

II. 소의 형태와 심판의 순서

1. 원 칙

소의 형태(이행의 소, 확인의 소, 형성의 소)와 심판의 순서(예비적 청구, 선택적 청구 또는 예비적 항변)에 대하여도 당사자에게 처분권이 있으므로 법원이 당사자가 신청한 소의 형태를 벗어나거나 심판의 순서를 어기는 것은 처분권주의에 반한다.

2. 제 한

(1) 원고가 소의 형태와 심판의 순서를 선택하는데 무제한의 자유가 있는 것은 아니다.

(2) 예를 들어 논리적으로 전혀 관계가 없어 순수하게 단순병합으로 구하여야 할 수개의 청구를 선택적 또는 예비적 청구로 병합하여 청구하는 것은 부적법하여 허용되지 않는다(대법원 2008. 12. 11. 선고 2005다51495 판결). 이러한 경우에는 여전히 단순병합으로 처리해야 한다(앞의 판결). 또한 선택적 병합으로 구해야 하는 청구를 예비적 병합으로 청구했다고 하더라도 법원은 여전히 이를 선택적 병합으로 처리해야 한다(대법원 2014. 5. 29. 선고 2013다96868 판결).

(3) 이러한 결론은 주관적 병합에서도 마찬가지이다. 본래 통상공동소송의 관계에 있는 피고들에 대하여 원고가 예비적 공동소송의 형태로 소를 제기하였다고 하더라도, 그 공동소송인들에 대한 청구가 상호 간에 법률상 양립할 수 없는 관계에 있지 아니하므로, 법원은 원고의 청구형태에 불구하고 이를 여전히 통상공동소송으로 처리해야 한다(대법원 2012. 9. 27. 선고 2011다76747 판결).

III. 형식적 형성소송의 예외

1. 내 용

형식은 소송이지만 실질은 비송사건인 형식적 형성의 소의 경우 소송의 개시에 대하여는 원고에게 처분권이 인정되지만 심판의 범위에 대하여는 처분권이 인정되지 않는다. 따라서 법원은 당사자의 주장에 구속되지 않고 적정하다는 결론에 이를 수 있는데, 비송사건에서 법원은 후견적 역할을 하므로 당사자의 주장에 구속되지 않기 때문이다.

2. 예 시

(1) 지적공부에 등록된 토지의 소유권 범위는 현실의 경계와 관계없이 지적공부상 경계에 의하여 확정되므로(대법원 2012. 1. 12. 선고 2011다72066 판결), 토지경계확정의 소에서 법원은 당사자가 주장하는 경계선에 기속되지 않고 스스로 진실하다고 인정하는 바에 따라 경계를 확정해야 한다(대법원 1993. 11. 23. 선고 93다41792,41808 판결).

(2) 공유물분할청구의 소에서 법원은 원칙적으로 현물분할을 해야 하며, 그 분할의 방법은 당사자가 구하는 방법에 구애받지 않고 법원의 재량에 따라 공유관계나 그 객체인 물건의 제반 상황에 따라 공유자의 지분비율에 따른 합리적인 분할을 할 수 있다(대법원 1993. 12. 7. 선고 93다27819 판결).

제 2 절 주장책임과 증명책임에 관한 변론주의

I. 개 설

1. 의 의

변론주의란, 당사자가 권리의 발생과 소멸에 관한 법률규정의 요건사실을 주장하고(주장책임) 이에 대한 증거를 수집 및 제출할 책임(증명책임)을 부담한다는 원칙을 말한다. 이에 따라서 법원은 당사자가 주장하고 제출한 주요사실과 증거만을 기초로 판단해야 하고 당사자가 주장하지 아니한 주요사실이나 제출하지 아니한 증거를 판단의 기초로 삼을 수 없다. 예를 들어 원고의 대여금청구소송에서 법원이 대여금채권이 소멸시효의 완성으로 인하여 소멸한 사실을 발견했다고 하더라도 피고가 소멸시효완성의 항변을 하지 아니하면 소멸시효완성을 인정할 수 없다. 법원은 일방만을 위하여 사실과 증거를 탐색해서는 안 되고 공정한 제3자의 역할을 해야 한다는 당사자 공평의 원칙과 사적자치의 원칙을 근거로 변론주의가 인정되고 있다.

2. 처분권주의와 구분

처분권주의와 변론주의 모두 당사자자치를 근거로 하고 있다는 점에서 유사한 개념이다. 그러나 처분권주의가 심판의 대상과 범위와 관련하여 소송물을 확정하기 위한 원칙이라면, 변론주의는 처분권주의에 의하여 확정된 소송물의 범위 안에서 소송물의 요건사실을 주장하고 증거를 제출하는 것에 관한 원칙이라는 점에서 차이가 있다. 예를 들어 원고가 손해배상청구를 할 때 채무불이행을 원인으로 하는지 불법행위를 원인으로 하는지 그 권원을 밝히는 것은 소송물의 차이를 가져오므로 처분권주의에 따른다. 만일 원고가 불법행위를 원인으로 손해배상청구를 하고 있다면 이러한 손해배상청구의 근거가 되는 민법 第750조의 요건사실의 주장과 그에 대한 증거의 제출은 변론주의에 따른다. 그러나 양자의 구분이 명확한 것도 아니고 굳이 양도일단적으로 구분할 실익도 없어 보인다.

3. 변론주의의 내용

민사소송에서의 변론주의는 주요사실에 대한 주장 · 증명에 관한 것이므로 변론주의의 내용은 크게 ① 당사자에 의해서 주장된 사실만이 법원의 심판의 대상이 된다는 주장책임과 ② 주장된 사실의 존재를 밝히기 위한 증거의 수집과 제출은 당사자의 책임이라는 증명책임으로 구성된다.

II. 변론주의의 적용범위

1. 주요사실에 한정하여 적용

민사소송법의 변론주의는 법률관계의 발생 · 변경 · 소멸이라는 법률효과 발생의 요건이 되는 주요사실에 대한 주장 · 증명에 관한 것으로서 그 주요사실의 존부를 확인하는 데 있어 노움이 됨에 그치는 간접사실이나 그의 증빙자료에 대하여는 적용되지 않는다(대법원 2002. 8. 23. 선고 2000다66133 판결). 따라서 법원은 주장된 주요사실에 구속되어서 판단해야 하고 이와 다른 사실을 인정할 수 없지만, 간접사실이나 보조사실의 경우에는 당사자의 주장과 다른 사실을 인정할 수 있다. 더욱이 간접사실이나 보조사실은 자백의 구속력이 없으므로 법원은 자백된 내용과 다른 사실을 인정할 수 있다.

2. 사실의 종류

가. 주요사실

(1) 의 의

권리의 발생 · 변경 · 소멸이라는 법률효과를 발생시키는 실체법상의 구성요건을 충족하는 사실을 '주요사실'이라고 한다(대법원 1983. 12. 13. 선고 83다카1489 전원합의체 판결). 구체적으로 ① 채무불이행에 기한 손해배상청구권, 부당이득반환청구 등 법률관계를 발생시키는 사실, ② 경개 등 법률관계에 변경을 가져오는 사실, ③ 변제 · 상계 · 해제 등 법률관계를 소멸시키는 사실이 있다. 그리고 원고의 청구원인 사실만이 아니라 아래에서 보는 피고의 항변사실도 법률적 효과의 발생에 관한 사실이므로 주요사실이 된다.

(2) 구체적 사례

(가) 소멸시효에 관한 민법 제166조 제1항에서는 "소멸시효[3]는 권리를 행사할 수 있는 때로부터 진행한다."고 규정하여 기산점을 소멸시효 완성의 주요사실로 규정하고 있다. 따라서 본래의 소멸시효 기산일과 당사자가 주장하는 기산일이 서로 다른 경우에는 변론주의의 원칙상 법원은 당사자가 주장하는 기산일을 기준으로 소멸시효를 계산하여야 한다(대법원 1995. 8. 25. 선고 94다35886 판결).

(나) 주의할 점은 어떤 권리의 소멸시효기간이 얼마나 되는지에 관한 주장은 단순한 법률상의 주장에 불과하므로 변론주의의 적용대상이 되지 않고 법원이 직권으로 판단할 수 있다(대법원 2013. 2. 15. 선고 2012다68217 판결). 당사자가 민법에 따른 소멸시효기간을 주장한 경우에도 법원은 직권으로 상법에 따른 소멸시효기간을 적용할 수 있다(대법원 2017. 3. 22. 선고 2016다258124 판결).

(3) 소장은 주요사실을 중심으로 작성된다

예를 들어 명예훼손으로 인하여 피해를 입은 원고가 가해자를 상대로 민법 제750조에 따른 손해배상청구의 소를 제기한 경우에 원고는 소장에 ① 가해자가 '고의 또는 과실'로 원고의 명예를 훼손하는 행위를 한 사실, ② 원고의 명예가 훼손되어 정식적 또는 경제적 '손해가 발생'된 사실, ③ 가해자의 행위로 인하여 원고에게 손해가 발생되었다는 '인과관계', ④ 가해자의 행위가 '위법'하다는 사실을 적시해야 한다.

나. 간접사실

(1) 의 의

법률규정의 요건사실로 기재되어 있지 아니하지만 주요사실의 존부를 추단케 하는 사실을 '간접사실'이라고 한다(대법원 2002. 8. 23. 선고 2000다66133 판결).

(2) 구체적 사례

(가) 민법 제245조 제1항에서 소유의 의사로 점유(자주점유)를 개시했다는 사실을 점유취득시효의 요건사실로 규정하고 있으므로 이는 주요사실에 해당한다. 그런데 점유하고 있는 부동산을 대물변제로서 받았다는 주장 또는 이를 증여로서 받았다는 주장은 각 점유를 취득하게 된 원인(점유개시원인)에 관한 주장으로서 소유의 의사를 추단케 하는 간

3) 영국에는 실체법상 권리를 소멸시키는 소멸시효가 존재하지 않고, 제소기간(limitation period)만이 존재한다(Limitation Act 1980). 그리고 이 제소기간은 직권조사사항이 아니라 방소항변이므로 당사자의 주장이 없으면 법원이 심리하지 않는다.

접사실에 불과하므로 법원은 이에 관한 당사자의 주장에 구속되지 않고 소송자료에 의하여 진정한 점유개시의 원인을 인정할 수 있다(대법원 1995. 1. 24. 선고 94다28017 판결).

(나) 민법 제245조 제1항에서는 "20년간 소유의 의사로 평온, 공연하게 부동산을 점유하는 자는 등기함으로써 그 소유권을 취득한다."고 규정하고 있다. 규정내용에 따르면 ① 20년간, ② 소유의 의사로, ③ 평온·공연하게, ④ 부동산을 점유한 사실이 주요사실이 되고, 소멸시효의 기산점과 달리 점유의 개시시점인 기산점은 취득시효의 요건이 아닌 점유기간을 추단케 하는 간접사실에 불과하므로 법원은 당사자의 주장과 다른 기산점을 인정할 수 있다(대법원 1995. 1. 24. 선고 94다28017 판결).

(다) 민법 제750조의 불법행위에 기한 손해배상청구권이 발생하기 위해서는 가해자의 고의 또는 과실이 있어야 하므로 이러한 고의 또는 과실은 주요사실에 해당한다. 그러나 고의 또는 과실을 사람의 내면에 존재했던 사실이므로 이를 직접적으로 주장 및 증명하는 것은 거의 불가능하고, 고의 또는 과실의 존재를 추단케 하는 간접사실을 바탕으로 하여 그러한 사실의 존재를 추정할 수 있을 뿐이다. 예를 들어 교통사고 인한 손해배상청구소송에서 가해차량이 피해차량의 후미를 충격하게 된 경위는 주요사실인 피고의 과실을 판단하기 위한 자료로서 간접사실에 해당하므로 법원은 원고 주장사실과 다소 다르게 인정할 수 있다(대법원 1979. 7. 24. 선고 79다879 판결). 또한 음주운전을 하더라도 반드시 전방주시의무를 다하지 않았다고 볼 수 없지만 음주운전 중에 사고가 발생한 이상 전방주시의무를 다하지 않았다고 추단할 수 있을 것이다. 따라서 음주운전을 한 사실은 간접사실에 해당한다.

다. 보조사실

증거의 증명력에 관한 사실을 '보조사실'이라고 한다(대법원 1989. 9. 12. 선고 88다카13806 판결). 예를 들어 교통사고의 증인이 교통경찰로서 사고 당시 직무수행 중에 교통사고를 목격하였기 때문에 그의 증언의 증명력이 높다고 주장하는 것은 보조사실의 주장에 해당한다. 그러나 문서의 진정성립은 보조사실임에도 불구하고 사실상 주요사실과 동일하게 취급되고 있다. 이에 관하여는 뒤에서 설명하도록 한다.

III. 변론주의의 내용으로서의 주장책임

1. 주장책임의 의미

(1) 당사자는 변론에서 주요사실을 주장할 책임이 있으며, 법원은 변론에서 주장되지 아니한 사실에 대하여 심리를 진행할 수 없다. 결국 당사자가 주요사실을 주장하지 아니하면 그러한 사실이 존재하지 아니한 것으로 취급되어 불이익한 판단을 받게 된다.

이러한 이유에서 '책임'이란 표현을 사용하고 있다.

(2) 예를 들어 피고가 응소를 한 경우에도 시효중단의 효력이 발생한다. 그런데 피고가 응소행위를 하였다고 하여 바로 시효중단의 효과가 발생하는 것은 아니고, 변론주의 원칙상 시효중단의 효과를 원하는 피고가 당해 소송에서의 응소행위로서 시효가 중단되었다고 주장해야 하며 이러한 주장이 없다면 법원은 시효중단의 효력을 인정할 수 없다(대법원 1997. 2. 28. 선고 96다26190 판결).

(3) 상대방에게 상당한 기간을 정하여 계약이행을 최고하였으나 상대방이 그 기간 내에 채무를 이행하지 않았으므로 계약을 해제한다고만 주장(이행지체의 주장)하였음에도 불구하고, 법원이 당사자가 주장하지도 아니한 채무자가 미리 이행하지 아니할 의사를 명백히 표시하였다는 사실[4]을 인정하여 계약해제가 적법하다고 판단하는 것은 변론주의에 위배된다(대법원 1995. 4. 28. 선고 94다16083 판결).

2. 주장의 방법

가. 변론에 의한 주장

(1) 주장책임을 다하기 위해서는 변론기일에 구두변론(예외적으로 진술의제에 의하여)에 의하여 주요사실을 주장해야 한다. 이때 공격방어방법인 소송자료와 증거조사의 결과인 증거자료를 구분해야 한다. 증거자료는 법원의 증거조사의 결과이지 당사자의 변론이 아니므로 증거자료만으로 주장책임을 다 했다고 볼 수 없다. 예를 들어 피고가 당사자신문에서 원고의 주장과 일치하는 진술을 했다고 하더라도 이러한 진술은 증거조사의 결과인 증거자료이지 변론에서의 사실의 진술인 소송자료가 아니므로 자백이 성립되지 않는다(대법원 1964. 12. 29. 선고 64다1189 판결).

(2) 그러나 당사자가 증거조사를 요청하면서 밝힌 증거신청의 취지가 간접주장으로 인정되어 사실의 진술이 있는 것으로 인정되는 경우가 많다. 예를 들어 원고가 증인신문을 신청하면서 입증취지를 피고가 원고로부터 금원을 수령한 사실을 밝히는데 있다고 하였다면 이러한 사실에 대하여 원고가 변론에서 주장하지 않았다고 하더라도 이를 증인신청을 통하여 간접적으로 주장한 것으로 볼 수 있다. 이에 관하여는 아래에서 설명한다.

나. 주장의 특정

주장책임은 소송물을 단위로 부담한다. 따라서 소의 객관적 병합에서 주장책임을 부담하는 당사자는 병합된 청구 중 어느 청구에 관하여 주장을 하고 있는 것인지 특정해야

---

4) 제544조(이행지체와 해제) 당사자 일방이 그 채무를 이행하지 아니하는 때에는 상대방은 상당한 기간을 정하여 그 이행을 최고하고 그 기간 내에 이행하지 아니한 때에는 계약을 해제할 수 있다. 그러나 채무자가 미리 이행하지 아니할 의사를 표시한 경우에는 최고를 요하지 않는다.

한다. 예를 들어 여러 채권이 발생시기와 발생원인 등을 달리하면 별개의 소송물이므로 이에 대하여 채무자가 소멸시효 완성의 항변을 하는 경우에 그 항변에 의하여 어떠한 채권을 다투는 것인지 특정하여야 하고, 그와 같이 특정된 항변에는 다른 채권에 대한 소멸시효 완성의 항변까지 포함된 것으로 볼 수는 없다(대법원 2013. 2. 15. 선고 2012다68217 판결). 따라서 채무불이행으로 인한 손해배상청구에 대하여 소멸시효완성의 항변을 하였다면, 청구원인을 달리하는 불법행위로 인한 손해배상청구에 대한 소멸시효 완성의 항변까지 포함된 것으로는 볼 수 없다(대법원 1998. 5. 29. 선고 96다51110 판결).

다. 직접주장과 간접주장

(1) 당사자의 주요사실에 대한 주장은 직접적으로 명백히 한 경우뿐만 아니라, 당사자가 법원에 서증을 제출하며 그 증명취지를 진술함으로써 서증에 기재된 사실을 주장하거나, 그밖에 당사자의 변론을 전체적으로 관찰하여 간접적으로 주장한 것으로 볼 수 있는 경우에도 주요사실의 주장이 있는 것으로 보아야 한다(대법원 2002. 11. 8. 선고 2002다38361,38378 판결). 명시적 주장을 직접주장, 간적접 주장을 간접주장이라고도 한다.

(2) 예를 들어 취득시효중단사유의 주장 · 증명책임은 시효완성의 효력을 다투는 당사자가 부담하는데, 이러한 자가 취득시효가 중단되었다는 명시적인 주장을 하지 않더라도 시효중단사유인 재판상청구가 있었다는 사실만 주장하면 시효중단의 주장책임을 다한 것으로 보아야 한다(대법원 1997. 4. 25. 선고 96다46484 판결).

(3) 원고가 소장에서 토지를 피고로부터 매수하였다고 주장하고 있으나 원고가 위 매매당시 불과 10세 남짓한 미성년이었고 증인신문을 신청하여 원고의 조부가 원고를 대리하여 위 토지를 매수한 사실을 입증하고 있다면 원고가 그 변론에서 위 대리행위에 관한 명백한 진술을 한 흔적은 없다 하더라도 위 증인신청으로서 위 대리행위에 관한 간접적인 진술은 있었다고 보아야 한다(대법원 1987. 9. 8. 선고 87다카982 판결).

(4) 서증으로 제출된 피의자신문조서의 내용이 "소외 6이 이 사건 대지의 직전 소유자인 망 소외 3의 동생 소외 7과 공모하여, 마치 소외 6이 망 소외 3의 생존 당시인 1984.4.23. 그로부터 이 사건 대지를 매수한 것처럼 매매계약서를 위조하여 행사하였다."는 것이라면, 그 기재 사실을 주장하였다고 해석함이 타당하다(대법원 1993. 2. 12. 선고 91다33384 판결).

3. 주장책임의 분배

가. 법률효과를 주장하는 자

(1) 권리발생을 주장하는 당사자는 그 근거규정의 요건사실(주요사실)을 주장할 책임이 있고, 그 권리의 미발생 · 권리의 소멸 · 권리행사의 일시적 저지와 같은 항변사실을

주장하는 당사자는 항변의 근거규정의 요건사실을 주장할 책임을 부담한다.[5] 환언하면 일정한 법률효과를 주장하는 당사자가 그러한 법률효과를 발생시키는 근거규정의 요건사실에 대하여 주장책임을 부담한다.

(2) 예를 들어 임대차계약의 종료를 원인으로 하는 임차인의 임대인에 대한 임차목적물 반환의무는 임대차계약을 근거로 한 계약상의 의무이다(대법원 1996. 9. 6. 선고 94다54641 판결). 따라서 임대인은 임차인과 임대차계약을 체결한 사실, 임차목적물을 임차인에게 인도한 사실, 임대차계약이 종료된 사실만을 주장 · 증명하면 충분하며, 자신의 소유권의 존재를 주장 및 증명할 필요가 없다(앞의 판결).

나. 채무부존재확인의 소에서의 주장책임

통상 원고가 권리를 주장하는 측이므로 원고가 권리발생의 요건사실을 주장할 책임을 부담하고, 피고가 항변사실을 주장할 책임을 부담한다. 그러나 권리부존재확인소송에서는 원고가 권리의 부존재를 주장하고 피고가 권리의 존재를 주장한다. 이러한 권리부존재확인의 소라고 하여 주장책임의 귀속이 변경되는 것은 아니므로 채무자인 원고가 먼저 청구를 특정하여 채무발생원인사실을 부정하는 주장을 하면 채권자인 피고가 권리발생의 요건사실에 관하여 주장책임을 부담한다(대법원 1998. 3. 13. 선고 97다45259 판결).

4. 피고에게 주장책임 및 증명책임이 있는 항변(抗辯; plea)

가. 의　　의

원고의 사실상의 주장에 대하여 피고는 그러한 사실을 인정하는 자백(自白)을 하거나, 그러한 사실의 존재를 부정하는 부인(否認)을 하거나, 그러한 사실의 존재를 인정하면서도 이와 양립가능한 법률효과를 가지고 원고의 청구의 기각을 구하는 항변을 할 수 있다. 부인이 원고의 주장사실의 존재를 다투는 진술이라면 항변은 원고의 주장사실을 인정한다는 점에서 차이가 있다. 항변은 법률효과의 주장이므로 그러한 법률효과가 발생하기 위한 근거규정이 필요하다. 이러한 근거규정의 요건사실은 주요사실에 해당하고 이에 대하여는 피고에게 주장책임 및 증명책임이 있다.

나. 항변의 근거규정의 형태

(1) 청구원인의 근거규정의 단서규정

원고가 일정한 근거규정을 바탕으로 하여 권리주장을 하고 있는데 그 규정에 단서규정이 있는 경우, 이러한 단서규정은 항변의 근거규정이 되므로 그러한 단서규정의 요건

5) 이를 법규기준설이라고도 한다.

을 충족하는 사실은 피고의 항변사유가 된다.

(가) 민법 제390조

채무불이행을 원인으로 한 손해배상청구를 규정하고 있는 민법 제390조에서는 "채무자가 채무의 내용에 좇은 이행을 하지 아니한 때에는 채권자는 손해배상을 청구할 수 있다. 그러나 채무자의 고의나 과실 없이 이행할 수 없게 된 때에는 그러하지 아니하다."고 규정하고 있으므로 손해배상청구를 하는 원고는 전단 규정의 요건사실인 ① 채무의 존재와 ② 채무불이행에 대하여만 주장 및 증명책임을 부담하고, 단서 규정의 요건사실인 고의 또는 과실의 부존재는 피고의 항변이 되므로 피고가 주장 및 증명책임을 부담한다.[6)]

(나) 민법 제125조

민법 제125조에서는 "제삼자에 대하여 타인에게 대리권을 수여함을 표시한 자는 그 대리권의 범위 내에서 행한 그 타인과 그 제삼자간의 법률행위에 대하여 책임이 있다. 그러나 제삼자가 대리권 없음을 알았거나 알 수 있었을 때에는 그러하지 아니하다."고 규정하고 있으므로 단서규정의 요건사실에 해당하는 원고가 무권대리에 대하여 악의 또는 과실이 있었다는 사실에 대한 증명책임은 피고가 부담하고, 따라서 이러한 주장은 피고의 항변에 해당한다.[7)]

(2) 청구원인의 근거규정과 별개의 규정을 근거로 원고의 청구기각을 구하는 경우

(가) 권리 또는 법률관계의 효력발생을 저지하는 규정의 요건사실을 주장하는 경우

민법 제103조(반사회질서의 법률행위) 또는 제104조(불공정한 법률행위)와 같은 강행규정에 위반한 법률행위는 무효가 된다. 이때 이러한 무효사유의 주장은 항변에 해당하므로 그 무효를 주장하는 자가 주장책임과 증명책임을 부담한다. 또한 제761조(정당방위, 긴급피난)와 같이, 위법성조각 사유도 법률행위의 효력발생을 저지하는 규정으로서 이러한 사실의 존재를 주장하는 자가 주장책임과 증명책임을 부담하는 항변에 해당한다.

---

6) 반면에 불법행위를 원인으로 한 손해배상청구를 규정하고 있는 민법 제750조에서는 "고의 또는 과실로 인한 위법행위로 타인에게 손해를 가한 자는 그 손해를 배상할 책임이 있다."고 규정하고 있으므로 고의 또는 과실의 존재에 대하여 손해배상청구를 하는 원고가 주장 및 증명책임을 부담한다.

7) 반면에 권한을 넘은 표현대리에 관한 민법 제126조에서는 "대리인이 그 권한 외의 법률행위를 한 경우에 제삼자가 그 권한이 있다고 믿을 만한 정당한 이유가 있는 때에는 본인은 그 행위에 대하여 책임이 있다." 고 규정하고 있으므로 무권대리인에게 권한이 있다고 믿을 만한 정당한 사유의 존재에 대한 증명책임은 원고가 부담한다(대법원 1972. 9. 26. 선고 71다2197 판결). 따라서 무권대리인의 상대방이 위 규정에 따라서 무권대리인의 본인에게 계약이행의 소를 제기한데 대하여 피고가 원고에게 정당한 이유가 없다고 주장하는 것은 항변이 아니라 부인에 해당한다.

[위법성 조각사유가 항변이라는 판결]

방송 등 언론매체가 사실을 적시하여 개인의 명예를 훼손하는 행위를 한 경우에도 그 목적이 오로지 공공의 이익을 위한 것일 때에는 적시된 사실이 진실이라는 증명이 있거나 그 증명이 없다 하더라도 행위자가 그것을 진실이라고 믿었고 또 그렇게 믿을 상당한 이유가 있으면 위법성이 없다고 보아야 한다. 이때 위법성 조각사유에 대한 증명책임은 명예훼손 행위를 한 방송 등 언론매체에 있다.(대법원 1998. 5. 8. 선고 97다34563 판결)

(나) 발생된 권리 또는 법률관계의 효력을 소멸시키는 규정의 요건사실을 주장하는 경우

소멸시효의 완성, 상계, 변제, 혼동, 면제, 취소권, 해제권, 해지권과 같이 이미 발생된 권리 또는 법률관계를 소멸시키는 사실의 주장도 항변에 해당하므로 각 근거규정의 요건사실에 대하여 피고에게 주장 및 증명책임이 있다.

[관련 판례]

채무가 이행불능인 사실은 당사자의 항변사실에 불과하므로, 설사 논하는 바와 같이 피고들의 각 소유권이전등기 채무가 이행불능이라 하더라도 원심 변론종결시까지 피고들이 이행불능의 항변을 하지 아니한 이상, 변론주의의 원칙상 법원이 이행불능이라는 이유로 원고의 청구를 배척할 수 없다.(대법원 1996. 2. 27. 선고 95다43044 판결) 예를 들어 부동산의 명의수탁자가 그 부동산을 타인에게 매도하고 그 소유권이전등기까지 경료함으로써 신탁자에 대한 신탁해지를 원인으로 하는 소유권이전등기의무가 이행불능상태에 있게 되는 경우에도 수탁자가 이행불능의 항변을 하지 않는다면 변론주의 원칙상 법원이 이행불능이라는 이유로 신탁자의 이전등기청구를 배척할 수는 없다.(대법원 1987. 2. 24. 선고 86다215,86다카1071 판결)

(다) 권리행사를 일시적으로 저지하는 규정의 요건사실을 주장하는 경우

i) 동시이행의 항변, 선이행의 항변, 유치권, 정지조건의 불성취와 같이 피고가 원고의 권리를 인정하면서도 원고의 권리행사를 잠정적으로 저지할 수 있는 규정의 요건사실의 주장은 항변에 해당하므로 피고가 각 근거규정의 요건사실에 대한 주장 및 증명책임을 부담한다.

ii) 그런데 동시이행관계가 권리행사를 저지하기 위한 목적에서 주장되는 것이 아니라면 항변에 해당하지 않는다. 예를 들어 쌍무계약에서 쌍방의 채무가 동시이행관계에 있는 경우 일방의 채무의 이행기가 도래하더라도 상대방 채무의 이행제공이 있을 때까지는 그 채무를 이행하지 않아도 이행지체의 책임을 지지 않는 것이고, 이와 같은 효과는 이행지체의 책임이 없다고 주장하는 자가 반드시 동시이행의 항변권을 행사하여야만 발생하는 것은 아니다(대법원 1998. 3. 13. 선고 97다54604 판결). 즉 피고의 동시이행의 항변의 주장이 없더라도 법원은 원고가 주장하는 권리가 동시이행의 관계에 있다는 점을 확인하여 피고의 이행지체의 책임을 부인할 수 있다.

피고의 항변의 예시

(원고가 부동산매매계약에 따른 소유권이전등기를 청구한데 대한 피고의 답변서의 기재내용)

원고 주장과 같이 이 사건 부동산에 관하여 매매계약을 체결한 사실은 인정합니다.(자백이 성립된다.)

하지만 이 사건 부동산은 「국토의 계획 및 이용에 관한 법률」상 허가구역이므로 동법 제118조 제1항에서 요구하는 주무관청의 허가를 받아야 비로소 매매계약의 효력이 발생하는데, 위 매매계약에 대하여 주무관청의 허가를 받지 아니하였으므로 위 매매계약은 효력이 없습니다.(권리 또는 법률관계의 효력발생을 저지하는 규정의 요건사실을 주장)

설령 위 매매계약이 유효하더라도 원고가 잔금지급일까지 잔금을 지급하지 아니하여 피고는 원고에게 상당한 기간인 10일의 기간을 정하여 이행을 최고하였지만 아직까지 이행을 하지 않고 있습니다. 따라서 피고는 민법 제544조에 따라서 해제권을 취득했다고 할 것이고, 본 답변서를 통하여 원고에게 위 매매계약의 해제의 의사를 통지합니다. 그러므로 위 매매계약은 효력을 상실했으므로 원고의 주장은 이유 없습니다.(발생된 권리 또는 법률관계의 효력을 소멸시키는 규정의 요건사실을 주장)

만일 위와 같이 해제의 효력이 발생하지 않았다고 하더라도 원고는 피고에게 아직까지 잔금을 지급하지 않고 있고, 원고의 잔금의 지급의무와 피고의 소유권이전등기의무는 쌍무계약으로서 민법 제536조의 동시이행의 관계에 있으므로 원고가 잔금을 지급할 때까지 피고는 소유권이전등기를 해 줄 의무가 없다고 할 것입니다.(권리행사를 일시적으로 저지하는 근거규정의 요건사실을 주장)

(항변의 근거규정의 종류)

원고의 청구원인의 단서규정인 경우	
원고의 청구원인과 별개의 규정인 경우	권리 또는 법률관계의 효력발생을 저지하는 규정
	발생된 권리 또는 법률관계의 효력을 소멸시키는 규정
	권리행사를 일시적으로 저지하는 규정

다. 항변의 종류

(1) 재항변과 재재항변

원고가 피고의 항변사실을 인정하면서도 이와 양립가능한 별개의 근거규정의 요건사실을 들어서 피고의 항변을 배척하여 줄 것을 주장하는 것을 '재항변'이라고 하고, 피고가 원고의 재항변을 인정하면서 이와 양립가능한 별개의 근거규정의 요건사실을 들어서 원고의 재항변을 배척하여 줄 것을 주장하는 것을 '재재항변'이라고 한다. 재항변과 재재항변도 항변과 같이 근거규정이 있어야 하며, 근거규정이 없다면 피고의 항변 또는 원고의 재항변에 대한 부인에 불과하다. 재항변에 대하여는 원고가, 재재항변에 대하여는 피고가 주장책임 및 증명책임을 부담한다.

예 시

1. 원고가 피고에 대하여 대여금반환청구.
2. 피고가 금원을 대여받은 사실을 인정하면서 민법 제162조 제1항을 근거로 소멸시효완성을 주장(항변).
3. 이에 대하여 원고가 소멸시효기간이 완성된 사실을 인정하면서도 민법 제168조를 근거로 원고의 재판상 청구에 의한 시효중단을 주장(재항변).
4. 이에 대하여 원고가 재판상 청구를 한 사실을 피고가 인정하면서도 민법 제170조를 근거로 이러한 재판상 청구가 소취하로 종료되어서 시효중단의 효력이 없다고 주장(재재항변).

(2) 예비적 항변

(가) 의 의

원고가 주장하는 청구원인의 요건사실의 존재를 피고가 1차적으로 부인하지만, 법원이 원고 주장의 요건사실의 존재를 인정할 것에 대비하여 제기하는 항변을 예비적 항변이라고 한다. 예비적 항변은 일종의 조건부 항변이다. 예비적 항변에서는 피고가 일단 원고의 주장사실을 부인하므로 원고가 여전히 주요사실의 존재에 대하여 증명책임을 부담하며, 이러한 증명에 성공한 후에 비로소 예비적 항변에 대하여 판단이 이루어진다. 따라서 예비적 항변은 주장한 자가 상대방의 동의를 얻지 않더라도 주장을 언제든지 철회할 수 있다.

(나) 소송상 상계항변의 예시

i) 원칙적 예비적 항변

원고가 피고에게 금전지급청구를 하는데 대하여 피고가 원고에 대하여 갖고 있는 반대채권을 가지고 소송상 상계항변을 한 경우에, 상계의 효력이 발생하려면 먼저 수동채권의 존재가 증명되어야 하므로 상계항변의 경우에는 명시적으로 예비적 항변으로 주장하지 않더라도 원칙적으로 예비적 항변에 해당한다(대법원 2014. 6. 12. 선고 2013다95964 판결).

ii) 상계의 효력발생의 요건

상계의 항변은 예비적 항변이므로 소송상 상계의 의사표시에 의해 확정적으로 상계의 효과가 발생하는 것이 아니라 당해 소송에서 수동채권의 존재 등 상계에 관한 법원의 실질적 판단이 이루어지는 경우에 비로소 실체법상 상계의 효력(상계적상 시에 소급하여 동일액의 채권이 소멸)이 발생한다(앞의 판결). 소송 외에서 상계항변을 하는 경우에는 상계는 형성권으로서 상대방에게 상계의 의사표시가 도달되는 즉시 상계의 효력이 발생하는 것과 차이가 있다.

iii) **상계항변의 철회**

소송상 상계항변은 그 수동채권의 존재가 확정되는 것을 전제로 하여 행하여지는 일종의 예비적 항변으로서 상대방의 동의 없이 이를 철회할 수 있고, 그 경우 법원은 처분권주의의 원칙상 이에 대하여 심판할 수 없다(대법원 2011. 7. 14. 선고 2011다23323 판결). 먼저 제기된 소송의 제1심에서 상계항변을 제출하여 제1심판결로 본안에 관한 판단을 받았다가 항소심에서 상계 항변을 철회하였더라도 이는 소송상 방어방법의 철회에 불과하여 민사소송법 제267조 제2항의 재소금지 원칙이 적용되지 않는다(대법원 2022. 2. 17. 선고 2021다275741 판결).

iv) **상계항변 후 시효완성의 항변**

예비적 항변의 성격상 피고가 상계항변을 했다고 하더라도 상계항변의 전제인 수동채권의 존재를 인정하는 주장으로 볼 수 없으므로 피고에게 수동채권인 대여금채권의 시효이익을 포기하려는 효과의사가 있었다고 단정할 수 없다(대법원 2013. 2. 28. 선고 2011다21556 판결). 따라서 피고가 상계항변 후에 소멸시효완성의 항변으로 하더라도 모순된 주장이 아니다(앞의 판결).

라. 피고가 행사할 수 있는 항변의 범위

(1) 피고는 자신의 항변권만 행사할 수 있으며 타인의 항변권을 행사할 수 없다. 예를 들어 채권자가 채권자대위권을 행사하여 제3자에 대하여 하는 청구에 있어서, 제3채무자는 채무자가 채권자에 대하여 가지는 항변으로 대항할 수 없다(대법원 2008. 1. 31. 선고 2007다64471 판결). 따라서 채권자의 채무자에 대한 채권의 소멸시효가 완성되었다고 하더라도 제3채무자는 시효완성의 항변을 행사할 수 없다(앞의 판결).

(2) 다만 채권자가 제3채무자를 상대로 채권자대위소송을 제기하는 한편 채무자를 상대로 피보전채권에 기한 이행청구의 소를 제기한 경우에, 채무자가 그 소송절차에서 소멸시효를 원용하는 항변을 하였고 실제로 피보전채권의 소멸시효가 적법하게 완성된 것으로 판단되면, 채권자는 더 이상 채무자를 대위할 권한이 없게 된다(앞의 판결). 따라서 원고의 채권자대위소송은 부적법하여 각하할 수밖에 없으므로 법원은 우선 채권의 소멸시효가 적법하게 완성되었는지에 대하여 심리 · 판단해야 한다(앞의 판결).

5. 주장공통의 원칙과 증거공통의 원칙

가. 주장공통의 원칙

(1) 주장책임을 다했다고 하기 위해서는 반드시 주장책임을 지는 당사자가 주장하여야 하는 것은 아니고 상대방이 주장했더라도 그 상대방에게 불의의 타격을 줄 우려가 없는 경우에는 그 주장이 있는 것으로 보아 이를 재판의 기초로 삼을 수 있다(대법원 2008.

4. 24. 선고 2008다5073 판결). 이를 '주장공통의 원칙'이라고 한다.

(2) 예를 들어 원고가 피고의 대리인과 계약을 체결한 사실을 주장하면서 본인인 피고에게 계약이행을 구하고 있다면 원고가 피고의 대리인과 계약을 체결했다는 사실은 법률효과를 발생시키는 실체법상의 구성요건 해당사실에 속하므로 원고에게 주장책임이 있다(대법원 1990. 6. 26. 선고 89다카15359 판결). 그런데 원고는 피고의 대리인과 계약을 체결한 사실을 주장하지 않았지만, 피고가 원고와 계약을 체결한 제3자에게 계약을 체결할 권한을 수여하거나 승낙한 사실이 없다고 주장함으로써 제3자가 무권대리라는 취지의 주장을 하였다면 주장공통의 원칙상 대리인에 의하여 법률행위가 이루어졌다는 사실을 판결의 기초로 삼을 수 있다(앞의 판결).

나. 증거공통의 원칙

증명책임에 있어서도 주장공통의 원칙과 동일하게 증거공통의 원칙이 인정된다. 증거공통의 원칙이란 제출된 증거는 당사자 모두에게 유리하게 또는 불리하게 작용할 수 있으므로 상대방 당사자가 제출된 증거를 자신의 이익으로 원용하지 않더라도 그에게 유리한 사실인정의 증거로 사용될 수 있다는(환언하면 제출된 증거는 그 증거를 제출한 당사자에게도 불리한 증거로 작용될 수 있다는) 원칙을 말한다(대법원 2004. 5. 14. 선고 2003다57697 판결).

IV. 변론주의의 내용으로서의 증명책임(입증책임; burden of proof)

1. 의 의[8)]

법원은 당사자의 주장만을 근거로 하여 사실을 확정할 수 없고, 당사자가 제출한 증거를 조사한 결과인 증거자료를 바탕으로 하여 사실관계의 존부를 판단해야 한다(대법원 2012. 4. 13. 선고 2009다77198 판결). 이때 일정한 사실의 존재를 밝혀주는 증거가 제출되지 아니하거나 증거가 제출되었으나 법관에게 심증을 형성하기에 부족한 경우에는 그러한 사실이 존재하지 아니하는 것으로 취급되어 불이익을 받게 되는데, 이를 '증명책임'이라고 한다. 예를 들어 원고가 피고와 계약을 체결한 사실을 밝히기 위하여 증거를 제출하지 않거나 제출된 증거만으로 계약을 체결한 사실을 인정하기에 충분하지 않다면, 그러한 계약의 존재는 부정되므로 원고의 청구는 기각될 수밖에 없다.

8) 증명책임이 민사소송절차에 관한 사항이란 점에서 절차법적 성격을 갖고 있지만, 구실체법설에 따르면 증명책임의 내용과 분배는 실체법의 규정에 따른다는 점에서 실체법적 성격도 갖고 있다. 이러한 점에서 증명책임을 절차법으로 볼 것인지 아니면 실체법으로 볼 것인지 논의가 필요하다.

2. 증명책임의 대상

가. 주요사실, 간접사실, 보조사실, 직권조사사항

(1) 증명의 대상은 '사실'이다. 이러한 사실에는 주요사실, 간접사실, 보조사실이 모두 포함된다.

(2) 주요사실의 증명책임을 부담하는 당사자가 그 존재를 직접적으로 증명하기 어려운 경우에는 간접사실을 통하여 주요사실의 존재를 증명할 수 있다(대법원 2014. 7. 10. 선고 2013다65710 판결).[9] 이러한 간접사실은 법원의 직권증거조사의 대상이 아니므로 이에 대하여는 당사자가 증명책임을 부담한다. 보조사실도 마찬가지이다.

(3) 직권조사사항(예를 들어 채권자취소권에서 제척기간)은 당사자의 주장이 없더라도 법원이 심판의 대상으로 삼을 수 있다는 점에서 주장책임의 대상은 아니지만, 법원이 직권에 의하여 증거조사를 해야 하는 직권탐지의 대상은 아니므로 그에 관한 증거는 당사자가 제출해야 한다는 점에서 증명책임의 대상이 된다(대법원 2013. 4. 26. 선고 2013다5855 판결, 대법원 2013. 1. 10. 선고 2010다75044,75051 판결 등). 직권조사사항인 소송요건의 경우 본안판결을 받는다는 것 자체가 원고에게 유리하다는 점에 비추어 원고에게 소송요건에 대한 증명책임이 있다(대법원 1997. 7. 25. 선고 96다39301 판결).

나. 사실인 관습

법령 중의 선량한 풍속 기타 사회질서에 관계없는 규정과 다른 관습이 있는 경우에 당사자의 의사가 명확하지 아니한 때에는 그 관습에 의한다(민법 제106조). 이러한 관습을 사실인 관습이라고 하는데, 사실인 관습은 당사자의 의사를 대체하는 기능을 하므로 주요사실과 동일하게 취급된다. 따라서 사실인 관습의 존재는 사실적 판단의 문제로서 그 존재를 주장하는 자가 이에 대한 주장 및 증명책임을 부담한다(대법원 2013. 10. 24. 선고 2011다110685 판결).

다. 법규는 법원의 전권사항

법률의 존재와 해석은 법원의 전권사항이므로 변론주의가 적용되지 않는다. 따라서 당사자는 이에 대하여 주장책임과 증명책임을 부담하지 않는다.

(1) 외국법규

외국법이 준거법으로서 적용되는 경우에는 법원이 권한으로 그 내용을 조사하여야

9) 이 판례에 따르면 불법행위로 인한 손해배상청구소송에서 재산적 손해의 발생사실은 인정되나 구체적인 손해의 액수를 증명하는 것이 사안의 성질상 곤란한 경우, 법원은 증거조사의 결과와 변론 전체의 취지에 의하여 밝혀진 당사자들 사이의 관계, 불법행위와 그로 인한 재산적 손해가 발생하게 된 경위, 손해의 성격, 손해가 발생한 이후의 여러 정황 등 관련된 모든 간접사실을 종합하여 손해의 액수를 판단할 수 있다.

하고, 그 방법에 있어서 법원이 합리적이라고 판단하는 방법에 의하여 조사하면 충분하다. 반드시 감정인의 감정이나 전문가의 증언 또는 국내외 공무소, 학교 등에 감정을 촉탁하거나 사실조회를 하는 등의 방법만에 의하여야 할 필요는 없다(대법원 1990. 4. 10. 선고 89다카20252 판결). 외국적 요소가 있는 법률관계에 관하여 적용될 외국법규의 내용을 확정하고 그 의미를 해석할 경우에는 그 외국법이 그 본국에서 현실로 해석 · 적용되고 있는 의미 · 내용대로 해석 · 적용하는 것이 원칙이며, 소송 과정에서 그 외국의 판례나 해석기준에 관한 자료가 제출되지 아니하여 그 내용의 확인이 불가능한 경우에만 일반적인 법해석 기준에 따라(즉 조리에 따라서) 법의 의미 · 내용을 확정할 수 있다(대법원 2010. 1. 28. 선고 2008다54587 판결).[10)]

(2) 경험법칙

(가) 경험법칙이란 사회생활상의 경험을 통하여 알고 있는 논리법칙을 의미한다. 간접사실로부터 주요사실을 추단하는 과정에서 적용되는 논리법칙이 대표적인 경험법칙이다.

(나) 예를 들어 매매계약 시 잔금 지급 이전에 매매목적물인 부동산에 관한 소유권이전등기를 매수인에게 경료하여 준다는 특별한 약정이 없는 한, 잔금의 지급과 상환으로 그 소유권이전등기를 경료하여 주는 것이 일반적이고, 매매체결 시 그러한 특별한 약정이 없음에도 잔금 지급 이전에 소유권이전등기를 경료하여 주는 것은 극히 이례에 속한다고 보는 것이 경험칙상 상당하다(대법원 1995. 1. 20. 선고 94다41423 판결).

(다) 어느 부동산에 관하여 잔금 지급과 상환으로 소유권이전등기를 경료하여 주기로 하는 내용의 매매계약이 체결되고, 매매목적물에 관하여 매수인 명의로 소유권이전등기가 경료되었다면 특단의 사정이 없는 한 매수인의 잔금 지급의무는 이미 이행되었다고 보는 것이 경험칙상 상당하다(대법원 1996. 10. 25. 선고 96다29700 판결).

(라) 경험법칙은 사실의 추정에서도 사용되는데, 예를 들어 특별한 기능이 없이 농촌일용노동에 종사하는 자의 일실수입 산정의 기초가 되는 월 가동일수는 경험법칙상 25일로 추정된다(대법원 1999. 2. 9. 선고 98다53141 판결).

(마) 이러한 경험법칙은 법률문제로 취급되어 경험법칙에 위반한 판결은 위법한 판결로서 상고이유가 된다(대법원 1998. 7. 10. 선고 98다4774 판결). 따라서 증명의 대상이 되지 않는다.[11)]

---

10) 이때 조리의 내용은 가능하면 원래 적용되어야 할 외국법에 의한 해결과 가장 가까운 해결 방법을 취하기 위해서 그 외국법의 전체계적인 질서에 의해 보충 유추되어야 하고, 그러한 의미에서 그 외국법과 가장 유사하다고 생각되는 법이 조리의 내용으로 유추될 수도 있을 것이다(대법원 2000. 6. 9. 선고 98다35037 판결).

11) 전문적 지식이 요구되는 경험법칙은 증명의 대상이라는 주장이 있지만 이러한 경험법칙은 경험법칙이 아니라 과학적 사실로서 증명의 대상이라고 보는 것이 합당하다.

3. 불요증사실

증명을 요하지 아니하는 불요증사실에는 ① 당사자 사이에 다툼이 없는 사실(자백한 사실), ② 현저한 사실(법 제288조), ③ 법률상 추정되는 사실이 있다. 법률상 추정되는 사실은 사실의 추정에 관한 부분에서 함께 설명하고, 아래에서는 당사자 사이에 다툼이 없는 사실(자백한 사실) 및 현저한 사실에 대하여만 설명한다.

가. 재판상 자백(admission, confession)

(1) 의 의

재판상의 자백은 변론기일 또는 변론준비기일에 당사자에 의하여 행하여지는 진술로서 ① 상대방 당사자의 주장과 일치하는 ② 자기에게 불리한 사실의 진술을 말한다(대법원 2008. 3. 27. 선고 2007다87061 판결). 예를 들어 피고가 답변서에서 "원고 소장 기재 주장 사실 중 이러저러한 사실은 인정합니다. 그러나 나머지 사실은 전부 부인합니다." 라고 진술하였다면, 피고가 인정한 사실에 대하여는 재판상 자백이 성립된다. 자백이 성립된 주장에 대하여는 증명이 필요 없으므로 신속한 소송진행에 도움이 된다. 그러나 재판상 자백이 성립되면 이를 자유로이 취소할 수 없으므로 신중해야 한다.

(2) 자백의 대상

(가) 주요사실

변론주의는 주요사실에만 적용되므로 재판상 자백 대상은 주요사실에 한정된다. 예를 들어 타인의 불법행위로 인하여 피해자가 상해를 입게 되거나 사망하게 된 경우, 피해자가 입게 된 소극적 손해인 일실수입은 피해자의 사고 당시 수입을 기초로 하여 산정하게 되므로 피해자의 사고 당시 수입은 자백의 대상이 된다(대법원 1998. 5. 15. 선고 96다24668 판결).

(나) 간접사실, 보조사실, 직권조사사항

간접사실, 보조사실, 직권조사사항은 변론주의가 적용되지 않으므로 자백의 구속력이 없다.[12)]

i) 부동산의 시효취득에 있어서 점유기간의 산정기준이 되는 점유개시의 시기는 취득시효의 요건사실인 점유기간을 판단하는 데 간접적이고 수단적인 구실을 하는 간접사실에 불과하므로,[13)] 이에 대한 자백은 법원이나 당사자를 구속하지 않는다(대법원 2007. 2. 8. 선고 2006다28065 판결).

---

12) 대법원 판례에서는 직권조사사항에 대하여 당사자에게 증명책임을 지우면서도 이에 대한 자백의 구속력을 인정하지 않고 있다는 점에 주의할 필요가 있다.

13) 취득시효에 관한 민법 제245조에서는 점유개시의 시기를 요건사실로 규정하고 있지 않으므로 이러한 사실은 간접사실에 해당한다(대법원 1994. 11. 4. 선고 94다37868 판결).

ii) 사실에 대한 법적 판단이나 평가 또는 적용할 법률이나 법적효과도 자백의 대상이 되지 않는다(대법원 2016. 3. 24. 선고 2013다81514 판결). 예를 들어 원고가 운송계약이 몬트리올 협약의 적용대상이라고 주장하였고, 피고도 변론기일에 "이 사건 몬트리올 협약 내용 중 책임제한 적용에 대해서는 이의가 없다."라고 진술한 바가 있다고 하더라도 이는 사건에 적용할 준거법 내지 법적 판단 사항에 대한 의견에 해당할 뿐이므로 자백의 대상에 관한 진술이라고는 할 수 없다(앞의 판결).

iii) 소송요건 등의 직권조사사항도 자백의 대상이 아니다(대법원 2002. 5. 14. 선고 2000다42908 판결). 따라서 직권조사사항인 종중의 대표자라는 사실에 대하여 상대방이 이를 인정하는 진술을 하더라도 자백으로서 성립되지 않는다(앞의 판결).

(다) 사문서의 진정성립의 예외

문서가 위조된 것이 아니라 작성명의인의 진정한 의사에 의하여 작성되었다는 문서의 진정성립은 문서의 형식적 증거력에 관한 보조사실이지만 민사소송법 제357조에서 "사문서는 그것이 진정한 것임을 증명하여야 한다."고 규정하여 이를 증명책임의 대상으로 하고 있다. 이러한 이유로 문서 전체의 진정성립에 관하여는 자백이 성립될 수 있고, 이를 자백하면 임의로 이를 철회할 수 없다(대법원 1990. 3. 9. 선고 89다카21781 판결). 더 나아가 문서 전체의 진정성립이 아니라 문서에 찍힌 인영이 문서 명의인의 인장에 의하여 현출되었다는 인영의 진정성립에 대하여도 자백이 성립될 수 있다(대법원 2001. 4. 24. 선고 2001다5654 판결).

(라) 권리자백

i) 원칙

주요사실이 아니라 소송물의 전제문제가 되는 권리관계나 법률효과를 인정하는 진술을 '권리자백'이라고 한다. 법률의 존재와 해석은 법원의 전권적 사항으로서 권리자백은 재판상 자백으로서의 효력이 없다. 따라서 권리자백은 법원을 기속하는 것도 아니며, 상대방의 동의 없이 자유로이 철회할 수 있다(대법원 2008. 3. 27. 선고 2007다87061 판결).

① 원고와 피고 회사 사이에서 소외 2와 원고를 제외한 나머지 주주명부상의 주주들이 모두 회사에 대한 관계에서 의결권을 행사할 수 없는 형식상의 주주라는 점에 대하여 다툼이 없다는 취지로 설시하고 있다. 그러나 법률효과에 관한 진술은 권리자백으로서 법원을 기속하지 않는다(대법원 2010. 3. 11. 선고 2007다51505 판결) – 형식상의 주주가 무엇인지 그리고 형식상의 주주가 의결권을 행사할 수 있는지 여부는 법적 판단의 문제이므로 권리자백에 해당한다.

② 법률상 유언이 아닌 것을 유언이라고 시인하였다 하여 그것이 곧 유언이 될 수 없고 이와 같은 진술은 민사소송법상의 자백이 될 수가 없는 것이다(대법원 2001. 9. 14. 선고 2000다66430,66447 판결) – 유언행위는 사실이지만 이러한 유언행위가 민법

의 요건을 충족하여 유언으로서 효력이 있는지는 법률효과에 관한 문제이다.

③ "2004.12.7. 피고에게 이 사건 신탁계약의 해지통고를 함으로써 이 사건 신탁계약이 2004.12.15. 종료되었다."고 주장하였다가 그 후 이 사건 신탁은 1998.9.13. 기간의 만료로 종료되었다고 주장을 변경하였음을 알 수 있는바, 위 해지에 의한 신탁 종료의 주장은 원고의 위 신탁계약 해지 의사표시에 따라 해지의 효과가 발생하였다는 법률효과를 주장한 것에 불과할 뿐, 그때까지 이 사건 신탁이 종료되지 않고 존속하고 있다는 사실에 관한 자백이라고 볼 수는 없으므로, 법원이 원고의 위 주장에 구속되는 것은 아니다(대법원 2007. 10. 12. 선고 2006다42566 판결).

④ 법정변제충당의 순서 자체는 법률 규정의 적용에 의하여 정하여지는 법률상의 효과여서 그에 관한 진술이 비록 그 진술자에게 불리하더라도 이를 자백이라고 볼 수는 없다(대법원 1998. 7. 10. 선고 98다6763 판결) - 비용, 이자, 원본에 대한 변제충당의 순서는 민법 제479조에 법정되어 있으므로 당사자 사이에 그와 다른 특별한 합의가 있었다거나 일방의 지정에 대하여 상대방이 지체 없이 이의를 제기하지 아니함으로써 묵시적인 합의가 되었다고 보여지는 경우 등 특단의 사정이 없는 한 위의 법정순서에 의하여 변제충당이 이루어져야 하기 때문이다.

ii) 예외

법률용어를 사용한 당사자의 진술이 동시에 구체적인 사실관계의 표현으로서 사실상의 진술도 포함하는 경우에는 그 범위 내에서 자백이 성립된다. 예를 들어 기망에 의한 취소권 발생에 대하여 인정하였다면 적어도 기망행위에 대한 자백을 인정할 수 있을 것이다. 그리고 소유권에 기한 이전등기말소청구소송에 있어서 피고가 원고 주장의 소유권을 인정하는 진술은 비록 법률적 효과인 '소유권'을 인정하는 진술이지만 그 전제가 되는 소유권의 내용을 이루는 사실에 대한 진술로 볼 수 있으므로 이는 재판상 자백이다(대법원 1989. 5. 9. 선고 87다카749 판결).

(3) 자백이 성립되기 위한 요건[14)]

(가) 변론 또는 준비기일에 한 진술일 것

변론 또는 준비기일에서 자백이 있어야 한다. 소송 외에서 또는 다른 소송사건에서 한 진술이 상대방의 주장사실과 일치한다고 하더라도 재판상 자백이 아니다. 그리고 피고가 당사자신문에서 원고의 주장과 일치하는 진술을 하더라도 이러한 진술은 증거조사

14) 공지의 사실에 반하는 자백은 자백으로서의 효력이 없다는 주장이 있다. 판례(대법원 1969. 7. 22. 선고 69다684 판결)는 "우리나라에서는 계속적으로 농촌 일용노동 임금액이 급격히 등세에 있다는 것은 공지의 사실에 속하는 것이므로 이와 같은 공지의 사실에 반한 위와 같은 피고 소송대리인의 자백은 그 효력을 인정할 수 없는 것이라고 주장하고 있으나, 우리나라의 농촌일용 노동 임금액이 계속적으로 급격한 등세에 있다는 것은 공지의 사실에 속한다고는 단정할 수 없는 것이므로, 위 논지 역시 받아들일 수 없다."고 판시하여 공지의 사실에 반하는 자백의 효력에 대하여 애매한 입장이다.

의 결과인 증거자료이지 변론에서의 사실의 진술인 소송자료가 아니므로 자백이 성립되지 않는다(대법원 1964. 12. 29. 선고 64다1189 판결).

(나) 상대방의 주장사실과 일치하는 진술일 것

i) 민사소송에서 자백이 성립되려면 양당사자의 진술이 일치해야 한다. 통상적인 자백은 당사자 일방이 자신에게 유리한 진술을 하고 상대방이 그러한 사실이 자신에게 불리함에도 불구하고 이를 인정하는 진술을 함으로써 성립한다. 그러나 당사자 일방이 먼저 자기에게 불리한 사실상의 진술을 한 후 상대방이 이를 원용하는 경우에도 자백이 성립하는데 이를 '선행자백'이라고 한다. 이러한 선행자백도 재판상 자백으로서 철회가 자유롭지 못하다(대법원 2009. 9. 10. 선고 2009다29281 판결). 상대방의 원용이 있기 전에는 자백이 성립되지 않으므로 그 자인한 진술을 철회할 수 있다(대법원 2009. 9. 10. 선고 2009다29281 판결).

ii) 당사자 일방이 한 진술에 잘못된 계산이나 기재, 기타 이와 비슷한 표현상의 잘못이 있고, 그 잘못이 분명한 경우에는 비록 상대방이 이를 원용하였다고 하더라도 당사자 쌍방의 주장이 일치한다고 할 수 없으므로 자백(선행자백)이 성립할 수 없다(대법원 2018. 8. 1. 선고 2018다229564 판결).

(다) 자신에게 불리한 진술일 것

i) 자백은 자백한 당사자에게 불리한 진술이어야 한다. 불리하다는 것은 증명책임의 소재와 관계없이 그러한 사실이 인정되면 패소할 가능성이 있다는 것을 의미한다. 따라서 상대방이 증명책임을 부담하는 사실을 인정하는 진술만이 자백이 되는 것이 아니라 자신이 증명책임을 부담하는 사실에 대하여 스스로 그러한 사실의 부존재를 인정하고 상대방이 이를 원용하는 경우에도, 즉 선행자백이 성립하는 경우에도 재판상 자백으로 인정된다(대법원 2007. 9. 20. 선고 2007다36407 판결).

ii) 예를 들어 원고들이 소유권확인을 구하고 있는 사건에서 원고들의 피상속인 명의로 소유권이전등기가 마쳐진 것이라는 점은 원래 원고들이 증명책임을 부담할 사항이지만 위 소유권이전등기를 마치지 않았다는 사실을 원고들 스스로 자인한 바 있고 이를 피고가 원용한 이상, 이 점에 관하여는 자백이 성립된다(대법원 1993. 9. 14. 선고 92다24899 판결).

(4) 자백의 효과

(가) 법원에 대한 구속력

자백한 사실은 증명을 필요로 하지 않는다. 그 결과 법원은 자백한 사실을 진실한 사실로 인정해야 하며 진실하지 않다는 심증을 얻어도 자백과 다른 사실을 인정할 수 없다(대법원 2010. 2. 11. 선고 2009다84288,84295 판결).

(나) 당사자에 대한 구속력

재판상 자백은 당사자가 임의로 취소할 수 없고, 다음의 경우에 한하여 취소할 수 있다. 또한 재판상 자백의 취소는 반드시 명시적으로 하여야만 하는 것은 아니고 종전의 자백과 배치되는 사실을 주장함으로써 묵시적으로도 할 수 있음은 물론이다(대법원 2001. 4. 13. 선고 2001다6367 판결).

i) 자백이 진실에 반하고 착오로 인한 것임을 증명한 경우

자백이 ① 진실에 반하고 ② 착오로 인한 것임을 증명한 때는 자백을 취소할 수 있다(법 제288조 단서). 자백이 진실에 반한다는 증명이 있다고 하여 그 자백이 착오로 인한 것이라고 추정되는 것은 아니지만[15](대법원 2013. 6. 27. 선고 2012다86048 판결) 그 자백이 진실과 부합되지 않는 사실이란 점이 증명된 경우에는 변론의 전취지[16]만으로 그 자백이 착오로 인한 것이라는 점을 인정할 수 있다(대법원 2004. 6. 11. 선고 2004다13533 판결).

ii) 상대방이 동의한 경우

자백은 당사자의 처분이 허용되는 사항에 관하여 그 효력이 발생하므로 상대방이 자백의 철회에 대하여 동의한 경우에는 자백을 철회할 수 있다(대법원 1990. 11. 27. 선고 90다카20548 판결). 그러나 자백의 취소에 대하여 상대방이 아무런 이의를 제기하고 있지 않다는 점만으로는 그 취소에 묵시적으로 동의하였다고 볼 수는 없다(대법원 1994. 9. 27. 선고 94다22897 판결).

iii) 제3자의 형사상 처벌받을 행위로 인하여 자백한 경우

소송행위가 제3자의 사기, 강박 등 형사상 처벌을 받을 타인의 행위로 인하여 이루어지고 그 타인의 행위에 대하여 유죄판결이 확정되고 또 그 소송행위가 그에 부합되는 의사 없이 외형적으로만 존재할 때 민사소송법 제451조 제1항 제5호, 제2항의 규정을 유추해석 하여 그 효력을 부인할 수 있다(대법원 1984. 5. 29. 선고 82다카963 판결). 재판상 자백도 소송행위이므로 위와 같은 사유가 존재한다면 자백의 효력이 부인된다.

(5) 자백의 효력이 소멸되는 경우

원고의 종전의 주장에 대하여 피고가 자백하였지만, 원고가 새로운 주장으로 소의 교환적 변경을 하였다면 종전의 청구는 취하되어 피고의 자백의 대상이 소멸하므로 자백의 효력도 소멸한다(대법원 1997. 4. 22. 선고 95다10204 판결). 그리고 원고가 취하된 종전의 주장을 예비적 청구로 다시 추가했다고 하더라도 이미 소멸된 자백의 효력이 부활

15) 즉, 그러한 경험법칙의 존재를 인정할 수 없다는 것이다.

16) 증거원인으로서의 변론의 전취지란 증거조사의 결과를 제외한 소송자료의 전부를 말하는 것으로서 당사자의 주장내용 주장태도 사실주장이나 증거신청의 시기 당사자의 인간관계 등 법관의 심증형성에 참작될 변론에 나타난 일체의 자료를 뜻한다(대법원 1962. 4. 12. 선고 4294민상1078 판결). 그러나 변론종결 후에 제출된 자료는 여기에 포함되지 아니한다(대법원 2013. 8. 22. 선고 2012다94728 판결).

되는 것도 아니다(앞의 판결).

나. 의제자백(자백간주; constructive confession)

(1) 의 의

당사자가 변론에서 명백하게 자백하지 않았지만 자백한 것으로 보는 것을 '의제자백'라고 한다.

(2) 의제자백이 성립되는 경우

앞서 의제자백이 성립되는 경우들에 대하여 설명했으므로 이곳에서는 정리를 위하여 나열만 한다.

(가) 쌍방 모두 출석한 변론기일에서 상대방의 주장사실을 다투지 아니하는 경우(법 제150조 제1항).

(나) 상대방의 주장사실이 기재된 서면을 송달받은 당사자가 변론기일에 출석하지 않고, 상대방은 변론기일에 출석하여 서면에 기재된 주장을 변론하는 경우(법 제150조 제3항). 다만 공시송달의 방법으로 기일통지서를 송달받은 당사자가 출석하지 아니한 경우에는 의제자백이 성립되지 않는다(같은 항 단서).

(다) 피고가 소장부본을 송달받은 날로부터 30일 이내에 소장을 다투는 답변서를 제출하지 아니한 경우(법 제256조 제1항, 제257조 제1항). 다만 공시송달의 방법으로 소장이 송달된 경우에는 의제자백이 인정되지 않고, 무변론판결을 할 수 없다(제256조 제1항 단서). 따라서 원고는 증거를 제출해야 하고 법원은 변론기일을 지정해야 한다.

[민사집행절차에서는 재판상 자백이나 의제자백에 관한 규정이 준용되지 않는다는 판결]

민사집행법 제23조 제1항은 민사집행절차에 관하여 민사집행법에 특별한 규정이 없으면 성질에 반하지 않는 범위 내에서 민사소송법의 규정을 준용한다는 취지인데, 집행절차상 즉시항고 재판에 관하여 변론주의의 적용이 제한됨을 규정한 민사집행법 제15조 제7항 단서 등과 같이 직권주의가 강화되어 있는 민사집행법 하에서 민사집행법 제16조의 집행에 관한 이의의 성질을 가지는 강제경매 개시결정에 대한 이의의 재판절차에서는 민사소송법상 재판상 자백이나 의제자백에 관한 규정은 준용되지 않고, 이는 민사집행법 제268조에 의하여 담보권실행을 위한 경매절차에도 준용되므로 경매개시결정에 대한 형식적인 절차상의 하자를 이유로 한 임의경매 개시결정에 대한 이의의 재판절차에서도 민사소송법상 재판상 자백이나 의제자백에 관한 규정은 준용되지 않는다.(대법원 2015. 9. 14.자 2015마813 결정)

(3) 의제자백의 효력

(가) 법원에 대한 효력

법원은 자백간주된 대로 사실을 인정해야 하며 이와 배치되는 사실을 인정할 수 없다는 점에서 의제자백의 효력은 재판상 자백과 동일하다.

(나) 당사자에 대한 효력

불출석으로 인하여 발생한 의제자백은 당사자가 항소심 변론종결시까지 자백간주된 사실을 다투면 자백의제의 효력이 소멸되고(대법원 1987. 12. 8. 선고 87다368 판결), 답변서 부제출로 인한 의제자백은 판결 선고 시까지[17] 원고의 청구를 다투는 답변서를 제출하면 의제자백의 효력이 소멸된다(법 제257조 제1항 단서). 이러한 점에서 엄격한 요건이 충족되었을 때에만 자백의 철회가 인정되는 재판상 자백과 차이가 있다.

다. 현저한 사실

(1) 의 의

현저한 사실도 불요증사실이다(법 제288조). 현저한 사실에는 ① 공지의 사실과 ② 법원에 현저한 사실이 있다.

(2) 공지의 사실

(가) 공지의 사실이란 전국적 또는 지방적으로 불특정다수인에게 널리 알려져 있는 사실로서, 알 수 있는 기회나 자료가 일반인에게 개방되어 있어 누구라도 능히 알 수 있는 사실을 의미한다(대법원 1984. 12. 11. 선고 84누439 판결).

(나) 대법원 판례는 서울대학교는 국가가 설립 · 경영하는 학교라는 사실(대법원 2001. 6. 29. 선고 2001다21991 판결), 우리나라가 헤이그규칙의 당사자로 가입하지 않은 사실(대법원 1999. 12. 10. 선고 98다9038 판결), 고창군이 행정구역상 전라북도에 속하는 사실(대법원 1996. 12. 6. 선고 95다33610 판결), 치과의사의 임금이 매년 인상되는 추세하는 사실(대법원 1995. 2. 10. 선고 94다26677 판결), 1930년경에는 대한제국의 화폐가 아닌 조선총독부 조선은행 발행의 원화(100원, 10원, 5원, 1원권)만 통용되고 있었다는 사실(대법원 1989. 11. 28. 선고 89다카14295 판결) 등을 공지의 사실로 인정하고 있다.

(다) 반면에 금원대여를 업으로 하는 대부업자가 아닌 사람이 일시적으로 타인에게 금원을 대여하는 경우에 그 이자율이 얼마인가 하는 점은 공지의 사실이 아니고(대법원 1984. 12. 11. 선고 84누439 판결), 탈북사실이 공개되어 북한에 있는 가족에게 피해가 발생했다는 사실 또한 공지의 사실이라고 볼 수 없다(대법원 2012. 4. 26. 선고 2011다53164 판결).

(3) 법원에 현저한 사실

(가) 법원에 현저한 사실이라 함은 ① 법관이 직무상 경험으로 알고 있는 사실로서 ② 그 사실의 존재에 관하여 명확한 기억을 하고 있거나 또는 ③ 기록 등을 조사하여 곧

17) 피고가 소장을 송달받은 날로부터 30일 이내에 답변서를 제출하지 않으면 법원은 선고기일을 지정한다. 그러나 이 선고기일까지 피고가 답변서를 제출하여 소장의 기재사실을 다투면 법원은 선고기일을 취소하고 변론기일을 지정한다.

바로 그 내용을 알 수 있는 사실을 말한다(대법원 1996. 7. 18. 선고 94다20051 판결).

(나) 판례는 피해자의 장래수입상실액을 인정하는 데 이용되는 직종별임금실태조사보고서와 한국직업사전의 각 존재 및 그 기재 내용(앞의 판결), 통계청이 정기적으로 조사·작성하는 한국인의 생명표에 의한 남녀별 각 연령별 기대여명(대법원 1999. 12. 7. 선고 99다41886 판결) 등을 법원에 현저한 사실로 인정하고 있다.

(다) 반면에 다른 법원의 사건에서 일정한 사실이 인정되어 판결이 선고된 경우에 그러한 판결이 선고된 사실 자체는 현저한 사실로 인정하지만, 그 판결에서 인정한 사실은 유력한 증거에 불과할 뿐이고 법원에 현저한 사실로 볼 수는 없다(대법원 2010. 1. 14. 선고 2009다69531 판결). 따라서 다른 하급심판결의 판결문 등이 증거로 제출된 적이 없고, 당사자들도 이에 관하여 주장한 바가 없음에도 이를 '법원에 현저한 사실'로 인정하는 것은 위법이다(대법원 2019. 8. 9. 선고 2019다222140 판결).

(4) 현저한 사실과 변론주의

현저한 사실은 불요증사실로서 증명책임을 면하지만, 주장책임은 여전히 부담한다. 따라서 당사자가 주장하지도 않은 사실을 현저한 사실로 인정할 수 없다(앞의 판결).

4. 증명책임의 분배

가. 원 칙

(1) 주장책임을 부담하는 당사자가 그러한 주장사실에 대한 증명책임을 부담하므로 주장책임의 귀속과 증명책임의 귀속이 동일한 것이 원칙이다. 따라서 권리발생을 주장하는 당사자는 그 근거규정의 요건사실을 주장하고 증명할 책임이 있고, 그 권리의 미발생·권리의 소멸·권리행사의 일시적 저지와 같은 항변사실을 주장하는 당사자는 그러한 항변사실을 증명할 책임을 부담한다(대법원 2013. 5. 16. 선고 2012다202819 전원합의체 판결).

(2) 예를 들어 민법 제391조에서는 채무불이행에 대하여 고의 또는 과실이 없음에 대하여 채무자에게 증명책임을 지우고 있으므로 임대차 목적물이 화재 등으로 인하여 소멸됨으로써 임차인의 목적물 반환의무가 이행불능이 된 경우에, 임차인은 이행불능이 자기가 책임질 수 없는 사유로 인한 것이라는 증명을 다하지 못하면 목적물 반환의무의 이행불능으로 인한 손해를 배상할 책임을 부담한다(대법원 2017. 5. 18. 선고 2012다86895, 86901 전원합의체 판결). 한편 임차 외 건물 부분이 구조상 불가분의 일체를 이루는 관계에 있는 부분이라 하더라도, 그 부분에 발생한 손해에 대하여 임대인이 임차인을 상대로 채무불이행을 원인으로 하는 배상을 구하려면, 임차인이 보존·관리의무를 위반하여 화재가 발생한 원인을 제공하는 등 화재 발생과 관련된 임차인의 계약상 의무 위반이 있었

고, 그러한 의무 위반과 임차 외 건물 부분의 손해 사이에 상당인과관계가 있으며, 임차 외 건물 부분의 손해가 의무 위반에 따라 민법 제393조에 의하여 배상하여야 할 손해의 범위 내에 있다는 점에 대하여 임대인이 주장 · 증명하여야 한다(앞의 판결).

(3) 상법 제385조에서는 "① 이사는 언제든지 제434조의 규정에 의한 주주총회의 결의로 이를 해임할 수 있다. 그러나 이사의 임기를 정한 경우에 정당한 이유 없이 그 임기만료 전에 이를 해임한 때에는 그 이사는 회사에 대하여 해임으로 인한 손해의 배상을 청구할 수 있다."고 규정하고 있다. 상법 제385조 제1항의 전문은 주식회사의 이사해임권을 규정하고 있고, 후문은 해임된 이사의 주식회사에 대한 손해배상청구권을 규정하고 있다. 따라서 후문은 전문의 단서규정이 아니라 해임된 이사의 회사에 대한 독립된 손해배상청구권에 관한 규정이다. 후문의 요건사실을 분설하여 보면 ① 이사의 임기를 정한 경우에 ② 정당한 이유 없이 ③ 그 임기만료 전에 이를 해임한 때가 된다. 따라서 정당한 이유의 부존재에 대하여는 해임된 이사에게 증명책임이 있다(대법원 2006. 11. 23. 선고 2004다49570 판결).

(4) 당사자는 증명책임의 분배에 관하여 약정할 수 있다. 그러나 상당한 이유 없이 고객에게 증명책임을 부담시키는 약관 조항은 효력이 없다(「약관의 규제에 관한 법률」 제14조 제2호).

나. 예 외

(1) 추정이 있는 경우

당사자가 주장책인을 부담하는 요건사실이라도 그러한 사실에 대하여 법률상 또는 사실상 추정이 발생하면 추정의 효력으로 인하여 증명책임을 부담하지 않는다. 오히려 상대방이 추정을 번복시키기 위한 증거를 제출할 책임이 있다는 점에서 이때는 주장책임과 증명책임의 귀속이 달라진다.

(2) 법률규정이 있는 경우

법률규정에 의하여 주장책임과 증명책임의 귀속에 차이가 발생하는 경우가 있는데, 대표적으로 무권대리인의 손해배상책임을 규정하고 있는 민법 제135조가 있다. 여기서는 "다른 자의 대리인으로서 계약을 맺은 자가 그 대리권을 증명하지 못하고 또 본인의 추인을 받지 못한 경우에는 그는 상대방의 선택에 따라 계약을 이행할 책임 또는 손해를 배상할 책임이 있다."고 규정하고 있으므로 무권대리인의 상대방인 원고가 무권대리를 주장할 책임을 부담하지만 무권대리를 증명할 책임은 없으며, 피고인 무권대리인이 자신의 대리권의 존재에 대한 증명책임을 부담한다.

5. 증명책임분배의 원칙의 수정

가. 의 의

증거가 편재되어 있거나 증명에 있어서 전문적 지식이 요구되어 증명이 어려운 경우 또는 형평의 원칙상 일반원칙과 반대로 증명책임을 전환하는 것이 타당한 경우에 특별규정에 의하여 증명책임분배의 원칙에 수정을 가하여 증명책임의 내용과 부담자를 변경하는 경우가 있다. 구체적으로 증명할 부담을 줄여주는 '증명책임의 완화'와 증명책임의 부담자를 변경하는 것을 '증명책임의 전환'이 있다. 이와 같은 증명책임분배의 원칙에의 수정은 법률에 규정이 있거나 형평의 원칙을 근거로 한다. 주로 불법행위에 대한 손해배상청구권을 규정하고 있는 민법 제750조와 관련하여 문제된다.[18]

나. 법률규정이 있는 경우

(1) 민법 제759조 제1항에서는 동물의 점유자의 책임에 관하여 "동물의 점유자는 그 동물이 타인에게 가한 손해를 배상할 책임이 있다. 그러나 동물의 종류와 성질에 따라 그 보관에 상당한 주의를 해태하지 아니한 때에는 그러하지 아니하다."고 규정하고 있다. 이에 따라서 피해자인 원고는 ① 동물로 인하여 손해가 발생한 사실, ② 피고가 동물의 점유자란 사실만 주장 및 증명하는 것으로서 주장책임과 증명책임을 다하게 되고, 민법 제750조와 반대로 피고가 자신의 무과실에 대하여 주장 및 증명책임을 부담한다. 증명책임만이 아니라 주장책임도 전환된 특징이 있다.

(2) 2016년 신설된 민사소송법 제202조의2에서는 "손해가 발생한 사실은 인정되나 구체적인 손해의 액수를 증명하는 것이 사안의 성질상 매우 어려운 경우에 법원은 변론 전체의 취지와 증거조사의 결과에 의하여 인정되는 모든 사정을 종합하여 상당하다고 인정되는 금액을 손해배상 액수로 정할 수 있다."고 규정하여 손해액의 증명을 완화하고 있다. 고전적 불법행위와 달리 다수가 관련되고 위법행위 주장의 근거가 다양해진 현대형 불법행위의 경우, 구체적 손해액의 입증이 어려운 경우가 많이 있을 뿐만 아니라 변호사를 선임하기 어려운 사회적 약자들의 경우 더더욱 손해액 증명이 어려운 경우가 많다. 예를 들어 피고가 경쟁자인 원고에 대한 신용을 훼손하는 허위사실을 유포하였다고 할 때 원고에게 얼마의 금전적 손해가 발생하였는지 이를 산정하고 입증하는 것은 사실상 불가능하다. 그렇다고 손해발생 사실이 인정되는데 손해액에 대한 증명을 제대로 하지 못한다는 이유로 피해자인 원고에게 패소판결을 선고함은 사회정의와 형평의 관념에

---

18) 그런데 아래에서 보는 바와 같이 법률상 추정이 있는 경우에는 상대방이 추정되는 사실을 번복하기 위하여 본증을 제출해야 하지만, 사실상 추정이 있는 경우에는 반증으로 충분하다. 그렇다면 사실상 추정이 있는 경우에는 증명책임이 전환되는 것인지 아닌지 의문이 발생한다. 결국 증명책임의 전환에 해당되는지 아닌지 개념적 논쟁보다도 누가 어떠한 사실에 대하여 어느 정도의 증명을 해야 하는지 실질적인 면에 집중할 필요가 있다.

반한다고 할 것이다.[19)]

(3) 위 조문이 신설되기 전에 「독점규제 및 공정거래에 관한 법률」 제57조에서는 "이 법의 규정을 위반한 행위로 인하여 손해가 발생된 것은 인정되나, 그 손해액을 입증하기 위하여 필요한 사실을 입증하는 것이 해당 사실의 성질상 극히 곤란한 경우에는, 법원은 변론 전체의 취지와 증거조사의 결과에 기초하여 상당한 손해액을 인정할 수 있다."고 규정하고, 상표법 제110조 제6항에서는 "법원은 상표권 또는 전용사용권의 침해행위에 관한 소송에서 손해가 발생한 것은 인정되나 그 손해액을 증명하기 위하여 필요한 사실을 밝히는 것이 사실의 성질상 극히 곤란한 경우에는 제1항부터 제5항까지의 규정에도 불구하고 변론전체의 취지와 증거조사의 결과에 기초하여 상당한 손해액을 인정할 수 있다."고 규정하는 등 개별 법률에서 손해액의 입증을 완화하는 규정을 두고 있었는데, 민사소송법 제202조의2에서 손해액의 증명을 완화하는 일반규정을 두었다는 점에서 큰 의미가 있다.

다. 형평의 원칙을 근거로 하는 경우

대법원 판례(대법원 2007. 5. 31. 선고 2005다5867 판결 외 다수)는 의사의 설명의무위반을 이유로 하여 민법 제751조의 정신적 손해배상청구를 하는 사건에서 "응급의료에 관한 법률 제9조, 같은 법 시행규칙 제3조 및 [서식] 1에 의하면, 통상적인 의료행위에 비해 오히려 긴급을 요하는 응급의료의 경우에도 의료행위의 필요성, 의료행위의 내용, 의료행위의 위험성 등을 설명하고 이를 문서화한 서면에 동의를 받을 법적 의무가 의료종사자에게 부과되어 있는 점, 의사가 그러한 문서에 의해 설명의무의 이행을 증명하기는 매우 용이한 반면 환자측에서 설명의무가 이행되지 않았음을 증명하기는 성질상 극히 어려운 점 등에 비추어, 특별한 사정이 없는 한 의사측에 설명의무를 이행한 데 대한 증명책임이 있다고 해석하는 것이 손해의 공평·타당한 부담을 그 지도원리로 하는 손해배상제도의 이상 및 법체계의 통일적 해석의 요구에 부합한다."고 판시하고 있는바, 민법 제750조의 불법행위의 요건사실에 따라서 원고에게 의사의 설명의무불이행에 대한 증명책임을 지우지 않고 형평의 원칙을 근거로 의사인 피고가 설명의무를 다하였음에 대하여 증명책임을 부담시키고 있다.

라. 일반불법행위책임과 다른 새로운 요건을 요구하는 경우

(1) 자동차운행자의 책임

(가) 자동차손해배상보장법 제3조에서는 "자기를 위하여 자동차를 운행하는 자는 그

---

19) 불법행위로 인하여 손해가 발생한 사실이 인정되는 경우에는 법원은 손해액에 관한 당사자의 주장과 증명이 미흡하더라도 적극적으로 석명권을 행사하여 증명을 촉구하여야 하고, 경우에 따라서는 직권으로라도 손해액을 심리·판단하여야 한다는 판시내용(대법원 2011. 7. 14. 선고 2010다103451 판결)도 같은 취지이다.

운행으로 다른 사람을 사망하게 하거나 부상하게 한 경우에는 그 손해를 배상할 책임을 진다. 다만 다음 각 호의 어느 하나[20]에 해당하면 그러하지 아니하다."고 규정하고 있다. 그러므로 이에 따라서 피해자인 원고는 ① 피고가 자동차의 운행자라는 사실, ② 피고의 운행으로 인하여 사망 또는 부상한 사실만 주장 및 입증하면 충분하고, 일반불법행위와 달리 원고는 운행자의 과실에 대한 주장 및 입증책임을 부담하지 않는다. 오히려 같은 조에 규정된 각 면책사유는 항변사유이므로 이에 대하여는 피고가 주장 및 증명책임을 부담한다.

(나) 그리고 운행자의 무과실은 면책사유로 규정되어 있지 아니하여 운행자인 피고로서는 자기에게 과실이 없음을 내세워 손해배상책임을 면할 수 없다(대법원 1987. 6. 23. 선고 86다카2863 판결). 이러한 점에서 과실의 존부에 대한 증명책임이 전환되었다기보다는, 엄격한 과실책임주의에 따르는 민법 제750조과 다른 새로운 책임요건을 규정했다고 보는 것이 타당하다.[21]

(2) 제조업자의 책임에 있어서 증명책임의 완화

제조물책임법 제3조에서는 "제조업자는 제조물의 결함으로 인하여 생명 · 신체 또는 재산에 손해(당해 제조물에 대해서만 발생한 손해를 제외한다.를 입은 자에게 그 손해를 배상하여야 한다."고 규정하고, 제4조 제1항에서는 "제3조의 규정에 의하여 손해배상책임을 지는 자가 다음 각호의 1에 해당하는 사실[22]을 증명한 경우에는 이 법에 의한 손해배상책임을 면한다."고 규정하고 있다. 그러므로 피해자는 ① 제조물의 제조업자라는 사실, ② 제조물에 결함이 있다는 사실, ③ 제조물의 결함으로 인하여 손해가 발생한 사실만 주장 및 입증할 책임을 부담하고,[23] 제4조 단서의 면책사유는 항변사유이므로 가해자인 피고가 주장 및 입증할 책임을 부담한다. 이러한 면책사유에는 무과실이 포함되어 있지 않다는 점에서 제조업자의 책임도 위 운행자의 책임과 마찬가지로 과실의 존부에 대

---

20) 1. 승객이 아닌 자가 사망하거나 부상한 경우에 자기와 운전자가 자동차의 운행에 주의를 게을리 하지 아니하였고, 피해자 또는 자기 및 운전자 외의 제3자에게 고의 또는 과실이 있으며, 자동차의 구조상의 결함이나 기능상의 장해가 없었다는 것을 증명한 경우, 2. 승객이 고의나 자살행위로 사망하거나 부상한 경우.

21) 그러나 증명책임의 전환인지 완화인지의 논의는 실익이 없다.

22) 1. 제조업자가 당해 제조물을 공급하지 아니한 사실, 2. 제조업자가 당해 제조물을 공급한 때의 과학 · 기술수준으로는 결함의 존재를 발견할 수 없었다는 사실, 3. 제조물의 결함이 제조업자가 당해 제조물을 공급할 당시의 법령이 정하는 기준을 준수함으로써 발생한 사실, 4. 원재료 또는 부품의 경우에는 당해 원재료 또는 부품을 사용한 제조물 제조업자의 설계 또는 제작에 관한 지시로 인하여 결함이 발생하였다는 사실.

23) 고도의 기술이 집약되어 대량으로 생산되는 제품의 경우에 소비자 측이 제품의 결함 및 그 결함과 손해의 발생과의 사이의 인과관계를 과학적 · 기술적으로 완벽하게 입증한다는 것은 지극히 어렵다(대법원 2000. 2. 25. 선고 98다15934 판결). 이러한 이유로 판례(대법원 2006. 3. 10. 선고 2005다31361 판결 외 다수)는 제조업자 측에서 그 사고가 제품의 결함이 아닌 다른 원인으로 말미암아 발생한 것임을 입증하지 못하는 이상 소비자 측에서 그 사고가 제조업자의 배타적 지배하에 있는 영역에서 발생하였다는 점과 그 사고가 어떤 자의 과실 없이는 통상 발생하지 않는다고 하는 사정을 증명하는 것으로서 충분하다(대법원 2006. 3. 10. 선고 2005다31361 판결)고 하여 증명책임을 완화하고 있다.

한 증명책임이 전환되었다기보다는, 새로운 책임요건을 규정했다고 보는 것이 타당하다.

6. 법률상 추정(presumption in law)

가. 의 의

법률규정에 의하여 일정한 전제사실의 존재가 증명되면 증명하고자 하는 요증사실의 존재 또는 권리의 존재가 추정되는 경우를 '법률상 추정'이라고 한다. 법률상 추정에는 사실의 존재가 추정되는 경우와 권리의 존재가 추정되는 경우가 있는데, 양자의 실질적 차이는 없다. 한편 법률상 추정은 일정한 사실이 의제되어 이를 번복할 수 없는 간주(irrebuttable presumption 또는 conclusive presumption)가 아니라 번복이 가능한 추정이므로 상대방이 추정되는 사실 또는 권리의 부존재에 대하여 증명을 하면 추정의 효력이 번복될 수 있다. 이러한 점에서 법률상 추정은 증명책임의 전환을 가져온다.

나. 법률상 추정의 예

법률상의 추정에 관한 대부분의 규정은 경험칙상의 논리법칙에 따른 추정이 법률에 규정된 경우에 해당한다.

(1) 민법 제30조 (동시사망) 2인 이상이 동일한 위난으로 사망한 경우에는 동시에 사망한 것으로 추정한다.

(2) 민법 제153조 (기한의 이익과 그 포기) ① 기한은 채무자의 이익을 위한 것으로 추정한다.

(3) 민법 제197조 (점유의 태양) ① 점유자는 소유의 의사로 선의, 평온 및 공연하게 점유한 것으로 추정한다.[24)]

(4) 민법 제198조 (점유계속의 추정) 전후양시에 점유한 사실이 있는 때에는 그 점유는 계속한 것으로 추정한다.

(5) 민법 제200조 (권리의 적법의 추정) 점유자가 점유물에 대하여 행사하는 권리는 적법하게 보유한 것으로 추정한다.

(6) 민법 제215조 (건물의 구분소유) ① 수인이 한 채의 건물을 구분하여 각각 그 일부분을 소유한 때에는 건물과 그 부속물 중 공용하는 부분은 그의 공유로 추정한다.

(7) 민법 제262조 (물건의 공유) ② 공유자의 지분은 균등한 것으로 추정한다.

(8) 민법 제844조 (부의 친생자 추정) ① 아내가 혼인 중에 임신한 자녀는 남편의 자녀로 추정한다. ② 혼인이 성립한 날부터 200일 후에 출생한 자녀는 혼인 중에

---

24) 그 점유자의 점유가 소유의 의사가 없는 점유임을 주장하는 사람에게 그 증명책임이 있다(대법원 2014. 4. 10. 선고 2013다74080 판결).

임신한 것으로 추정한다. ③ 혼인관계가 종료된 날부터 300일 이내에 출생한 자녀는 혼인 중에 임신한 것으로 추정한다.

다. 법률상 추정을 번복시키는 방법

(1) 반증과 본증[25)]

(가) 상대방이 법률상 추정을 번복시키기 위해서는 ① 추정의 전제사실의 부존재를 증명하거나 ② 추정되는 사실 자체의 부존재를 증명해야 한다. 전자는 전제사실의 존재에 대하여 법원의 확신을 흔들리게 하는 반증으로 충분하지만, 후자는 법률상 추정되는 사실이므로 법원에 확신을 줄 수 있는 본증이어야 한다.

(나) 예를 들어 민법 제30조의 동시사망의 추정을 번복하기 위하여는 동일한 위난으로 사망하였다는 전제사실에 대하여 법원의 확신을 흔들리게 하는 반증을 제출하거나 또는 동시사망의 추정과 달리 각자 다른 시각에 사망하였다는 점에 대하여 법원에 확신을 줄 수 있는 본증을 제출하여야 하는데, 후자의 경우에는 충분하고도 명백한 증명이 없는 한 위 추정은 깨어지지 않는다(대법원 1998. 8. 21. 선고 98다8974 판결).

(2) 본증에 대한 반증

법률상 추정이 발생하면 상대방이 추정의 반대사실의 존재에 대하여 증명책임을 지고 이는 본증이므로, 추정의 이익을 받는 자가 이러한 본증을 복멸시키기 위한 증명은 증명책임이 없는 자의 증명행위이므로 법관의 확신을 저지하기 위한 반증에 해당한다(대법원 1997. 8. 21. 선고 95다28625 전원합의체 판결). 예를 들어 원고가 점유취득시효의 완성을 주장하면서 부동산의 점유사실을 증명하면 민법 제197조에 따라서 원고에게 자주점유가 추정되므로 피고가 원고의 타주점유를 증명하기 위하여 제출하는 증거는 본증이 되고, 이러한 피고의 타주점유의 주장을 다투기 위하여 원고가 제출하는 증거는 반증에 해당한다.

(3) 추정의 이익을 받는 자의 증명실패

추정의 이익을 받는 당사자가 추정되는 사실에 대한 증명에 실패하였다고 하여 추정되는 사실이 번복되는 것은 아니다. 예를 들어 자주점유의 추정을 받고 있는 점유자가 스스로 매매 등과 같은 자주점유의 권원을 주장하였지만 이것이 인정되지 않더라도 자주점유의 추정이 번복된다거나 또는 점유권원의 성질상 타주점유로 볼 수는 없다(대법원 2012. 4. 26. 선고 2012다2187 판결).

---

25) 본증은 증명책임이 있는 당사자가 제출하는 증거 또는 증명행위를 말하고 반증은 증명책임이 있는 당사자의 상대방이 본증에 의한 증명을 방해하기 위하여 제출하는 증거를 또는 증명행위를 말한다. 예를 들어 불법행위에 기한 손해배상청구에서 피고의 가해행위를 증명하기 위하여 원고가 제출하는 증거는 본증이 되고, 피고가 자신의 가해행위의 부존재를 증명하기 위하여 제출하는 증거가 반증이 된다.

7. 사실상 추정(*de facto* presumption)

가. 의 의

법률상 추정규정은 없지만 일정한 전제사실이 있으면 일정한 요증사실의 존재가 추정되는 경우를 '사실상의 추정'이라고 한다. 이러한 사실상의 추정은 경험칙에 따라서 인정되는 경우가 많지만, 법률상 추정과 마찬가지로 형평의 원칙을 근거로 하는 경우도 있다. 따라서 어떤 경우가 사실상의 추정으로서 인정될 것인지는 결국 판례에 의존할 수밖에 없다. 사실상의 추정이 발생하면 추정되는 요증사실의 존재를 부인하고자 하는 당사자가 그러한 사실의 부존재에 대하여 증명책임을 부담한다는 점에서 법률상 추정과 동일하다. 다만 아래에서 보는 바와 같이 이를 번복하는데 있어서 증명의 정도에 차이가 있다.

나. 사실상의 추정이 인정되는 경우

(1) 경험칙을 이유로 사실상 추정이 인정되는 경우

(가) 탄광에서 천반이 붕락되어 압사하였다면 그 사고는 일응 광산갱내의 낙반 붕괴의 방지의무를 다하지 못한 시설물 하자에 기인한 것이라 추정함이 상당하다(대법원 1969. 12. 30. 선고 69다1604 판결).

(나) 주주명부에 주주로 등재되어 있는 이는 그 회사의 주주로 추정되며 이를 번복하기 위하여는 그 주주권을 부인하는 측에 증명책임이 있다(대법원 2010. 3. 11. 선고 2007다51505 판결).

(다) 사문서에 날인된 작성 명의인의 인영이 그의 인장에 의하여 현출된 것이라면 특별한 사정이 없는 한 그 인영의 진정성립이 추정된다(대법원 2013. 8. 22. 선고 2012다94728 판결).

(라) 가압류나 가처분 등 보전처분은 그 피보전권리가 실재하는지 여부의 확정을 본안소송에 맡기고 단지 소명에 의하여 채권자의 책임 하에 하는 것이므로, 그 집행 후에 집행채권자가 본안소송에서 패소확정되면 그 보전처분의 집행으로 인하여 채무자가 입은 손해에 대하여 집행채권자에게 고의 또는 과실이 있다고 사실상 추정된다(대법원 2010. 2. 11. 선고 2009다82046 판결).

(2) 공적 장부의 기재내용

(가) 부동산등기부상 소유권이전등기가 경료되어 있는 이상 일응 그 절차 및 원인이 정당한 것이라는 추정을 받게 되고 그 절차 및 원인의 부당을 주장하는 당사자에게 이를 증명할 책임이 있다(대법원 2003. 2. 28. 선고 2002다46256 판결). 그러나 사망자 명의로 신청하여 이루어진 이전등기는 일단 원인무효의 등기라고 볼 것이어서 등기의 추정력을 인정할 여지가 없다(대법원 2018. 11. 29. 선고 2018다200730 판결). 그리고 가등기의 경우에

는 등기원인의 추정력이 인정되지 않는다. 예를 들어 소유권이전등기의 보전을 위한 가등기가 있다 하더라도 가등기권자가 소유자에 대하여 소유권이전등기를 청구할 어떤 법률관계가 있다고 추정되지 않는다(앞의 판결).

(나) 임야대장에 임야소유자로 등재하면, 그 임야대장의 기재사항이 진실된 것으로 추정을 받는다(대법원 1979. 2. 27. 선고 78다913 판결).

(다) 법인등기부에 이사 또는 감사로 등재되어 있는 경우에는 특단의 사정이 없는 한 정당한 절차에 의하여 선임된 적법한 이사 또는 감사로 추정된다(대법원 1991. 12. 27. 선고 91다4409 판결).

(3) 형평의 원칙을 이유로 사실상의 추정이 인정되는 경우

(가) 의료소송에서의 추정

피해자 측에서 일련의 의료행위과정에 있어 저질러진 일반인의 상식에 바탕을 둔 의료상의 과실 있는 행위를 입증하고 그 결과와의 사이에 일련의 의료행위 외에 다른 원인이 개재될 수 없다는 점, 이를테면 환자에게 의료행위 이전에 그러한 결과의 원인이 될 만한 건강상의 결함이 없었다는 사정을 증명한 경우에 있어서는, 의료행위를 한 측이 그 결과가 의료상의 과실로 말미암은 것이 아니라 환자의 특이체질 등 전혀 다른 원인으로 말미암은 것이라는 입증을 하지 아니하는 이상, 의료상 과실과 결과 사이의 인과관계를 추정하여 손해배상책임을 지울 수 있도록 입증책임을 완화하는 것이 손해의 공평·타당한 부담을 그 지도원리로 하는 손해배상제도의 이상에 맞는다고 할 것이다(대법원 2001. 3. 23. 선고 99다48221 판결).

(나) 환경소송에서의 추정

대기오염이나 수질오염에 의한 공해로 인한 손해배상을 청구하는 소송에서 피해자에게 사실적인 인과관계의 존재에 관하여 과학적으로 엄밀한 증명을 요구한다는 것은 공해의 사법적 구제를 사실상 거부하는 결과가 될 수 있다. 반면에 가해자는 기술적·경제적으로 피해자보다 훨씬 원인조사가 용이한 경우가 많을 뿐만 아니라 원인을 은폐할 염려가 있다. 따라서 가해자가 어떠한 유해한 원인물질을 배출하고 그것이 피해물건에 도달하여 손해가 발생하였다면 가해자 측에서 그것이 무해하다는 것을 증명하지 못하는 한 가해행위와 피해자의 손해발생 사이의 인과관계를 인정할 수 있다(대법원 2013. 10. 24. 선고 2013다10383 판결). 그러나 배출된 물질이 유해하다고 하더라도 그 물질로 인하여 손해가 발생한 것이 아니라 다른 원인으로 인하여 손해가 발생하였다는 간접반증에 성공하는 경우에도 위 인과관계의 추정은 번복된다(앞의 판결).

(다) 보험사건에서의 추정

상법 및 화재보험약관 규정의 형식 및 취지, 화재가 발생한 경우에 보험자에게 면책사유가 존재하지 않는 한 소정의 보험금을 지급하도록 함으로써 피보험자로 하여금 신속하게 화재로 인한 피해를 복구할 수 있게 하려는 화재보험제도의 존재의의에 비추어 보면, 화재보험에서 화재가 발생한 경우에는 일단 우연성의 요건을 갖춘 것으로 추정된다(대법원 2009. 12. 10. 선고 2009다56603 판결). 따라서 화재가 보험계약자나 피보험자의 고의 또는 중과실에 의하여 발생하였다는 사실은 보험자가 증명책임을 부담하고 이러한 증명에 성공하는 경우에는 위와 같은 추정이 번복된다(앞의 판결).

다. 사실상 추정을 번복시키는 방법

(1) 세 가지 방법

사실상 추정을 번복시키기 위한 방법에는 세 가지 방법이 있다. 첫째 추정의 전제사실이 부존재한다는 점을 증명하는 방법, 둘째 추정되는 사실이 부존재한다는 점을 증명하는 방법, 셋째 추정의 전제사실과 양립가능한 별개의 사실이 결과발생의 진정한 원인이란 점을 증명하는 방법(이를 '간접반증'이라고도 한다.)이 있다.

(2) 첫째와 둘째의 방법

(가) 첫째와 둘째의 방법에 의하는 경우에는 반증이므로 법관이 추정되는 사실의 존재에 대하여 의심을 갖게 하는 것으로 충분하다. 법률상 추정되는 사실을 번복시키기 위한 방법은 본증인 반면에 사실상 추정되는 사실을 번복시키기 위한 방법은 반증이란 점에서 차이가 있다.

(나) 예를 들어 앞서 언급한 바와 같이 부동산등기의 추정력이 인정되지만 등기절차가 적법하게 진행되지 아니한 것으로 볼만한 의심스러운 사정이 있음이 증명되는 것만으로 그 추정력은 깨어진다(대법원 2003. 2. 28. 선고 2002다46256 판결).

(다) 그리고 인영의 진정성립, 즉 날인행위가 작성 명의인의 의사에 기한 것이라는 추정은 사실상의 추정이므로, 인영의 진정성립을 다투는 자가 반증을 들어 인영의 날인행위가 작성 명의인의 의사에 기한 것임에 관하여 법원으로 하여금 의심을 품게할 수 있는 사정을 입증하면 그 진정성립의 추정은 깨어진다(대법원 2003. 2. 11. 선고 2002다59122 판결). 따라서 A가 피고로부터 甲을 근저당권자로 하는 근저당권을 설정하여 달라는 부탁과 함께 피고의 인감도장과 인감증명서를 교부받았음에도 불구하고, 이를 이용하여 마치 피고가 乙의 소외신협에 대한 대출금채무에 대하여 연대보증한 것처럼 대출신청서와 차용금증서를 위조하였을 것이라고 충분히 의심이 된다면, 원고는 대출신청서 및 차용금증서가 피고의 의사에 기하여 작성되었음을 입증하여야 한다(앞의 판결).

(3) 간접반증

(가) 간접반증은 새로운 사실의 주장이므로 그러한 사실의 존재에 대하여 법관에게 확신을 줄 필요가 있다.

(나) 예를 들어 ① 문서에 날인된 작성명의인의 인영이 그의 인장에 의하여 현출된 것이라면 특별한 사정이 없는 한 그 인영의 진정성립, 즉 날인행위가 작성명의인의 의사에 기한 것임이 사실상 추정되고, ② 일단 인영의 진정성립이 추정되면 그 문서 전체의 진정성립이 추정된다. 그런데 간접반증에 의하여 추정의 전제사실과 양립가능한 별개의 사실인 날인행위가 작성명의인 이외의 자에 의하여 이루어진 것임이 밝혀진 경우에는 문서가 작성명의인의 진정한 의사에 의하여 작성되었다는 문서의 진정성립의 추정이 깨어질 수밖에 없다(대법원 2009. 9. 24. 선고 2009다37831 판결).

(다) 위와 같이 인영부분 등의 진정성립이 추정되는 경우에, 완성문서로서의 진정성립의 추정력을 뒤집기 위하여 그 당시 그 문서의 전부 또는 일부가 미완성된 상태에서 서명날인만을 먼저 하였다는 등의 사정은 그럴만한 합리적인 이유와 이를 뒷받침할 간접반증 등의 증거가 필요하다(대법원 2003. 4. 11. 선고 2001다11406 판결). 즉 문서제출자의 상대방이 위와 같은 사실에 대한 증명책임을 부담한다.

(라) 오염물질로 인하여 발생하나 손해배상청구사건에서 가해기업이 어떠한 유해한 원인물질을 배출하고 그것이 피해물건에 도달하여 손해가 발생하였다면 인과관계가 사실상 추정된다. 이때 가해자 측에서는 '반증'으로 공사가 배출한 침출처리수에 어장 피해를 발생시킨 원인물질이 들어있지 않거나 원인물질이 들어있더라도 안전농도 범위 내에 속한다는 사실을 증명하거나, 또는 '간접반증'으로 추정의 전제사실과 양립가능한 별개의 사실인 피고가 배출한 침출처리수가 아닌 다른 원인이 전적으로 작용하여 피해가 발생한 것을 증명한다면 추정이 깨어진다(대법원 2012. 1. 12. 선고 2009다84608,84615,84622,84639 판결).

IV. 변론주의가 제한되는 경우

1. 직권탐지사항

직권조사에 그치지 않고 법원이 적극적으로 사실을 조사하고 증거를 수집하는 직권탐지절차에도 변론주의가 적용되지 않는다. 대표적으로 재판에 적용되는 법령은 법원이 이미 알고 있거나 직권으로 조사하여 해석 · 적용하여야 하는 성질을 지니므로 법령의 존재 여부를 탐지하고 해석하는 것은 법원의 직권에 속한다. 그리고 행정소송법 제26조[26] 에서는 행정소송절차가 공적 이익에 관한 소송절차라는 이유로 법원의 직권증거조사 및 직권탐지를 규정하고 있고, 이러한 범위에서는 변론주의가 적용되지 않는다(대법원 2011.

26) 행정소송법 제26조(직권심리) 법원은 필요하다고 인정할 때에는 직권으로 증거조사를 할 수 있고, 당사자가 주장하지 아니한 사실에 대하여도 판단할 수 있다.

1. 13. 선고 2010두21310 판결).

[재산분할사건이 직권탐지절차라는 판결]

이혼에 따른 재산분할사건은 가사비송사건에 해당하고{가사소송법 제2조 제1항 나. (2) 제4호}, 가사비송절차에 관하여는 가사소송법에 특별한 규정이 없는 한 비송사건절차법 제1편의 규정을 준용하고 있으며(가사소송법 제34조), 비송사건절차에 있어서는 민사소송의 경우와 달리 당사자의 변론에만 의존하는 것이 아니고, 법원이 자기의 권능과 책임으로 재판의 기초가 되는 자료를 수집하는, 이른바 직권탐지주의에 의하고 있으므로(비송사건절차법 제11조), 법원으로서는 당사자의 주장에 구애되지 않고 재산분할의 대상이 무엇인지 직권으로 사실조사를 하여 포함시키거나 제외시킬 수 있다.(대법원 1999. 11. 26. 선고 99므1596,1602 판결)

2. 직권조사사항

가. 의 의

직권조사사항은 당사자의 주장이 없더라도 법원이 직권으로 심판의 대상으로 삼아야 하는 사항을 말한다.[27] 따라서 직권조사사항에 대하여 주장책임이 적용되지 않으므로 직권조사사항은 자백의 대상이 되지 않는다(대법원 2002. 5. 14. 선고 2000다42908 판결). 그리고 직권탐지사항과 달리 직권조사사항에 대하여는 법원이 적극적으로 사실을 조사하고 증거를 수집할 책임이 없고 당사자의 증명이 있어야 비로소 직권조사를 하는 것이 원칙이다(대법원 1981. 6. 23. 선고 81다124 판결). 따라서 직권조사사항에 대하여 당사자는 주장책임은 없지만 증명책임이 있는 것이 원칙이다.

나. 직권조사사항의 예

(1) 소송요건

① 부제소의 합의(대법원 2013. 11. 28. 선고 2011다80449 판결); 특정한 권리나 법률관계에 관하여 분쟁이 있어도 제소하지 아니하기로 합의한 경우 이에 위배되어 제기된 소는 권리보호의 이익이 없고, 또한 당사자와 소송관계인은 신의에 따라 성실하게 소송을 수행하여야 한다는 신의성실의 원칙(민사소송법 제1조 제2항)에도 어긋나는 것이므로, 소가 부제소 합의에 위배되어 제기된 경우 법원은 직권으로 소의 적법 여부를 판단할 수 있다(앞의 판결).

② 제척기간(대법원 2013. 4. 11. 선고 2012다64116 판결)

---

27) 당사자적격의 존부는 직권조사사항이어서 당사자의 주장이 없더라도 법원은 이를 직권으로 조사하여 판단하여야 한다. 피고가 원고 당사자적격의 부존재에 대하여 사실심 변론종결 시까지 주장하지 아니하였다 하더라도 상고심에서 새로이 이를 주장·증명할 수도 있다(대법원 2020. 6. 25. 선고 2019다218684 판결).

③ 채권자대위소송에서 피보전채권의 존재(대법원 2009. 4. 23. 선고 2009다3234 판결)

④ 소의 이익(대법원 2013. 2. 14. 선고 2012후1101 판결)

⑤ 비법인 사단 대표자의 대표권(대법원 2011. 7. 28. 선고 2010다97044 판결)

⑥ 소송대리권(대법원 2009. 10. 29. 선고 2008다37247 판결)

⑦ 소송물이 특정되었는지 여부(대법원 2013. 3. 14. 선고 2011다28946 판결)

(2) 공익적 사항

(가) 신의성실의 원칙에 반하는 것 또는 권리남용은 강행규정에 관한 것으로서 당사자의 주장이 없더라도 법원은 직권으로 판단할 수 있다(대법원 1989. 9. 29. 선고 88다카17181 판결).

(나) 공평의 원칙에 바탕을 둔 과실상계의 경우에 배상의무자가 피해자의 과실에 관하여 주장하지 않는 경우에도 소송자료에 의하여 과실이 인정되는 경우에는 이를 법원이 직권으로 심리·판단하여야 한다(대법원 1996. 10. 25. 선고 96다30113 판결).

(다) 마찬가지로 공평의 원칙에 바탕을 둔 손익상계의 경우에 채권자 또는 피해자에게 손해를 생기게 하는 동시에 이익을 가져다 준 경우에는 법원은 당사자의 주장을 기다리지 않고 직권으로 심리·판단하여야 한다(대법원 2002. 5. 10. 선고 2000다37296 판결).

(3) 기 판 력

기판력이 있다는 사실도 법원의 직권조사사항에 해당한다(대법원 2011. 5. 13. 선고 2009다94384,94391,94407 판결).

(4) 석명의무

당사자의 주장이 없더라도 심판의 대상이 될 수 있는 직권조사사항이라고 하더라도 법원이 당사자에게 의견진술의 기회를 주지 않은 채 직권조사사항을 기초로 하여 판단하는 것은 법원의 석명의무위반이 될 수 있다. 예를 들어 당사자들이 부제소 합의의 효력이나 그 범위에 관하여 쟁점으로 삼아 소의 적법 여부를 다투지 아니하는데도 법원이 직권으로 부제소 합의에 위배되었다는 이유로 소가 부적법하다고 판단하기 위해서는 그와 같은 법률적 관점에 대하여 당사자에게 의견을 진술할 기회를 주어야 하고, 부제소 합의를 하게 된 동기 및 경위, 그 합의에 의하여 달성하려는 목적, 당사자의 진정한 의사 등에 관하여도 충분히 심리할 필요가 있다(대법원 2013. 11. 28. 선고 2011다80449 판결).

제3절 변론주의의 문제를 해결하기 위한 석명권

I. 의 의

(1) 민사소송법 제136조에 따른 법원의 석명권행사는 ① 당사자의 주장에 모순된 점이 있거나 불완전 · 불명료한 점이 있을 때에 이를 지적하여 정정 · 보충할 수 있는 기회를 주고(이를 '소극적 석명'이라고도 한다; 예를 들어 '원고는 개똥이 엄마가 돈을 주어서 받았다고 진술하고 있는데, 개똥이 엄마는 누구이고 원고, 피고와 어떤 관계에 있는 사람이지요.'), ② 계쟁사실에 대한 증거의 제출을 촉구하는 것(이를 '증명촉구'라고도 한다.)을 말한다(대법원 2005. 2. 17. 선고 2004다59959 판결).

(2) 소송당사자의 소송수행능력에 차이가 있으므로 엄격한 변론주의를 적용하면 오히려 실질적인 당사자평등을 구현하지 못하게 되는 문제가 있다. 또한 법원으로서도 모순된 주장 또는 불명확한 주장을 바탕으로 판단하게 되면 실체진실을 발견할 수 없으므로 이러한 문제들을 방지하기 위하여 석명권이 인정된다.

II. 석명권과 석명의무

석명권은 법원의 권한이자 동시에 의무이다. 따라서 법원이 석명권을 행사할 수 있는 상황인데도 석명권을 행사하지 아니하면 석명의무위반이 되고, 반대로 법원이 석명권을 행사할 의무가 없는 상황인데도 석명권을 행사하였다면 석명권의 한계를 넘게 된다. 만일 석명권을 행사하지 아니하여 석명의무를 위반하거나 석명권의 한계를 넘어서 석명권을 행사하면 법률위반의 상고이유가 된다(법 제423조).

III. 석명권 행사의 한계

1. 내 용

석명권을 무제한으로 인정하면 법원의 무제한적 관여를 허용하게 되고, 결국 변론주의가 망각된다. 이러한 이유에서 석명권의 행사는 변론주의를 망각시키지 않는 한도에서, 즉 당사자가 주장한 사실 또는 제출한 증거의 범위에서 '소극적 석명'에 한정된다는 한계가 있다. 따라서 ① 당사자의 주장이 명확함에도 불구하고 법원이 새로운 주장을 하도록 석명권을 행사하거나, ② 당사자가 주장하지도 아니한 법률효과에 관한 요건사실이나 독립된 공격방어 방법을 시사하여 그 제출을 권유함과 같은 행위를 하는 것(이를 '적극적 석명'이라고도 한다.)은 변론주의의 원칙에 위배되는 것으로서 석명권행사의 한계를 벗어난다(대법원 2005. 2. 17. 선고 2004다59959 판결).

2. 적극적 석명에 해당하는 경우

(1) 소유권에 기하여 미등기 무허가건물의 반환을 구하는 청구에는 소유권에 기한 반환청구만을 하고 있음이 명백하므로 법원에 점유권에 기한 반환청구도 구하는지의 여부를 석명할 의무가 있는 것은 아니다(대법원 1996. 6. 14. 선고 94다53006 판결).[28]

(2) 등기부취득시효의 주장임이 분명한 경우, 법원이 점유취득시효의 주장이 함께 포함되어 있는 것인지 여부를 석명할 의무까지 있다고는 할 수 없다(대법원 1997. 3. 11. 선고 96다49902 판결).

(3) 피고가 원고로부터 금원을 대여 받은 사실이 없다고 주장했을 뿐이고, 변제에 대하여는 아무런 주장을 하지 아니하였다면, 법원이 피고에게 변제에 대하여 석명하지 아니하였다고 하여 석명권을 행사하지 아니한 위법이 있다고 할 수 없다(대법원 2001. 10. 9. 선고 2001다15576 판결).

3. 소극적 석명에 해당하는 경우

(1) 소장에 표시된 당사자가 잘못된 경우에 당사자표시를 정정케 하는 조치를 취함이 없이 바로 소를 각하할 수는 없다(대법원 2001. 11. 13. 선고 99두2017 판결, 대법원 2013. 8. 22. 선고 2012다68279 판결).

(2) 토지임대인이 그 임차인에 대하여 지상물철거 및 그 부지의 인도를 청구한 데 대하여 임차인이 적법한 지상물매수청구권을 행사하게 되면 임대인과 임차인 사이에는 그 지상물에 관한 매매가 성립하게 되므로 임대인의 청구는 이를 그대로 받아들일 수 없게 된다. 이 경우에 법원으로서는 임대인이 종전의 청구를 계속 유지할 것인지, 아니면 대금지급과 상환으로 지상물의 명도를 청구할 의사가 있는 것인지(예비적으로라도)를 석명하고 임대인이 그 석명에 응하여 소를 변경한 때에는 지상물명도의 판결을 함으로써 분쟁의 1회적 해결을 꾀하여야 한다(대법원 1995. 7. 11. 선고 94다34265 전원합의체 판결).

(3) 청구원인의 내용에 비추어 계산착오임이 명백한 경우 법원은 석명권을 행사하여 청구금액이 착오로 인한 것인지 아니면 일부만 청구한다는 취지인지를 밝혀 청구의 범위

---

28) 만일 소유권에 기한 반환청구와 점유권에 기한 반환청구의 소송물이 동일하다면 처분권주의의 원칙상 석명권을 행사하지 않고 바로 점유권에 기한 반환청구에 관하여도 심사할 수 있지만, 양자는 소송물이 다르므로 처분권주의의 원칙상 점유권에 기한 반환청구에 대하여는 심사할 수 없다.

를 명확히 한 다음 그 청구의 당부를 판단하여야 한다(대법원 1997. 7. 8. 선고 97다16084 판결).

(4) 소송물을 명확히 하는 것은 법원의 직권조사사항으로서 소송물이 명확하지 아니하다면 법원은 석명권을 행사하여 원고가 소송물을 특정하도록 석명할 의무가 있다. 예를 들어 불법행위를 원인으로 손해배상청구를 하면서 재산적 손해와 정신적 손해의 각 손해액이 특정되지 아니한 경우에 손해액을 특정하도록 석명할 의무가 있다(대법원 2006. 9. 22. 선고 2006다32569 판결).

(5) 채권자대위권은 채권자가 채무자의 제3채무자에 대한 채권을 대신하여 행사하는 것에 불과하므로, 채권자대위청구소송의 청구취지에서 제3채무자가 채무자에게 이행할 것을 청구해야 하며 채권자 자신에게 직접 이행할 것을 청구할 수 없는 것이 원칙이다. 만일 채권자대위청구소송의 청구취지에서 원고가 제3채무자인 피고가 자신에게 직접 이행할 것을 구하고 있으나 청구원인 사실로 채권자대위권 행사의 전제가 되는 사실관계를 모두 주장하고 있다면, 원고의 주장의 취지를 직접 등기의 말소를 구하는 것으로만 보아 청구를 기각한 것은 석명의무를 위반이다(대법원 1999. 12. 24. 선고 99다35393 판결).

(6) 만일 어떤 증거의 제출 또는 주장이 간접주장인지 불명확하다면 법원은 당사자가 이를 간접적으로 주장하는 취지인지 석명을 구하여 당사자의 진의를 밝힘으로써 소송관계를 명확히 하여야 한다(대법원 1993. 3. 9. 선고 92다54517 판결).

Ⅳ. 증명촉구

1. 의　　의

(1) 증명이 없거나 부족한 부분에 대하여 법원이 증거를 제출 또는 보충하도록 촉구하는 것을 '증명촉구'라고 한다. 증명이 없거나 부족하다고 하여 항상 증명촉구를 하여야 하는 것은 아니다. 소송의 정도로 보아 당사자가 무지, 부주의나 오해로 인하여 증명을 하지 않는 경우에 증명을 촉구하는 방법으로 석명권을 적절히 행사하여 진실을 밝혀 구체적 정의를 실현하려는 노력을 해야 한다(대법원 1989. 7. 25. 선고 89다카4045 판결). 이와 같이 증명촉구를 하지 아니하면 석명의무위반이 되어 상고이유가 된다.

[불법행위에서 손해액 증명촉구]

불법행위로 인하여 손해가 발생한 사실이 인정되는 경우에는 법원은 손해액에 관한 당사자의 주장과 증명이 미흡하더라도 적극적으로 석명권을 행사하여 증명을 촉구하여야 하고, 경우에 따라서는 직권으로라도 손해액을 심리·판단하여야 한다.
(대법원 2011. 7. 14. 선고 2010다103451 판결) – 판례는 채무불이행에서의 손해액(대법원 2008. 2. 14. 선고 2006다37892 판결)과 부당이득에서의 이득액(대법원 1964. 11.

10. 선고 64다325 판결)에 대하여도 동일한 판시를 하고 있다.

(2) 민사소송법 제136조 제1항은 재판장은 소송관계를 명료하게 하기 위하여 당사자에게 사실상 또는 법률상 사항에 관하여 질문하거나 증명을 하도록 촉구할 수 있다고 규정하고 있고, 같은 조 제4항은 법원은 당사자가 간과하였음이 분명하다고 인정되는 법률상 사항에 관하여 당사자에게 의견을 진술할 기회를 주어야 한다고 규정하고 있으므로, 법원으로서는 다툼 있는 사실을 증명하기 위하여 제출한 증거가 당사자의 부주의 또는 오해로 인하여 불완전 · 불명료한 경우에는 당사자에게 그 제출된 증거를 명확 · 명료하게 할 것을 촉구하거나 보충할 수 있는 기회를 주어야 하고, 만약 이를 게을리한 채 제출된 증거가 불완전 · 불명료하다는 이유로 그 주장을 배척하는 것은 석명의무 또는 심리를 다하지 아니한 것으로서 위법하다(대법원 2021. 3. 11. 선고 2020다273045 판결).

2. 증명촉구의 정도

법원은 당사자에게 주의를 환기시켜 증명을 하도록 촉구하면 충분하며, 구체적으로 증명방법까지 지시하여 그러한 증거신청을 종용할 수는 없다(대법원 1964. 11. 10. 선고 64다325 판결). 예를 들어 분묘가 원고 소유 임야 내에 위치하고 있는가 여부를 가리기 위하여 증명책임을 진 원고에게 경계측량감정 등의 증거신청을 종용하지 않았다고 하여서 석명의무를 다하지 않은 잘못이 있는 것은 아니다(앞의 판결).

3. 증명촉구 불응의 효과

법원이 특정한 사실에 대하여 증명을 촉구하였지만 당사자가 증명을 하지 아니하면 증명책임에 따라서 그러한 사실이 없는 것으로 취급된다(대법원 1994. 5. 13. 선고 93다45831 판결). 예를 들어 재판장이 원고에게 손해액의 증명을 촉구하였으나 원고가 이에 대한 증명을 하지 아니하였다면 법원은 원고에게 손해가 없는 것으로 봐서 원고의 청구를 기각할 수 있다(앞의 판결).

V. 지적의무

1. 의 의

법원은 당사자가 간과하였음이 분명하다고 인정되는 법률상 사항에 관하여 당사자에게 의견을 진술할 기회를 주어야 하는데, 이를 '지적의무'라고 한다(법 제136조 제4항). 만일 당사자가 전혀 의식하지 못하거나 예상하지 못하였던 법률적 관점을 이유로 법원이 청구의 당부를 판단하려는 경우에 그 법률적 관점에 대하여 당사자에게 의견진술의 기회를 주지 않는다면 예상 외의 재판으로 당사자 일방에게 불의의 타격을 가하는 결과를 가져오기 때문이다(대법원 2014. 6. 12. 선고 2014다11376 판결). 당사자가 주장하지 아니한 사항에 대하여 석명하므로 적극적 석명이라고 볼 수 있지만, 법률적 사항에 한정된다.

2. 예 시

(1) 소유권보존등기의 말소등기청구소송의 제1심에서 승소한 원고가 항소심에서 자기 앞으로 소유권을 표상하는 등기가 되어 있지 않았고 법률에 의하여 소유권을 취득하지도 않았다는 종전의 주장을 그대로 유지한 채, 이러한 주장에서는 인정되지 아니하는 진정명의회복을 위한 소유권이전등기절차의 이행을 청구하는 새로운 청구로 소변경신청을 하였다면 법원은 이러한 원고의 소변경신청에 법률적 모순[29]이 있음을 지적하고 원고에게 의견을 진술할 기회를 부여할 지적의무가 있다(대법원 2003. 1. 10. 선고 2002다41435 판결).

(2) 항소심에서 소의 교환적 변경이 있으면 종전의 청구에 대하여 소취하의 효력과 함께 재소금지의 효력이 발생하므로 소의 변경이 교환적인지 또는 추가적인지는 당사자에게 매우 중요하다. 따라서 소변경신청이 추가적 변경신청인지 교환적 변경신청인지 불명확한 경우에 이에 대하여 석명권을 행사하여 원고에게 의견진술의 기회를 주어야 한다(앞의 판결).

(3) 소송요건은 직권조사사항이므로 당사자의 주장이 없더라도 법원의 심판의 대상이 되지만 법원이 소송요건의 부재를 이유로 소를 각하하려면 당사자에게 의견진술의 기회를 주어야 한다. 예를 들어 사해행위 취소소송에서 그 소의 제척기간의 도과 여부가 당사자 사이에 쟁점이 된 바가 없음에도 당사자에게 의견진술의 기회를 부여하거나 석명권을 행사함이 없이 제척기간의 도과를 이유로 사해행위 취소의 소를 각하한 판결은 위법하다(대법원 2006. 1. 26. 선고 2005다37185 판결). 부제소의 합의를 이유로 소를 각하하고자 하는 경우에도 마찬가지이다(대법원 2013. 11. 28. 선고 2011다80449 판결).

VI. 구 문 권

소송지휘권은 재판장에게 있으므로 소송당사자는 상대방의 주장이 불명확하더라도

---

29) 이른바 "진정한 등기명의의 회복을 원인으로 한 소유권이전등기청구"는, ① 당해 부동산에 관하여 이미 자기의 명의로 소유권을 표상하는 등기가 되어 있었거나 ② 법률에 의하여 소유권을 취득한 그 부동산의 진정한 소유자가 그의 등기명의를 회복하기 위한 방법으로 현재의 등기부상의 소유명의인을 상대로 소유권이전등기절차의 이행을 직접 청구하는 경우에 인정된다(대법원 1992.1.21. 선고 91다35175 판결).

직접 상대방에게 석명을 요구할 것이 아니라 재판장에게 상대방에 대하여 석명권을 행사하여 줄 것을 요구해야 하는데, 이를 '구문권'이라고 한다(법 제136조 제3항).

제 4 절 변론절차에 적용되는 기타 원칙

I. 적시(適時)제출주의

1. 의 의

공격 또는 방어의 방법은 소송의 정도에 따라 적절한 시기에 제출하여야 한다(법 제146조). 적정한 시기를 넘어서 제출된 공격방어방법을 받아들이지 아니함으로써 의도적인 소송지연을 방지하기 위한 제도이다. 이러한 적시제출주의를 실현하기 위한 제도는 여러 가지가 있지만, 아래에서는 대표적인 제도 두 가지만 소개한다.

2. 적시제출주의를 실현하기 위한 제도

가. 재정기간제도

재판장은 당사자의 의견을 들어 한쪽 또는 양쪽 당사자에 대하여 특정한 사항에 관하여 주장을 제출하거나 증거를 신청할 기간을 정할 수 있다(법 제147조 제1항). 만일 정당한 사유 없이 이 기간을 넘어서 주장을 제출하거나 증거를 신청하게 되면 법원은 이러한 주장과 증거를 받아들이지 않는다.

나. 실기한 공격방어방법의 각하

(1) 의 의

당사자가 민사소송법 제146조에 위반하여 ① 적정한 시기를 벗어나서 ② 고의 또는 중대한 과실로 공격 또는 방어방법을 제출하고, ③ 그 결과 소송의 완결을 지연시키면 ④ 법원은 직권으로 또는 상대방의 신청에 따라 결정으로 이를 각하할 수 있다(법 제149조).

(2) 요 건

(가) 시기에 늦은 공격방어방법

i) 실기한 공격방어방법으로 각하되기 위해서는 개별적 사안마다 판단한 결과 공격방어방법이 이미 제출될 수 있었음에도 불구하고 상당히 늦게 제출되어야 한다. 시기에 늦었는지 여부는 당해 심급에 한정하여 판단할 것이 아니라 모든 심급(제3심은 법률심이므

로 제외된다.)을 하나의 절차로 보아서 판단해야 한다(대법원 2005. 10. 7. 선고 2003다44387, 44394 판결).

ii) 따라서 항소심의 소송절차에서 상계항변을 할 기회가 있었음에도 불구하고 대법원의 상고심을 거쳐서 사건이 항소심으로 환송된 후에야 비로소 상계항변을 하는 것은 실기한 공격방어방법에 해당한다(앞의 판결).

iii) 그리고 피고가 증인신청을 하여 채택하고 그 신문기일을 정하였지만 피고는 그 증인들의 소환비용을 예납하지 아니하였을 뿐 아니라 그 기일에 피고는 출석도 하지 아니하였으므로 그 증거채택을 취소하고 변론을 종결하였는데, 그 후 피고의 변론재개신청을 채택하여 다음 기일을 지정 고지하였음에도 불구하고 피고는 출석하지 않고 다음 기일에 비로소 출석하여 이미 취소된 증인신청을 하는 것은 시기에 늦은 공격방어방법에 해당한다(대법원 1968. 1. 31. 선고 67다2628 제3부 판결).

iv) 반면에 조기에 행사할 것을 기대할 수 없는 공격방어방법의 경우에는 통상의 시기보다 늦게 제출하여도 실기한 공격방어방법에 해당하지 않는다. 예를 들어 매도인이 약정해제권을 행사하기 위하여는 계약금의 배액을 배상하여야 하므로 매도인이 채무불이행 등에 의한 법정해제권을 주장할 수 있다면 먼저 이를 주장하는 것이 타당하다. 따라서 약정해제권의 행사는 상계항변,[30] 건물매수청구권의 행사[31] 등과 같이 조기에 그 행사를 기대할 수 없으므로 이를 제1심에서 패소한 후 항소심에서 행사하였다는 등의 사정만으로는 이를 실기한 공격방어방법에 해당한다고 할 수 없다(대법원 2004. 12. 9. 선고 2004다51054 판결).

(나) 고의 또는 중과실

당사자가 고의 또는 중과실로 시기에 늦은 공격방어방법을 제출해야 한다. 따라서 항소심에 이르러 동일한 쟁점에 관한 대법원 판결이 선고되자 그 판결의 취지를 토대로 한 새로운 주장을 제출한 것은 고의 또는 중과실이 있다고 볼 수 없으므로 실기한 공격방어방법에 해당하지 않는다(대법원 2006. 3. 10. 선고 2005다46363 판결). 당사자의 고의 또는 중대한 과실이 있는지를 판단함에는 당사자의 법률지식과 함께 새로운 공격·방어방법의 종류, 내용과 법률구성의 난이도, 기존의 공격·방어방법과의 관계, 소송의 진행경과 등을 종합적으로 고려해야 한다(대법원 2017. 5. 17. 선고 2017다1097 판결).

(다) 소송지연의 결과를 가져올 것

i) 실기한 공격방어방법을 각하하는 이유는 주장의 시기가 늦었기 때문이라기보다는 시

30) 피고가 원고의 청구권의 부존재를 주장하고, 그 후에 심리경과에 따라서 자동채권이 소멸되는 상계항변을 하는 경우.

31) 임차인이 임대차계약의 종료를 다투고 예비적으로 임대차계약의 종료를 전제로 한 건물매수청구권을 행사하는 경우.

기에 늦은 주장으로 인하여 소송이 지연되기 때문이다. 따라서 적정한 시기를 넘어서 공격방어방법을 제출하더라도 소송지연의 결과를 가져오지 않는다면 이를 각하할 수 없다.

ii) 구체적으로 실기한 공격방어방법이라고 하더라도 어차피 기일의 속행을 필요로 하고 그 속행기일의 범위 내에서 공격방어방법의 심리도 마칠 수 있거나, 그 내용이 이미 심리를 마친 소송자료의 범위 안에 포함되어 있는 때에는 소송의 완결을 지연시키는 것으로 볼 수 없으므로 이를 각하할 수 없다(대법원 2010. 1. 14. 선고 2009다55808 판결).

iii) 예를 들어 피고가 소가 제기된 지 2년이 훨씬 지난 후에야 소멸시효의 항변을 하였지만, 소멸시효의 항변을 제기한 변론기일에 변론이 종결되었다면 위 항변으로 인하여 소송이 지연된 것은 아니므로 실기한 공격방어방법으로 보아 각하할 수 없다(대법원 2000. 4. 7. 선고 99다53742 판결).

(3) 효 과

법원의 직권 또는 당사자의 신청에 의하여 시기에 늦은 공격방어방법을 각하해야 한다. 즉, 공격방어방법에 대하여 심리를 진행하지 않는다. 독립된 결정으로 각하하거나 판결이유 중에서 각하할 수 있다(대법원 1994. 5. 10. 선고 93다47615 판결). 한편 법원은 유일한 증거의 경우에는 반드시 증거조사를 해야 하지만(법 제290조), 유일한 증거라고 하더라도 시기에 늦게 제출되면 실기한 공격방어방법으로 각하될 수 있다(대법원 1968. 1. 31. 선고 67다2628 제3부 판결).

II. 집중심리주의

변론을 집중해서 일거에 사건에 해결하는 원칙을 '집중심리주의'라고 한다. 기억이 희미해짐에 따라 소송이 지연되거나, 공격방어방법의 수시 제출에 따른 소송지연의 방지를 위하여 인정되는 제도이다.

제272조 (변론의 집중과 준비) ① 변론은 집중되어야 하며, 당사자는 변론을 서면으로 준비하여야 한다.

제287조 (변론준비절차를 마친 뒤의 변론) ① 법원은 변론준비절차를 마친 경우에는 첫 변론기일을 거친 뒤 바로 변론을 종결할 수 있도록 하여야 하며, 당사자는 이에 협력하여야 한다.

III. 구두변론주의

변론은 당사자가 말로써 중요한 사실상 또는 법률상 사항에 대하여 진술하거나, 법원이 당사자에게 말로 해당사항을 확인하는 방식으로 한다(민사소송규칙 제28조). 이를 '구두변론주의' 또는 '구술변론주의'라고 한다. 그러나 말로만 변론을 진행하게 되면 당사자는 정리된 주장을 하지 못하고, 법관은 기억에 한계가 있으므로 당사자로 하여금 서면에 의하여 이를 보충하도록 한다. 이를 위하여 소송당사자는 소장, 답변서, 준비서면을 미리 제출하고 변론기일에 법정에서 기재사실을 구두로 주장한다. 구두변론주의가 관철되기 위해서는 집중심리주의가 먼저 관철될 필요가 있다.

제 2 장 변론의 실시

제 1 절 변론의 준비

I. 준비서면(statements of case)

소장과 답변서 이외에 당사자가 변론을 준비하기 위하여 법원에 제출하는 서면을 '준비서면'이라고 한다. 원고는 피고의 답변서를 검토한 후 원고의 청구원인을 보강하거나 피고의 항변을 반박하기 위하여 준비서면을 제출하고, 피고는 자신의 항변을 보강하거나 추가로 원고주장을 반박하기 위하여 준비서면을 제출한다.

II. 준비서면의 작성

1. 기재사항

준비서면에는 공격방어방법인 사실적 주장과 법률적 주장이 기재된다. 형식적 기재사항은 민사소송법 제274조에 규정되어 있다.

2. 준비서면의 제출

준비서면은 그것에 적힌 사항에 대하여 상대방이 준비하는 데 필요한 기간을 두고 제출하여야 하며, 법원은 상대방에게 그 부본을 송달하여야 한다(법 제273조). 당사자가 가지고 있는 문서로서 준비서면에 인용한 것은 그 등본 또는 사본을 붙여야 하고(법 제275조 제1항), 외국어로 된 서증은 번역문을 첨부해야 한다(법 제277조). 당사자가 변론을 종결하기에 앞서 그 동안의 변론을 정리하여 요약한 준비서면을 제출하는 경우가 있는데 이를 '요약준비서면'이라고 한다. 법원은 이러한 요약준비서면을 제출하도록 할 수 있다(법 제278조).

III. 준비서면 제출과 부제출의 효과

1. 부제출의 효과

준비서면에 기재하지 아니한 사실이라도 변론기일에 상대방이 출석하면 구두에 의하여 변론할 수 있다. 그러나 상대방이 출석하지 아니한 때에도 준비서면에 기재하지 아니한 사실을 변론하도록 허용하면 상대방의 방어권이 침해되므로, 상대방이 출석하지 아니한 때에는 출석한 당사자는 변론에서 준비서면에 기재하지 아니한 사실을 주장하지 못한다(법 제276조).

2. 준비서면제출의 효과

가. 자백간주

상대방이 제출한 준비서면을 송달받고도 변론기일에 출석하지 아니하면 준비서면의 기재내용을 인정하는 취지로 해석하여 자백으로 간주한다(법 제150조 제3항). 다만 공시송달에 의하여 기일통지서를 받은 경우에는 실제로 준비서면을 받은 경우가 아니므로 자백으로 간주하지 않는다(법 제150조 제3항 단서).

나. 진술간주

소송당사자가 변론기일에 출석하지 아니하거나, 출석하고서도 본안에 관하여 변론하지 아니한 때에는 그가 제출한 소장 · 답변서, 그밖의 준비서면에 적혀 있는 사항을 진술한 것으로 보고 출석한 상대방에게 변론을 명할 수 있다(법 제148조 제1항). 따라서 상대방의 주장을 다투는 준비서면을 제출하고 변론기일에 불출석한 경우 상대방의 주장사실을 주장을 다툰 것으로 인정되기 때문에 앞서의 자백간주의 효력이 발생하지 않는다. 민사소송법 제148조 제1항에서 "~할 수 있다."고 규정하고 있으므로 위 진술간주는 법원의

원 고	피 고	효 과
준비서면 부제출 및 출석	출석	새로운 사실에 대한 원고 구두 진술 허용
준비서면 부제출 및 출석	불출석	새로운 사실에 대한 원고 구두 진술 불허
준비서면 제출 및 출석	다투는 준비서면 부제출 및 불출석	자백간주
준비서면 제출 및 출석	다투는 준비서면 제출 및 불출석	진술간주로 인하여 자백간주의 배제

재량사항이지만 일단 출석한 당사자만으로 변론을 진행하고자 한다면 불출석한 당사자를 보호하기 위하여 반드시 진술간주를 해야 한다(대법원 2008. 5. 8. 선고 2008다2890 판결). 만일 법원이 진술간주를 하지 않겠다면 재판을 진행하지 않고 다음기일을 지정해야 할 것이다.

제 2 절 변론준비절차

변론기일에 변론을 집중하기 위하여 변론기일 전에 쟁점사항과 증거관계를 정리(검증신청을 할 것인지, 증인이 있는지 등)하는 절차를 '변론준비절차'라고 한다. 쟁점과 증거가 정리되지 아니하여 공격방어가 공전된 결과 불필요한 변론기일이 지정되는 것을 방지할 목적에서, 변론준비절차를 열어 쟁점을 준비한 후 1회 변론기일에서 증거조사를 마쳐서 변론을 종결시키기 위하여 변론준비절차를 도입하였다. 하지만 개정민사소송법은 변론준비절차를 필수적 절차가 아닌 임의적 절차로 규정하여 변론준비절차중심에서 변론절차중심으로 이동하였다(법 제281조 제1항). 현재는 활용이 극히 저조하다.

제 3 절 변론의 내용으로서의 공격방어방법

I. 의 의

법원에 의한 증거조사[32]를 제외한 좁은 의미의 변론은 소송당사자 쌍방의 공격과 방어로 이루어진다. 당사자가 자신의 주장을 이유 있게 하기 위하여 제출하는 소송자료가 공격방법이고, 상대방의 공격방법을 다투기 위하여 제출하는 소송자료가 방어방법이다. 이를 합쳐서 '공격방어방법'이라고 한다.

II. 공격방어방법(소송자료)의 내용

1. 의 의

소송의 당사자는 변론기일에 사실의 존재 또는 부존재에 대하여 주장을 하고, 이러한 사실의 존재 또는 부존재를 밝히기 위하여 증거를 신청하며, 이와 같이 밝혀진 사실

---

32) 당사자의 공격방어방법으로서의 증거신청은 소송행위란 점에서 법원이 이러한 증거신청을 받아들여 실시하는 법원의 행위인 증거조사와 구분해야 한다.

을 바탕으로 하여 법률상의 주장을 한다. 이와 같은 ① 사실상의 진술, ② 증거신청, ③ 법률상의 주장이 공격방어방법의 내용이 된다.

2. 사실상의 주장

가. 사실상의 주장의 내용

사실상의 주장은 구체적 사실의 주장으로서 주요사실, 간접사실, 보조사실의 주장을 의미한다. 변론주의에 따른 주장책임으로 인하여 주요사실은 반드시 주장되어야 하지만, 주요사실이 언제나 명확하거나 증명이 가능한 것은 아니므로 주요사실의 존재를 추단케 하는 간접사실도 주장되며, 증거의 증명력도 증거마다 큰 차이가 있으므로 증명력을 확보하기 위한 보조사실도 주장된다.

예시 1

O 원고 소장의 청구원인 기재사실

원고는 2014.3.1. 피고에게 변제일 2015.3.1., 연이자 5%로 정하여 1억원을 대여하기로 약정하고, 같은 날 피고에게 1억원을 지급하였습니다.(주요사실인 소비대차계약의 체결사실과 대여금의 지급사실을 주장).

원고는 피고와 가까운 친구이므로 별도로 계약서를 작성하지 아니하였지만 원고는 원고의 신한은행 000계좌로부터 피고의 000계좌로 1억원을 지급하였고, 갑 제1호증 송금내역서의 송금목적을 보면 '대여'라고 표시되어 있는 사실로부터 원고와 피고 사이에 소비대차계약이 체결된 사실을 알 수 있습니다(갑제1호증 송금내역서 참조).(주요사실인 소비대차계약체결을 추난케 하는 간접사실의 주장)

특히 은행의 송금내역서에 기재된 사항은 송금 후에 변경이 불가능하다는 점에서 원고와 피고 사이에 소비대차계약이 체결된 사실을 명백히 알 수 있습니다.(증거인 송금내역서의 증거력에 관한 보조사실의 주장)

다만 변론주의 원칙상 법원은 당사자가 주장하지 아니한 주요사실을 판결의 기초로 삼거나 당사자의 주장과 다른 주요사실을 인정할 수 없지만, 법원은 간접사실이나 보조사실에 관한 당사자의 주장에 구속되지 않는다는 점은 앞서 언급한 바와 같다.

나. 사실상 주장의 철회

사실상의 주장은 상대방의 동의 없이 철회할 수 있다. 그러나 뒤에서 보는 바와 같이 사실상의 주장에 대하여 자백이 성립되면 엄격한 요건이 충족되어야 비로소 철회할 수 있다. 그런데 이러한 자백은 변론주의가 적용되는 주요사실에만 인정되고 간접사실이나 보조사실에는 자백이 성립되지 않는다. 따라서 사실상의 주장 중 간접사실이나 보조사실에 대한 주장 또는 자백이 성립되지 아니한 주요사실에 대한 주장만 사실심 변론종결시까지 당사자가 언제든지 철회할 수 있고, 철회를 하면 심판의 대상에서 제외된다. 철회된 공격방어방법은 다시 주장할 수 있다.

다. 사실상의 진술에 대한 대응방법

(1) 불요증사실이 되어 증명책임에서 벗어나는 경우

(가) 자 백

자기에게 불리한 상대방이 주장하는 주요사실의 존재를 스스로 시인하는 진술을 '자백'이라고 한다. 법원은 증거가 없더라도 상대방이 자백한 사실의 존재를 인정해서 판단의 기초로 삼아야 하며, 자백한 사실과 다른 사실을 인정할 수 없다(법 제288조). 따라서 증명책임을 부담하는 자는 자백한 사실에 대하여 증명책임에서 벗어난다.

(나) 침 묵

당사자가 변론에서 상대방이 주장하는 사실을 명백히 다투지 아니하는 것을 '침묵'이라고 한다. 침묵은 그 사실을 자백한 것으로 본다(제150조 제1항). 그러나 이때의 자백은 재판상 자백이 아니라 의제자백에 해당한다. 재판상 자백과 의제자백은 불요증사실이 된다는 점과 법원에 대한 구속력에 있어서는 동일한 효력을 갖고 있지만, 의제자백은 재판상 자백과 달리 사실심 변론종결시까지 자백된 내용과 배치되는 주장을 함으로써 자백을 취소할 수 있다는 점에서 차이가 있다.

(2) 상대방이 여전히 증명책임을 부담하는 경우

(가) 부인(denials)

상대방이 증명책임을 지는 주요사실이 존재하지 않는다고 주장하는 것을 '부인'이라고 한다. 간단히 원고 주장에 대하여 '아니요, 그런 사실이 없습니다.'라는 답변을 말한다. 상대방이 부인하면 자백과 달리 증명책임을 지는 자가 여전히 증명책임을 부담하므로 증거를 제출하여 증명에 성공해야 비로소 주장된 사실의 존재가 인정된다. 부인에는 직접부인과 간접부인이 있는데, 이에 관하여는 아래에서 설명한다.

(나) 부 지

상대방이 일정한 사실의 존재를 주장한데 대하여, 그러한 사실의 존부에 대하여 알지 못한다고 진술하는 것을 '부지'라고 한다. 부지는 부인으로 추정한다(법 제150조 제2항).

라. 피고의 공격방어방법으로서의 간접부인과 항변

(1) 간접부인과 항변의 구분

(가) 직접부인과 간접부인

i) 피고가 원고 주장사실에 대하여 단순히 '아니다.' 또는 '그러한 사실이 없다.'라고 답변하는 것을 '직접부인'이라고 한다. 반면에 원고 주장사실에 대하여 '아니다.' 또는

'그러한 사실이 없다.'라고 답변하면서 그와 함께 원고의 주장사실과 양립될 수 없는 사실을 진정한 사실이라고 주장하는 것을 '간접부인' 또는 '적극부인'이라고 한다.

ii) 예를 들어 원고가 부동산에 경료된 피고 명의의 소유권이전등기가 매매를 원인으로 한다고 주장한데 대하여, 피고가 '그렇지 않다.'고 답변하면서 이에 덧붙여 진실한 사실은 '이전등기가 매매가 아니라 증여에 의하여 이루어진 것이다.'라고 주장한 경우에 '매매에 의한 소유권이전등기'와 '증여에 의한 소유권이전등기'는 양립될 수 없는 사실이므로 간접부인에 해당한다. 하지만 간접부인도 결국 원고의 주장사실을 부인하는 것이므로 직접부인과 동일하게 취급되며 그 효과에 있어서 어떠한 차이가 있는 것은 아니다. 그리고 간접부인하면서 주장한 사실(앞서 예에서 증여에 의한 소유권이전등기가 이뤄졌다는 사실)은 요증사실이 아니므로 이에 대하여 증명이 필요 없고 법원도 이에 대하여 판단을 할 필요가 없다(대법원 1997. 10. 10. 선고 97다19571 판결).[33]

예시 2

O (예시 1)의 청구원인에 대한 피고 답변서

원고 주장 사실 중 원고가 주장하는 날에 원고가 주장하는 피고의 계좌로 원고로부터 금 1억원을 지급받은 사실은 인정합니다.[34]

하지만 위 금원을 지급받은 이유는 원고 주장처럼 대여금 목적으로 받은 것이 아니며, 원고가 로또가 당첨되어서 많은 돈이 생겼으니[35] 그중 일부를 저에게 아무런 대가 없이 주겠다고 하여 받은 것입니다.[36]

(나) 간접부인과 항변의 구분

i) 양립가능성

간접부인은 원고의 주장사실을 부인하고 새로운 사실을 주장하는 것이므로 원고의 주장사실과 피고가 간접부인에서 주장한 사실은 동시에 존재할 수 없다. 그러나 항변사실은 원고의 주장사실과 동시에 존재할 수 있다는 점에서 양자는 구분된다.

ii) 근거규정의 필요성

항변은 상대방의 법률상 주장을 저지시키는 법률적 효과의 주장이므로 근거규정이 있어야 하지만, 간접부인은 법률적 효과의 주장이 아니라 사실적 주장에 불과하므로 근거규정이 별도로 존재하지 않는다는 점에서도 양자는 구분된다. 예를 들어 대여금반환청구에 대하여 피고가 10년의 소멸시효가 완성되었다는 주장은 권리소멸에 관한 규정인 민

---

33) 사해행위의 취소를 구하는 채권자가 채무자의 수익자에 대한 금원지급행위를 증여라고 주장함에 대하여, 수익자는 이를 기존 채무에 대한 변제로서 받은 것이라고 다투고 있는 경우, 이는 채권자의 주장사실에 대한 부인에 해당한다(대법원 2007.5.31. 선고 2005다28686 판결).

34) 금원 수수사실의 자백.

35) 필자는 똥꿈 꾸고 로또를 샀지만 숫자 두 개 맞았다.

36) 소비대차계약체결을 부인. 부인 중 간접부인에 해당.

법 제162조 제1항을 근거로 한 법률효과의 주장이므로 항변에 해당한다. 그러나 원고의 대여금반환청구에 대하여 피고가 원고로부터 돈을 받은 사실이 있지만 대여금이 아니라 증여로 받은 것이란 주장은 앞서 언급한 어떤 항변규정(단서규정, 법률상추정규정, 무효규정, 소멸규정, 일시적 저지규정)에 근거한 것이 아니라 단순히 돈을 대여 받은 사실이 없다는 사실의 주장에 불과하므로 간접부인에 해당한다. 따라서 피고는 간접부인으로 주장한 증여사실에 대하여 증명할 책임이 없으며, 원고가 여전히 금원의 대여에 대하여 증명할 책임을 부담한다.

iii) 증명책임

간접부인은 부인이므로 피고는 자신이 주장한 별개의 사실에 대하여 증명책임을 부담하지 않지만, 항변은 법률효과의 주장이므로 주장된 근거규정의 요건사실에 대하여 피고가 주장 및 증명책임을 부담한다.

(2) 항변으로서의 형성권 행사

(가) 문 제 점

원고의 채무이행청구에 대하여 피고가 소송절차 내에서 취소권, 해제권, 해지권 등의 형성권을 행사하고 이로 인하여 발생한 법률효과를 항변으로 주장하는 경우가 있다. 예를 들어 원고가 매매계약에 기하여 물건의 인도를 청구하는데 대하여, 피고가 답변서에서 위 매매계약이 기망에 의하여 이루어졌음을 주장하면서 매매계약에 대한 취소권을 행사하고 원고의 청구에 대하여 기각판결을 구하는 경우이다. 그런데 형성권을 소송상 항변으로 행사한 후에 소가 취하·각하되거나 조정이 성립되는 등 사건에 대하여 실질적 심리가 진행되지 않고 소송이 종료되었다면 형성권 행사로 인한 실체법적 효력도 소멸되는지 문제된다.

(나) 효력 유지

소송상 형성권을 행사하면 즉시 실체법상 법률관계의 변동을 가져온다는 점에서는 소송 외에서의 형성권 행사와 차이가 없다. 소송절차와 독립되어 발생한 법률관계의 변동은 소송절차로부터 영향을 받지 않으므로 형성권을 소송상 항변으로 행사한 후에 소가 취하·각하되거나 조정이 성립되어 소송이 종료되더라도 원칙적으로 형성권 행사로 인한 실체법적 효력도 소멸되지 않는다. 예를 들어 원고가 소를 제기하면서 계약해제권을 행사한 후, 그 뒤 그 소송을 취하하였다 하여도 해제권은 형성권이므로 그 행사의 효력에는 아무런 영향을 미치지 않는다(대법원 1982. 5. 11. 선고 80다916 판결).

(다) 예비적 항변으로서 형성권의 행사

조건부로 항변권을 행사하는 예비적 항변이 허용되는 결과 소송당사자는 변론절차에서 예비적으로 형성권을 행사할 수도 있다. 예를 들어 피고가 소송상 상계항변을 한 것은, 원고가 피고에 대하여 청구하고 있는 수동채권의 존재가 인정되는 것을 조건으로 한 예비적 항변이므로 사건에 대하여 실질적 심리가 진행되지 않고 소송이 종료되었다면 상계의 효력이 발생하지 않는다(대법원 2014. 6. 12. 선고 2013다95964 판결). 이러한 점에서 상계의 의사표시가 상대방에게 도달되는 즉시 상계의 효력이 발생하는 소송 외에서의 상계와 차이가 있다.

(3) 항변과 판결이유

판결문의 이유에는 주문이 정당하다는 것을 인정할 수 있을 정도로 당사자의 주장, 그밖의 공격 · 방어방법에 관한 판단을 표시해야 한다(법 제208조 제2항). 만일 판단이유에 기재하지 아니하거나 이유가 불명확하다면 이유불비의 상고이유가 된다(법 제424조 제1항 제6호). 항변은 청구원인사실과 독립된 별개의 사실의 주장이므로 법원은 이에 대하여 판단을 해야 하며, 그 판단의 결과를 판결이유에 기재해야 하고 이를 기재하지 아니하면 이유불비의 상고이유가 된다(대법원 2011. 7. 14. 선고 2011다23323 판결). 반면에 피고가 원고의 청구원인사실을 부인한 경우에 부인된 원고의 청구원인사실을 판단하는 것이 곧 부인에 대한 판단이 되므로 부인에 대하여 별도로 판결이유에서 설시할 필요가 없다. 그리고 간접부인도 부인이므로 간접부인에서 주장한 새로운 사실에 대한 판단을 판결이유에서 설시할 필요가 없다.

3. 법률상의 주장

(1) 법률상의 주장이란 법률, 법령의 존재와 내용 그리고 그 해석에 관한 대법원 판례 또는 학설의 주장을 말한다. 법률적 사항은 법원의 전권사항이므로 법률상 주장은 법원의 주의를 환기시키는 역할을 할 뿐이며 법원은 당사자의 주장에 구속되지 않고 독자적으로 법률적 판단을 한다(대법원 1992. 2. 14. 선고 91다31494 판결).

(2) 예를 들어 부동산의 매수인이 매도인의 이중매매와 제2매수인의 적극적 권유로 인하여 자신의 매매계약이 이행불능이 되었다는 이유로 매도인과 제2매수인을 상대로 하여 계약금 상당의 손해액에 대하여 손해배상청구를 하였다면 매수인의 매매계약의 이행불능에 관한 주장은 법률적 효과에 관한 주장으로서 자백의 구속력이 발생하지 않는다(대법원 2009. 4. 9. 선고 2008다93384 판결).[37]

(3) 어떤 권리의 소멸시효기간이 얼마나 되는지에 관한 주장은 단순한 법률상의 주장에 불과하므로 변론주의의 적용대상이 되지 않고 법원이 직권으로 판단할 수 있다(대법

---

37) 이중매매에 따라서 제1매매계약이 이행불능이 되려면 제2매매계약에 따른 소유권이전등기가 유효해야 하며, 만일 이 등기가 무효라면 제1매수인은 매도인을 대위하여 제2매수인 앞으로 경료된 소유권이전등기를 말소시키고 매도인으로부터 소유권이전등기를 받을 수 있으므로 이행불능이라고 볼 수 없다. 즉 제1매매계약이 이행불능인지 여부는 위와 같이 법률적 판단에 따라서 결정될 문제이다.

원 2013. 2. 15. 선고 2012다68217 판결).

4. 증거신청

당사자가 증거를 제출하기 위해서 증거신청을 하면 법원은 증거신청을 받아들일 것인지 증거채부결정을 하고, 그 후 증거조사를 한다. 이러한 점에서 증거신청도 공격방어방법이 된다. 이에 관하여는 증거부분에서 자세히 설명한다.

제3장 소송상 합의와 소송행위의 내용과 효력

제1절 소송상 합의

I. 의 의

민사소송법은 원칙적으로 강행규정이므로 당사자는 민사소송절차에 관하여 합의를 할 수 없지만, 예외적으로 합의가 허용되는 경우가 있다. 이러한 민사소송절차에 관한 당사자의 합의를 '소송상 합의'라고 한다. 예를 들어 소취하의 합의, 상소취하의 합의, 불상소의 합의, 불항소의 합의(비약적 상고의 합의), 부제소의 특약, 중재합의, 관할합의 등이 있다. 소송상 합의는 법률에서 명시적으로 허용하는 경우가 있지만, 법률에서 명시적으로 허용하지 않는 경우에도 소송상 합의가 허용되는 경우가 있다는 점은 앞서 언급한 바와 같다.

II. 민법 등의 법률행위의 효력에 관한 규정의 적용 여부

1. 소송상 합의의 법적 성질

대법원 판례는 부집행의 합의를 청구의 실현에 관련하여 이루어지는 사법상의 채권계약이라고 보고 있다(대법원 1996. 7. 26. 선고 95다19072 판결). 부집행의 합의와 다른 소송상 합의가 실질적 차이가 없으므로 다른 소송상 합의도 사법상의 채권계약으로 봐야 할 것이다.

2. 민법 등의 적용 여부

가. 사법상의 채권계약

소송상 합의는 사법상의 채권계약이므로 소송상 합의에 관하여 민사소송법만이 적용되는 것이 아니라 민법 등의 법률행위의 효력에 관한 실체적 규정이 적용된다. 따라서 부제소의 합의가 민법 제104조의 불공정한 법률행위에 해당하면 무효가 되고(대법원

2004. 12. 23. 선고 2002다73821 판결), 기망에 의한 부제소의 합의는 민법 제110조에 따라서 취소할 수 있으며(대법원 2008. 9. 11. 선고 2008다15278 판결), 미성년자가 체결한 부제소의 합의는 민법 제5조 제2항에 의하여 취소할 수 있고(대법원 1989. 10. 10. 선고 89다카1602 판결), 부제소의 합의에 「약관의 규제에 관한 법률」이 적용될 수 있으며(대법원 1994. 12. 9. 선고 93다43873 판결), 소취하의 합의에 대하여는 화해계약에 관한 민법 제733조가 적용될 수 있다(대법원 2004. 6. 25. 선고 2003다32797 판결).

나. 무효인 불공정한 법률행위를 다투지 못하게 할 목적의 부제소의 합의

매매계약과 같은 쌍무계약이 급부와 반대급부와의 불균형으로 말미암아 민법 제104조에서 정하는 '불공정한 법률행위'에 해당하여 무효라면, 그 계약으로 인하여 불이익을 입는 당사자로 하여금 위와 같은 불공정성을 소송 등 사법적 구제수단을 통하여 주장하지 못하도록 하는 부제소의 합의 역시 다른 특별한 사정이 없는 한 무효이다(대법원 2010. 7. 15. 선고 2009다50308 판결). 따라서 매매계약이 불공정한 법률행위로서 무효라는 점을 다투기 위하여 소를 제기할 수 있다.

3. 조건과 기한을 붙일 수 있는지 여부

소송상 합의는 사법상의 채권계약이므로 이에 조건과 기한을 붙일 수 있다. 다수의 판례에서는 소송상 합의에 조건을 붙일 수 있고, 이러한 조건이 성취되지 아니하면 소송상 합의의 효력이 발생하지 아니하거나 소멸한다고 보고하고 있다(대법원 2005. 6. 24. 선고 2005다10388 판결, 대법원 2013. 7. 12. 선고 2013다19571 판결 등). 기한은 조건과 같은 부관이므로 소송상 합의에 부가할 수 있겠지만, 소송상 합의에 기한을 붙일 필요는 거의 없을 것이다.

III. 소송상 합의가 직권조사사항인지 여부

1. 직권조사사항이 되는 경우

부제소의 합의에 위배되어 제기된 소는 권리보호의 이익이 없고, 또한 당사자와 소송관계인은 신의에 따라 성실하게 소송을 수행하여야 한다는 신의성실의 원칙(민사소송법 제1조 제2항)에도 어긋나는 것이므로, 소가 부제소 합의에 위배되어 제기된 경우 법원은 직권으로 소의 적법 여부를 판단할 수 있고(대법원 2013. 11. 28. 선고 2011다80449 판결), 불상소의 합의의 유무도 항소의 적법요건에 관한 것으로서 법원의 직권조사사항이다(대법원 1980. 1. 29. 선고 79다2066 판결). 이와 같이 소송상 합의가 소의 적법성에 영향을 끼치는 경우에는 직권조사사항이 된다.

2. 법률에서 방소항변으로 규정하고 있는 경우

법률에서 소송상 합의의 존재를 소송당사자가 주장해야 비로소 법원이 판단하는 이른바 방소항변으로 규정하고 있는 경우가 있다. 이러한 경우에는 소송상 합의의 존재가 법원의 직권조사사항이 아니라고 할 것이다. 예를 들어 중재합의가 있는데도 소를 제기했다면 피고가 본안에 관한 최초의 변론을 할 때까지 중재합의가 있다는 사실을 주장해야 비로소 소가 각하되고 그렇지 아니하면 적법한 소로서 소송절차가 진행된다(중재법 제9조 제2항).

[부제소의 합의의 유효요건과 직권조사]

1. 유효요건

소극적 소송요건의 하나인 부제소 합의는 ① 합의 당사자가 처분할 수 있는 권리범위 내의 것으로서 ② 특정한 법률관계에 한정되고, ③ 그 합의 시에 예상할 수 있는 상황에 관한 것이어야 유효하다(대법원 1999. 3. 26. 선고 98다63988 판결).

2. 직권조사

법원이 부제소의 합의의 존재를 직권으로 조사하여 소를 각하하기 위해서는 ① 그와 같은 법률적 관점에 대하여 당사자에게 의견을 진술할 기회를 주어야 하고, ② 부제소 합의를 하게 된 동기 및 경위, ③ 그 합의에 의하여 달성하려는 목적, ④ 당사자의 진정한 의사 등에 관하여도 충분히 심리할 필요가 있다.

법원이 그와 같이 하시 않고 직권으로 부제소 합의를 인정하여 소를 각하하는 것은 예상외의 재판으로 당사자 일방에게 불의의 타격을 가하는 것으로서 석명의무를 위반[38]하여 필요한 심리를 제대로 하지 아니한 것이다(대법원 2013. 11. 28. 선고 2011다80449 판결).

IV. 소송상 합의의 효력

(1) 소송상 합의는 부제소의 합의 또는 불항소의 합의와 같이 부작위의 의무를 부과하는 경우와 소취하의 합의 또는 항소취하의 합의와 같이 일정한 소송행위에 대하여 작위의무를 부과하는 경우가 있다.

(2) 전자에 있어서는 별도의 소송행위가 없더라도 소송법적 효력이 발생한다. 예를 들어 부제소의 합의에도 불구하고 소를 제기하면 권리보호의 이익이 없어서 각하된다.

(3) 후자의 경우에는 소송상 합의만으로 소송법적 효력이 발생하지 않고 법원에 대

38) 이때는 당사자의 주장이 불명확한 경우에 이를 명확하게 하기 위한 소극적 석명이 아니라 당사자가 주장하지도 아니한 쟁점에 대하여 의견을 구한다는 점에서 민사소송법 제136조 제4항의 적극적 석명에 해당한다.

한 소송행위가 있어야 비로소 효력이 발생한다. 예를 들어 소취하의 합의만으로 소취하의 효력이 발생하는 것이 아니라, 원고가 법원에 소취하의 의사표시를 해야 비로소 소취하의 효력이 발생한다. 그러나 소취하의 합의에도 불구하고 원고가 소를 취하하지 않는다면 특별한 사정이 없는 한 원고로서는 소송을 계속 유지할 법률상의 이익이 없으므로 그 소는 각하된다(대법원 2013. 7. 12. 선고 2013다19571 판결).

V. 소송상 합의의 해석

1. 표시주의, 외관주의

소송행위의 해석은 표시주의와 외관주의에 따라서 당사자의 내심의 의사보다는 표시된 문구에 따라서 해석하여야 한다. 만일 표시된 문구가 불명확하다면 당해 소송제도의 목적과 당사자의 권리구제의 필요성 등을 고려할 때 그 소송행위에 관한 당사자의 주장 전체를 고찰하고 그 소송행위를 하는 당사자의 의사를 참작하여 객관적이고 합리적으로 소송행위를 해석할 필요가 있다(대법원 2007. 11. 29. 선고 2007다52317 판결).

2. 소극적 해석

만일 불상소의 합의나 부제소의 합의처럼 그 합의의 존부 판단에 따라 당사자들 사이에 이해관계가 극명하게 갈리게 되는 소송행위에 관한 당사자의 의사해석에 있어서는, 당사자의 의사를 참작한 객관적·합리적 의사해석과 외부로 표시된 행위에 의하여 추단되는 당사자의 의사조차도 불분명하다면, 가급적 소극적 입장에서 그러한 합의의 존재를 부정해야 한다(대법원 2002. 10. 11. 선고 2000다17803 판결).

3. 특정된 법률관계에 관한 합의

권리의무의 주체 인 당사자 간에서의 소송상 합의라도 그 당사자가 처분할 수 있는 특정된 법률관계에 관한 것으로서 그 합의 당시 각 당사자가 예상할 수 있는 상황에 관한 것이어야 유효하게 된다(대법원 2019. 8. 14. 선고 2017다217151 판결). 따라서 구체적인 분쟁이 생기기 전에 재판청구권을 미리 일률적으로 포기하기로 하는 합의는 무효이다(앞의 판결).

제 2 절 소송행위

I. 소송행위의 의미

사법상의 권리와 의무를 발생·소멸시키는 법률행위와 달리, 소송절차를 형성하고 소송법적 효과를 발생시키는 행위를 '소송행위'라고 한다. 예를 들어 상소 제기(대법원 2007. 6. 15. 선고 2007다2848 판결), 항소취하(대법원 1967. 10. 31. 선고 67다204 판결), 소송대리권의 위임(대법원 1997. 10. 10. 선고 96다35484 판결), 처분금지가처분신청의 취소(대법원 1984. 5. 29. 선고 82다카963 판결), 소송상 화해(대법원 1979. 5. 15. 선고 78다1094 판결)와 같은 행위가 소송행위이다.

II. 소송행위의 효력

1. 민법 등 실체법 부적용의 원칙

소송상 합의와 달리 민사소송법상의 소송행위는 사기, 강박 또는 착오와 같은 의사표시의 하자를 외부에서 쉽게 알 수 없으므로 특별한 규정이나 특별한 사정이 없는 한 민법상의 법률행위에 관한 규정이 적용되지 않는다(대법원 1980. 8. 26. 선고 80다76 판결). 예를 들어 원고 소송대리인으로부터 소송대리인 사임신고서 제출을 지시받은 사무원은 원고 소송대리인의 표시기관에 해당되어 그의 착오는 원고 소송대리인의 착오라고 보아야 하므로, 사무원이 착오로 인하여 원고 소송대리인의 의사에 반하여 소를 취하하였다고 하여도 이를 무효라고 볼 수는 없다(대법원 1997. 10. 24. 선고 95다11740 판결).

2. 민사소송법에 따른 효력의 결정

소송행위는 민법 등 법률행위의 효력에 관한 규정이 적용되지 않지만 민사소송법상 요건을 갖추지 못하면 효력이 발생하지 않는다. 예를 들어 당사자무능력자나 소송무능력자의 소송행위나 무권대리인의 소송행위는 효력이 없다. 다만 하자 있는 소송행위라고 하더라도 보정되면 이를 유효한 소송행위로 보는 경우가 있고(소송무능력자의 소송행위에 대한 보정, 법 제59조), 하자 있는 소송행위에 대한 추인을 허용하는 경우가 있다(소송무능력자의 소송행위에 대한 추인, 법 제60조).

3. 형사상 처벌받을 사기, 강박에 의한 소송행위의 효력

소송행위에 대하여는 민법 제109조, 제110조의 규정이 적용될 여지가 없으므로 소송행위가 사기, 강박 등 형사상 처벌을 받을 타인의 행위로 인하여 이루어졌다 하더라도 이를 이유로 그 소송행위를 부인할 수 없다(대법원 1984. 5. 29. 선고 82다카963 판결). 다만 형사상 처벌을 받을 타인의 행위에 대하여 유죄판결이 확정된 경우에는 재심사유에 관한 민사소송법 제451조 제1항 제5호, 제2항의 규정취지를 유추해석하여 그로 인한 소송행위의 효력을 부인할 수 있다(앞의 판결). 이 경우에 있어서도 그 소송행위가 이에 부합되는 의사 없이 외형적으로만 존재할 때에 한하여 그 효력을 부인할 수 있고 타인의 범죄행위가 소송행위를 하는데 착오를 일으키게 한 정도에 불과할 뿐 소송행위에 부합되는 의사가 존재할 때에는 그 소송행위의 효력을 다툴 수 없다(앞의 판결).

4. 소송상 합의에 따른 소송행위의 효력

소송상 합의가 민법 등의 효력규정에 의하여 무효 또는 취소되어 그 효력이 발생하지 않거나 소멸되더라도 그 소송상 합의에 따라서 한 소송행위에 대하여는 민법 등 효력규정이 적용되지 않으므로 그 소송행위의 효력은 소멸되지 않고 여전히 유효하게 존속한다. 예를 들어 당사자 사이의 상소취하의 합의에 따라서 상소인이 상소를 취하였지만 상대방이 합의대로 이행하지 아니하여 그 상소취하의 합의의 효력이 소멸되었다고 하더라도 상소취하의 효력까지 소멸되는 것은 아니다(대법원 2007. 6. 15. 선고 2007다2848,2855 판결). 이때는 채무불이행에 기한 손해배상청구, 불법행위에 기한 손해배상청구 또는 재소(再訴) 등을 통하여 구제받을 수밖에 없다.

III. 소송행위 철회

1. 형성권 행사 이외의 소송행위

가. 원 칙

소송행위를 한 당사자가 당해 소송행위를 자유롭게 철회하여 소송행위의 효력을 소멸시킬 수 있는지 문제된다. 결론부터 언급하면 그 소송행위로 인하여 상대방이 이해관계를 갖게 되기 전에는 자유롭게 철회할 수 있지만 그 후에 상대방의 이익을 보호하기 위해서 철회의 자유가 제한된다.

나. 구체적인 사례

(1) 소취하와 항소취하

원고가 소를 철회하는 것을 '소의 취하'라고 한다. 그런데 피고가 본안에 관하여 응소를 하게 되면 피고도 승소판결을 받을 이해관계를 갖게 되므로 피고의 동의를 얻어야만 소를 취하할 수 있다(법 제266조 제2항). 반면에 항소에는 응소가 없고 항소취하는 피항소인에게 이익으로 작용할 뿐이므로 피항소인의 동의 없이 항소를 취하할 수 있다(대법원 1971. 10. 22. 선고 71다1965 판결).

(2) 화해권고결정에 대한 이의신청의 취하

법원의 화해권고결정에 대하여 당사자가 송달받은 날로부터 2주 이내에 이의신청을 하지 아니하면 화해권고결정은 확정판결과 동일한 효력이 있다(법 제231조). 하지만 화해권고결정에 대하여 이의신청을 하면 심리가 속행되어 상대방도 판결을 받을 이해관계를 갖게 되므로 화해권고결정에 대한 이의신청을 철회하기 위해서는 상대방의 동의를 얻어야 한다(법 제228조 제1항).

(3) 상고취하의 철회

상고를 취하하면 판결이 즉시 확정되고 기판력이 발생한다. 즉, 그 판결은 더 이상 다툴 수 없는 상태가 된다. 이러한 확정판결의 효력을 다툴 수 있는 유일한 방법은 재심청구이고, 재심사유는 민사소송법 제451조에서 엄격하게 제한하고 있다. 만일 상대방의 동의가 있다는 이유만으로 상고취하를 자유롭게 철회할 수 있다면, 확정된 판결의 효력이 당사자의 의사만으로 소멸하게 되어 재심제도와 기판력을 무력화시키는 결과를 가져온다(대법원 2007. 6. 15. 선고 2007다2848 판결). 따라서 상고취하의 철회는 상대방의 동의가 있더라도 허용되지 않고, 만일 상고취하의 철회를 주장하면서 상고심 판결을 구한다면 소송종료선언을 해야 한다(앞의 판결).

(4) 재판상 자백의 철회

재판상 자백이란 상대방이 주장하는 자기에게 불리한 사실상의 진술과 일치되는 진술을 말한다. 재판상 자백은 상대방에게 매우 유리한 행위이므로 이러한 재판상 자백을 철회하기 위해서는 그 자백이 진실에 어긋나고, 착오로 말미암은 것임을 증명하거나(법 제288조), 상대방이 자백의 철회에 동의해야 한다(대법원 1994. 9. 27. 선고 94다22897 판결).

(5) 선행자백의 철회

순서가 바뀌어서 당사자 일방이 자기에게 불리한 사실상의 진술을 먼저 자진하여 한 후 그 상대방이 이를 원용하는 경우가 있는데 이를 선행자백[39]이라고 하고, 이러한 선행

39) 예를 들어 원고들이 소유권확인을 구하고 있는 사건에서 원고들의 피상속인 명의로 소유권이전등기가 마쳐

자백도 재판상 자백으로서 철회가 자유롭지 못하다(대법원 2009. 9. 10. 선고 2009다29281 판결). 다만 일방당사자의 불리한 진술만으로 자백이 성립되지 않고 상대방의 '원용'이 있어야 비로소 선행자백이 성립되므로 상대방의 원용이 있기 전에는 그 자인한 진술을 철회할 수 있다(앞의 판결).

(6) 당사자표시정정신청의 철회

당사자표시정정이 허용되기 위해서는 당사자의 동일성이 유지되어야 하고, 당사자의 동일성이 유지되는 이상 피고에게 불리하게 작용되지 않으므로 피고의 동의 없이 당사자표시정정신청을 할 수 있다. 마찬가지로 당사자표시정정신청을 철회하더라도 당사자의 동일성에는 변화가 없어서 피고의 지위를 침해하는 결과를 가져오지 않으므로 자유롭게 당사자표시정정신청을 철회할 수 있다(대법원 1978. 8. 22. 선고 78다1205 판결).

(7) 증거신청의 철회

증거신청을 하더라도 증거조사를 개시하기 전까지는 상대방이 이에 대하여 아무런 이해관계를 갖고 있지 않으므로 상대방의 동의가 없더라도 증거신청을 철회할 수 있다(대법원 1971. 3. 23. 선고 70다3013 판결). 그러나 증거조사가 개시되면 증거공통의 원칙상 증거조사의 결과가 상대방에게 유리하게 작용할 수도 있으므로 증거신청을 임의로 철회할 수 없고, 상대방의 동의를 얻어서 증거신청을 철회할 수 있을 뿐이다(앞의 판결). 예를 들어 문서제출명령신청이 있고 그에 따른 제출명령이 있었다고 하여도 그 문서가 법원에 제출되기 전에 그 신청을 철회함에는 상대방의 동의를 필요로 하지 않는다(앞의 판결).

2. 소송상 행사한 형성권의 철회

가. 상대방의 동의

소송상 형성권을 행사하면 즉시 법률관계의 변동을 가져오므로 이를 철회할 수 없는 것이 원칙이다. 예를 들어 건물매수청구권은 형성권이므로 이를 소송상 행사하면 즉시 매매계약이 체결되는 효과가 있어서 이를 임의로 철회할 수 없다(대법원 2002. 5. 31. 선고 2001다42080 판결). 다만 상대방의 동의를 얻거나 상대방이 이를 용인하면 적법하게 철회할 수 있다(앞의 판결).

나. 예비적으로 행사된 형성권

예비적으로 행사된 형성권은 상대방의 동의가 없어도 철회할 수 있다. 예를 들어 소

진 것이라는 점은 원래 원고들이 증명책임을 부담할 사항이지만 위 소유권이전등기를 마치지 않았다는 사실을 원고들 스스로 자인한 바 있고 이를 피고가 원용한 이상 이 점에 관하여는 자백이 성립된다(대법원 1993. 9. 14. 선고 92다24899 판결).

송상 상계항변은 그 수동채권의 존재가 확정되는 것을 전제로 하여 행하여지는 일종의 예비적 항변으로서 상대방의 동의 없이 이를 철회할 수 있고, 그 경우 법원은 처분권주의의 원칙상 이에 대하여 심판할 수 없다(대법원 2011. 7. 14. 선고 2011다23323 판결).

3. 철회된 소송행위의 재주장

철회된 소송행위는 다시 주장할 수 있다. 예를 들어 임차인이 자신의 건물매수청구권을 제1심에서 행사하였다가 상대방의 동의를 얻어서 적법하게 철회한 후 항소심에서 다시 행사하였다고 하여 그 매수청구권의 행사가 허용되지 아니할 이유는 없다(대법원 2002. 5. 31. 선고 2001다42080 판결).

IV. 조건과 기한을 붙일 수 있는지 여부

1. 원칙적 금지

소송행위는 원칙적으로 당사자의 법원에 대한 일방적 단독행위이므로 조건과 기한과 같은 부관을 붙일 수 없다. 예를 들어 항소취하의 의사표시는 법원에 도달함으로써 즉시 효과가 발생하므로 그 의사표시에 조건을 붙일 수 없다(대법원 1967. 10. 31. 선고 67다204 판결).

2. 예외적 허용

소송상 화해와 같이 일방적 단독행위가 아닌 당사자 사이에 합의가 요구되는 소송행위에는 조건을 붙일 수 있다(대법원 1988. 8. 9. 선고 88다카2332 판결). 따라서 특정한 제3자의 이의가 있을 때에는 화해의 효력을 실효시키기로 하는 내용의 재판상의 화해가 성립되었다면 그 조건의 성취로써 화해의 효력은 당연히 소멸된다(앞의 판결). 그리고 예비적 항변과 같이 소송절차 내에서 밝혀질 사실을 조건으로 하는 경우에도 허용된다.

V. 이의권(책문권)의 포기와 상실(waiver of right to object)

1. 의 의

소송절차에 관한 규정에 위반이 있는 경우에 당사자는 이러한 위반사항을 지적하여 시정을 요구할 수 있는데, 이를 '이의권 또는 책문권'이라고 한다. 만일 당사자가 상대방의 절차상 위반사항을 알거나, 알 수 있었음에도 불구하고 바로 이의를 제기하지 아니하면 이의권을 상실하고 절차상의 하자는 치유되어 적법한 소송행위가 된다(법 제151조). 그리고 당사자는 스스로 이의권을 포기할 수도 있다. 이러한 이의권의 포기와 상실은 소송의 신속을 그 이유로 인정되고 있다.

2. 요 건

가. 절차상 하자

소송절차에 관한 사항만이 이의권의 포기와 상실의 대상이 될 수 있으며, 실체적 판단에 대하여는 이의권의 포기와 상실이 인정되지 않는다(대법원 2008. 2. 1. 선고 2007다8914 판결).

나. 임의규정의 위반

이의권의 포기와 상실이 인정되는 절차상의 하자는 임의규정에 위반된 경우만을 말하며, 강행규정에 위반된 경우에는 이의권의 포기와 상실이 인정되지 않는다(법 제151조 단서). 예를 들어 항소 제기기간은 불변기간이고, 이에 관한 규정은 성질상 강행규정이므로 그 기간 계산의 기산점이 되는 판결정본의 부적법한 송달은 이에 대한 피고의 이의권의 포기나 상실로 인하여 치유될 수 없다(대법원 2007. 12. 14 선고 2007다52997 판결).

다. 지체 없이 이의를 제기하지 아니한 경우

임의규정 위반의 절차상 하자를 알거나 알 수 있는 때 바로 이의를 제기해야 하며, 그렇지 아니하면 이의권을 상실한다.

3. 사 례

가. 위법한 청구변경

청구기초의 동일성이 없는 청구의 변경, 서면에 의하지 아니한 청구취지의 변경 등과 같은 위법한 청구의 변경에 대하여 상대방이 지체 없이 이의하지 않고 변경된 청구에 관한 본안의 변론을 한 때에는 상대방은 더 이상 그 청구 변경의 적법 여부에 대하여 다투지 못한다(대법원 2011. 2. 24. 선고 2009다33655 판결, 대법원 1993. 3. 23. 선고 92다51204 판결).

나. 송달의 하자

송달의 하자는 임의규정의 위반에 불과하므로 이의권의 포기와 상실의 대상이 된다. 예를 들어 법원이 원고에게 피고의 답변서를 송달하지 아니하여 원고가 변론기일에서야 이를 직접 수령하는 등의 소송절차 위반은 판결 결과에 영향을 미친 소송절차 위반이 아니므로 즉시 이의를 제기하지 아니하면 이의권의 포기와 상실이 되어 하자가 치유된다(대법원 2011. 11. 24. 선고 2011다74550 판결). 또한 보조참가인이 기일통지서를 송달받지 못했다고 하더라도 보조참가인이 변론기일에 직접 출석하여 변론할 기회를 가졌고, 위 변론 당시 기일통지서를 송달받지 못한 점에 관하여 이의를 하지 아니하였다면, 기일통지를 하지 않은 절차진행상의 흠이 치유된다(대법원 2007. 2. 22. 선고 2006다75641 판결).

다. 증거조사방법의 하자

당사자본인신문의 방식에 의하여야 할 종친회 대표자를 증인으로 조사한데 대하여 지체 없이 이의의 진술이 없었다면 그 증언을 채택하여 사실 인정을 하였다 하더라도 위법이라 할 수 없다(대법원 1977. 10. 11. 선고 77다1316 판결).

제 4 장 변론의 진행과 종결

제 1 절 변론의 제한 · 분리 · 병합

법원은 변론의 제한 · 분리 또는 병합을 명하거나, 그 명령을 취소할 수 있다(법 제141조).

I. 변론의 제한

하나의 소송절차에 여러 청구가 병합되거나 여러 공격 방어 방법이 제출되어 변론의 내용이 복잡할 경우에 선결적으로 해결되어야 하는 일부 쟁점에 대하여만 변론을 집중하도록 하고 나머지 쟁점에 대한 변론을 제한할 수 있다. 예를 들어 지적재산권의 침해를 이유로 한 손해배상청구소송에서, 피고가 문제된 지적재산권의 효력을 다투고 있어서 지적재산권의 효력에 관한 주장과 증거 그리고 손해배상에 관련한 주장과 증거가 혼재되어 사건이 복잡하게 진행되고 있다면, 법원은 일단 손해배상의 전제가 되는 지적재산권의 효력에 대하여만 변론을 하도록 제한할 수 있다.

II. 변론의 분리

여러 청구를 병합하여 제기한 경우(소의 객관적 병합)나 다수의 당사자가 존재하는 경우(소의 주관적 병합)에서 일부 청구나 일부 당사자에 대하여 판결하기에 성숙하였다면 그러한 청구나 당사자에 대한 변론을 분리하여 그 일부에 관하여만 판결할 수 있다. 그러나 소의 객관적 병합에서 선택적 병합이나 예비적 병합 또는 소의 주관적 병합에서 필수적 공동소송이나 예비적 · 선택적 공동소송처럼 청구 상호 간 또는 공동소송인 상호 간에 불가분적 관계가 있는 경우에는 일부판결을 할 수 없으므로 변론을 분리할 수 없다. 따라서 소의 객관적 병합에서는 단순병합, 소의 주관적 병합에서는 통상공동소송의 경우에만 변론의 분리가 가능하다. 또한 변론이 분리가 가능한 경우에 병합된 청구 중 일부 청구에 대한 분리확정이 가능하다.

III. 변론의 병합(consolidation of proceedings)

변론의 병합은 변론의 분리와 반대되는 개념으로서 관련된 여러 사건이 같은 법원에 계속된 경우에 법원이 신속한 재판을 위하여 하나의 소송절차에서 심리하는 것을 말한다. 예를 들어 비행기 추락 사고로 인한 다수의 피해자가 개별적으로 소를 제기하여 다수의 사건이 동일한 법원에 계속되어 있고 이 사건들의 쟁점이 공통되어 있다면 변론을 병합하여 함께 진행하는 것이 소송경제상 바람직하고, 모순된 판결을 막을 수 있는 방법이 된다. 이러한 변론의 병합은 동일한 소송절차에서 진행될 수 있는 사건에 한정되므로(법 제253조), 민사소송사건과 가처분에 대한 이의사건과 같이 다른 종류의 소송절차에 따르는 것은 변론을 병합할 수 없다(대법원 2003. 8. 22. 선고 2001다23225 판결). 변론의 병합은 원칙적으로 법원의 재량에 속한다.

제 2 절 변론의 종결과 재개

I. 변론의 종결

1. 의 의

당사자가 충분히 변론을 진행하여 더 이상 진행할 내용이 없고 법원도 판결을 하기에 성숙되었다고 판단한다면 변론을 종결하고 선고기일을 지정해야 한다(법 제207조).

2. 변론종결 후 변론의 금지

변론이 종결되면 당사자는 더 이상 사실상의 주장을 하거나 증거신청을 할 수 없다. 만일 법원이 변론이 종결된 후에 추가로 할 변론이 있다고 판단하였다면 변론절차를 재개한 뒤에 당사자에게 변론하도록 해야 한다.

3. 기판력의 시적범위

당사자는 사실심 변론종결일까지 공격방어방법을 제출할 수 있고, 법원은 이때까지 제출된 공격방어방법을 바탕으로 하여 판결하므로, 확정판결의 기판력은 사실심의 최종 변론종결 당시의 법률관계를 확정하는 것이다(대법원 1976. 12. 14. 선고 76다1488 판결). 따라서 계약이행청구가 패소확정 된 후에도 사실심 변론종결 전까지 계약이행의무가 있다고 주장하면서(예를 들어 사실심 변론종결 직전에 계약이행의무가 소멸되었다고 주장하면서)

지연이자청구를 하는 것은 과거사실에 대한 주장이므로 기판력에 저촉되지 않는다(앞의 판결). 그리고 미래의 사실인 사실심 변론종결시 이후에 발생한 새로운 사실에 대하여도 기판력이 미치지 않는다(대법원 2012. 7. 12. 선고 2010다42259 판결).

4. 기판력의 주관적 범위

변론이 종결되었다는 것은 당사자가 필요한 변론을 마쳤다는 의미이므로, 그 뒤에 당사자가 사망하거나 소송물인 권리관계가 제3자에게 양도되고 법원이 이에 기초하여 판결을 선고하더라도 사망한 당사자의 상속인 또는 권리관계의 양수인에게 부당하다고 볼 수 없다. 이러한 이유로 기판력은 변론이 종결한 뒤의 승계인에 대하여도 작용한다(법 제218조 제1항).

II. 변론의 재개

1. 의 의

변론이 종결되면 더 이상 사실의 주장과 증거의 제출을 할 수 없으므로 법원이 변론종결 후에 새로운 사실이나 증거에 대한 심리가 필요하다고 판단한다면 종결된 변론을 재개해야 한다(법 제142조).

2. 법원의 재량사항

이때 당사자에게도 변론재개신청권이 있는지 문제되는데, 변론의 재개 여부는 법원의 재량사항이자 직권사항이어서 당사자에게 신청권이 없고 당사자의 변론재개신청은 법원의 직권발동을 촉구하는 의미밖에 없다. 따라서 법원은 변론재개신청에 대한 허부의 결정을 할 필요가 없으며, 또한 변론재개신청이 있다고 하여 법원에 재개의무가 있는 것도 아니다(대법원 1998. 9. 18. 선고 97다52141 판결).

3. 예외적으로 변론재개의 의무가 있는 경우

가. 요 건

(1) 변론재개신청을 한 당사자가 변론종결 전에 ① 그에게 책임을 지우기 어려운 사정으로 주장·증명을 제출할 기회를 제대로 얻지 못하였고, ② 그 주장·증명의 대상이 판결의 결과를 좌우할 수 있는 관건적 요증사실에 해당하는 경우 등과 같이, 당사자에게 변론을 재개하여 그 주장·증명을 제출할 기회를 주지 않은 채 패소의 판결을 하는 것이

민사소송법이 추구하는 절차적 정의에 반하는 경우에는 법원은 변론을 재개하고 심리를 속행할 의무가 있다(대법원 2021. 3. 25. 선고 2020다277641 판결).

(2) 또한 법원이 사실상 또는 법률상 사항에 관한 석명의무나 지적의무 등을 위반한 채 변론을 종결하였는데 당사자가 그에 관한 주장 · 증명을 제출하기 위하여 변론재개신청을 한 경우 등과 같이 사건의 적정하고 공정한 해결에 영향을 미칠 수 있는 소송절차상의 위법이 드러난 경우에는, 사건을 적정하고 공정하게 심리 · 판단할 책무가 있는 법원으로서는 그와 같은 소송절차상의 위법을 치유하고 그 책무를 다하기 위하여 변론을 재개하고 심리를 속행할 의무가 있다(대법원 2021. 3. 25. 선고 2020다277641 판결).

나. 실기한 공격방어방법

재개된 변론기일에서 제출될 주장 · 증명이 실기한 공격방어방법에 해당한다면 법원은 변론재개의 의무가 없다. 이때 실기한 공격방어방법에 해당되는지 여부를 판단함에 있어서는 변론재개 자체로 인한 소송완결의 지연은 고려할 필요 없이 민사소송법 제149조 제1항이 규정하는 실기한 공격방어방법의 요건을 충족하는지를 기준으로 그 해당 여부를 판단하면 된다(대법원 2010. 10. 28. 선고 2010다20532 판결).

제 3 절 변론기일에 작성되는 변론조서

I. 변론조서의 의의

변론조서란 법원사무관이 변론기일에 참여하여 기일마다 변론의 경과를 기재한 문서를 말한다(법 제152조 제1항).

II. 변론조서의 기재사항

변론조서에는 출석한 당사자, 변론의 날짜와 장소 등의 형식적 기재사항(법 제153조)과 소취하의 진술, 자백, 증인의 진술 등의 실질적 기재사항(법 제154조)이 있다. 조서에 갈음하여 녹음과 속기에 의하여 작성할 수도 있다(법 제159조).

III. 소송기록의 열람과 정정

1. 조서의 열람

가. 진행 중인 사건과 확정된 사건

진행 중인 사건의 소송의 당사자나 이 사건에 관하여 이해관계를 소명한 제3자는 소송기록을 열람·복사할 수 있고, 누구든지 학술목적과 같은 공익적 목적을 위하여 소송기록을 열람할 수 있다(법 제162조). 그리고 누구든지 판결이 확정된 사건의 판결문을 인터넷, 그밖의 전산정보처리시스템을 통한 전자적 방법 등으로 열람 및 복사할 수 있다(법 제163조의2).

나. 열람·복사·교부 신청자의 제한

소송기록 중에 당사자의 사생활에 관한 중대한 비밀이 적혀 있고, 제3자에게 비밀기재부분의 열람 등을 허용하면 당사자의 사회생활에 지장이 클 우려가 있는 때 또는 소송기록중에 당사자가 가지는 영업비밀(「부정경쟁방지 및 영업비밀보호에 관한 법률」 제2조제2호에 규정된 영업비밀을 말한다.)이 적혀 있는 때에는 당사자의 신청에 따라서 법원은 이러한 부분에 대한 열람·복사·교부를 신청할 수 있는 자를 당해 소송의 당사자에 한정시킬 수 있다(법 제163조 제1항).

2. 조서의 정정

당사자가 조서를 열람한 결과 그 기재사항에 오류가 있으면 이의를 제기할 수 있고, 이의를 제기한 그 취지를 조서에 적어야 한다(법 제164조). 이러한 이의제기 방법 이외에 조서의 기재내용에 이의가 있다고 하여 이를 상고이유로 삼을 수 없다(대법원 1995. 7. 14. 선고 95누5097 판결).

IV. 변론조서의 증명력

1. 변론방식에 관한 증거방법의 제한

일정한 사실의 존재를 증명하기 위하여 제출하는 증거의 형태를 '증거방법'(mode of proof)이라고 한다. 증거에 대한 평가는 법관의 자유심증에 따르기 때문에 원칙적으로 증거방법에는 제한이 없다.[40] 그런데 민사소송법 제158조에서는 예외적으로 변론방식에 관

40) 반면에 영미법에서는 증거방법에 제한이 있는 경우가 있는데, 대표적으로 영국의 재산법(Law of Property)

한 규정의 준수 여부를 오직 변론조서에 의해서만 증명할 수 있도록 규정하여 증거방법을 제한하고 있다. 따라서 변론의 방식에 관한 규정의 준수 여부는 조서 이외의 다른 증거로서는 증명할 수 없다(대법원 1963. 5. 16. 선고 63다151 판결).

2. 변론의 방식

변론의 방식이란 변론의 일시, 장소, 출석당사자, 관여 법관 등 절차에 관한 사항(형식적 기재사항)이며, 실체적 진술은 포함되지 않는다. 예를 들어 기일에 당사자를 호명하지 아니하였다는 주장은 변론의 방식에 관한 사항으로서 이는 조서의 기재에 의하여만 증명할 수 있고(대법원 1991. 9. 10. 선고 90누5153 판결), 변론조서에서 소송대리인 불출석이라고만 기재되어 있고 당사자 본인의 출석여부에 대하여 아무런 기재가 없으면, 이른바 당사자 쌍방의 변론기일에의 불출석은 증명되지 않는다(대법원 1979. 9. 25. 선고 78다153 판결).

3. 실체적 기재사항에 관한 추정력(증거방법이 아닌 증거력의 문제)

변론조서는 변론기일에 법정에서 작성된 공문서이므로 다른 일반 문서에 비하여 신뢰성이 상당히 높다. 따라서 실체적 진술에 관한 변론조서의 기재(예를 들어 자백)라고 하더라도 문서의 성질상 그 내용이 진실하다고 추정된다(대법원 2000. 10. 10. 선고 2000다19526 판결). 결국 변론조서의 기재내용을 다투는 상대방이 그러한 사실이 없었다는 점에 대하여 증명할 책임을 부담한다.

제 4 절 소송절차의 중단과 중지(stay)

I. 소송절차의 중단

법률규정에 따라서 소송당사자가 더 이상 소송을 수행할 수 없는 경우에 소송절차가 중단되며, 소송을 수행할 수 있는 사람이 소송수계를 하여야 비로소 소송절차가 다시 진행된다.

에 따르면 토지매매계약의 존재는 반드시 서면에 의해서만 증명되어야 한다.

1. 중단사유

가. 당사자의 사망

소송절차가 진행되는 도중에 당사자가 사망 때에는 소송을 수행할 당사자가 없으므로 소송절차는 중단된다. 이 경우 상속인 · 상속재산관리인, 그밖에 법률에 의하여 소송을 계속하여 수행할 사람이 소송절차를 수계하여야 한다(법 제233조 제1항). 다만 상속인은 상속포기를 할 수 있는 동안 소송절차를 수계하지 못한다(같은 조 제2항). 만일 상속인이 불분명하다면 법원은 소송절차를 중단한 채 상속재산관리인의 선임을 기다려 그로 하여금 소송을 수계하도록 하여야 한다(대법원 2002. 10. 25. 선고 2000다21802 판결). 그러나 소 제기 후에 당사자가 사망하더라도 사망한 당사자에게 상속인이 없거나 상대방 당사자가 사망한 당사자를 상속한 경우 또는 친족권 등 일신전속적 권리와 같이 상속이 발생되지 아니하는 경우에는 당사자대립구조가 소멸되어 소송절차가 중단되는 것이 아니라 소송이 종료되므로 법원은 소송종료선언을 해야 한다.

나. 법인의 합병과 분할

소송당사자인 법인이 합병에 의하여 소멸된 때에는 소송절차를 수행할 당사자가 없으므로 소송절차는 중단된다. 이때 신설합병의 경우 새로 설립된 법인이, 흡수합병의 경우에는 존속법인이 소멸된 회사가 당사자였던 소송절차를 수계하여야 한다(법 제234조). 그리고 비록 합병이 아니더라도 법인의 권리의무가 법률의 규정에 의하여 새로 설립된 법인에 승계되는 경우에는 특별한 사유가 없는 한 계속 중인 소송에서 그 법인의 법률상 지위도 새로 설립된 법인에 승계되므로 새로 설립된 법인이 소송수계를 해야 한다(대법원 2002. 11. 26. 선고 2001다44352 판결). 예를 들어 회사를 신설하는 방법으로 회사를 분할하는 경우에 분할된 회사는 분할 전 회사로부터 승계한 채권 및 채무에 관한 소송에서 소송수계를 해야 한다(앞의 판결).

법률에 법인의 지위를 승계하거나 법인의 권리의무가 새로 설립된 법인에 포괄적으로 승계된다는 명문의 규정이 없다면 수계할 수 없고, 이러한 법리는 비법인사단에도 적용된다(대법원 2022. 1. 27. 선고 2020다39719 판결). 따라서 소송의 당사자인 비법인 사단인 상가번영회를 대신하기 위한 사단법인이 설립된 후, 사단법인이 상가번영회의 채권과 채무를 모두 양수하더라도 소송절차가 중단되거나 사단법인이 상가번영회를 소송수계 할 수 있는 것은 아니다.

다. 소송능력의 상실, 법정대리권의 소멸

당사자가 소송능력을 잃은 때 또는 법정대리인이 사망하거나 법정대리권을 잃은 때에는 소송을 수행할 당사자가 없으므로 소송절차는 중단된다. 이 경우 소송능력을 회복한 당사자 또는 새로운 법정대리인이 소송절차를 수계하여야 한다(법 제235조).

라. 수탁자의 임무종료

재산을 신탁하게 되면 재산에 대한 권리가 신탁자로부터 수탁자에게 이전되므로 신탁된 재산에 대한 당사자적격도 신탁자로부터 수탁자에게 이전된다. 따라서 신탁으로 말미암은 수탁자의 위탁임무가 끝난 때에는 소송을 수행할 당사자가 없으므로 소송절차는 중단된다. 이 경우 새로운 수탁자가 승계인으로서 소송절차를 수계하여야 한다(법 제236조).

마. 소송수행자격의 상실

일정한 자격(파산관재인, 회생회사의 관리인, 유언집행자 등)에 의하여 자기 이름으로 남을 위하여 소송당사자가 되는 제3자의 소송담당에서 그 사람이 그 자격을 잃거나 죽은 때에 소송절차는 중단된다. 이 경우 같은 자격을 가진 사람이 소송절차를 수계하여야 한다(법 제237조 제1항).

바. 선정당사자의 사망

선정당사자 모두가 자격을 잃거나 죽은 때에 소송절차는 중단된다. 이 경우 당사자를 선정한 사람(선정자) 모두 또는 새로 당사자로 선정된 사람이 소송절차를 수계하여야 한다(법 제237조 제2항).

사. 회생절차 또는 파산절차의 개시

소송당사자에 대하여 회생절차가 개시되거나 개시된 회생절차가 해지된 경우에는 소송절차가 중단된다(「채무자회생 및 파산에 관한 법률」 제59조 제1항, 제4항). 마찬가지로 소송당사자에 대하여 파산절차가 개시되거나 개시된 파산절차가 해지된 경우에도 소송절차가 중단된다(법 제239조, 제240조). 회생절차가 개시되거나 파산절차가 개시된 채무자의 재산에 관한 소송에서는 채무자에 갈음하여 관리인 또는 파산관재인이 당사자적격을 갖는다(「채무자회생 및 파산에 관한 법률」 제78조, 제395조). 그리고 회생절차 또는 파산절차가 해지된 경우에는 채무자인 회생회사 또는 파산자가 당사자적격을 회복한다.

2. 소송절차가 중단되지 아니하는 경우

가. 소송대리인이 있는 경우

소송절차의 중단사유가 발생하여도 소송대리권은 소멸하지 않으므로 소송대리인이 있는 경우에는 소송절차가 중단되지 않는다(법 제238조). 이러한 경우에는 소송대리인의 대리권이 소멸된 때에 비로소 소송절차의 중단의 효력이 발생한다. 그러나 회생절차와 파산절차의 개시 또는 해지로 인하여 소송절차가 중단되는 경우에는 소송대리인이 있더라도 소송절차가 중단된다(법 제238조).

나. 수계할 자의 소송대리인

소송절차의 중단사유가 발생하고 소송대리인이 있는 경우에 이 소송대리인은 자동적으로 수계할 자의 소송대리인이 된다. 따라서 수계할 자로부터 별도로 위임을 받지 않더라도 소송대리인의 모든 소송행위의 효력은 수계할 자에게 귀속된다. 예를 들어 상속인은 피상속인의 모든 권리와 의무를 상속하므로 상속인이 수계절차를 밟았는지 관계없이 소송대리인은 자동적으로 상속인의 소송대리인이 되고, 판결의 효력은 상속인에게 미친다(대법원 1992. 11. 5. 자 91마342 결정).

다. 소송대리인이 있는 경우에 소송절차가 중단되는 시기

소송대리인이 있는 경우에 소송대리인의 소송대리권이 소멸되는 때에 소송을 수행할 사람이 없어지게 되므로 이때 소송절차가 중단된다.

(1) 소송대리인에게 상소 제기에 관한 특별수권이 없는 경우

소송대리인에게 상소 제기에 관한 특별수권이 없는 경우에는, 심급대리의 원칙상 판결정본이 송달되어 당해 심급이 종결된 때에 소송대리인의 대리권이 소멸되고 이때 소송절차가 중단된다(대법원 1996. 2. 9. 선고 94다61649 판결). 따라서 항소기간은 진행하지 않는다.

(2) 소송대리인에게 상소 제기에 관한 특별수권이 있는 경우

소송대리인에게 상소 제기에 관한 특별수권이 있다면 판결정본이 송달되더라도 소송대리권이 소멸되지 않고, 항소기간이 도과되거나 소송대리인이 항소를 제기한 때에 비로소 소송대리권이 소멸한다. 만일 항소기간이 도과되었다면 판결이 확정되어 소송절차는 종료되고, 소송대리인이 항소기간 내에 항소를 제기하였다면 항소 즉시 소송대리권이 소멸하므로 이때 소송절차가 중단된다(대법원 2010. 12. 23. 선고 2007다22859 판결).

사 례

A는 변호사 B를 소송대리인으로 선임하여 매매계약을 원인으로 한 소유권이전등기청구의 소를 제기하였다. 이 사건의 제1심의 변론이 종결되기 전에 A가 사망하였고, A의 상속인으로는 C, D, E가 있다. 그런데 상속인들 중 C만이 소송수계를 하고 D, E는 소송수계를 하지 않았다. 제1심 재판부는 D, E가 존재하는 사실을 알지 못했기 때문에 C만을 원고로 표시하여 원고의 청구를 일부 인용하는 판결을 하였고, 이러한 판결정본은 소

송대리인 B에게 송달되었다. 한편 A는 사망하기 전에 변호사 B에게 항소 제기에 대하여 특별수권을 하였다.(아래의 각 질문은 독립적이고 상호 영향을 끼치지 않는다)

문 1) A가 사망한 후에 상속인 D, E의 소송수계 없이 판결을 선고한 행위의 적법성과 C만을 원고로 표시한 판결의 효력이 D, E에게도 미치는지 논하시오.

문 2) 제1심 판결 후에 C는 직접 항소를 제기하였고, 변호사 B는 항소를 제기하지 아니한 상태에서 항소기간이 도과하였다면, D, E에 대한 소송절차는 어떻게 되는지 논하시오.

문 3) 변호사 B가 소송수계를 한 C만을 항소인으로 기재하여 항소를 제기하였다면, 이러한 항소가 나머지 상속인 D, E에 대하여도 효력이 미치는지 여부 및 이에 따라서 현재 D, E에 대한 소송절차가 어떠한 상태에 있는지 논하시오.

문 4) 만일 변호사 B가 항소 제기에 관한 특별수권을 받지 못했다면 현재 D, E에 대한 소송절차는 어떠한 상태에 있는지 논하시오.

문 1)

1. 판결의 적법성

(1) 소송이 적법하게 개시되었지만 소송 도중 변론종결 전에 당사자가 사망한 때에는 소송을 수행할 사람이 없으므로 소송을 수행할 당사자가 나타날 때까지 소송절차가 중단된다(법 제233조). 그러나 사망한 당사자에게 소송대리인이 있다면 소송수행에 지장이 없으므로 소송절차는 중단되지 않는다(법 제238조).

(2) 당사자가 사망하였으나 그를 위한 소송대리인이 있어 소송절차가 중단되지 않은 경우에는 원칙적으로 소송수계라는 문제가 발생하지 않는다(대법원 1992.11.5. 자 91마342 결정).

(3) 그리고 사망자의 소송대리인은 당사자 지위의 당연승계로 인하여 상속인에게서 새로이 수권을 받을 필요 없이 법률상 당연히 상속인의 소송대리인으로 취급되어 상속인들 모두를 위하여 소송을 수행할 수 있다(대법원 2011. 4. 28. 선고 2010다103048 판결).

(4) 따라서 사안에서의 판결은 적법하다.

2. 판결의 효력범위

소송 도중에 당사자가 사망하고 그 상속인이 밝혀진 경우에는 상속인을 소송승계인으로 하여 신당사자로 표시해야 한다. 그러나 상속인이 누구인지 모를 때에는 망인을 그대로 당사자로 표시하여도 무방하고, 신당사자를 잘못 표시하였다 하더라도 그 표시가 망인의 상속인, 상속승계인, 소송수계인 등 망인의 상속인임을 나타내는 문구로 되어 있으면 잘못 표시된 당사자에 대하여는 판결의 효력이 미치지 아니하고 여전히 정당한 상속인에 대하여 판결의 효력이 미친다(대법원 1992.11.5. 자 91마342 결정).

3. 결 론

판결서에서 C만을 원고로 표시하더라도 정당한 상속인 D, E에게도 판결의 효력이 미친다.

문 2)

1. C의 항소제기의 효력

가. 공동소송의 형태

소송 계속 중 당사자인 피상속인이 사망한 경우 공동상속재산은 상속인들의 공유이므로 소송의 목적이 공동상속인들 전원에게 합일확정 되어야 할 필수적 공동소송관계라고 인정되지 아니하는 이상 통상공동소송에 해당한다(대법원 1993. 2. 12. 선고 92다29801 판결).

나. 공동소송인 독립의 원칙

통상공동소송은 개별사건이 편의상 병합된 것에 불과하고 판결의 효력이 상호 미치지 않으므로, 공동소송인들은 서로 독립하여 소송을 수행하고, 이러한 소송행위의 효력은 다른 공동소송인에게 미치지 아니하며, 다른 공동소송인의 제한이나 간섭을 받지 않는다(법 제66조).

다. 소결

사안에서 C, D, E는 통상공동소송인의 지위를 갖고 있으므로 공동소송인 독립의 원칙이 적용된다. 따라서 C의 항소제기의 효력은 C에 대하여만 미칠 뿐이며 D와 E에게는 미치지 않는다.

2. B의 소송대리권

당사자가 사망하였으나 그를 위한 소송대리인이 있어 소송절차가 중단되지 아니한 경우에는 그 소송대리인은 상속인들 전원을 대리하므로 항소 제기에 대한 특별수권이 있는 소송대리인은 상속인들 전원에 대하여 항소 제기에 대한 대리권을 갖고 있다(대법원 2011. 4. 28. 선고 2010다103048 판결). 따라서 소송대리인이 항소기간 내에 항소를 제기하지 아니하면 항소기간이 도과하여 판결이 확정된다.

3. 결　론

D, E의 소송대리인 B가 항소기간 내에 항소를 제기하지 아니하였으므로 D와 E에 대하여는 제1심의 판결이 확정된다(앞의 판결).

문 3)

1. 당사자표시가 잘못된 항소 제기의 효력

(1) ① 당사자표시가 잘못되었음에도 망인의 소송상 지위를 당연승계한 정당한 상속인들 모두에게 효력이 미치는 판결에 대하여, ② 그 잘못된 당사자표시를 신뢰한 망인의 소송대리인이나 상대방 당사자가 그 잘못 기재된 당사자를 상소인 또는 피상소인으로 표시하여 상소를 제기한 경우에는, ③ 상소를 제기한 자의 합리적 의사에 비추어 특별한 사정이 없는 한 정당한 상속인들 모두에게 효력이 미치는 위 판결 전부에 대하여 상소가 제기된 것으로 보는 것이 타당하다(대법원 2010.12.23. 선고 2007다22859 판결).

(2) 따라서 항소 제기에 대하여 대리권을 갖고 있는 B가 C만을 항소인으로 기재하여 항소를 제기하였다고 하더라도 정당한 상속인 D, E에 대하여도 항소 제기의 효력이 발생한다(앞의 판결).

2. 소송절차의 중단

(1) 소송대리인이 상소 제기에 관하여 특별수권을 받았다면 상소를 제기한 때 또는 상소기간이 만료한 때에 소송대리권이 소멸한다(대법원 2010. 12. 23. 선고 2007다22859 판결).

(2) 결국 소송대리인의 대리권은 항소 제기에 의하여 소멸되고 그 후 상속인에 의하여 소송수계가 이루어질 때까지 소송을 수행할 사람이 없으므로 소송대리인이 항소를 제기하는 즉시 소송절차는 중단된다(앞의 판결).

3. 결 론

B가 C만을 항소인으로 기재하여 항소를 제기하였다고 하더라도 D, E에 대하여도 항소 제기의 효력이 발생하지만, D, E가 소송수계를 할 때까지 소송절차는 중단된다.

문 4)

1. 심급대리의 원칙

심급대리의 원칙상 소송대리인은 당해 심급에 한하여 대리권이 있다(대법원 2016. 9. 8. 선고 2015다39357 판결).

2. 소송대리권의 소멸

소송대리인에게 상소제기에 관한 특별수권이 있다면 소송대리권은 항소를 제기한 때 또는 항소기간이 도과된 때에 소멸한다. 그러나 소송대리인에게 항소 제기에 관한 특별수권이 없으면 그 심급의 판결정본이 소송대리인에게 송달된 때에 당해 심급이 종료되어 소송대리권이 소멸된다(앞의 판결).

3. 소송절차의 중단

사망한 당사자의 소송대리인이 소송대리권을 상실하면 소송대리인이 없는 상태가 되므로 소송절차가 중단된다(앞의 판결).

4. 결 론

사안에서 판결정본이 소송대리인에게 송달된 때에 D, E에 대한 소송절차가 중단된다.

3. 소송수계

가. 소송수계를 할 수 있는 자

소송수계를 신청할 수 있는 사람은 각 소송중단사유에 규정되어 있다. 소송수계신청은 소송수행권을 승계한 사람만이 아니라 상대방도 할 수 있다(법 제241조). 만일 소송수계를 할 수 있는 사람이 여럿이라면 실제로 소송수계를 한 사람에 대하여만 소송수계의 효력이 있고, 소송수계를 하지 아니한 사람에 대하여는 소송절차가 여전히 중단된 상태로 유지된다(대법원 1994. 11. 4. 선고 93다31993 판결).

나. 파산절차에 관한 특칙

파산의 경우에 관하여 특별한 규정이 있는데, 파산절차가 해지된 경우에도 소송절차를 중단해야 하지만 파산선고 후에 수계가 이루어지기 전에 파산절차가 해지된 때에는 소송절차를 중단할 필요 없이 파산선고를 받은 자가 당연히 소송절차를 수계한다(법 제239조). 반면에 파산선고 후 소송의 수계가 이루어진 뒤 파산절차가 해지된 때에는 소송절차는 중단되고 파산선고를 받은 자가 소송절차를 수계하여야 한다(법 제240조).

다. 수계신청을 해야 하는 법원

수계신청은 원칙적으로 소송절차가 중단된 법원에 하며, 소송대리인이 있었기 때문에 종국판결이 송달된 뒤에서야 소송절차가 중단된 경우에 소송수계를 하지 않고 바로 상소를 제기하는 것은 부적법하지만 상소법원에 수계신청을 하여 그 하자를 치유시킬 수 있다(대법원 1996. 2. 9. 선고 94다61649 판결).

4. 소송절차의 중단을 간과한 판결의 효력

변론이 종결되기 전에 소송절차 중단 사유가 발생하였음에도 이를 간과하고 판결이 선고된 경우(예를 들어 당사자 사망을 간과하고 내린 판결)에는 적법한 수계인의 권한을 배제한 절차상 위법은 있지만 그 판결이 당연무효는 아니다. 이러한 판결은 대리인에 의하여 적법하게 대리되지 않았던 경우와 마찬가지로 보아 대리권 흠결을 이유로 상소(법 제424조 제1항 제4호) 또는 재심(법 제451조 제1항 제3호)에 의하여 그 취소를 구할 수 있을 뿐이다(대법원 2002. 9. 24. 선고 2000다49374 판결).

5. 판결의 선고

변론이 종결된 후에 중단사유가 발생한 경우에는 이미 모든 소송행위가 완결되어 판결하기에 성숙한 상태이므로 법원은 소송절차가 중단된 중에도 판결의 선고를 할 수 있다(법 제247조 제1항). 이때 만일 소송대리인이 없다면 그 판결 선고와 동시에 소송절차가 중단되어 항소기간이 진행하지 않는다(대법원 2007. 12. 14. 선고 2007다52997 판결).

(소송절차가 중단되는 시기)

소송대리인이 없는 경우	변론종결 전 사망	사망한 때
	변론종결 후 사망	판결을 선고한 때
소송대리인이 있는 경우	상소 제기의 특별수권이 없는 경우	판결정본이 송달되어 소송대리권이 소멸한 때
	상소 제기의 특별수권이 있는 경우	상소를 제기하는 경우 상소 제기 즉시 소송대리권이 소멸하므로 이때 소송절차가 중단. 상소기간이 도과된 경우에는 원판결이 확정.

II. 소송절차의 중지

법원 또는 당사자의 사정으로 말미암아 상당한 기간 동안 소송절차를 진행할 수 없는 경우에 소송절차가 중지된다.

1. 법원의 직무집행 불가능으로 말미암은 중지(당연중지)

천재지변, 그밖의 사고로 법원이 직무를 수행할 수 없을 경우에 소송절차는 그 사고가 소멸될 때까지 중지된다(법 제245조).

2. 당사자의 장애로 말미암은 중지(재판중지)

당사자에게 불확정 기간 동안 소송행위를 할 수 없는 장애사유가 생긴 경우에는 법원은 결정으로 소송절차를 중지하도록 명할 수 있다(법 제246조 제1항).

III. 소송절차 중단과 중지와 기간의 진행

소송절차가 중단 또는 중지되었다면 기간의 진행이 중단되고, 중단 또는 정지상태가 해소된 때부터 새로이 기간이 진행된다(법 제247조 제2항).

제 5 편

증거(evidence)

제1장 총 설

제1절 민사소송에서 증거의 지위

I. 사실인정을 위한 증거의 요구

민사소송사건에서는 법리적 주장보다도 사실관계의 존부에 대한 다툼이 주를 이루고 있으므로 사실의 확정은 민사소송에서 매우 중요한 지위를 차지한다. 그런데 법원은 당사자의 주장만으로 사실의 존재를 인정할 수 없고, 원칙적으로 증거를 바탕으로 하여서만 사실의 존재를 인정해야 한다(대법원 2012. 4. 13. 선고 2009다77198 판결). 다만 '불요증사실'은 예외적으로 증거가 없더라도 법원이 사실의 존재를 인정을 할 수 있다.

II. 당사자의 증거신청과 법원의 증거조사의 구분

1. 당사자의 증거신청과 증거제출

법원의 증거조사는 당사자의 증거신청에 의하여 개시된다. 증거신청은 당사자의 소송행위에 해당한다. 이때 증거조사의 대상물을 '증거방법'이라고 한다. 예를 들어 증인신문의 대상인 증인, 검증의 대상인 검증물, 서증조사의 대상인 서증 등이 '증거방법'이 된다. 증거의 증명력은 법관이 자유롭게 판단할 수 있다는 자유심증주의[1] 원칙에 따라서 원칙적으로 특정 사실을 증명하는데 있어서 특정 증거방법으로 증명해야 한다는 것(소위 '법정증거주의')과 같은 증거방법의 제한이 없다.

2. 법원의 증거조사

당사자가 증거신청을 하면서 증거방법을 제출하면 법원은 증거조사를 실시할 것인지 '증거채부결정'을 한다. 법원이 신청된 증거에 대한 증거조사를 하기로 결정하고서 증거조사를 하였다면, 이러한 증거조사의 결과를 '증거자료'라고 한다. 예를 들어 감정의 결과인 감정서, 증인신문의 결과인 증인신문조서, 서증의 경우 그 기재내용 등이 증거자료

---

1) 제202조(자유심증주의) 법원은 변론 전체의 취지와 증거조사의 결과를 참작하여 자유로운 심증으로 사회정의와 형평의 이념에 입각하여 논리와 경험의 법칙에 따라 사실주장이 진실한지 아닌지를 판단한다.

가 된다.

제 2 절 증거조사에 적용되는 몇 가지 원칙

I. 자유심증주의

1. 의 의

법관이 증거의 증거력을 평가함에 있어서 증거법칙에 제약되지 않고 자유로운 심증으로 인정할 수 있다는 원칙을 '자유심증주의'라고 한다. 이에 반하여 법정증거주의는 법률에서 증거방법이나 증거의 증거력을 규정하고 있는 방식을 말한다. 예를 들어 영미법의 Parol Evidence Rule(구두증거배제의 법칙)에 따르면 서면으로 작성된 계약서의 내용을 다투기 위하여 구두의 증거를 제출할 수 없다. 민사소송법 제202조에서는 "법원은 변론 전체의 취지와 증거조사의 결과를 참작하여 자유로운 심증으로 사회정의와 형평의 이념에 입각하여 논리와 경험의 법칙에 따라 사실주장이 진실한지 아닌지를 판단한다."고 규정하여 자유심증주의에 따르고 있다.

2. 변론 전체의 취지의 역할

가. 내 용

민사소송법 제202조에서는 ① 변론 전체의 취지(이하 '변론의 전취지')와 ② 증거자료에 의하여 사실인정을 하도록 하고 있다. 여기서 변론의 전취지란 증거자료를 제외한 일체의 소송자료(당사자의 태도, 반응, 주장의 내용)로서 변론종결 후에 제출된 자료는 여기에 포함되지 않는다(대법원 2013. 8. 22. 선고 2012다94728 판결). 그러나 앞서 언급한 바와 같이 불요증사실이 아니면 증거자료에 의하여 사실인정을 해야 하므로, 증거자료 없이 변론의 전취지만으로 사실인정을 할 수 있는 경우는 이를 정당화시킬 수 있는 예외적 사정이 있는 경우에 한정된다.

나. 변론의 전취지에 의하여 인정할 수 있는 사실

(1) 손해액

민사소송법 제202조의2에서는 손해가 발생한 사실은 인정되나 구체적인 손해액의 액수를 증명하는 것이 사안의 성질상 매우 어려운 경우에 법원은 변론의 전취지와 증거조사의 결과에 의하여 인정되는 모든 사정을 종합하여 상당하다고 인정되는 금액을 손해배상 액수로 정할 수 있도록 규정하고 있다.

(2) 문서의 진정성립과 자백의 철회요건으로서의 착오

대법원 판례는 문서의 진정성립과 자백의 철회요건으로서의 착오의 경우에는 증거자료 없이도 변론의 전취지만으로 사실인정을 할 수 있다고 보고 있다. 문서의 진정성립은 주요사실처럼 취급되고 있지만 실질은 보조사실이므로 변론의 전취지만으로 인정할 수 있다고 본 것으로 보이며(대법원 1982. 3. 23. 선고 80다1857 판결), 자백의 철회요건으로서의 착오는 대법원 판례에서 그 자백이 진실과 부합되지 않는 사실이 증명된 경우에 한하여 변론의 전취지만으로 인정할 수 있다고 판시하고 있는 점에 비추어 착오의 증명의 어려움을 덜어주기 위한 것으로 보인다(대법원 2000. 9. 8. 선고 2000다23013 판결).

3. 사실인정을 위한 심증의 정도

민사소송에서 사실의 증명은 추호의 의혹도 있어서는 아니 되는 자연과학적 증명을 요구하는 것은 아니며, 특별한 사정이 없는 한 경험칙에 비추어 모든 증거를 종합적으로 검토하여 어떠한 사실이 있었다는 점을 시인할 수 있는 고도의 개연성을 증명하는 것이고, 그 판정은 통상인이라면 의심을 품지 않을 정도일 것을 필요로 한다(대법원 2010. 10. 28. 선고 2008다6755 판결). 따라서 인과관계도 자연과학적 · 의학적 인과관계가 아니라 사회적 · 법적 관점에서 평가해야 한다(대법원 2012. 4. 13. 선고 2009다77198 판결).

만일 채용증거만으로 증명력을 인정하기 힘든 데도 사실인정을 하거나 논리법칙에 반하여 사실인정을 하면 채증법칙위반과 심리미진의 상고이유가 된다(대법원 1988. 9. 13. 선고 86다카1332 판결).

4. 소송당사자 사이의 증거공통의 원칙

자유심증주의에 따라서 증거력의 평가에는 원칙적으로 제한이 없다. 이러한 이유로 어느 당사자에 의하여 증거가 제출되었든 또는 상대방이 이를 원용했는지 여부를 묻지 않고 이를 당사자 어느 쪽의 유리한 사실인정 증거로 사용할 수 있다(대법원 2004. 5. 14. 선고 2003다57697 판결). 환언하면 증명책임의 귀속에 관계없이 일단 제출된 증거는 사실인정에 쓰일 수 있다.

5. 증거력의 자유평가가 제한되는 경우

자유심증주의는 형식적 · 법률적 증거규칙에 얽매일 필요가 없다는 것을 뜻할 뿐 법관의 자의적 판단을 허용하는 것은 아니다. 따라서 사실의 인정은 적법한 증거조사절차를 거친 증거능력 있는 증거에 의하여 정의와 형평의 이념에 입각하여 논리와 경험의 법칙에 따라 하여야 하고, 그 한도를 벗어나서는 안 된다(대법원 2012. 4. 13. 선고 2009다77198 판결). 이에 따라서 판례는 몇 가지 자유심증주의의 예외를 인정하고 있다.

(1) 다른 소송절차에서 확정된 사실은 이를 채용할 수 없는 특별한 사정이 나타나 있지 아니하는 한, 사실 인정의 유력한 자료가 되어서 이를 함부로 배척할 수 없다(대법원 2012. 8. 17. 선고 2010두23378 판결).

(2) 법원은 자유심증주의에 따라서 감정결과를 배척할 수 있지만 전문가인 감정인의 감정결과를 비전문가인 법관이 함부로 배척하는 것은 허용되어서는 안 된다. 따라서 감정결과를 배척하기 위해서는 감정결과의 신빙성을 탄핵할 만한 감정 경위나 감정 방법의 잘못 등 객관적 자료가 있어야 한다(대법원 2010. 11. 25. 선고 2007다74560 판결).

(3) 처분문서의 경우 그 진정성립이 인정되면 법원은 그 문서의 기재 내용대로 의사표시의 존재 및 내용을 인정해야 한다. 즉 형식적 증거력이 인정되면 실질적 증거력이 인정되는 것이 원칙이다(대법원 2010. 11. 11. 선고 2010다56616 판결). 다만 그 기재 내용을 부인할 만한 분명하고도 수긍할 수 있는 '반증'이 인정될 경우에는 그 기재 내용과 다른 사실을 인정할 수 있다(앞의 판결).

(4) 위에서 요구하는 특별한 사정, 객관적 증거, 반증에 대하여는 판결이유에서 설시되어야 하며, 이를 생략하면 이유불비의 상고이유가 된다(법 제424조 제1항 제6호).

6. 증명방해행위와 자유심증주의

의료사고에 의한 손해배상청구사건에서 의사 측이 진료기록을 사후에 가필, 정정하는 것과 같이 증거를 조작, 훼손하는 등의 증명방해행위를 하였더라도 법원으로서는 이를 하나의 자료로 삼아 자유로운 심증에 따라 방해자 측에게 불리한 평가를 할 수 있음에 그칠 뿐이며, 증명방해행위가 있었다고 하여 증명책임이 전환되거나 곧바로 상대방의 주장 사실이 증명된 것으로 보아야 하는 것은 아니다(대법원 2010. 7. 8. 선고 2007다55866 판결).

II. 집중심리주의

증인신문과 당사자신문은 당사자의 주장과 증거를 정리한 뒤 집중적으로 하여야 한다(법 제293조). 증인신문과 당사자신문이 띄엄띄엄 이루어지게 되면 소송이 지연되고 법관의 기억이 희미해지는 문제가 있으므로 가급적 한 기일에 증인신문과 당사자신문이 집중적으로 이뤄지는 것이 바람직하다.

III. 직접심리주의

1. 법정에서의 증거조사

판결을 선고하는 법관이 직접 증거조사를 해야 한다. 따라서 증거조사는 원칙적으로 변론기일에 법정에서 실시되어야 한다. 그러므로 증거조사기일은 원칙적으로 변론기일이 된다. 그러나 증거신청뿐만 아니라 증거조사도 변론기일 전에 할 수 있다(법 제289조 제2항).

2. 법정 외에서의 증거조사

(1) 법원은 필요하다고 인정할 때에는 현장검증과 같이 법원 밖에서 증거조사를 할 수 있다. 법원 밖에서 증거조사를 하는 경우에는 변론을 실시할 수 없으므로 이때의 증거조사기일은 변론기일에 해당하지 않는다(대법원 1966. 1. 31. 선고 65다2296 판결). 따라서 당사자가 출석하지 않더라도 불출석에 대한 불이익을 입지 않는다.

(2) 법원 밖에서 증거조사를 하는 경우 합의부원에게 명하거나(수명법관) 다른 지방법원 판사에게 촉탁(수탁판사)할 수 있다(법 제297조). 증인신문도 일정한 요건에 해당하면 법정 외에서 할 수 있다(제313조). 이때에도 수명법관 또는 수탁판사가 증인신문을 한다. 그리고 수명법관 또는 수탁판사가 수소법원 외에서 증거조사를 할 경우에는 변론기일로 지정되지 않으므로 반드시 공개심리의 원칙이 적용되는 것은 아니다(대법원 1971. 6. 30. 선고 71다1027 판결).

IV. 증거조사에 대한 당사자의 참여권

법원은 증거조사기일을 지정하여 당사자에게 통지함으로써 당사자에게 증거조사에 대한 참여권을 주어야 한다(법 제167조). 그러나 당사자의 참여권을 보장을 해주는 것으로 충분하며, 당사자가 참여하지 않더라도 증거조사를 할 수 있다(법 제295조).

V. 외국에서의 증거조사

외국에서 시행할 증거조사는 그 나라에 주재하는 대한민국 대사 · 공사 · 영사 또는 그 나라의 관할 공공기관에 촉탁한다(법 제296조 제1항). 외국에서 시행한 증거조사는 그 나라의 법률에 어긋나더라도 우리 민사소송법에 어긋나지 아니하면 효력을 가진다(같은 조 제2항). 한편 우리나라는 「민사 및 상사의 해외증거조사에 관한 협약」(Convention on the Taking Evidence Abroad in Civil and Commercial Matters)에 가입되어 있으므로 이 협약에 가입한 국가에서의 증거조사는 이 협약의 규정에 따른다. 이에 관한 구체적인 절차는 「국제민사사법공조 등에 관한 예규」에 규정되어 있다.

제 3 절 증거능력(admissibility of evidence)과 증거력(weight of evidence)

I. 증거능력

1. 증거능력의 원칙적 무제한

증거조사의 대상이 될 수 있는 자격을 '증거능력'이라고 한다. 당사자가 제출한 증거가 증거능력이 있는 경우에만 증거조사가 실시된다. 그러나 엄격하게 증거능력을 제한하고 있는 형사소송법과 달리 민사소송법은 자유심증주의를 취하고 있으므로 원칙적으로 증거능력에 제한이 없다.[2][3] 따라서 상대방에게 비밀로 한 상태에서 상대방과의 대화를 녹음하였다는 이유만으로 그 녹음테이프나 이를 속기사에 의하여 녹취한 녹취록이 증거능력이 없다고 단정할 수 없고(대법원 2009. 9. 10. 선고 2009다37138 판결),[4] 소 제기 이후에 작성된 사문서라는 점만으로 당연히 증거능력이 부정되는 것도 아니다(대법원 1992. 4. 14. 선고 91다24755 판결).[5]

---

2) 영국의 재산법(Law of Property (Miscellaneous Provisions) Act 1989) 제2조에서는 부동산매매계약을 서면으로 체결하도록 규정하고, 미국의 통일상법전(Uniform Commercial Code) § 2-201에서는 5,000달러 이상의 매매계약을 서면으로 체결하도록 규정하고 있다. 이와 같이 법률에서 증거방법과 증거능력을 제한하는 원칙을 법정증거주의라고도 한다.

3) 증거방법의 무제한과 증거능력의 무제한은 개념적으로는 엄격하게 분리될 수 있겠지만, 실제로 이를 구분하기 쉽지 않고 구분의 실익도 없다.

4) 이러한 경우에는 타인 간의 대화를 녹음한 것이 아니라 대화자 중 1인이 녹음한 것이므로 통신비밀보호법에 위반되지 않는다.

5) 판례는 문서의 진정성립인 형식적 증거력을 증거능력으로 보고 있다(대법원 1989. 6. 27. 선고 89다카3240 판결, 대법원 1993. 5. 11. 선고 92다50973 판결 등). 그런데 형식적 증거력이 인정된 다음 비로소 작성자의 의사가 요증사실의 증거로서 얼마나 유용하느냐에 관한 실질적 증명력을 판단하여야 하므로(대법원 2002. 8. 23. 선고 2000다66133 판결) 형식적 증거력을 증거력으로 파악하든 증거능력으로 파악하든 양자에 실질적으로 차이가 있는 것은 아니다.

2. 법률에 의한 증거능력의 제한

가. 증거능력을 직접 제한하는 경우

증거능력이 법률에 의하여 제한되는 경우가 있다. 민사소송법에서는 소송의 당사자와 그 법정대리인에 대한 신문은 증인신문방식이 아니라 당사자신문방식에 의하도록 규정하고 있으므로(법 제367조, 제372조), <u>당사자와 그 법정대리인은 증인능력이 없다</u>. 또한 민사소송법 이외의 법률에서 증거능력을 제한하는 경우가 있는데, 예를 들어 통신비밀보호법 제3조의 규정에 위반한 불법검열의 방법으로 취득한 우편물이나 그 내용 및 불법감청에 의하여 지득 또는 채록된 전기통신의 내용은 증거능력이 없다(통신비밀보호법 제4조).

나. 증거방법의 제한에 의한 증거능력의 제한

(1) 자유심증주의에 따라서 증거방법에 제한이 없는 것이 원칙이지만 예외적으로 법률에 의하여 증거방법이 제한되는 경우에는 그러한 증거방법 이외의 증거는 증거능력이 없다.

(2) 민사소송법 제355조에서는 당사자가 서증을 제출하는 경우에 <u>원본, 정본 또는 인증이 있는 등본</u>으로 제출하도록 규정하고 있으므로 <u>사본은 원칙적으로 증거능력이 없다</u>(대법원 1995. 5. 26. 선고 95다12125 판결). 다만 상대방으로부터 이의가 없다면 <u>이의권의 포기 또는 상실이 되어서 증거능력이 있다</u>(대법원 2002. 8. 23. 선고 2000다66133 판결).

(3) 대리권의 존재는 서면에 의하여 증명해야 한다(법 제58조 제1항).

(4) 변론방식에 관한 규정이 지켜졌다는 것은 조서로만 증명할 수 있도록 규정하고 있다(민사소송법 제158조).

II. 증 거 력

증거력이란 증거가 사실인정에 기여하는 정도를 의미한다. 예를 들어 계약의 존재를 증명하는데 있어서 당사자 모두가 서명한 계약서는 가장 강력한 증거가 되지만 증인은 언제든지 조작이 가능하다는 점에서 증거력이 약하다. 서증의 증거력에 관하여는 형식적 증거력과 실질적 증거력이 있다. 양자의 의미와 관계에 관하여는 서증에 관한 부분에서 설명하도록 한다.

제 4 절 증거의 종류

I. 본증과 반증 - 증명책임의 소재에 따른 구분

1. 본증과 반증의 구분

본증은 증명책임이 있는 당사자가 제출하는 증거 또는 증명행위를 말하고, 반증은 증명책임이 있는 당사자의 상대방이 본증에 의한 증명을 방해하기 위하여 제출하는 증거 또는 증명행위를 말한다.

2. 증명의 정도의 차이

(1) 본증은 법관에게 사실의 존재에 대하여 확신을 줄 정도에 이르러야 하며, 만일 확신을 갖게 하지 못하면 법원은 그러한 사실의 존재를 인정할 수 없다. 반면에 반증은 사실의 존재를 증명하기 위하여 제출하는 증거가 아니므로 법관이 본증에 대하여 의문을 갖게 하는 정도로서 충분하다. 즉, 본증의 증거력에 대하여 법관이 확신을 갖지 못하게 하는 것으로 충분하다.

(2) 예를 들어 원고가 매매계약체결사실을 증명하기 위하여 매매계약서를 제출하였다면 본증에 해당하므로 그 매매계약서로서 매매계약이 체결된 사실에 대하여 법관이 확신을 갖게 해야 한다. 그러나 피고가 매매계약체결사실을 반박하기 위해서 위 매매계약서의 서명이 위조된 것임을 증명하고자 필적감정신청을 신청을 하였다면, 이러한 감정신청은 반증이므로 서명이 위조된 사실에 대하여 법관이 확신을 갖게 할 필요는 없고, 진정한 서명인지 의심을 갖게 하는 것으로 충분하다.

II. 직접증거와 간접증거 - 증명의 대상에 따른 구분

직접증거는 주요사실의 존재를 증명하기 위하여 제출하는 증거를 말하고, 간접증거는 간접사실 또는 보조사실을 증명하기 위하여 제출하는 증거를 말한다.

제 5 절 증명과 소명

(1) '증명'은 법관에게 사실의 존재에 대하여 확신을 갖게 하는 것을 말한다. 예를

들어 민사소송절차에서 주요사실의 존재를 인정받기 위해서는 당사자가 본증을 제출하여 법관이 그러한 주요사실의 존재에 대하여 확신을 갖게 하는 증명을 해야 한다.

(2) '소명'은 법관이 사실의 존재에 대하여 확신까지는 아니지만 그러한 사실이 있었을 개연성을 갖게 하는 것을 말한다. 신속한 결정을 요하는 신청절차(공시송달의 신청, 가압류신청사건, 가처분신청사건 등)에서는 법원이 즉시 증거조사를 할 수 있는 증거가 제출되어야 하므로 증명이 아니라 소명이 요구된다(법 제299조).

(3) 참고로 원고는 '증명'을 위하여 '갑○호증', 피고는 '을○호증'으로 서증에 서증번호를 기재하여 제출하는 데 반하여, 소명절차에서는 신청인(채권자)은 '소갑 제○호증', 피신청인(채무자)은 '소을 제○호증'으로 서증에 서증번호를 기재하여 제출한다.

제 2 장 증거신청과 증거조사의 개시

제 1 절 증거신청

I. 의 의

민사소송법 제292조에 따라서 직권증거조사가 허용되는 경우 이외에는 당사자의 증거신청에 의하여 증거조사가 개시된다(법 제289조). 다만 증거가 서증인 경우에는 별도의 증거신청을 하지 않고 바로 법원에 제출하는 방식을 취한다(법 제343조).

II. 증거신청의 방법

(1) 증거신청을 위해서는 증거신청서에 어떤 증거에 대한 조사를 원하는지 증거방법(증인신문의 경우 증인에 관한 사항, 감정의 경우 감정목적물 등)과 그러한 증거조사를 통하여 무엇을 증명하고자 하는지 증명취지를 기재해야 한다(법 제289조 제1항, 규칙 제74조).

(2) 만일 감정과 같이 비용이 소요되는 경우에는 법원은 증거신청을 한 당사자에게 그 비용을 예납하도록 하여야 한다(규칙 제77조 제2항).

(3) 증인신청은 부득이한 사정이 없는 한, 한 번에 모든 증인을 신청해야 하며 소송지연을 목적으로 나누어 신청해서는 안 된다(규칙 제75조 제1항).

(4) 이러한 증거신청은 제1회 변론기일 전에도 할 수 있다(법 제289조 제2항). 따라서 소장을 제출함과 동시에 또는 소장제출 후 최초 변론기일 전에도 증거신청을 할 수 있다. 그러나 변론종결 후에는 증거신청을 할 수 없다(대법원 1989. 11. 28. 선고 88다카34148 판결). 변론종결 후에 새로운 증거를 발견하였다면 변론재개신청을 한 후 변론이 재개된 뒤에 증거신청을 해야 한다.

(5) 증거신청은 소송행위이므로 증거신청을 하더라도 증거조사를 개시하기 전까지는 상대방이 이에 대하여 아무런 이해관계를 갖고 있지 않으므로 상대방의 동의가 없더라도 증거신청을 철회할 수 있다(대법원 1971. 3. 23. 선고 70다3013 판결). 그러나 증거조사를 개시하였다면 상대방의 동의를 얻어야 비로소 증거신청을 철회할 수 있다(앞의 판결).

(6) 증거신청에 따라서 증거조사를 실시했으면 법원은 당사자에게 의견진술의 기회를 주어야 한다(대법원 1989. 3. 14. 선고 88누1844 판결).

증 인 신 청 서

사 건 대구지방법원 2014가단2000 대여금반환 등
원 고 서 하 늘
피 고 1. 이 정 민
2. 권 정 환

1. 증인에 관한 사항
성명: 배 상 현
주민번호: 850000-0000000
주소: 대구시 북구 신암동, 연락처 010-000-000

2. 증명취지
증인은 본 사건의 매매계약이 체결 당시 현장에서 당사자들이 서명하는 것을 목격하였으므로 매매계약이 체결된 사실을 증명하고자 증인신문을 신청합니다.

2015. 3. 21.
원고 소송대리인
변호사 강 태 우

대구지방법원 제1단독 귀중

제 2 절 증거채부결정

I. 의 의

증거신청이 있다고 하여 법원이 신청된 모든 증거를 조사할 의무는 없다. 증거신청이 있는 경우에 법원이 신청된 증거에 대한 증거조사를 개시할 것인지 결정을 해야 하는데 이를 '증거채부결정'이라고 한다.

II. 증거신청을 채택하지 않는 경우

1. 법률에서 증거조사를 금지하는 경우

① 법률에 의하여 증거능력이 없거나, ② 증거조사비용을 예납하지 아니하는 등 증

거신청방식에 위배되거나, ③ 실기한 공격방어방법인 경우에는 법원은 증거조사를 개시해서는 안 된다.

2. 법원의 재량으로 증거조사를 개시하지 아니하는 경우

신청된 증거가 요증사실의 증명하는데 부적절하거나 관련이 없다고 봐서 법원이 증거조사를 할 필요가 없다고 판단하는 경우에는 증거조사를 개시하지 않아도 무방하다(법 제290조). 즉 증거가 필요한지 여부는 법원의 합리적 재량에 속하는 사항에 속한다(대법원 2011. 12. 8. 선고 2009다25111 판결). 그리고 증거로서 채택하지 아니하였다고 하여 독립하여 항고로써 불복할 수도 없고(대법원 1989. 9. 7. 자 89마694 결정), 채증법칙의 위반을 이유로 상소에 의하여 다툴 수 있을 뿐이다.

III. 유일한 증거

1. 의 의

증거채부결정은 법관의 재량사항이지만 당사자가 주장하는 사실에 대한 유일한 증거는 반드시 증거조사를 해야 한다(법 제290조). 이에 위반하면 채증법칙 위반의 상고이유가 된다(대법원 2000. 11. 24. 선고 99두3980 판결).

2. 유일한 증거의 요건

가. 하나의 주요사실에 대한 유일한 증거

유일한 증거라 함은 당사자가 제출할 수 있는 전체 증거의 수가 하나 오직 하나인 것을 의미하는 것이 아니라, 당사자에게 증명책임이 있는 여러 주요사실 중 하나의 주요사실에 관한 증거가 하나인 경우를 의미한다(대법원 1998. 6. 12. 선고 97다38510 판결). 따라서 당사자가 여러 증거를 갖고 있다고 하더라도 특정 쟁점에 대하여는 하나의 증거만 있다면 유일한 증거가 된다.

나. 본증에 대한 증거

유일한 증거라 함은 당사자가 증명책임이 있는 사항에 관한 유일한 증거를 말하는 것이므로 본증만이 유일한 증거가 될 수 있다(앞의 판결). 따라서 반증으로서 유일한 증거는 제290조의 유일한 증거가 아니다(앞의 판결). 예를 들어 유언의 존재 및 내용이 증명사항이라면(이때는 유언의 효력을 주장하는 자에게 증명책임이 있고 이는 본증에 해당한다.), 유언장의 진정성립을 탄핵하기 위한 유언장에 대한 필적과 무인의 감정은 유언의 효력을 다투기 위한 반증에 불과하므로 반드시 증거조사를 해야 하는 유일한 증거에 해당하지 않는다(앞의 판결).

3. 유일한 증거의 효과

유일한 증거는 반드시 증거조사를 해야 한다. 그러나 그 증거조사의 결과를 반드시 사실인정의 자료로 채택해야 하는 것은 아니며, 증거조사의 결과가 증명력을 결여했다고 판단하면 사실인정의 자료로 사용하지 아니할 수 있다(대법원 1966. 6. 28. 선고 66다697 판결).

4. 위법한 증거신청과 유일한 증거

유일한 증거에 대한 증거조사가 개시되기 위해서는 증거신청이 적법해야 한다. 따라서 증거신청을 하면서 비용을 예납하지 아니한 경우에는 증거채택을 취소할 수 있고(대법원 1969. 1. 21. 선고 68다2188 판결), 고의 또는 중과실로 시기에 늦게 제출된 실기한 공격방어방법인 유일한 증거는 각하될 수 있다(대법원 1962. 7. 26. 선고 62다315 판결).

제 3 절 직권증거조사

I. 의 의

변론주의가 적용되는 민사소송절차에서는 당사자의 증거신청에 의하여 증거조사가 개시되는 것이 원칙이다. 그러나 예외적으로 법원은 당사자가 신청한 증거에 의하여 심증을 얻을 수 없거나, 그밖에 필요하다고 인정한 때에는 직권으로 증거조사를 할 수 있다(법 제292조). 석명권과 마찬가지로 변론주의의 폐해를 방지하기 위하여 법원의 적극적 관여를 인정하는 경우에 해당한다. 관할법원의 후견적 역할을 강하게 인정하는 「증권관련 집단소송법」 제30조에서는 법원이 자유재량으로 직권증거조사를 할 수 있도록 규정하고 있다.

II. 직권증거조사의 보충성

법원이 직권증거조사를 할 수 있다고 하더라도 변론주의의 원칙상 무제한으로 허용할 수 없으며, 직권증거조사를 정당화시킬 수 있는 사정이 있어야 한다. 판례는 ① 직권조사사항으로서 그 존재가 의심스러운 경우와 ② 일정한 사실은 인정되나 나머지 사실에 대한 증명이 없는 경우에 직권증거조사를 허용하고 있다.

1. 직권조사사항에 대한 직권증거조사

채권자취소의 소에서의 제소기간(대법원 2012. 4. 12. 선고 2011다110579 판결), 운송인에 대한 손해배상청구의 소에서의 제소기간(대법원 2007. 6. 28. 선고 2007다16113 판결), 종중이 당사자인 사건에 있어서 종중의 대표자의 대표권(대법원 2009. 2. 26. 선고 2008다8898 판결)은 소송요건으로서 직권조사사항에 해당한다. 만일 제소기간이 도과하였다고 의심이 되거나 대표권의 적법성에 의심이 갈 만한 사정이 엿보인다면 상대방이 이를 구체적으로 지적하여 다투지 않더라도 법원은 이에 관하여 직권증거조사를 할 의무가 있다(앞의 판결). 그러나 소송요건의 존재에 대하여 의심할 만한 사정이 발견되지 않는 경우까지 법원이 직권으로 추가적인 증거조사를 하여 기간 준수 여부를 확인하여야 할 의무는 없다(앞의 판결).

2. 손해의 증명이 있지만 손해액의 증명이 없는 경우

법원의 판단결과 불법행위로 인하여 손해가 발생한 사실이 인정되지만 손해액에 관한 당사자의 주장과 증명이 미흡하다면, 법원은 적극적으로 석명권을 행사하여 증명을 촉구하고, 경우에 따라서는 직권으로라도 손해액을 심리·판단하여야 한다(대법원 2011. 7. 14. 선고 2010다103451 판결). 그밖에 채무불이행을 근거로 한 손해배상청구에서 손해액(대법원 2008. 2. 14. 선고 2006다37892 판결)과 부당이득반환청구에서 이득액(대법원 2012. 6. 14. 선고 2012다20819 판결)에서도 마찬가지이다.

III. 직권증거조사의 의무

앞서와 같은 사정이 있는 경우에 직권증거조사는 법원의 재량이 아니라 의무이다(대법원 2009. 2. 26. 선고 2008다8898 판결). 따라서 직권증거조사를 하지 않고 판결을 선고하면 위법한 판결이 되어 상고이유가 된다.

제 3 장 증거조사의 실시

이 장에서는 증거방법의 종류에 따른 증거조사의 방법에 대하여 설명한다. 그 전에 증거조사의 방법을 나열하면 다음과 같다.

(1) 증인신문

(2) 감정

(3) 서증

(4) 검증

(5) 당사자본인신문

제 1 절 증인신문(hearing witnesses)

I. 의 의

증인이 과거에 경험한 사실을 진술하는 증언으로부터 증거자료를 얻는 것을 '증인신문'이라고 한다. 따라서 자신의 개인적 의견이나 추측을 진술하는 것은 증인의 증언이 아니다. 증인은 허위진술의 위험, 기억의 부정확성, 추측성 진술 등으로 신뢰할 만한 증거가 되지 못한다는 문제가 있다. 따라서 신뢰성이 높은 증인을 선택하는 것이 중요하다.

II. 감정증인

과거에 경험한 사실에 대하여 증언을 하지만, 특별한 학식과 경험에 의하여 알게 된 전문적 지식을 증언하는 사람을 '감정증인'이라고 한다. 예를 들어 원자력전문가가 자신이 근무하는 원자력발전소의 사고에 관하여 전문적 지식을 이용한 진술을 하게 되면 감정증인이 된다. 감정증인에 관한 신문은 증인신문에 관한 규정을 따른다(법 제340조).

III. 증인능력

특별한 규정이 없으면 증인능력에는 제한이 없다(법 제303조). 증인과 사건의 내용

사이에 이해관계가 있거나, 증인이 선서의 의미를 이해할 능력이 없거나, 증인이 미성년자라고 하여도 증인에게 증인능력이 있다는 점에는 변함이 없고, 다만 증거력만이 문제될 뿐이다.[6] 그러나 당사자와 법정대리인은 당사자본인신문에 의하고(법 제367조 및 제372조), 법인의 대표자에 대하여는 법정대리인에 관한 규정이 준용되므로 역시 당사자본인신문에 의하므로(법 제64조), 이러한 자들에게는 증인능력이 없다. 공무원에 대하여 직무상 비밀에 관한 신문을 할 때에도 그 공무원에게 여전히 증인능력이 있지만, 직무상 비밀을 유지할 수 있도록 법에 규정된 일정한 자의 동의를 얻어야 증인능력이 인정된다(법 제305조 내지 제307조).

IV. 증인신문사항의 제출

증인신문사항은 증인신문 전에 미리 제출되어 상대방이 반대신문을 준비할 수 있도록 해야 한다. 이를 위해서 증인신문을 신청한 당사자는 법원이 정한 기한까지 증인신문사항을 제출해야 하고(규칙 제80조 제1항), 재판장은 제출된 증인신문사항이 개별적이고 구체적이지 아니하면 증인신문사항의 수정을 명할 수 있다(같은 조 제3항). 법원은 증인신청을 한 상대방이 미리 증인신문사항을 보고서 반대신문사항을 준비할 수 있도록 1통의 증인신문사항을 상대방에게 송달해야 한다(같은 조 제2항).

V. 증인의 의무

1. 출석의무

일정한 사항을 기재한 출석요구서는 증인에 대하여 출석할 날의 2일 전에 송달되어야 한다(법 제309조, 규칙 제81조). 증인이 출석요구를 받고 기일에 출석할 수 없을 경우에는 바로 그 사유를 밝혀 신고하여야 한다(규칙 제83조). 증인이 증인신문기일에 출석하지 아니하면 과태료의 제재를 가하고(법 제311조 제1항), 과태료의 재판을 받고도 다시 증인신문기일에 출석하지 아니하면 7일 이내의 감치에 처한다(같은 조 제2항). 또한 불출석한 증인은 구인할 수 있다(법 제312조). 출석한 증인에게는 일당과 여비를 지급한다(민사소송비용법 제4조).

---

6) 증인의 증거력에 차이가 있지만 증거채부결정을 통하여 실제로 증인이 될 수 있는 사람의 범위를 제한할 수 있다는 점에서 증인능력을 넓게 인정하더라도 무방해 보인다.

2. 선서의무

(1) 재판장은 선서에 앞서 증인에게 선서의 취지를 밝히고, 위증의 벌에 대하여 경고하여야 한다(법 제320조). 선서한 증인이 허위의 증언을 하면 형법 제152조의 위증죄의 처벌을 받는다. 다만 특별한 사유가 있는 때에는 신문한 뒤에 선서를 하게 할 수 있다(법 제319조). 만일 정당한 이유 없이 선서를 거부한다면 과태로 처분을 받는다(법 제324조).

(2) 16세 미만인 사람이나 선서의 취지를 이해하지 못하는 사람에게는 선서를 시킬 수 없다(법 제322조). 그리고 증언거부권이 있으나 증언한 사람에게는 선서를 시키지 아니할 수 있다(법 제323조). 증인이 자기 또는 제314조 각호에 규정된 어느 한 사람과 현저한 이해관계가 있는 사항에 관하여 신문을 받을 때에는 선서를 거부할 수 있다(법 제324조).

3. 증언의무 및 증언거부권(witness privilege)

(1) 증인에게는 증언의무가 있으므로 증인이 정당한 이유 없이 증언을 거부하면 과태료 처분을 받는다(법 제318조).

(2) 증인은 그 증언이 자기나 친족, 이러한 관계에 있었던 사람 또는 증인의 후견인 또는 증인의 후견을 받는 사람이 공소 제기 되거나 유죄판결을 받을 염려가 있는 사항 또는 자기나 그들에게 치욕이 될 사항에 관한 것인 때에는 이를 거부할 수 있다(법 제314조). 그리고 민사소송법 제315조에 따르면 1) 변호사 · 변리사 · 공증인 · 공인회계사 · 세무사 · 의료인 · 약사, 그밖에 법령에 따라 비밀을 지킬 의무가 있는 직책 또는 종교의 직책에 있거나 이러한 직책에 있었던 사람이 직무상 비밀에 속하는 사항에 대하여 신문을 받을 때, 2) 기술 또는 직업의 비밀에 속하는 사항에 대하여 신문을 받을 때에도 증언을 거부할 수 있다. 증인이 이러한 증언거부권을 행사하고자 한다면 그러한 사정을 소명해야 한다(법 제316조).

4. 법원의 증언거부권의 고지

형사소송법은 증언거부권에 관한 규정(형사소송법 제148조, 제149조)과 함께 재판장의 증언거부권 고지의무에 관하여도 규정하고 있는 반면에(같은 법 제160조), 민사소송법은 증언거부권 제도를 두면서도(법 제314조 내지 제316조) 증언거부권 고지에 관한 규정을 따로 두고 있지 않다. 따라서 민사소송절차에서 재판장이 증인에게 증언거부권을 고지하지 아니하였다 하여 절차위반의 위법이 아니다(대법원 2011.7.28. 선고 2009도14928 판결).

VI. 증인신문의 방법

1. 인정신문

증인신문을 시작하기 전에 재판장은 증인으로부터 주민등록증 등 신분증을 제시받거나 그밖의 적당한 방법으로 출석한 사람이 증인임이 틀림없음을 확인하여야 한다(규칙 제88조). 이를 '인정신문'이라고 한다.

2. 교호(交互)신문의 원칙

가. 의 의

증인신청을 한 당사자가 먼저 증인신문(주신문)을 하고, 이러한 주신문이 끝난 후에 상대방이 증인신문(반대신문)을 하며, 필요한 경우 반대신문이 끝난 후에 재주신문을 번갈아서 실시한다(법 제327조, 규칙 제89조). 이러한 신문방식을 '교호신문'이라고 한다.

나. 주신문(examination in chief)

증인을 신청한 당사자가 하는 주신문은 증명할 사항과 이에 관련된 사항에 관하여 한다(규칙 제91조 제1항). 주신문은 원칙적으로 증인신문을 하는 당사자가 원하는 증언을 유도하는 유도신문이 금지되는데(같은 조 제2항), 허위의 증언을 유도할 위험이 있기 때문이다.

다. 반대신문(cross-examination)

상대방이 하는 반대신문은 주신문에 나타난 사항과 이에 관련된 사항에 관하여 한다(규칙 제92조 제1항). 따라서 주신문과 전혀 관련 없는 사항에 대해서는 반대신문을 할 수 없고, 만일 새로운 사항에 대하여 신문하고자 한다면 재판장의 허가를 받아야 하고, 그 신문은 주신문으로 본다(규칙 제92조 제4항). 반대신문은 주신문과 같이 일정한 사실을 증명하기 위한 목적이 아니라 증인의 주신문에 대한 증언이 모순 또는 허위이거나 불명확하여 증명력이 없다는 점을 밝히기 위하여 이루어지기 때문에 유도신문이 허용된다.

라. 재주신문

재주신문은 반대신문에 나타난 사항과 이와 관련된 사항에 관하여 한다(규칙 제93조 제1항). 반대신문에 나타나지 않은 사항에 대하여 신문하고자 한다면 재판장의 허가를 얻어 신문할 수 있고 이때는 주신문이 된다(같은 조 제3항).

마. 재주신문 후 법원의 허가

재주신문이 끝난 후에 당사자는 재판장의 허가를 받은 때에만 다시 신문할 수 있다(규칙 제89조 제2항).

[주신문의 예]

1. 증인은 원고 정재훈의 친구로서 2009년 10월 2일 원고와 피고가 이 사건 계약을 체결할 당시에 참관했지요.
2. 원고와 피고가 계약을 체결하면서 원고는 현장에서 계약금으로 금 5천만원을 현금으로 피고에게 주었지요.

……

[반대신문사항의 예]

1. (주신문 1항 관련) (을제10호증 출입국기록을 제시하며) 증인이 매매계약체결을 목격하였다고 하는 2009년 10월 2일에 증인은 중국에 출국하여 아직 귀국하기 전인데 어떻게 국내에서의 매매계약체결을 목격할 수 있지요.
2. (주신문 1항 관련) 증인은 원고와 피고가 2009년 10월에 계약을 체결한 사실을 증언하였는데, 증인은 수년 전에 있었던 일을 구체적인 시기까지 기억할 만큼 기억력이 좋은가요.

3. 재판장의 보충신문

재판장은 증인신문의 내용이나 증언의 내용이 불명확하여 이를 명확하게 하고자 질문하거나 당사자가 질문하지 아니한 새로운 사항에 대하여 질문할 수 있다. 이를 보충신문이라고 하는데, 원칙적으로 교호신문이 끝난 후에 할 수 있지만, 재량에 따라서 언제든지 보충신문을 할 수 있다(법 제327조 제2항 및 제3항).

4. 격리신문과 대질신문

2인 이상의 증인이 있는 경우에 함께 신문할 것이 아니라 따로따로 신문하여야 한다(법 제328조 제1항). 만일 신문하지 아니한 증인이 법정 안에 있을 때에는 다른 증인의 증언으로 영향을 받을 수 있으므로 법정에서 나가도록 명하여야 한다(같은 조 제2항). 이를 '격리신문'이라고 한다. 다만 재판장은 필요하다고 인정한 때에는 증인 서로의 대질을 명할 수 있다(법 제329조).

5. 구술진술의 원칙

증인은 구술에 의하여 진술해야 하며, 재판장의 허가가 없으면 서류에 의하여 진술하지 못한다(법 제331조).

6. 서면을 이용한 증인의 진술

가. 증인진술서(affidavit)

우리 측에 유리한 진술을 할 증인에 대한 증인신문사항은, 소송당사자 또는 소송대리인이 증인과 상의한 후에 작성되기 때문에 증인이 모두 "예"라고 대답하도록 작성되는 것이 일반적이다. 이러한 경우의 주신문은 시간을 낭비하는 것에 불과하므로 법원은 증인이 미리 진술사항을 작성한 증인진술서를 작성하여 제출하도록 하고, 이 증인진술서가 증인이 작성한 것임을 확인하는 것으로 주신문을 대체할 수 있다(규칙 제79조). 이러한 증인진술서는 주신문사항에 갈음하므로 상대방이 반대신문사항을 준비할 수 있도록 송달되어야 한다(같은 조 제4항). 이와 같이 증인진술서에 의하여 증언을 하더라도 증인이 법정에 출석하여 선서를 하고, 상대방이 반대신문을 한다는 점에서는 일반 증인신문과 차이가 없다.

[증인진술서에 의한 증인신문의 예]

1. (증인진술서를 제시하며) 이 진술서는 증인이 직접 작성하여 서명한 것이 맞지요.
2. 이 진술서에 기재된 내용은 모두 진실한 사실이지요.

나. 서면에 의한 증언

법원은 증인과 증명할 사항의 내용 등을 고려하여 상당하다고 인정하는 때에는 출석·증언에 갈음하여 증언할 사항을 적은 서면을 제출하게 할 수 있다(법 제310조 제1항). 어떤 경우에 '상당하다고 인정하는 때'인지는 개별적·구체적으로 법원의 재량으로 판단할 문제이다. 그러나 이러한 경우에도 상대방의 반대신문권은 보장되어야 하므로 법원은 상대방의 이의가 있거나 필요하다고 인정하는 때에는 증인으로 하여금 출석·증언하게 할 수 있다(같은 조 제2항).

7. 중계시설을 통한 증인신문

증인이 수소법원 법정에 직접 출석하지 않고서도 비디오 등 중계장치에 의한 중계시설을 통하여 신문절차를 진행할 수 있도록 하기 위해서, 2016년 신설된 민사소송법 제

327조의2 제1항에서는 법원이 다음 각 호의 어느 하나에 해당하는 사람을 증인으로 신문하는 경우 상당하다고 인정하는 때에는 당사자의 의견을 들어 비디오 등 중계장치에 의한 중계시설을 통하여 신문할 수 있도록 허용하고 있다.

1. 증인이 멀리 떨어진 곳 또는 교통이 불편한 곳에 살고 있거나 그밖의 사정으로 말미암아 법정에 직접 출석하기 어려운 경우

2. 증인이 나이, 심신상태, 당사자나 법정대리인과의 관계, 신문사항의 내용, 그밖의 사정으로 말미암아 법정에서 당사자 등과 대면하여 진술하면 심리적인 부담으로 정신의 평온을 현저하게 잃을 우려가 있는 경우

<u>위와 같은 증인신문은 증인이 법정에 출석하여 이루어진 증인신문으로 본다</u>(같은 조 제2항).

8. 증인신문조서의 작성

증인의 진술내용은 증인신문조서에 기재된다(법 제154조). 증인신문조서의 기재에 관하여 불복이 있으면 민사소송법 제164조에 따라서 이의를 제기하고, 법원은 조서에 그러한 이의제기의 취지를 기재해야 한다. 따라서 <u>증인신문조서에 증인들의 증언내용과 현저히 다르게 기재되어 있고, 증언한 바 없는 내용도 기재되어 있어 잘못이라는 이유를 상고 이유로 삼을 수는 없다</u>(대법원 1981. 9. 8. 선고 81다86 판결).

제 2 질 감　정

I. 의　의

특별한 지식과 경험을 가진 감정인(expert)에게 그 지식과 경험을 이용하여 사물을 판단하고 보고하도록 하는 증거조사를 '감정'이라고 한다. 예를 들어 서명의 진정성을 가리는 필적감정, 피해자의 상해정도를 판단하는 의료감정, 부동산의 시가를 판단하는 부동산시가감정, 주택의 일조량을 계측하는 일조감정 등이 감정에 해당한다.

II. 감정의 절차

1. 감정신청

감정이 개시되려면 당사자가 감정신청서를 제출하여 법원이 채택해야 한다. 감정신

청서에는 증인신청서와 마찬가지로 감정의 대상물과 증명취지를 기재해야 한다.

2. 감정인의 지정

감정인의 독립성과 공정성이 확보되어야 하므로 당사자가 감정인을 선임하는 것이 아니라 수소법원 · 수명법관 또는 수탁판사가 감정인을 지정한다(법 제335조). 감정에 필요한 학식과 경험이 있는 사람은 감정할 의무를 진다(법 제334조 제1항). 이와 같이 지정된 감정인이 성실하게 감정할 수 없는 사정이 있는 때에 당사자는 그를 기피할 수 있다. 다만 당사자는 감정인이 감정사항에 관한 진술을 하기 전부터 기피할 이유가 있다는 것을 알고 있었던 때에는 감정사항에 관한 진술이 이루어진 뒤에 그를 기피하지 못한다(법 제336조).

3. 감정인의 지정 취소 또는 추가 지정을 요구

위와 같은 선임된 감정인이, 감정사항이 자신의 전문분야에 속하지 않는 경우 또는 그에 속하더라도 다른 감정인과 함께 감정을 해야 하는 경우에는 곧바로 법원에 감정인의 지정 취소 또는 추가 지정을 요구해야 한다(법 제335조의2 제1항). 그리고 감정인은 감정을 다른 사람에게 위임해서는 안 된다(같은 조 제2항).

4. 감정촉탁

법원이 필요하다고 인정하는 경우에는 공공기관 · 학교, 그밖에 상당한 설비가 있는 단체 또는 외국의 공공기관에 감정을 촉탁할 수 있다(법 제341조 제1항). 감정인은 신문절차에서 선서의무를 부담하지만(법 제338조), 법원으로부터 위와 같은 감정을 촉탁받은 기관의 경우에는 선서의무가 없다(법 제341조 제1항 단서).

5. 감정인의 신문

가. 인 증

감정에는 증인신문에 관한 규정이 준용된다(법 제333조). 따라서 감정인이 감정서를 제출하더라도 감정은 인증(人證)이지 서증이 아니다. 다만 당사자가 소송 외에서 선임한 전문가가 작성한 감정의견서는 앞서의 감정이 아니므로 서증으로 취급된다(대법원 2010. 5. 27. 선고 2010다6659 판결). 이러한 감정을 통상 '사감정'(私鑑定)이라고 한다. 사감정에 의한 감정의견서는 독립성과 공정성이 결여되어 있는 경우가 많으므로 법원에서 선임된 감정인이 작성한 감정서에 비하여 실질적 증거력이 떨어진다.[7]

나. 신문절차

감정인은 재판장이 직권으로 신문한다(법 제339조의2 제1항). 합의부원은 재판장에게 알리고 신문할 수 있다(같은 조 제2항). 당사자는 재판장에게 알리고 신문할 수 있다. 다만, 당사자의 신문이 중복되거나 쟁점과 관계가 없는 때, 그밖에 필요한 사정이 있는 때에는 재판장은 당사자의 신문을 제한할 수 있다(같은 조 제3항).

다. 중계장치를 통한 신문

2016년 개정 민사소송법은 증인신문과 마찬가지로 감정인의 신문에도 중계장치를 통항 신문을 도입하였다. 법원은 다음 각 호의 어느 하나에 해당하는 사람을 감정인으로 신문하는 경우 상당하다고 인정하는 때에는 당사자의 의견을 들어 비디오 등 중계장치에 의한 중계시설을 통하여 신문하거나 인터넷 화상장치를 이용하여 신문할 수 있다(법 제339조의3 제3항).

1. 감정인이 법정에 직접 출석하기 어려운 특별한 사정이 있는 경우
2. 감정인이 외국에 거주하는 경우

인터넷 화상장치를 통한 신문이 허용된다는 점에서 중계장치에 의한 신문만 허용하는 증인신문과 차이가 있다. 그리고 위와 같은 규정은 감정증인(법 제340조 단서)과 감정촉탁(법 제341조 제3항)의 경우에도 준용된다.

6. 감정진술

감정에 관하여는 증인신문에 관한 규정이 준용되지만 감정인은 반드시 변론기일에 말로써 감정진술을 할 필요는 없으며, 법원의 재량에 따라서 서면으로 감정서를 제출하도록 할 수 있다(법 제339조 제1항). 재판장은 여러 감정인에게 감정을 명하는 경우에는 다 함께 또는 따로따로 의견을 진술하게 할 수 있다(같은 조 제2항). 그리고 법원은 위와 같은 감정진술에 관하여 당사자에게 서면이나 말로써 의견을 진술할 기회를 주어야 한다(같은 조 제3항).

---

7) 당사자가 서증으로 제출한 감정의견이 법원의 감정 또는 감정촉탁에 의하여 얻은 그것에 못지않게 공정하고 신뢰성 있는 전문가에 의하여 행하여진 것이 아니라고 의심할 사정이 있거나 그 의견이 법원의 합리적 의심을 제거할 수 있는 정도가 되지 아니하는 경우에는 이를 쉽게 채용하여서는 안 되고, 특히 소송이 진행되는 중이어서 법원에 대한 감정신청을 통한 감정이 가능함에도 그와 같은 절차에 의하지 아니한 채 일방이 임의로 의뢰하여 작성한 경우라면 더욱더 신중을 기하여야 한다(대법원 2010. 5. 13. 선고 2010다6222 판결).

III. 감정결과의 배척가능성

1. 감정결과의 배척가능

우리법은 증거가치의 판단에 있어서 자유심증주의를 취하고 있으므로 감정결과는 법원에 구속력이 없다. 예를 들어 신체감정에 관한 감정인의 감정결과는 증거방법의 하나에 불과하고, 법관은 당해 사건에서 모든 증거를 종합하여 자유로운 심증에 의하여 감정결과와 다르게 노동능력상실률을 판단할 수 있고, 또한 당사자도 주장·증명을 통하여 그 감정결과의 당부를 다툴 수 있다(대법원 2002. 6. 28. 선고 2001다27777 판결).

2. 객관적 자료의 요구

법원이 감정결과를 배척할 수 있지만 전문가인 감정인의 감정결과를 비전문가인 법관이 함부로 배척하는 것은 허용되어서는 안 된다. 따라서 감정결과를 배척하기 위해서는 감정결과의 신빙성을 탄핵할 만한, 감정 경위나 감정 방법의 잘못 등 객관적 자료가 있어야 한다(대법원 2010. 11. 25. 선고 2007다74560 판결). 사소한 오류의 가능성을 지적하는 것만으로 감정결과를 쉽게 배척할 수는 없고(앞의 판결), 신뢰할 수 없는 증인의 증언만을 바탕으로 하여 객관적 필적감정을 배척할 수 없다(대법원 1999. 4. 9. 선고 98다57198 판결). 만일 감정결과를 배척할 만한 객관적 자료가 없음에도 이를 배척하였다면 채증법칙 위반의 상고이유가 된다(앞의 판결).

3. 상반된 감정결과가 있는 경우

감정은 법원이 어떤 사항을 판단함에 있어 특별한 지식과 경험칙을 필요로 하는 경우에 그 판단의 보조수단으로서 그러한 지식경험을 이용하는데 지나지 아니하다. 따라서 동일한 사실에 관하여 상반되는 감정결과가 있을 때 법관이 적정하다고 판단되는 하나의 감정결과를 채택하여 사실을 인정하였으면 그것이 경험칙이나 논리법칙에 위배되지 않는 한 위법이라고 할 수 없다(대법원 2006. 11. 23. 선고 2004다60447 판결).

IV. 감정결과의 원용의 불필요

감정인의 감정결과는 당연히 사실인정을 위한 증거가 되므로 당사자가 이를 증거로서 원용할 필요가 없다(대법원 1994. 8. 26. 선고 94누2718 판결). 뒤에서 보는 문서제출명령에 따라서 제출된 문서, 사실조회에 따라서 제출된 조회서, 문서송부촉탁에 따라서 제출된 문서의 경우에는 당사자가 제출된 문서를 법원에 서증으로 제출해야 비로소 증거가 된다는 점에서 감정과 차이가 있다.

V. 전문심리위원제도

법원은 전문심리위원을 지정할 수 있는데(법 제164조의4), 전문심리위원은 전문적인 지식을 필요로 하는 소송절차에서 설명 또는 의견을 기재한 서면을 제출하거나 기일에 출석하여 설명이나 의견을 진술할 수 있다(법 제164조의2). 전문심리위원은 선서가 필요 없고 당사자는 비용을 예납할 필요가 없으며 의견에 불과하다는 점에서, 선서를 해야 하고 당사자가 비용을 예납해야 하고 증거가 되는 감정과 차이가 있다.

제 3 절 서증(書證, documentary evidence)

I. 서증 일반

1. 서증의 의미

서증은 문서(계약서, 확약서, 진술서, 증서, 서신 등)의 기재내용을 증거자료로 하여 요증사실을 증명하려는 증거방법을 말한다. 당사자가 법원에 제출하는 증거 중에 서증이 대부분을 차지하므로 서증은 매우 중요하다.

2. 서증의 종류

가. 공문서와 사문서

공무원이 그 직무 권한 내의 사항에 관하여 정규의 방식에 좇아 직무상 작성한 문서를 공문서라고 하다. 공증인이 작성한 공증문서도 보고문서로서 공문서이므로 그 진정성립이 추정된다(대법원 1994. 6. 28. 선고 94누2046 판결). 예를 들어 채무변제계약서에 공증을 받은 경우에 이를 공문서인 공증문구와 사문서인 채무변제계약서가 결합된 문서로 볼 수 없고 전체적으로 공문서로서 진정성립이 추정된다(앞의 판결). 공문서 이외의 문서가 사문서에 해당한다. 사문서는 진정성립이 추정되지 않고, 사문서를 제출한 당사자가 그 사문서의 진정성립을 증명해야 한다(법 제357조).

나. 처분문서와 보고문서

(1) 처분문서

증명하고자 하는 공법상 또는 사법상의 행위가 문서에 의하여 이루어진 경우에 그 문서를 '처분문서'라고 한다(대법원 2010. 5. 13. 선고 2010다6222 판결). 예를 들어 계약은 구두에 의하여 체결될 수 있지만 계약서를 통하여 계약이 체결될 수도 있으므로 계약서는 처분문서가 된다. 그리고 유언은 유언서가 작성되어야 효력이 발생하고, 어음·수표는 어음과 수표를 발행되어야 효력이 발생하며, 해지·해제·취소 등의 의사표시가 서면에 의하여 통지된 때에는 그러한 서면에 의하여 의사표시의 효력이 발생하므로 처분문서가 된다. 판결서는 그 판결이 있었던가 또 어떠한 내용의 판결이 있었던가의 사실을 증명하기 위한 범위에서는 처분문서이지만, 판결서 중에서 한 사실판단을 그 사실의 존재를 증명하기 위한 증거로 사용하는 경우에는 보고문서이다(대법원 2010. 9. 30. 선고 2009다76195,76201 판결).

(2) 보고문서

보고문서란 과거의 사실이 기재된 문서로서 처분문서가 아닌 문서를 말한다(대법원 2010. 5. 13. 선고 2010다6222 판결). 그 문서의 내용이 작성자 자신의 법률행위에 관한 것이라 할지라도 그 법률행위를 외부적 사실로서 보고·기술하고 있거나 그에 관한 의견이나 감상을 기재하고 있는 경우에는 처분문서가 아니라 보고문서에 해당한다(앞의 판결). 예를 들어 법률행위인 변제를 증명하기 위하여 작성된 영수증은 변제자체가 그 문서에 의하여 이루어진 것이 아니라 변제라는 과거사실이 기재된 문서에 불과하므로 보고문서에 해당하며, 회계장부나 일기도 마찬가지이다. 또한 형사판결서는 법률관계가 아닌 피고인의 범죄사실에 관한 자료이므로 보고문서에 해당한다(대법원 1989. 5. 9. 선고 88다카6075 판결).

3. 문서의 진정성립(형식적 증거력)

가. 의 의

서증인 문서가 증거신청 당사자에 의하여 작성자로 주장되는 자의 진정한 의사에 기하여 작성되었고, 위조되지 아니하였다는 것을 '문서의 진정성립' 또는 '형식적 증거력'이라고 한다. 반면 제출된 문서에 기재된 내용이 객관적 사실로서 진실하다는 것은 '실질적 증거력' 이라고 한다. 그리고 문서에 찍힌 인영이 인장 소유자의 진정한 의사에 의하여 현출된 사실을 '인영의 진정성립'이라고 한다. 인장에 의하여 인영이 현출된 후에 권한 없는 자가 문서의 내용을 변경하거나 추가하는 것과 같이 인영의 진정성립은 인정되지만 문서 전체의 진정성립이 인정되지 아니하는 경우가 있을 수 있다.

나. 형식적 증거력의 지위

민사소송에서 문서는 진정한 것이라야 증거능력이 있다(대법원 1993. 5. 11. 선고 92다50973 판결). 상대방이 문서의 진정성립을 적극적으로 다투거나 서증의 진정성립에 석연치 않은 점이 있을 때, 서증의 진정성립 여부가 쟁점이 된 때, 또는 서증이 당해 사건의 쟁점이 되는 주요사실을 인정하는 자료로 쓰여 질 때에는 문서가 어떠한 이유로 증거능력이 있는 것인지 설시하여야 할 것이고, 사문서의 경우 그것이 어떠한 증거에 의하여 진정성립이 인정된 것인지 명백히 알 수 없는 때에도 그 근거를 분명히 밝혀서 설시하여야 한다(앞의 판결). 다만 진정성립이 당사자 간에 다툼이 없거나 공문서로서 진정성립이 추정되는 경우 또는 당해 사건의 쟁점이 되지 아니한 사실을 인정하는 경우에는 형식적 증거력에 관한 설시를 생략하였다고 하여 위법하다고 할 수 없다(앞의 판결).

다. 문서의 진정성립의 판단

(1) 공문서의 진정성립의 추정

(가) 문서의 작성방식과 취지에 의하여 공무원이 직무상 작성한 것으로 인정한 때에는 이를 진정한 공문서로 추정한다(법 제356조). 따라서 문서를 제출하는 당사자는 공문서의 진정성립을 증명할 필요가 없고, 공문서의 진정성립을 다투고자 하는 상대방이 이를 증명해야 한다. 위조 또는 변조 등 특별한 사정이 있다고 볼 만한 반증이 있는 경우에는 공문서의 진정성립의 추정은 깨어진다(대법원 2018. 4. 12. 선고 2017다292244 판결).

(나) 매도증서 등에 등기소의 등기제(登記濟)의 기재가 첨가됨으로써 사문서와 공문서로 구성된 문서는 공문서 부분 성립이 인정된다고 하여 바로 사문서 부분인 매도증서 자체의 진정성립이 추정되거나 인정될 수는 없다(대법원 2018. 4. 12. 선고 2017다292244 판결). 그러나 사문서에 공증이 이루어진 경우에는 공문서 부분의 성립이 인정되면 사문서 부분도 진정성립이 추정된다(앞의 판결).

(다) 외국의 공문서의 경우 ① 제출한 문서의 방식이 외관상 외국의 공공기관이 직무상 작성하는 방식에 합치되고, ② 문서의 취지로부터 외국의 공공기관이 직무상 작성한 것이라고 인정된다면 진정성립이 추정된다(대법원 2016. 12. 15. 선고 2016다205373 판결). 법원이 이러한 요건이 충족되는지를 심사할 때 공문서를 작성한 외국에 소재하는 대한민국 공관의 인증이나 확인을 거치는 것이 바람직하지만 다른 증거와 변론 전체의 취지를 종합하여 인정할 수도 있다(앞의 판결).

(2) 사문서의 진정성립의 증명

(가) 증명책임

사문서는 진정성립이 추정되지 않고, 사문서를 제출한 당사자가 그 사문서의 진정성립을 증명해야 한다(법 제357조). 예를 들어 인장의 날인이 제3자에 의하여 이루어진 경우에 그 제3자가 날인에 대한 대리권이 있다는 주장은 문서의 진정성립의 주장에 해당한다. 따라서 문서의 진정성립에 관한 증명책임을 부담하는 문서제출자에게 대리권의 존재에 대한 증명책임이 있다(대법원 2009. 9. 24. 선고 2009다37831 판결). 이러한 사문서의 진정성립은 필적 또는 인영 · 무인의 대조에 의하여서도 증명할 수 있고 그 필적 또는 인영 · 무인의 대조는 사실심의 자유심증에 속하는 사항으로서, 법원은 반드시 감정으로써 필적, 인영 등의 동일 여부를 판단할 필요가 없이 육안에 의한 대조로도 이를 판단할 수 있다(대법원 1997. 12. 12. 선고 95다38240 판결).

(나) 자 백

문서의 진정성립은 형식적 증거력에 관한 사실로서 보조사실에 불과하지만, 민사소송법 제357조에서는 문서제출자에게 문서의 진정성립에 대한 증명책임을 부과함으로써 이를 주요사실처럼 취급하고 있다. 이를 주요사실과 같이 취급한 결과 문서의 진정성립에 대하여 자백의 구속력이 인정되고, 더 나아가 문서에 찍힌 인영이 자신의 의사에 의하여 현출되었다는 '인영의 진정성립'에 대하여도 자백의 구속력이 인정되고 있다(대법원 2001. 4. 24. 선고 2001다5654 판결). 따라서 문서의 진정성립과 인영의 진정성립에 관하여 자백한 당사자는 이를 임의로 철회할 수 없다.

(다) 이단의 추정

i) 내 용

① 사문서에 날인된 작성 명의인의 인영이 그의 인장에 의하여 현출된 사실이 인정되면 특별한 사정이 없는 한 그 인영이 명의인의 진정한 의사에 의하여 현출되었다는 진정성립이 추정되고, ② 일단 인영의 진정성립이 추정되면 민사소송법 제358조(사문서는 본인 또는 대리인의 서명이나 날인 또는 무인(拇印)이 있는 때에는 진정한 것으로 추정한다.)에 따라서 그 문서 전체의 진정성립이 추정된다(대법원 2013. 8. 22. 선고 2012다94728 판결; 이를 '이단의 추정력'이라고도 한다.). 이러한 이단의 추정력은 일반 사회에서 인정되는 경험칙에 따른 것이다.

> 인영과 인장의 동일성이 인정되면 인영의 진정성립이 추정(1단계 추정) → 인영의 진정성립이 추정되면 문서 전체의 진정성립이 추정(2단계 추정)

그러므로 문서를 제출하는 당사자로서는 증명이 어려운 문서 전체의 진정성립을 증명하지 않고 인영감정 등을 통하여 문서의 인영이 작성명의인의 인장으로부터 현출된 사실만을 증명하더라도 문서 전체의 진정성립이 추정되는 이익을 받을 수 있다.

ii) 추정을 번복시키는 방법

이단의 추정력에 의하여 문서 전체의 진정성립이 추정되고 이러한 추정을 번복하고

자 하는 당사자는 1단계의 추정 또는 2단계의 추정을 깨뜨리는 방법으로 문서 전체의 진정성립의 추정을 깨드릴 수 있다. 1단계 추정인 인영의 진정성립의 추정은 사실상의 추정이므로, 인영의 진정성립을 다투는 자가 반증을 들어 날인행위가 작성 명의인의 의사에 따른 것임에 관하여 법원으로 하여금 의심을 품게 할 수 있는 사정을 증명하는 방법으로 1단계 추정인 인영의 진정성립의 추정을 깰 수 있다(대법원 2013. 8. 22. 선고 2012다94728 판결).[8] 만일 2단계 추정을 번복시키고자 한다면 문서 전체가 자신의 진정한 의사에 의하여 성립된 것이 아니라는 증거(예를 들어 문서가 작성된 후 변경 또는 추가된 사실)를 제출해야 한다.

(라) 완성된 문서의 추정

인영 부분 등의 진정성립이 인정된다면 다른 특별한 사정이 없는 한 당해 문서는 그 전체가 완성되어 있는 상태에서 작성명의인이 그러한 서명 · 날인 · 무인을 하였다고 추정된다(대법원 2003. 4. 11. 선고 2001다11406 판결). 그 당시 그 문서의 전부 또는 일부가 미완성된 상태에서 서명날인만을 먼저 하였다는 등의 사정은 이례에 속한다고 볼 것이므로 완성문서로서의 진정성립의 추정력을 뒤집으려면 그러한 사실을 주장하는 자가 그럴만한 합리적인 이유와 이를 뒷받침할 간접반증 등의 증거가 필요하다(앞의 판결). 만일 그러한 완성문서로서의 진정성립의 추정이 번복되어 백지문서 또는 미완성 부분을 작성명의자가 아닌 자가 보충하였다는 등의 사정이 밝혀진다면, 다시 그 백지문서 또는 미완성 부분이 정당한 권한에 기하여 보충되었다는 점에 관하여는 그 문서의 진정성립을 주장하는 자 또는 문서제출자에게 그 입증책임이 있다(앞의 판결).

사 례

A는 B로부터 부동산을 증여받았다고 주장하면서 소유권이전등기청구소송을 제기하였고, 이 소송에서 A는 증여계약서를 증거로 제출하였다. B는 증여계약서에 찍힌 인영이 자신의 인장에 의한 것임을 부정하였지만 감정결과 B의 인장에 의하여 현출된 인영임이 인정되었다. 이에 B는 위 인영은 자신이 날인한 것이 아니라 아들 C가 인장을 몰래 훔쳐서 날인한 것이므로 위 증여계약서는 진정성립이 인정되지 않는다고 주장하고 있다(아래의 각 질문은 독립적이고 상호 영향을 끼치지 않는다.

문 1) A와 B의 주장에 따르면 문서의 진정성립에 관하여 누가 어떠한 사실에 대하여 증명책임을 부담하는지 논하시오.

문 2) 만일 C가 B의 인장을 날인한 사실이 밝혀지고 이에 대하여 C가 B로부터 대리권을 수여받아서 날인한 것이라고 A가 주장하고 있다면, 이러한 사실에 대하여 누가 증명책임을 부담하는지 논하시오.

문 1)

1. 문서의 진정성립에 관한 증명책임

8) 새로운 사실의 주장이므로 법관에게 그러한 사실의 존재에 대하여 확신을 주어야 하는 본증에 해당한다.

가. 의 의

서증인 문서가 증거신청 당사자에 의하여 작성자로 주장되는 자의 진정한 의사에 기하여 작성되었고, 위조되지 아니하였다는 것을 '문서의 진정성립'이라고 한다. 이를 문서의 '형식적 증거력'이라고도 한다. 그리고 민사소송에서 문서는 진정한 것이라야 증거능력이 있다(대법원 1993. 5. 11. 선고 92다50973 판결).

나. 문서의 진정성립

문서의 작성방식과 취지에 의하여 공무원이 직무상 작성한 것으로 인정한 때에는 이를 진정한 공문서로 추정한다(법 제356조). 그러나 사문서는 이와 같이 진정성립이 추정되지 않으므로 사문서를 제출한 당사자가 그 사문서의 진정성립을 증명해야 한다(법 제357조). 문서의 진정성립은 형식적 증거력에 관한 사실로서 보조사실에 불과하지만, 민사소송법 제357조에서는 문서제출자에게 문서의 진정성립에 대한 '증명책임'을 부과함으로써 이를 주요사실처럼 취급하고 있다. 또한 이를 주요사실과 같이 취급한 결과 문서의 진정성립에 대하여 자백의 구속력이 인정되고, 더 나아가 문서에 찍힌 인영이 자신의 의사에 의하여 현출되었다는 인영의 진정성립에 대하여도 자백의 구속력이 인정되고 있다(대법원 2001. 4. 24. 선고 2001다5654 판결).

2. 이단의 추정력

① 사문서에 날인된 작성 명의인의 인영이 그의 인장에 의하여 현출된 사실이 인정되면 특별한 사정이 없는 한 그 인영이 명의인의 진정한 의사에 의하여 현출되었다는 진정성립이 추정되고, ② 일단 인영의 진정성립이 추정되면 민사소송법 제358조(사문서는 본인 또는 대리인의 서명이나 날인 또는 무인(拇印)이 있는 때에는 진정한 것으로 추정한다.에 따라서 그 문서 전체의 진정성립이 추정된다(대법원 2013. 8. 22. 선고 2012다94728 판결; 이를 '이단의 추정력'이라고도 한다.

사안에서 인영과 인장의 동일성이 인정되므로 이단의 추정력에 의하여 문서 전체의 진정성립이 추정된다. 따라서 추정의 상대방인 B가 증여계약서가 진정하게 성립되지 않았다는 점에 대하여 증명책임을 부담한다.

3. 추정의 번복

인영의 진정성립의 추정은 사실상의 추정이므로, 인영의 진정성립을 다투는 자가 반증을 들어 날인행위가 작성 명의인의 의사에 따른 것임에 관하여 법원으로 하여금 의심을 품게 할 수 있는 사정을 증명하는 방법으로 1단계 추정인 인영의 진정성립의 추정을 깰 수 있다(대법원 2013. 8. 22. 선고 2012다94728 판결).

사안에서 B의 아들 C가 B의 인장을 도용했다는 사실은 증여계약서의 진정성립의 추정을 깨뜨리는 반증이 된다.

4. 결 론

B는 아들 C가 자신의 인장을 도용했다는 사실을 증명하는 방법으로 증여계약서의 진정성립의 추정을 깨뜨려야 한다.

문 2)

1. 추정의 번복

문서의 명의인으로서는 1단계 추정을 번복시키기 위하여 인영이 자신의 진정한 의사에 의하여 현출된 것임에 관하여 법원으로 하여금 의심을 품게 할 수 있는 사정을 증명하는 방법으로 그 진정성립의 추정을 깰 수 있다(대법원 2013. 8. 22. 선고 2012다94728 판결).

즉 문서의 진정성립의 추정의 전제사실과 양립가능한 별개의 사실인 날인행위가 작성명의인 이외의 자에 의하여 이루어진 것임이 밝혀진 경우에는 문서의 진정성립의 추정은 깨어진다(대법원 2009. 9. 24. 선고 2009다37831 판결).

사안에서 B가 아닌 B의 아들 C가 인장을 날인한 사실인 밝혀짐에 따라서 인영의 진정성립의 추정이 번복되고 이에 따라서 문서 전체의 진정성립의 추정이 번복된다.

2. B의 아들의 대리권의 존재에 대한 증명책임

인장의 날인이 제3자에 의하여 이루어진 경우에 그 제3자가 날인에 대한 대리권이 있다는 주장은 문서의 진정성립의 주장에 해당한다. 따라서 문서의 진정성립에 관한 증명책임을 부담하는 문서제출자에게 그러한 사실에 대한 증명책임이 있다(앞의 판결).

3. 결 론

사안에서 B의 아들이 인장의 날인에 대하여 대리권이 있었다는 사실에 대하여는 A가 증명책임을 부담한다.

라. 성립의 인부

(1) 의 의

'성립의 인부'란 제출된 서증에 대하여 상대방이 형식적 증거력이 있는지 여부에 대하여 답변하는 것을 말한다. 재판장이 변론기일에 상대방에 성립의 인부를 요구하거나, 또는 소송당사자가 스스로 성립인부서를 제출하는 방식으로 성립의 인부를 한다.

(2) 형 태

서증의 형식적 증거력은 주요사실처럼 취급되므로 상대방의 사실적 주장에 대한 답변과 마찬가지로 성립인정, 침묵, 부인, 부지로 답변한다.

(가) 성립인정과 침묵은 진정성립을 인정하는 자백으로 본다. 문서의 형식적 증거력은 보조사실이지만 증명의 대상이 되고, 이에 따라서 자백의 구속력이 인정된다(대법원 2001. 4. 24. 선고 2001다5654 판결). 따라서 성립인정을 하게 되면 재판상 자백이 성립되어 재판부는 형식적 증거력을 배척할 수 없고, 자백의 취소가 제한된다.

(나) 부인은 문서의 진정성립을 다투는 진술이므로 진정성립을 부정하는 진술로 보며, 부지는 진정성립을 다투는 진술로 추정한다. 이와 같이 사문서의 진정성립이 부정되면 서증을 제출한 자가 보조사실에 의하여 성립의 진정을 증명해야 한다. 법원이 문서의 진정성립을 부인하는 때에는 그 이유를 구체적으로 밝혀야 한다(규칙 제116조).

(3) 과태료 제재

당사자 또는 그 대리인이 고의나 중대한 과실로 진실에 어긋나게 문서의 진정성립을 다툰 때에는 법원은 결정으로 200만원 이하의 과태료에 처한다(법 제363조 제1항).

4. 형식적 증거력의 역할

가. 실질적 증거력 판단의 전제

서증은 문서에 표현된 작성자의 의사를 증거자료로 하여 요증사실을 증명하려는 증거방법이므로 우선 그 문서가 증거신청당사자에 의하여 작성자로 주장되는 자의 의사에 기하여 작성된 것임이 밝혀져야 하고, 이러한 형식적 증거력이 인정된 다음 비로소 작성자의 의사가 요증사실의 증거로서 얼마나 유용하느냐에 관한 실질적 증명력을 판단하여야 한다(대법원 2002. 8. 23. 선고 2000다66133 판결). 따라서 문서의 진정성립이 인정되지 않는다면 법원은 문서의 실질적 증거력을 판단할 필요가 없다.

나. 형식적 증거력이 인정되는 처분문서와 보고문서의 실질적 증거력

(1) 처분문서는 증명하고자 하는 법률행위가 그 문서에 의하여 이루어진 것이므로 그 진정성립이 인정되면 경험칙상 그러한 법률행위가 있었다는 사실에 대하여 고도의 개연성이 인정된다. 따라서 법원은 그 문서의 기재 내용대로 의사표시의 존재 및 내용을 인정해야 한다. 즉, 형식적 증거력이 인정되면 실질적 증거력이 인정되는 것이 원칙이다(대법원 2010. 11. 11. 선고 2010다56616 판결). 예를 들어 계약서의 진정성립이 인정되면 당사자가 계약서의 기재내용대로 계약이 체결한 사실이 인정된다. 다만 그 기재 내용을 부인할 만한 분명하고도 수긍할 수 있는 반증이 제출된 경우에는 그 기재 내용과 다른 사실을 인정할 수 있다(앞의 판결). 그리고 이러한 사정은 판결이유에 기재되어야 하며, 이를 누락하면 이유불비의 상고이유가 된다.

(2) 하지만 보고문서는 위조되지 아니더라도 경험칙상 허위로 작성될 가능성이 적지 않으므로, 법원은 보고문서의 진정성립이 인정되더라도 그 기재 내용대로 의사표시의 존재 및 내용을 인정할 의무가 없고, 법관의 자유심증에 따라서 판단할 수 있다.

(3) 판결서의 경우에는 처분문서이기는 하나 그것은 그 판결이 있었던가 또 어떠한 내용의 판결이 있었던가의 사실을 증명하기 위한 처분문서라는 뜻일 뿐 판결서 중에서 한 사실판단을 그 사실을 증명하기 위하여 이용하는 경우에는 판결서도 그 한도 내에서 보고문서에 해당한다(대법원 2010. 9. 30. 선고 2009다76195 판결). 따라서 이러한 경우에는 법관의 자유심증에 따른다.

5. 증서진부확인의 소의 의의와 적법요건

가. 의 의

문서가 진정하게 성립되었다는 사실에 대하여 확인의 소를 제기하는 것은 권리 또는 법률관계의 존부에 대하여 확인을 구하는 소가 아니므로 원칙적으로 확인의 이익이 없다. 그러나 민사소송법 제250조에서는 "확인의 소는 법률관계를 증명하는 서면이 진정한지 아닌지를 확정하기 위하여서도 제기할 수 있다."고 규정하여 '법률관계를 증명하는 서면'에 대하여 예외적으로 확인의 이익을 인정하고 있다. 처분문서의 진정성립이 인정되면 그 처분문서에 의하여 이루어진 법률행위의 존재가 인정되기 때문이다.

나. 대상의 범위

(1) 증서진부확인의 소는 '법률관계를 증명하는 서면'에 한정하여 허용된다. 이때 '법률관계를 증명하는 서면'이란 처분문서를 말한다. 앞서 언급한 바와 같이 처분문서의 경우에는 형식적 증거력이 인정되면 실질적 증거력이 인정되므로 법률관계에 관한 분쟁 그 자체가 해결되거나 적어도 분쟁 자체의 해결에 크게 도움이 되기 때문이다(대법원 2007. 6. 14. 선고 2005다29290 판결).

(2) 반면에 단지 과거의 사실관계를 증명하는 서면(보고문서)은 진정성립이 인정되더라도 실질적 증거력이 인정되지 않으므로 증서진부확인의 소의 대상이 되지 않는다(대법원 2001. 12. 14. 선고 2001다53714 판결). 예를 들어 임대차계약금을 수령한 사실을 증명하는 영수증은 특별한 사정이 없는 한 임대차 등 법률관계의 성립 내지 존부를 직접 증명하는 서면이 아니므로 증서의 진정 여부를 확인하는 소의 대상이 될 수 없고, 따라서 이러한 소는 확인의 이익이 없어서 각하된다(대법원 2007. 6. 14. 선고 2005다29290 판결).

다. 진정성립에 대한 확인을 구하는 소의 이익

(1) 확인의 대상인 서면이 처분문서라는 것만으로 증서진부확인의 소의 적법성이 인정되는 것은 아니다. 증서진부확인의 소가 인정되는 이유는 법률관계에 관한 분쟁 그 자체가 해결되거나 적어도 분쟁 자체의 해결에 크게 도움이 된다는데 있으므로, 증서의 진정 여부를 확인하는 소가 적법하기 위해서는 그 서면에 대한 진정 여부의 확인을 구할 소의 이익이 있어야 한다. 따라서 그 서면의 진정성립에 대하여 당사자 사이에 다툼이 없거나, 문서의 진정성립의 확인을 받더라도 그에 따라서 얻을 수 있는 법률상 이익이 없다면 소의 이익이 인정되지 않는다.

(2) 예를 들어 어느 서면에 의하여 증명되어야 할 법률관계를 둘러싸고 이미 소가 제기되어 있는 경우에는 그 소송에서 분쟁을 해결하면 되므로 그와 별도로 그 서면에 대한 진정성립 여부를 확인하는 소를 제기하는 것은 특별한 사정이 없는 한 확인의 이익이 없다(앞의 판결).

II. 서증의 제출방법

1. 원본 등 제출의 원칙

서증을 제출할 때에는 원본(original copy), 정본(official copy) 또는 인증이 있는 등본(certified copy)으로 제출해야 한다(법 제355조 제1항). 원본은 원래의 문서를 말하고, 인증등본은 원본을 완전히 옮겨 쓴 문서로서 인증기관이 공증한 등본을 말하고, 정본은 등본 중 공증권한이 있는 공무원이 정본으로 표시한 문서를 말한다. 그리고 문서의 일부만을 증거로 하는 경우에도 문서의 전부를 제출하는 것이 원칙이다(규칙 제105조 제4항).

2. 사본제출이 유효한 경우

가. 이의권의 포기 또는 상실

문서의 제출은 원본, 정본 또는 인증등본으로 하여야 하는 것이므로, 단순한 사본만에 의한 증거의 제출은 정확성의 보증이 없어 원칙적으로 부적법하다. 그러나 이러한 사본의 경우에도 동일한 내용인 원본의 존재와 원본의 성립의 진정에 관하여 다툼이 없어서 상대방이 사본을 원본의 대용으로 하는데 관하여 이의가 없는 경우에는, 이의권이 포기 혹은 상실되어 사본만의 제출에 의한 증거의 신청도 허용된다(대법원 2002. 8. 23. 선고 2000다66133 판결).

나. 원본 제출이 불가능한 경우

문서 원본을 분실하였다든가, 선의로 이를 훼손한 경우, 또는 문서제출명령에 응할 의무가 없는 제3자가 해당 문서의 원본을 소지하고 있는 경우, 원본이 방대한 양의 문서인 경우 등 원본 문서의 제출이 불가능하거나 비실제적인 상황에서는 원본의 제출이 요구되지 않는다(앞의 판결).

다. 사본을 원본으로 제출하는 경우

사본을 원본으로서 제출하는 경우에는 그 사본이 독립한 서증이 되는 것이나 이때는 그와 같은 내용의 사본이 존재한다는 것 이상의 증거가치는 없다(앞의 판결).

III. 서증신청의 방법

1. 서증신청의 방법

다음의 네 가지 방법으로 서증신청을 한다.

가. 서증을 직접 제출하는 방법(법 제343조)
나. 문서제출신청을 하는 방법(법 제343조)
다. 문서송부촉탁신청을 하는 방법(법 제352조)
라. 문서 소재 장소에서의 서증조사를 하는 방법(규칙 제112조)

2. 서증의 직접제출

(1) 서증을 소장, 답변서, 준비서면에 첨부하여 제출하거나 이러한 서면과 별도로 서증만 제출할 수 있다. 이와 같이 제출할 때 상대방에게도 서증을 송달할 수 있도록 상대방의 수에 1을 더한 수의 사본을 함께 제출하여야 한다(규칙 제105조 제2항).

(2) 재판장은 필요하다고 생각하는 경우에 서증의 증명취지를 밝히는 증거설명서를 제출도록 명할 수 있다(규칙 제106조).

(3) 서증에는 서증번호를 표시해야 하는데, 원고가 제출하는 서증은 '갑제○호증', 피고가 제출하는 서증은 '을제○호증', 독립당사자참가인이 제출하는 서증은 '병제○호증'으로 표시한다(규칙 제107조 제2항).

(4) 서증신청을 하는 때에는 문서의 제목 · 작성자 및 작성일을 밝혀야 한다(규칙 제105조 제1항). 다만 문서의 기재상 이러한 사항이 명백한 경우에는 이를 별도로 표시하지 아니하여도 무방하다.

(5) 외국어로 작성된 서증에는 번역문을 붙여야 한다(법 제277조).

3. 문서제출신청(문서제출명령신청)

가. 의 의

당사자 일방의 신청에 의하여 법원이 문서제출의무가 있는 상대방 또는 제3자에 대하여 문서를 제출하도록 명령하는 제도를 '문서제출신청'이라고 한다. 환경소송, 노동소송, 의료소송 등 증거가 일방에게 편재되어 있는 경우 또는 문서를 분실한 경우 등의 상황에서 소송의 상대방 또는 제3자가 소지하고 있는 문서를 서증으로 제출할 수 있도록 하기 위한 제도이다. 예를 들어 의료사고에 따른 손해배상청구소송에서 의사가 작성한 진료기록은 매우 중요한 증거가 되는데, 진료기록은 의사만이 소지하고 있으므로 이를 서증으로 제출하고자 하는 원고는 법원에 문서제출신청을 하여 서증으로 제출할 수 있다.

나. 문서제출신청[9)]

문서제출신청을 할 때는 신청서에 문서의 표시, 문서의 취지, 문서를 가진 사람, 증

9) 증거조사의 개시가 있기 전에는 그 증거신청을 자유로 철회할 수 있다. 따라서 문서제출명령의 신청이 있

명할 사실, 문서를 제출하여야 하는 의무의 원인을 표시한 서면으로 해야 한다(법 제345조, 규칙 제110조 제1항). 신청인이 당해 문서의 존재와 소지를 증명할 책임을 부담하므로 이를 증명하지 못하면 법원은 문서제출명령을 거부할 수 있다(대법원 2008. 4. 14.자 2007마725 결정). 신청인(applicant)은 문서의 소지자가 아니기 때문에 상대방이 구체적으로 어떤 문서를 갖고 있는지 모르는 경우가 많다. 이러한 이유로 법원은 상대방 당사자에게 신청내용과 관련하여 가지고 있는 문서 또는 신청내용과 관련하여 서증으로 제출할 문서에 관하여 그 표시와 취지 등을 적어 내도록 명할 수 있다(법 제346조).

문서제출명령신청

사 건 대구지법 2012가합 1111 물품대금 등
원 고 장 국 영
피 고 주 윤 발

위 사건에 관하여 원고는 다음과 같이 문서제출신청을 합니다.

1. 문서의 표시
피고가 소지하고 있는 2014년도 책장거래장부

2. 문서의 취지
피고의 매입액이 기재되어 있음.

3. 문서를 가지고 있는 자
피고

4. 증명할 사실
이러 저러한 사실

5. 피고의 문서제출의무
피고는 2015.5.2.자 준비서면에서 위 문서의 기재내용을 인용하고 있으므로 민사소송법 제344조 제1항 제1호에 따라서 문서제출의무가 있음.

2015. 5. 5.
원고 소송대리인
변호사 성 룡

대구지방법원 민사10부 귀중

고 그에 따른 제출명령이 있었다 하여도 그 문서가 법원에 제출되기 전에는 그 신청을 철회함에는 상대방의 동의를 필요로 하지 않는다(대법원 1971. 3. 23. 선고 70다3013 판결).

다. 문서제출신청에 대한 허부재판

(1) 법원은 문서제출신청에 정당한 이유가 있다고 인정한 때에는 결정으로 문서를 가진 사람에게 그 제출을 명할 수 있다(법 제347조 제1항). 당사자는 문서제출신청에 관한 결정에 대하여는 즉시항고를 할 수 있다(법 제348조). 문서제출명령신청에 대해서, 별다른 판단을 하지 아니한 채 변론을 종결하고 판결을 선고한 것은 문서제출명령신청을 묵시적으로 기각한 취지라고 할 것이므로 판단유탈의 위법이 아니다(대법원 2001. 5. 8. 선고 2000다35955 판결).

(2) 문서를 소지하고 있는 제3자가 문서제출명령에 따르지 않으면 과태료 등의 제재가 있으므로 제3자에 대하여 문서의 제출을 명하는 경우에는 제3자 또는 그가 지정하는 자를 심문하여야 한다(법 제347조 제3항). 심문을 하지 않고 제3자에게 문서제출명령을 한 경우에 그 제3자만이 즉시항고를 할 수 있고 당사자는 즉시항고를 할 수 없다(대법원 2008. 9. 26. 자 2007마672 결정).

(3) 상대방에 대하여 문서제출신청이 있다면 상대방에게 의견진술의 기회를 주어야 하며, 의견진술의 기회를 주지 아니하면 위법하다(대법원 2009. 4. 28. 자 2009무12 결정).

(4) 문서제출명령은 문서에 대하여만 가능하므로 검증의 방법으로 증거조사를 해야 하는 음성 · 영상자료를 수록한 동영상파일에 대하여는 문서제출명령을 할 수 없다(대법원 2010. 7. 14. 자 2009마2105 결정). 다만 민사소송법 제366조에 따라서 검증의 목적물로서 제출명령을 할 수 있다(앞의 결정).

라. 문서제출의무

(1) 민사소송법 제344조 제1항의 문서제출의무

문서제출의무를 부담하는 경우는 다음과 같다.

(가) 당사자가 소송에서 인용한 문서를 가지고 있는 때. 예를 들어 피고가 답변서에 문서를 원용하여 주장을 펼치고 있지만, 그 문서를 서증으로 제출하지 않았다면 원고는 위 문서의 제출신청을 할 수 있다(법 제344조 제1항 제1호).

(나) 신청자가 문서를 가지고 있는 사람에게 그것을 넘겨 달라고 하거나 보겠다고 요구할 수 있는 사법상의 권리를 가지고 있는 때(법 제344조 제1항 제2호).

"신청자가 문서를 가지고 있는 사람에게 그것을 넘겨 달라고 하거나 보겠다고 요구할 수 있는 사법상의 권리를 가지고 있는 때"라 함은, 신청자가 문서의 인도 열람을 청구할 수 있는 실체법상의 권리를 가지는 모든 경우를 가리키며, 그것이 물권적이든 채권적이든, 또는 계약에 근거하는 것이든 법률규정에 근거하는 것이든 이를 묻지 않는다(대법원 1993. 6. 18. 자 93마434 결정).

(다) 문서가 신청자의 이익을 위하여 작성되었거나, 신청자와 문서를 가지고 있는

사람 사이의 법률관계에 관하여 작성된 것인 때(법 제344조 제1항 제3호). 대표적으로 계약서는 계약당사자 사이의 법률관계에 관하여 작성된 것이므로 위와 같은 문서에 해당한다.

(2) 문서제출의무의 확장

(가) 문서제출의무는 위 세 경우에 한정되지 않고 민사소송법 제344조 제2항에서는 공문서와 오로지 문서를 가진 사람이 이용하기 위한 문서(자기이용문서), 민사소송법 제344조 제1항 제3호 나목 및 다목에 규정된 문서를 제외하고는 원칙적으로 모든 문서소지자에게 문서제출의무를 부담시키고 있다.

(나) 여기서 자기이용문서라고 함은 어느 문서가 그 문서의 작성 목적, 기재 내용, 문서의 소지 경위나 그밖의 사정 등을 종합적으로 고려할 때 ① 오로지 문서를 가진 사람이 이용할 목적으로 작성되고 ② 외부자에게 개시하는 것이 예정되어 있지 않으며 ③ 이를 개시할 경우 문서를 가진 사람에게 간과하기 어려운 불이익이 생길 염려가 있는 문서를 말한다(대법원 2015. 12. 21. 자 2015마4174 결정).

(다) 그리고 민사소송법 제344조 제2항 제1호에 따르면 '기술 또는 직업의 비밀에 속하는 사항이 적혀 있고 비밀을 지킬 의무가 면제되지 아니한 문서'는 제출의무가 면제되는데 여기에서 '직업의 비밀'은 그 사항이 공개되면 해당 직업에 심각한 영향을 미치고 이후 그 직업의 수행이 어려운 경우를 가리킨다(앞의 결정). 어느 정보가 이러한 직업의 비밀에 해당하는 경우에도 문서 소지자는 위 비밀이 보호가치 있는 비밀일 경우에만 문서의 제출을 거부할 수 있다. 나아가 어느 정보가 보호가치 있는 비밀인지를 판단함에 있어서는 그 정보의 내용과 성격, 그 정보가 공개됨으로써 문서 소지자에게 미치는 불이익의 내용과 정도, 그 민사사건의 내용과 성격, 그 민사사건의 증거로 해당 문서를 필요로 하는 정도 또는 대체할 수 있는 증거의 존부 등 제반 사정을 종합하여 그 비밀의 공개로 인하여 발생하는 불이익과 이로 인하여 달성되는 실체적 진실 발견 및 재판의 공정을 비교형량 하여야 한다(앞의 결정).

(3) 문서제시명령

법원은 제출거부사유가 있는 문서인지 판단을 위하여 문서를 제시하도록 명할 수 있다(법 제347조 제4항).

(4) 개인정보와 문서제출거부

개인정보보호법 제18조 제2항 제2호에 따르면 개인정보처리자는 '다른 법률에 특별한 규정이 있는 경우'에는 개인정보를 목적 외의 용도로 이용하거나 이를 제3자에게 제공할 수 있고, 민사소송법 제344조 제2항은 각 호에서 규정하고 있는 문서제출거부사유에 해당하지 아니하는 경우 문서소지인에게 문서제출의무를 부과하고 있으므로, 임직원의 급여 및 상여금 내역 등이 개인정보보호법상 개인정보에 해당하더라도 이를 이유로 문서소지인이 문서의 제출을 거부할 수 없다(대법원 2016. 7. 1. 자 2014마2239 결정).

마. 문서부제출의 불이익

(1) 당사자가 상대방의 사용을 방해할 목적으로 제출의무가 있는 문서를 훼손하여 버리거나 이를 사용할 수 없게 한 때(법 제350조) 또는 문서제출명령을 받은 당사자가 이에 따르지 아니한 때에는 법원은 문서의 기재에 대한 상대방의 주장을 진실한 것으로 인정할 수 있다(법 제349조). 하지만 당사자가 아닌 제3자가 문서를 제출하지 아니한 때에는 이러한 효과가 없고, 과태료 등의 제재만 가능하다(법 제351조).

(2) "문서의 기재에 대한 상대방의 주장을 진실한 것으로 인정할 수 있다."는 의미는 법원이 상대방의 그 문서에 관한 주장, 즉 문서의 성질, 내용, 성립의 진정 등에 관한 주장을 진실한 것으로 인정하여야 한다는 것이지(즉 그러한 내용의 문서가 제출된 것으로 취급) 그 문서에 의하여 증명하고자 하는 상대방의 주장사실(즉 주요사실)까지 반드시 증명되었다고 인정하여야 한다는 취지는 아니다(대법원 2008. 2. 28. 선고 2005다60369 판결).

(3) 예를 들어 의사의 의료상 과실을 증명하기 위하여 원고가 진료기록에 대한 문서제출신청을 하고 법원이 문서제출명령을 했음에도 피고가 이를 제출하지 않았더라도 의사의 의료상 과실이 인정되는 것은 아니며 그러한 내용의 진료기록이 제출된 것으로 인정되는 것에 불과하다. 상대방의 주장사실이 증명되었는지 여부는 그러한 문서가 제출된 경우와 동일하게 법관의 자유심증에 따라서 판단할 문제이다.

바. 제출된 문서의 처리

문서제출명령에 따라서 제출된 문서는 자동으로 사실인정을 위한 서증이 되는 것이 아니라 신청인이 서증으로 제출할 문서를 선택하여 별도로 서증으로 제출해야 비로소 증거로서 사용된다. 이러한 점에서 증거로서 원용이 필요하지 아니한 감정서와 차이가 있다.

4. 문서송부촉탁신청

(1) 문서를 보내도록 촉탁하여 줄 것을 법원에 신청하는 문서제출방법을 '문서송부촉탁'이라고 하는데(법 제352조), 통상 문서제출의무가 없는 문서를 가지고 있는 사람을 상대로 하여 신청한다. 그러나 당사자가 법령에 의하여 문서의 정본 또는 등본을 청구할 수 있는 경우에는 그러한 정본 또는 등본을 청구하여 서증으로 제출할 수 있으므로 문서송부촉탁신청을 받아들이지 않는다(같은 조 단서). 예를 들어 원고가 자신이 당사자이었던 다른 민사소송절차의 소송기록을 서증으로서 제출하고자 하는 경우에 원고는 민사소송법 제162조에 따라서 위 소송기록의 정본·등본·초본의 교부를 신청할 수 있으므로 이에

대하여 문서송부촉탁을 신청할 수 없다.

(2) 문서송부촉탁을 받은 사람은 이에 협력할 의무가 있지만(법 제352조의2), 이러한 의무에 위반하더라도 불이익을 받지 않는다. 공문서에 대하여는 문서제출의무가 없지만 이러한 공문서에 대하여도 문서송부촉탁은 가능하므로 국가기관 · 법원 · 검찰청이 보관하고 있는 문서에 대하여 문서송부촉탁이 많이 사용되고 있다.

(3) 송부촉탁된 문서가 도착하면 법원에서 당사자에게 연락을 하고, 당사자는 서증으로 제출할 문서를 선택하여 서증으로 제출해야 비로소 증거로 사용된다는 점에서는 문서제출명령과 동일하다.

5. 문서가 있는 장소에서의 서증조사

제3자가 가지고 있는 문서를 문서제출명령이나 문서송부촉탁의 방법으로 서증으로 신청할 수 없거나 신청하기 어려운 사정이 있는 때에는 법원은 그 문서가 있는 장소에서 서증의 신청을 받아 조사할 수 있다(규칙 제112조).

제4절 검 증

I. 의 의

검증은 증거물을 보고, 듣고, 맛보고, 느끼고, 냄새 맡는 오관의 작용에 의한 증거조사를 말한다. 예를 들어 법관이 교통사고나 화재로 인한 손해배상청구사건과 관련하여 사고발생의 현장을 직접 방문하여 현장상황을 보는 것이나(이를 '현장검증'이라고 한다), 녹음을 듣거나, 녹화테이프를 재생하여 보고 듣거나, 컴퓨터용 자기디스크 · 광디스크를 재생하여 보거나, 그밖에 이와 비슷한 방법으로 음성이나 영상을 녹음 또는 녹화하여 재생할 수 있는 매체에 대한 증거조사는 듣고 보는 오관의 작용으로 증거조사를 하므로 검증에 해당한다(규칙 제121조 제2항). 문서도 기재내용이 아니라 인영이나 날인의 존재 등과 같이 문서의 외관이 증거조사의 대상이라면 보는 방법으로 증거조사를 해야 하므로 검증의 대상이 된다.

II. 검증할 목적물의 제출의무

서증과 마찬가지로 소송의 상대방이나 제3자는 법원의 제출명령에 따라서 검증할 목적물을 제출할 의무가 있다(법 제366조 제1항). 만일 상대방이 검증할 목적물을 제출하지 아니하면 검증목적물에 대한 상대방의 주장을 진실한 것으로 인정할 수 있고, 제3자가 제출하지 아니하면 과태료 처분을 내린다(같은 조 제1항, 제2항).

제 5 절 당사자신문

I. 의 의

소송당사자인 원고와 피고를 신문하는 것을 '당사자신문(또는 당사자본인신문)'이라고 한다. 사건의 직접 당사자인 소송당사자를 신문함으로써 사건의 실체를 좀 더 명확하게 알 수 있다는 장점이 있다. 하지만 당사자 본인의 진술에 신빙성이 떨어져 증거력이 낮다는 단점에 있다. 이러한 단점으로 인하여 당사자신문은 다른 증거방법에 의하여 법원이 심증을 얻지 못한 경우에만 허용되었지만, 현재는 이러한 보충성의 원칙이 폐지되었다. 법원은 직권으로 또는 당사자의 신청에 따라 당사자 본인을 신문할 수 있다(법 제367조). 법원이 직권으로 당사자신문을 할 수 있다는 점이 다른 증거조사와 다른 특징이다.

II. 당사자의 범위

앞서 언급한 것처럼 당사자신문의 대상은 소송의 당사자 이외에 당사자의 법정대리인도 포함된다(법 제372조). 그리고 법인 또는 비법인 사단이나 재단의 대표자에 대하여는 법정대리인에 관한 규정이 준용되므로 법인의 대표자도 당사자신문에 의한다(법 제64조). 그러나 당사자신문의 방식에 의하여야 할 자를 증인으로 조사한데 대하여 당사자가 지체 없이 이의의 진술이 없었다면 이의권의 포기 또는 상실이 되어서 그 증언을 채택하여 사실 인정을 하였다 하더라도 위법이라 할 수 없다(대법원 1977. 10. 11. 선고 77다1316 판결).

III. 당사자의 출석 및 선서의무

(1) 당사자는 당사자신문에 출석, 선서, 진술할 의무가 있다. 당사자가 정당한 사유 없이 출석하지 아니하거나 선서 또는 진술을 거부한 때에는 법원은 신문사항에 관한 상대방의 주장을 진실한 것으로 인정할 수 있다(법 제369조).

(2) 예를 들어 당사자신문을 신청한 피고가 원고에 대한 당사자신문사항을 제출하였는데, 그중에는 "원고 본인은 망인이 약속어음과 차용증을 공증해 주지 않아 결국 망인

에게 금 1억 5천만 원을 빌려 주지 않았지요."라는 신문사항이 기재되었고, 원고가 정당한 사유 없이 당사자신문기일에 출석하지 아니하였다면 원고가 소지하고 있는 이 사건 차용증과 약속어음을 망인이 작성하였다고 하더라도 원고가 망인에게 1억 5,000만 원을 대여하지 않은 것으로 인정된다(대법원 2010. 11. 11. 선고 2010다56616 판결).

(3) 위에서 당사자가 출석할 수 없는 정당한 사유란 법정에 나올 수 없는 질병, 교통기관의 두절, 관혼상제, 천재지변 등을 말한다고 할 것이고, 그러한 정당한 사유의 존재는 그 불출석 당사자가 이를 주장 · 증명하여야 한다(앞의 판결).

IV. 당사자신문의 결과는 증거자료

민사소송절차에서는 사실을 주장하는 변론과 증거를 조사한 결과인 증거자료가 구별되어 있으므로 증거조사의 방법 중의 하나인 당사자본인신문에서 상대방의 주장사실과 일치하는 진술이 있다고 하더라도 그것은 증거자료에 불과하므로 재판상 자백으로 성립되지 않는다(대법원 1978. 9. 12. 선고 78다879 판결).

제 6 절 그밖의 증거

I. 의 의

전통적으로 문서에 정보를 기록하여 왔지만, 정보통신산업의 발전으로 인하여 새로운 정보저장장치들이 나타나고 있다. 앞서 5가지의 증거조사방법을 살펴보았지만 새로운 정보저장장치에 대하여는 그 저장된 정보의 내용에 따라서 여러 가지 증거조사방법이 가능하다. 이러한 이유로 민사소송법 제374조에서 도면 · 사진 · 녹음테이프 · 비디오테이프 · 컴퓨터용 자기디스크, 그밖에 정보를 담기 위하여 만들어진 물건으로서 문서가 아닌 증거를 어떻게 증거조사를 해야 하는지 별도의 규정을 두었다.

II. 그밖의 증거의 증거조사의 방법

1. 문자정보의 경우

위와 같은 매체에 수록된 정보가 문자정보인 경우에는 이를 읽는 방법으로 증거조사를 할 수 있으므로 그 문자정보를 출력한 문서를 증거로 제출할 수 있다(규칙 제120조 제1

항). 이때 법원이 명하거나 상대방이 요구한 때에는 자기디스크 등에 입력한 사람과 입력한 일시, 출력한 사람과 출력한 일시를 밝혀야 한다(같은 조 제2항). 예를 들어 인터넷에서 검색된 웹페이지에 대한 증거조사가 필요한 경우에는 이를 출력하여 서증으로 제출할 수 있는데, 자료의 출처인 URL과 출력일자 등이 기재되어 있어야 한다.

2. 음성 · 영상자료의 경우

위와 같은 매체에 수록된 정보가 음성이나 영상인 경우에는 이를 듣거나 보는 방법으로 그 내용을 확인할 수밖에 없으므로 검증의 방법으로 증거조사를 한다(규칙 제121조). 따라서 동영상파일은 검증의 방법으로 증거조사를 해야 한다(대법원 2010. 7. 14. 자 2009마2105 결정).

3. 사 진

사진의 경우에는 그 형태, 담겨진 내용 등을 종합하여 감정 · 서증 · 검증의 방법 중 가장 적절한 증거조사 방법을 택하여 이를 준용하여야 한다(앞의 판결). 예를 들어 문서가 촬영된 사진이고, 그 문서에 기재된 내용이 증거방법이라면 그 사진을 출력하여 서증으로 제출하는 것이 타당하며, 현장을 촬영한 사진이라면 보는 방법에 의하여 증거조사를 해야 하므로 검증의 방법으로 증거조사를 해야 한다.

제 7 절 사실조회

I. 의 의

법원은 공공기관 · 학교, 그밖의 단체 · 개인 또는 외국의 공공기관에게 그 업무에 속하는 사항에 관하여 필요한 조사 또는 보관 중인 문서의 등본 · 사본의 송부를 촉탁할 수 있다(법 제294조). 이를 사실조회라고 하는데, 실무적으로 많이 사용되고 있다. 사실조회의 요청을 받은 기관은 반드시 이에 응할 의무가 없기 때문에, 답변을 하지 않는 경우도 적지 않다. 이러한 경우에는 일정한 비용을 지불하고 민사소송법 제341조의 감정촉탁을 하거나 담당자를 증인으로 신청하는 방법이 있다.

II. 사실조회가 필요한 경우

(1) 전문적 지식에 관하여 질의할 필요가 있는 경우(예를 들어 냉동컨테이너에 적재되어 운송 중이던 양파에 푸른곰팡이가 발생하여 전량 폐기된 경우에 운송인의 부주의를 증명하기 위하여 푸른곰팡이가 발생하는 온도에 관하여 관련 연구소에 질의). 그러나 전문적 지식을 묻는 것을 넘어서 구체적인 실험이 필요하다면 감정의 방법에 의해야 한다.

(2) 관행에 관하여 질의할 필요가 있는 경우(신용장대금지급청구사건에서 신용장의 개설과 개설통지의 관행에 관하여 은행연합회에 질의).

(3) 단순한 사실에 관하여 질의할 필요가 있는 경우(교통사고에 따른 손해배상청구사건에서 사고가 발생한 날의 날씨를 기상청에 조회).

사실조회신청서

사 건　대구지법 2014가단5551 손해배상(기)
원 고　송 현 준
피 고　최 우 준

원고는 다음과 같이 사실조회를 신청합니다.

1. 조회기관
기상청
주소: 서울 관악구 00동 00
연락처: 02-444-5555

2. 조회내용
2014.5.1. 12:00경 대구 수성구 황금동에 내린 강수량

3. 증명취지
폭우로 인하여 하수구가 넘쳐서 원고차량이 전복된 사실을 밝히고자 함.

2015. 3. 2.
원고 소송대리인
변호사 조 선 인

대구지방법원 민사12부 귀중

III. 사실조회결과의 처리

사실조회에 대한 회신은 자동적으로 증거로 사용되는 것이 아니라 당사자가 이를 자신의 이익으로 원용해야 비로소 사실인정의 자료로 사용할 수 있다(대법원 1981. 1. 27. 선고 80다51 판결). 이러한 점에서 문서제출명령이나 문서송부촉탁과 동일하고 감정과 차이가 있다. 그리고 법원은 사실조회신청을 한 당사자에게 원용할 것인지 확인할 의무가 있다(앞의 판결).

제 8 절 증거보전

I. 증거보전의 의의

증거조사는 변론기일 전에도 할 수 있지만(법 제289조 제2항), 일단 소를 제기한 후에서야 가능하다. 그런데 증인이 되어야 할 사람이 이민을 갈 예정이거나 부패하기 쉬운 물건에 대하여 검증이 필요한 경우 등 소송절차가 개시된 후에서야 증거조사를 하면 그 증거를 사용하지 못하게 될 염려가 있는 경우가 있다. 이와 같이 미리 증거조사를 하지 아니하면 그 증거를 사용하기 곤란할 사정이 있는 경우에는 법원은 당사자의 신청에 따라 증거조사를 할 수 있다(법 제375조).

II. 요 건

증거보전은 언제든지 가능한 것이 아니라 미리 증거조사를 하지 아니하면 그 증거를 사용하기 불가능하거나 곤란할 사정이 있어야 비로소 가능하다. 이러한 증거보전은 당사자의 신청으로 시작되는데, 예외적으로 소송 계속 중에는 법원이 직권으로 증거보전결정을 할 수 있다(법 제379조).

III. 관할과 절차

1. 관 할

증거보전의 신청은 소를 제기한 뒤에는 그 증거를 사용할 심급의 법원에 하여야 한다. 소를 제기하기 전에는 신문을 받을 사람이나 문서를 가진 사람의 거소 또는 검증하고자 하는 목적물이 있는 곳을 관할하는 지방법원에 하여야 한다(법 제376조 제1항). 급박한 경우에는 소를 제기한 뒤에도 목적물의 소재지 법원에 증거보전의 신청을 할 수 있다(같은 조 제2항).

2. 절 차

증거보전의 신청은 상대방을 지정할 수 없는 경우에도 할 수 있다. 이 경우 법원은 상대방이 될 사람을 위하여 특별대리인을 선임할 수 있다(법 제378조). 증거보전에 관한 기록은 본안소송의 기록이 있는 법원에 보내야 한다(법 제382조). 직접주의로 인하여 증거보전절차에서 신문한 증인을 당사자가 변론에서 다시 신문하고자 신청한 때에는 법원은 그 증인을 신문하여야 한다(법 제384조).

제 6 편

소송의 종료와 판결의 효력

제 1 장 소송종료선언
제 2 장 당사자의 행위에 의한 소송종료
제 3 장 종국판결에 의한 소송의 종료
제 4 장 기판력(res judicata)

소장의 접수에 의하여 개시된 소송절차가 종료되는 경우는 법원의 종국판결에 의하여 종료되는 경우, 당사자의 행위(소의 취하, 소송상 화해, 청구의 포기·인낙 등)에 의한 경우, 당사자대립구조가 소멸된 경우로 나눌 수 있다.

제1장 소송종료선언

1. 의 의

(1) 소송종료선언이란 종국판결의 일종으로서, 계속 중이던 소송이 유효하게 종료되었음을 선언하는 것을 말한다.

(2) 소송종료선언을 할 때는 "피고에 대한 소송은 제1심 판결에 대한 항소기간 만료일인 2010.11.23.이 지남으로써 종료되었다."와 같이 종국판결의 주문에서 선언을 한다. 소송종료사유가 발견된 경우 법원이 직권으로 소송종료선언을 해야 한다(대법원 2011. 4. 28. 선고 2010다103048 판결).

(3) 민사소송법에는 소송종료에 관한 규정이 없고, 민사소송규칙 제67조 제3항에서 당사자가 소의 취하의 효력을 다투어 기일지정신청을 한 경우에 신청에 이유가 없다고 판단되면 소송종료선언을 하도록 규정하고 있다. 그러나 소송종료선언은 소의 취하의 효력을 다투는 경우에 한정되지 않고, ① 종국판결 이외의 사유로 소송이 종료된 후에 그러한 종료의 효력을 다투어 기일지정신청을 하였지만 그 이유가 없는 경우, ② 소송 도중에 당사자대립구조가 소멸된 경우, ③ 소송종료를 간과하고 판결을 한 경우에도 소송종료선언을 한다.

2. 소송종료사유

가. 종국판결 이외의 사유로 종료된 소송에 대하여 그 효력을 다투어 기일지정신청을 한 경우

소의 취하의 효력을 다투어 기일지정신청을 하였지만 그 이유가 없는 경우에 소송종료선언을 해야 한다는 점은 언급한 바와 같다(규칙 제67조 제3항). 규정은 없지만 당사자 일방이 소송상 화해의 당연무효 사유를 주장하며 기일지정신청을 한 때에는 법원으로서는 그 무효사유의 존재 여부를 가리기 위하여 기일을 지정하여 심리를 한 다음 무효사유가 존재한다고 인정되지 아니한 때에는 판결로써 소송종료선언을 해야 한다(대법원 2000. 3. 10. 선고 99다67703 판결). 이러한 법리는 재판상의 화해와 동일한 효력이 있는 조정조서에 대하여도 마찬가지이고(대법원 2001. 3. 9. 선고 2000다58668 판결), 다른 소송종료사유에도 그대로 적용될 것이다.

나. 소송 도중에 당사자대립구조가 소멸된 경우

재판상의 이혼청구권은 부부의 일신전속의 권리이므로 이혼소송 계속 중 부부의 일방이 사망한 경우에는 상속인이 그 소송절차를 수계할 수 없음은 물론이며 그런 경우에 검사가 이를 수계할 수 있는 특별한 규정도 없으므로 당연히 소송이 종료된다(대법원 1985. 9. 10. 선고 85므27 판결). 그리고 이사가 그 지위에 기하여 주주총회결의 취소의 소를 제기하였다가 소송 계속 중에 사망하였거나 사실심 변론종결 후에 사망하였다면, 그 소송은 이사의 사망으로 중단되지 않고 그대로 종료된다(대법원 2019. 2. 14. 선고 2015다255258 판결). 이사는 주식회사의 의사결정기관인 이사회의 구성원이고, 의사결정기관 구성원으로서의 지위는 일신전속적인 것이어서 상속의 대상이 되지 않기 때문이다(앞의 판결). 그밖에 가족권, 공권(公權)과 같이 상속되지 아니하는 일신전속적 권리에 관한 소송이나 당사자 일방이 타방을 상속하는 등 당사자대립구조가 소멸되는 경우에는 소송절차가 당연히 종료되므로 소송종료선언을 해야 한다.

다. 소송종료를 간과하고 판결한 경우

소송이 종료되었음에도 이를 간과하고 법원이 심리를 계속 진행한 사실이 발견된 경우 상소법원은 직권으로 소송종료선언을 하여야 한다(대법원 2011. 4. 28. 선고 2010다103048 판결). 소송종료선언을 하는 가장 흔한 경우에 해당한다.

(1) 제1심에서 적법하게 소가 취하되어 소송이 종료되었음에도 불구하고 제1심에서 소가 취하된 사실을 간과하고 판결을 선고하였다면, 당사자가 이를 다투어 제기한 항소에 의하여 진행된 항소심에서 원심판결을 파기하고 소송종료선언을 해야 한다(대법원 1997. 10. 24. 선고 95다11740 판결).[1]

(2) 소의 교환적 변경을 하게 되면 구청구는 취하되고, 새로운 청구가 심판의 대상이 된다. 그런데 원심이 소의 교환적 변경을 간과하고 새로운 청구에 대하여는 아무런 판단도 하지 아니한 채 구청구에 대하여 심리 · 판단하였고, 당사자가 이를 다투어 상소를 제기하였다면 상급심 법원은 원심판결을 파기하고 구청구에 대하여 소송종료선언을 해야 한다(대법원 2003. 1. 24. 선고 2002다56987 판결).[2] 이때 새로운 청구는 여전히 원심

---

1) 원심판결을 파기한다. 이 사건 소송은 1994.4.26.자 소취하로 종료되었다.

2) 원심판결을 파기한다. 원고들의 피고에 대한 손해배상청구소송은 원고들의 2002.6.19.자 소의 변경으로 종

에 남아 있으므로 원심법원은 이에 대하여 추가판결을 해야 한다.

(3) 통상공동소송에서 공동피고 중 1인에 대하여만 항소를 제기하였다면, 나머지 당사자에 대한 판결은 항소기간이 만료됨으로써 분리 확정된다. 그런데 항소심 법원이 이를 간과하고 그 나머지 당사자에 대하여까지 항소심으로 이심된 것으로 보고 판결을 하였고, 당사자가 상고를 제기하였다면 대법원은 그 부분에 대하여는 원심판결을 파기하고 소송종료선언을 해야 한다(대법원 2012. 9. 27. 선고 2011다76747 판결).[3)]

(4) 통상공동소송에서 원심법원의 화해권고결정에 대하여 원고 1인만 적법한 이의신청을 하고 나머지 원고들과 피고들은 이의신청을 하지 아니하였다면 나머지 원고들과 피고들 사이의 화해권고결정은 이의신청 제기기한을 도과함으로써 확정된다. 그런데 원심이 이를 간과하고 나머지 원고들에 대한 부분까지 심리 · 판단하였다면 항소심 법원은 원심판결을 파기하고 그 부분에 대한 소송종료선언을 해야 한다(대법원 2010. 10. 28. 선고 2010다53754 판결).[4)]

료되었다.

3) 원심판결을 파기한다. 피고 한국수자원공사에 대한 부분을 서울고등법원에 환송한다. 피고 대한민국에 대한 소송은 제1심 판결에 대한 항소기간 만료일인 2010.11.23.이 지남으로써 종료되었다.

4) 원심판결 중 원고 2, 3, 4에 관한 부분을 파기한다. 원고 2, 3, 4와 피고들 사이의 이 사건 소송은 2010.6.1. 화해권고결정의 확정으로 종료되었다.

제 2 장 당사자의 행위에 의한 소송종료

종국판결이 아니라 당사자의 행위에 의하여 소송이 종료되는 경우는 소의 취하, 소송상 화해, 조정, 청구의 포기와 인낙이 있다.

제 1 절 소의 취하(withdrawal)

I. 의 의

소의 취하는 원고가 제기한 소를 철회하여 소송 계속을 소멸시키는 원고의 법원에 대한 소송행위를 말한다(대법원 2004. 7 .9. 선고 2003다46758 판결). 소를 취하하게 되면 소송이 처음부터 제기되지 않은 것과 같은 상태가 되어 소송이 종료된다. 당사자가 소송 외에서 화해를 한 경우, 입증이 힘든 경우, 무리한 법리적 주장을 한 경우 등 소를 더 이상 유지시킬 필요가 없는 경우에 소를 취하한다.

II. 소의 취하의 법적 성격

1. 소송행위

소취하는 소송행위이다. 앞서 소송행위에서 설명한 바와 같이 소송행위에는 민법상의 법률행위에 관한 규정이 적용되지 않고(대법원 1980. 8. 26. 선고 80다76 판결), 소취하는 법원에 대한 일방적인 단독행위이므로 그 의사표시에 조건을 붙일 수 없다(대법원 1967. 10. 31. 선고 67다204 판결). 그러나 소취하의 합의는 소송상 합의이므로 조건을 붙이는 것이 가능하다(대법원 2013. 7. 12. 선고 2013다19571 판결).

2. 소취하의 합의

소취하는 원고의 법원에 대한 소송행위이므로 소송의 당사자가 소송 외에서 그 소를 취하하기로 하는 합의를 한 것만으로는 소취하의 효력이 발생하지 않는다. 다만 소취하의 합의가 있다면 특별한 사정이 없는 한 소송을 계속 유지할 법률상의 이익이 없으므로 그 소는 각하된다(앞의 판결). 당사자가 재판상 화해를 하면서 법원에 계속 중인 다른 소송을 취하하기로 약정한 경우에도 마찬가지이다(대법원 2005. 6. 10. 선고 2005다14861 판결).

3. 소취하의 효력을 다투는 방법

소취하에 대하여 민법의 법률행위에 관한 규정이 적용되지는 않지만, 소송능력이나 소송대리권 등 소송법상 효력발생 요건을 갖추지 못하면 소취하의 효력이 없다. 소취하의 효력을 다투고자 하는 당사자는 민사소송규칙 제67조 제1항에 따라서 법원에 기일지정신청을 해야 하는데, 소취하가 무효라면 법원은 심리를 계속하여 진행해야 하고, 소취하가 유효하다면 소송종료선언을 해야 한다.

III. 소의 취하의 요건

1. 소의 취하의 제한

(1) 소 제기는 원고의 자유이므로 소의 취하도 원칙적으로 원고의 자유이다.

(2) 그러나 제3자의 권리를 대신하여 행사하는 경우에는 제3자의 이해관계도 고려해야 하므로 소취하의 자유가 제한된다. 예를 들어 주주대표소송의 경우에 법원의 허가를 얻어야 소를 취하할 수 있고(상법 제403조 제6항), 증권관련집단소송에서도 법원의 허가를 얻어야 소를 취하할 수 있다(같은 법 제35조 제1항).

(3) 또한 실체적 권리의무가 여러 명에게 귀속되어 있는 고유필수적 공동소송에서는 권리자 또는 의무자 전원이 당사자가 되어야 당사자적격이 인정되므로 원고들 전원이 함께 소를 취하하거나 피고들 전원에 대하여 소를 취하해야 하며, 원고들 일부의 소취하 또는 피고들 일부에 대한 소취하는 특별한 사정이 없는 한 그 효력이 생기지 않는다(대법원 2007. 8. 24. 선고 2006다40980 판결). 반면에 공동소송이 강제되지 아니하는 유사필수적 공동소송에서는 원고들 중 일부가 소를 취하하거나 피고들 일부에 대하여 소를 취하하는 경우에 다른 공동소송인의 동의를 받을 필요가 없다(대법원 2013. 3. 28. 선고 2011두13729 판결).

2. 소의 취하의 시기와 방식

가. 시 기

소취하는 판결이 확정될 때까지 할 수 있다(법 제266조 제1항).

나. 서면요건

소의 취하는 서면으로 하여야 한다. 다만 변론 또는 변론준비기일에서 말로 할 수 있다(같은 조 제3항). 원고가 소취하서를 작성하여 제출할 경우 반드시 원고나 그 포괄승계인만이 이를 제출하여야 한다고 볼 수는 없고, 제3자에 의한 제출도 허용되며, 상대방에게 소취하서를 교부하여 그로 하여금 제출하게 하는 것도 상관없다(대법원 2001. 10. 26. 선고 2001다37514 판결).

다. 소취하의 의사표시가 없어도 소취하가 되는 경우

(1) 청구가 교환적으로 변경된 경우에 구청구가 취하된 것으로 취급되고 신청구가 심판의 대상이 된다(대법원 2003. 1. 24. 선고 2002다56987 판결).

(2) 피고의 경정이 있는 경우에 종전의 피고에 대하여는 소취하의 효력이 발생한다(법 제262조 제4항).

(3) 수량적으로 가분인 동일 청구권에 기한 청구금액의 감축은 일부청구의 포기가 아니라 소의 일부 취하로 해석된다(대법원 2004. 7. 9. 선고 2003다46758 판결). 예를 들어 100억원 지급청구소송의 진행 중에 70억원으로 청구금액을 감축하게 되면 감축된 30억원에 대하여는 소가 취하된 것으로 취급되므로 원고는 이 금액에 대하여 별소로 다시 청구할 수 있다.

(4) 당사자 쌍방의 2회 불출석의 경우에 소취하간주의 효력이 발생한다는 점은 이미 언급한 바와 같다(법 제268조).

3. 상대방의 동의

가. 본안에 관한 진술

상대방이 본안에 관하여 준비서면을 제출하거나 변론준비기일에서 진술하거나 변론을 한 뒤에는 상대방도 기각판결을 받을 이해관계를 맺게 되므로 그 상대방의 동의를 받아야 소취하의 효력이 발생한다(법 제266조 제2항). 따라서 상대방이 본안전 항변만 하였다면 원고는 그 상대방의 동의를 얻지 않더라도 소를 취하할 수 있다. 마찬가지로 피고가 주위적으로 본안전 항변을 하고, 예비적으로 본안에 관하여 청구기각을 구한 경우에는 원고는 피고의 동의 없이 소취하를 할 수 있다(대법원 1968. 4. 23. 선고 68다217 제2부 판결).

나. 주관적 병합에서의 동의

앞서 언급한 바와 같이 고유필수적 공동소송의 경우에는 피고들 일부에 대한 소취하가 허용되지 않으므로(대법원 2007. 8. 24. 선고 2006다40980 판결) 피고들 전원이 동의를 해야 소취하의 효력이 발생한다. 독립당사자참가소송에 대하여는 필수적 공동소송에 관한 규정이 준용되므로 원고의 본소 취하에는 피고의 동의 외에 당사자 참가인의 동의를 필요로 한다(대법원 1972. 11. 30. 자 72마787 결정). 마찬가지로 독립당사자참가인이 원·피고 모두를 피참가인으로 하여 쌍면참가를 하였다면 참가신청취하에는 상대방인 원·피고 쌍방의 동의를 요한다(대법원 1981. 12. 8. 선고 80다577 판결).

다. 반소취하

반소는 본소에 관한 규정에 따르므로(법 제270조) 원고가 반소의 본안에 관하여 답변을 하였다면 피고가 반소를 취하하기 위해서는 원고의 동의를 얻어야 한다. 그러나 본소가 취하된 때에는 원고의 동의 없이 반소를 취하할 수 있다(법 제271조). 원고가 피고와의 분쟁을 종결하기로 표시한 이상 반소취하에도 동의한 것으로 볼 수 있기 때문이다. 하지만 본소가 부적법 각하된 경우에는 원고가 반소취하에 동의한 것으로 볼 수 없으므로 원고의 동의가 필요하다(대법원 1984. 7. 10. 선고 84다카298 판결).

라. 동의간주

소취하의 서면이 피고에게 송달된 날부터 2주 이내에 피고가 이의를 제기하지 아니한 경우에는 소취하에 동의한 것으로 본다(법 제266조 제6항).

IV. 효 력

1. 효력의 발생시기

상대방이 본안에 관하여 응소하기 전에는 소취하의 의사표시가 법원에 도달한 때, 상대방이 본안에 관하여 응소한 후에는 상대방이 동의한 때 또는 동의한 것으로 간주되는 때에 소취하의 효력이 발생한다.

2. 소송 계속의 소급적 소멸

(1) 소취하가 되면 소가 처음부터 제기되지 아니한 상태로 되므로 당사자와 법원의 모든 소송행위의 효력이 소멸되고 시효중단의 효력도 소멸한다(민법 제170조). 다만 앞서 언급한 바와 같이 소송절차에서 행사한 형성권의 행사의 효력은 원칙적으로 유지된다.

(2) 독립당사자참가소송에서, 본소가 피고 및 당사자참가인의 동의를 얻어 적법하게 취하되면 그 경우 3면 소송관계는 소멸하고, 당사자참가인의 원·피고에 대한 소가 독립의 소로서 소송요건을 갖춘 이상 그러한 소송이 계속된다(대법원 2007. 2. 8. 선고 2006다

62188(참가) 판결).

(3) 반소가 적법하게 제기된 이상 그 후 본소가 취하되더라도 반소의 소송 계속에는 아무런 영향이 없다(대법원 1970. 9. 22. 선고 69다446 판결).

3. 변호사비용과 인지액의 환급

소가 취하된 경우에 원고는 피고에게 변호사비용을 지급해야 한다. 이때 「변호사보수의 소송비용 산입에 관한 규칙」에 정한 금액 모두를 지급할 의무가 있는 것이 아니라 소가 취하될 때까지 진행정도를 고려하여 금액을 결정해야 한다. 따라서 소송의 초기에 소가 취하되어 변호사가 사건에 들인 시간이 많지 않다면 2분의1로도 감액할 수 있다(대법원 2008. 8. 14. 자 2008카확6 결정). 그리고 변론종결 전 소취하의 경우에는 당해 심급의 인지액의 2분의 1을 환급해 준다(「민사소송 등 인지법」 제14조).

4. 일부 취하가 발생하는 경우

소의 객관적 병합에서 병합된 수개의 청구 중에 일부의 청구에 대하여만 소를 취하할 수 있다. 이를 소의 일부 취하라고 하는데, 소의 일부 취하와 공격방법의 일부철회는 구별되어야 한다. 하나의 소송물에 대하여 공격방법이 수개인 경우에 그중 일부를 철회하는 것은 일부 취하가 아니라 공격방법의 일부철회에 불과하므로 상대방의 동의를 얻지 아니하더라도 효력이 발생한다. 궁극적으로 소의 일부 취하와 공격방법의 일부철회는 소송물의 구분에 의하여 결정된다.

V. 재소금지

1. 의 의

법원이 심리를 마쳐서 제1심 판결을 선고한 후에 그 때서야 소를 취하하게 되면 그 동안 판결에 들인 법원의 노력이 무용화되고 종국판결이 당사자에 의하여 농락당하는 결과를 가져온다(대법원 1998. 3. 13. 선고 95다48599 판결). 이러한 이유로 본안에 대한 종국판결이 있은 뒤에 소를 취하한 사람이 동일한 청구에 대하여 다시 소를 제기하지 못하도록 제재를 가하고 있는데(법 제267조 2항),[5] 이를 '재소금지'라고 한다. 재소금지에 위반한 소는 위법한 소이므로 각하되고, 이는 소송요건으로서 직권조사사항에 해당한다.

---

5) 그러나 원고가 청구에 대하여 처분권을 갖고 있고, 피고도 소취하에 동의했는데 법원이 그 권위를 내세워 재소를 금지하는 것은 합당하다고 보이지 않는다.

2. 재소금지의 요건

가. 본안에 대한 종국판결이 선고된 후의 취하

(1) 본안에 대한 종국판결이 선고된 후에 취하되어야 재소금지의 효력이 발생한다. 만일 종국판결이 당연무효라면 종국판결이 없으므로 재소금지의 효력이 발생하지 않는다. 예를 들어 소 제기 전에 이미 사망한 당사자를 상대로 한 판결에 대하여 그 망인의 상속인인 피고가 항소를 제기하여 원고가 항소심 변론에서 그 소를 취하하였다 하더라도 위 판결은 당연무효의 판결이므로 원고는 재소금지의 제한을 받지 않는다(대법원 1968. 1. 23. 선고 67다2494 제1부 판결).

(2) 항소심에서 청구의 교환적 변경의 경우에는 구청구는 소취하로 실효되므로 구청구에 대하여 새로운 소를 제기하면 본안에 대한 종국판결이 선고된 후의 취하가 되어서 재소금지에 위반된다(대법원 1987. 11. 10. 선고 87다카1405 판결). 그러므로 항소심에서의 소의 변경이 교환적인지 추가적인지는 당사자에게 매우 중요하므로 당사자가 구청구를 취하한다는 명백한 표시 없이 새로운 청구로 변경하는 등으로 그 변경형태가 불분명한 경우에 법원으로서는 청구변경의 취지가 추가적인가 또는 선택적인가의 점을 석명할 의무가 있다(대법원 2014. 6. 12. 선고 2014다11376,11383 판결).

(3) 화해권고결정에 '원고는 소를 취하하고, 피고는 이에 동의한다.'는 화해조항이 있고, 이러한 화해권고결정에 대하여 양 당사자가 이의하지 않아 확정되었다면, 화해권고결정의 확정으로 당사자 사이에 소를 취하한다는 내용의 소송상 합의를 하였다고 볼 수 있다. 따라서 본안에 대한 종국판결이 있은 뒤에 이러한 화해권고결정이 확정되어 소송이 종결된 경우에는 소취하한 경우와 마찬가지로 민사소송법 제267조 제2항의규정에 따라 같은 소를 제기하지 못한다(대법원 2021. 7. 29. 선고 2018다230229 판결).

나. 동일한 당사자

(1) 전소의 당사자와 후소의 당사자가 동일해야 재소금지의 효력이 미친다. 따라서 진정한 당사자로 알고 동명이인을 상대로 제기한 소를 1심판결 후 취하하였다 하더라도 그 후에 진정한 당사자를 상대로 한 소송에서는 재소금지의 제한을 받지 않는다(대법원 1977. 11. 22. 선고 77다1339 판결). 소를 취하한 원고의 포괄승계인뿐만 아니라 특정승계인에게도 재소금지의 효력이 미친다(대법원 1981. 7. 14. 선고 81다64,65 판결).[6] 그러나 뒤에서 보는 바와 같이 특정승계인은 원고와 권리보호이익을 달리하여 재소금지의 효력이 배제되는 경우가 많을 것이다.

---

6) 특정승계인에게는 재소금지의 효력이 미치지 않는다는 주장이 있지만, 재소금지의 효력이 발생한 사실을 알고도 승계한 자를 보호할 필요가 없고, 특정승계인에게 독립된 권리보호이익 있다면 재소금지효력이 배제되므로 특정승계인에게 재소금지의 효력을 미치게 하더라도 부당하다고 보이지 않는다.

(2) 채권자대위소송의 종국판결이 선고된 후에 채권자가 소를 취하한 경우에 채무자인 피대위자가 소 제기 사실을 알게 된 이상 채무자는 판결의 효력을 받는 지위에 놓이게 되므로 재소금지의 효력이 채무자에게도 미친다(대법원 1981. 1. 27. 선고 79다1618 판결 참조).7)

다. 동일한 소

(1) 전소와 후소의 소송물이 동일해야 재소금지의 효력이 미친다. 따라서 전소가 소유권에 기한 명도청구소송이고 후소가 약정에 의한 명도청구소송인 경우에는 소송물을 달리하므로 재소금지의 원칙에 저촉되지 않는다(대법원 1991. 1. 15. 선고 90다카25970 판결).

(2) 전소의 소송물이 후소의 선결적 법률관계 내지 전제로 하는 것일 때에도 전소에 대한 판단이 금지된 결과 후소에 대하여도 재소금지의 효력이 미친다(대법원 1989. 10. 10. 선고 88다카18023 판결).8) 예를 들어 해고무효확인의 소를 항소심에서 취하하고, 해고무효를 전제로 하여 임금지급청구의 소를 제기하였다면 후소도 재소금지에 위배된다(앞의 판결).

라. 권리보호이익의 동일

전소와 후소의 소송물이 동일하다 할지라도 후소를 제기할 새로운 권리보호의 이익이 있다면 전소와 본건 소는 동일한 소라고 할 수 없다(대법원 1981. 7. 14. 선고 81다64 판결).

(1) 전소와 후소가 권리보호의 이익을 달리하는 경우는 특정승계에서 종종 발생한다. 예를 들어 소송 계속 중 청구권원이 된 부동산의 공유지분을 양도함으로써 그 권리를 상실한 원고가 더 이상 소를 유지할 필요가 없다고 생각하고 소를 취하한 것이라면 그 지분을 양도받은 자에게 소취하에 대한 책임이 있다고 할 수 없을 뿐만 아니라, 양수인으로서는 자신의 권리를 보호하기 위하여 다시 소를 제기할 필요도 있어 전소와 후소는 권리보호의 이익을 달리하여 재소금지의 원칙에 위배되지 않는다(대법원 1998. 3. 13. 선고 95다48599 판결).

(2) 소취하의 약정에 따라서 종국판결 후 소를 취하하였는데 피고가 그 소취하의 전제조건인 약정을 위반하여 약정이 해제 또는 실효되는 사정변경이 생겼다면, 원고가 다시 동일한 소송물에 대하여 소를 제기하더라도 전소와 후소의 권리보호의 이익이 달라서

---

7) 참고로 중복제소의 경우에는 피대위자인 채무자가 소 제기 사실을 몰랐다고 하더라도 채무자가 제기한 후소는 중복제소에 해당한다(대법원 1992. 5. 22. 선고 91다41187 판결).

8) 전소가 후소의 선결적 법률관계 또는 전제가 된 경우에는 전소의 기판력이 후소에 작용한다. 그러나 이러한 경우에 중복제소에서는 소송물의 동일성이 인정되지 아니하여 중복제소가 아니다.

재소금지의 원칙에 위배되지 않는다(대법원 2000. 12. 22. 선고 2000다46399 판결).

(3) 매수인이 매도인을 상대로 부동산에 관하여 매매를 원인으로 한 소유권이전등기 절차 이행의 소를 제기하여 승소판결을 받았지만, 토지거래허가구역 내에 있는 토지이어서 토지거래허가를 받아야 소유권을 취득할 수 있으므로 원고는 항소심에서 매매에 따른 토지거래허가신청절차의 이행을 구하는 소로 교환적으로 변경하여 당초의 소는 종국판결 선고 후 취하된 것으로 되었다 하더라도, 그 후 토지거래허가를 받고 나서 다시 소유권이전등기절차의 이행을 구하는 것은 전소와 권리보호의 이익이 달라 재소금지원칙이 적용되지 않는다(대법원 1997. 12. 23. 선고 97다45341 판결).

3. 재소금지가 제한되는 경우

청구의 포기를 할 수 없는 가사소송 등에서는 재소금지의 효력이 발생하지 않는다. 재소금지를 할 경우 청구의 포기와 동일한 효과가 있기 때문이다.

제 2 절 청구의 포기와 인낙

I. 의 의

청구의 포기는 원고가 자신의 청구가 이유 없음을 자인하는 법원에 대한 소송행위이고, 청구의 인낙은 피고가 원고의 청구가 이유 있음을 자인하는 법원에 대한 소송행위이다.

이러한 청구의 포기와 인낙은 청구권 자체에 대한 것이라면(예를 들어 "원고의 주장처럼 피고가 원고에게 금 1억원을 지급할 채무가 있음을 인정합니다.") 자백은 개개의 주요사실에 대한 것(예를 들어 "원고의 주장사실 중 원고로부터 금 1억원을 지급받은 사실은 인정하지만, 나머지 사실은 모두 부인합니다.")이란 점에서 차이가 있고, 청구의 포기와 인낙은 확정판결과 동일한 효력이 있지만 소취하는 처음부터 소가 제기되지 않은 상태로 된다는 점에서 차이가 있다.

II. 요 건

1. 특별수권사항

소송대리인이 청구의 포기와 인낙을 하기 위해서는 소송당사자로부터 특별한 권한을 따로 받아야 한다(법 제90조 제2항 제2호).

2. 처분이 가능한 소송

청구의 포기와 인낙은 당사자의 자유로운 처분이 허용되는 소송물에 관하여만 허용된다. 회사관계소송 등과 같이 판결의 효력이 제3자에게 미치는 소송 또는 친족권이나 공권에 관한 소송에서는 당사자의 자유로운 처분이 허용되지 않으므로 청구의 포기와 인낙이 제한되거나 허용되지 않는다. 예를 들어,

(1) 제3자의 소송담당인 주주대표소송에서 청구의 포기와 인낙은 법원의 허가를 받아야 한다(상법 제403조 제6항),

(2) 주주총회결의의 하자를 다투는 소나 회사합병무효의 소에서 취소판결 또는 무효판결과 같은 원고 승소판결에 대하여는 대세적 효력이 인정되고 있으므로[9] 청구의 인낙을 할 수 없다(대법원 1993. 5. 27. 선고 92누14908 판결, 대법원 2004. 9. 24. 선고 2004다28047 판결).[10]

(3) 인지청구권은 본인의 일신전속적인 신분관계상의 권리로서 포기할 수 없고 포기하였다 하더라도 그 효력이 발생할 수 없다(대법원 1987. 1. 20. 선고 85므70 판결).

3. 예비적 청구에 대한 제한

예비적 병합청구에서 피고가 예비적 청구에 관하여만 인낙을 하여 인낙을 한 취지가 조서에 기재되었다 하더라도 원고는 주위적 청구에 대하여 심판을 받을 법률상 이익이 있어서 법원은 원고의 주위적 청구를 먼저 심판해야 하므로 그 인낙의 효력이 발생하지 않는다(대법원 1995. 7. 25. 선고 94다62017 판결). 그러나 예비적 공동소송의 경우에는 원고가 얻고자 하는 궁극적 목적이 하나이므로 원고가 주위적 피고에 대하여 승소하든 예비적 피고에 대하여 승소하든 그 결과에 차이가 없고, 따라서 예비적 피고에 의한 청구의 인낙이 허용된다(법 제70조 제1항 단서).

III. 효 과

청구의 포기 · 인낙을 변론조서 · 변론준비기일조서에 적은 때에는 그 조서는 확정판

9) 주주총회결의취소의 판결에 대하여는 상법 제376조 제2항에서, 무효 또는 부존재확인의 판결에 관하여는 같은 법 제380조에서, 합병무효의 판결에 관하여는 같은 법 제530조에서, 각 "설립무효의 판결 또는 설립취소의 판결은 제3자에 대하여도 그 효력이 있다."고 규정하고 있는 상법 제190조를 준용하는 방법으로 그 무효판결 또는 취소판결의 대세적 효력을 인정하고 있다.

10) 이에 관하여는 상법에 규정이 없고, 판례에 의하여만 인정되고 있다.

결과 같은 효력을 가진다(법 제220조). 청구의 포기는 원고 승소의 확정판결과 청구의 인낙은 피고 승소의 확정판결과 동일한 효력이 있다. 청구의 포기 · 인낙은 피고가 원고의 주장을 승인하는 소위 관념의 표시에 불과한 소송상 행위로서 이를 조서에 기재한 때에는 확정판결과 동일한 효력이 발생되어 그로써 소송을 종료시키는 효력이 있을 뿐이고, 실체법상 채권 · 채무의 발생 또는 소멸의 원인이 되는 법률행위라 볼 수 없다(대법원 2022. 3. 31. 선고 2020다271919 판결).

제 3 절 재판상 화해

I. 의 의

민법상의 화해계약은 분쟁의 당사자 사이에서만 이루어지고 계약으로서의 효력만이 있는데 반하여, 재판상 화해는 당사자가 법관의 앞에서 화해를 하고 이러한 화해에는 확정판결과 동일한 효력이 있다. 민법상 화해계약에서 의무자가 의무를 이행하지 아니하면 권리자는 의무이행의 소를 제기한 후에 집행권원을 얻어서 강제집행신청을 해야 하지만, 재판상 화해는 확정판결과 동일한 효력이 있어서 집행력이 있으므로 이행의 소를 제기할 필요 없이 바로 강제집행을 개시할 수 있다. 재판상 화해에는 당사자가 소를 제기하기 전에 임의로 법원에 출석하여 법관의 앞에서 하는 제소전화해와 소송이 신행되는 도중에 법관의 앞에서 하는 소송상 화해가 있다.

II. 소송상 화해

1. 의 의

소송의 당사자가 변론기일에 소송물인 권리 또는 법률관계에 관하여 상호 그 주장을 양보하여 다툼을 해결하는 것을 '소송상 화해'라고 한다. 법원의 판결은 일도양단적 성격을 갖고 있어서 당사자 사이에 감정을 악화시키지만, 소송상 화해는 평화적 해결방법이라는 이유로 이를 적극적으로 환영하는 견해가 있다. 그러나 당사자 사이에 임의로 합의할 수 없는 지경에 이르렀을 때 비로소 소송으로 진행된 것이 일반적이란 점을 고려하면 법원이 지나치게 적극적으로 소송상 화해를 권유하는 것은 당사자의 재판받을 권리를 침해한다는 점에서 주의할 필요가 있다고 본다.[11)]

---

11) 참고로 「4 · 16세월호참사 피해구제 및 지원 등을 위한 특별법」 제16조 및 「민주화운동 관련자 명예회복 및 보상 등에 관한 법률」 제18조 제2항에서는 신청인이 보상금 등의 결정에 대하여 동의한 경우에는 재판

2. 특별수권사항

소송상 화해는 판결 이외의 방법으로 분쟁을 종국적으로 종결시키는 결과를 가져오므로 소송대리인이 소송상 화해를 하기 위해서는 소송당사자로부터 특별한 권한을 따로 받아야 한다(법 제90조 제2항 제2호).

3. 소송상 화해의 대상이 될 수 없는 경우

가. 소송상 화해의 대상인 권리관계는 사적 이익에 관한 것으로서, 당사자가 자유롭게 처분할 수 있는 것이어야 한다는 점에서 청구의 포기·인낙과 동일하다. 따라서 성질상 당사자가 임의로 처분할 수 없는 사항을 대상으로 한 소송상 화해는 허용될 수 없고, 설령 그에 관하여 조정이나 소송상 화해가 성립하였더라도 효력이 없어 당연무효이다(대법원 2012. 9. 13. 선고 2010다97846 판결). 대표적으로 친족권, 공권, 회사관계소송 등과 같이 판결의 효력이 제3자에게 미치는 소송에서는 당사자의 자유로운 처분이 허용되지 않으므로 소송상 화해가 허용되지 않는다.

나. 회사법상 주주총회결의의 하자를 다투는 소나 회사합병무효의 소 등은 판결의 대세적 효력을 인정하고 있는 상법 제190조를 준용하고 있어서 당사자에게 처분의 자유가 없으므로 소송상 화해나 조정을 할 수 없고 이러한 소송상 화해나 조정이 성립되더라도 효력이 없다(대법원 1993. 5. 27. 선고 92누14908 판결, 대법원 2004. 9. 24. 선고 2004다28047 판결). 그리고 친생자관계의 존부 확인과 같이 현행 가사소송법상의 가류 가사소송사건에 해당하는 청구는 성질상 당사자가 임의로 처분할 수 없는 사항을 대상으로 하므로, 이에 관하여 조정이나 소송상 화해가 성립하더라도 효력이 없다(대법원 2007. 7. 26. 선고 2006므2757 판결).

다. 소송의 당사자는 법원의 재판을 처분할 권한이 없으므로 법원의 재판을 화해의 대상으로 하여 조서에 기재하더라도 화해로서의 효력이 없다. 예를 들어 "재심대상판결 및 제1심 판결을 각 취소한다."는 조정조항은 당연무효이고(대법원 2012. 9. 13. 선고 2010다97846 판결), 법원의 재판인 경락허가결정을 취소한다는 소송상 화해도 효력이 없다(대법원 1980. 1. 17. 자 79마44 결정).

4. 소송상 화해의 유효성

가. 소송물 이외의 법률관계

소송상 화해의 대상은 원칙적으로 그 소송의 소송물이지만, 당사자가 소송물 외

상 화해와 동일한 효력을 부여하고 있다.

의 법률관계도 화해의 대상에 포함시키면 화해의 효력이 미친다(대법원 1985. 2. 13. 선고 84다카219 판결).

나. 강행법규에 위반한 화해

소송상의 화해가 성립되면 그 내용이 강행법규에 위배된 경우라 하더라도 그것이 단지 소송상 화해에 하자가 있음에 지나지 아니하여 재심의 절차에 의하여 구제받는 것은 별문제로 하고 그 화해조서가 당연무효라고 할 수는 없다(대법원 1987. 10. 13. 선고 86다카2275 판결).

다. 제3자가 화해의 당사자가 되는 경우

소송당사자 아닌 제3자도 소송상 화해의 당사자가 될 수 있고, 이 경우 그 화해의 효력은 화해조서에 기재된 내용에 따라 제3자에게도 미친다(대법원 1985. 11. 26. 선고 84다카1880 판결). 소송상 화해가 성립한 공동피고 사이에서도 마찬가지이다. 예를 들어 통상공동소송에서 공동피고 사이에는 판결의 효력이 미치지 않지만, 원고와 공동피고 을, 병의 3인이 계쟁토지에 관하여 각 3분의 1씩 공유지분을 갖고 있다는 사실을 확인한다는 소송상 화해를 하였다면 소송상 화해의 효력은 을, 병 사이에서도 발생한다(대법원 1981. 12. 22. 선고 78다2278 판결).

라. 실효조건부 화해

통상의 소송행위는 당사자의 법원에 대한 일방적 단독행위이므로 조건과 기한을 붙일 수 없지만, 소송상 화해는 당사자의 합의에 의한 소송행위이므로 실효조건을 붙일 수 있다(대법원 1996. 11. 15. 선고 94다35343 판결). 만일 실효조건이 성취된다면 소송상 화해가 없었던 상태로 돌아가므로 당사자가 화해 성립 전의 법률관계를 다시 주장하면서 소를 제기하더라도 소송상 화해의 기판력에 저촉되지 않는다(앞의 판결). 예를 들어 제3자의 이의가 있을 때는 화해의 효력을 실효시키기로 하는 약정이 가능하고 그 실효조건의 성취로 그 화해의 효력은 당연히 소멸된다(대법원 1993. 6. 29. 선고 92다56056 판결).

마. 종전의 소송상 화해와 모순되는 소송상 화해

소송상 화해에는 기판력이 발생하고 기판력은 당사자가 처분할 수 없으므로 소송상 화해가 일단 성립되어 기판력이 발생한 이상 이와 다른 내용의 소송상 화해를 하더라도 종전의 소송상 화해의 효력이 소멸되지 않는다. 예를 들어 갑, 을 및 병 사이에 제1화해가 성립한 후에 갑과 을 사이에 다시 제1화해와 모순 저촉되는 제2화해가 성립하였다 하여도, 제1화해가 조서에 기재되어 확정판결과 동일하게 기판력이 발생한 이상 제2화해에 의하여 제1화해가 당연히 실효되거나 변경되고 나아가 제1화해조서의 집행으로 마쳐진을 명의의 소유권이전등기 및 이에 기한 제3자 명의의 각 소유권이전등기가 무효로 된다고 볼 수는 없다(대법원 1995. 12. 5. 선고 94다59028 판결).

5. 효 과

가. 기판력과 집행력

소송상 화해의 내용이 조서에 기재되면 확정판결과 동일한 효력이 있으므로(법 제220조) 기판력과 집행력이 있다.

나. 소송상 화해의 효력을 다투는 방법 – 기일지정신청

소송상 화해에 당연무효의 사유가 있으면 당사자는 법원에 기일지정신청을 할 수 있고 법원이 심리한 결과 당연무효의 사유가 없다면 소송종료선언을 해야 한다. 그런데 중복제소금지의 원칙에 위배되어 제기된 소송절차에서 이루어진 화해라도 확정된 경우에는 당연무효라고 할 수는 없다(대법원 1995. 12. 5. 선고 94다59028 판결).

다. 준 재 심

소송상 화해에 당연무효의 사유 이외에 재심사유가 있다면 민사소송법 제461조의 준재심의 소에 의하여만 그 효력을 다툴 수 있을 뿐이다(대법원 2000. 3. 10. 선고 99다67703 판결).12) 대표적으로 민사소송법 제451조 제1항 제5호 소정의 형사상 처벌을 받을 타인의 행위로 인한 사유가 소송상의 화해에 대한 준재심사유로 될 수 있는데, 그것이 당사자가 화해의 의사표시를 하게 된 직접적인 원인이 된 경우에 한정되며 단순히 동기에 불과하다면 재심사유가 되지 못한다(대법원 1979. 5. 15. 선고 78다1094 판결). 그리고 소송상의 화해는 소송행위이므로 사법상의 화해와는 달리 사기나 착오, 강박을 이유로 취소할 수는 없다(앞의 판결).

6. 화해권고결정13)

가. 의 의

법원·수명법관 또는 수탁판사가 소송에 계속 중인 사건에 대하여 직권으로 당사자의 이익, 그밖의 모든 사정을 참작하여 청구의 취지에 어긋나지 아니하는 범위 안에서

12) 이에 대하여 소송상 화해에 실체법상 하자가 없는 경우에만 기판력이 발생한다는 제한적 기판력설이 있다.

13) 화해권고결정이 민사소송법에 도입되기 전에는 민사조정법 제30조의 '조정에 갈음하는 결정'이 많이 이용되었다. 소송 계속 중 법원은 당사자에게 화해를 권고하기 위하여 소송을 조정에 회부하고 '조정에 갈음하는 결정'을 하였는데, 화해권고결정과 마찬가지로 이를 송달받은 날로부터 2주 이내에 이의를 제기하지 아니하면 소송상 화해와 동일한 효력이 있다.

사건의 공평한 해결을 위하여 화해권고결정을 할 수 있다(법 제225조). 법관이 당사자에게 합의를 유도하였으나 당사자의 감정적 대립으로 인하여 합의가 성립되지 않은 경우, 당사자가 법관의 합의안에 대하여 생각할 시간이 필요한 경우, 소송대리인이 화해의 내용을 당사자 본인이 받아들일 것인지 확인할 시간이 필요한 경우에 법원이 화해권고결정을 내리고 있다.

나. 결정서의 송달

화해권고결정은 당사자에게 송달해야 하는데, 당사자가 실제로 송달받을 필요가 있으므로 우편송달이나 공시송달에 의하여 송달할 수 없다(법 제225조 제2항).

다. 이의신청

(1) 당사자는 화해권고결정을 송달받은 날로부터 2주 안에 이의를 제기할 수 있는데, 송달받기 전에도 이의를 제기할 수 있다(법 제226조 제1항). 2주의 기간은 불변기간이므로 당사자가 귀책사유 없이 이 기간을 도과하였다면 추완신청을 할 수 있다. 이의신청은 민사소송법 제227조 제2항의 사항이 기재된 이의신청서를 법원에 제출하는 방식으로 한다. 그런데 제출된 서면을 전체적으로 보아 어떠한 화해권고결정에 대하여 이의를 한다는 취지가 나타나면 족하고, 그 서면의 표제가 준비서면 등 다른 명칭을 사용하고 있다고 하여 달리 볼 것은 아니다(대법원 2011. 4. 14. 선고 2010다5694 판결).

(2) 이러한 이의신청권은 이의신청기간이 만료되기 전에 미리 포기될 수 있고(법 제229조), 이의제기를 하더라도 그 심급의 판결이 선고되기 전에는 상대방의 동의를 얻어서 취하할 수 있다(법 제228조). 그리고 만일 이의신청이 민사소송법 제227조의 방식에 위반하는 등의 위법이 있으면 이의신청이 각하될 수도 있다(법 제230조).

라. 효 력

이의신청기간 내에 이의신청을 하지 아니하거나, 이의신청을 각하·취하하는 경우 또는 이의신청권을 포기하는 경우에는 화해권고결정이 확정되고 소송상 화해와 동일한 효력을 갖는다(법 제231조). 따라서 기판력과 집행력이 발생한다. 그리고 화해권고결정의 기판력은 그 확정시를 기준으로 하여 발생한다(대법원 2012. 5. 10. 선고 2010다2558 판결).

III. 제소전화해

1. 의 의

제소전화해는 소가 제기되기 전에 분쟁의 당사자가 법관의 앞에서 화해하는 것을 말한다(법 제385조 제1항). 분쟁의 당사자가 소송 외에서 화해를 하면 화해계약이라는 사법적 효력이 발생할 뿐이고, 기판력이나 집행력이 발생하지 않으므로 이러한 효력을 바라는 당사자를 위하여 마련된 제도이다.

2. 제도적 문제점

(1) 금전이나 대체물 청구에서 채무자가 강제집행을 수락하겠다고 하는 공정증서를 작성하면 기판력이 발생하지 않지만 집행력은 발생한다(민사집행법 제56조 제4호, 이를 '집행증서'라고 한다.). 채무자가 채권의 존재에 대하여 다투지 않지만 당장 변제자력이 없는 경우에 채권자가 지급기일을 연기해 주되 그 기일에도 지급이 없는 때에 신속한 강제집행을 실시할 수 있도록 위와 같은 공정증서의 작성이 많이 활용되고 있다.

(2) 그러나 종전에는 금전지급채권에 대하여만 집행증서를 허용하고 물건의 인도청구권에 관하여는 위와 같은 제도가 없었기 때문에, 임대기간이 만료하면 임차인으로부터 임차목적물을 즉시 회수하기를 원하는 임대인이 집행력을 취득하기 위하여 제소전화해를 많이 활용하였다. 그런데 제소전화해는 공정증서와 달리 기판력이 있어서 부당한 제소전화해가 성립되어도 준재심사유가 있는 경우에만 그 효력을 다툴 수 있다는 점에서 그 남용을 제한할 필요가 계속적으로 제기되었다.[14] 이러한 이유로 2013.11.29. 시행된 공증인법 제56조의3 제1항에서는 금전지급채권과 마찬가지로 건물, 토지, 동산 등 물건의 인도청구권에 관하여도 집행수락의 공정증서를 작성할 수 있도록 하고, 제3항에서는 위와 같은 공정증서가 집행권원이 될 수 있도록 규정하고 있다.

3. 요건 및 효과

당사자는 제소전화해를 위하여 대리인을 선임하는 권리를 상대방에게 위임할 수 없다(법 제385조 제2항). 대리인 선임권을 위임하도록 허용하면, 교섭력에서 우위에 있는 당사자가 분쟁이 발생하기 전에 미리 위와 같은 위임을 받아서 일방적으로 자신에게 유리한 대리인을 선임할 위험이 있기 때문이다. 제소전화해는 상대방의 보통재판적이 있는 지방법원이 관할법원이 되고(같은 조 제1항), 화해가 성립되면 조서에 기재되고 기판력이 발생한다(법 제386조)는 점을 포함하여 나머지 제소전화해의 요건과 효과는 소송상 화해와 동일하다.

---

14) 공정증서에는 기판력이 없기 때문에 채권자가 공정증서를 집행권원으로 하여 부당한 강제집행을 개시한다면 채무자는 그 집행력을 배제시키기 위하여 청구이의의 소를 제기할 수 있다. 덧붙여 단순히 집행력만 배제하는 것이 아닌 다른 정당한 목적이 있다면 채무자는 공정증서의 작성원인이 된 채무에 관하여 채무부존재확인의 소를 제기할 확인의 이익이 있다(대법원 2013. 5. 9. 선고 2012다108863 판결). 만일 이미 집행되었다면 채무자는 부당이득반환청구나 손해배상청구를 할 수 있다(대법원 2005. 4. 15. 선고 2004다70024 판결).

IV. 창설적 효력

(1) 재판상 화해(화해권고결정이 확정된 경우,[15] 조정이 성립된 경우[16]도 포함)가 이루어지면 종전의 법률관계를 바탕으로 한 권리 · 의무관계는 소멸하고 화해의 내용대로 새로운 법률관계가 창설된다. 이러한 창설적 효력이 미치는 범위는 당사자가 서로 양보를 하여 확정하기로 합의한 사항에 한하며, 당사자가 다툰 사실이 없었던 사항은 물론 화해의 전제로서 서로 양해하고 있는 데 지나지 않은 사항에 관하여는 그러한 효력이 생기지 않는다(대법원 2011. 7. 28. 선고 2009다90856 판결).

(2) 예를 들어 甲과 乙 등이 점포에 관하여 임대차계약을 체결한 후 "甲(임차인)은 임대차기간 만료일에 乙 등(임대인)으로부터 임대차보증금을 반환받음과 동시에 점포를 乙 등에게 인도한다."라는 내용의 제소전 화해를 하였는데, 甲이 상가건물 임대차 보호법에 따라서 임대차기간 만료 전 임대차계약의 갱신을 요구하였다. 임대차계약에 甲의 계약갱신요구권을 배제하는 내용이 없고, 오히려 계약을 갱신할 경우에 상호 협의한다고 정한 점, 화해조서에 임대차계약이 기간 만료로 종료하는 경우 甲이 임대차보증금을 반환받음과 동시에 乙 등에게 점포를 인도한다고 기재되어 있을 뿐, 甲의 계약갱신요구권이나 이에 관한 권리관계에 대하여는 아무런 기재가 없으며, 그 내용이 甲의 계약갱신요구권 행사와 양립할 수 없는 것이라고 보기도 어려운 점, 甲이 계약갱신요구권을 미리 포기할 이유가 있었다고 볼 만한 사정을 찾기 어렵고, 화해조서에서 점포의 반환일을 임대차기간 만료일로 기재한 점이나 화해의 신청원인으로 '합의된 사항의 이행을 보장하고 장래에 발생할 분쟁을 방지하고자' 함에 있다고 기재한 사정만으로 甲이 계약갱신요구권을 포기하는 의사를 표시한 것이라고 단정하기 어려운 점에 비추어, 甲의 계약갱신요구권은 화해 당시 분쟁의 대상으로 삼지 않은 사항으로서 화해에서 달리 정하거나 포기 등으로 소멸시킨다는 조항을 두지 않은 이상 화해의 창설적 효력이 미치지 않고, 甲은 화해조서 작성 이후에도 여전히 법이 보장하는 계약갱신요구권을 행사할 수 있다(대법원 2022. 1. 27. 선고 2019다299058 판결).

---

15) 대법원 2014. 4. 10. 선고 2012다29557 판결.
16) 대법원 2006. 6. 29. 선고 2005다32814,32821 판결.

제 3 장 종국판결에 의한 소송의 종료

제 1 절 재판의 종류

I. 판결, 결정, 명령

재판이란 법을 적용한 법원의 판단을 말한다. 이러한 재판을 형식적으로 분류하면 판결, 결정, 명령이 있다. 판결이 중요사항에 관한 법원의 판단이라면 결정(이송결정 등)과 명령(문서제출명령, 보정명령 등)은 소송절차의 부수적 사항에 관한 판단이다. 판결은 상소에 의하여 불복을 하지만 결정과 명령은 항고에 의하여 불복을 한다는 점에서 차이가 있고, 기타 몇 가지 차이가 있지만, 성질에 반하지 아니하는 한 판결에 관한 규정이 적용된다(법 제224조 제1항).

II. 중간판결과 종국판결

1. 중간판결(interlocutory judgement)

가. 의 의

당해 심급에서 사건의 전부 또는 일부를 완결하는 재판인 종국판결을 하기에 앞서 종국판결의 전제가 되는 개개의 쟁점을 미리 정리 · 판단하여 종국판결을 준비하는 재판을 '중간판결'이라고 한다(대법원 2011. 9. 29. 선고 2010다65818 판결). 예를 들어 지적재산권침해를 원인으로 하는 손해배상청구에서 지적재산권의 존재에 대하여 첨예한 다툼이 있다면, 손해배상청구권의 발생 여부 및 손해액에 대한 심리를 진행하기에 앞서 지적재산권의 존재에 대하여 중간판결을 하게 되면 당사자는 더 이상 지적재산권의 존재에 대하여 다툴 필요 없이 손해의 발생여부에 대하여 변론을 집중할 수 있는 장점이 있다.

나. 요 건

중간판결로 할 것인지 종국판결로 할 것인지는 법원의 재량사항이므로 당사자의 신청이 없더라도 법원이 직권에 의하여 중간판결을 할 수 있다(법 제201조). 이와 별도로 민사소송법 제454조에서는 재심절차와 관련한 중간판결을 허용하고 있다. 재심절차는 확정판결의 취소와 본안청구에 대한 새로운 심판을 소송물로 하기 때문에 법원은 재심의 소가 적법한지 여부와 재심사유가 있는지 여부에 관한 심리 및 재판을 본안에 관한 심리 및 재판과 분리하여 먼저 시행할 수 있다.

다. 효 과

(1) 중간판결은 중간확인의 소에서의 판결과 같이 종국판결이 아니므로 기판력이나 실체법상 형성력, 집행력이 발생하지 않는다(대법원 1995. 2. 14. 선고 93재다27 전원합의체 판결). 그러나 기속력은 있으므로 중간판결이 선고되면 판결을 한 법원도 이에 구속되어 종국판결을 할 때에도 그 주문의 판단을 전제로 하여야 하며, 설령 중간판결의 판단이 그릇된 것이라 하더라도 이에 저촉되는 판단을 할 수 없다(대법원 2011. 9. 29. 선고 2010다65818 판결). 그리고 이러한 중간판결은 독립하여 상소할 수 없고 종국판결과 함께 상소를 제기하여야 한다(앞의 판결).

(2) 민사소송법 제454조에서는 재심절차와 관련하여 중간판결을 허용하고 있다. 재심절차는 확정판결의 취소와 본안청구에 대한 새로운 심판을 소송물로 하기 때문에 제454조(재심사유에 관한 중간판결) 판례문헌

① 법원은 재심의 소가 적법한지 여부와 재심사유가 있는지 여부에 관한 심리 및 재판을 본안에 관한 심리 및 재판과 분리하여 먼저 시행할 수 있다.

② 제1항의 경우에 법원은 재심사유가 있다고 인정한 때에는 그 취지의 중간판결을 한 뒤 본안에 관하여 심리 · 재판한다.

(출처: 민사소송법 일부개정 2021. 8. 17. [법률 제18396호, 시행 2021. 11. 18.] 법무부 〉 종합법률정보 법령)

2. 종국판결(final judgement)

소송사건을 당해 심급에서 완결하는 판결을 '종국판결'이라고 한다(법 제198조). 항소심의 환송판결이나 대법원의 환송판결도 당해 사건에 대하여 재판을 마치고 그 심급을 이탈시키는 판결인 점에서 중간판결이 아니라 종국판결에 해당한다(대법원 1995. 2. 14. 선고 93재다27 전원합의체 판결).

III. 종국판결의 종류

1. 일부판결

가. 가능한 경우

병합된 여러 개의 청구 중 심리가 완결되어 판결하기에 성숙한 일부의 청구에 대하

여 먼저 변론을 분리한 후에 판결하는 것을 '일부판결'이라고 한다(법 제200조). 일부판결도 당사자의 신청이 아니라 법원의 재량에 속한다(같은 조). 그러나 합일확정이 필요하거나 청구 상호간에 불가분적으로 결합되어 있어서 일부판결을 하게 되면 판결 상호 간에 모순저촉이 발생할 위험이 있는 때에는 일부판결을 할 수 없고 하나의 종국판결을 해야 한다. 결국 원칙적으로 주관적 병합에서 통상공동소송이나 객관적 병합에서 단순병합의 경우에만 일부판결이 가능하다.

나. 주관적 병합에서 허용되지 않은 경우

합일확정이 요청되는 공동소송절차에서는 하나의 판결을 해야 하므로 일부 당사자에 대한 일부판결을 허용되지 않는다. 예비적·선택적 공동소송에서는 공동소송인 모두에 대하여 하나의 판결을 해야 하는데, 일부 공동소송인에 대하여만 일부판결하거나(대법원 2008. 3. 27. 선고 2005다49430 판결), 독립당사자참가신청이 있는 경우에 세 당사자 모두에 대하여 판결을 해야 하는데 일부 당사자에 대하여만 일부판결을 하는 것(대법원 1981. 12. 8. 선고 80다577 판결)은 허용되지 않는다. 만일 위와 같은 경우에 일부판결을 하였고, 당사자가 상소를 제기하였다면 모든 당사자에 대한 청구가 상소심으로 이심되고, 재판의 누락으로서 원심에서 추가판결을 해야 하는 것은 아니다(대법원 1998. 7. 24. 선고 96다99 판결).

다. 객관적 병합에서 허용되지 않은 경우

(1) 선택적 병합청구에서 원고의 청구를 기각하고자 한다면 법원은 병합된 청구 모두에 대하여 심판해야 한다. 따라서 법원이 선택적으로 병합된 청구 중 일부의 청구에 대하여만 기각판결(인용판결의 경우에는 당연히 나머지 병합된 청구에 대하여 판단을 할 필요가 없으므로 일부판결이 아니다.)을 하는 것은 허용되지 않는다(대법원 1998. 7. 24. 선고 96다99 판결).

(2) 예비적 병합의 경우에는 수개의 청구가 하나의 소송절차에 불가분적으로 결합되어 있기 때문에 주위적 청구를 먼저 판단하지 않고 예비적 청구만을 인용하거나 주위적 청구만을 배척하고 예비적 청구에 대하여 판단하지 않는 등의 일부판결은 예비적 병합의 성질에 반하는 것으로서 법률상 허용되지 않는다(대법원 2000. 11. 16. 선고 98다22253 전원합의체 판결).

(3) 위와 같은 위법한 일부판결이 있는 경우에 그 판결에 대한 상소가 제기되면 판단이 청구 부분도 상소심으로 이심이 되고 그 부분이 재판의 누락에 해당하여 원심에 계속 중이라고 볼 것은 아니므로 추가판결을 하여서는 아니된다(대법원 2000. 11. 16. 선고 98다22253 전원합의체 판결).

2. 추가판결

가. 의 의

병합된 여러 개의 청구 중 일부 또는 공동소송인 중 일부에 대한 재판을 누락하여 추가로 판결하는 것을 '추가판결'이라고 한다. 판단이 누락된 청구는 여전히 누락된 심급에 남아 있으므로 그 심급법원이 계속하여 재판한 후 판결해야 한다(법 제212조 제1항). 예를 들어 공동피고 A와 B가 있고 통상공동소송의 형태인데, 제1심 법원이 A에 대하여만 판결을 선고하였다면 B에 대한 청구는 여전히 제1심에 남아 있으므로 제1심 법원이 B에 대하여 추가판결을 해야 한다.

나. 이유불비과 구별

판결이유에서 공격방어방법에 대한 판단을 누락을 한 이유불비와 독립된 판결의 대상인 소송물 또는 당사자에 대한 재판을 누락한 재판누락을 구분해야 한다. 이유불비의 경우에는 판결에 오류가 있는 경우이지 재판이 누락된 경우가 아니므로 추가판결이 아니라 상소 또는 재심(법 제451조 제1항 제9호)에 의해서 문제를 해결해야 한다. 재판의 누락과 이유불비는 결국 소송물의 구분기준에 따르게 된다.

다. 재판의 누락의 판단기준

판결이유에서 청구가 이유 없다고 설시하고 있더라도 주문에서 설시가 없으면 특별한 사정이 없는 한 재판의 누락이 있다고 보아야 한다(대법원 2004. 8. 30. 선고 2004다24083 판결). 기판력은 주문에 기재된 판단에 한정하여 발생하고 판결이유에는 발생하지 않으므로 주문에 기재되지 아니하면 기판력이 없다는 점에서 판결의 존재를 인정할 수 없기 때문이다. 예를 들어 병합청구에서 하나의 청구를 인용하고 나머지를 기각한다면 주문에서 "피고는 원고에게 금 000원을 지급하라. 원고의 나머지 청구는 기각한다."라고 기재해야 하는데 "원고의 나머지 청구는 기각한다."는 주문이 포함되어 있지 않다면 설령 나머지 청구에 대하여 판결이유에서 설시하고 있더라도 이러한 부분은 재판의 누락이 된다.

라. 추가판결을 할 수 없는 경우(=재판의 누락이 아닌 경우)

합일확정이 필요하거나 청구 상호간에 불가분적으로 결합되어 있어서 하나의 종국판결을 해야 하는 경우에는 기판력의 모순저촉을 피하기 위하여 추가판결을 할 수 없고 판단유탈이 있다면 상소 또는 재심에 의하여 문제를 해결해야 한다.

(1) 주관적·예비적 공동소송이나 필수적 공동소송은 동일한 법률관계에 관하여 모든 공동소송인이 서로간의 다툼을 하나의 소송절차로 한꺼번에 모순 없이 해결하는 소송

형태로서 모든 공동소송인에 대한 청구에 관하여 판결을 하여야 하고(민사소송법 제70조 제2항), 그중 일부 공동소송인에 대하여만 판결을 하거나 남겨진 자를 위하여 추가판결을 하는 것은 허용되지 않는다(대법원 2014. 3. 27. 선고 2009다104960 판결, 대법원 2010. 4. 29. 선고 2008다50691 판결). 만일 일부 공동소송인에 대한 판단이 누락되었고 공동소송인 중 어느 한 사람이 상소를 제기하면 다른 공동소송인에 관한 청구 부분도 확정이 차단되고 상소심에 이심되어 심판대상이 되므로 상소심에서 판단누락의 문제를 해결해야 한다(앞의 판결).

(2) 객관적 병합에서 선택적 병합이나 예비적 병합의 경우에는 병합된 청구에 관하여 하나의 판단을 요구하므로 탈루가 있다고 하여 추가판결을 할 것이 아니라 상소 제기 의하여 해결해야 한다. 예를 들어 주위적 청구에 대한 판단이 없이 예비적 청구만을 인용하거나, 주위적 청구만을 배척하고 예비적 청구에 대하여 판단하지 않는 등 재판의 탈루가 있다고 하더라도 그 판결을 한 법원에 추가판결을 할 것은 아니고 당사자의 상소에 의하여 진행된 상소심에서 해결해야 한다(대법원 2000. 11. 16. 선고 98다22253 전원합의체 판결).

(3) 결국 주관적 병합에서의 통상공동소송이나 객관적 병합에서의 단순병합과 같이 청구 상호간에 불가분적 결합관계가 없는 병합형태에서만 재판의 누락에 대한 추가판결이 허용된다.[17] 그리고 중간확인의 소에 대하여 판단이 누락된 경우에도 원심법원은 추가판결을 해야 한다(대법원 2008. 11. 27. 선고 2007다69834 판결).

제 2 절 판결의 선고

I. 판결 선고의 과정

당사자가 주장과 증명을 모두 마치고 법원도 판결을 선고하기에 성숙했다고 판단하면 변론을 종결하고서, 선고기일을 지정한다. 그 후 법원은 판결서를 작성하여 선고기일에 선고를 하고서, 판결서의 정본을 당사자에게 송달한다. 따라서 변론종결 후 판결서를 송달받을 때까지 어느 정도 시간이 소요된다. 변론종결은 앞서 설명하였으므로 아래에서는 그 외의 과정에 대하여 설명한다.

---

17) 논리적으로 전혀 관계가 없어 순수하게 단순병합으로 구하여야 할 수 개의 청구를 예비적 청구로 병합하여 청구하는 것은 부적법하여 허용되지 않는다. 제1심 법원이 이를 예비적 청구로 보아서 판단하더라도 그로 인하여 청구의 병합형태가 예비적 병합 관계로 바뀔 수는 없다. 그러므로 단순병합 되어야 하는 청구를 예비적으로 병합하였고 병합된 청구 중에 판단누락된 청구가 있다면 그 청구는 여전히 제1심에 남아 있어 추가판결을 해야 한다(대법원 2009. 12. 24. 선고 2009다10898 판결).

II. 선고기일의 지정

선고기일은 변론이 종결된 날부터 2주 이내의 날로 지정해야 하며, 복잡한 사건이나 그밖의 특별한 사정이 있는 때에도 변론이 종결된 날부터 4주를 넘긴 날로 지정하여서는 안 된다(법 제207조 제1항).

III. 판결서의 작성

직접주의의 원칙에 따라서 판결서는 기본이 되는 변론에 관여한 법관이 작성해야 한다(법 제204조 제1항). 이러한 판결서에는 당사자, 주문, 청구취지, 판결이유 등을 기재한다(법 제208조 제1항).

1. 주문의 기재

주문의 기재는 기판력의 범위를 결정하고(법 제216조), 집행관은 주문에 기재된 대로만 강제집행을 하므로 판결의 주문은 명확하여야 하며 주문 자체로서 내용이 특정될 수 있어야 한다. 따라서 주문은 어떠한 범위에서 당사자의 청구를 인용하고 배척한 것인가를 그 이유와 대조하여 짐작할 수 있을 정도로 표시되고 집행에 의문이 없을 정도로 이를 명확히 특정하여야 한다(대법원 2006. 3. 9. 선고 2005다60239 판결). 주문의 내용이 불명확하여 강제집행이 불가능한 경우에는 이미 승소한 원고가 명확한 주문을 얻기 위하여 다시 소를 제기하더라도 소의 이익이 있다는 점은 앞서 설명한 바와 같다.

2. 판결이유의 기재

가. 판결이유에서는 주문이 정당함을 인정할 수 있는 한도에서 당사자의 주장과 기타 공격 또는 방어방법의 전부에 관하여 판단을 표시해야 한다(법 제208조 제2항). 당사자의 모든 주장과 모든 증거의 채부 및 증거자료에 관하여 판결이유에서 설시하는 것은 현실적으로 불가능하다. 따라서 판결이유를 기재하는 취지를 고려하여 필요한 한도에서 판결이유를 기재할 수밖에 없다. 다만 소액사건에서는 판결이유를 생략할 수 있다(소액사건심판법 제11조의2 제3항).

나. 한편 제1심 판결로서 답변서 부제출이나 변론기일 불출석으로 인한 의제자백에 의한 판결 또는 공시송달로 기일통지를 받고 변론기일에 불출석 한 공시송달판결의 경우에는 판결서의 이유에 청구를 특정함에 필요한 사항과 민사소송법 제216조 제2항의 판단(상계의 주장에 대한 판단)에 관한 사항만을 간략히 표시할 수 있다(법 제208조 제3항 제3

호). 제1심 판결만 위와 같이 간략한 기재가 허용되며 항소심은 그와 같이 간략하게 표시할 수 없고, 민사소송법 제208조 제2항에 따라 주문이 정당하다는 것을 인정할 수 있을 정도로 당사자의 주장과 그 밖의 공격·방어방법에 관한 판단을 표시하여야 한다(대법원 2021. 2. 4. 선고 2020다259506 판결).

가. 판결이유 기재의 취지

당사자에게 판결의 주문이 어떠한 이유와 근거에 의하여 나온 것인지 그 내용을 알려 주어 ① 당사자로 하여금 판결에 승복할 것인지 여부에 관한 결단을 내릴 수 있게 하고, ② 상소법원으로 하여금 원심법원이 어떠한 사실상 및 법률상의 이유에 의하여 재판하였는가를 알 수 있게 하며, ③ 판결의 기판력이나 형성력에서 주관적 범위와 객관적 범위를 명확하게 특정하려는 데 판결이유를 기재하는 의의가 있다(대법원 1992. 10. 27. 선고 92다23780 판결).

나. 기재사항

(1) 주요사실

원고의 청구를 이유 있게 하는 요건사실과 피고의 항변사실은 주요사실로서 반드시 판단되어야 하므로 판결이유에 기재되어야 한다. 그러나 피고의 부인은 원고의 주장사실의 검토가 동시에 피고의 부인에 대한 검토가 되므로 판결이유에서 별도로 판단할 필요가 없다.

(2) 증거채부판단

증거의 경우에는 언제나 판결이유에서 증거의 채부에 관하여 판단을 해야 하는 것은 아니므로 증거로서 배척하는 취지를 명시할 필요가 없다(대법원 1996. 4. 12. 선고 95다45125 판결). 그리고 자백에 의하여 인정되는 사실과 증거에 의하여 인정되는 사실을 따로 구분하지 않고 이를 일괄하여 사실확정을 하는 것도 무방하다(대법원 1992. 7. 28. 선고 91다30729 판결). 예를 들어 "이러한 사실은 피고의 자백에 의하여 인정되고 저러한 사실은 갑제1호증 계약서의 기재내용에 의하여 인정된다."고 할 필요 없이, "이러한 사실과 저러한 사실은 피고의 자백과 갑제1호증 계약서의 기재내용에 의하여 인정된다."고 기재해도 무방하다.

(3) 중요한 증거에 대한 증거력 또는 증거능력에 대한 다툼

당사자 사이에 중요한 증거에 대한 증거력 또는 증거능력에 대하여 다툼이 있다면 그러한 증거의 채부에 대하여는 판결이유에서 설시해야 한다. 예를 들어 상대방이 문서의 진정성립을 적극적으로 다투거나 서증의 진정성립 여부가 쟁점이 된 때, 또한 서증이 당해 사건의 쟁점이 되는 주요사실을 인정하는 자료로 쓰여 지는데 상대방이 그 증거능력을 다툴 때에는 문서가 어떠한 이유로 증거능력이 있는 것인지에 관하여 설시해야 한다(대법원 2001. 6. 15. 선고 99다72453 판결).

(4) 특별한 사정 또는 합리적 이유가 요구되는 경우

법률상 추정되는 사실 또는 사실상 추정되는 사실을 번복하거나, 경험칙에 반하는 사실을 인정하는 등에는 특별한 사정이 요구된다. 이러한 특별한 사정은 판결이유에 설시되어야 한다. 예를 들어 다른 재판에서 인정된 사실은 당해 재판에서 구속력이 없지만 특별한 사정이 없는 한 유력한 증거가 되므로 특별한 사정의 존재를 이유로 하여 다른 재판에서 인정된 사실을 배척하고자 할 때에는 판결이유에서 그 특별한 사정을 설시해야 한다(대법원 2009. 9. 24. 선고 2008다92312 판결). 그리고 법원은 감정결과에 구속되지 아니하지만 감정결과는 전문가가 전문적 지식을 사용한 결과물이므로 합리적 이유가 있는 경우에만 이를 배척할 수 있고, 이를 배척하고자 한다면 그 합리적 이유를 판결이유에 설시해야 한다(대법원 1991. 11. 8. 선고 91다26935 판결).

다. 재심사유와 일반적 상고이유

(1) 판결에 이유를 기재하지 아니한 이유불비가 있는 경우에는 재심사유와 상고이유가 된다(법 제451조 제1항 제9호, 법 제424조 제1항 제6호). 여기서 "판결에 이유를 명시하지 아니한 경우"라 함은 ① 판결에 이유를 전혀 기재하지 아니하거나 ② 이유의 일부를 빠뜨리거나 ③ 이유의 어느 부분이 명확하지 아니하여 법원이 어떻게 사실을 인정하고 법규를 해석 · 적용하여 주문에 이르렀는지가 불명확한 경우를 일컫는 것이다(대법원 2011. 7. 14. 선고 2011다23323 판결).

(2) 이유불비는 일반적 상고의 이유가 된다. 민사소송법 제422조에서는 일반적 상고이유에 관하여 "상고는 판결에 영향을 미친 헌법 · 법률 · 명령 또는 규칙의 위반이 있다는 것을 이유로 드는 때에만 할 수 있다."고 규정하여 위법한 사유가 '판결에 영향'을 미칠 것을 요구하고 있다. 이러한 결과 설령 실제로 판단을 하지 아니하였다고 하더라도 그 주장이 배척될 경우임이 분명한 때에는 판결 결과에 영향이 없어 판단누락의 위법이 있다고 할 수 없다(대법원 2008. 7. 10. 선고 2006재다218 판결).

(3) 그리고 위와 동일한 이유로 판결이유에 주문에 이르게 된 경위가 명확히 표시되어 있는 이상 당사자의 주장을 판단하지 아니하였다는 사정만으로 판결에 이유를 명시하지 아니한 잘못이 있다고 할 수 없고, 당사자의 주장이나 항변에 관한 판단은 반드시 명시적으로만 하여야 하는 것이 아니고 묵시적 방법이나 간접적인 방법으로도 할 수 있다(앞의 판결).

라. 기재의 방법

서 울 중 앙 지 방 법 원
판 결

사 건 2022가합1234
원 고 손 세 정
대구시 북구 산격동 100
피 고 김 예 진
대구시 수성구 황금동 100

변론종결 2022. 9. 1.
판결선고 2022. 10. 1.

주 문

1. 피고는 원고에게 금 1억원을 지급하라
2. 소송비용은 피고의 부담으로 하라
3. 제1항은 가집행할 수 있다.

청 구 취 지

피고는 원고에게 금 1억원을 지급하라

이 유

1. 기초사실

피고가 원고로부터 1억원을 차용하여 변제기가 도래하였다.

2. 이유

피고가 돈을 갚지 않고 있으므로 변제해야 한다.

3. 결론

그렇다면, 피고는 원고에게 금 1억원을 지급할 의무가 있다고 할 것이므로 주문과 같이 판결한다.

판사 윤 창 호

IV. 가집행선고

1. 의 의

판결이 확정되어야 집행력이 발생하는 것이 원칙이지만 판결이 확정되지 않더라도 가집행선고가 있는 종국판결이 있으면 즉시 집행력이 발생한다(민사집행법 제24조).[18] 패소한 피고가 강제집행을 지연시킬 목적만으로 상소를 제기하는 경우가 있는데 가집행선고가 있으면 강제집행이 가능하므로 남상소를 방지할 수 있고, 강제집행의 염려로 인하여 제1심에 변론이 집중되는 이점도 있다.

2. 가집행선고의 대상

가. 이행판결

가집행선고는 강제집행이 가능한 이행판결에서만 할 수 있고, 강제집행이 없는 형성판결이나 확인판결에서는 가집행선고를 할 수 없다.

나. 재산권의 청구에 관한 종국판결

재산권의 청구에 관한 종국판결에서 가집행선고를 할 수 있다(법 제213조 제1항, 민사집행법 제24조). 따라서 이혼판결과 같은 비재산권의 청구에 관한 종국판결에서는 가집행선고를 할 수 없다. 그리고 이러한 비재산권의 청구에 관한 종국판결의 효과로서 재산권의 청구를 하는 경우에도 이러한 비재산권의 청구가 확정되어야 재산권의 청구가 가능하므로 재산권의 청구에 대하여 가집행선고를 할 수 없다. 예를 들어 법원이 이혼과 동시에 재산분할을 명하는 판결을 하는 경우에도 이혼판결은 확정되지 아니한 상태에서는 재산분할에 대하여 가집행을 허용할 수 없다(대법원 1998. 11. 13. 선고 98므1193 판결).

다. 의사진술을 명하는 판결

소유권이전등기절차를 이행하라는 판결 또는 채권양도통지를 하라는 판결과 같이[19] 의사진술을 이행하라는 판결은 판결이 확정되어야 의사를 진술한 것으로 보기 때문에(민사집행법 제263조), 가집행선고를 할 수 없다(서울중앙지방법원 2004. 10. 7. 선고 2002나58487 판결).

---

18) 그밖에 민사집행법 제56조에 나열된 집행권원이 있는 경우에도 강제집행을 할 수 있다.

19) 예를 들어 소유권이전등기절차를 이행하라는 판결은 피고에게 등기소에 대하여 이전등기의 의사표시를 하라는 판결이고, 채권의 양도인에게 채무자에 대하여 채권양도통지를 하라는 판결은 채권양도의 의사표시를 하라는 판결이 된다.

3. 가집행선고의 방식

가집행선고는 주문에 기재하며(법 제213조 제3항), 관행적으로 소장의 청구취지에서 가집행선고를 구하고 있지만 이와 같이 청구취지에 기재가 없더라도 법원이 직권으로 가집행선고를 할 수 있다(같은 조 제1항). 따라서 가집행선고가 붙지 않은 제1심 판결에 대하여 피고만이 항소한 항소심에서 법원이 항소를 기각하면서 가집행선고를 붙였다 하여 제1심 판결을 피고가 신청한 불복의 한도를 넘어 불이익하게 변경한 것이라 할 수 없다(대법원 1991. 11. 8. 선고 90다17804 판결). 그리고 가집행으로 인하여 발생할 수 있는 피고의 손해를 담보하기 위하여 담보제공을 조건으로 할 수 있다(법 제213조 제1항).

4. 가집행선고의 효력

가집행선고에는 기판력이 없지만 즉시 집행력이 발생하므로 재산명시신청 등 강제집행을 위하여 필요한 모든 행위를 할 수 있다. 그러나 가집행선고부 판결에 기한 집행의 효력은 확정적인 것이 아니고 후일 본안판결 또는 가집행선고가 취소 · 변경될 것을 해제조건으로 한다. 따라서 가집행선고에 기하여 채권자가 집행을 완료함으로써 만족을 얻더라도 상소심에서 본안에 관하여 판단할 때에는 그 집행의 이행상태를 고려하지 않고 청구의 당부에 관하여 판단하여야 한다(대법원 1995. 4. 21. 선고 94다58490 판결). 그리고 가집행의 선고가 붙은 판결에 대하여 상소를 한 경우에 당사자는 민사소송법 제500조에 따른 집행정지신청을 할 수 있다(법 제501조).

5. 가집행선고의 실효

(1) 가집행의 선고는 그 선고 또는 본안판결을 바꾸는 판결의 선고로 바뀌는 한도에서 그 효력을 잃는다(법 제215조 제1항).

(2) 예를 들어 항소심에서 가집행선고가 붙은 제1심 판결의 일부가 취소되어 청구인용범위가 줄었다면 가집행선고는 청구인용범위가 줄어든 차액부분에 한하여 실효되고 그 나머지 부분에는 여전히 효력이 미치며, 위 일부취소를 의미하는 항소심판결이 다시 상고심에서 파기되어 제1심 판결에서 인용한 범위에서 청구가 인용되었다면 항소심 판결에 의하여 실효된 가집행선고의 효력도 부활된다(대법원 1992. 8. 18. 선고 91다35953 판결).

(3) 그리고 항소심에서 소를 교환적으로 변경하였다면, 구(舊)청구는 취하되었다고 할 것이므로 이에 붙여진 가집행선고도 실효된다(대법원 1995. 4. 21. 선고 94다58490 판결). 그러나 가집행선고의 효력이 소멸되더라도 이미 완료된 집행절차나 이에 기한 경락인의 소유권취득의 효력에는 아무런 영향을 미치지 않는다(대법원 1993. 4. 23. 선고 93다3165 판결).

6. 원상회복청구와 손해배상청구

가. 의 의

상급심에서 가집행선고가 붙은 본안판결을 바꾸게 되면 그 한도에서 가집행선고의 효력이 소멸되므로 법원은 피고의 신청에 따라 그 판결에서 가집행의 선고에 따라 지급한 물건을 돌려 줄 것(원상회복청구)과, 가집행으로 말미암은 손해 또는 그 면제를 받기 위하여 입은 손해를 배상할 것(손해배상청구)을 원고에게 명하여야 한다(법 제215조 제2항). 피고는 원고에 대한 원상회복청구와 손해배상청구를 당해 사건의 소송절차에서 할 수 있을 뿐만 아니라 별도의 소송에 의하여서도 가능하다(대법원 1976. 3. 23. 선고 75다2209 판결).

나. 원상회복청구

(1) 원상회복청구의 대상

가집행선고가 취소되면 피고는 원고에게 가집행으로 인하여 지급받은 물건에 대하여 원상회복을 청구할 수 있다(법 제215조 제2항). 이때 원상회복을 받을 수 있는 물건에는 가집행에 의한 전부명령에 따라서 피고의 채권으로부터 지급받은 전부금도 포함된다(대법원 1993. 1. 15. 선고 92다38812 판결).

(2) 원상회복청구의 성질

(가) 예비적 반소

피고가 당해 소송절차에서 한 원상회복청구는 소송 중의 소의 일종으로서 본안판결이 변경되지 않는 것을 해제조건으로 하므로(즉 제1심 판결이 취소되는 경우를 대비한 청구이므로) 예비적 반소이다. 따라서 제1심에서의 원고의 청구인용 및 가집행판결이 항소심에서 파기되고 원고에 대하여 원상회복명령이 있었는데, 이러한 항소심의 판결이 대법원에서 파기된다면 항소심의 원상회복명령은 더 이상 유지될 수 없으므로 이 부분도 그 당부를 판단할 필요도 없이 당연히 파기해야 한다(대법원 2005. 2. 25. 선고 2003다40668 판결).

(나) 부당이득반환청구

가집행선고의 실효에 따른 원상회복의무는 상행위로 인한 채무 또는 그에 준하는 채무가 아니라 민법상 부당이득반환채무이므로 지급일 이후의 지연손해금에 대하여는 민법 소정의 법정이율에 의하여야 하는 것이고 상법 소정의 법정이율을 적용할 것은 아니다(대법원 2004. 2. 27. 선고 2003다52944 판결).

다. 손해배상청구

(1) 손해배상청구의 범위

가집행으로 인하여 피고가 입은 손해가 있다면 피고는 가집행선고가 실효된 후에 원고에게 손해배상청구를 할 수 있다. 이때 배상할 손해는 그 가집행과 상당인과관계가 있는 손해에 한정된다(대법원 1988. 5. 10. 선고 87다카3101 판결).

(2) 책임의 성질

원고의 손해배상책임은 공평의 원칙에 입각한 일종의 무과실책임이다(대법원 1979. 9. 11. 선고 79다1123 판결). 따라서 원고에게 과실이 없더라도 손해배상책임을 부담하지만, 만일 피고에게 가집행에 관하여 과실이 있는 때에는, 원고의 손해배상책임 및 그 금액을 정함에 있어서는 민법 제396조 및 제763조의 과실상계에 관한 규정을 준용하여 손해액 결정에 있어서 이를 참작하여야 한다(대법원 1995. 9. 29. 선고 94다23357 판결). 예를 들어 제1심에서 피고가 동시이행항변을 하지 아니하여 전부 패소하였다가 항소심에 이르러서야 비로소 그 항변을 함으로써 위 제1심 판결이 변경된 과정에서 피고에게 과실이 있는지 여부를 살펴서 손해배상액을 결정해야 한다(앞의 판결).

V. 소송비용(costs)의 재판

1. 의　　의

(1) 패소한 당사자는 상대방에게 소송비용을 지급해야 한다(법 제98조). 소송비용에는 대표적으로 인지대,[20] 송달료, 변호사비용이 들어가고, 감정료 · 증인의 여비 등 증거조사에 소요된 비용도 포함된다.[21]

(2) 변호사비용의 경우에는 「변호사보수의 소송비용산입에 관한 규칙」에 규정된 기준에 따른다. 선임된 변호사에게 지급한 보수가 위 규칙보다 많다고 하더라도 위 규칙에 따라서 산정된 변호사비용만을 받을 수 있으며, 만일 선임된 변호사에게 지급한 보수가 위 규칙보다 낮다면 실제로 지출한 비용만을 받을 수 있다. 그리고 수명의 변호사를 선임했다고 하더라도 1명의 변호사에 대한 비용만을 지급받을 수 있다(법 제109조 제2항). 이때 변호사보수에는 원칙적으로 의뢰인이 변호사에게 지급한 부가가치세도 포함된다(대법원 2022. 1. 27. 자 2021마6871 결정).

2. 소송비용을 부담한 자

(1) 패소한 당사자가 승소한 당사자에게 소송비용을 지급하는 것이 원칙이지만, 예외적으로 제3자가 소송비용을 부담하는 경우가 있다.

---

20) 민사소송등인지법의 규정에 따른다.
21) 구체적인 소송비용의 범위는 민사소송비용법에 따른다.

(2) 법정대리인 · 소송대리인 · 법원사무관 등이나 집행관이 고의 또는 중대한 과실로 쓸데없는 비용을 지급하게 한 경우에는 수소법원은 직권으로 또는 당사자의 신청에 따라 그에게 비용을 갚도록 명할 수 있다(법 제107조 제1항).

(3) 법정대리인 또는 소송대리인으로서 소송행위를 한 사람이 그 대리권 또는 소송행위에 필요한 권한을 받았음을 증명하지 못하거나, 추인을 받지 못한 경우에는 그 소송행위로 말미암아 발생한 소송비용은 그 대리인이 부담한다(법 제107조 제2항, 제108조). 그러나 소송대리인이 대리권 또는 소송행위에 필요한 권한을 받았음을 증명하지 못한 경우라도, 소송대리인이 소송위임에 관하여 중대한 과실이 없는 경우에는 소송비용은 소의 제기를 소송대리인에게 위임한 자가 부담한다(대법원 2016. 6. 17.자 2016마371 결정).

(4) 대리인은 소송의 당사자가 아니므로 대리인에 대하여 소송비용을 지급하도록 하는 재판에 대하여 상소를 제기할 수 없고 재판의 형식에 관계없이 즉시항고나 재항고에 의하여 불복할 수 있다(앞의 판결).

3. 소송비용분담의 기준

가. 전부 패소의 경우

전부 패소한 당사사자 소송비용 전부를 부담한다. 그러나 상대방에게 책임이 있는 사유로 인하여 비용이 발생하거나 증가한 경우에는 예외적으로 상대방도 일부 책임을 부담할 수 있다(법 제99조, 제100조).

나. 일부 패소의 경우

일부 패소의 경우, 통상적으로 청구액과 인용액의 비율에 따라 분담비율을 정한다. 예를 들어 100만원 청구에 60만원이 인용되었다면 소송비용 중 원고는 40%를 피고는 60%를 각 부담한다. 그러나 각 당사자가 부담할 소송비용액의 비율은 법원이 그 재량에 의하여 정할 수 있으므로 반드시 위와 같은 비율로 소송비용을 부담시킬 필요가 없고(대법원 1986. 11. 11. 선고 85누231 판결), 사정에 따라 한 쪽 당사자에게 소송비용의 전부를 부담하게 할 수 있다(법 제101조 단서).

다. 소의 취하의 경우

소의 취하는 처음부터 소송계속이 없었던 것으로 간주되는 것이므로 그 소는 원칙적으로 원고에게 무익한 것, 즉 권리의 신장 또는 방어에 필요한 행위가 아니었던 셈이 되어 피고가 채무를 이행하였기 때문에 소를 취하한 것이라는 등의 특별한 사정이 없는 한 패소한 당사자에 준하여 소를 취하한 원고가 소송비용의 부담자가 되는 것이 원칙이다(대법원 2020. 7. 17.자 2020카확522 결정).

라. 공동소송과 소송참가

(1) 균등부담의 원칙

공동소송인은 소송비용을 균등하게 부담한다(법 제102조 제1항 본문). 따라서 재판주문에서 공동소송인별로 소송비용의 부담비율을 정하거나, 연대부담을 명하지 않고 단순히 '소송비용은 공동소송인들의 부담으로 한다.'라고 정하였다면 공동소송인들은 상대방에 대하여 균등하게 소송비용을 부담하고, 공동소송인들 상호 간에 내부적으로 비용분담문제가 생기더라도 그것은 그들 사이의 합의와 실체법에 의하여 해결되어야 한다(대법원 2017. 11. 21. 자 2016마1854 결정).

(2) 예 외

(가) 불필요한 행위로 인한 소송비용

법원은 사정에 따라 공동소송인에게 소송비용을 연대하여 부담하게 하거나 다른 방법으로 부담하게 할 수 있다(법 제102조 제1항 단서). 특히 권리를 늘리거나 지키는 데 필요하지 아니한 행위로 생긴 소송비용은 그 행위를 한 당사자에게 부담하게 할 수 있다(법 제102조 제2항).

(나) 공동소송인이 승소한 경우

균등부담의 원칙은 공동소송인이 상대방에 대하여 다 같이 패소하는 경우의 소송비용의 부담방법에 관한 원칙을 규정한 것으로서 공동소송인이 승소한 경우에는 이를 적용하지 않는다(대법원 1992. 12. 28. 자 92두62 결정). 따라서 수인의 공동소송인이 서로 다른 변호사를 선임하여 소송을 수행하게 하였는데, 소송비용을 상대방이 전부 부담하는 판결이 선고된 경우, 소송비용액 확정 절차에서 그 상대방이 공동소송인 중 일부 당사자에게 상환할 변호사보수는 그 당사자에 관한 소송목적의 값을 기준으로 하여 변호사보수의 소송비용 산입에 관한 규칙에 따라 산정된 변호사보수액 전체이며, 그 변호사보수를 공동소송인들 사이에서 균분하거나 소송목적의 값의 비율에 따라 안분한 금액이 아니다(대법원 2013. 7. 26. 자 2013마643 결정).

(3) 공동소송인이 공동으로 변호사를 선임한 경우

(가) 상호 관련된 소송에서 수인의 공동소송인이 공동으로 변호사를 선임하여 소송을 수행하게 한 경우에 동일한 변호사를 선임한 공동소송인들의 각 소송물가액을 모두 합산한 총액을 기준으로 변호사보수를 산정한다(대법원 2000. 11. 30. 자 2000마5563 전원합의체 결정). 예를 들어 A가 100억원을 B가 50억원을 청구하고 있다면 소가 150억원에 대한 변호사보수를 산정해야 한다.

(나) 별개로 진행된 복수의 소송이 법원의 변론병합결정에 의하여 공동소송인이 되었다면, 그 선임된 변호사가 동일인이라고 하더라도 그 공동소송인마다 따로 소송물가액

에 따라서 변호사보수액을 산정한 후 이를 합산해야 한다(대법원 2008. 6. 23. 자 2007마634 결정). 앞의 예에서 소가 100억원에 해당하는 변호사보수와 소가 50억원에 해당하는 변호사보수를 합산해야 한다.

(4) 소송참가의 경우

소송참가가 있는 경우에 대한 참가인과 상대방 사이의 부담과, 참가이의신청의 소송비용에 대한 참가인과 이의신청 당사자 사이의 부담에 대하여는 소송비용에 관한 제98조 내지 제102조의 규정을 준용한다(법 제103조).

4. 심급별 결정

법원은 사건을 완결하는 재판에서 그 심급의 소송비용 전부에 대하여 재판하여야 한다(법 제104조). 소송비용의 재판은 법원의 직권사항이므로 당사자가 별도로 청구할 필요가 없다.

5. 원고가 소송비용에 대하여 담보(security)제공의무를 부담하는 경우

(1) 원고가 대한민국에 주소 · 사무소와 영업소를 두지 아니한 때 또는 소장 · 준비서면 그밖의 소송기록에 의하여 원고의 청구가 이유 없음이 명백한 때에는 원고가 패소한 후에 임의로 피고에게 소송비용을 지급할 것을 기대하기 어렵다. 이러한 경우에 법원은 피고의 신청 또는 직권으로 원고에게 소송비용에 대한 담보를 제공하도록 명령하여 승소한 피고가 소송비용을 지급받을 수 있도록 해야 한다(법 제117조).

(2) 만일 담보를 제공할 사유가 있다는 것을 알고도 피고가 본안에 관하여 변론하거나 변론준비기일에서 진술하였다면 담보제공을 신청하지 못한다(법 제118조). 따라서 상소심에서의 소송비용 담보제공 신청은 담보제공의 원인이 이미 제1심 또는 항소심에서 발생되어 있었음에도 신청인이 과실 없이 담보제공을 신청할 수 없었거나 상소심에서 새로이 담보제공의 원인이 발생한 경우에 한하여 가능하다(대법원 2017. 4. 21. 자 2017마63 결정). 그리고 담보제공을 신청한 피고는 원고가 담보를 제공할 때까지 소송에 응하지 아니할 수 있다(법 제119조). 만일 피고가 적법한 담보제공신청을 하였다면 그 후 응소를 거부하지 않고 본안에 관하여 변론 등을 하였더라도 이미 이루어진 담보제공신청의 효력이 상실되거나 그 신청이 부적법하게 되는 것은 아니다(대법원 2018. 6. 1. 자 2018마5162 결정).

(3) 이때 담보액은 제1심의 소송비용이 아니라 제3심까지 지출할 비용의 총액을 표준으로 정한다(법 제120조 제2항). 만일 담보를 제공하지 아니하면 법원은 변론 없이 소를 각하할 수 있다(법 제124조). 제공된 담보에 대하여 피고는 질권자와 동일한 권리를 갖는

다(법 제123조).

6. 소송비용확정결정

가. 의 의

법원이 소송비용재판을 할 때 구체적인 액수를 결정할 수 있지만, 관행적으로 부담비율만을 선고한다. 예를 들어 "소송비용 중 2분의1은 원고의, 나머지는 피고의 각 부담으로 한다."와 같은 주문을 한다. 따라서 구체적인 액수를 결정할 필요가 있는데, 구체적인 액수를 결정하기 위한 절차를 '소송비용확정절차'라고 한다. 소취하, 소송상 화해 등 소송이 재판 이외의 원인으로 종료된 경우에도 소송비용확정절차를 거쳐서 구체적인 소송비용을 산정해야 한다(법 제113조, 제114조).

나. 절차(법 제110조)

(1) 신청의 요건

구체적인 소송비용은 당사자의 신청에 의하여 제1심 법원에서 결정한다. 소송비용에 관한 재판이 있다고 하여 소송비용확정결정을 신청할 수 있는 것은 아니고 판결이 확정되거나 집행력이 발생해야 비로소 소송비용확정결정을 신청할 수 있다(법 제110조 제1항). 가집행선고가 있는 경우에도 집행력이 발생하므로 소송비용확정신청을 할 수 있다.

(2) 심판의 대상

이러한 소송비용확정절차에서는 상환할 소송비용의 금액을 정할 따름이므로 당사자는 이미 판결에 의하여 확정된 그 상환의무 자체의 존부를 다툴 수 없고(대법원 2002. 9. 23. 자 2000마5257 결정), 법원은 상환의무 자체의 범위를 심리 · 판단하거나 변경할 수 없다(대법원 2017. 11. 21. 자 2016마1854 결정). 그리고 소송비용부담에 관한 실체상의 권리가 소멸하였다거나 이전되었다는 등의 사정은, 소송비용부담 및 확정결정의 집행단계에서 청구에 관한 이의의 소 등으로 다툴 수 있음은 별론으로 하고, 소송비용부담 및 확정절차에서 이를 주장 · 증명하여 심판의 대상으로 삼을 수는 없다(대법원 2020. 7. 17.자 2020카확522 결정).

(3) 처분권주의의 배제

소송비용액확정절차는 권리의무의 존부를 확정하는 것이 아니라는 점에서 비송적 성격을 가지므로 개개의 비용항목이나 금액에 관하여는 처분권주의가 적용되지 않고, 법원은 당사자가 신청한 총 금액을 한도로 부당한 비용항목을 삭제 · 감액하고 정당한 비용항목을 추가하거나 당사자가 주장한 항목의 금액보다 액수를 증액할 수 있다(대법원 2011. 9. 8. 자 2009마1689 결정).

(4) 심판의 한도

소송비용확정절차에서 법원은 당사자가 신청한 소송비용의 수액의 범위 내에서 금액을 정해야 하므로 원래의 소송비용이 당사자가 신청한 금액보다 크더라도 법원은 당사자가 신청한 금액의 한도에서 비용을 확정해야 한다(앞의 결정). 이와 같이 승소한 당사자가 소송비용 중 일부에 대하여만 소송비용확정결정을 신청하였다면 이러한 신청은 묵시적 일부청구로서 전체 소송비용에 대하여 기판력이 발생하므로, 승소한 당사자는 신청하지 아니한 나머지 소송비용에 대하여 추가로 소송비용확정결정을 신청할 수 없다(앞의 결정).

(5) 공동소송인의 경우

수인의 공동소송인 중 일부만 소송비용액 확정을 신청한 경우에는 공동소송인 전원이 신청한 경우를 전제로 소송비용액을 계산한 다음 그중 당해 신청인이 상환받을 수 있는 금액에 대하여만 확정결정을 하여야 하고, 수인의 공동소송인 중 일부만을 상대로 소송비용액 확정을 신청한 경우에도 공동소송인 전원을 상대로 신청한 경우를 전제로 소송비용액을 계산한 다음 그중 당해 피신청인이 부담하여야 할 금액에 대하여만 확정결정을 하여야 한다(대법원 2017. 1. 20. 자 2016마1648 결정).

(6) 즉시항고

위와 같은 소송비용확정결정에 대하여는 즉시항고를 할 수 있다(법 제110조).

다. 기판력의 발생

기판력 있는 본안판결에서 소송비용상환의무의 실체관계 판단이 확정된 후에 그에 근거하여 법원이 상환청구권자인 당사자가 신청한 수액에 따라 정한 소송비용확정결정은 종국적 판단을 내용으로 하는 것이므로 마찬가지로 기판력이 있다(대법원 2002. 9. 23. 자 2000마5257 결정).

7. 소송비용상환청구권의 소멸시효

민법 제165조는 제1항에서 "판결에 의하여 확정된 채권은 단기의 소멸시효에 해당한 것이라도 그 소멸시효는 10년으로 한다."라고 정하면서 제3항에서 '판결 확정 당시에 변제기가 도래하지 않은 채권에 대해서는 민법 제165조 제1항이 적용되지 않는다.'고 정하고 있다. 그런데 소송비용상환청구권은 소송비용부담의 재판에 해당하는 판결확정 시 발생하여 그때부터 소멸시효가 진행하지만, 당사자의 신청에 따라 별도로 민사소송법 제110조에서 정한 소송비용액확정결정으로 구체적인 소송비용 액수가 정해지기 전까지는 그 의무의 이행기가 도래한다고 볼 수 없고 이행기의 정함이 없는 상태로 유지된다. 따라서 소멸시효기간에 관하여 민법 제165조 제1항이 적용되지 않고 본래의 소멸시효기간이 적용된다(대법원 2021. 7. 29. 자 2019마6152 결정).

VI. 판결의 선고

판결은 선고로써 효력이 생긴다(법 제205조). 판결은 재판장이 판결원본에 따라 주문을 읽어 선고하며, 필요한 때에는 이유를 간략히 설명할 수 있다(법 제206조). 당사자가 선고기일에 출석하지 아니하여도 판결을 선고할 수 있다(법 제207조 제2항).

VII. 판결의 송달

재판장은 판결을 선고한 뒤에 바로 판결서를 법원사무관 등에게 교부하여야 한다(법 제209조). 법원사무관 등은 판결서를 받은 날부터 2주 이내에 그 정본을 당사자에게 송달하여야 한다(법 제210조). 판결정본이 당사자에게 송달된 때에 당해 심급이 종결된다(대법원 2000. 1. 31. 자 99마6205 결정).

제3절 판결의 경정(correction of judgment)

I. 의 의

판결이 일단 선고되어 성립되면 판결을 한 법원도 그 판결에 구속되므로 이를 함부로 변경할 수 없다. 이를 '기속력'이라고 한다. 다만 판결에 잘못된 계산이나 기재, 그밖에 이와 비슷한 잘못이 있음이 분명한 때에 법원은 직권으로 또는 당사자의 신청에 따라 경정결정을 할 수 있다(법 제211조). 판결에 위와 같은 오류가 있으면 강제집행이 거절되거나 집행의 범위가 달라지기 때문에 판결을 정정 또는 보충하여 강제집행이나 호적의 정정 또는 등기의 기재 등 이른바 광의의 집행에 지장이 없도록 하자는 데 그 취지가 있다.

II. 요 건

1. 실질적 내용에 변경이 없을 것

판결의 경정은 그 내용을 실질적으로 변경하지 아니하는 범위 내에서 판결의 표현상의 기재 잘못이나 계산의 착오 또는 이와 유사한 오류에 대하여만 허용된다(대법원

2012. 10. 25. 자 2012그249 결정), 토지의 면적을 잘못 표시한 경우(대법원 1985. 7. 15. 자 85그66 결정), 건물표시를 함에 있어 위 건물번호를 누락하여 기재하지 않은 경우(대법원 1986. 9. 15. 자 86그114 결정), 손해액 산정시 계산상의 잘못이 있는 경우(대법원 2001. 12. 11. 선고 2001다59866 판결) 등이 판결경정의 대상이 된다. 상급심에서 위와 같은 잘못을 발견했다면 판결을 경정해야 하며 판결을 파기해서는 안 된다(대법원 1987. 9. 8. 선고 87다카809 판결).

2. 과실의 소재

판결의 경정은 판결의 실질적 내용에 변동이 없고 판결의 경정을 허용하지 아니하면 강제집행의 불능이 발생하여 실체적 권리가 박탈될 수 있으므로 판결의 오류가 법원의 과실로 인하여 생긴 경우뿐만 아니라 당사자의 청구에 잘못이 있어서 생긴 경우에도 판결의 경정이 가능하다(대법원 2012. 10. 25. 자 2012그249 결정). 그리고 경정결정을 함에 있어서는 그 소송의 모든 과정에 나타난 자료는 물론이고, 경정대상인 판결 등 이후에 제출된 자료도 다른 당사자에게 별다른 불이익이 없거나 이를 다툴 수 있는 기회가 있었던 경우에는 소송경제상 이를 참작하여 그 오류의 명백 여부를 판단할 수 있다(앞의 결정).

3. 절 차

(1) 법원의 직권 또는 당사자의 신청에 따라서 경정결정을 한다(법 제211조 제1항). 이때 판결경정의 결정은 원칙적으로 당해 판결을 한 법원이 하는 것이고, 상소의 제기로 본안사건이 상소심에 계속된 경우에는 당해 판결의 원본이 상소기록에 편철되어 상소법원으로 송부되므로 판결원본과 소송기록이 있는 상소법원도 경정결정을 할 수 있다(대법원 2008. 10. 21. 자 2008카기172 결정).

(2) 그러나 통상공동소송에서 당해 판결에 대하여 상소를 하지 아니하여 분리확정된 당사자에 관한 사건은 상소심의 심판대상이 아니므로 그 당사자에 대한 원심판결의 원본과 소송기록이 우연히 상소법원에 있다고 하더라도 상소법원은 판결을 경정할 권한이 없고 판결을 한 법원이 경정을 해야 한다(대법원 2007. 5. 10. 자 2007카기35 결정 참조).

(3) 경정결정에 대하여는 즉시항고를 할 수 있다. 다만 판결에 대하여 적법한 항소가 있는 때에는 항소심의 판단을 받으면 되므로 즉시항고가 허용되지 않는다(법 제211조 제3항).

4. 효력발생의 시기

판결의 경정결정이 있으면 당초의 판결은 경정결정과 일체가 되어 판결이 선고된 때에 소급하여 효력이 발생한다(대법원 1999. 12. 10. 선고 99다42346 판결). 그러나 선의의 제3자가 판결경정 전의 판결을 믿고 행위를 하였다면 이러한 신뢰는 보호되어야 하므로 소급효가 제한된다(대법원 2005. 1. 13. 선고 2003다29937 판결).

제 4 장　기판력(res judicata)

제 1 절　판결의 확정(finality)

I. 판결의 확정에 따른 효력

가. 종국판결이 더 이상 불복상소 할 수 없는 상태가 되었다는 것을 판결이 확정되었다고 한다. 판결이 확정되면 소송법적 측면과 실체법적 측면에서 효력이 발생한다.

나. 소송법적 측면으로 당사자는 더 이상 확정된 판결에 대하여 불복할 수 없다. 이를 '형식적 확정력'이라고도 한다. 형식적 확정력은 상급심에 대한 효력이므로 만일 확정된 판결에 대하여 상소를 제기하면 상소법원은 상소가 각하된다.

다. 실체법적 측면으로 확정판결에서 확정한 법률관계는 진실한 법률관계로 취급되어 후소 법원은 확정판결에 의하여 확정된 법률관계와 다른 사실을 인정할 수 없는데, 이를 '기판력' 또는 '실질적 확정력'이라고 한다. 또한 형성판결이 확정되면 그 판결의 내용대로 법률관계가 형성되는데 이를 '형성력'이라고 한다. 기타 확정된 이행판결에는 강제집행을 할 수 있는 '집행력'이 발생한다.[22] 다만 민사소송법 제451조의 재심사유가 있는 경우에는 예외적으로 재심절차를 통하여 확정된 판결을 취소시킬 수 있다.

II. 판결이 확정되는 경우

1. 판결 선고와 동시에 확정되는 경우

가. 불복될 수 없는 최종판결

상고기각판결 또는 파기자판과 같은 상고심 판결, 불상소의 합의가 있는 경우에 선고된 제1심 판결에 대하여는 더 이상 상소를 제기할 수 없으므로 판결 선고와 동시에 판결이 확정된다.

22) 다만 외국 법원의 확정판결이나 중재판정의 경우에는 판결 또는 판정 즉시 기판력이 발생하지만 집행판결을 받아야 비로소 국내에서 집행력이 발생한다.

나. 대법원 환송판결

대법원의 환송판결의 경우에 상소를 제기할 수 없다는 점에서는 "형식적으로 확정된 종국판결"에 해당한다. 그러나 실제로는 환송받은 하급심에서 다시 심리를 계속하게 되므로 소송절차를 최종적으로 종료시키는 판결은 아니며, 기판력이나 실체법상 형성력, 집행력이 생기지 않으므로 이는 중간판결의 특성을 갖는 판결로서 "실질적으로 확정된 종국판결"이라 할 수 없다(대법원 1995. 2. 14. 선고 93재다27 전원합의체 판결). 따라서 기판력을 소멸시키기 위한 절차인 재심의 대상이 되지 않는다(앞의 판결).

2. 상소기간이 도과된 경우 또는 상소를 취하하는 경우

상소기간이 도과된 경우 또는 상소를 제기하였지만 상소기간이 도과된 후에 상소를 취하하거나 상소가 각하된 경우에는 더 이상 상소를 제기할 수 없으므로 판결이 확정된다(대법원 2007. 6. 15. 선고 2007다2848 판결). 다만 추완상소가 허용되는 경우에는 확정력이 소멸된다는 점은 앞서 언급한 바와 같다.

3. 상소권을 포기하는 경우

상소를 제기할 수 있는 당사자는 상소기간이 만료되기 전에도 상소권을 포기할 수 있고(법 제394조, 제425조), 상소권을 포기하면 더 이상 상소를 제기할 수 없으므로 판결이 확정된다.

4. 1개의 청구에서 일부가 분리확정 되는 경우

(1) 원고의 1개의 청구의 일부를 기각하는 제1심 판결에 대하여 당사자 일방만이 항소를 하더라도 제1심 판결의 심판대상이었던 청구 전부가 불가분적으로 항소심에 이심되나, 항소심의 심판범위는 이심된 부분 가운데 당사자가 불복 신청한 한도로 제한된다(대법원 2006. 4. 27. 선고 2006두2091 판결). 불복되지 않은 부분에 관하여는 상대방이 불복한 바 없어 항소심의 심판대상이 되지 아니하므로 항소심으로서는 부대항소가 없는 한 불복되지 아니한 부분을 인용할 수 없으며, 이와 같이 항소심의 심판대상이 되지 아니한 부분에 관하여는 항소심 판결 선고와 동시에 확정되어 소송이 종료된다(앞의 판결).

(2) 예를 들어 100억 청구사건의 제1심에서 60억원이 인용되었고, 원고만 항소하고 피고는 항소 또는 부대항소를 하지 않았다면 원고의 패소부분인 40억원만 항소심의 심판대상이고 승소한 60억원은 심판대상이 아니므로 피고가 부대항소를 제기하지 않았다면 이 부분은 항소심 판결 선고와 동시에 확정된다.

(3) 마찬가지로 제1심 판결의 전부가 아닌 일부에 대하여만 불복 항소한 경우에 불복되지 아니한 부분은 항소심의 심판의 대상이 아니므로 항소심 판결 선고와 동시에 확정된다(대법원 2013. 6. 28. 선고 2011다83110 판결). 예를 들어 100억원 청구사건의 제1심에서 60억원만이 인용되었는데, 원고가 자신의 패소부분인 40억원 중 30억원에 대하여만 항소하고 피고가 부대항소를 제기하지 않았다면 불복한 10억원만이 심판대상이므로 나머지 청구부분은 항소심 판결 선고와 동시에 확정된다.

5. 청구의 병합에서 일부 불복의 경우

가. 문 제 점

병합의 형태를 불문하고 병합된 청구 중 일부에 대하여만 불복하여 상소하는 경우에, 상소의 효력은 불복하지 아니한 청구에 대하여도 미쳐서 이 부분도 확정이 차단되고 상급심으로 이심된다(이를 '상소불가분의 원칙'이라고 한다.). 그러나 불복되지 아니한 부분은 상대방이 항소 또는 부대항소를 제기하지 아니하면 상급심의 심판의 대상이 되지 아니하는데, 이러한 부분에 대한 판결이 언제 확정되는지 문제된다.

나. 단순병합의 경우

(1) 항소심에서 확정되는 때

상소불가분의 원칙이 인정되는 이유는 불복되지 아니한 부분에 대하여 피항소인이 부대항소 또는 부대상고[23]를 할 수 있기 때문이다. 부대항소는 항소심 변론종결시까지할 수 있지만(법 제403조) 변론이 종결되더라도 다시 변론이 재개될 수 있으므로 변론이 재개될 수 없는 항소심 판결 시에 불복되지 않고 부대항소도 없었던 부분이 확정된다(대법원 2008. 3. 14. 선고 2006다2940 판결).[24] 항소심 판결이 선고되기 전에 당사자가 부대항소권을 포기한 경우에도 마찬가지이다(대법원 2006. 4. 14. 자 2006카기62 결정).

(2) 상고심에서 확정되는 때

상고심에서는 변론이 없으므로 부대상고를 제기할 수 있는 기한은 항소심에서의 변론종결시에 대응하는 상고이유서 제출기간 만료시[25]까지이다(대법원 2007. 4. 12. 선고 2006다10439 판결). 위 기간이 경과하면 불복되지 아니한 청구는 더 이상 상고심에 남아

23) 부대항소 또는 부대상고란 상소기간이 도과하거나 상소이익이 없거나 상소권을 포기하는 등의 이유로 항소권 또는 상고권이 없는 당사자가 상대방이 제기한 항소 또는 상고에 편승하여 자신의 청구에 대한 심판을 구하는 것을 말한다.

24) 항소심 변론종결시까지 부대항소를 할 수 있으므로 이때가 경과하면 불복되지 아니한 부분이 확정된다는 견해가 있다.

25) 상고장에 상고이유를 적지 아니한 때에 상고인은 상고기록접수통지를 받은 날부터 20일 이내에 상고이유서를 제출해야 한다(법 제427조).

있을 이유가 없으므로 그 판결이 분리확정된다(대법원 2006. 4. 14. 자 2006카기62 결정).

다. 선택적 병합의 경우

선택적 병합은 병합된 청구들이 불가분적으로 결합되어 있기 때문에 병합된 청구 중 일부에 대하여 불복하더라도 제1심 판결이 전부 확정차단되고 상소심으로 이심될 뿐만 아니라 불복되지 아니한 부분도 상소심의 심판의 대상이 된다. 예를 들어 선택적으로 병합된 청구 중 하나의 청구가 인용된 경우에 나머지 청구에 대하여 심판이 없지만 피고가 항소를 제기하면 심판되지 아니한 청구도 확정이 차단되고 항소심의 심판의 대상이 된다. 따라서 병합된 청구 중 일부에 대한 분리확정의 문제가 발생하지 않는다.

라. 예비적 병합의 경우

(1) 예비적 병합의 경우 항소심에서 주위적 청구를 기각하고 예비적 청구를 인용한데 대하여 피고만 상고한 경우에는 불복되지 아니한 주위적 청구도 확정차단 및 이심이 되지만 원고가 부대상고를 하지 아니하는 한 상고심의 심판의 대상이 되지 않는다. 그런데 주위적 청구부분은 단순병합과 같이 부대상고기간이 경과한 때가 아니라 상고심 판결이 선고된 때에 확정된다는 것이 대법원 판례이다(대법원 2007. 1. 11. 선고 2005다67971 판결).

(2) 제1심에서 주위적 청구를 기각하고 예비적 청구를 인용한데 대하여 피고만 항소하고 원고가 부대항소를 하지 아니한 경우에 주위적 청구부분이 언제 확정되는지에 관하여는 대법원 판례가 없는 것으로 보이는데 단순병합과 마찬가지로 항소심 판결 선고 시가 될 것이다.

6. 공동소송의 경우

(1) 통상공동소송에서 공동소송인독립의 원칙이 적용되므로 상소를 제기하지 않거나 상소를 제기당하지 아니한 공동소송인에 대하여는 상소기간이 도과함으로써 판결이 확정된다. 예를 들어 공동피고 A, B가 있는 경우에 원고가 A에 대하여만 항소하고 B도 항소하지 않으면 B에 대한 제1심 판결은 항소기간이 도과함으로써 분리확정된다.

(2) 필수적 공동소송, 예비적 · 선택적 공동소송, 독립당사자참가소송에서는 합일확정의 필요성으로 인하여 일부 공동소송인에 대하여만 판결이 분리확정될 수 없고, 1인의 상소 또는 1인에 대한 상소는 다른 공동소송인 전원에 대하여 효력이 미쳐서 사건 전체가 확정이 차단되고 상급심으로 이심된다. 이러한 공동소송에서 공동소송인 전원에 대하여 판결이 확정되는 때는 공동소송인 전원에 대하여 판결의 선고, 상소기간이 만료, 상소권 포기 등 판결이 확정되는 사유가 발생한 때이다. 예를 들어 필수적 공동소송의 공

동피고가 A, B, C가 있고 각 판결서를 송달받은 날이 다르다면 전원에 대하여 상소기간이 도과되어야 판결이 확정된다.

III. 부당한 방법으로 확정판결을 얻은 경우

1. 판결의 편취

가. 의 의

원고가 증거를 위조하거나 기타 부정한 방법으로 법원을 기망하여 자신에게 유리한 판결을 얻는 것을 판결의 편취라고 말한다.

나. 요 건

(1) 대법원 2010. 2. 11. 선고 2009다82046 판결에서는 편취행위가 되기 위해서는 ① 소송당사자가 상대방의 권리를 해할 의사로 ② 상대방의 소송관여를 방해하거나 허위의 증거제출을 동반한 허위의 주장으로 법원을 기망하는 등 부정한 방법을 사용하여 ③ 실제의 권리관계와 다른 내용의 확정판결을 취득하고 ④ 그로 인하여 상대방의 절차적 기본권을 근본적으로 침해함으로써 확정판결의 효력을 존중하는 것이 정의관념에 반하여 이를 도저히 묵과할 수 없는 사정을 요구하고 있다.

(2) 그러나 위 판결에서는 ① 낭사사가 허위의 증거를 동반하지 아니한 채 단순히 실체적 권리관계에 반하는 허위주장을 하거나, ② 자신에게 유리한 증거를 제출하고 불리한 증거는 제출하지 아니하거나, ③ 제출된 증거의 내용을 자기에게 유리하게 해석하는 등의 행위에 의하여 유리한 판결을 받은 경우에는 확정판결의 위법한 편취에 해당하는 불법행위가 성립한다고 단정할 수 없다고 보았다.

다. 효 력

(1) 상소 · 재심

편취된 판결이라고 하여 당연무효는 아니다. 판결이 확정되기 전에는 상소에 의하여 원판결을 취소하거나 판결이 확정된 후에는 민사소송법 제451조 제1항 제6호의 "판결의 증거가 된 문서, 그밖의 물건이 위조되거나 변조된 것인 때"에 해당하여 재심의 대상이 될 수 있다.

(2) 청구이의의 소 · 손해배상

편취된 판결에 의한 강제집행은 권리남용에 해당하므로 청구이의의 소에 의하여 집행력을 소멸시킬 수 있다(대법원 2014. 2. 21. 선고 2013다75717 판결). 만일 강제집행이 이루어지는 등 피고에게 금전적 손해가 발생하였다면 민법 제750조의 불법행위가 되어 원고는 피고에게 손해배상책임을 부담한다(대법원 2010. 2. 11. 선고 2009다82046 판결).

2. 사위판결

원고가 판결을 편취하기 위하여 소장에 피고가 아닌 제3자의 주소를 피고의 주소로 기재한 후 그 제3자가 마치 그 피고인 것처럼 소장 및 기타 서류를 송달받아 원고가 승소판결을 받은 경우가 있는데 이러한 판결을 '사위판결'(詐僞判決)이라고 한다.

가. 상 소

사위판결의 판결 자체는 당연무효가 아니다. 다만 항소는 판결문이 송달된 날부터 2주 이내에 하여야 하는데(법 제396조), 그 허위주소로 소송서류가 송달되어 그로 인하여 상대방 아닌 다른 사람이 그 서류를 받아 의제자백의 형식으로 제소자 승소의 판결이 선고되고 그 판결정본 역시 허위의 주소로 보내어져 송달된 것으로 처리된 경우에는 상대방에 대한 판결의 송달은 부적법하여 무효이므로 상대방은 아직도 판결정본의 송달을 받지 않은 상태에 있어 이에 대하여 상소를 제기할 수 있다(대법원 1995. 5. 9. 선고 94다41010 판결). 사위판결은 이와 같이 상소로 문제를 해결해야 하며, 부적법한 송달로 인하여 판결이 형식적으로 확정되었다는 이유로 추완항소를 할 수 없다(대법원 1997. 5. 30. 선고 97다10345 판결).

나. 사위판결에 기한 등기의 효력

사위판결은 부적법한 송달로 인하여 상소기간이 진행되지 않으므로 그 판결에 기판력을 인정할 수 없고, 따라서 그 판결이 외형상 확정되었다 해서 그 집행으로 소유권이전등기를 경료 하였더라도 그 등기는 원인무효의 등기이다(대법원 1982. 4. 13. 선고 81다1350 판결). 이때 상대방은 별소로 그 등기의 말소를 구할 수 있다(대법원 1995. 5. 9. 선고 94다41010 판결).

3. 참칭대표자에 대한 송달

법인 또는 법인격 없는 사단에 대한 소송에서 대표자가 아닌 자가 대표자로 기재되어 그러한 참칭대표자에 대하여 소송서류가 송달되는 경우에는 송달은 유효하므로 상소기간은 진행하여 판결이 확정되지만 그러한 판결은 민사소송법 제422조 제1항 제3호의 대리권의 흠결이 있는 판결로서 재심의 대상이 된다(대법원 1999. 2. 26. 선고 98다47290 판결).

IV. 판결확정증명서

판결이 확정된 사실을 증명할 필요가 있는 경우에 당사자는 법원에 판결확정증명서의 발급을 신청할 수 있다(법 제499조 제1항). 판결이 확정되면 소송기록을 제1심 법원에 반송하므로(법 제421조, 제425조) 판결확정증명서는 제1심 법원에 신청한다. 소송기록이 반송되기 전이면 그 소송기록을 보관하고 있는 법원에 신청한다(법 제499조 제2항).

제 2 절 기판력(旣判力)의 본질

I. 기판력의 의의

확정판결의 기판력이라 함은 확정판결의 주문에 포함된 법률적 판단의 내용은 이후 그 소송당사자의 관계를 규율하는 새로운 기준이 되는 것이므로 ① 동일한 사항이 소송상 문제가 되었을 때 ② 당사자는 이에 저촉되는 주장을 할 수 없고 ③ 법원도 이에 저촉되는 판단을 할 수 없는 기속력을 의미한다(대법원 1987. 6. 9. 선고 86다카2756 판결). 즉 기판력의 핵심은 확정판결에 의하여 확정된 당사자 사이의 법률관계가 당사자 사이의 법률관계를 계속적으로 규율하도록 하는데 있다. 기판력을 배제시킬 수 있는 유일한 예외는 재심밖에 없다.

II. 기판력의 본질론

1. 대법원 판례

가. 후소 법원과 당사자가 확정판결에 구속되는 것을 어떻게 타당하게 설명할 것인지는 민사소송법의 이론적인 근본문제이며, 이것이 바로 기판력의 본질론이다. 여기에는 실체법적 관점에서 구속력을 설명하려는 실체법설과 소송법적 관점에서 설명하려는 소송법설이 있고, 후자는 다시 모순금지설과 반복금지설로 나뉜다. 대법원 판례의 확고한 입장인 모순금지설에 따르면 기판력은 전소와 동일한 후소를 금지시키는 효력이 아니라 **후소 법원이 전소 법원에서 확정된 법률관계와 모순된 판결을 할 수 없도록 하는 기속력을 의미한다.**

나. 이에 따라서 기판력과 유사한 제도인 재소금지나 중복제소금지에 위반된 소가 제기되면 위법한 소가 되어 이를 각하되지만, 기판력에 반하는 후소가 제기된 때에는 후소 법원은 이를 각하할 것이 아니라 전소에서 확정된 법률관계를 진실한 법률관계로 보

고서 이에 구속되어 실체적 판단을 해야 한다.

다. 예를 들어 원고에게 청구권이 없다는 이유로 기각한 판결이 확정된 후에 원고가 동일한 청구에 관하여 다시 소를 제기하였다면 후소 법원도 전소에서 확정된 바와 같이 원고에게 청구권이 없다는 이유로 원고의 청구기각의 판결을 해야 한다(대법원 1989. 6. 27. 선고 87다카2478 판결). 그리고 전소와 후소의 소송물이 동일한 경우뿐만이 아니라 전소의 소송물에 관한 판단이 후소의 선결문제가 되거나 모순관계에 있을 때에도 기판력이 작용한다(대법원 2002. 12. 27. 선고 2000다47361 판결).

라. 그러므로 전소 판결의 기판력에 구속되어 한 판결은 소송물의 존부에 대한 실체적 판단을 한 본안판결이지 소송요건에 관한 소송판결이 아니다. 따라서 제1심 법원이 기판력을 이유로 청구기각판결을 한 것이 잘못되었다고 하더라도 항소심 법원은 소송판결과 같이 필수적 환송[26]을 해서는 안 된다(대법원 1989. 6. 27. 선고 87다카2478 판결).

마. 다만 승소확정판결을 받은 원고가 전소와 동일한 청구에 관한 후소를 제기하였다면 이미 승소판결을 받은 원고로서는 특별한 사정이 없는 한 판결을 통하여 얻을 수 있는 법률상 이익이 없다. 따라서 후소 법원은 권리보호의 이익이 없다는 이유로 원고의 청구를 각하해야 한다(대법원 2016. 9. 28. 선고 2016다13482 판결).[27]

2. 창설적 효력의 부재

가. 의 의

확정판결의 기판력은 확정판결의 주문에 포함된 법률적 판단과 동일한 사항이 소송상 문제가 되었을 때 당사자는 이에 저촉되는 주장을 할 수 없고 법원도 이에 저촉되는 판단을 할 수 없는 기속력을 의미하고, 확정판결의 내용대로 실체적 권리관계를 변경하는 실체법적 효력을 갖는 것은 아니다(대법원 2020. 5. 14. 선고 2019다261381 판결).

나. 예 시

(1) 토지 소유권에 기한 물권적 청구권을 원인으로 하는 가등기말소청구소송의 소송물은 가등기말소청구권이므로 그 소송에서 청구기각된 확정판결의 기판력은 가등기말소청구권의 부존재 그 자체에만 미치고, 청구기각된 확정판결로 인하여 토지 소유자가 갖는 토지 소유권의 내용이나 토지 소유권에 기초한 물권적 청구권의 실체적인 내용이 변경, 소멸되는 것은 아니다. 따라서 위 가등기말소청구소송의 사실심 변론종결 후에 토지 소유자로부터 근저당권을 취득한 제3자는 적법하게 취득한 근저당권의 일반적 효력으로

26) 제418조(필수적 환송) 소가 부적법하다고 각하한 제1심 판결을 취소하는 경우에는 항소심 법원은 사건을 제1심 법원에 환송(還送)하여야 한다.

27) 이에 대하여 대법원의 입장이 일관성 없다는 비판이 있다.

서 물권적 청구권을 갖게 되고, 위 가등기말소청구소송의 소송물인 패소자의 가등기말소 청구권을 승계하여 갖는 것이 아니며, 자신이 적법하게 취득한 근저당권에 기한 물권적 청구권을 원인으로 소송상 청구를 하는 것이므로, 위 제3자는 민사소송법 제218조 제1항에서 정한 확정판결의 기판력이 미치는 '변론을 종결한 뒤의 승계인'에 해당하지 않는다. 결국 토지 소유권에 기한 가등기말소청구소송에서 청구기각된 확정판결의 기판력은 위 소송의 변론종결 후 토지 소유자로부터 근저당권을 취득한 제3자가 근저당권에 기하여 같은 가등기에 대한 말소청구를 하는 경우에는 미치지 않는다(앞의 판결).

(2) 원고가 피고를 상대로 시설물의 인도를 명하는 인도판결을 받아 판결이 확정되었더라도 판결의 효력은 시설물에 대한 인도청구권의 존부에만 미칠 뿐이고, 인도판결로 인하여 시설물에 관한 실체적 법률관계에 어떠한 변동이 생긴 것은 아니므로, 인도판결이 확정되었다는 사정만으로 곧바로 인도판결 확정 다음 날부터 시설물에 대한 피고의 점유가 위법하게 되어 원고에게 손해가 발생하였다고 볼 수 없다. 따라서 시설물의 인도를 명하는 확정판결의 효력은 후소인 시설물의 불법점유로 인한 손해배상청구 소송에 미치지 않는다. 그러므로 후소 법원은 불법행위의 성립요건에 관하여 별도로 심리를 진행해야 한다(대법원 2019. 10. 17. 선고 2014다46778 판결). 즉 전소와 후소는 기판력이 작용하는 관계에 있지 않다.

III. 직권조사사항

전수 확정판결의 존부는 당사자의 주장이 없더라도 법원이 직권으로 조사하여 판단해야 하는 직권조사사항이고, 더 나아가 당사자가 확정판결의 존재를 사실심 변론종결시까지 주장하지 아니하였더라도 상고심에서 새로이 주장·증명할 수 있다(대법원 2011. 5. 13. 선고 2009다94384 판결).[28] 기판력은 실체적 판단에 대한 효력이므로 기판력의 존재에 대하여는 변론주의가 적용되어 당사자의 주장이 있어야 비로소 법원이 판단할 수 있다고 보는 것이 일관성이 있는 접근인데도[29] 대법원은 이를 직권조사사항으로 보고 있다.

IV. 당사자의 의사에 의한 기판력 배제의 금지

일단 발생한 기판력은 재심에 의하여만 그 효력을 다툴 수 있고, 당사자의 합의에

28) 이에 반하여 프랑스, 벨기에, 네덜란드는 기판력을 항변사유로 보고 있으므로 당사자가 기판력의 주장을 하지 아니하면 법원은 이에 대하여 심리를 진행하지 않는다.
29) 프랑스, 벨기에, 네덜란드는 기판력을 피고의 항변사유로 보고 있으므로 당사자가 기판력의 주장을 하지 아니하면 법원은 이에 대하여 심리를 진행하지 않는다.

의하여 그 효력을 배제시킬 수 없다. 국가의 재판권 행사에 의하여 발생한 기판력은 당사자가 처분할 수 있는 대상이 아니기 때문이다. 예를 들어 갑, 을 및 병 사이에 제1화해가 성립한 후에 갑과 을 사이에 다시 제1화해와 모순 저촉되는 제2화해가 성립하였다 하여도, 제1화해가 조서에 기재되어 확정판결과 동일하게 기판력이 발생한 이상 제2화해에 의하여 제1화해가 당연히 실효되거나 변경되고 나아가 제1화해조서의 집행으로 마쳐진 을 명의의 소유권이전등기 및 이에 기한 제3자 명의의 각 소유권이전등기가 무효로 된다고 볼 수는 없다(대법원 1995. 12. 5. 선고 94다59028 판결).

제 3 절 기판력이 발생하는 경우

I. 확정된 종국판결

확정된 종국판결에 기판력이 발생한다.

(1) 종국판결

종국판결이라 함은 소 또는 상소에 의하여 계속 중인 사건의 전부 또는 일부에 대하여 심판을 마치고 그 심급을 이탈시키는 판결이다(대법원 1995. 2. 14. 선고 93재다27 판결). 대법원의 환송판결도 당해 사건에 대하여 재판을 마치고 그 심급을 이탈시키는 판결인 점에서 종국판결이다(앞의 판결). 그러나 실질적으로 확정된 종국판결은 아니므로 기판력이 발생하지 않는다(앞의 판결). 그리고 중간판결은 종국적 판단을 유보한 판결로서 기판력이 발생하지 않는다(앞의 판결).

(2) 소송판결

소송요건의 흠결을 이유로 한 각하판결과 같은 소송판결에도 기판력이 발생한다(대법원 2003. 4. 8. 선고 2002다70181 판결). 그러나 당사자가 그러한 소송요건의 흠결을 보완하여 다시 소를 제기한 경우에는 그 기판력의 제한을 받지 않으므로 소를 각하해서는 안 된다(앞의 판결). 예를 들어 종전 소송에서 당사자능력의 흠결을 이유로 소각하 판결을 받은 자연부락이 그 후 비법인사단으로서 당사자능력을 갖추어 소를 제기하였다면 기판력이 미치지 않고 당사자능력을 갖춘 적법한 소가 된다(앞의 판결). 기판력은 사실심 변론종결시를 기준으로 발생하고 그 후에 발생한 사실에 대하여 미치지 않기 때문인데, 이에 대하여는 기판력의 시적 범위에서 설명한다.

(3) 결정 또는 명령

결정 · 명령재판에도 실체관계를 종국적으로 판단하는 내용의 것인 경우에는 기판력이 있다(대법원 2002. 9. 23. 자 2000마5257 결정). 예를 들어 기판력 있는 본안판결에서 소송비용상환의무에 관한 판단이 이미 확정된 후에 그에 근거하여 법원이 소송비용액확정결정을 하였다면, 이러한 결정은 본안판결의 소송비용 부담의 실체관계 판단을 계량적으로 구체화한 종국적 판단을 내용으로 하는 것이므로 역시 기판력이 있다(앞의 결정).

II. 확정된 종국판결과 동일한 효력이 있는 경우

(1) 소송상 화해, 제소전화해, 화해권고결정, 청구의 포기와 인낙, 중재판정, 확정된 조정결정, 조정에 갈음하는 결정 등 법률에서 확정판결과 동일한 효력이 있는 것으로 규정하고 있는 경우에는 기판력이 발생한다.

(2) 이때 기판력은 위와 같은 절차에 의하여 확정된 법률관계에 대하여만 발생하며 그 선결관계 등 다른 법률관계에는 발생하지 않는다. 예를 들어 매매계약의 무효 또는 해제를 원인으로 한 매매대금반환청구에 대한 인낙조서의 기판력은 그 매매대금반환청구권의 존부에 관하여만 발생할 뿐, 그 전제가 되는 선결적 법률관계인 매매계약의 무효 또는 해제에까지 발생하지 않는다(대법원 2005. 12. 23. 선고 2004다55698 판결). 따라서 위 인낙조서가 작성된 후 매매계약의 유효를 이유로 한 소유권이전등기청구의 후소는 전소에서 확정된 법률관계와 정반대의 모순되는 사항을 소송물로 하는 것이라 할 수 없으므로 전소에서의 인낙조서의 기판력이 후소에 미친다고 할 수 없다(앞의 판결).

III. 외국 법원의 판결(foreign judgments)

1. 의 의

가. 외국재판

외국 법원의 확정판결 또는 이와 동일한 효력이 인정되는 재판이 민사소송법 제217조 제1항의 승인(recognition)요건을 갖추면 국내에서 기판력이 인정된다. 이러한 요건을 갖추었는지는 법원의 직권조사사항이다(법 제217조 제2항). 여기서 '외국 법원의 판결'이라고 함은 재판권을 가지는 외국의 사법기관이 그 권한에 기하여 사법상의 법률관계에 관하여 대립적 당사자에 대한 상호간의 심문이 보장된 절차에서 종국적으로 한 재판으로서 구체적 급부의 이행 등 그 강제적 실현에 적합한 내용을 가지는 것을 의미하고, 그 재판의 명칭이나 형식 등이 어떠한지는 문제되지 않는다(대법원 2010. 4. 29. 선고 2009다68910 판결).

나. 승인절차와 집행판결

법원에 외국 법원의 판결에 대한 승인을 신청할 수 있는 별도의 절차가 존재하는 것은 아니다. 외국에서 확정판결이 있음에도 원고 또는 피고가 국내에서 동일한 소송물에 대하여 소를 제기하는 경우에 기판력에 저촉되는지 여부를 결정하기 위하여 법원이 승인 여부를 심사하여야 한다. 다만 외국판결을 근거로 하여 국내에서 강제집행을 하고자 한다면 강제력은 우리나라에 전속된 권한이므로 법원으로부터 집행판결을 받아야 한다. 집행판결을 받기 위한 요건은 승인의 요건과 동일하다. 이러한 집행판결을 구하는 소도 소의 일종이므로 통상의 소와 마찬가지로 당사자능력 등 소송요건을 갖추어야 한다(대법원 2015. 2. 26. 선고 2013다87055 판결). 집행판결에 관하여는 민사집행법 제26조와 제27조에서 규정하고 있다.

다. 실질심사금지

외국판결에 기판력과 집행력을 인정하는 취지는 외국판결의 내용을 존중하는데 있으므로 위 승인요건을 심사하는 우리나라 법원은 민사소송법 제217조 제1항의 형식적 요건만을 심사해야 하며, 외국판결의 실질적 내용이 정당한지 여부에 대하여 심사하여서는 안 된다(민사집행법 제27조 제1항).

2. 요건의 내용

가. 대한민국의 법령 또는 조약에 따른 국제재판관할의 원칙상 그 외국 법원의 국제재판관할권이 인정될 것

대한민국의 법령과 조약에 의하여 그 외국 법원에 국제재판관할이 인정되지 않는다면 그 외국의 법에 의하여 국제재판관할이 인정되더라도 외국 법원의 판결은 국내에서 승인되지 않는다. 우리나라는 국제재판관할에 관한 국제협약에 가입하지 아니하였고, 우리 민사소송법에 따른 국제재판관할의 분배에 관하여는 앞서 언급하였으므로 이곳에서는 설명을 생략한다.

나. 패소한 피고가 소장 또는 이에 준하는 서면 및 기일통지서나 명령을 적법한 방식에 따라 방어에 필요한 시간여유를 두고 송달받았거나(공시송달이나 이와 비슷한 송달에 의한 경우를 제외한다.) 송달받지 아니하였더라도 소송에 응하였을 것

피고의 방어권이 보장된 외국 법원의 판결에 대하여만 기판력을 인정하겠다는 취지이다. 송달은 적법한 방식에 따라서 이루어져야 하며(적법성), 방어에 필요한 시간적 여유를 두고 이루어져야 한다(적시성). 송달이 적법하기 위해서는 헤이그송달협약과 같은 국제협약에 따르거나 법정지 송달에 관한 규정에 따라야 한다(대법원 2010. 7. 22. 선고 2008다31089 판결).

[위법한 송달에 관한 판례]

미합중국 워싱턴주의 개정법률(Revised Code of Washington) 제4.28.180조 및 민사규칙(Super Court Civil Rules) 제4조 송달규정에서 정한 60일의 응소기간이 아닌 '20일'의 응소기간만을 부여한 소환장을 워싱턴주 밖에 주소를 둔 피고에게 송달한 것은 적법한 방식에 의한 송달로 볼 수 없다.(대법원 2010. 7. 22. 선고 2008다31089 판결)

다. 그 확정재판 등의 내용 및 소송절차에 비추어 그 확정재판 등의 승인이 대한민국의 선량한 풍속이나 그밖의 사회질서에 어긋나지 아니할 것

(1) 여기서 선량한 풍속이나 그밖의 사회질서(이하 '공서양속'(public policy)이라고 한다.)는 소위 국내적 공서양속을 말하는 것이 아니라 이 보다 더 높은 수준의 국제적 공서양속을 말한다. 외국 법원이 우리의 국내적 강행규정을 적용할 의무가 없는데도 국내적 강행규정의 위반을 이유로 외국 법원의 판결에 대한 승인을 거부할 수 있도록 한다면 상당수의 외국 법원의 판결은 승인이 거부될 것이기 때문이다.

(2) 따라서 외국 법원의 판결이 단순히 국내적 강행규정[30]을 위반했다고 하여 승인을 거부할 수 없고, 외국판결을 승인한 결과가 대한민국의 선량한 풍속이나 그밖의 사회질서에 어긋나는지는 그 승인 여부를 판단하는 시점에서 외국판결의 승인이 대한민국의 국내법 질서가 보호하려는 기본적인 도덕적 신념과 사회질서에 미치는 영향을 외국판결이 다룬 사안과 대한민국과의 관련성의 정도에 비추어 판단하여야 한다. 이때 그 외국판결의 주문뿐 아니라 이유 및 외국판결을 승인할 경우 발생할 결과까지 종합하여 검토하여야 한다(대법원 2012. 5. 24. 선고 2009다22549 판결).

[일제강점을 합법이라고 한 일본판결의 효력을 부인한 판결]

일본판결 이유는 일제강점기의 강제동원 자체를 불법이라고 보고 있는 대한민국 헌법의 핵심적 가치와 정면으로 충돌하는 것이므로, 이러한 판결 이유가 담긴 일본판결을 그대로 승인하는 결과는 그 자체로 대한민국의 선량한 풍속이나 그밖의 사회질서에 위반되는 것임이 분명하다. 따라서 우리나라에서 일본판결을 승인하여 그 효력을 인정할 수는 없다.(대법원 2012. 5. 24. 선고 2009다22549 판결)

[사위판결이라는 이유만으로 승인을 거부할 수 없다는 판결]

민사집행법 제27조 제1항이 "집행판결은 재판의 옳고 그름을 조사하지 않고 하여야 한

30) 국내적 강행규정은 국내적 공서양속에 관한 규정으로서 만일 준거법이 외국법이라면 적용이 제외된다. 반면에 국제적 강행규정은 국제적 공서양속에 관한 규정으로서 준거법이 외국법인 경우에도 여전히 우리 법원에서 적용된다는 점에서 의미가 있다. 국제적 강행규정의 구체적인 의미와 내용에 관하여는 이헌묵, "국제적 강행규정의 판단기준", 인권과정의 Vol. 442(2014.6.) 참조.

다."고 규정하고 있을 뿐만 아니라 사기적인 방법으로 편취한 판결인지 여부를 심리한다는 명목으로 실질적으로 외국판결의 옳고 그름을 전면적으로 재심사하는 것은 외국판결에 대하여 별도의 집행판결제도를 둔 취지에도 반하는 것이어서 허용할 수 없으므로…… 판결국 법정에서 위와 같은 사기적인 사유를 주장할 수 없었고 또한 처벌받을 사기적인 행위에 대하여 유죄의 판결과 같은 고도의 증명이 있는 경우에 한하여 승인 또는 집행을 구하는 외국판결을 무효화하는 별도의 절차를 당해 판결국에서 거치지 아니하였다 할지라도 바로 우리나라에서 승인 내지 집행을 거부할 수는 있다.(대법원 2004. 10. 28. 선고 2002다74213 판결)

[국내법원판결의 기판력에 저촉되는 외국판결의 승인을 거부한 판결]

동일 당사자 간의 동일 사건에 관하여 대한민국에서 판결이 확정된 후에 다시 외국에서 판결이 선고되어 확정되었다면 그 외국판결은 대한민국판결의 기판력에 저촉되는 것으로서 대한민국의 선량한 풍속 기타 사회질서에 위반되어 민사소송법 제203조 제3호에 정해진 외국판결의 승인요건을 흠결한 경우에 해당하므로 대한민국에서는 효력이 없다.(대법원 1994. 5. 10. 선고 93므1051 판결)

[외국 법원의 판결을 승인할 때 국내에 미치는 결과까지 고려해야 한다는 판결]

외국 법원의 면책재판 등의 성립절차가 선량한 풍속이나 그밖의 사회질서에 어긋나는 경우나 외국 법원의 면책재판 등의 내용이 선량한 풍속이나 그밖의 사회질서에 어긋나는 경우뿐만 아니라, 외국 법원의 면책재판 등에 따른 면책적 효력을 국내에서 인정하게 되면 국내 채권자의 권리나 이익을 부당하게 침해하는 등 그 구체적 결과가 선량한 풍속이나 그밖의 사회질서에 어긋나는 경우 등도 포함된다.(대법원 2010. 3. 25.자 2009마1600 결정)

라. 상호보증(reciprocity)이 있거나 대한민국과 그 외국 법원이 속하는 국가에 있어 확정재판 등의 승인요건이 현저히 균형을 상실하지 않고 중요한 점에서 실질적으로 차이가 없을 것

상호보증의 요건은 우리나라 법원의 판결도 그 외국에서 승인될 가능성이 있어야 한다는 것을 의미한다. 종전에는 이를 엄격하게 해석하였지만, 대법원 판례(대법원 2004. 10. 28. 선고 2002다74213 판결)에서 우리나라와 외국 사이에 동종 판결의 승인요건이 현저히 균형을 상실하지 않고 외국에서 정한 요건이 우리나라에서 정한 그것보다 전체로서 과중하지 아니하며 중요한 점에서 실질적으로 거의 차이가 없는 정도라면 상호보증의 요건을 구비되었다고 보았고, 이러한 판례에 맞추어 민사소송법 제217조 제1항 제4호도 개정되었다.

3. 외국판결의 전부 또는 일부에 대한 승인을 거절해야 하는 경우

(1) 우리나라는 전보배상을 원칙으로 하고 있으므로 손해를 입은 당사자는 자신이 입은 손해에 대하여만 배상을 청구할 수 있고, 이를 넘어서는 손해에 대하여는 배상을

받을 수 없는 것이 원칙이다. 이에 반하여 미국에서는 징벌적 손해배상(punitive damage)[31]이 인정되고 있어 실제 입은 손해보다도 훨씬 많은 배상을 받을 수 있다. 따라서 만일 미국의 법원에서 받은 징벌적 배상판결을 국내에서 승인한다면 국내의 전보배상의 원칙을 무시하는 결과를 가져올 것이다. 그렇다고 외국판결의 전부에 대한 승인을 거절하는 것도 국제예양(comity)에 적합하지 아니하다.

(2) 위와 같은 이유에서 2014년 민사소송법의 개정으로 추가된 민사소송법 제217조의2 제1항은 "법원은 손해배상에 관한 확정재판 등이 대한민국의 법률 또는 대한민국이 체결한 국제조약의 기본질서에 현저히 반하는 결과를 초래할 경우에는 해당 확정재판 등의 전부 또는 일부를 승인할 수 없다."고 규정하여 징벌적 손해배상과 같이 손해전보의 범위를 초과하는 배상액의 지급을 명한 외국 법원의 확정판결을 적정 범위로 제한하여 승인할 수 있도록 허용하고 있다(대법원 2015. 10. 15. 선고 2015다1284 판결). 예를 들어 3억원의 징벌적 배상판결 중 실제 손해액은 1억원이라면 법원은 1억원의 손해배상판결만을 승인할 수 있다. 민사소송법 제217조의2 제1항을 달리 해석하자면 외국 법원의 확정재판 등이 당사자가 실제로 입은 손해를 전보하는 손해배상을 명하였다면 법원은 민사소송법 제217조의2 제1항을 적용하여 승인액을 제한할 수 없다(앞의 판결).

제 4 절 기판력의 범위

판결의 확정에 의하여 당해 판결에 발생하는 기판력이 범위를 확정할 필요가 있다. 이러한 기판력의 범위에는 어떠한 법률관계에 관하여 기판력이 작용하는가에 관한 기판력의 객관적 범위, 누구에 대하여 기판력이 작용하는가에 관한 기판력의 주관적 범위, 어느 시점의 법률관계에 대하여 기판력이 작용하는가에 관한 기판력의 시적 범위가 있다.

I. 기판력의 객관적 범위

1. 소 송 물

확정판결은 주문에 포함된 것에 한하여 기판력을 가진다(법 제216조 제1항). 즉, 주문에 포함된 소송물인 법률관계의 존부에 관한 판단에 대하여서만 기판력이 발생하고(대법원 1970. 9. 29. 선고 70다1759 판결),[32] 주문에 이르게 된 이유인 판결이유에 기재된 사실

---

31) 우리나라도 개인정보보호법, 「대리점거래의 공정화에 관한 법률」, 「신용정보의 이용 및 보호에 관한 법률」, 「하도급거래 공정화에 관한 법률」 등에서 징벌적 배상제도를 도입했다.

32) 대법원 판례는 소송물의 구분을 구실체법설에 따르고 있으므로 확정판결의 기판력의 범위는 판결주문의 문

에 대하여는 기판력이 발생하지 않는다(대법원 1987. 6. 9. 선고 86다카2756 판결). 따라서 주문에 기재되지 않고 판결이유에만 설시되는 항변이나 법률해석은 기판력이 발생하지 않는다.

가. 소유권이전등기의 말소등기를 명하는 판결에서의 기판력의 객관적 범위

소유권이전등기의 말소등기를 명하는 판결의 주문은 "피고는 원고에게 ~등기에 대한 말소등기절차를 이행하라."가 된다. 이 소송에서 소송물은 민법 제214조의 소유물방해제거청구권으로서 원고의 피고에 대한 말소등기청구권의 존부가 되고, 이에 대하여만 기판력이 발생한다. 그 판단의 전제가 되는 부분 즉 피고의 소유권등기가 무효라는 점이나, 원고가 소유권을 갖고 있다는 점이나, 그에 대한 법률적 판단 부분은 주문에 기재된 것이 아니므로 기판력이 미치지 않는다(대법원 1970. 9. 29. 선고 70다1759 판결). 따라서 말소등기청구권이 없다고 하여 패소한 원고가 후소로 동일한 부동산에 대하여 소유권이 자신에게 있다는 확인을 구하는 확인소송을 제기하더라도 후소가 전소의 기판력에 저촉되는 것은 아니다(대법원 2002. 9. 24. 선고 2002다11847 판결).

나. 건물철거 및 토지인도를 명하는 판결에서 기판력의 객관적 범위

건물철거 및 토지인도를 명하는 판결주문은 "피고는 원고에게 ~건물을 철거하고 그 토지를 인도하라."이다. 이 소송에서 소송물은 민법 제214조의 소유물방해제거청구권으로서 원고의 피고에 대한 건물철거 및 토지인도청구권이 되고, 이에 대하여만 기판력이 발생한다. 따라서 그 소송에서 부동산의 소유권이 원고에게 있다는 판단이 있더라도 그 기판력은 판결주문에 표시된 건물철거청구권 및 토지인도청구권에 국한되고 판결이유 중의 부동산의 소유권의 귀속에 관한 판단 부분에까지 미치지 않는다(대법원 2010. 12. 23. 선고 2010다58889 판결).

다. 실질적 판단이 있는 경우에 한정

소송물이라고 하더라도 실질적 판단이 있었던 범위에만 기판력이 발생한다. 예를 들어 1필지 토지 전부에 대한 소유권이전등기청구소송에서 토지 일부의 매수사실은 인정되나 매수부분을 특정할 수 없다는 이유로 원고가 전부 패소판결을 받아 확정된 후, 원고가 후소로서 매수부분을 특정하여 소유권이전등기를 구하는 경우에, 전소에서는 그 특정부분을 매수하였는지 여부에 대하여 실질적으로 판단이 되었다고 할 수 없으므로 전소는 위 특정부분에 관한 한 기판력이 생기지 않는다(대법원 1992. 11. 24. 선고 91다28283 판결). 따라서 원고의 후소는 기판력에 저촉되지 않는다(앞의 판결).

언의 형식에만 의하여 판단할 것이 아니고 판결에 기재된 이유와 대조하여 인정해야 한다고 판시하고 있다(대법원 1970. 7. 28. 선고 70누66,67,68 판결).

2. 일부청구에서의 기판력의 객관적 범위

앞서 본 바와 같이 가분채권의 일부청구임을 명시한 명시적 일부청구에서는 그 일부청구만이 소송물이 되므로 이에 한정하여 기판력이 발생하고, 이를 명시하지 아니한 묵시적 일부청구에서는 청구권 전부가 소송물이 되므로 청구권 전부에 대하여 기판력이 발생한다(대법원 1997. 10. 24. 선고 96다12276 판결). 예를 들어 1,000만원의 채권 중 500만원만 묵시적으로 청구하여 승소확정판결을 받은 후에 나머지 500만원에 대하여 후소를 제기한다면 전후소의 소송물이 동일하고 원고가 전소에서 승소했다는 이유로 후소는 각하된다.

3. 선결적 법률관계

확정판결의 기판력은 소송물로 주장된 법률관계의 존부에 관한 판단의 결론에만 발생하고 그 전제가 되는 선결적 법률관계는 소송물이 아니므로 기판력이 발생하지 않는다.

(1) 매매계약의 무효 또는 해제를 원인으로 한 매매대금반환의 판결의 기판력은 그 매매대금반환청구권의 존부에 관하여만 발생할 뿐, 그 전제가 되는 선결적 법률관계인 매매계약의 무효 또는 해제에까지 발생하는 것은 아니다(대법원 2013. 11. 28. 선고 2013다19083 판결).

(2) 소유권에 기한 물권적 청구권의 판결은 선결문제인 소유권에 대하여 기판력이 발생하지 않으므로 후소에서 소유권확인소송을 제기하는 것은 전소 기판력에 저촉되지 않는다(대법원 1986. 8. 19. 선고 84다카1792 판결).

(3) 부동산 소유권이전등기를 해주기로 한 조정조서의 기판력은 소송물이었던 이전등기청구권의 존부에만 미치고 선결문제인 부동산의 소유권 자체에까지 미치지는 않는다(대법원 2017. 12. 22. 선고 2015다205086 판결). 따라서 조정조서에 따라서 소유권이전등기를 해 준 뒤라도 종전의 소유자는 소유권이 여전히 자신에게 있다고 주장하여 소유권을 부인하는 조정의 상대방을 비롯하여 제3자에 대하여 다툼의 대상이 된 부동산이 자기의 소유라는 확인을 구할 법률상 이익이 있다(앞의 판결).

(4) 이자지급청구의 소에서 원본채권의 존재, 보증금지급청구의 소에서 주채무의 존재 등도 마찬가지이다.[33]

---

33) 그러나 선결적 법률관계의 존부에 대한 판단도 법원의 판단인데 기판력이 발생하지 않는다면 판결이 분쟁의 종국적 해결방법이 되지 못하고, 확정판결과 모순되는 판결이 나오게 되면 법원의 판결에 대한 국민의 신뢰가 떨어진다는 점에서 선결적 법률관계에 대한 판단에도 기판력을 인정해야 한다는 주장이 있다. 영미법의 경우에는 쟁점기판력(issue estoppel, issue preclusion)이라고 하여 쟁점이 되었던 선결적 법률관계에 대하여 기판력을 인정한다. 대법원 판례(대법원 2009. 9. 24. 선고 2008다92312 판결)는 이미 확정된 관련 민사사건에서 인정된 사실은 특별한 사정이 없는 한 유력한 증거가 되고, 특히 전후 두 개의 민사소송이 당사자가 같고 분쟁의 기초가 된 사실도 같으나, 다만 소송물이 달라 기판력에 저촉되지 아니한 결과 새로운 청구를 할

4. 항 변

가. 원 칙

항변으로 주장된 법률관계는 소송물이 아니므로 이에 대한 판단에는 기판력이 발생하지 않는다. 예를 들어 피고의 동시이행항변이 받아들여지더라도 반대채권의 존부나 그 수액에 기판력이 발생하는 것은 아니므로 별소로 반대채권의 이행을 구하더라도 기판력에 위반되지 않는다(대법원 1996. 7. 12. 선고 96다19017 판결). 그리고 피고가 주장하는 연체차임의 공제도 항변에 해당하므로 이에 대한 판단에는 기판력이 발생하지 않는다(대법원 2001. 2. 9. 선고 2000다61398 판결).

나. 상계항변의 예외

(1) 기판력의 발생

(가) 상계항변에 대한 판단은 대항한 액수에 한하여 기판력을 가진다(법 제216조 제2항). 상계항변이 받아들여진 경우뿐만 아니라 자동채권의 부존재로 상계항변이 배척된 경우에도 기판력이 발생한다(대법원 1975. 10. 21. 선고 75다48 판결). 따라서 피고가 상계항변이 받아들여진 자동채권에 관하여 별소를 제기하였다면 승소확정판결 후 동일한 소송물에 관하여 소를 제기한 것과 같이 법원은 소의 이익이 없다는 이유로 각하판결을 해야 되고(대법원 2010. 8. 26. 선고 2010다30966 판결), 상계항변이 이유 없다고 확정된 후에 피고가 상계로 주장한 자동채권에 관하여 별소를 제기하였다면 패소확정판결 후 동일한 소송물에 관하여 소를 제기한 것과 같이 법원은 기각판결을 해야 한다.

(나) 이와 같이 상계항변에 예외적으로 기판력을 인정하는 이유는, 상계의 효력이 발생하면 수동채권과 자동채권이 소멸되는 결과가 발생하고 이에 따라서 변동되는 법률관계를 확정시킬 필요가 있기 때문이다. 만일 수동채권과 자동채권 소멸의 효력을 확정시키지 않는다면 피고는 상계항변으로 제공한 자동채권을 후에 별소로 주장하여 이중의 이득을 얻게 되는 문제가 발생하고, 상계 주장에 대한 판단을 전제로 이루어진 원고의 청구권의 존부에 대한 전소의 판결이 결과적으로 무의미하게 될 우려가 있다(대법원 2018. 8. 30. 선고 2016다46338, 46345 판결).[34] 반대로 동시이행항변은 제공된 반대채권이 소멸되지 않으므로 기판력을 인정할 필요가 없다.

수 있는 경우에 있어서는 더욱 그러하다고 하여 기판력을 확장시키는 방법이 아니라 증거력을 확장시키는 방법으로 문제를 해결하고 있다.

34) 그러나 전소에서 상계의 효력이 발생하여 자동채권이 소멸하였다면, 자동채권의 이행을 구하는 후소에서 기각판결을 할 수 있는데, 굳이 다른 항변과 달리 취급할 필요가 있는지 의문이다.

(2) 대항한 액수에 한하여 기판력이 발생

(가) 대항한 액수

상계항변이 이유가 있든지 없든지 대항한 액수에 한하여 기판력이 발생한다. 따라서 법원은 상계의 기판력이 미치는 범위를 특정하기 위하여 최소한 상계적상의 시점 및 수동채권의 지연손해금의 기산일과 이율 등을 판결이유에서 구체적으로 밝혀주어야 한다(대법원 2013. 11. 14. 선고 2013다46023 판결).

(나) 자동채권이 받아들여진 경우

자동채권의 액수가 수동채권의 액수를 초과한다면 대항한 액수는 수동채권의 액수이므로 수동채권의 범위에서 기판력이 발생하고, 수동채권의 수액을 초과하는 부분에 대하여는 기판력이 발생하지 않는다(대법원 2013. 11. 14. 선고 2013다46023 판결). 예를 들어 원고의 60만원 지급청구에 대하여 피고가 100만원의 반대채권이 있음을 이유로 하여 상계항변을 했다면 수동채권의 액수인 60만원에 대하여만 기판력이 발생하고 나머지 40만원에 대하여는 기판력이 발생하지 않으므로 피고는 별소로 40만원의 지급을 청구할 수 있다.

(다) 자동채권이 받아들여지지 않은 경우

i) 자동채권이 부존재한다는 판결이유 중의 판단의 기판력은, '법원이 자동채권의 존재를 인정하였더라면 상계에 관한 실질적 판단으로 나아가 수동채권의 상계적상일까지의 원리금과 대등액에서 소멸하는 것으로 판단할 수 있었던 반대채권의 원리금 액수'의 범위에서 발생한다(대법원 2018. 8. 30. 선고 2016다46338, 46345 판결). 기판력은 실질적 판단이 있었던 범위에서 발생하기 때문이다. 예를 들어 앞의 예에서 피고가 100만원의 자동채권을 가지고 원고의 60만원의 수동채권에 대하여 상계항변을 하였지만 자동채권의 부존재를 이유로 상계항변이 배척된 경우에 100만원의 자동채권의 부존재에 대하여 기판력이 발생하는 것이 아니라 상계항변이 받아들여졌더라면 소멸하였을 자동채권의 범위인 60만원에 한정하여 기판력이 발생한다. 따라서 피고가 별소로 위 100만원에 대한 지급청구의 소를 제기하였다면 법원이 기판력을 이유로 청구기각을 할 수 있는 부분은 60만원에 한정된다.

ii) 만일 피고가 상계항변으로 2개 이상의 반대채권을 주장하였는데 법원이 그중 어느 하나의 반대채권의 존재를 인정하여 수동채권의 일부와 대등액에서 상계하는 판단을 하고, 나머지 반대채권들은 모두 부존재한다고 판단하여 그 부분 상계항변은 배척한 경우에, 반대채권들이 부존재한다는 판단에 대하여 기판력이 발생하는 전체 범위는 위와 같이 상계를 마친 후의 수동채권의 잔액을 초과할 수 없다(대법원 2018. 8. 30. 선고 2016다46338, 46345 판결). 예를 들어 원고가 피고에 대하여 2천만원을 소구하였는데, 원고가 1천만원의 반대채권과 5억원의 반대채권을 가지고 상계항변을 한 결과 법원이 1천만원의 반대채권만 인정하여 상계의 효력을 인정하였다면, 존재가 인정되지 않은 5억원의 반대채권 전액에 대하여 부존재의 기판력이 발생하는 것이 아니라 상계한 후 수동채권의 잔액인 1천만원의 한도에서 부존재의 기판력이 발생하고 나머지 4억 9천만원에 대하여는 부존재의 기판력이 발생하지 않는다. 따라서 피고가 상계로 인정되지 않은 5억원을 소구한 경우에 후소 법원은 1천만원에 대하여만 기판력을 이유로 청구를 기각해야 하고 나머지 금액에 대하여는 심리를 진행해야 한다.

(3) 상계항변에 기판력이 발생하지 아니하는 경우

(가) 동시이행으로 주장한 채권을 수동채권으로 삼아 재항변으로 상계항변을 한 경우

피고가 동시이행의 항변을 한데 대하여 원고가 피고에 대하여 갖고 있는 다른 채권을 자동채권으로 하여 상계의 재항변을 하고 이러한 재항변을 근거로 피고가 동시이행으로 주장한 채권의 소멸을 주장하였다면 이러한 상계의 재항변에는 기판력이 발생하지 않는다(대법원 2005. 7. 22. 선고 2004다17207 판결). 만일 이러한 상계의 재항변에 대하여 기판력을 인정하게 되면 피고가 동시이행항변으로 주장한 채권을 나중에 소송상 행사할 수 없게 되어 기판력이 발생하지 아니하는 동시이행항변으로 주장한 채권의 존부나 범위에 관한 판단에도 기판력이 발생하는 결과에 이르기 때문이다(앞의 판결). 따라서 원고 상계의 재항변이 받아들여져서 피고의 동시이행의 항변이 배척된 후에, 피고가 동시이행으로 주장한 반대채권의 이행을 구하는 소를 제기하더라도 상계의 재항변의 기판력에 저촉되는 것은 아니다(앞의 판결).

(나) 상계항변에 관하여 실질적 판단이 이루어지지 아니한 경우

소송 외에서 행사하는 상계는 상계의 의사표시가 상대방에게 도달되는 즉시 상계의 효력이 발생한다. 그러나 소송상 방어방법으로서의 상계항변은 수동채권의 존재가 확정되는 것을 전제로 하여 행하여지는 일종의 예비적 항변으로서 상계항변의 의사표시에 의해 확정적으로 상계의 효과가 발생하는 것이 아니라 당해 소송에서 수동채권의 존재 등 상계에 관한 법원의 실질적 판단이 이루어지는 경우에 비로소 실체법상 상계의 효과가 발생하므로 상계에 제공된 채권에 관한 실질적 판단이 없다면 기판력도 발생하지 않는다(대법원 2014. 6. 12. 선고 2013다95964 판결).

i) 소송절차진행 중 당사자 사이에 조정이 성립됨으로써 수동채권의 존재에 관한 법원의 실질적인 판단이 이루어지지 아니한 경우에는 소송상 상계항변의 사법상 효과도 발생하지 않으므로 기판력도 발생하지 않는다(대법원 2013. 3. 28. 선고 2011다3329 판결). 소가 취하 또는 각하된 경우에도 마찬가지이다.

ii) 원고에게 청구권이 없어서 원고의 청구를 기각하는 경우[35]와 같이 원고의 청구를

35) 피고가 상계의 항변을 한 경우에 원고의 청구가 기각되는 경우는 다음과 같이 두 가지가 있다. 첫째 원고의 소구채권의 존재가 인정되지 않는 경우, 둘째 원고의 소구채권의 존재가 인정되지만 피고의 상계항변이

기각한 이유가 피고의 상계항변이 아닌 다른 이유 때문이라면, 이러한 경우에도 상계항변에 대한 실질적 판단이 없는 경우이므로 상계항변의 사법상의 효력이 없고 기판력도 발생하지 않는다(대법원 2014. 6. 12. 선고 2013다95964 판결).

iii) 상대방이 동시이행의 항변을 하고 있는 자동채권을 가지고 상계권을 행사하는 경우와 같이 항변권이 부착되어 있는 채권을 자동채권으로 하는 상계를 허용하게 되면 일방의 의사표시에 의하여 상대방의 항변권 행사의 기회를 상실케 하는 결과가 되므로 성질상 상계가 허용되지 않는다(대법원 1975. 10. 21. 선고 75다48 판결). 이처럼 성질상 상계가 허용될 수 없다고 하여 상계항변을 배척하는 경우에는 상계항변에 대한 실질적 판단이 없으므로 기판력이 발생하지 않는다(앞의 판결). 예를 들어 A가 B에 대하여 1억원의 대여금채권을 갖고 있고, 이와 별개로 A가 B로부터 부동산을 매수하여 A는 B에 대하여 소유권이전등기청구권을, B는 A에 대하여 1억원의 잔금지급청구권 각 갖고 양 채권이 동시이행관계에 있는 경우에, A가 B에 대하여 위 대여금반환청구소송을 제기한데 대하여 B가 잔금지급청구권을 갖고서 상계하는 것을 허용하면 A의 B에 대한 동시이행항변권이 소멸되므로 상계가 허용되지 않는다. 또한 수탁보증인이 주채무자에 대하여 가지는 민법 제442조의 사전구상권에는 민법 제443조의 담보제공청구권이 항변권으로 부착되어 있는 만큼 이를 자동채권으로 하는 상계는 원칙적으로 허용될 수 없다(대법원 2019. 2. 14. 선고 2017다274703 판결).

자동채권이 부존재하여 상계항변이 배척된 경우에는 자동채권의 부존재에 대하여 기판력이 발생하지만 위와 같이 상계가 허용되지 아니하여 상계항변이 배척되는 경우에는 아무런 기판력이 발생하지 않는다.

(다) 상계의 항변에 대한 재항변의 금지

피고의 소송상 상계항변에 대하여 원고가 피고에 대한 다른 채권을 자동채권으로 한 소송상 상계의 재항변은 다음과 같은 이유로 원칙적으로 허용되지 않고, 이와 같이 허용되지 않는 경우에는 상계의 재항변에 대한 실질적 판단이 없으므로 기판력이 발생하지 않는다.

첫째, 피고의 자동채권이 존재하지 않는 것으로 판단되는 등 법원이 원고의 소송상 상계의 재항변과 무관한 사유로 피고의 소송상 상계항변을 배척하는 경우에는 소송상 상계의 재항변을 판단할 필요가 없고(대법원 2014. 6. 12. 선고 2013다95964 판결),

둘째, 피고의 소송상 상계항변이 이유 있다고 판단하는 경우에는 원고가 소로써 청구하는 청구채권이 수동채권이 되어 피고의 자동채권이 상계적상 당시에 대등액에서 소멸한 것으로 보게 될 것이므로, 원고가 소송상 상계의 재항변으로써 상계할 대상인 피고

받아들여져서 수동채권인 원고의 소구채권이 소멸되는 결과 원고의 청구가 기각되는 경우. 전자의 경우에는 피고의 상계항변에 대하여 아무런 판단을 할 필요가 없으므로 상계항변에 기판력이 발생하지 않는다.

의 자동채권이 그 범위에서 존재하지 아니하는 것이 되어 이때에도 역시 원고의 소송상 상계의 재항변에 관하여 판단할 필요가 없으며(앞의 판결),[36)]

셋째, 원고가 소송물인 청구채권 외에 피고에 대하여 다른 채권을 가지고 있다면 소의 추가적 변경에 의하여 그 채권을 당해 소송에서 청구하거나 별소를 제기할 수 있으므로 원고의 소송상 상계의 재항변은 일반적으로 이를 허용할 이익이 없다(앞의 판결).

그리고 위와 같은 법리는 원고가 2개의 채권을 청구하고, 피고가 그중 1개의 채권을 수동채권으로 삼아 소송상 상계항변을 하자, 원고가 다시 위 2개의 청구채권 중 다른 1개의 채권을 자동채권으로 소송상 상계의 재항변을 하는 경우에도 마찬가지로 적용된다(대법원 2015 .3. 20. 선고 2012다107662 판결).

II. 기판력의 주관적 범위

1. 소송의 당사자

(1) 기판력은 원칙적으로 소송의 당사자에게만 미치고, 소송의 당사자가 아닌 제3자에 대하여는 법률에 규정이 있는 경우에 한하여 기판력이 작용한다(법 제218조 제1항, 제3항 기타 법률). 소송수행의 기회를 갖지 못한 제3자에게 판결의 효력이 미치도록 하는 것은 부당하기 때문이다. 당사자의 소송대리인과 법정대리인도 소송의 당사자는 아니므로 이러한 사람에도 기판력이 미치지 않는다.

(2) 대표자가 있는 비법인사단이 소송의 당사자가 되는 경우에도 그 비법인사단은 대표자나 구성원과는 별개의 주체이므로, 그 대표자나 구성원을 당사자로 한 판결의 기판력이 법인 아닌 사단에 미치지 아니함은 물론 그 법인 아닌 사단을 당사자로 한 판결의 기판력 또한 그 대표자나 구성원에게 미치지 않는다(대법원 2010. 12. 23. 선고 2010다58889 판결).

(3) 채권자가 수익자를 상대로 사해행위취소를 구하는 소를 제기하여 채무자와 수익자 사이의 법률행위를 취소하는 내용의 판결이 선고되어 확정되었더라도 판결의 효력은 그 소송의 피고가 아닌 채무자나 전득자에게는 미치지 않는다(대법원 2014. 2. 13. 선고 2012다204013 판결).

---

36) 예를 들어 원고의 1억원 청구에 대하여 피고가 1억 5천만원의 채권을 가지고 상계항변을 하여 이러한 항변이 받아들여지더라도 피고에게는 5천만원의 채권이 남게 되므로 원고가 위 1억원 채권 이외에 피고에게 다른 채권을 갖고 있다면 이를 자동채권으로 하여 상계할 이익이 있다. 그러나 위 5천만원은 소송물이 아니므로 원고는 소송 외에서 상계할 이익이 있을 뿐이지 상계의 재항변을 할 이익이 없으므로 법원은 원고의 상계의 재항변에 대하여 실체적 판단할 필요가 없다.

2. 기판력이 미치는 제3자

소송당사자가 아닌 제3자에 대하여 기판력이 미치는 경우가 있다. 이러한 경우에 그 제3자는 확정판결의 효력에 기속되므로 이에 배치되는 주장을 할 수 없고, 원칙적으로 기판력의 주관적 범위와 집행력의 주관적 범위는 동일하므로[37] 원고는 기판력이 미치는 제3자에 대하여 강제집행을 신청할 수 있다.

가. 변론을 종결한 뒤의 승계인(무변론판결의 경우 선고 뒤의 승계인)

(1) 의　　의

변론이 종결된 뒤에 소송물인 권리의무를 당사자로부터 승계한 승계인(변론 없이 한 판결의 경우에는 변론종결이 없으므로 판결을 선고한 뒤의 승계인)에 대하여도 기판력이 작용한다(법 제218조 제1항). 패소한 당사자가 변론이 종결한 뒤에 제3자에게 권리의무를 양도하여 판결을 무력하게 할 염려가 있기 때문에 기판력을 확장하고 있다.

(2) 변론이 종결된 뒤

승계가 변론이 종결된 뒤에 이루어져야 한다.

(가) 원인행위가 변론종결 전에 있었지만 변론종결 뒤에 등기된 경우

변론종결 전에 원인행위가 있었지만 변론종결 뒤에 등기를 한 당사자도 변론종결 뒤의 승계인에 해당한다. 따라서 부동산물권이 승계된 때에는 매매계약을 체결한 때가 아니라 부동산물권변동의 효력이 생기는 때인 소유권이전등기가 이루어진 시점을 기준으로 그 승계가 변론종결 전의 것인지 변론종결 후의 것인지 여부를 판단하여야 한다(대법원 2005. 11. 10. 선고 2005다34667 판결). 그리고 대지 소유권에 기한 방해배제청구로서 그 지상건물의 소유자에 대하여 철거를 구하여 승소확정판결을 얻은 경우, 그 지상건물에 관하여 위 확정판결의 변론종결 전에 경료된 소유권이전청구권가등기에 기하여 위 확정판결의 변론종결 후에 소유권이전등기의 본등기를 경료한 자가 있다면 그는 변론종결 뒤의 승계인이라 할 것이어서 위 확정판결의 기판력이 미친다(대법원 1992. 10. 27. 선고 92다10883 판결). 따라서 대지의 소유자는 변론종결 뒤의 승계인을 상대로 건물철거의 강제집행을 할 수 있다.

(나) 변론종결 전에 채권양도의 합의를 했지만 변론종결 후에 대항요건을 갖춘 경우

채권을 양수하기는 하였으나 아직 양도인에 의한 통지 또는 채무자의 승낙이라는 대항요건을 갖추지 못하였다면 채권양수인은 채무자와 사이에 아무런 법률관계가 없어 채무자에 대하여 아무런 권리주장을 할 수 없고, 양도인이 채무자에게 채권양도통지를 하

37) 집행력은 소송의 당사자와 판결의 효력이 미치는 제3자에게 미친다. 다만 민사소송법 제71조의 규정에 따른 참가인에 대하여는 집행력이 미치지 않는다(민사집행법 제25조).

거나 채무자가 이를 승낙하여야 채무자에게 채권양수를 주장할 수 있다. 채권양수인이 민사소송법 제218조 제1항에 따라 확정판결의 효력이 미치는 변론종결 후의 승계인에 해당하는지 여부 역시 채권양도의 합의가 이루어진 때가 아니라 대항요건이 갖추어진 때를 기준으로 판단하여야 한다(대법원 2020. 9. 3. 선고 2020다210747 판결).

(3) 승계인의 범위

(가) 소송물인 권리의무의 승계인

i) 포괄승계인, 특정승계인

승계인은 소송물인 권리의무의 포괄승계인뿐만 아니라 특정승계인도 포함된다(대법원 1974. 5. 28. 선고 73다1842 판결). 그런데 채무자의 채무를 소멸시켜 당사자인 채무자의 지위를 승계하는 이른바 면책적 채무인수에서 인수인은 승계인에 해당한다고 볼 수 있지만, 중첩적 채무인수는 당사자의 채무는 그대로 존속하며 양수인이 이와 별개의 채무를 부담하는 것에 불과하므로 변론종결 후의 승계인이라고 볼 수 없다(대법원 2016. 5. 27. 선고 2015다21967 판결). 예를 들어 상호를 계속 사용한 영업양수인이 상법 제42조 제1항에 따라서 양도인의 제3자에 대한 채무에 대하여 변제할 책임은 중첩적 채무인수이므로 영업양수인은 변론종결 후의 승계인이 아니다(대법원 1979. 3. 13. 선고 78다2330 판결). 따라서 양도인을 상대로 승소확정판결을 받았다고 하더라도 양수인을 상대로 강제집행을 하기 위하여 승계집행문을 받을 수 없다.

ii) 설정적 승계

① 소송물인 권리의무 자체를 승계한 것은 아니지만 그로부터 설정적 승계를 받은 자도 변론종결 뒤의 승계인에 해당한다(대법원 1976. 6. 8. 선고 72다1842 판결). 예를 들어 소유권이전등기청구에 관한 판결이 확정된 후에 비로소 종전의 소유권이전등기로부터 근저당권등기를 설정 받은 자도 변론종결 뒤의 승계인에 해당하므로 원고는 근저당권자가 확정판결의 존재에 대하여 알건 모르건 관계없이 그에 대하여 승계집행문을 부여받아서 근저당권등기를 말소시킬 수 있다(앞의 판결).

② 대금분할을 명한 공유물분할 확정판결의 당사자인 공유자가 공유물분할을 위한 경매를 신청하여 진행된 경매절차에서 공유물 전부에 관하여 매수인에 대한 매각허가결정이 확정되고 매각대금이 완납된 경우, 매수인은 공유물 전부에 대한 소유권을 취득하게 되고, 이에 따라 각 공유지분을 가지고 있던 공유자들은 지분소유권을 상실하게 된다. 그리고 대금분할을 명한 공유물분할판결의 변론이 종결된 뒤(변론 없이 한 판결의 경우에는 판결을 선고한 뒤) 해당 공유자의 공유지분에 관하여 소유권이전청구권의 순위보전을 위한 가등기가 마쳐진 경우, 대금분할을 명한 공유물분할 확정판결의 효력은 민사소송법 제218조 제1항이 정한 변론종결 후의 승계인에 해당하는 가등기권자에게 미치므로, 특별한 사정이 없는 한 위 가등기상의 권리는 매수인이 매각대금을 완납함으로써 소멸한다

(대법원 2021. 3. 11. 선고 2020다253836 판결). 따라서 위 매수인이 가등기권자를 상대로 소유권에 기한 방해배제청구권의 일환으로 가등기의 말소를 구한 경우 후소 법원은 매수인의 청구를 인용해야 한다(앞의 판결).

(나) 계쟁물의 양수인

소송물인 권리의무를 승계하지 않고 계쟁물만 승계한 자도 변론종결 뒤의 승계인에 해당하는지 문제된다.

i) 물권적 청구권에 관한 소와 채권적 청구권에 관한 소의 구분

물권적 청구권은 사람에 대한 권리가 아니라 물건에 대한 권리이므로 그에 관한 판결의 기판력은 변론종결 뒤에 계쟁물만을 취득한 자에게도 미친다. 그러나 채권적 청구권은 특정 채무자에 대한 권리이므로 그에 관한 판결의 기판력은 변론종결 뒤에 계쟁물을 양수하였다고 하더라도 채무를 함께 인수하지 않은 자에 대하여는 미치지 않는다(대법원 1991. 1. 15. 선고 90다9964 판결).[38] 소송물의 양수인은 물권적 청구권이든 채권적 청구권이든 관계없이 변론종결 뒤의 승계인이 된다는 점에서 계쟁물의 양수인과 차이가 있다.

ii) 예 시

다음의 자는 물권적 청구권에 관한 소송에서 계쟁물을 양수한 자이므로 변론종결 뒤의 승계인으로서 확정판결의 기판력이 미친다.

① 원고가 소유권에 기한 방해배제청구로서 그 지상건물의 철거를 구하여 원고 승소 판결이 확정되었는데 변론종결 뒤에 피고로부터 그 지상건물에 관하여 소유권이전등기를 경료한 자(대법원 1992. 10. 27. 선고 92다10883 판결).

② 원고가 제기한 어느 부동산에 대한 소유권이전등기 및 근저당권설정등기가 당초부터 원인무효임을 이유로 한 말소등기청구소송에서 원고 승소판결이 확정되었는데, 변론종결 뒤에 임의경매실행으로 피고로부터 그 부동산의 소유권을 취득한 자[39](대법원 1974. 12. 10. 선고 74다1046 판결)

③ 원고가 자신의 부동산에 설정된 근저당권등기가 원인무효라는 이유로 제기한 근저당권설정등기의 말소청구소송에서 원고 패소판결이 확정되었는데, 변론종결 뒤에 그 근저당권의 실행으로 인하여 그 부동산을 경락받은 자(대법원 1994. 12. 27. 선고 93다34183 판결).

그러나 채권적 청구권인 부동산매매계약을 원인으로 한 소유권이전등기청구소송의 변론이 종결한 후에 계쟁물에 관한 소유권이전등기를 마친 자는 소유권이전등기채무까지

38) 만일 후자의 경우에도 변론종결 뒤의 계쟁물의 승계인에게 기판력이 미치도록 한다면, 이중매매에서 먼저 매수한 제1매수인이 제기한 소유권이전등기청구소송의 변론이 종결된 뒤에, 제2매수인이 비로소 계쟁물을 매수하여 소유권이전등기를 마쳤다면 제2매수인은 유효한 매매계약에도 불구하고 소유권을 뺏기는 문제가 발생한다.

39) 임의경매에서 경락인은 물권의 특정승계인에 해당한다.

승계하는 것은 아니어서 변론종결 후의 승계인이 아니므로 기판력이 미치지 않는다(대법원 2003. 5. 13. 선고 2002다64148 판결).

④ 소송상 화해에 의하여 소유권이전등기를 말소할 물권적 의무를 부담하는 자로부터 그 화해성립 후에 계쟁물인 동 부동산에 관한 가등기를 경료받은 자는 변론종결 후의 승계인에 해당한다(대법원 1980. 5. 13. 선고 79다1702 판결). 예를 들어 A가 B로부터 돈을 빌리면서 자신의 소유의 부동산에 관하여 담보목적으로 B에게 소유권이전등기를 해 주었고, 그 후 A가 B의 피담보채무가 부존재한다는 이유로 소유권이전등기말소청구의 소를 제기하자 B가 위 등기를 말소해 주겠다고 소송상 화해를 하였다면 B의 말소등기의무는 소유권에 기한 방해배제청구권으로서 물권적 의무에 해당한다. 이러한 소송상 화해 후에 B가 제3자인 C에게 소유권이전등기청구권의 보전을 위한 가등기를 해 주었다면 C는 B의 변론종결 뒤의 승계인에 해당하여 위 소송상 화해의 기판력과 집행력을 받으므로 A는 C에 대하여 승계집행문을 부여받아 C의 가등기를 말소시킬 수 있다(앞의 판결).

iii) 주의해야 하는 경우

① 원고가 소유권에 기하여 건물의 점유자인 피고를 상대로 건물명도소송을 제기하였지만 원고에게 소유권이 없다는 이유로 원고의 청구가 기각되고 판결이 확정되었는데, 위 사건의 사실심 변론종결 후에 제3자가 원고로부터 건물을 매수하여 위 피고를 상대로 건물명도소송을 제기한 경우 후소의 원고인 제3자는 변론종결 후의 승계인에 해당하지 않는다(대법원 1999. 10. 22. 선고 98다6855 판결).

② 이 사안에서 피고가 원고로부터 승계한 것은 건물명도청구권이 아니라 건물의 소유권이고 전소에서 건물의 소유권은 선결관계로서 소송물이 아니므로 소유권의 존부에 대하여는 기판력이 발생하지 않는다. 따라서 양수인인 제3자가 주장하는 소유권에 대하여 피고는 기판력을 가지고 대항할 수 없다. 그리고 제3자가 주장하는 건물명도청구권은 원고로부터 양수한 권리가 아니라 자신의 소유권에 근거한 권리이므로 이에 대하여도 피고는 기판력을 가지고 대항할 수 없다(앞의 판결).[40]

(다) 승계집행문의 요구

i) 확정판결에는 변론종결 뒤의 승계인이 표시되지 않으므로 이러한 판결서에 집행문을 부여받더라도 변론종결 뒤의 승계인에게 강제집행을 할 수 없다. 변론종결 뒤의 승계인은 판결에 표시된 채무자의 승계인에 해당하므로 채권자가 승계인에게 강제집행을

40) 마찬가지로 가등기말소청구소송의 사실심 변론종결 후에 토지 소유자로부터 근저당권을 취득한 제3자는 적법하게 취득한 근저당권의 일반적 효력으로서 물권적 청구권을 갖게 되고, 위 가등기말소청구소송의 소송물인 패소자의 가등기말소청구권을 승계하여 갖는 것이 아니며, 자신이 적법하게 취득한 근저당권에 기한 물권적 청구권을 원인으로 소송상 청구를 하는 것이므로, 위 제3자는 민사소송법 제218조 제1항에서 정한 확정판결의 기판력이 미치는 '변론을 종결한 뒤의 승계인'에 해당하지 않는다(대법원 2020. 5. 14. 선고 2019다261381 판결).

하려면 민사집행법 제31조 제1항에 따라서 변론종결 뒤의 승계인에 대하여 승계집행문을 부여받아서 강제집행을 해야 한다.

ii) 승계집행문은 그 승계가 법원에 명백한 사실이거나 증명서로 승계를 증명한 때에 한하여 내어 줄 수 있고(민사집행법 제31조 제1항), 이와 같이 증명할 수 없다면 채권자가 승계집행문 부여의 소를 제기할 수 있다(민사집행법 제33조).

iii) 만일 채권자가 승계집행문 부여의 소를 제기하지 않고 승계인을 상대로 새로운 이행의 소를 제기하면 원칙적으로 소의 이익이 없어 각하된다(대법원 2022. 3. 17. 선고 2021다210720 판결). 그러나 승계인을 상대로 한 소에서 승계 여부에 대해 상당한 정도의 공격방어 및 법원의 심리가 진행됨으로써 사실상 승계집행문 부여의 소가 제기되었을 때와 큰 차이가 없다면 소의 이익이 없다고 단정할 수 없다(앞의 판결).

(4) 변론종결 전의 승계인

(가) 변론종결 전에 소송물인 권리의무나 계쟁물의 승계가 있는 경우에는 그러한 승계인에 대하여 판결의 효력이 미치지 않는다.

(나) 변론종결 전의 승계인으로부터 승계한 자

이러한 변론종결 전의 승계인으로부터 다시 소송물이나 계쟁물을 양수한 자가 있다면 설령 이러한 자가 변론종결 후에 양수하였다고 하더라도 기판력이 미치지 못하는 변론종결 전의 양수인으로 취급해야 한다(대법원 1967. 2. 23. 자 67마55 결정).

(다) 변론종결 뒤의 승계인으로의 추정

i) 당사자가 변론을 종결할 때(변론 없이 한 판결의 경우에는 판결을 선고할 때)까지 승계사실을 진술하지 아니한 때에는 변론을 종결한 뒤(변론 없이 한 판결의 경우에는 판결을 선고한 뒤)에 승계한 것으로 추정한다(법 제218조 제2항). 변론종결 전의 승계인이 모든 경우에 변론종결 뒤의 승계인으로 추정되는 것이 아니라 변론종결 전의 승계인이 소송당사자가 된 소송절차에서 그가 승계사실을 진술하지 아니한 경우에만 변론종결 뒤의 승계인으로 추정된다. 이러한 법률상 추정에 따라서 변론종결 전의 승계사실에 대하여 승계인에게 증명책임이 있다(대법원 2005. 11. 10. 선고 2005다34667,34674 판결).

ii) 예를 들어 물권적 청구권에 기한 소송도중에 계쟁물이 양도되었지만 이러한 사실을 모르고 원고가 승소확정판결을 받았고, 그 후 승소한 원고가 양도사실을 알게 되어 양수인을 상대로 다시 소를 제기한 소송절차에서 양수인인 피고가 변론종결 전의 승계사실을 진술하지 아니하면 변론종결 후의 승계인으로 추정되어 전소의 기판력이 미친다(앞의 판결).

나. 청구의 목적물의 소지자

동산, 부동산에 관계없이 특정물인도청구소송의 목적물을 소지하고 있는 사람에 대하여도 판결의 효력이 미친다(법 제218조 제1항). 민사소송법에서는 청구의 성질에 대하여 제한을 두고 있지 않으므로 인도청구권이 물권적 청구권이든 채권적 청구권이든 상관없다. 그리고 임차인, 지상권자와 같이 목적물에 대하여 독립된 이익을 갖고 있는 경우는 제외되므로 창고업자와 같이 물건에 대한 독립된 이익이 없이 소유자를 위하여 보관하고 있는 자에 한정된다. 기판력보다는 집행력 때문에 판결의 효력이 미치는 경우라고 볼 것이다.

다. 제3자의 소송담당에서 권리의무귀속주체

(1) 권리의무의 주체가 아니면서 당사자적격을 갖고 있는 자가 소송의 당사자로서 받은 판결의 효력은 권리의무의 주체에 대하여도 미친다(법 제218조 제3항). 예를 들어 파산회사에 관한 소송에 있어서의 파산관재인이 받은 판결의 효력은 그 파산회사에 미치고, 추심명령을 받은 채권자가 제기한 추심금청구소송의 판결의 효력은 채무자에게 미친다(대법원 1975. 5. 13. 선고 74다1664 전원합의체 판결).

(2) 채권자대위소송의 경우 채무자에게도 기판력이 미친다는 의미는 채권자대위소송의 소송물인 피대위채권의 존부에 관하여 채무자에게도 기판력이 인정된다는 것이고, 채권자대위소송의 소송요건인 피보전채권의 존부에 관하여 당해 소송의 당사자가 아닌 채무자에게 기판력이 인정된다는 것은 아니다. 따라서 채권자가 채권자대위권을 행사하는 방법으로 제3채무자를 상대로 소송을 제기하였다가 채무자를 대위할 피보전채권이 인정되지 않는다는 이유로 소각하 판결을 받아 확정된 경우 그 판결의 기판력이 채권자가 채무자를 상대로 피보전채권의 이행을 구하는 소송에 미치지 않는다(대법원 2014. 1. 23. 선고 2011다108095 판결). 반면에 채권자대위소송의 당사자인 채권자와 제3채무자 사이에서는 소송판결의 기판력이 미치므로, 채권자가 채무자로부터 토지를 매수하여 현재 점유하고 있다고 주장하면서 채무자를 대위하여 제3채무자를 상대로 취득시효완성에 따른 소유권이전등기청구의 소를 제기하지만 피보전채권의 존재가 인정되지 않는다는 이유로 각하되어 확정되었다면, 이 판결이 확정된 후 제3채무자가 채권자를 상대로 제기한 토지인도청구소송에서 채권자가 전소에서 부인된 위 피보전채권의 존재를 항변으로 주장하는 것은 기판력에 저촉되어 허용되지 않는다(대법원 2001. 1. 16. 선고 2000다41349 판결).

라. 소송탈퇴자

독립당사자참가, 승계참가 또는 소송인수가 있는 경우에 기존의 당사자는 상대방의 동의를 얻어서 소송절차에서 탈퇴할 수 있는데, 분쟁을 한 번에 해결할 필요가 있으므로 이러한 탈퇴자에 대하여도 판결의 효력이 미친다(법 제80조, 제81조, 제82조).

3. 법인격부인의 경우

가. 법인격이 남용된 경우에는 그러한 법인격이 부인되고 그 법인의 실질적 소유자가 그 법인의 채무에 대하여 책임을 부담한다. 예를 들어 기존회사가 채무를 면탈할 목적으로 기업의 형태 · 내용이 실질적으로 동일한 신설회사를 설립하였다면, 신설회사의 설립은 기존회사의 채무면탈이라는 위법한 목적달성을 위하여 회사제도를 남용한 것이므로, 기존회사의 채권자에 대하여 위 두 회사가 별개의 법인격을 갖고 있음을 주장하는 것은 신의성실의 원칙상 허용될 수 없다 할 것이어서 기존회사의 채권자는 위 두 회사 어느 쪽에 대하여서도 채무의 이행을 청구할 수 있다(대법원 2004. 11. 12. 선고 2002다66892 판결).

나. 그러나 이러한 법인격부인의 경우에도 권리관계의 공권적인 확정 및 그 신속 · 확실한 실현을 도모하기 위하여 절차의 명확 · 안정을 중시하는 소송절차 및 강제집행절차에 있어서는 그 절차의 성격상 기존회사에 대한 판결의 기판력 및 집행력의 범위를 신설회사에까지 확장하는 것은 허용되지 않는다(대법원 1995. 5. 12. 선고 93다44531 판결).

4. 특별규정에 의하여 기판력이 확장되는 경우

가. 가사소송

가사소송에서 가류 및 나류 사건의 청구를 인용한 확정판결에는 대세적 효력이 있다(가사소송법 제21조 제1항). 가류 및 나류 사건은 이혼, 입양, 인지 등 친족관계의 성립과 소멸에 관한 사건인데, 예를 들어 이혼판결의 효력이 상대방의 부모에게 미치지 않는다면 이혼 후에도 인척관계를 유지하게 되는 문제가 발생한다. 그러나 청구를 배척한 판결이 확정된 경우에는, 다른 제소권자가 사실심의 변론종결 전에 참가하지 못한데 대하여 정당한 사유가 있으면 다시 소를 제기할 수 있도록 하여 절차참가권이 보장된 경우에만 기판력을 확장하고 있다(같은 조 제2항).

나. 회사관계소송의 인용판결

(1) 주주총회결의취소의 소 또는 회사설립무효의 소와 같이 회사와 관련된 소송은 소송의 당사자 이외에 관련된 사람이 적지 않기 때문에 이를 가사소송과 마찬가지로 하나의 소송에서 분쟁을 해결할 필요가 있다. 이러한 이유로 일정한 회사관계소송의 인용판결의 효력은 제3자에게도 미친다(상법 제190조, 제328조, 제376조, 제380조, 제381조, 제430조, 제446조). 그러나 위와 같은 회사관계소송의 패소판결의 효력에 대하여는 대세적

효력이 없으므로 이때는 소송의 당사자에 대하여만 판결의 효력이 미친다.

(2) 참고로 주식회사의 이사회결의에 대한 무효확인판결에 대하여는 대세적 효력을 인정하는 근거법률이 없으므로 그 확정판결은 대세적 효력이 없다(대법원 1988. 4. 25. 선고 87누399 판결). 마찬가지로 민법상 법인(사단법인, 재단법인)의 이사회결의에 대한 무효확인판결에 대하여도 대세적 효력이 없다(대법원 2000. 1. 28. 선고 98다26187 판결).

다. 기타 특별규정

(1) 「증권관련 집단소송법」은 입법취지가 증권거래과정에서 집단적으로 발생한 피해를 구제하는데 있으므로 집단소송의 판결의 효력은 소송의 당사자가 아닌 피해자에게 모두(이를 '구성원'이라고 한다.)에게 미친다. 하지만 같은 법 제37조에서는 판결의 효력을 받지 않겠다고 신고한 피해자에게는 판결의 효력이 미치지 아니하도록 규정하고 있다.[41]

(2) 소비자기본법의 단체소송과 개인정보보호법의 단체소송에서는 청구기각판결이 있는 경우에 원고적격이 있는 다른 단체도 원칙적으로 동일한 소를 제기할 수 없다(소비자기본법 제75조, 개인정보보호법 제56조).

(3) 파산채권이나 회생채권의 확정은 모든 채권자에 관하여 확정될 필요가 있으므로 판결의 효력은 모든 파산채권자와 회생채권자에게 미친다(「채무자회생 및 파산에 관한 법률」 제460조, 제607조).

(4) 압류 및 추심명령을 받은 추심채권자가 제3채무자를 상대로 추심금청구의 소를 제기한 경우에 제3채무자는 집행력 있는 정본을 가진 채권자가 공동소송인으로 원고 쪽에 참가하도록 명할 것을 법원에 신청할 수 있고, 이러한 참가명령을 받은 채권자가 소송에 참가하지 않더라도 그 소에 대한 재판은 참가명령을 받은 채권자에게도 미친다(민사집행법 제249조).

III. 기판력의 시간적 범위

1. 원　칙

법률관계는 계속적으로 변동하므로 기판력에 의하여 확정되는 법률관계가 어느 시점에서의 법률관계인지 '기판력의 표준시'를 결정할 필요가 있다. 그런데 소송의 당사자는 사실심 변론종결시까지 사실상의 주장을 하고 증거를 제출할 수 있고, 법원은 이때까지 제출된 주장과 증거를 바탕으로 하여 판결을 선고하므로 확정판결에 의하여 확정된 법률관계는 사실심 변론종결시의 법률관계가 되고, 기판력의 표준시도 사실심 변론종결시가

41) 이와 같이 원칙적으로 모든 관련자에게 판결의 효력이 미치지만 본인의 선택에 따라서 판결의 효력이 미치지 않도록 하는 방식을 'opt-out 방식'이라고 한다.

된다(대법원 1998. 7. 10. 선고 98다7001 판결).[42] 그리고 무변론판결의 경우에는 변론종결시가 없으므로 이때는 판결을 선고한 때가 표준시가 된다(민사집행법 제44조 제2항). 따라서 표준시 전과 후의 사정에 대하여는 원칙적으로 기판력이 미치지 않는다.

2. 표준시 전에 존재한 사정

가. 사례를 통한 이해

원고가 전소에서 금전채권의 부존재를 이유로 패소확정 되었는데, 후소에서 위 금전채권에 대한 사실심 변론종결시 이후의 이자를 청구하는 것은 그 선결문제로서 확정된 금전채권의 부존재와 저촉되는 주장이므로 기판력에 반한다. 하지만 원고가 사실심 변론종결 직전에 변제 받았고, 그 전까지는 위 금전채권이 존재했다고 주장하면서 그 때까지의 이자를 청구하는 것은 전소의 기판력에 반하지 않는다(대법원 1976. 12. 14. 선고 76다1488 판결).

나. 실권효 또는 차단효

(1) 의 의

일단 기판력이 발생하면 당사자 사이의 법률관계는 판결의 내용대로 확정된다. 만일 기판력을 함부로 무력화 할 수 있다면 법적 안정성은 깨지고 확정판결을 믿고서 거래를 할 수 없는 지경에 이를 것이다. 이러한 이유로 민사소송법은 재심에 의해서만 기판력을 배제할 수 있도록 허용한다. 따라서 후소에서 전소 사실심 변론종결 이전에 존재하고 있던 공격방어방법을 주장하여 전소 확정판결에서 판단된 법률관계의 존부와 모순되는 판단을 구하는 것은 확정판결의 기판력에 반하여 허용되지 않는다(대법원 2014. 3 .27. 선고 2011다79968 판결). 위와 같은 공격방어방법을 더 이상 주장할 없다는 의미에서 이를 '실권효' 또는 '차단효'라고 부른다. 이러한 '실권효' 또는 '차단효'는 전소에서 당사자가 그러한 공격방어방법의 존재를 알았는지 몰랐는지, 몰랐다면 과실이 있는지 없는지 여부를 묻지 않고 인정된다(앞의 판결).

(2) 실권효의 범위

확정된 전소 판결의 심판의 대상된 사항에 대하여 다시 심판을 구할 수 없다는 기판력의 작용으로 인하여 '실권효' 또는 '차단효'가 발생한다. 따라서 ① 사실심 변론종결 전에 존재했고 ② 전소에서 심판의 범위에 포함되었지만 ③ 주장되지 아니한 공격방어방법만이 실권된다. 이때 심판의 범위에 포함되었는지 여부는 기판력이 발생하는 객관적 범위인 소송물을 기준으로 해야 하므로 전소와 후소의 소송물을 비교하여 실권되는지 여부

---

42) 화해권고결정의 기판력은 그 확정시를 기준으로 하여 발생한다(대법원 2012. 5. 10. 선고 2010다2558 판결).

를 결정해야 한다. 결국 소송의 심판의 대상과 범위인 소송물의 범위 내에서 실권효과 차단효가 작용한다.

(가) 실권되는 경우 – 소송물인 법률관계의 효력을 좌우하는 권리

i) 소송물인 법률관계의 효력을 좌우하는 해제권, 취소권 등의 형성권은 소송물인 법률관계의 효력을 좌우하는 권리로서 심판의 범위에 포함되므로 변론종결 후에 이를 행사하여 기판력 있는 판결의 효력을 배척할 수 없다(대법원 2008. 11. 27. 선고 2008다59230 판결, 대법원 2002. 5. 10. 선고 2000다50909 판결). 예를 들어 계약이행을 명하는 판결이 확정된 후에 비로소 채무자가 변론종결 시 전부터 있었던 해제권을 행사하고는 채무부존재확인의 소를 제기하나 청구이의의 소를 제기하는 것은 전소 확정판결과 모순되는 주장이므로 기각되어야 한다.

ii) 마찬가지로 소송물인 법률관계가 강행규정에 위반되어 무효인지 여부도 심판의 범위에 포함되므로 변론종결 후에 이를 주장할 수 없다(대법원 2014. 3. 27. 선고 2011다49981 판결).

iii) 원고가 형성권인 어음의 백지보충권을 행사하지 아니하여 어음금지급청구권이 없다는 이유로 패소확정 되었다면, 어음의 백지보충권은 소송물인 어음금지급청구권의 존부를 결정하는 사항으로서 심판의 범위에 포함되므로 원고가 사실심 변론종결시 이후에 백지를 보충하여 어음금의 지급을 청구하는 것은 기판력에 저촉된다(대법원 2008. 11. 27. 선고 2008다59230 판결).

iv) 부동산에 대한 소유권확인의 소에서의 소유권을 취득하게 된 개개의 원인은 공격방어방법에 불과하므로, 원고에게 소유권이 있다는 소유권확인의 판결이 확정된 후에 피고가 변론종결 전에 매수 또는 시효취득으로 인하여 자신에게 토지의 소유권이 있다는 소유권확인의 소를 제기하는 것은 전소의 기판력에 저촉된다(대법원 1987. 3. 10. 선고 84다카2132 판결).[43]

(나) 실권되지 않는 경우

전소의 공격방어방법으로 사용될 수 있었더라도 전소의 심판의 범위(즉 소송물)에 포함되지 아니한 사항은 실권되지 않는다. 소송물에 대하여만 기판력이 발생하기 때문이다.

i) 상계항변에 사용될 수 있었던 자동채권

금전지급청구의 소에서의 소송물은 금전지급청구권의 존부이고 피고가 원고에 대하

43) 말소등기청구사건의 소송물은 당해 등기의 말소등기청구권이고 그 동일성 식별의 표준이 되는 청구원인, 즉 말소등기청구권의 발생원인은 당해 등기원인의 무효사유가 된다. 따라서 등기원인의 무효를 뒷받침하는 개개의 사유는 독립된 공격방어방법에 불과하여 별개의 청구원인을 구성하는 것이 아니므로 전소에서 원고가 주장한 사유나 후소에서 주장하는 사유들은 모두 등기의 원인무효를 뒷받침하는 공격방법에 불과하므로 전소와 후소는 그 소송물이 동일하여 후소에서의 주장사유들은 전소의 확정판결의 기판력에 저촉되어 허용될 수 없다(대법원 1993. 6. 29. 선고 93다11050 판결).

여 갖고 있는 반대채권은 금전지급청구권과 별개의 채권으로서 심판의 범위에 포함되지 않는다. 따라서 채무자가 확정판결의 변론종결 전에 상대방에 대하여 상계적상이 있는 반대채권을 가지고 있었다고 하더라도 확정판결의 변론종결 후에 상계의 의사표시를 할 수 있고, 전소의 원고가 강제집행을 개시한다면 당사자가 확정판결의 변론종결 전에 자동채권의 존재를 알았는지 몰랐는지에 관계없이 피고는 변론종결 후에 행사한 상계항변을 가지고 청구이의의 소를 제기하여 전소판결의 집행력을 소멸시킬 수 있다(대법원 2005. 11. 10. 선고 2005다41443 판결).

ii) 한정상속의 주장

채무자가 한정승인을 하고도 채권자가 제기한 소송의 사실심 변론종결시까지 그 사실을 주장하지 아니하여 책임의 범위에 관한 유보가 없는 판결이 선고되어 확정되었다고 하더라도, 채무자는 그 후 위 한정승인 사실을 내세워 청구이의의 소를 제기할 수 있다(대법원 2006. 10. 13. 선고 2006다23138 판결).[44] 한정승인에 의한 책임의 제한은 상속채무의 존재 및 범위의 확정과는 관계없이 다만 판결의 집행 대상을 상속재산의 한도로 한정함으로써 판결의 집행력을 제한할 뿐이므로, 채권자가 피상속인의 금전채무를 상속한 상속인을 상대로 그 상속채무의 이행을 구하여 제기한 소송에서 채무자가 한정승인 사실을 주장하지 않으면 책임의 범위는 현실적인 심판대상으로 등장하지 아니하여(상속인은 피상속인의 채무를 포괄적으로 상속하므로) 주문에서는 물론 이유에서도 판단되지 않는 관계로 그에 관하여는 기판력이 미치지 않기 때문이다(대법원 2009. 5. 28. 선고 2008다79876 판결). 반면에 상속포기의 경우에는 채무의 존재 자체가 문제되므로 상속인에 대한 확정판결의 기판력에 의하여 상속포기의 주장도 실권된다(앞의 판결). 따라서 변론종결 이전에 있었던 상속포기를 주장하여 청구이의의 소를 제기하는 것은 부당하다(앞의 판결).

iii) 토지의 임대차계약종료에 따른 건물철거소송에서 지상물매수청구권

건물의 소유를 목적으로 하는 토지 임대차에서, 토지의 임대인의 임차인에 대한 토지인도 및 건물철거청구와 임차인의 임대인에 대한 지상물매수청구권을 기초로 한 건물매매대금지급청구의 소[45]는 각 별개의 권리로서 토지의 임대인의 임차인에 대한 토지인도 및 건물철거청구의 소송절차에서 임차인에게 건물매수청구권이 있는지 여부는 심판의 대상이 아니다. 따라서 임대인의 임차인에 대한 토지인도 및 건물철거청구소송이 확정되

---

44) 민사집행법 제44조의 청구이의의 소는 변론이 종결된 뒤에 생긴 사유(예를 들어 변제)를 가지고 강제집행을 저지하는 소이다. 이러한 점에서 변론종결 전에 존재했던 한정상속을 이유로 청구이의의 소를 제기할 수 있도록 하는 것이 적절한지 의문이 있다. 그런데 대법원 판례(대법원 1984. 7. 24. 선고 84다카572 판결)는 청구이의의 소를 규정한 것은 부당한 강제집행이 행하여지지 않도록 하려는데 있으므로 판결에 의하여 확정된 청구가 그 판결의 변론종결 후에 변경소멸된 경우뿐만 아니라 판결을 집행하는 자체가 불법한 경우에도 청구이의의 소가 허용된다고 하여 그 범위를 넓게 보고 있다.

45) 지상물매수청구권은 형성권이므로 이를 행사하면 즉시 임대인과 임차인 사이에 지상물매매계약이 성립되고, 임차인은 임대인에게 매수대금지급청구를 할 수 있다.

더라도 임차인의 지상물매수청구권은 실권되지 않는다. 그러므로 확정판결에 의하여 건물철거가 집행되지 아니한 이상 토지의 임차인으로서는 여전히 건물매수청구권을 행사할 수 있고, 별소로 임대인에 대하여 건물매매대금의 지급을 구하더라도 기판력에 저촉되지 않는다(대법원 1995. 12. 26. 선고 95다42195 판결).

iv) 임대차보증금반환청구가 확정된 후 연체차임청구

임대차계약이 종료한 후에 임차인이 임대인에 대하여 가지는 보증금반환청구권과 임대인이 임차인에 대하여 가지는 연체차임청구권은 각 별개의 권리로서 소송물이 다르므로 보증금반환청구에서 연체차임청구는 심판의 대상에 포함되지 아니할 뿐만 아니라 상호 기판력이 작용하는 관계에 있지도 않다. 따라서 임차인의 임대인에 대한 보증금반환청구소송이 확정되더라도 임대인의 연체차임청구권은 실권되지 않는다. 그러므로 임대인이 임차인에 의한 보증금반환청구소송에서 연체차임의 공제주장을 하지 않고 별소로 연체차임의 지급을 구하더라도 기판력에 저촉되지 않는다(대법원 2001. 2. 9. 선고 2000다61398 판결).

v) 소유권확인청구가 확정된 후 피고가 점유취득시효를 원인으로 한 소유권이전등기청구

원고가 피고를 상대로 피고 명의의 소유권보존등기의 말소등기절차의 이행 및 소유권확인을 구하는 전소와 피고가 위 대지에 대한 취득시효 기간이 완성되었음을 이유로[46] 원고에게 위 대지에 대한 소유권이전등기 절차의 이행을 구하는 후소는 각 소송물을 달리하므로, 전소의 심판범위에 취득시효완성에 따른 소유권이전등기청구권이 포함되지 아니할 뿐만 아니라 상호 기판력이 작용하는 관계에 있지도 않다. 따라서 전소가 확정된 뒤에 피고가 취득시효의 완성을 원인으로 하여 소유권이전등기청구소송을 제기하더라도 전소의 기판력이 후소에 미치지 않는다(대법원 1995. 12. 8. 선고 94다35039 판결).

vi) 소유권이전등기의 말소등기청구가 확정된 후 매매계약을 원인으로 한 소유권이전등기청구

A가 B의 소유권이전등기는 위조된 서류에 의하여 경료된 것이어서 원인무효라는 이유로 그 등기의 말소등기청구소송을 제기하자, B는 A의 주장사실을 인정하고 A로부터 계쟁 토지를 다시 매수하였지만 이와 같이 매수한 사실을 항변으로 주장하지 않고 변론기일에도 출석하지 아니하여 의제자백으로 패소확정되었다. B의 위 등기가 말소된 후 B는 A를 상대로 하여 위 매매계약을 원인으로 한 소유권이전등기청구의 소를 제기하였다. 부동산에 관한 소유권이전등기가 원인무효라는 이유로 그 등기의 말소를 명하는 판결이 확정되었다고 하더라도 그 확정판결의 기판력은 그 소송물이었던 말소등기청구권의 존부

---

46) 피고는 전소에서 자신 명의의 원인무효등기가 실체권리관계에 부합하여 유효하다는 항변(즉 취득시효완성의 항변)을 함으로써 원고의 청구를 배척할 수 있었다(대법원 1995. 12. 8. 선고 94다35039, 35046 판결).

에만 미치는 것이므로, 그 소송에서 패소한 당사자도 전소에서 문제된 것과는 전혀 다른 청구원인에 기하여 상대방에 대하여 소유권이전등기청구를 할 수 있다(대법원 1995. 6. 13. 선고 93다43491 판결).

다. 확정된 지급명령과 이행권고결정에서 기판력의 배제

(1) 지급명령의 경우

가. 판결이 확정되면 변론종결시를 기준으로 하여 기판력과 집행력이 발생하므로 당사자는 변론종결 전의 사유를 가지고 확정판결의 집행력을 다투기 위한 청구이의의 소를 제기할 수 없고 변론종결 후에 발생된 사유만 가지고 청구이의의 소를 제기할 수 있다(민사집행법 제44조 제2항). 그런데 지급명령의 경우에는 예외적으로 지급명령이 확정되기 전의 사유를 가지고 청구이의의 소를 제기할 수 있다(민사집행법 제58조 제3항). 즉 지급명령에서는 확정한 법률관계가 실체적 법률관계와 일치하지 않는다는 이유로 청구이의의 소를 제기할 수 있는데, 이러한 이유로 확정된 지급명령에 대하여는 집행력만을 인정될 뿐이고 기판력이 인정되지 않는다(대법원 2009. 7. 9. 선고 2006다73966 판결).

나. 이러한 청구이의의 소에서 청구이의의 사유에 관한 증명책임도 일반 민사소송에서의 증명책임 분배의 원칙에 따라야 한다(대법원 2010. 6. 24. 선고 2010다12852 판결). 따라서 확정된 지급명령에 대한 청구이의의 소송에서 원고(지급명령에서 채무자)가 피고(지급명령에서 채권자)의 채권이 성립하지 아니하였음을 주장하는 경우에는 피고에게 채권의 발생원인 사실을 증명할 책임이 있고, 원고가 그 채권이 통정허위표시로서 무효라거나 변제에 의하여 소멸되었다는 등 권리 발생의 장애 또는 소멸사유에 해당하는 항변사실을 주장하는 경우에는 원고에게 그 사실을 증명할 책임이 있다(앞의 판결).

(2) 이행권고결정의 경우

소액사건의 경우에는 법원은 피고가 청구취지대로 이행할 것을 권고할 수 있는데, 피고가 이행권고결정을 송달받은 날로부터 2주 이내에 이의를 제기하지 아니하면 집행력이 발생한다(소액사건심판법 제5조의8 제1항). 하지만 지급명령과 마찬가지로 이행권고결정이 확정되어도 기판력은 발생하지 않고(대법원 2009. 5. 14. 선고 2006다34190 판결), 지급명령과 마찬가지로 이행권고결정이 확정되기 전의 사유를 주장하면서 청구이의의 소를 제기할 수 있다(소액사건심판법 제5조의8 제3항).

(3) 강제집행이 종료된 경우

확정된 지급명령 또는 이행권고결정에 따라서 강제집행이 종료된 후에는 청구이의의 소를 제기할 이익이 없는 대신에, 위법한 강제집행으로 인하여 손해를 입은 채무자는 채권자에 대하여 부당이득반환청구나 불법행위에 기한 손해배상청구를 할 수 있다.

3. 표준시 후에 발생한 사정

가. 의 의

사실심 변론종결 후에 발생한 사정은 확정된 판결의 심판의 범위에 포함되지 않으므로 이러한 사정에 대하여는 기판력이 발생하지 않는다. 예를 들어 다음과 같은 경우에는 전소의 기판력이 후소에 미치지 않는다.

(1) 원고의 피고에 대한 소유권이전등기의 말소등기청구사건에서 소유권이전등기가 피고가 아닌 제3자 앞으로 되어 있어 말소등기의무가 이행불능이라는 이유로 기각확정된 후에 피고에게 등기명의가 회복되어 피고가 다시 말소등기의무를 이행할 수 있게 된 경우(대법원 1995. 9. 29. 선고 94다46817 판결).

(2) 공유지분확인판결이 확정되어 공동상속인의 지위가 확정된 후에 상속재산분할협의를 통하여 단독소유자가 된 사람이 공유지분확인판결와 모순되는 단독소유권확인을 구하는 소를 제기하는 경우(대법원 2011. 6. 30. 선고 2011다24340 판결).

(3) 양도담보등기가 원인무효임을 이유로 한 소유권이전등기의 말소등기청구가 패소확정 된 후에, 사실심 변론종결시 이후의 변제를 이유로 소유권이전등기의 말소등기를 청구하는 경우(대법원 1983. 3. 8. 선고 82다카1203 판결).

(4) 전소에서 정지조건 미성취를 이유로 청구가 기각된 후, 사실심 변론종결 후에 그 조건이 성취되어 동일한 청구에 대한 소를 제기하는 경우(대법원 2002. 5. 10. 선고 2000다50909 판결).

나. 문제되는 경우

(1) 사실심 변론종결 후 법률 등의 변경

사실심 변론종결시 이후의 법률의 변경, 판례의 변경 혹은 판결의 기초가 된 행정처분의 변경은 새로운 사실이 아니므로 여전히 기판력이 유지된다(대법원 1998. 7. 10. 선고 98다7001 판결).

(2) 다른 사건의 판결에서 다른 사실관계를 인정

기판력이 미치지 아니하는 사실심 변론종결 뒤의 새로운 사유는 원칙적으로 사실관계 자체가 변론종결 이후에 새로이 발생한 경우에 한하고, 다른 사건의 판결 이유에서 전소 판결의 기초가 된 사실관계를 달리 인정하였다는 것은 변론종결 이후에 새로이 발생한 사유라고 볼 수 없다(대법원 2012. 7. 12. 선고 2010다42259 판결).

(3) 장래이행의 판결은 장래이행기간까지 기판력이 미친다.

장래이행의 소의 이행판결의 주문에서 사실심 변론종결 이후 기간까지 급부의무의 이행을 명한 이상 확정판결의 기판력은 주문에 포함된 기간까지의 청구권의 존부에 대하여 미친다(대법원 2011. 10 .13. 선고 2009다102452 판결). 다만 사실심 변론종결 후에 액수 산정의 기초가 된 사정이 뚜렷하게 바뀜으로써 당사자 사이의 형평을 크게 해할 특별한 사정이 생긴 때에는 전소에서 명시적인 일부청구가 있었던 것과 동일하게 평가하여 전소 판결의 기판력이 차액 부분에는 미치지 않는다(앞의 판결).

다. 청구이의의 소

채권자의 집행권원의 내용이 현재의 실체관계와 일치하지 않는 것을 주장하여 그 집행권원이 가지는 집행력의 배제를 구하는 소를 '청구이의의 소'라고 한다(민사집행법 제44조). 집행권원의 집행력을 배제하는 소송이므로 형성의 소에 해당한다. 민사집행법 제44조 제2항에서는 변론종결 후의 변제, 면제, 소멸시효의 완성과 같이 변론종결 후에 발생된 사유만을 청구이의의 소의 원인으로 규정하고 있다. 예를 들어 금전지급청구의 소에서 패소한 피고가 판결이 확정된 후에 원고에게 변제를 했음에도 불구하고 원고가 확정판결의 존재를 기화로 하여 강제집행을 개시한 경우에 피고는 청구이의의 소를 제기하여 확정판결의 집행력을 배제시킬 수 있다. 다만 변론종결 전·후의 사유에 관계없이 판결을 집행하는 것 자체가 불법한 경우에는 청구이의의 소가 허용된다(대법원 2006. 7. 6. 선고 2004다17436 판결).

라. 정기금(定期金)판결에 대한 변경의 소

(1) 의 의

정기금의 지급을 명한 판결이 확정된 뒤에 그 액수산정의 기초가 된 사정이 현저하게 바뀜으로써 당사자 사이의 형평을 크게 침해할 특별한 사정이 생긴 때에 그 판결의 당사자가 장차 지급할 정기금 액수를 바꾸어 달라는 소를 '정기금판결에 대한 변경의 소'라고 한다(법 제252조 제1항). 장래이행의 소에서 액수산정의 기초가 된 사정이 뚜렷하게 바뀜으로써 당사자 사이의 형평을 크게 해할 특별한 사정이 생긴 때에는 전소판결의 기판력을 예외적으로 배제시키고자 하는데 그 취지가 있다(대법원 2016. 6. 28. 선고 2014다31721 판결).

(2) 요 건

(가) 정기금판결

정기금판결이란 장래 일정한 시기까지 매년 또는 매월과 같이 정기적 기간을 정하여 금전의 지급을 명하는 판결을 말한다. 예를 들어 불법점유자에게 대하여 토지인도 시까지 매월 임료상당의 부당이득액의 지급을 명하는 판결(대법원 2009. 12. 24. 선고 2009다64215 판결), 신체상해에 대하여 매월 일정금액의 치료비와 개호비를 지급하도록 명하는 판결(대법원 1995. 2. 28. 선고 94다31334 판결)이 정기금판결에 해당한다.[47]

(나) 액수산정의 기초가 된 사정의 변화

정기금판결에 대한 변경의 소를 제기하기 위해서는 정기금산정의 기초가 된 사정에 변화가 있어야 한다. 따라서 액수산정의 기초가 변경된 경우가 아니라 변론종결 후의 변제와 같이 정기금지급을 거부할 수 있는 사정이 발생한 경우에는 정기금판결의 변경의 소를 제기할 것이 아니라 민사집행법 제44조의 청구이의의 소를 제기해야 한다.

그리고 식물인간 피해자의 여명이 종전의 예측에 비하여 수년 연장되어 그에 상응한 향후치료, 보조구 및 개호 등이 추가적으로 필요하게 된 것은 전소의 변론종결 당시에는 예견할 수 없었던 새로운 중한 손해로서 전소의 소송물과 별개의 소송물이므로 정기금판결에 대한 변경의 소를 제기할 것이 아니라 별소를 구해야 한다(대법원 2007. 4. 13. 선고 2006다78640 판결).

(다) 현저한 변화

전소의 기판력을 무력화시키는 것을 정당화할 정도의 사정의 변화가 있어야 한다. 따라서 전소의 변론종결일 후 점유토지의 공시지가가 2.2배 상승하고 ㎡당 연임료가 약 2.9배 상승한 것만으로는, 전소의 확정판결 후에 그 액수 산정의 기초가 된 사정이 현저하게 바뀜으로써 당사자 사이의 형평을 크게 침해할 특별한 사정이 생겼다고 할 수 없으므로, 토지임대료 상당의 정기금의 증액 지급을 구할 수 없다(대법원 2009. 12. 24. 선고 2009다64215 판결).

(라) 원고적격

정기금판결에 대한 변경의 소는 정기금판결의 확정 뒤에 발생한 현저한 사정변경을 이유로 확정된 정기금판결의 기판력을 예외적으로 배제하는 것을 목적으로 하므로, 확정된 정기금판결의 당사자 또는 민사소송법 제218조 제1항에 의하여 확정판결의 기판력이 미치는 제3자만 정기금판결에 대한 변경의 소를 제기할 수 있다(대법원 2016. 6. 28. 선고 2014다31721 판결).

(3) 절 차

정기금판결의 변경의 소는 제1심 판결법원의 전속관할로 한다(법 제252조 제2항). 추완상소와 마찬가지로 정기금판결의 변경의 소를 제기한 사실만으로 강제집행이 정지되지

47) 불법행위로 입은 상해의 후유장애로 인하여 장래에 계속적으로 치료비나 개호비 등을 지출하여야 할 손해를 입은 피해자가 그 손해의 배상을 정기금에 의한 지급과 일시금에 의한 지급 중 어느 방식에 의하여 청구할 것인지는 원칙적으로 손해배상청구권자인 그 자신이 임의로 선택할 수 있는 것이므로(대법원 1996. 8. 23. 선고 96다21591 판결) 정기금지급청구에 대하여 법원이 재량으로 일시금지급판결을 하더라도 정기금판결로 봐야 한다는 견해가 있다. 그러나 이를 긍정한 판례는 찾을 수 없고, 식물인간 등의 경우와 같이 그 후유장애의 계속기간이나 잔존여명이 단축된 정도 등을 확정하기 곤란하여 일시금지급방식에 의한 손해의 배상이 사회정의와 형평의 이념에 비추어 현저하게 불합리한 결과를 초래할 우려가 있다고 인정된다고 하여, 손해배상청구권자가 일시금에 의한 지급을 청구한데 대하여 정기금에 의한 지급을 명하는 판결만을 찾아 볼 수 있다(앞의 판결 외 다수).

않으므로 별도로 강제집행정지신청을 해야 한다(법 제501조, 제500조).

사 례

A는 B와 토지거래허가구역 내 토지를 매수하는 내용의 매매계약을 체결한 후 B를 상대로 소유권이전등기청구 등의 소를 제기하여 소유권이전등기절차의 이행을 구하는 청구는 기각[48]되고 토지거래허가신청절차의 이행을 구하는 청구는 인용한 판결이 선고되어 확정되었다. 그런데 위 소송의 변론종결 전에 이미 위 토지가 토지거래허가구역에서 해제되었음에도 A는 그러한 사실을 알지 못하여 위 소송절차에서 그러한 사실을 주장하지 아니한 결과 법원은 위 토지가 토지거래허가구역 내에 위치하고 있음을 전제로 판결을 선고한 것이다. 위 판결이 확정된 후에 A는 다시 B를 상대로 소유권이전등기절차의 이행을 구하는 소를 제기하면서 토지거래구역의 해제로 위 매매계약이 확정적으로 유효하다는 주장과 위 판결 후에 토지거래허가를 받았다는 주장을 각 근거로 제시하였다. 후소법원은 어떤 판결을 해야 하는지 논하시오.

1. 기판력의 시적 범위와 작용

전소와 후소의 당사자와 소송물이 동일한 경우에 기판력이 작용한다. 그리고 동일한 소송물에 대한 후소에서 전소 변론종결 이전에 존재하고 있던 공격방어방법을 주장하여 전소 확정판결에서 판단된 법률관계의 존부와 모순되는 판단을 구하는 것은 전소 확정판결의 기판력에 반한다(대법원 2014. 3. 27. 선고 2011다49981 판결).

2. 매매계약이 유효하다는 주장에 대하여

사안의 전소와 후소의 당사자와 소송물은 동일하다. 그런데 전소에서 확정된 법률관계는 위 매매계약이 무효이어서 원고에게 소유권이전등기청구권이 없다라는 것인 반면에, A는 후소에서 위 매매계약이 유효하므로 자신에게 소유권이전등기청구권이 있다라고 주장하고 있고, 이와 같이 매매계약이 유효하다는 근거로서 전소의 변론종결 전에 위 토지가 토지거래허가구역에서 해제되었다는 것을 제기하고 있다.

하지만 A의 위와 같은 주장은 전소의 변론종결 전에 있었던 사정을 들어서 전소에서 확정된 법률관계와 모순되는 것이므로 허용되지 않는다(앞의 판결). 게다가 A가 전소의 변론종결 전에 위 토지가 토거래허가구역에서 해제되었다는 사실을 몰랐다고 하더라도 기판력의 작용에 영향을 끼치지 않는다(앞의 판결).

48) 토지거래허가를 받지 아니한 토지거래허가구역 내의 토지에 대한 매매계약은 토지거래허가를 받을 때까지 효력이 발생하지 아니하는 '유동적 무효' 상태이므로 이를 원인으로 하여 소유권이전등기청구를 하면 기각된다(대법원 2013. 12. 26. 선고 2012다1863 판결). 만일 매수인이 토지거래허가신청을 거부하고 있다면 토지거래허가신청절차이행의 소를 제기하여 하여 판결을 받은 후에 소유권이전등기청구를 해야 한다.

제5절 기판력의 작용

I. 의 의

기판력은 후소 법원이 전소에서 확정된 법률관계를 그대로 인정해야 하는 기속력이므로 후소 법원은 이와 모순되는 법률관계를 인정할 수 없다. 따라서 전소의 소송물과 후소의 소송물이 동일한 경우뿐만이 아니라, 후소의 소송물이 전소의 소송물과 동일하지는 않다고 하더라도 전소의 소송물에 관한 판단이 후소의 선결문제가 되거나 모순관계에 있을 때에도 기판력이 작용한다(대법원 2013. 11. 28. 선고 2013다19083 판결).

II. 전소와 후소의 소송물이 동일한 경우

1. 동일한 소송물

전소와 후소의 소송물이 동일한 경우에 전소의 확정판결의 기판력이 후소에 미친다. 소송물의 동일성은 소송물이론에 따라서 결정된다. 예를 들어 소유권에 기한 방해배제청구권의 행사로서 말소등기청구를 한 전소의 확정판결의 기판력은 계약해제에 따른 원상회복으로 말소등기청구를 하는 후소에 미치지 않는다(대법원 1993. 9. 14. 선고 92다1353 판결). 그리고 물건을 점유하는 자를 상대로 하여 물건의 인도를 명하는 판결이 확정되더라도 그 판결의 효력은 이들 물건에 대한 인도청구권의 존부에만 미치고, 인도판결의 기판력이 이들 물건에 대한 불법점유를 원인으로 한 손해배상청구 소송에 미치지 않는다(대법원 2019. 10. 17. 선고 2014다46778 판결).

2. 전소 판결의 기판력이 후소에 미치는 경우 후소 법원의 조치

전소 판결의 기판력이 후소에 미치는 경우 후소 법원은 전소 판결에 의하여 확정된 법률관계에 따라서 판단해야 한다. 예를 들어 만일 패소확정 된 원고가 동일한 청구원인으로 다시 소를 제기하였다면 후소 법원은 전소 확정판결에 기속되므로 역시 청구기각판결을 해야 한다. 그러나 승소확정 된 원고가 동일한 청구원인으로 하여 다시 소를 제기하였다면 후소 법원이 다시 승소판결을 할 것이 아니라 원고는 이미 승소판결을 받은 자로서 새로운 판결을 받을 법률상 이익 또는 소의 이익이 없다는 이유로 후소를 각하해야 한다(대법원 2009. 12. 24. 선고 2009다64215 판결).

3. 기판력에 저촉되는 항변의 금지

적극당사자(원고)가 되어 주장하는 경우는 물론이고 소극당사자(피고)로서 항변하는 경우에도 그 기판력에 저촉되는 주장은 허용되지 않는다(대법원 1987. 6. 9. 선고 86다카2756 판결). 예를 들어 전세권자로서 소유자를 상대로 하여 전세금반환청구의 소를 제기하여 패소한 전세권자가, 소유자가 전세권자를 상대로 한 전세목적물 반환청구의 후소에서 위 전세금반환청구권을 내세워 동시이행의 항변을 하는 것은 기판력에 저촉되는 주장이어서 허용되지 않는다(앞의 판결).

4. 이미 승소한 원고가 다시 동일한 소를 제기할 수 있는 경우

가. 권리보호의 이익의 인정

(1) 확정된 승소판결에는 기판력이 있으므로, 승소 확정판결을 받은 당사자가 그 상대방을 상대로 다시 승소 확정판결의 전소와 동일한 청구의 소를 제기하는 경우 그 후소는 권리보호의 이익이 없어 부적법하다. 그러나 민사소송절차는 당사자의 권리구제를 위한 절차이므로, 이미 전소에서 승소한 당사자라고 하더라도 새로운 민사소송절차를 통하여 권리구제를 받을 필요가 있다면 민사소송을 허용하는 것이 마땅하다.

(2) 예를 들어 전소에서 얻은 판결의 내용에서 집행대상 목적물이나 집행의 범위 등이 특정되지 않은 결과 강제집행을 할 수 없는 경우에는 새로운 집행력을 취득하기 위하여 전소의 소송물과 동일한 후소를 제기할 권리보호의 이익이 있다(대법원 1998. 5. 15. 선고 97다57658 판결).

(3) 그리고 승소확정판결을 받은 원고라고 하더라도 확정판결에 의한 채권의 소멸시효기간인 10년의 경과가 임박한 경우에는 그 시효중단을 위한 소는 소의 이익이 있다(대법원 2013. 4. 11. 선고 2012다111340 판결).[49]

나. 재심리의 금지

(1) 시효중단을 위하여 다시 소를 제기한 경우에 후소의 판결이 전소의 승소 확정판결의 내용에 저촉되어서는 안 되므로, 후소 법원으로서는 그 확정된 권리를 주장할 수 있는 요건이 구비되어 있는지에 관하여 다시 심리할 수 없고, 전소 판결과 동일하게 판결을 해야 한다(대법원 2013. 4. 11. 선고 2012다111340 판결).

(2) 그러나 새로운 이행의 소를 제기하기 때문에 기판력의 표준시는 후소의 변론종

---

49) 다른 시효중단사유인 압류·가압류나 승인 등의 경우 이를 1회로 제한하고 있지 않음에도 유독 재판상 청구의 경우만 1회로 제한되어야 한다고 보아야 할 합리적인 근거가 없다(대법원 2018. 7. 19. 선고 2018다22008 전원합의체 판결).

결 시가 되므로 전소의 변론종결 후에 발생한 변제, 상계, 면제 등과 같은 채권소멸사유는 후소의 심리대상이 된다. 따라서 채무자인 피고는 후소 절차에서 위와 같은 사유를 들어 항변할 수 있고 심리 결과 그 주장이 인정되면 법원은 원고의 청구를 기각하여야 한다(대법원 2019. 1. 17. 선고 2018다24349 판결).

(3) 다만 법률이나 판례의 변경은 전소 변론종결 후에 발생한 새로운 사유에 해당한다고 할 수 없다(대법원 2019. 8. 29. 선고 2019다215272 판결). 따라서 승소판결이 확정된 후 「소송촉진 등에 관한 특례법」의 변경으로 지연손해금 이율이 달라졌다고 하더라도 변경된 이율을 적용하여 선행판결과 다른 금액을 원고의 채권액으로 인정할 수 없다(앞의 판결).

다. 확인의 소의 방법에 의한 시효중단

(1) 새로운 방식의 확인의 소의 허용

채권자가 전소로 이행청구를 하여 승소 확정판결을 받은 후 그 채권의 시효중단을 위한 후소를 제기하는 경우, 후소의 형태로서 항상 전소와 동일한 이행청구만이 시효중단사유인 '재판상의 청구'에 해당한다고 볼 수는 없다. 전소 판결로 확정된 채권의 시효를 중단시키기 위하여 후소인 확인의 소를 제기하였다는 점에 대한 확인을 구하는 형태의 '새로운 방식의 확인소송'이 허용되고,[50] 채권자는 두 가지 형태의 소송 중 자신의 상황과 필요에 보다 적합한 것을 선택하여 제기할 수 있다(대법원 2018. 10. 18. 선고 2015다232316 전원합의체 판결).

(2) 기판력의 표준시

앞서 언급한 바와 같이 시효중단을 위하여 새로운 이행의 소를 제기하는 경우에는 후소의 변론종결 시가 표준시가 된다. 그러나 새로운 형태의 확인의 소의 경우 전소 판결과 후소 판결의 소송물이 달라 이행판결(전소 판결)의 기판력의 표준시가 그대로 유지되므로, 후소에서 전소 판결의 변론종결 후에 발생한 변제, 상계, 면제 등 청구이의사유에 대하여 심리할 필요가 없다(앞의 판결). 이는 단지 판결이 확정된 청구권의 시효중단만을 의도한 채권자의 의사에 가장 부합하며, 채무자는 그 소송절차에서 청구이의사유를 제출하고 증명하도록 강요되지도 않는다(앞의 판결). 법원도 많은 경우에 무익하고 불필요한 심리를 위한 노력을 들일 필요가 없게 된다(앞의 판결).

(3) 소제기의 시기

시효중단을 위한 이행의 소의 경우에는 소멸시효기간 경과의 '임박'이라는 불명확한

---

50) 이러한 확인의 소는 다음과 같은 청구취지가 적합해 보인다. "원고와 피고 사이에서, 원고와 피고 사이의 OO지방법원 2010. 2. 2. 선고 2009가합1123 매매대금 사건의 판결에 기한 채권의 소멸시효 중단을 위하여 이 사건 소의 제기가 있었음을 확인한다."

기준에 따라서 소의 적법 여부가 결정된다. 그러나 새로운 형태의 확인의 소의 경우에는 소를 제기할 수 있는 시기적 제한이 없으므로 위와 같은 문제가 발생하지 않는다(앞의 판결). 통상 채권자는 판결이 확정된 후 10년의 경과가 임박한 시점에 소를 제기하게 되겠지만, 예컨대 장기간 해외체류 후 귀국할 예정인 채권자는 그보다 앞서 새로운 방식의 확인소송을 제기해 둘 수도 있을 것이다(앞의 판결).

(4) 소송비용

새로운 방식의 확인소송은 단지 시효중단을 위한 재판상의 청구가 있었다는 확인을 구하는 극히 단순한 형태의 소송으로서, 별다른 다툼의 여지가 없다고 하는 소송의 실질을 감안하면, 이와 같은 형태의 소송에 대해 소송목적의 값을 특히 낮게 책정할 필요가 있다. 이에 따라서 민사소송인지규칙 제18조의3에서는 새로운 형태의 확인의 소의 소가를 전소 판결에서 인정된 권리의 가액의 10분의 1로하고 그 권리의 가액이 3억원을 초과하는 경우에는 이를 3억원으로 보도록 규정하고 있다.

III. 전소의 소송물에 관한 판단이 후소의 선결문제인 경우

1. 후소 법원을 기속하는 효력

전소의 확정판결의 소송물이 후소의 선결문제라면 후소 법원은 전소 확정판결에 기속되어서 판단해야 하므로 전소 확정판결과 모순된 판단을 할 수 없다. 예를 들어 소유권확인청구에 대한 인용판결이 확정된 후 다시 동일 피고를 상대로 소유권에 기한 물권적 청구권을 청구원인으로 하는 소송을 제기하였다면 후소 법원은 전소에서 확정된 원고의 소유권의 존재를 인정해야 하며 이와 다른 판단을 할 수 없다(대법원 2000. 6. 9. 선고 98다18155 판결). 그리고 원고가 원금지급청구소송에서 패소확정된 후에 이러한 원금채권에 대한 지연이자지급청구소송을 제기하였다면, 후소 법원은 전소에서 확정된 원금지급청구권이 존재하지 않는다는 사실에 구속되므로 원금채권이 부존재한다는 이유로 원고의 지연이자지급청구를 기각해야 한다(대법원 1976. 12. 14. 선고 76다1488 판결).

2. 실체적 판단

전소에서 확정된 판단이 후소의 선결문제가 되는 경우에는 후소를 각하할 것이 아니라 후소 법원이 전소의 판단에 기속되어서 후소의 청구에 관하여 기각 또는 인용의 실체적 판단해야 한다는 점에 주의할 필요가 있다(앞의 판결).

Ⅳ. 전소의 소송물에 관한 판단과 후소의 청구가 모순되는 경우

1. 의 의

전소에서 확정된 소송물의 판단과 모순되는 주장을 후소에서 하는 것은 기판력에 저촉된다. 전소에서 확정된 법률관계와 모순된 후소의 제기를 금지하는 것은 아니라 모순된 주장을 금지하는 것이므로 후소 법원은 후소를 각하할 것이 아니라 전소의 판단에 기속되어서 실체적 판단을 해야 한다.

2. 기판력의 모순

후소에서의 주장이 기판력이 발생하는 전소에서의 소송물에 관한 판단과 모순되어야 기판력에 저촉된다. 만일 기판력이 발생하지 아니하는 전소의 판결이유 중의 판단과 후소에서의 원고의 주장이 모순된다면 기판력에 저촉되는 모순관계라고 할 수 없다.

3. 구체적 사례

가. 모순관계라는 판례

(1) 소유권이전등기절차를 명하는 확정판결에 의하여 원고 명의로 소유권이전등기가 마쳐진 후에 피고가 이러한 등기가 원인무효임을 내세워 그 말소등기절차의 이행을 청구함은 전소에서 확정되고 기판력이 발생한 원고의 이전등기청구권의 존재를 부인하는 것이어서 모순관계에 있다. 따라서 후소청구는 기판력에 저촉되므로 후소 법원은 청구를 기각해야 한다(대법원 1996. 2. 9. 선고 94다61649 판결).

(2) 제소전화해조서는 확정판결과 같은 효력이 있어 당사자 사이에 기판력이 생기는 것이므로, 제소전화해에 기하여 마쳐진 소유권이전등기가 원인무효라고 주장하며 말소등기절차의 이행을 청구하는 것은 제소전화해에 의하여 확정된 소유권이전등기청구권을 부인하는 것이어서 그 기판력에 저촉된다(대법원 2002. 12. 6. 선고 2002다44014 판결).

나. 모순관계가 아니라는 판례

(1) 채권자가 사해행위의 취소와 함께 수익자 또는 전득자로부터 책임재산의 회복을 명하는 사해행위취소의 판결을 받은 경우 수익자 또는 전득자가 채권자에 대하여 사해행위의 취소로 인한 원상회복 의무를 부담하게 될 뿐, 채권자와 채무자 사이에서 취소로 인한 법률관계가 형성되는 것은 아니다(대법원 2017. 4. 7. 선고 2016다204783 판결). 따라서 채무자와 수익자 사이의 소송절차에서 확정판결 등을 통해 마쳐진 소유권이전등기가 사해행위취소로 인한 원상회복으로써 말소된다고 하더라도, 그것이 확정판결 등의 효력

에 반하거나 모순되는 것이라고는 할 수 없다(앞의 판결).

(2) A가 B를 상대로 소유권방해배제청구권으로서 건물에 관한 소유권이전등기의 말소등기절차 이행을 구하는 소를 제기하여 승소확정판결을 받았는데, B가 위 판결의 변론종결 후에 A를 상대로 <u>소유권을 권원으로</u> 하여 위 건물의 인도를 구하는 소를 제기한 경우에, 이러한 B의 주장은 <u>전소의 판결이유 중의 판단</u>인 건물의 소유권이 A에게 있다는 판단과 모순되지만, 전소판결의 확정에 의하여 기판력이 발생하는 법률관계는 소송물인 원고의 피고에 대한 말소등기청구권의 존재이고 후소의 소송물은 건물인도청구권으로서 소송물 자체에서는 양자가 모순되지 않으므로 위 전소와 후소는 기판력이 작용하는 모순관계에 있다고 볼 수 없다(대법원 2014. 10. 30. 선고 2013다53939 판결).

제 7 편

상소(上訴, appeal)

제1장 상소의 기초

법원의 재판에 대하여 상급법원에 그 취소 및 변경을 구하는 것을 '상소'라고 한다. 이러한 상소에는 제1심 법원의 판결에 대한 불복인 항소, 제2심 법원의 판결에 대한 불복인 상고, 결정 또는 명령에 대한 불복인 항고, 항소심의 결정 또는 명령에 대한 불복 또는 항고에 대한 법원의 결정에 대한 불복인 재항고가 있다.

상소제도는 하급심의 판단을 상급심에서 다시 검토하도록 하여 재판에 대하여 국민의 신뢰를 얻고, 하급심에서 통일적으로 법을 적용할 수 있도록 하는데 그 목적이 있다. 하지만 상소심절차(on appeal)로 인하여 소송의 종결이 지연되고 소송비용이 증가하는 문제도 발생한다. 따라서 민사소송법의 상소에 관한 규정은 상소제도의 취지를 유지하면서도 소송이 지연되지 않도록 균형을 맞추는데 그 쟁점이 있다.

민사소송법은 항소를 중심으로 하여 상소에 관하여 규정하고, 특별한 규정이 없는 한 항소에 관한 규정을 상고와 상고심의 소송절차에 준용하고 있다(법 제425조). 아래에서는 항소에 관하여 먼저 설명하고 상고에 관하여는 항소와 차이점에 한정하여 설명한다.

제 2 장　항소(抗訴)

제 1 절　항소심의 구조

항소심의 구조에는 사후심제(事後審制)와 속심제(續審制)가 있다. 사후심제는 제1심에서 나타난 소송자료와 증거자료를 바탕으로 하여 항소심이 제1심 판결의 정당성을 심사하는 제도를 말한다. 속심제는 제1심에서의 소송자료와 증거자료의 효력을 그대로 인정한 상태에서 당사자가 항소심에서 추가로 제출한 소송자료와 증거자료를 바탕으로 하여 사건을 재심사 하는 제도를 말한다. 양자는 항소심에서 소송자료와 증거자료를 추가로 제출할 수 있는지 여부와 제1심 판결을 취소할 경우에 파기환송을 원칙으로 할 것인지 아니면 파기자판을 원칙으로 할 것인지 등 여러 차이를 가져온다. 우리의 항소심의 경우에는 속심제를 원칙으로 하고 있으므로 파기자판을 원칙으로 하고 있다(대법원 2013. 8. 23. 선고 2013다28971 판결).

제 2 절　항소심의 판결

I. 항소기각판결

(1) 제1심 판결이 정당하여 항소인의 항소가 이유 없으면 항소를 기각하는 판결을 해야 한다(법 제414조 제1항). 예를 들어 제1심의 각하 또는 기각 판결에 대하여 원고가 항소를 제기하였지만 이러한 판결이 정당하다면 항소기각을 해야 한다. 주문에서 "원고의 항소를 기각한다."와 같이 표시한다. 원고의 청구가 이유 없는 경우에 선고하는 청구기각의 판결과 구분해야 한다.

(2) 제1심 판결의 이유가 정당하지 아니하더라도 다른 이유에 따라 그 판결이 정당하다고 인정되는 경우에도 항소를 기각하여야 한다(같은 조 제2항). 예를 들어 서류위조와 매매계약해제 모두를 이유로 한 원고의 부동산 소유권이전등기말소청구에 대하여 제1심 법원이 서류위조의 사실을 받아들여 원고의 청구를 인용하자 피고가 항소를 하였는데, 항소심에서 심리결과 서류위조의 사실은 인정되지 않더라도 매매계약해제의 사실이 인정된다면 항소심 법원은 피고의 항소를 기각해야 한다.

II. 항소인용판결

1. 원판결의 취소

원판결이 실체적 권리관계에 부합하지 아니하여 부당한 경우뿐만 아니라 절차상 하자가 있어 위법한 경우에도 원판결을 취소하고(법 제416조, 제417조) 항소를 인용해야 한다. 그리고 원심에서 본소청구를 인용하고 예비적 반소에 대하여 판단을 하였는데, 상급심에서 본소청구를 인용한 판결을 파기하였다면 본소청구의 인용을 조건으로 하는 예비적 반소에 대한 판단이 허용되지 않으므로 예비적 반소에 관한 제1심 법원의 판단부분도 그 당부를 판단할 필요 없이 당연히 파기해야 한다(대법원 1996. 5. 10. 선고 96다5001 판결). 항소인용을 할 때는 주문에서 "원판결을 취소한다." 또는 "제1심 판결 중 피고에 대한 부분을 다음과 같이 변경한다." 등과 같이 제1심 판결 중 취소 또는 변경되는 부분을 명시해야 한다.

2. 항소인용판결의 종류

가. 자판(自判)

원판결을 취소하고 항소심 법원이 스스로 종국판결을 내리는 경우를 '자판'이라고 한다. 항소심에서 항소를 인용하는 경우에는 제1심으로 환송하지 않고 원칙적으로 제1심을 파기하고 자판을 해야 한다(대법원 1991. 8. 27. 선고 91다13243 판결).

나. 환송(還送)

(1) 원판결을 취소하고 제1심 법원에 사건을 돌려보내는 경우를 '환송'이라고 한다. 제1심에서 소가 부적법하다고 각하하였지만 항소심에서 심리한 결과 적법하다고 판단한 경우에 원고는 제1심에서 실체에 대하여 판단을 받지 못했으므로 원고의 심급의 이익을 보호하기 위하여 그 사건을 제1심 법원에 환송하여 실체적 판단을 받도록 할 필요가 있으므로 원칙적으로 제1심 법원에 환송해야 한다(법 제418조). 이를 '필수적 환송'이라고 한다. 다만 ① 제1심에서 본안판결을 할 수 있을 정도로 심리가 진행된 경우, 또는 ② 당사자의 동의가 있는 경우에는 심급의 이익을 박탈하는 것이 아니므로 항소심 법원은 스스로 본안판결을 할 수 있다(같은 조 단서).

(2) 반대로 제1심에서 소가 적법하다고 하여 실체판단을 하였지만 항소심에서 심리한 결과 소가 부적법한 경우에 항소심 법원이 자판을 하더라도 심급의 이익을 박탈하지 않으므로 항소심 법원은 제1심 판결을 취소하고 스스로 소를 각하하는 판결을 해야 한다(앞의 판결).

다. 이 송

항소심에서는 임의관할 위반을 주장할 수 없고, 전속관할 위반만을 주장할 수 있다(법 제411조). 항소심에서 전속관할의 위반의 주장이 받아들여져서 제1심 판결을 취소하는 경우에는 관할법원으로 이송해야 한다(법 제419조). 이를 '파기이송'이라고도 한다.

III. 항소각하판결

소가 부적법한 경우에 소 각하 판결을 하는 것과 마찬가지로 항소가 부적법한 경우에는 항소각하판결을 한다. 예를 들어 항소의 이익이 없거나 항소기간이 도과된 후에 제기한 항소는 부적법한 항소가 되어서 항소가 각하된다.

제 3 절 항소의 적법요건 일반

항소는 적법요건을 갖추어야 하며, 이러한 적법요건이 흠결되고 이를 보정할 수 없으면 법원은 변론 없이 판결로써 항소를 각하할 수 있다(법 제413조).

I. 항소권의 존재

적법한 항소를 위해서는 항소인에게 항소권이 있어야 한다. 항소권을 포기하거나 불상소의 합의를 하거나 불항소의 합의(비약적 상고의 합의)를 한 당사자는 항소권이 없으므로 이러한 당사자가 제기한 항소는 부적법하여 항소각하된다.

1. 항소권의 포기

(1) 항소권은 포기할 수 있다(법 제394조). 항소권의 포기는 항소를 하기 이전에는 원심법원에, 항소를 한 뒤에는 소송기록이 있는 법원에 서면으로 하여야 한다(법 제395조 제1항).[1] 당사자 모두 항소권을 포기하면 다시 항소할 수 없으므로 제1심 판결이 확정된다. 그러나 상대방이 전부 승소하여 항소의 이익이 없다면 패소한 당사자만 항소권을 포기해도 제1심 판결은 확정된다(대법원 2006. 5. 2.자 2005마933 결정).

(2) 항소권을 포기하기로 하는 합의도 가능하지만, 항소권 포기는 법원에 대한 일방적 단독행위이므로 합의만으로 항소권 포기의 효력이 발생하지 않고 법원에 포기의 의사

---

1) 제1심 판결을 한 법원에 항소를 제기하면 제1심 법원은 소송기록을 항소심으로 보내야 한다.

표시를 해야 비로소 포기의 효력이 발생한다(대법원 1987. 6. 23. 선고 86다카2728 판결). 항소포기의 의사를 표시하는 서면을 법원에 제출하기 전에는 항소권 포기의 효력이 발생하지 않으므로 당사자가 항소권 포기의 합의를 해제하기로 다시 합의하고 항소를 제기하였다면 이러한 항소는 적법하다(앞의 판결).

2. 불상소의 합의

가. 의 의

불상소의 합의는 항소와 상고를 모두 제기하지 않기로 하는 판결 선고 전의 합의를 말한다. 이는 당사자가 상고할 권리를 유보하되 항소를 하지 않기로 합의하는 불항소의 합의(비약적 상고의 합의, 법 제390조)와 차이가 있다. 민사소송법에는 불상소의 합의에 관한 명시적 규정은 없지만 그 효력은 판례에 의하여 인정되고 있다. 불상소의 합의는 앞서 소송상 합의에 관한 법리가 그대로 적용된다. 아래에서는 몇 가지 특수한 점만 설명한다.

나. 유효요건

(1) 서면요건

불상소의 합의는 소송당사자에 대하여 항소권의 사전포기와 같은 중대한 소송법상의 효과가 발생하게 되는 것으로서 반드시 서면에 의하여야 하며, 그 서면의 문언에 의하여 당사자 쌍방이 항소를 하지 않는다는 취지가 명백하게 표현되어 있을 것을 요한다(대법원 2007. 11. 29. 선고 2007다52317 판결).

(2) 공평의 요건

불상소의 합의는 심급제도의 이용을 배제하여 간이신속하게 분쟁을 해결하고자 하는 당사자의 의사를 존중하여 인정되는 제도이므로 당사자의 일방만이 상소를 하지 아니하기로 약정하는 합의는 공평에 어긋나므로 불항소 합의로서의 효력이 없다(대법원 1987. 6. 23. 선고 86다카2728 판결). 따라서 피고가 패소하더라도 이에 대하여 피고가 항소를 제기하지 않겠다는 합의는 효력이 없다(앞의 판결). 다만 항소권을 포기하기로 하는 합의로 해석될 수 있는데 이러한 경우에는 항소권 포기의 의사표시가 법원에 도달해야 비로소 항소권 포기의 효력이 발생한다.

다. 효 과

불상소의 합의는 법원에 대하여 별도의 의사표시가 필요하지 않으므로 불상소의 합의하였다면 제1심 판결은 선고와 동시에 확정된다(대법원 2007. 11. 29. 선고 2007다52317

판결). 따라서 판결 선고 후에는 이 판결에 대하여 기판력이 발생하므로 당사자의 합의에 의하더라도 그 불상소합의를 해제하고 소송 계속을 부활시킬 수 없다(대법원 1987. 6. 23. 선고 86다카2728 판결). 이러한 점에서 법원에 대한 항소권 포기의 의사표시가 필요하고 이러한 의사표시를 하기 전에는 합의를 해제할 수 있는 항소권 포기의 합의와 차이가 있다.

II. 항소의 대상

1. 제1심 종국판결

항소는 제1심 종국판결에 대하여 할 수 있다(법 제390조 제1항). 종국판결이라 함은 소 또는 상소에 의하여 계속 중인 사건의 전부 또는 일부에 대하여 심판을 마치고 그 심급을 이탈시키는 판결을 의미하므로(대법원 1995. 2. 14. 선고 93재다27 전원합의체 판결) 중간판결은 상소의 대상이 아니다.

2. 당연무효의 판결

종국판결이라도 피고가 이미 사망한 사실을 간과하고 내려진 판결과 같이 당연무효의 종국판결에 대하여는 항소를 제기하는 것은 부적법하므로 항소각하되는 것이 원칙이다(대법원 2000. 10. 27. 선고 2000다33775 판결). 그러나 그 무효의 판결로 인하여 생긴 외관을 제거할 필요가 있다면 적법하게 항소를 제기할 수 있다(대법원 2002. 4. 26. 선고 2000다30578 판결). 예를 들어 이미 사망한 자를 채무자로 한 처분금지가처분신청결정은 당연무효이지만 부동산등기부에 표시된 가처분결정을 제거할 필요가 있으므로 채무자의 상속인은 가처분결정에 대한 이의신청으로써 그 취소를 구할 수 있다(앞의 판결).

3. 소송비용 및 가집행에 관한 재판

하지만 소송비용 및 가집행에 관한 재판은 종국판결과 함께 선고되지만 독립하여 항소를 하지 못한다(법 제391조). 이는 소송비용과 가집행에 관한 재판만을 다투기 위하여 항소심절차가 진행되는 것을 방지하는데 그 목적이 있다. 즉 항소심법원은 본안의 재판에 항소이유가 있는 경우에만 소송비용이나 가집행에 관한 재판을 시정할 수 있다. 만일 본안의 항소가 그 이유가 없는 경우에는 소송비용에 관한 불복은 허용되지 않는다(대법원 1996. 1. 23. 선고 95다38233 판결). 마찬가지로 가집행선고의 재판에 비록 잘못이 있다 하더라도 본안에 대한 항소가 이유 없다고 판단되는 때에는 가집행선고의 재판을 시정하는 판단을 할 수 없다(대법원 2010. 4. 8. 선고 2007다80497 판결).

4. 소의 취하의 간주

민사소송법 제268조의 소취하 간주는 그 규정상 요건의 성취로 법률에 의하여 당연히 발생하는 효과이고 법원의 재판이 아니므로 상소의 대상이 되는 종국판결에 해당하지 않는다(대법원 2019. 8. 30. 선고 2018다259541 판결). 즉 소취하 간주의 효력을 다투려면 민사소송규칙 제67조, 제68조에서 정한 절차에 따라 법원에 기일지정신청을 할 수는 있으나 상소를 제기할 수는 없다(앞의 판결).

III. 항소의 이익

1. 의 의

소를 제기할 때 법원의 재판을 통하여 얻을 수 있는 권리보호의 이익이 있어야 적법한 소가 되는 것처럼 항소를 제기할 때는 항소심 절차를 통하여 얻을 수 있는 법률상 이익이 있어야 적법한 항소가 된다. 이러한 법률상 이익을 '항소의 이익'이라고 한다.

2. 항소의 이익의 판단기준

가. 원 칙

(1) 항소인이 항소를 통하여 얻을 수 있는 법률상 이익은, 항소인에게 불리한 제1심판결의 내용을 자신에게 유리하게 변경하도록 하는데 있다. 따라서 소송당사자는 자신의 패소부분에 대하여만 상소를 제기할 이익이 있고 승소부분에 대하여는 항소의 이익이 없다. 결국 전부 승소한 당사자는 원칙적으로 항소의 이익이 없고(대법원 2012. 7. 26. 선고 2012다27001 판결), 원고의 청구가 일부 인용된 경우에는 양당사자는 각자 자신의 패소부분에 대하여 항소의 이익을 갖는다.

(2) 재판이 항소인에게 불이익한 것인지의 여부는 원칙적으로 기판력이 발생하는 재판의 주문을 표준으로 하여 상소 제기 당시를 기준으로 판단하여야 하고, 기판력이 발생하지 아니하는 판결이유에 불만이 있는 것만으로는 항소의 이익이 있다고 할 수 없다(대법원 2013. 7. 11. 선고 2011다18864 판결).

나. 예 시

(1) 전부 승소한 당사자가 청구취지를 확장하기 위하여 항소하는 경우

전부 승소한 당사자가 청구취지를 확장하기 위하여 항소를 제기하는 것도 항소의 이익이 없다. 예를 들어 가분채권의 명시적 일부청구의 경우에 명시한 부분만 소송물이 되므로 전부 승소한 원고는 나머지 잔부에 대한 청구취지를 확장하기 위한 항소에 대하여 항소의 이익을 갖지 못한다(대법원 2010. 11. 11. 선고 2010두14534 판결). 잔부청구에 대하여는 별소를 제기하여야 한다. 그러나 아래에서 보는 바와 같이 묵시적 일부청구에서는 당해 소송절차에서 청구취지를 확장할 필요가 있다면 이를 위하여 상소를 제기할 이익이 인정된다.

(2) 예비적 청구

예비적 청구에 대하여 승소한 원고는 주위적 청구에 대한 기각판결에 대하여 항소의 이익을 갖는다(대법원 2002. 12. 26. 선고 2002므852 판결).

(3) 예비적 공동소송

주위적 피고는 예비적 피고에 대한 청구에 관하여 당사자가 아니므로, 예비적 피고에 대한 청구가 인용되었다고 하더라도 자신에 대한 주위적 청구가 기각된 이상 항소를 제기할 이익이 없다(대법원 2011. 2. 24. 선고 2009다43355 판결).

(4) 판결이유에 대한 불만

(가) 전부 승소한 당사자가 판결이유에 불만이 있다고 하더라도 원칙적으로 항소의 이익이 없다(대법원 2013. 7. 11. 선고 2011다18864 판결). 예를 들어 원인무효임을 이유로 한 소유권이전등기의 말소청구소송에서 피고가 매매계약에 따른 적법한 등기임을 주장하면서 원고의 청구의 기각을 구하고, 예비적 항변으로서 취득시효완성을 주장한데 대하여 법원이 예비적 항변을 받아들여 원고의 청구를 기각하였다면, 피고의 위 매수주장을 받아들이지 아니하였다 하여 이를 피고에게 불이익한 재판이라 할 수 없으므로 그 부분에 대한 상소이익이 있다고 할 수 없다(대법원 1994. 11. 22. 선고 94다16458 판결).[2)]

(나) 원고가 채무자를 대위하여 소유권이전등기의 말소청구를 하면서 대위소송의 피보전권리의 발생원인을 원고와 채무자 사이의 매매계약으로 주장하였으나 법원이 이를 양도담보약정으로 인정하여 원고 승소판결을 선고한 경우, 위 청구에 관한 소송에 있어서 직접 심판대상이 되고 판결의 기판력이 미치는 것은 소유권이전등기말소등기청구권의 존부라 할 것이고, 이에 관한 원고의 청구가 인용되어 승소한 이상, 법원이 판결이유에서 원고의 피보전권리의 발생원인을 잘못 인정하였다 하더라도 그 사유만으로는 상소의 이익이 있다고 할 수 없다(대법원 1992. 3. 27. 선고 91다40696 판결).

(다) 소송상 상계항변은 기판력이 발생한다는 점에서 상계항변에 대한 판결이유 중의 판단에 대하여 항소의 이익이 인정된다. 예를 들어 제1심에서 원고의 청구원인사실을 모두 인정한 다음 피고의 상계항변을 받아들여 원고의 청구를 기각하더라도 승소한 피고

2) 그러나 피고가 주위적으로 청구기각을 구하고 예비적으로 상계항변을 하였는데 예비적 상계항변이 받아들여져서 전부 승소 하였다면, 상계항변에는 기판력이 있으므로 피고에게 항소의 이익이 있다고 봐야 한다.

에게는 반대채권 소멸의 불이익이 발생하므로 항소를 제기할 이익이 있다(대법원 2002. 9. 6. 선고 2002다34666 판결).

다. 전부 승소한 당사자에게 항소의 이익이 있는 경우

(1) 전부 승소 하였지만 판결이 처분권주의에 위반된 경우

원고가 매매를 원인으로 한 소유권이전등기를 청구한데 대하여 원심이 양도담보약정을 원인으로 한 소유권이전등기를 명하였다면 판결주문상으로는 원고가 전부 승소한 것으로 보이기는 하나, 매매를 원인으로 한 소유권이전등기청구와 양도담보약정을 원인으로 한 소유권이전등기청구와는 청구원인사실이 달라 동일한 청구가 아니고, 결국 원고의 청구가 실질적으로 인용된 것이 아니어서 판결의 결과가 원고에게 불이익하므로 원고에게 항소의 이익이 인정된다(대법원 1992. 3. 27. 선고 91다40696 판결). 양도담보약정으로 보면 양도인이 변제한 후 소유권반환청구를 할 수 있다는 점에서도 판결의 내용은 원고에게 불리하다.

(2) 묵시적 일부청구에서 전부 승소한 원고가 잔부청구에 대하여 청구취지를 확장하기 위하여 항소[3]하는 경우

가분채권의 묵시적 일부청구의 소송물은 채권액 전부이므로 확정판결의 기판력이 청구하지 아니한 나머지 부분에까지 미쳐서 채권자는 별소로써 나머지 부분에 관하여 다시 청구할 수는 없다. 따라서 묵시적 일부청구에서 전부 승소한 채권자에게 청구취지확장을 위한 항소가 허용되지 않는다면 채권자는 나머지 부분을 소구할 기회를 상실하는 불이익을 입게 된다. 이러한 이유로 이때는 예외적으로 전부 승소한 당사자가 청구취지를 확장하기 위하여 항소하더라도 항소의 이익이 인정된다(대법원 2010. 11. 11. 선고 2010두14534 판결). 그러나 명시적 일부청구소송에서는 나머지 잔부에 기판력이 미치지 아니하여 별소를 제기할 수 있으므로 전부 승소한 당사자는 청구취지확장을 위하여 항소를 제기할 이익이 없다.

(3) 불법행위를 원인으로 한 손해배상청구에서 위자료청구에 관하여 일부승소 하여 항소를 제기하였다면, 전부 승소 한 재산상손해에 대하여도 청구취지를 확장할 수 있다.

원고가 재산상 손해에 대하여는 형식상 전부 승소하였으나 위자료에 대하여는 일부 패소하였고, 이에 대하여 원고가 자신의 패소부분에 불복하는 형식으로 항소를 제기하여 사건 전부가 확정이 차단되고 소송물 전부가 항소심에 계속되게 된 경우에는, 더욱이 불법행위로 인한 손해배상에 있어 재산상 손해나 위자료는 단일한 원인에 근거한 것인데

3) 청구변경은 사실심에서만 가능하고, 상고심에서는 청구변경을 할 수 없으므로 이때 상소는 항소를 의미한다.

편의상 이를 별개의 소송물로 분류하고 있는 것에 지나지 아니한 것이므로 이를 실질적으로 파악하여, 항소심에서 위자료는 물론이고 제1심에서 전부 인용된 재산상 손해에 관하여도 청구의 확장이 허용된다(대법원 1994. 6. 28. 선고 94다3063 판결).

제 4 절 항소의 방식, 기간 및 취하

I. 항소의 방식

1. 항소장의 제출

항소를 제기할 때는 불복하는 재판을 한 법원에 항소장을 제출해야 한다(법 제397조 제1항). 즉, 항소장은 제1심 법원에, 상고장은 제2심 법원에 제출해야 한다. 항소장에는 당사자, 법정대리인, 제1심 판결의 표시 및 그 판결에 대한 항소취지만 기재하고 항소이유를 기재하지 아니하여도 무방하다(같은 조 제2항). 항소기간이 짧기 때문에 통상적으로 일단 항소장을 제출한 후에 항소이유를 분석하여 최초의 준비서면에 항소이유를 기재하여 제출한다(민사소송규칙 제126조의2).

2. 항소장의 심사

가. 원심 재판장의 항소장 심사권

(1) 항소장을 접수한 원심 재판장은 항소장의 적식 여부와 인지를 부착하였는지를 심사한 후에 하자가 있으면 상당한 기간 내에 보정하도록 명령을 내려야 한다(법 제399조 제1항). 원심 재판장은 법원사무관 등으로 하여금 위 보정명령을 하게 할 수도 있다(같은 항 단서). 위 기간 내에 보정이 없는 때와 항소기간이 도과된 것이 명백한 때에는 원심 재판장이 항소장각하명령을 해야 한다(같은 조 제2항). 또한 항소권의 포기 등으로 제1심 판결이 확정된 후에 항소장이 제출되었음이 분명한 경우 등과 같이 항소인에게 항소권이 없음이 명백한 경우에도 원심 재판장은 항소장각하명령을 할 수 있다(대법원 2006. 5. 2. 자 2005마933 결정).

(2) 제1심이 항소장이 적법하다고 판단하였다면 항소심 법원이 심리를 진행할 수 있도록 소송기록을 항소심 법원으로 송부하고(법 제400조), 항소장 부본을 피항소인에게 송달해야 한다(법 제401조). 그리고 남상소를 억제하기 위하여 항소장에는 소장에 붙인 인지의 1.5배, 상고장에는 소장에 붙인 인지의 2배에 해당하는 인지를 붙여야 한다(「민사소송 등 인지법」 제3조).

나. 항소심 재판장의 항소장 심사권

(1) 항소장에 흠결이 있음에도 원심 재판장 등이 보정명령을 하지 아니한 경우, 또는 항소장의 부본을 송달할 수 없는 경우에는 항소심 재판장은 항소인에게 상당한 기간을 정하여 그 기간 이내에 흠을 보정하도록 명하여야 한다(법 제402조 제1항). 항소심 재판장은 법원사무관 등으로 하여금 위 보정명령을 하게 할 수 있다(같은 항 제2문). 항소인이 위 기간 내에 보정하지 아니하거나 원심 재판장이 항소장각하명령을 하지 아니한 경우 항소심 재판장은 항소장각하명령을 하여야 한다(같은 조 제2항). 항소인은 항소장각하명령에 대하여 즉시항고를 할 수 있다(같은 조 제3항).

(2) 또한 항소심에서 피항소인에게 항소장 부본을 송달할 수 없는 경우 항소심 재판장은 민사소송법 제402조 제1항, 제2항에 따라 항소인에게 상당한 기간을 정하여 그 기간 이내에 피항소인의 주소를 보정하도록 명하여야 하고, 항소인이 그 기간 이내에 피항소인의 주소를 보정하지 아니한 때에는 명령으로 항소장을 각하해야 한다(대법원 2021. 4. 22.자 2017마6438 전원합의체 결정).[4)]

(3) 항소심 재판장의 항소장 각하명령은 항소장 송달 전까지만 가능하다. 독립당사자참가소송의 경우 피항소인 중 1인에게 항소장이 송달되면 항소장 각하명령을 할 수 없다(대법원 2020. 1. 30.자 2019마5599, 5600 결정).

항 소 장

항 소 인(피고) 기 성 용
피항소인(원고) 최 민 용

손해배상(기)

위 당사자간 부산지방법원2016가합1234호 손해배상(기) 청구사건에 관하여, 동 법원이 2016.2.15. 선고한 판결에 대하여 항소인(피고)은 전부 불복이므로 이에 항소를 제기합니다.(항소인은 위 판결정본을 2016.2.25. 자로 송달 받았음)

원판결의 표시

1. 피고는 원고에게 금 40,000,000원 및 이에 대한 2015.1.1.부터 완제일까지 년 12%의 비율에 의한 금원을 지급하라
2. 소송비용은 피고의 부담으로 한다.

---

4) 대법원 소수의견에서는 항소장 부본의 송달불능은 소송계속 중 소송서류가 송달불능된 것에 불과한 점, 항소인이 항소장 부본의 송달불능을 초래한 것이 아닌데도 그 송달불능으로 인한 불이익을 오로지 항소인에게만 돌리는 것은 부당한 점, 소장각하명령과 항소장각하명령은 본질적으로 다른 재판인 점 등을 이유로 다수의견에 반대하고 있다.

3. 제1항은 가집행할 수 있다.

항 소 취 지

1. 원판결을 취소한다.
2. 원고의 청구를 기각한다.
3. 소송비용은 1.2심 모두 원고의 부담으로 한다.

라는 판결을 구합니다.

항 소 이 유

추후 상세히 제출하겠습니다.

첨 부 서 류

1. 항소장 부본
2. 납부서

2016. 3. 2.
위 항소인(피고)의 소송대리인
변호사 손 수 연

부산지방법원 귀 중

II. 항소기간

항소와 상고는 판결서가 송달된 날로부터 2주 이내에 해야 한다(법 제396조, 제425조). 그렇다고 판결서가 송달된 날부터 항소를 제기할 수 있는 것은 아니며 판결이 선고되면 판결서가 송달되기 전이라고 하더라도 항소할 수 있다. 항소기간이 도과하면 더 이상 항소를 제기할 수 없으므로 판결이 확정된다. 그러나 원고가 피고의 주소를 허위로 기재하여 판결서도 허위주소지로 송달된 경우에는 적법한 판결문의 송달이 없으므로 항소기간이 진행되지 않는다(대법원 1994. 12. 22. 선고 94다45449 판결).

III. 항소의 취하

1. 의 의

항소인은 항소심의 종국판결이 있기 전에 항소를 취하할 수 있다(법 제393조 제1항). 항소의 취하는 항소만을 철회하는 것이란 점에서 소 제기 자체를 철회하는 소의 취하와 구별된다. 항소를 취하하면 처음부터 항소를 제기하지 아니한 상태가 되는데(법 제393조

제2항, 제267조 제1항), 항소기간이 만료된 후에 항소를 취하하면 더 이상 항소를 제기할 수 없으므로 원판결이 확정되어 다시 항소를 제기할 수 없지만, 항소기간이 만료되기 전에 항소를 취하한 경우에는 항소기간이 만료되지 않았다면 다시 항소를 제기할 수 있다(대법원 1991. 4. 23. 선고 90다14997 판결). 항소기간이 만료하기 전에 항소포기를 하는 경우에는 제1심 판결이 즉시 확정되어 더 이상 항소를 하지 못하는 것과 차이가 있다(대법원 2006. 5. 2.자 2005마933 결정).

2. 요 건

가. 항소심의 종국판결 전

항소심의 종국판결이 있기 전까지만 항소를 취하할 수 있다. 그러나 일단 항소심의 종국판결이 있은 후라도 그 종국판결이 상고심에서 파기되어 사건이 다시 항소심에 환송된 경우에는 먼저 있은 종국판결은 그 효력을 잃고 그 종국 판결이 없었던 것과 같은 상태로 돌아가게 되므로 새로운 종국판결이 있기까지 항소인은 피항소인이 부대항소를 제기하였는지 여부에 관계없이 항소를 취하할 수 있다(대법원 2004. 4. 28. 선고 2004다4225 판결).

나. 서면에 의한 항소취하

항소취하는 서면으로 해야 한다. 다만 변론 또는 변론준비기일에서 말로 할 수 있다(법 제393조 제2항, 제266조 제2항).

다. 공동소송에서 항소취하

통상공동소송에서는 공동소송인독립의 원칙에 따라서 항소인 일부의 또는 피항소인 일부에 대한 항소취하에도 효력이 있다(대법원 1971. 10. 22. 선고 71다1965 판결). 그러나 고유필수적 공동소송에서는 소송공동이 강제되므로 공동소송인 중 일부에 대하여만 판결이 확정되는 것을 허용할 수 없다. 따라서 공동소송인인 항소인 전원이 항소를 취하하거나, 공동소송인인 피항소인 전원에 대하여 항소를 취하해야 한다(앞의 판결).

라. 청구병합에서 항소취하

(1) 항소의 취하는 항소의 전부에 대하여 하여야 하고 항소의 일부 취하는 효력이 없다. 항소의 일부취하를 허용하게 되면 일부취하 된 청구에 대한 상대방의 부대항소권을 부당하게 박탈하는 결과를 가져오고 상소불가분의 원칙을 무력화하기 때문이다. 따라서 병합된 수개의 청구 중 일부 청구에 대한 불복신청을 철회하였더라도 항소의 일부취하로서의 효력은 발생하지 않고 단지 소의 변경으로서 불복의 범위를 감축하여 심판의

대상을 변경하는 효과를 가져오는 것에 지나지 않는다(대법원 2017. 1. 12. 선고 2016다241249 판결). 항소인은 일부 취하를 하더라도 항소심의 변론종결시까지 언제든지 서면 또는 구두진술에 의하여 불복의 범위를 다시 확장할 수 있다(앞의 판결).

(2) 예를 들어 A, B, C 청구를 병합하여 제기한 원고의 청구가 전부 기각되어서 원고는 제1심 판결 전부에 대하여 불복항소 하였는데, 원고가 B, C 청구에 대하여 항소를 취하하였고 그 후 다시 B, C에 대하여 심판을 구하는 항소취지변경신청을 하였다면, 항소심은 취하된 항소를 항소기간이 경과된 후에 다시 항소하였다고 하여 항소를 각하할 것이 아니라 심판범위의 확장으로 봐서 B, C 청구에 대하여도 심판해야 한다(앞의 판결).

마. 상대방의 동의 불요

항소에서는 피항소인의 응소행위가 없으므로 항소취하에서는 소취하와 달리 상대방의 동의가 요구되지 않는다(대법원 1971. 10. 22. 선고 71다1965 판결).

3. 항소취하의 간주

소취하의 간주에 관한 규정은 상소심절차에도 준용되고 이때는 상소를 취하한 것으로 본다(법 제268조 제4항). 따라서 양당사자가 항소심에서 2회 불출석한 후 1월 이내에 기일지정신청을 하지 아니하면 항소를 취하한 것으로 간주된다.

제 5 절 부대항소(附帶抗訴)

I. 부대항소의 의의

부대항소란 피항소인이 항소인이 제기한 항소심절차에 편승하여 원판결을 자기에게 유리하게 변경하여 줄 것을 구하는 제도를 말한다(대법원 2003. 9. 26. 선고 2001다68914 판결). 이러한 부대항소는 분쟁의 일회적 해결을 꾀하는데 그 취지가 있다. 하지만 항소인의 항소에 편승하기 때문에 아래에서 보는 바와 같이 종속적 성격을 갖고 있다.

II. 요 건

1. 시 기

항소인에 의하여 항소심절차가 개시된 후 항소심절차의 변론이 종결되기 전에 부대항소를 할 수 있다(법 제403조).

2. 피항소인에 의한 부대항소

원 · 피고에 관계없이 피항소인이 항소인을 상대로 부대항소를 제기해야 한다. 통상 공동소송에서는 공동소송인독립의 원칙이 적용되므로 공동원고 A, B 중 A만 항소를 제기하였다면, B는 항소인의 지위를 갖지 못하므로 피항소인은 A에 대하여만 부대항소를 제기할 수 있고, B에 대하여는 부대항소를 제기할 수 없다(대법원 1994. 12. 23. 선고 94다40734 판결). 마찬가지로 원고가 공동피고 C, D 중 C에 대하여만 항소를 제기하였다면 피항소인 C만 부대항소를 제기할 수 있고, D는 피항소인의 지위를 갖지 못하므로 부대항소를 제기할 수 없다(앞의 판결).

3. 항소이익의 불요

일반항소와 달리 부대항소를 하는 자는 항소의 이익이 없어도 된다. 전부 승소한 당사자도 청구취지확장 또는 반소를 제기하기 위하여 부대항소를 할 수 있다(대법원 2003. 9. 26. 선고 2001다68914 판결). 따라서 항소권을 포기하거나 항소기간이 도과되어 항소를 제기할 수 없는 피항소인도 부대항소를 통하여 자신의 패소부분을 항소심의 심판의 대상으로 포함시킬 수 있고, 전부 승소하여 항소이익을 갖지 못하는 원고가 청구취지의 확장을 위하여 부대항소를 제기할 수 있으며, 전부 승소한 피고도 반소를 제기하기 위하여 부대항소를 제기할 수 있다.

III. 방 식

부대항소는 항소의 방식으로 제기해야 하므로(법 제405조) 부대항소장을 제출해야 한다. 그러나 피고들만 항소한 사건에서 전부 승소한 원고가 피고들에게 불리하게 청구취지를 확장하였다면 부대항소를 한 것으로 의제된다(대법원 2008. 7. 24. 선고 2008다18376 판결). 전부 승소한 원고에게는 청구취지의 확장만을 목적으로 한 항소에 대하여 항소의 이익이 없으므로, 피고에 의하여 개시된 항소심에서 원고가 청구취지를 확장하기 위해서는 부대항소를 해야 한다. 이러한 점에서 원고의 청구취지변경신청은 당연히 부대항소의 취지를 포함하고 있다고 할 것이다.

Ⅳ. 효 력

1. 심판범위의 확장

피항소인이 부대항소한 범위에서 항소심의 심판범위가 확장된다. 이러한 범위 내에서는 불이익변경금지의 원칙이 적용되지 않는다(대법원 2003. 9. 26. 선고 2001다68914 판결). 예를 들어 1천만원 지급청구소송에서 전부 패소한 피고가 항소한데 대하여 원고가 부대항소를 하면서 청구액을 2천만원으로 확장하였다면 항소심 법원은 제1심 판결보다 피고에게 더 불리하게 2천만원을 지급하도록 하는 판결을 할 수 있다(앞의 판결).

2. 부대항소의 종속성

부대항소는 항소에 편승한 것이므로 항소가 취하되거나 부적법하여 각하되어 그 효력이 소멸한 때에는 부대항소의 효력도 소멸한다(법 제404조). 따라서 항소인이 부대항소로 인하여 더 큰 손해를 입을 것으로 판단한다면 항소를 취하하는 방법으로 이익을 보호할 수 있다. 다만 항소가 취하되거나 각하되더라도 항소기간 이내에 한 부대항소는 항소의 이익이 인정된다면 독립된 항소로 본다(법 제404조).

제 6 절 항소의 효력

항소를 제기하면 판결의 확정이 차단되고 사건이 항소심으로 넘어가는 확정차단 및 이심의 효력이 발생한다. 그런데 다수의 청구가 병합된 사건에서는 항소 제기로 인하여 확정차단 및 이심이 발생하는 항소 제기의 효력범위와 항소심의 심판범위가 다르므로 아래에서는 양자를 나누어서 설명한다.

Ⅰ. 항소 제기의 효력범위

1. 의 의

상소를 제기하면 사건이 그 심급을 이탈하여 상급심으로 이전되어 계속된다. 이로써 판결의 확정이 차단되어 기판력과 집행력이 발생하지 아니하는 효력을 '확정차단의 효력'이라고 한다. 그리고 상소에 의하여 사건이 상급심으로 이전되는 효력을 '이심(移審)의 효력'이라고 한다. 사건이 이심되면 소송기록도 상급심으로 보내야 하므로 상소장이 접수된 날로부터 2주 이내에 소송기록을 상급심에 송부해야 한다(법 제400조).

2. 확정차단 및 이심의 범위

가. 청구의 병합(소의 객관적 병합)에서의 효력범위

(1) 상소불가분의 원칙

(가) 병합의 형태에 관계없이 청구의 병합에서 병합된 청구 중 일부의 청구에 대한 판결에 관하여만 상소를 제기하더라도 제1심 판결 전부에 대하여 확정이 차단되고 이심이 되는데 이를 '상소불가분의 원칙'이라고 한다(대법원 2002. 10. 11. 선고 2002다33137 판결).

(나) 예를 들어 제1심 법원이 원고의 주위적 청구와 예비적 청구를 병합심리한 끝에 주위적 청구는 기각하고 예비적 청구만을 인용하는 판결을 선고한 데 대하여 피고만 항소를 하더라도, 불복되지 아니한 주위적 청구에 관한 부분도 확정이 차단되고 항소심에 이심된다(대법원 1992. 6. 9. 선고 92다12032 판결). 따라서 피고가 항소심의 변론에서 원고의 주위적 청구를 인낙하여 그 인낙이 조서에 기재되면 그 조서는 확정판결과 동일한 효력이 있다(앞의 판결).

(다) 선택적 병합의 경우에는 병합된 청구들이 불가분적으로 결합되어 있으므로 상급심에서 병합된 청구를 함께 심리할 수 있도록 위 원칙이 인정되고 있으며, 단순병합의 경우에는 피항소인이 부대항소를 제기할 수 있도록 하기 위하여 위 원칙이 인정되고, 예비적 병합의 경우 불가분적 성질과 피항소인의 부대항소를 위하여 위 원칙이 인정된다.

(2) 판단이 누락된 청구가 있는 경우의 조치

(가) 단순병합

단순병합된 청구 중에 일부 청구에 대하여 판결이 선고되지 않았다면 '재판의 누락'이 된다. 판단이 누락된 부분은 확정이 차단되고 청구는 여전히 그 심급에 남아 있게 되고 원심법원은 이 청구에 대하여 추가판결을 해야 한다(법 제212조 제1항). 따라서 이러한 경우에는 상소불가분의 원칙이 적용되지 않는다.

(나) 선택적 병합

선택적 병합의 경우에는 수개의 청구가 하나의 소송절차에 불가분적으로 결합되어 있기 때문에 선택적 청구 중 하나만을 기각하는 일부판결은 선택적 병합의 성질에 반하는 것으로서 법률상 허용되지 않는다(대법원 1998. 7. 24. 선고 96다99 판결). 따라서 제1심 법원이 원고의 선택적 청구 중 하나만을 판단하여 기각하고 나머지 청구에 대하여는 아무런 판단을 하지 아니한 조치는 위법한 것이고, 원고가 이와 같이 위법한 제1심판결에 대하여 항소한 이상 원고의 선택적 청구 전부가 확정차단되고 항소심으로 이심된다(앞의 판결).

(다) 예비적 병합

예비적 병합의 경우에는 수개의 청구가 하나의 소송절차에 불가분적으로 결합되어 있기 때문에 주위적 청구를 먼저 판단하지 않고 예비적 청구만을 인용하거나 주위적 청구만을 배척하고 예비적 청구에 대하여 판단하지 않는 등의 일부판결은 예비적 병합의 성질에 반하는 것으로서 법률상 허용되지 않는다. 그럼에도 불구하고 주위적 청구를 배척하면서 예비적 청구에 대하여 판단하지 아니하는 판결을 한 경우에는 그 판결에 대한 상소가 제기되면 판단이 누락된 예비적 청구 부분도 확정이 차단되고 상소심으로 이심이 된다(대법원 2000. 11. 16. 선고 98다22253 전원합의체 판결).

나. 공동소송(소의 주관적 병합)에서의 효력범위

(1) 통상공동소송

(가) 통상공동소송에서는 공동소송인독립의 원칙이 적용되므로 공동소송인 1인의 소송행위의 효력은 다른 공동소송인에게 효력이 미치지 않는다. 따라서 원고 측 공동소송인인지 피고 측 공동소송인인지 관계없이, 상소를 제기하지 아니한 또는 상소를 제기당하지 아니한 공동소송인에 대하여는 상소기간이 도과함으로써 판결이 분리확정 된다(대법원 2012. 9. 27. 선고 2011다76747 판결).

(나) 예를 들어 갑이 주위적 청구로 매도인 을을 상대로 소유권이전등기를, 을을 대위하여 이중매수인 병을 상대로 소유권이전등기말소를 구하고, 예비적 청구로 을의 소유권이전등기의무 이행불능을 이유로 을, 정, 무를 상대로 손해배상을 구하였는데, 제1심이 병에 대한 청구만 기각하고 나머지 청구를 모두 인용하자 갑이 병에 대하여 항소를 제기하였다면 을에 대한 소유권이전등기청구와 관련하여 을이 주위적 피고가 되고 정, 무가 예비적 피고가 되는 예비적 공동소송 관계에 있지만, 병에 대한 소유권이전등기 말소청구와 관련하여 병과 나머지 피고들은 통상 공동소송 관계에 있으므로, 갑이 병에 대한 부분에 한하여 항소를 제기한 이상 병에 대한 청구만이 항소심의 심판대상이 되고, 나머지 피고들에 대한 제1심 판결은 분리 확정된다(대법원 2011. 9. 29. 선고 2009다7076 판결).

(2) 합일확정이 필요한 소송

(가) 필수적 공동소송

필수적 공동소송인 사이에는 합일확정의 필요성으로 인하여 공동소송인 가운데 한 사람의 소송행위는 모두에게 이익이 되는 경우에만 효력을 가진다(법 제67조 제1항). 그러나 필수적 공동소송인의 상대방이 공동소송인 가운데 한 사람에 대하여 한 소송행위는 유불리를 불문하고 공동소송인 모두에게 효력이 미친다(같은 조 제2항). 그러므로 필수적 공동소송인 중 1인만이 상소를 제기하거나, 필수적 공동소송인의 상대방이 공동소송인 중 1인에 대하여만 상소를 제기하더라도 나머지 공동소송인에 대하여 확정차단 및 이심의 효력이 발생한다(대법원 2010. 4. 29. 선고 2008다50691 판결).

(나) 예비적 · 선택적 공동소송

예비적 · 선택적 공동소송은 공동소송인 사이에 합일확정이 필요하다는 점에서 필수적 공동소송과 차이가 없다. 이러한 이유로 민사소송법 제70조에서는 예비적 · 선택적 공동소송에 대하여 필수적 공동소송에 관한 규정을 준용하고 있다. 따라서 주관적 · 예비적 공동소송에서 주위적 공동소송인과 예비적 공동소송인 중 어느 한 사람이 상소를 제기하면 다른 공동소송인에 관한 청구 부분도 확정이 차단되고 상소심에 이심된다(대법원 2014. 3. 27. 선고 2009다104960 판결).

(다) 독립당사자참가소송

독립당사자참가소송에도 필수적 공동소송에 관한 제67조가 준용되는 결과(법 제79조 제2항), 원고 승소의 판결이 내려지자 이에 대하여 참가인만이 상소를 한 경우에도 사건 전부에 대하여 이심의 효력이 발생한다.

II. 항소심의 심판의 범위

1. 원 칙

가. 항소인이 불복한 범위

(1) 항소에도 처분권주의가 적용되므로 항소인이 항소 또는 피항소인이 부대항소로써 불복한 범위만이 항소심의 심판의 범위가 된다(법 제407조).

(2) 구체적으로 ① 전부 패소한 당사자가 전부 불복을 하면 청구 전부가 심판의 대상이 되고, ② 전부 패소한 당사자가 일부 불복만 하면 일부 불복한 부분만 심판의 대상이 되며, ③ 일부 패소한 당사자만 항소를 하고 상대방이 항소 또는 부대항소를 하지 아니하면 일부 패소한 부분만 심판의 대상이 되고, ④ 일부 인용에 대하여 양당사자 모두 불복을 하면 청구 전부가 심판의 대상이 된다.

(3) 예를 들어 원고의 1개의 청구의 일부를 기각하는 제1심 판결에 대하여 당사자 일방만이 항소를 하더라도 제1심 판결의 심판대상이었던 청구 전부가 불가분적으로 항소심에 이심되나, 항소심의 심판범위는 이심된 부분 가운데 당사자가 불복 신청한 한도로 제한된다(대법원 2006. 4. 27. 선고 2006두2091 판결).

나. 불복되지 않은 부분

불복되지 않은 부분에 관하여는 상대방이 불복한 바 없어 항소심의 심판대상이 되지 아니하므로 항소심으로서는 불복되지 아니한 부분을 인용할 수 없으며, 이와 같이 항소심의 심판대상이 되지 아니한 부분에 관하여는 항소심 판결 선고와 동시에 확정되어 소송이 종료된다(앞의 판결). 따라서 제1심 판결의 전부가 아닌 일부에 대하여만 불복 항소한 경우에 불복되지 아니한 부분은 항소심의 심판의 대상이 아니므로 상고할 수 없다(대법원 2013. 6. 28. 선고 2011다83110 판결). 예를 들어 100억원 청구사건의 제1심에서 60억원만이 인용되었고 원고만 항소하고, 피고가 자신의 패소부분인 60억원에 대하여 부대항소를 하지 않았다면, 원고가 불복한 40억원만 항소심의 심판대상이 되고 제1심에서 인용된 60억원 청구부분은 항소심 판결의 선고와 동시에 확정되므로 피고는 이에 대하여 상고를 제기할 수 없다.

다. 불복의 범위를 특정하는 방법

(1) 민사소송법 제397조 제2항에 따르면 항소장에는 당사자와 법정대리인 및 제1심 판결을 표시하고, 그 판결에 대하여 항소하는 취지를 기재하면 족하고 불복의 범위를 특정할 필요는 없다. 따라서 항소심의 변론종결시까지 서면 또는 구두진술에 의하여 제1심 판결의 변경을 구하는 한도를 명확히 하면 되는 것이며, 굳이 이를 항소장에 미리 특정하여 기재할 필요는 없다(대법원 1994. 11. 25. 선고 93다47400 판결). 위와 같은 결과 항소의 객관적, 주관적 범위는 항소장에 기재된 항소취지만을 기준으로 판단할 것은 아니고, 항소취지와 함께 항소장에 기재된 사건명이나 사건번호, 당사자의 표시, 항소인이 취소를 구하는 제1심판결의 주문 내용 등을 종합적으로 고려해서 판단해야 한다(대법원 2020. 1. 30.자 2019마5599, 5600 결정).

(2) 또한 불복의 범위는 항소장의 기재사항이 아니므로 항소인이 항소장에 불복신청의 범위를 기재하지 않았고 이에 대하여 법원이 보정을 명하였으나 항소인이 보정명령에 불응하더라도 법원은 불복신청의 범위를 보정하지 아니하였다는 이유로 항소장을 각하할 수 없다(대법원 2011. 10. 27. 자 2011마1595 결정).

라. 항소심에서 심판의 범위가 확장 또는 축소되는 경우

(1) 반소는 상대방의 심급의 이익을 해할 우려가 없는 경우 또는 상대방의 동의를 받은 경우에 항소심에서 제기할 수 있으므로(법 제412조 제1항) 심판의 범위가 확장된다.

(2) 부대항소가 있는 경우에는 부대항소로 심판을 구한 범위도 항소심의 심판범위가 된다.

(3) 청구의 변경은 청구기초가 종전의 청구와 동일하고[5] 소송을 지연시키지 않는 경

5) 청구의 변경은 소송절차를 지연케 함이 현저한 경우가 아닌 한 청구의 기초에 변경이 없는 한도에서 사실심의 변론종결시까지 할 수 있는 것이고, 동일한 생활사실 또는 동일한 경제적 이익에 관한 분쟁에 있어서 그 해결방법에 차이가 있음에 불과한 청구취지의 변경은 청구의 기초에 변경이 없다고 보아야 한다(대법원

우에 항소심 변론종결시까지 허용되므로(법 제262조 제1항)[6] 청구의 변경에 따라서 항소심의 심판범위가 확장 또는 축소된다.

2. 병합청구소송에서의 심판의 범위

가. 청구의 병합(소의 객관적 병합)에서의 심판의 범위

(1) 단순병합

당사자가 단순병합된 청구의 일부에 대하여만 항소하더라도 병합된 청구 전부에 대하여 확정이 차단되고 항소심으로 이심되지만 심판의 범위는 불복된 부분으로 한정되고, 다만 상대방이 부대항소를 통하여 불복되지 아니한 부분에 대하여 심판을 구한 경우에만 항소심의 심판의 대상이 된다. 불복되지 아니한 청구는 항소심 판결이 선고됨과 동시에 확정되어 소송이 종료된다(대법원 2013. 7. 11. 선고 2011다18864 판결). 예를 들어 원고의 청구를 일부 인용하는 제1심 판결에 대하여 원고는 항소하였으나 피고는 항소나 부대항소를 하지 아니한 경우, 제1심 판결의 원고 승소 부분은 원고의 항소로 인하여 항소심에 이심은 되나, 이에 대하여 피고가 부대항소를 제기하지 아니하는 한 항소심의 심판범위에서는 제외된다(대법원 2014. 2. 13. 선고 2013다212509 판결).

(2) 선택적 병합

(가) 선택적 병합은 단순병합과 달리 병합된 청구들이 불가분적으로 결합되어 있으므로 제1심에서 선택적으로 병합된 청구 중 하나의 청구에 대하여 인용판결을 하여 피고가 항소를 제기하더라도 나머지 청구도 항소심으로 이심되고 심판의 대상이 된다(대법원 2006. 4. 27. 선고 2006다7587 판결).

(나) 따라서 항소심은 제1심에서 인용된 청구를 먼저 심리하여 판단할 필요는 없고, 원심이 한 것처럼 선택적으로 병합된 수개의 청구 중 제1심에서 심판되지 아니한 청구를 임의로 선택하여 심판할 수 있다(앞의 판결).

(다) 만일 심리한 결과 제1심에서 인용된 청구가 아닌 선택적으로 병합된 다른 청구가 이유 있다고 인정되고 그 결론이 제1심 판결의 주문과 동일한 경우에도 피고의 항소를 기각하여서는 안 되며 제1심 판결을 취소한 다음 새로이 청구를 인용하는 주문을 선고하여야 한다(앞의 판결).[7]

1990.1.12. 선고 88다카24622 판결).

6) 청구의 교환적 변경의 경우에는 종전의 청구가 취하되는 효력이 발생하므로 상대방의 동의가 있어야 한다는 추가적 요건이 있다.

7) 원고가 제1심에서 선택적으로 구한 두 개의 청구 중 1개의 청구가 인용되고 피고가 항소한 후, 원고가 항소심에서 병합의 형태를 변경하여 제1심에서 심판되지 않은 청구 부분을 주위적 청구로, 제1심에서 인용된 위 청구 부분을 예비적 청구로 구함에 따라 항소심이 주위적 청구 부분을 먼저 심리하여 그 청구가 이유 있다고 인정하는 경우도, 비록 결론이 제1심판결의 주문과 동일하더라도 피고의 항소를 기각하여서는 아니

(3) 예비적 병합

(가) 주위적 청구를 인용하는 판결에 대하여 피고가 항소한 경우

주위적 청구를 인용하는 판결은 전부판결로서 이러한 판결에 대하여 피고가 항소하면 제1심에서 심판을 받지 않은 다음 순위의 예비적 청구도 모두 이심되고 항소심이 제1심에서 인용되었던 주위적 청구를 배척할 때에는 다음 순위의 예비적 청구에 관하여 심판을 하여야 한다(대법원 2000. 11. 16. 선고 98다22253 전원합의체 판결).

(나) 예비적 청구를 인용한 판결에 대하여 피고만 항소한 경우

제1심 법원이 주위적 청구는 기각하고 예비적 청구만을 인용하는 판결을 선고한 데 대하여 피고만 항소한 경우에 주위적 청구에 관한 부분도 항소심에 이심되지만, 항소심의 심판범위는 당사자가 불복한 사항에 한정되므로 원고의 부대항소가 없다면 항소심의 심판범위는 피고가 불복신청한 예비적 청구부분에 한정된다(대법원 2002. 12. 26. 선고 2002므852 판결).

(다) 실질은 선택적 병합이지만 예비적 병합으로 청구한 경우

동일한 금액을 청구하지만 주위적으로 대여금반환청구를 하고 예비적으로 불법행위(사기)를 원인으로 한 손해배상청구를 한 사안[8]에서, 대법원 판례는 병합의 형태가 선택적 병합인지 예비적 병합인지는 당사자의 의사가 아닌 병합청구의 성질을 기준으로 판단하여야 하고, 항소심에서의 심판 범위도 그러한 병합청구의 성질을 기준으로 결정하여야 한다고 판시하면서(대법원 2014. 5. 29. 선고 2013다96868 판결) 실질적으로 선택적 병합 관계에 있는 두 청구에 관하여 원고가 주위적·예비적으로 순위를 붙여 청구하였고, 그에 대하여 제1심 법원이 주위적 청구를 기각하고 예비적 청구만을 인용하는 판결을 선고하여 피고만이 항소를 제기한 경우에도 항소심으로서는 이를 선택적 병합으로 취급하여 두 청구 모두를 심판의 대상으로 삼아 판단하여야 한다고 판시하고 있다(앞의 판결).

나. 공동소송(소의 주관적 병합)에서 심판의 범위

통상공동소송에서는 공동소송인 독립의 원칙상 불복하지 않거나 불복되지 않은 당사자에 대한 청구는 분리확정되므로 항소심의 심판의 범위가 문제되지 않고 항소 제기의 효력이 공동소송이 전원에게 미치는 합일확정이 요구되는 공동소송에서만 항소심의 심판범위가 문제된다.

(1) 필수적 공동소송

필수적 공동소송인 사이에는 합일확정의 필요성으로 인하여 공동소송인 가운데 한

되고 새로이 청구를 인용하는 주문을 선고하여야 한다(대법원 2020. 10. 15. 선고 2018다229625 판결).

8) 주위적 청구와 예비적 청구의 청구금액이 동일하지만 근거법률이 다른 경우이므로 전형적인 선택적 병합에 해당하고, 당사자가 심판의 순위를 붙여 청구를 할 합리적인 필요성이 없는 경우에 해당한다.

사람의 소송행위는 모두에게 이익이 되는 경우에만 효력을 가진다(법 제67조 제1항). 그러나 필수적 공동소송인의 상대방이 공동소송인 가운데 한 사람에 대하여 한 소송행위는 유불리를 불문하고 공동소송인 모두에게 효력이 미친다(같은 조 제2항). 그러므로 필수적 공동소송인 중 1인만이 상소를 제기하거나, 필수적 공동소송인의 상대방이 공동소송인 중 1인에 대하여만 상소를 제기하더라도 나머지 공동소송인에 대하여도 확정차단 및 이심의 효력이 발생하고 심판의 대상이 된다(대법원 2010. 4. 29. 선고 2008다50691 판결).

(2) 예비적 · 선택적 공동소송

주관적 · 예비적 공동소송은 동일한 법률관계에 관하여 모든 공동소송인이 서로 간의 다툼을 하나의 소송절차로 한꺼번에 모순 없이 해결하는 소송형태로서 모든 공동소송인에 대한 청구에 관하여 판결을 하여야 하고(법 제70조 제2항), 그중 일부 공동소송인에 대하여만 판결을 하거나 남겨진 자를 위하여 추가판결을 하는 것은 허용되지 않는다. 따라서 주관적 · 예비적 공동소송에서 주위적 공동소송인과 예비적 공동소송인 중 어느 한 사람이 상소를 제기하면 다른 공동소송인에 관한 청구 부분도 확정이 차단되고 상소심에 이심되어 심판대상이 된다(대법원 2014. 3. 27. 선고 2009다104960,104977 판결). 이때 주위적 · 예비적 공동소송인들 및 그 상대방 당사자 사이의 결론의 합일확정의 필요성을 고려하여(즉 모순된 판단이 나오지 않도록) 그 심판의 범위를 판단하여야 한다(대법원 2011. 2. 24. 선고 2009다43355 판결).

(3) 독립당사자참가소송

(가) 원고 승소의 판결에 대하여 참가인만이 상소를 했음에도 상소심에서 원고의 피고에 대한 청구인용 부분을 원고에게 불리하게 변경할 수 있는 것은 ① 참가인의 참가신청이 적법하고 나아가 ② 합일확정의 요청상 필요한 경우에 한한다(대법원 2007. 12. 14. 선고 2007다37776,37783 판결).

(나) 예를 들어 원고의 피고에 대한 청구를 인용하고 참가인의 참가신청을 각하한 제1심판결에 대하여 참가인만이 항소한 경우, 항소심 법원도 참가인의 참가신청이 부적법하다는 이유로 참가인의 항소를 기각하면서 제1심 판결 중 원고의 본소 부분을 취소하고 원고의 피고에 대한 청구를 기각한 것은 위법하다(앞의 판결).

이때 원고만 상고하고 참가인은 상고하지 않았다면, 제1심판결 중 원고의 본소 청구를 인용한 부분은 참가인의 참가신청이 부적법하다는 이유로 참가인의 항소를 기각한 원심판결에 대하여 참가인이 상고를 제기하지 않고 상고기간을 도과한 때에 그대로 확정된다(앞의 판결).

그리고 제1심 판결 중 원고의 본소 청구를 인용한 부분은 항소심에 이심되었지만 항소심의 심판대상이 아니므로 참가인의 상고기간의 도과로 확정된다(앞의 판결).[9] 이와 같이 제1심 판결이 확정되므로 상고심 법원은 원고의 상고에 대하여 참가인의 상고기간이 도과한 때에 원고의 본소 청구에 관한 소송이 종료되었다는 취지의 소송종료선언을 해야 한다(앞의 판결).

III. 항소심 판결의 한계로서의 불이익변경금지의 원칙

1. 의 의

(1) 항소심의 심판의 범위는 항소인이 불복한 부분에 한정되므로 항소심 법원은 그 불복의 한도 안에서만 제1심 판결을 바꿀 수 있다(법 제415조). 즉 불복의 한도가 판결의 한도가 된다. 따라서 청구취지의 변경, 반소의 제기, 피항소인에 의한 항소 또는 부대항소 등을 통하여 심판의 범위와 확장되지 않은 이상, 항소심 법원은 이러한 불복의 한도를 넘어서 제1심의 판단을 항소인에게 이익 또는 불이익으로 변경할 수 없다. 이를 '불이익변경금지의 원칙'이라고 한다. 그리고 제1심 판결에 불복하지 않은 피항소인에게 이익이 되는 방향으로도 판단을 변경할 수 없다는 점에서는 이를 '이익변경금지의 원칙'이라고도 한다. 이 원칙은 항소심과 상고심뿐만 아니라 재심절차에서도 부대재심이 제기되지 않는 한 적용되므로 재심법원은 재심청구인에 대하여 원래의 확정판결보다 불이익한 판결을 할 수 없다(대법원 2003. 7. 22. 선고 2001다76298 판결).

(2) 예를 들어 제1심에서 청구액 100억원 중 60억원에 대하여만 일부승소판결을 받은 원고가 항소를 하고, 피고는 항소나 부대항소를 하지 아니한 경우에, 항소심의 심판범위는 원고가 불복한 제1심에서 기각된 40억원 청구가 된다. 따라서 항소심 법원이 제1심에서 인용된 60억원마저 이유 없다고 판단하더라도 위 60억원은 불복되지 아니한 부분으로서 심판의 대상이 아니므로 항소심 법원은 원판결 전부를 취소할 수 없고, 단지 원고의 항소를 기각하는 판결을 할 수밖에 없다.

또한 원고가 기각된 40억원 중 30억원에 대하여만 불복하였다면, 항소심 법원이 심판한 결과 40억원의 채권 전액이 인정되더라도 항소심 법원은 30억원만을 인용할 수 있다.

마찬가지로 위와 같은 경우에 피고만 항소하였다면 인용된 60억원만이 항소심의 심판의 대상이므로 항소심 법원이 심판한 결과 원고에게 100억원 전액에 대한 채권이 인정되더라도 심판대상이 아닌 나머지 40억원을 인용할 수 없으므로 피고의 항소를 기각할 수밖에 없다.

---

9) 원고의 본소 청구는 항소심의 심판대상이 아니므로 원고에게는 상고권이 없다.

2. 당사자 모두 항소하거나 당사자 일방이 부대항소한 경우

(1) 일부 인용판결에 대하여 원 · 피고 모두 항소하였다면 청구 전부가 심판의 대상이 되어 청구 전부에 대하여 인용판결 또는 기각판결을 할 수 있으므로 불이익변경금지의 원칙이 적용될 여지가 없다.

(2) 또한 원고만 또는 피고만 항소하였지만 피항소인이 자신의 패소부분 전부에 대하여 부대항소를 하였다면 불이익변경금지의 원칙이 적용되지 않는다.

(3) 더욱이 원고의 청구가 전부 인용된 데 대하여 피고가 항소하였고 피항소인인 원고가 부대항소를 하면서 청구취지를 확장하였다면, 항소심의 심판범위가 제1심보다 확장되므로 항소심 법원은 제1심 판결의 인용금액을 초과하여 원고의 청구를 인용할 수 있다(대법원 2000. 2. 25. 선고 97다30066 판결).

3. 각 소송물과 각 공동소송인을 기준으로 판단

병합청구에서 불이익변경금지원칙에 위반되었는지 여부는 소송물을 합산한 전체 금액을 기준으로 할 것이 아니라 각 소송물에 따라서 판단해야 한다. 예를 들어 금전채무불이행의 경우에 발생하는 원본채권과 지연손해금채권은 별개의 소송물이므로, 원본채권에 관하여 100만원을, 지연손해금에 관하여 50만원을 인용한 제1심 판결에 대하여 피고만 항소한 경우에, 항소심이 원금채권은 110만원으로 지연손해금은 40만원으로 판단하더라도, 원금채권에 관한 항소는 항소인인 피고에게 더 불리하게 110만원으로 인용할 수 없으므로 항소기각을 하고 지연손해금에 관한 항소는 줄어든 만큼 40만원을 인용해야 한다(대법원 2009. 6. 11. 선고 2009다12399 판결). 그리고 통상공동소송에서는 공농소송인독립의 원칙에 따라서 각 공동소송인에 따라서 불이익 여부를 판단해야 한다(대법원 2005. 8. 19. 선고 2004다8197 판결).

4. 주문을 기준으로 판단

가. 원　　칙

소송당사자는 자신에게 불리한 판결에 대하여만 항소를 제기할 이익을 갖고 있고, 불리한 판결인지 여부는 기판력이 발생하는 주문을 기준으로 판단한다는 점은 앞서 언급한 바와 같다. 결국 항소심의 심판범위는 항소인에게 불이익한 판결 부분이므로 불이익변경인지 여부도 원칙적으로 기판력이 생기는 판결의 주문을 표준으로 판단해야 하고, 기판력이 생기지 아니하는 판결이유 중의 판단의 변경은 유리 · 불리하고는 관계가 없다(대법원 2013. 7. 11. 선고 2011다18864 판결).

나. 예 외

(1) 상계항변

(가) 상계항변을 인정하여 청구기각을 한 제1심 판결에 대하여 원고만 항소를 하였는데, 항소심이 제1심과 달리 원고의 채권이 인정되지 않는다는 이유로 원고의 청구를 기각하는 것은 주문에 변경이 없고 판결이유의 변경에 불과하지만, 항소인인 원고는 상계항변으로 주장된 자동채권 소멸의 이익을 잃게 되므로 불이익변경금지의 원칙에 따라서 허용되지 않는다(대법원 2011. 10. 13. 선고 2011다51205 판결).

(나) 피고의 상계항변을 인용한 제1심 판결에 대하여 피고만이 항소하고 원고는 항소를 제기하지 아니하였는데, 항소심이 피고가 상계항변으로 주장한 자동채권의 존재를 배척한다면 항소인인 피고에게 불이익하게 제1심 판결을 변경한 것으로서 불이익변경금지의 원칙에 반한다(대법원 1995. 9. 29. 선고 94다18911 판결).

(2) 동시이행의 항변

(가) 동시이행의 판결에 있어서는 원고가 그 반대급부를 제공하지 않고는 판결에 따른 집행을 할 수 없어 비록 피고의 반대급부이행청구에 관하여 기판력이 생기지 아니하더라도 반대급부의 내용이 원고에게 불리하게 변경된 경우에는 불이익변경금지 원칙에 반하게 된다(대법원 2005. 8. 19. 선고 2004다8197 판결).

(나) 예를 들어 원고의 토지인도청구의 소에서 피고가 잔금채권 100만원을 가지고 동시이행의 항변을 한 결과, 제1심에서는 원고가 피고에게 100만원을 변제함과 동시에 토지를 인도하도록 판결하였다. 그런데 원고만 항소를 제기하여 개시된 항소심에서 원고가 피고에게 200만원을 변제함과 동시에 토지를 인도하도록 변경한다면, 비록 동시이행의 항변으로 제공된 피고의 원고에 대한 반대채권인 200만원에 대하여는 기판력이 발생하지 않지만 원고는 200만원을 지급하지 않고서는 토지를 인도받을 수 없으므로 제1심 판결보다 원고에게 불이익한 판결이 되어 허용되지 않는다.

(다) 한편, 원심에서 단순이행을 했어야 하는데 동시이행의 판결을 하였고 피고만 항소하였다면, 불이익변경금지 원칙상 피고에게 불리한 단순이행 판결을 선고할 수 없으므로 원심판결을 그대로 유지할 수밖에 없다. 따라서 피고의 항소를 기각해야 한다(대법원 2019. 10. 31. 선고 2019다247651 판결).

5. 제1심 각하판결에 대하여 항소심 법원이 기각판결을 할 수 있는지 여부

(1) 원고의 청구에 대하여 제1심 법원이 소송요건의 부재를 이유로 소를 각하하였는데, 원고만 항소한 항소심에서 심리한 결과 소송요건을 갖춘 적법한 소이지만 청구이유

가 없다고 판단하고 있는 경우에,[10] 청구기각판결은 소 각하판결보다 원고에게 불리하므로 항소기각판결을 할 수 있을 뿐이다. 이러한 법리는 상고심에서도 그대로 적용되므로, 항소심의 각하판결에 대하여 원고만 상고를 제기하고 상고심에서 심리한 결과 소는 적법하지만 청구가 기각될 것이 분명하다면 불이익변경금지의 원칙에 따라 원심판결을 파기하는 대신 상고를 기각해야 한다(대법원 2001. 9. 7. 선고 99다50392 판결).

(2) 예를 들어 채권자대위청구소송의 항소심에서 보전의 필요성이 없다는 이유로 각하판결을 하자 원고만 상고를 제기하였는데, 상고심에서 보전의 필요성은 인정되지만 피대위권리의 존재가 인정되지 아니하여 원고의 청구가 기각되어야 한다고 판단한 경우에, 불이익변경금지의 원칙상 원고에게 더 불리한 청구기각의 판결을 선고할 수는 없고, 따라서 상고기각을 하여 소를 각하한 원심판결을 그대로 유지해야 한다(대법원 2014. 12. 11. 선고 2013다71784 판결).

(3) 반대로 채권자대위청구소송에서 피보전채권이 인정되지 아니함에도 제1심에서 청구를 기각하였다면 항소심에서는 제1심 판결을 취소하고 스스로 소를 각하하는 판결을 할 것이지 사건을 제1심법원에 환송하여야 하는 것이 아니다(대법원 1991. 8. 27. 선고 91다13243 판결).

6. 불이익변경금지의 원칙이 적용되지 않는 경우

가. 법원의 직권사항

법원이 직권에 의하여 판단할 수 있는 사항은 당사자가 항소를 제기하지 않더라도 법원의 심판의 대상이 되므로 이를 제1심보다 불이익하게 변경하더라도 불이익변경금지의 원칙에 위배되지 않는다.

(1) 확인의 이익

병합된 청구 중 일부 청구에 대하여 패소판결을 받은 원고가 항소를 제기하면 원고의 승소부분도 확정차단 및 이심이 되지만 피고가 항소 또는 부대항소를 제기하지 아니하는 한, 항소심의 심판의 대상이 되지 않는다. 그러나 확인의 이익은 직권조사사항이므로 불복되지 아니한 청구에 대하여도 항소심 법원이 확인의 이익의 유무를 조사하여 확인의 이익이 없다고 판단하면 원고의 청구를 각하할 수 있다(대법원 1995. 7. 25. 선고 95다14817 판결).

10) 제1심의 각하판결이 잘못되었다고 판단하는 경우에는 파기환송하는 것이 원칙이지만 항소심 법원이 판결할 수 있을 정도로 제1심에서 실체에 관하여 심리가 진행되었거나 상대방이 동의하는 경우에는 항소심 법원이 판결할 수 있다는 점은 앞서 언급한 바와 같다.

(2) 가집행선고

가집행선고도 당사자의 신청 유무에 관계없이 법원이 직권으로 판단할 사항이므로 가집행선고가 붙지 아니한 제1심 판결에 대하여 피고만이 항소한 항소심에서 피고의 항소를 기각하고 가집행선고를 붙였어도 불이익변경금지의 원칙에 위배되지 않는다(대법원 1998. 11. 10. 선고 98다42141 판결).

나. 합일확정의 필요가 있는 경우

필수적 공동소송, 예비적 공동소송, 독립당사자참가와 같이 합일확정의 필요한 소송에서는 합일확정이 필요한 한도에서 불이익변경금지의 원칙이 적용되지 않는다. 예를 들어 불이익변경금지의 원칙에는 불복하지 아니한 당사자에 대한 이익변경금지의 원칙도 포함되는데, 토지의 소유권확인을 구하는 독립당사자참가소송에서 토지가 독립당사자참가인의 소유라는 제1심 판결에 대하여 원고만 항소를 하더라도 원고의 피고에 대한 청구도 함께 확정차단 및 이심이 되고 합일확정이 필요한 한도에서 심판의 대상이 되므로, 항소 또는 부대항소를 제기하지 아니한 피고에게 제1심 판결보다 유리하게 판결할 수 있다(대법원 2007. 10. 26. 선고 2006다86573 판결).

다. 피고의 상계항변

제1심에서 피고의 상계항변이 배척되었고 원고만 항소한 경우에, 항소심에서 피고의 상계항변이 이유 있다고 판단한다면 항소 또는 부대항소를 제기하지 아니한 피고에게 유리하게 상계항변을 받아들여 원고의 청구를 기각할 수 있다(법 제415조 단서).

라. 청구의 변경이 있는 경우

항소심에서 청구의 추가적 변경 또는 교환적 변경이 있는 경우에는 그 효과로서 제1심 판결보다 항소인에게 불리한 결과가 나올 수 있다. 예를 들어 청구 일부 인용의 항소심 판결에 대하여 피고만 상고를 하여 피고 승소 부분이 파기환송 되었고, 이 환송심에서 원고가 청구취지를 확장하였다면 환송심이 환송 전의 원심보다 원고의 청구액을 더 많이 인정하더라도 불이익변경금지의 원칙에 반하지 않는다(대법원 1991. 11. 22. 선고 91다18132 판결).

7. 불이익변경금지의 원칙의 적용의 효과

불이익변경금지의 원칙이 적용되어 원래의 채권액보다 적은 금액만이 판결로서 인정되었다고 하더라도 나머지 금액에 대한 채권이 소멸되는 것은 아니다. 예를 들어 사해행위취소소송의 가액반환판결에서 수익자인 피고만이 항소하였는데, 불이익변경금지의 원칙 때문에 항소심 법원이 수익자의 가액배상 범위를 잘못 선정하여 과소한 금액의 지급을 명한 제1심 판결을 유지하고 항소기각을 한 경우, 수익자로부터 가액배상을 받더라도 채권자의 채권 중 일부는 현실적으로 여전히 존속하고 있는 것이므로 채권자는 이에 기초하여 다른 수익자를 상대로 채권자취소권을 행사할 수 있다(대법원 2005. 5. 27. 선고 2003다36478 판결).

제 7 절 항소심의 심리절차

I. 제1심에서의 소송행위의 효력과 변론의 내용

1. 제1심에서의 소송행위의 효력

항소심은 속심이므로 제1심의 소송행위는 변론기일 또는 변론준비기일에서의 소송행위인지 묻지 않고 항소심에도 그대로 효력을 가진다(법 제409조, 제410조). 직접주의원칙에 따라서 당사자는 제1심 변론의 결과를 진술하여야 한다(법 제407조 제2항). 이러한 제1심 변론결과의 진술은 당사자가 사실상 또는 법률상 주장, 정리된 쟁점 및 증거조사 결과의 요지 등을 진술하거나 법원이 당사자에게 해당사항을 확인하는 방식으로 할 수 있다(민사소송규칙 제127조의2).

2. 변론의 내용

항소심의 소송절차에는 특별한 규정이 없으면 제1심의 변론절차에 관한 규정이 준용되므로(법 제408조), 실기한 공격방어방법이 아니라면 당사자는 항소심에서 새로운 사실과 증거를 제출할 수 있다(대법원 2009. 2. 26.자 2007마1652 결정). 그러나 당사자는 항소심에서 전속관할 이외에 임의관할위반을 더 이상 주장하지 못한다(법 제411조).[11] 임의관할위반을 인정하여 제1심의 관할법원으로 환송을 하면 소송이 지연되기 때문이다.

11) 그러나 국제재판관할은 법원의 관할이 아니라 재판권의 문제로서 대한민국 법원이 재판권을 갖고 있지 아니한 사건에 대하여 판결을 하더라도 당연무효이고, 국제재판관할은 당사자 사이의 공평·적정·신속을 기대하는 이념에 의하여 조리에 따라 결정될 사항이며, 단순히 소송경제의 관점을 넘어 다른 나라와의 관계도 포함하여 국내에서 민사재판제도의 운영에 관한 공익상의 고려를 기저에 두고 있으므로 항소심에서도 국제재판관할의 위반을 주장할 수 있다(서울고등법원 2011. 12. 8. 선고 2011나43329 판결).

제 3 장 상고(上告), 재심(再審), 항고(抗告)

제 1 절 상고와 재심

I. 상 고

1. 상고심의 특징

(1) 제1심과 제2심이 개별적 당사자의 권리구제를 목적으로 하고 있다면, 상고심은 공익적 측면에서 법령해석의 통일을 목적으로 하고 있다. 이러한 이유로 항소심과 달리 상고심에서는 원심판결을 파기하면 원칙적으로 사건을 원심으로 환송한다. 그러나 상고심의 권리구제적 성격이 완전히 포기된 것은 아니므로 예외적으로 대법원은 원심판결을 파기하고 자판할 수도 있다. 상고심은 사실적 판단을 하지 않고 법령해석만 한다고 하여 이를 '법률심'이라고 하며, 반대되는 개념으로서 제1심과 제2심을 '사실심'이라고 한다.

(2) 상고심에서는 새로운 사실인정을 하지 않으므로 당사자는 상고심에서 새로운 주장이나 증거를 제출하여 원심의 사실인정을 다툴 수 없고(대법원 2014.8.20. 선고 2012다6059 판결), 원심판결이 적법하게 확정한 사실은 상고심 법원을 기속한다(법 제432조). 다만 소송요건과 같은 직권조사사항은 당사자가 사실심 변론종결시까지 주장하지 않았더라도 상고심에서 새로이 이를 주장, 입증할 수 있다(대법원 1989.10.10. 선고 89누1308 판결).

(3) 이러한 상고심 법원은 3~4인의 대법관으로 구성된 部에서 원칙적으로 심리를 진행하고, 종전의 대법원 판례를 변경하는 등 법원조직법에 규정된 사유가 있는 경우에는 대법관 전원으로 구성된 전원합의체에서 심리를 진행한다.

(4) 앞서 언급한 바와 같이 상고심의 소송절차에 관하여는 항소심의 소송절차에 관한 규정이 준용되므로(법 제425조), 항소심절차와 동일한 절차는 설명을 생략하고 아래서는 상고심에 한정된 부분에 관하여만 설명한다.

2. 상고의 대상

가. 항소심 종국판결

고등법원이 선고한 종국판결과 지방법원 본원 합의부가 제2심으로서 선고한 종국판결에 대하여만 상고할 수 있다(법 제422조). 그리고 항소심이 한 제1심으로의 환송판결도 항소심의 종국판결이므로 이러한 환송판결에 대하여도 대법원에 상고할 수 있다(대법원 1981. 9. 8. 선고 80다3271 전원합의체 판결).

나. 항소심 심판의 대상만이 상고의 대상

제1심 판결 중 항소 또는 부대항소에 의하여 불복되지 아니한 부분은 항소심의 심판대상이 아니고 항소심 판결의 선고와 동시에 확정되므로 상고를 제기할 수 없다.

(1) 1개의 청구의 일부에 대하여만 불복한 경우

(가) 원고의 1개의 청구의 일부를 기각하는 제1심 판결에 대하여 당사자 일방만이 항소를 하더라도 제1심 판결의 심판대상이었던 청구 전부가 불가분적으로 항소심에 이심되나, 항소심의 심판범위는 이심된 부분 가운데 당사자가 불복 신청한 한도로 제한된다(대법원 2006. 4. 27. 선고 2006두2091 판결). 불복되지 않은 부분에 관하여는 상대방이 불복한 바 없어 항소심의 심판대상이 되지 아니하므로 항소심으로서는 불복되지 아니한 부분을 인용할 수 없으며, 이와 같이 항소심의 심판대상이 되지 아니한 부분에 관하여는 항소심 판결 선고와 동시에 확정되어 소송이 종료된다(앞의 판결).

(나) 예를 들어 100억원 청구사건의 제1심에서 60억원이 인용되었고, 원고만 항소하고 피고는 항소 또는 부대항소를 하지 않았다면 원고 패소부분인 40억원만 항소심의 심판대상이고 승소한 60억원은 심판대상이 아니므로 이 부분은 항소심 판결 선고와 동시에 확정되어 피고가 이에 대하여 상고할 수 없다.

(다) 마찬가지로 당사자가 자신의 패소 부분의 전부가 아닌 일부에 대하여만 불복항소한 경우에 불복되지 아니한 부분은 항소심의 심판의 대상이 아니므로 상고할 수 없다(대법원 2013. 6. 28. 선고 2011다83110 판결). 예를 들어 100억원 청구사건의 제1심에서 60억원만이 인용되었고, 원고가 자신의 패소부분 40억원 중 30억원에 대하여만 항소하였다면 이 부분만이 항소심의 심판의 대상이 되므로 나머지 10억원의 청구부분에 대하여 상고할 수 없다.

(2) 청구의 병합의 경우

청구의 병합에서 불복되지 아니한 청구부분도 상소불가분의 원칙에 따라서 항소심에 이심이 되지만 부대항소가 없으면 심판의 대상이 되지 않는다. 따라서 피항소인이 부대항소를 제기할 수 없는 때에 불복되지 아니하는 청구가 확정되는데, 부대항소는 항소심 변론종결시까지 할 수 있지만(법 제403조) 변론이 종결되더라도 다시 변론이 재개될 수 있으므로 변론재개가 될 수 없는 항소심 판결 시에 불복되지 아니한 부분이 확정된다(대법원 2008. 3. 14. 선고 2006다2940 판결).

다. 비약상고

당사자가 제1심 판결에 대하여 항소를 제기하지 않고 바로 상고하기로 약정하였다면 제1심 판결에 대하여 바로 상고할 수 있다(법 제390조 제1항 단서). 이를 '비약상고' 또는 '비약적 상고'라고 한다. 당사자 사이에 사실관계에 대하여는 아무런 다툼이 없고, 오직 법리적 다툼만이 있는 경우에 유용한 제도이다. 비약상고의 합의는 합의의 대상이 특정되고 서면의 방법으로 해야 하므로(법 제390조 제2항, 제29조 제2항), 상고를 할 때 비약상고의 합의를 한 서면을 제출해야 하고 이러한 서면을 제출되지 아니하면 상고가 부적법한 경우에 해당하여 상고가 각하된다(대법원 1995. 4. 28. 선고 95다7680 판결). 비약상고는 법률적 판단만을 구하는 상고이므로 상고심 법원은 원심판결의 사실확정이 법률에 어긋난다는 것을 이유로 그 판결을 파기하지 못한다(법 제433조).

3. 상고이유

상고심인 대법원은 소수의 대법관으로 구성되어 있으므로 무제한으로 상고를 허용할 경우 사건의 처리에 오랜 시간이 소요될 수 있다. 이러한 이유로 민사소송법과 「상고심절차에 관한 특례법」은 상고심 심리가 진행되는 요건인 상고이유를 제한하여 상고심이 법률심으로서의 역할을 다 할 수 있도록 도모하고 있다. 상고이유는 일반적 상고이유와 절대적 상고이유가 있다. 일반적 상고이유는 판결의 결과에 영향을 끼칠 것을 요구하지만, 절대적 상고이유는 판결의 결과에 영향을 끼치지 않더라도 상고이유가 된다는 점에서 차이가 있다.

가. 일반적 상고이유

(1) 법령의 위반

상고는 '판결에 영향을 미친 헌법 · 법률 · 명령 또는 규칙의 위반'이 있다는 것을 이유로 드는 때에만 할 수 있다(법 제423조). 이를 '일반적 상고이유'라고 한다. 헌법 · 법률 · 명령 또는 규칙의 위반은 실체법 적용의 오류만이 아니라 민사소송법의 절차에 위반된 경우를 포함한다. 따라서 심리절차 또는 판결이 앞서 설명한 민사소송법의 규정에 위반되면 모두 상고이유가 된다.

(2) 계약의 해석법리, 외국법의 해석, 채증법칙의 위반

계약의 해석법리에 위반한 경우(대법원 2003. 1. 10. 선고 2000다31045 판결), 「약관의 규제에 관한 법률」에 따른 약관의 해석법리에 위반한 경우, 준거법이 외국법인 경우에 외국법의 해석에 위반한 경우(대법원 2011. 2. 8. 자 2010마970 결정), 증거의 취사선택과 사실인정에 있어서 채증법칙에 위반한 경우(대법원 2009. 8. 20. 선고 2008다19355 판결)를 포함한다.

(3) 경험법칙의 위반

이때 채증법칙위반이라고 함은 증거의 채부 및 증거에 따른 사실인정이 증거에 관한 법령을 위반한 경우뿐만이 아니라 경험법칙에 위반된 경우도 의미한다(대법원 1983. 11. 22. 선고 83다카653 판결). 예를 들어 법률에 규정은 없지만 경험법칙상 처분문서는 진정 성립이 인정되면 기재 내용을 부정할 만한 분명하고도 수긍할 수 있는 반증이 없는 이상 문서의 기재 내용에 따른 의사표시의 존재와 내용을 인정하여야 하는데, 이에 위반한 경우 채증법칙위반에 해당한다(대법원 2014. 9. 26. 선고 2014다29667 판결).

(4) 구분의 어려움

사실인정과 법령위반이 명백하게 구분되는 것은 아니다. 예를 들어 불법행위로 인한 손해배상 사건에서 과실상계 사유에 관한 사실인정이나 그 비율을 정하는 것은 사실심의 전권사항이지만, 그것이 형평의 원칙에 비추어 현저히 불합리하다는 주장은 법령위반의 주장이 된다(대법원 2014. 5. 16. 선고 2012다73424 판결).

(5) 판결의 결과에 영향을 끼쳤을 것

법령위반만으로는 상고이유가 되지 못하고 법령위반이 판결에 영향을 끼쳤어야 비로소 상고이유가 된다. 즉, 법령위반이 없었더라면 판결의 내용이 달라졌어야 한다. 이러한 이유로 상고심에서 원심판결의 오류를 지적할 때는 "원심판결에는 유류분반환의 순서, 범위, 비율 등에 관한 법리를 오해한 나머지 피고가 원고에게 반환하여야 할 유류분의 분담액과 반환하여야 할 재산, 그 범위 및 비율 등에 관한 판단을 그르친 위법이 있고 이는 판결에 영향을 미쳤으므로, 이를 지적하는 상고이유의 주장 역시 이유 있다."(대법원 2013. 3. 14. 선고 2010다42624 판결)와 같이 법령위반이 있다는 점과 그 법령위반이 판결에 영향을 미쳤다는 점을 모두 언급한다.

나. 절대적 상고이유

절대적 상고이유는 적법절차(due process of law)의 위반을 그 내용으로 하는데, 판결의 결과에 영향을 끼칠 것을 요구하지 않는다(법 제424조). 아래의 절대적 상고이유는 이미 설명된 내용이므로 이곳에서는 설명을 생략한다.

1. 법률에 따라 판결법원을 구성(composition)하지 아니한 때
2. 법률에 따라 판결에 관여할 수 없는 판사가 판결에 관여한 때
3. 전속관할에 관한 규정에 어긋난 때
4. 법정대리권·소송대리권 또는 대리인의 소송행위에 대한 특별한 권한의 수여에 흠이 있는 때

5. 변론을 공개하는 규정에 어긋난 때
6. 판결의 이유를 밝히지 아니하거나 이유에 모순이 있는 때[12)]

다. 소액사건심판절차에서의 상고이유

(1) 상고이유의 제한

소액사건심판법은 민사소송법보다 엄격하게 상고이유를 제한하고 있다. 소액사건심판법 제3조에서는 ① 법률·명령·규칙 또는 처분이 헌법에 위반되었는지 여부와 ② 명령·규칙 또는 처분이 법률에 위반되었는지 여부와 같이 규범통제에 대한 판단이 부당한 때와 ③ 원심판결이 대법원의 판례에 상반되는 판단을 한 때만을 상고이유로 규정하고 있다.

(2) 예 외

소액사건에서 구체적 사건에 적용할 법령의 해석에 관한 대법원 판례가 아직 없는 상황에서 같은 법령의 해석이 쟁점으로 되어 있는 다수의 소액사건들이 하급심에 계속되어 있을 뿐 아니라 재판부에 따라 엇갈리는 판단을 하는 사례가 나타나고 있는 경우에는 소액사건에 관하여 상고이유로 할 수 있는 '대법원의 판례에 상반되는 판단을 한 때'의 요건을 갖추지 아니하였다고 하더라도 법령해석의 통일이라는 대법원의 본질적 기능을 수행하는 차원에서 실체적 판단을 할 수 있다(대법원 2017. 3. 16. 선고 2015다3570 판결).

4. 심리불속행제도

가. 심리불속행판결

상고인이 상고를 하면서 민사소송법에 규정된 상고이유를 주장하지 않으면 대법원은 더 이상 심리를 진행하지 않고 판결로써 상고를 기각하는데 이를 '심리불속행판결'이라고 한다(「상고심절차에 관한 특례법」 제4조). 이러한 심리불속행판결은 원심법원으로부터 사건기록을 송부받은 날로부터 4개월 이내에 해야 한다(같은 법 제6조 제2항). 심리불속행판결은 판결에 이유를 적지 아니할 수 있고(같은 법 제5조 제1항), 판결을 선고할 필요 없이 상고인에게 판결이 송달됨으로써 그 효력이 생긴다(같은 제2항). 따라서 심리불속행판결이 상고인에게 송달된 때에 원심판결이 확정된다(대법원 2010. 4. 29. 선고 2010다1517 판결).

---

12) 판결에 이유를 기재하도록 하는 법률의 취지는 법원이 증거에 의하여 인정한 구체적 사실에 법규를 적용하여 결론을 도출하는 방식으로 이루어진 판단과정이 불합리하거나 주관적이 아니라는 것을 보장하기 위하여 그 재판과정에서 이루어진 사실인정과 법규의 선정, 적용 및 추론의 합리성과 객관성을 검증하려고 하는 것이므로, 판결의 이유는 그와 같은 과정이 합리적·객관적이라는 것을 밝힐 수 있도록 그 결론에 이르게 된 과정에 필요한 판단을 빠짐없이 기재하여야 하고, 그와 같은 기재가 누락되거나 불명확한 경우에는 절대적 상고이유가 된다(대법원 2005.1.28. 선고 2004다38624 판결).

나. 심리속행사유

다음과 같은 경우에는 심리를 속행해야 한다.

(1) 원심판결이 헌법에 위반되거나, 헌법을 부당하게 해석한 경우

(2) 원심판결이 명령 · 규칙 또는 처분의 법률위반 여부에 대하여 부당하게 판단한 경우

(3) 원심판결이 법률 · 명령 · 규칙 또는 처분에 대하여 대법원 판례와 상반되게 해석한 경우

(4) 법률 · 명령 · 규칙 또는 처분에 대한 해석에 관하여 대법원 판례가 없거나 대법원 판례를 변경할 필요가 있는 경우

(5) 제1호부터 제4호까지의 규정 외에 중대한 법령위반에 관한 사항이 있는 경우

(6) 절대적 상고이유가 되는 사유가 있는 경우

5. 상고심절차

가. 상고이유서의 제출

(1) 상고이유서 제출기한

상고심절차에는 항소에 관한 규정이 그대로 적용되므로 원심에 상고장을 제출해야 하고, 원심법원은 상고장의 적식 여부를 심사하여 적법하면 소송기록을 상고심 법원에 송부해야 한다. 만일 상고인이 상고장에 상고이유를 기재하지 아니하였다면 상고심 법원으로부터 소송기록접수통지를 받은 날로부터 20일 이내에 상고이유서를 제출해야 하는데(법 제427조), 이 기간 내에 상고이유서를 제출하지 아니하면 상고심은 변론 없이 상고를 기각해야 한다(법 제429조). 한편 피상고인은 상고이유서를 송달받은 날부터 10일 이내에 답변서를 제출할 수 있다(법 제428조 제2항).

(2) 구체적이고 명시적인 이유의 기재

상고심 법원은 상고이유에 의하여 불복신청한 한도 내에서만 조사 · 판단할 수 있으므로, 상고이유서에는 상고이유를 특정하여 원심판결의 어떤 점이 법령에 어떻게 위반되었는지에 관하여 구체적이고도 명시적인 이유를 적시하여야 하며, 그렇지 아니한 경우에는 상고이유서를 제출하지 않은 것으로 취급된다(대법원 2011. 4. 14. 선고 2008다14633 판결).

(3) 직권조사사항의 예외

직권조사사항은 당사자가 불복하지 않더라도 상고심 법원이 심리할 수 있으므로(법 제434조) 직권으로 조사할 사유가 있다면 위 기간 내에 상고이유서가 제출되지 않더라도 상고를 기각하여서는 안 된다(법 제427조 단서).

나. 심리의 범위

(1) 불복의 한도

항소심과 마찬가지로 상고심에서도 상고이유서에서 불복한 한도에서 상고심의 심리대상이 된다(법 제431조). 이때 불복신청은 상고이유서 제출기간 내에 제출된 불복에 한정되며, 상고이유서 제출기간이 지난 후에 제출된 상고이유보충서 기재의 상고이유는 그것이 기간 내에 제출된 상고이유서에서 이미 개진된 상고이유를 보충한 것이거나 직권조사사항에 관한 것이 아닌 새로운 주장을 포함하고 있을 때에는 그 새로운 주장은 상고심의 심판대상이 되지 않는다(대법원 2006. 12. 8. 선고 2005재다20 판결).

6. 원심의 사실인정에의 기속

상고심은 법률심이므로 원심의 사실인정에 대한 당부를 판단하거나 새로운 사실에 대한 판단을 하지 않는다. 상고심은 원심판결에서 적법하게 확정한 사실에 기속되어 이를 바탕으로 하여 법률적 판단을 해야 하므로(법 제432조) 상고심에서 새로운 증거를 제출하여 원심의 사실인정을 다툴 수 없다(대법원 2008. 12. 24. 선고 2008다74048 판결). 이러한 이유로 새로운 사실확정이 필요한 필수적 공동소송인의 추가(법 제68조 1항), 피고의 경정(법 제260조 1항), 청구의 변경(법 제263조 제1항), 반소(법 제269조 1항), 중간확인의 소(법 제264조 제1항)는 상고심에서 허용되지 않는다. 그러나 직권조사사항은 상고심의 심판의 대상이므로 이를 심리하기 위한 사실조사를 할 수 있다(대법원 1983. 4. 26. 선고 83사2 판결).

7. 상고심 심리방법

상고심 법원은 상고장·상고이유서·답변서, 그밖의 소송기록에 의하여 변론 없이 판결할 수 있는데(법 제430조 제1항), 실제로 변론을 여는 경우는 거의 없다. 그러나 상고심 법원은 소송관계를 분명하게 하기 위하여 필요한 경우에는 특정한 사항에 관하여 변론을 열어 참고인의 진술을 들을 수 있다(같은 조 제2항). 이때의 절차는 「대법원에서의 변론에 관한 규칙」에 따른다.

8. 상고심의 판결

가. 종　　류

상고심절차에 관하여는 항소심절차에 관한 규정이 준용되므로 상고장이 법률규정에 위반된 경우 '상고장각하명령'을 해야 하고, 상고가 상고요건을 갖추지 못하면 '상고각하

판결'을 해야 하며, 상고가 이유 없으면 '상고기각판결'을 해야 한다. 상고인용판결을 하는 경우에는 원심판결을 파기해야 하며, 원심판결이 전속관할을 위반한 경우에는 원판결을 파기하고 전속관할법원에 이송해야 한다(법 제436조 제1항).

나. 파기환송의 원칙

항소심은 원칙적으로 파기자판이지만, 상고심은 법률심이므로 원판결을 파기하고 항소심으로 환송하는 것을 원칙으로 한다(같은 항). 다만 확정된 사실에 대하여 법령적용이 어긋난다 하여 판결을 파기하는 경우에 사건이 그 사실을 바탕으로 재판하기 충분한 때와 사건이 법원의 권한에 속하지 않는다 하여 판결을 파기하는 때에는 파기자판을 해야 한다(법 제437조).

다. 심판권의 행사

법원조직법 제3조에 따르면 대법원의 심판권은 대법관 전원의 3분의 2 이상의 합의체에서 행사하며, 대법원장이 재판장이 된다. 다만, 대법관 3명 이상으로 구성된 부에서 먼저 사건을 심리하여 의견이 일치한 경우에 한정하여 다음 각 호의 경우를 제외하고 그 부에서 재판할 수 있다.

1. 명령 또는 규칙이 헌법에 위반된다고 인정하는 경우
2. 명령 또는 규칙이 법률에 위반된다고 인정하는 경우
3. 종전에 대법원에서 판시한 헌법 · 법률 · 명령 또는 규칙의 해석 적용에 관한 의견을 변경할 필요가 있다고 인정하는 경우
4. 부에서 재판하는 것이 적당하지 아니하다고 인정하는 경우

9. 파기환송 받은 환송심에서의 심리

가. 변론의 재개

대법원으로부터 사건을 환송받거나 이송받은 법원은 다시 변론을 거쳐 재판하여야 한다(법 제436조 제2항). 대법원으로부터 환송 후 항소심의 소송절차는 환송 전 항소심의 속행이므로 당사자는 원칙적으로 새로운 사실과 증거를 제출할 수 있음은 물론, 항소취하, 소의 변경, 부대항소의 제기, 반소의 제기 이외에 청구의 확장 등 그 심급에서 허용되는 모든 소송행위를 할 수 있다(대법원 1991. 11. 22. 선고 91다18132 판결). 이러한 결과 환송심에서는 환송 전의 원판결보다 상고인에게 불리한 결과가 생기는 것은 불가피하여 불이익변경금지의 원칙이 적용되지 않는다(앞의 판결).

나. 원판결 관여 판사의 배제

환송 전의 원판결에 관여한 판사는 환송 후의 재판에 관여하지 못하고(법 제436조 제3항), 만일 관여하였다면 법률상 재판에 관여할 수 없는 법관이 관여한 것으로서 민사소송법 제41조 제5호의 제척사유가 되고 그 판결은 상고이유 및 재심사유가 된다. 그러나 환송 전 원심에서 사실심리와 증거조사에 관여하였으나 최종변론에 관여하여 재판의 평결에 참여한 바 없다면 환송 전의 원판결에 관여하였다고 볼 수 없으므로 환송 후의 재판에 관여할 수 있다(대법원 1973. 11. 27. 선고 73다763 판결).

다. 심리의 범위

(1) 환송받은 부분

(가) 상고심으로부터 사건의 환송을 받은 환송심의 심판의 범위는 환송받은 부분에 국한된다(대법원 2014. 6. 12. 선고 2014다11376 판결). 환송되지 아니한 나머지 부분은 환송판결과 함께 확정되므로 환송심에서 이에 대하여 심리할 수 없다(앞의 판결).

(나) 예를 들어 원고의 본소청구 및 피고의 반소청구가 각 일부 인용된 환송 전 원심판결에 대하여 피고만이 상고하였고 원고가 부대상고를 하지 않았다면 상고심에서의 심판대상은 피고가 불복한 범위에 한정되는데 구체적으로 본소청구와 반소청구 중 피고의 패소부분에 한정된다. 따라서 상고심 법원이 상고를 받아들여 원심판결 중 위 심판대상을 파기환송 하였다면 환송 후 원심의 심판 범위도 환송 전 원심에서 피고가 각 패소한 부분에 한정되고, 환송 전 원심판결 중 본소에 관한 원고 패소 부분과 반소에 관한 피고 승소부분은 각 확정되어 환송 후 원심으로서는 이에 대하여 심리할 수 없다(앞의 판결).[13]

(2) 소변경으로 인한 새로운 청구

환송심의 소송절차는 환송 전 항소심의 속행이므로 원고는 확정된 부분과 소송물을 달리 하는 청구로 소의 변경을 할 수 있고, 이러한 경우에는 환송판결에도 불구하고 변경된 내용으로 심판의 범위가 변경된다(대법원 2014.6.12. 선고 2014다11376 판결). 따라서 소를 교환적으로 변경하면 항소심의 심판대상은 교환된 청구에 대한 새로운 소송으로 바뀌어 항소심은 사실상 제1심으로 재판하는 것이 된다(대법원 2013. 2. 28. 선고 2011다31706 판결).

13) 원고의 청구가 일부 인용된 환송 전 원심판결에 대하여 피고만이 상고하고, 상고심은 이 상고를 받아들여 원심판결 중 피고 패소부분을 파기환송 하였다면 환송심의 심판범위도 환송 전 원심에서 피고가 패소한 부분에 한정되고, 원고 패소부분은 분리 확정된다(대법원 2013.2.28. 선고 2011다31706 판결).

라. 환송판결의 기속력

(1) 의 의

환송판결의 기속력은 법령의 해석적용의 통일을 기하고 심급제도를 유지하며 당사자의 법률관계의 안정과 소송경제를 도모하고자 하는데 그 취지가 있다(대법원 2001. 3. 15. 선고 98두15597 전원합의체 판결). 따라서 파기 환송받은 법원은 상고심 법원이 파기의 이유로 삼은 사실상 및 법률상 판단에 기속되고 이와 다른 판단을 할 수 없다(법 제436조 제2항, 법원조직법 제8조).

(2) 기속력의 주관적 범위

환송판결의 하급심법원에 대한 기속력을 절차적으로 담보하고 그 취지를 관철하기 위하여서는 원칙적으로 환송심뿐만 아니라 환송심의 판결에 대하여 다시 상고된 때에 상고심 법원 자신도 환송판결의 법률상 판단에 기속된다(앞의 판결). 그러나 대법원의 전원합의체는 종전에 대법원에서 판시한 법령의 해석적용에 관한 의견을 스스로 변경할 수 있는 것인바(법원조직법 제7조 제1항 제3호), 환송판결의 기속력은 대법원의 전원합의체에 대하여 미치지 않는다(앞의 판결).

(3) 기속력의 객관적 범위

환송판결의 사실상의 판단과 법률상의 판단에 대하여 기속력이 발생하는데, 환송판결에서 파기이유로 하지 않은 부분에서 부수적으로 지적한 사항에 대하여 기속력이 발생하지 않는다(대법원 2008. 2. 28. 선고 2005다11954 판결).

(가) 사실상의 판단

상고심은 법률심으로서 사실판단을 할 수 없으므로 민사소송법 제436조 제2항에서 말하는 상고심 법원이 파기이유로 삼은 사실상의 판단이란 본안에 대한 사실판단을 말하는 것이 아니라 직권조사사항 등과 같이 상고심 법원으로서 확정할 수 있는 사실에 대한 판단으로서 파기이유로 삼은 것을 말하고 파기이유로 삼지도 아니한 본안에 관한 사실판단을 말하는 것이 아니다(대법원 2011. 12. 22. 선고 2009다75949 판결).

(나) 법률상의 판단

기속력이 발생하는 상고심 법원의 법률상의 판단에는 상고심 법원이 명시적으로 설시한 법률상의 판단뿐 아니라 명시적으로 설시하지 아니하였다 하더라도 파기이유로 한 부분과 논리적 · 필연적 관계가 있어서 상고심 법원이 파기이유의 전제로서 당연히 판단하였다고 볼 수 있는 법률상의 판단도 포함된다(대법원 2012. 3. 29. 선고 2011다106136 판결). 예를 들어 채권자대위청구의 소에서의 상고심이 피대위채권의 발생원인이 무효라는 취지(즉 원고의 청구를 기각하라는 취지)로 원심에 파기환송 하였는데, 환송 후 원심이 심리한 결과 원고의 채무자에 대한 피보전채권의 존재가 인정되지 않는다고 하여 소를 각하하는 판결을 선고한 경우, 채권자대위청구의 소에서 피보전채권은 원고적격의 발생요건으로서 직권조사사항이므로 위와 같은 상고심의 파기환송판결에는 이 사건의 소가 소송요건을 구비하였다는 판단을 당연한 논리적 전제로 하므로, 환송판결의 기속력은 위 소가 소송요건을 구비한 적법한 것이라는 판단에 대하여도 미친다(앞의 판결). 그렇다면 환송 후 원심으로서는 원고의 청구를 기각했어야 하는데, 위 각하판결에 대하여 원고만 상고하였다면 불이익변경의 원칙상 상고심 법원이 각하판결보다 원고에게 불리한 기각판결을 할 수 없으므로, 환송 후 원심판결을 그대로 유지하기 위하여 상고기각판결을 선고해야 한다(앞의 판결).

(4) 기속력의 소멸

(가) 사실관계의 변동

환송판결에서의 사실적 또는 법률적 판단은 사실심에서 확정된 사실관계를 기초로 한 것이다. 그런데 사건을 환송받은 법원은 변론을 거쳐 새로운 증거나 보강된 증거에 의하여 본안의 쟁점에 관하여 새로운 사실인정을 할 수 있으므로, 그 심리과정에서 당사자의 주장 · 입증이 새로이 제출되거나 보강되어 상고심 법원의 기속적 판단의 기초가 된 사실관계에 변동이 생긴 때에는 환송판결의 기속력은 미치지 않는다(대법원 2011. 12. 22. 선고 2009다75949 판결).

(나) 위헌결정

환송판결 선고 이후 헌법재판소가 환송판결의 기속적 판단의 기초가 된 법률 조항을 위헌으로 선언하여 그 법률 조항의 효력이 상실된 때에는 그 범위에서 환송판결의 기속력은 미치지 않고, 환송 후 원심이나 그에 대한 상고심에서 위헌결정으로 효력이 상실된 법률 조항을 적용할 수 없어 환송판결과 다른 결론에 이른다고 하더라도 환송판결의 기속력에 관한 법원조직법 제8조에 저촉되지 않는다(대법원 2020. 11. 26. 선고 2019다2049 판결).

(5) 기속력의 효과

환송판결의 하급심에 대한 법률상 판단의 기속력은 그 파기의 이유로서 원심판결의 판단이 정당치 못하다는 소극적인 면에서만 발생하고(대법원 1995. 10. 13. 선고 95다33047 판결), 환송판결의 이유에 나타나 있지 아니한 사항에 대하여는 기속력이 발생하지 않는다(대법원 1987. 10. 13. 선고 87누418 판결). 따라서 하급심은 파기의 이유로 된 잘못된 견해만 피하면 당사자가 새로이 주장 · 입증한 바에 따른 다른 가능한 견해에 의하여 환송 전의 판결과 동일한 결론을 가져온다고 하여도 환송판결의 기속을 받지 아니한 위법을 범한 것이라고 할 수 없다(대법원 1997. 5. 28. 선고 96다41649 판결).

II. 재 심

1. 의 의

(1) 확정된 종국판결에 대하여 일정한 흠이 있는 경우에 그 종국판결의 취소를 구하고 그 사건에 대하여 다시 심리하여 줄 것을 청구하는 절차를 '재심'이라고 한다. 즉 재심절차는 확정판결의 기판력, 형성력, 집행력을 소멸시키는 절차이다. 이에 반하여 민사집행법 제44조의 청구이의의 소는 확정판결의 집행력만을 소멸시키는 절차인데 확정판결의 하자를 이유로 하는 재심과 달리 강제집행이 위법한 경우에 한하여 허용된다.

(2) 재심을 무제한으로 허용하면 분쟁의 종착역이 없어지게 되므로 민사소송법에서는 재심사유를 한정적으로 규정하고 있다. 민사소송법 이외에 다른 법률에서 재심을 규정하고 있는 경우가 있다. 예를 들어 상법 제406조 제1항에서는 주주대표소송이 제기된 경우에 원고와 피고의 공모로 인하여 소송의 목적인 회사의 권리를 사해할 목적으로써 판결을 하게 한 때에는 회사 또는 주주가 확정한 종국판결에 대하여 재심의 소를 제기할 수 있도록 허용하고 있다. 상법 제404조 제1항의 공동소송참가에 추가하여 대표소송을 통하여 손해를 입을 수 있는 회사를 보호하기 위한 규정이다.

2. 소 송 물

(1) 확정된 판결에 대한 재심의 소는 ① 확정된 판결의 취소와 ② 본안사건에 관하여 확정된 판결에 갈음한 새로운 판결을 구하는 복합적 목적을 가진 것으로서 이론상으로는 재심의 허부와 재심이 허용됨을 전제로 한 본안심판의 두 단계로 구성된다(대법원 1994.12.27. 선고 92다22473 판결).

(2) 재심의 소가 제기된 후 제3자가 원 · 피고를 상대방으로 하여 독립당사자참가신청을 하였다면 결국 재심대상판결에 재심사유가 있음이 인정되어 본안소송이 부활되는 단계를 위한 참가신청으로 봐야 한다(앞의 판결). 따라서 재심사유가 인정되지 아니하여 재심청구를 기각한다면 독립당사자참가신청은 부적법하므로 이를 각하해야 한다(앞의 판결).

3. 요 건

가. 당 사 자

(1) 기판력의 주관적 범위

재심에서는 확정된 종국판결의 당사자 또는 기판력의 확장으로 인하여 판결의 효력을 받는 제3자가 재심원고와 재심피고가 되어야 한다. 즉 이러한 자에게만 재심의 소의 당사자적격이 인정된다. 예를 들어 확정된 종국판결의 소송물이 취득시효의 완성을 이유로 한 소유권이전등기청구권으로서 채권적 청구권이므로 그 변론종결 후에 원고로부터 소유권이전등기를 경료받은 계쟁물의 승계인은 기판력이 미치는 변론종결 후의 제3자에 해당하지 않는다(대법원 1997. 5. 28. 선고 96다41649 판결). 따라서 피고가 재심대상판결의 기판력을 배제하기 위하여 위 계쟁물의 승계인에 대하여 재심의 소를 제기하는 것은 부적법하다(앞의 판결).

(2) 채권자대위에 의한 재심청구의 불허

채권을 보전하기 위하여 대위행사가 필요한 경우는 실체법상 권리뿐만 아니라 소송법상 권리에 대하여서도 대위가 허용되나, 채무자와 제3채무자 사이의 소송이 계속된 이후의 소송수행과 관련한 개개의 소송상 행위는 그 권리의 행사를 소송당사자인 채무자의 의사에 맡기는 것이 타당하므로 채권자대위가 허용될 수 없다. 같은 취지에서 볼 때 상소의 제기와 마찬가지로 확정판결에 불복하여 종전 소송절차의 재개, 속행 및 재심판을 구하는 재심의 소 제기는 채권자대위권의 목적이 될 수 없다(대법원 2012. 12. 27. 선고 2012다75239 판결). 따라서 재심의 소는 각하된다(앞의 판결).

나. 대 상

(1) 확정된 종국판결 또는 이와 동일한 효력이 있는 경우

재심제도의 본래의 목적에 비추어 볼 때 재심의 대상이 되는 '확정된 종국판결'이란 당해 사건에 대한 소송절차를 최종적으로 종결시켜 그것에 하자가 있다고 하더라도 다시 통상의 절차로는 더 이상 다툴 수 없는 기판력이나 형성력, 집행력을 갖는 판결을 뜻한다(대법원 1995. 2. 14. 선고 93재다27 전원합의체 판결). 확정된 종국판결이 아니더라도 확정판결과 동일한 효력이 있는 재판상 화해, 청구의 포기·인낙 등은 준재심의 대상이 된다(법 제461조). 이와 같이 재심은 확정된 종국판결에 대하여 제기할 수 있는 것이므로, 확정되지 아니한 판결에 대한 재심의 소는 부적법하고, 판결 확정 전에 제기한 재심의 소가 부적법하다는 이유로 각하되지 않고 있는 동안에 판결이 확정되었더라도, 재심의 소는 적법한 것으로 되는 것이 아니다(대법원 2016. 12. 27. 선고 2016다35123 판결).

(2) 확정된 재심판결

재심의 소에서 확정된 종국판결도 '확정된 종국판결'에 해당하므로 확정된 재심판결에 재심사유가 있을 때에는 확정된 재심판결에 대하여 재심의 소를 제기할 수 있다(대법원 2015. 12. 23. 선고 2013다17124 판결).

(3) 중재판정, 지급명령, 이행권고결정

(가) 중재판정은 확정판결과 동일한 효력이 있지만(중재법 제35조), 중재판정에 대한

불복은 재심이 아니라 법원에 중재판정 취소의 소를 제기하는 방법으로만 할 수 있다(법 제37조 제1항).

(나) 확정된 지급명령이나 소액사건심판법의 확정된 이행권고결정[14)]은 집행력은 발생하지만 기판력이 발생하지 않으므로, 재심이 아니라 청구이의의 소를 제기하여 집행력을 소멸시키거나 이미 집행이 완료된 후에는 부당이득반환청구에 의하여 권리구제를 받아야 한다(대법원 2009. 5. 14. 선고 2006다34190 판결). 따라서 위와 같은 재심의 소는 각하된다(앞의 판결).

(4) 파기환송판결

대법원 환송판결은 이를 더 이상 다툴 방법이 없고 당해 심급을 이탈시킨다는 점에서 확정된 종국판결에 해당하지만, 이러한 판결에는 기판력과 집행력이 없다는 점에서 실질적으로 확정된 종국판결이 아니므로 재심의 대상이 될 수 없다(대법원 1995. 2. 14. 선고 93재다27 전원합의체 판결).

다. 재심제기의 기간

(1) 불변기간으로서의 30일

(가) 재심의 소는 판결이 확정된 뒤 당사자가 재심의 사유를 안 날부터 30일 이내에 제기하여야 한다(법 제456조 제1항). 준재심도 마찬가지로 준재심의 사유를 안 나로부터 30일 이내에 제기하여야 한다(법 제461조). 예를 들어 '증인의 허위진술이 판결의 증거로 된 때'를 재심사유로 하는 경우에 그 판결의 증거로 된 증인의 증언이 위증이라는 유죄판결이 확정된 사실을 알았다면 그 재심사유를 알았다고 보아야 할 것이고, 이때부터 재심기간이 진행한다(대법원 1996. 5. 31. 선고 95다33993 판결).

(나) 민사소송법 제422조 제1항 제1호의 법원 구성의 하자에 관한 재심사유는 특별한 사정이 없는 한 당사자가 판결정본을 송달받았을 때 판결법원 구성의 위법 여부를 알게 됨으로써 재심사유의 존재를 알았다고 할 것이고, 또한 소송대리인이 있는 사건에서는 그 판결이 소송대리인에게 송달되었을 때 특별한 사정이 없는 한 당사자도 그 재심사유의 유무를 알았던 것으로 보아야 할 것이므로 재심의 소의 제기기간은 소송대리인이

---

14) 소액사건심판법 제5조의7 제1항은 이행권고결정에 관하여 피고가 일정한 기간 내 이의신청을 하지 아니하거나 이의신청에 대한 각하결정이 확정된 때 또는 이의신청이 취하된 때에는 그 이행권고결정은 확정판결과 같은 효력을 가진다고 규정하고 있다. 그러나 확정판결에 대한 청구이의 이유를 변론이 종결된 뒤(변론 없이 한 판결의 경우에는 판결이 선고된 뒤)에 생긴 것으로 한정하고 있는 민사집행법 제44조 제2항과는 달리, 소액사건심판법 제5조의8 제3항은 이행권고결정에 대한 청구이의의 주장에 관하여는 위 민사집행법 규정에 의한 제한을 받지 않는다고 규정하고 있으므로, 확정된 이행권고결정에 관하여는 그 결정 전에 생긴 사유도 청구이의의 소에서 주장할 수 있다. 이에 비추어 보면 위 소액사건심판법 규정들의 취지는 확정된 이행권고결정에 확정판결이 가지는 효력 중 기판력을 제외한 나머지 효력인 집행력 및 법률요건적 효력 등의 부수적 효력을 인정하는 것이고, 기판력까지 인정하는 것은 아니다(대법원 2009.5.14. 선고 2006다34190 판결).

판결정본을 송달받았을 때부터 진행한다(대법원 2000. 9. 8. 선고 2000재다49 판결).

(다) 판단유탈과 같은 재심사유는 특별한 사정이 없는 한 당사자가 판결정본의 송달에 의하여 이를 알게 되었다고 봄이 상당하다(대법원 2010. 4. 29. 선고 2010다1517 판결).

(라) 법인 등의 대표자가 준재심의 사유인 청구의 포기 · 인낙 또는 화해를 하는 데에 필요한 권한을 수여받지 아니한 것에서 더 나아가 자기 또는 제3자의 이익을 도모할 목적으로 권한을 남용하여 법인 등의 이익에 배치되는 청구의 포기 · 인낙 또는 화해를 하였다면 법인 등의 대표자가 준재심 제기 권한을 행사하리라고 기대하기 어려우므로, 그 대표자가 준재심의 사유를 아는 것만으로는 부족하고 적어도 법인 등의 이익을 정당하게 보전할 권한을 가진 다른 임원 등이 준재심의 사유를 안 때에 비로소 준재심 제기기간이 진행된다(대법원 2016. 10. 13. 선고 2014다12348 판결).

(마) 추완상소의 요건과 재심의 요건을 모두 갖추고 있다면 당사자는 이 중 선택하여 소를 제기할 수 있고, 추완상소와 재심의 소는 독립된 별개의 제도이므로 추완상소기간이 도과하였다 하더라도 재심기간 내에는 재심의 소를 제기할 수 있다(대법원 2011. 12. 22. 선고 2011다73540 판결).

(마) 위와 같은 재심기간은 불변기간이므로(법 제456조 제2항) 당사자가 책임질 수 없는 사유로 말미암아 재심기간을 지킬 수 없었던 경우에는 추완재심이 가능하다.

(2) 제척기간으로서의 5년

판결이 확정된 뒤 5년이 지난 때에는 재심의 소를 제기하지 못한다(법 제456조 조 제3항). 그러나 재심의 사유가 판결이 확정된 뒤에 생긴 때에는 그 사유가 발생한 날부터 5년이 지나야 재심의 소를 제기할 수 없다(같은 조 제4항). 이때 5년의 기간은 불변기간이 아니라 제척기간이므로 그 기간 내에 재심을 청구할 수 없었던 사유를 들어서 추후보완(추완재심)을 할 수 없다(대법원 1988. 12. 13. 선고 87다카2341 판결).

라. 보 충 성

(1) 재심사유를 당사자가 상소에 의하여 이미 그 사유를 주장하였거나, 이를 알고도 주장하지 아니한 때에는 재심을 청구할 수 없다(법 제451조 제1항 단서). '이를 알고 주장하지 아니한 때'라 함은 ① 당사자가 재심사유의 존재를 알았음에도 불구하고 상소를 제기하면서 이를 상소심에서 주장하지 아니한 경우뿐만 아니라, ② 상소를 제기하지 아니하여 판결을 확정시킨 경우도 포함한다(대법원 1991. 11. 12. 선고 91다29057 판결).

(2) 예를 들어 판단유탈과 같은 재심사유는 특별한 사정이 없는 한 당사자가 판결정본의 송달에 의하여 이를 알게 되었다고 봄이 상당하므로 상고를 제기하면서 상고이유에서 판단유탈을 주장한 바가 없었다면, '당사자가 재심사유의 존재를 알았음에도 불구하고 상소를 제기하면서 이를 상소심에서 주장하지 아니한 경우'에 해당하여 판단유탈을

재심사유로 삼을 수 없으므로 재심청구를 각하해야 한다(대법원 2010. 4. 29. 선고 2010다1517 판결).

4. 재심사유

민사소송법 제451조 제1항에서는 11가지의 재심사유를 규정하고 있다. 이러한 재심사유가 주장 자체에 포함되어 있는 것은 소송요건이므로 만일 주장 자체에 포함되어 있지 않다면 재심청구는 각하된다(대법원 1996.10.25. 선고 96다31307 판결). 반면에 재심사유가 주장 자체에는 포함되어 있지만 그 존재가 인정되지 않는 것은 본안의 판단대상이므로 재심청구는 기각된다. 그리고 그 재심사유는 당해 사건에 대한 것이어야 하고, 당해 사건과 관련한 다른 사건에 재심사유가 존재한다는 점을 들어 당해 사건의 재심사유로 삼을 수는 없다(대법원 2001. 1. 16. 선고 2000다41349 판결).

1. 법률에 따라 판결법원을 구성하지 아니한 때

– 그 전에 선고된 대법원 판결에서 판시한 의견을 변경하는 것임에도 대법관 전원의 3분의 2에 미달하는 대법관만으로 구성된 부에서 심판하였다면 이는 민사소송법 제451조 제1항 제1호의 '법률에 의하여 판결법원을 구성하지 아니한 때'의 재심사유에 해당한다(대법원 2011. 7. 21. 선고 2011재다199 전원합의체 판결).

2. 법률상 그 재판에 관여할 수 없는 법관이 관여한 때

– "법관이 불복사건의 이전심급의 재판에 관여하였을 때"는 법관의 제척사유가 된다(법 제41조 제5호). 그런데 재심사건에 있어서 그 재심의 대상으로 삼고 있는 원재판은 이전심급의 재판에 해당한다고 할 수 없고, 따라서 재심대상 재판에 관여한 법관이 당해 재심사건의 재판에 관여하였다 하더라도 이는 "법률상 그 재판에 관여하지 못할 법관이 관여한 때"에 해당한다고 할 수 없다(대법원 2000. 8. 18. 선고 2000재다87 판결).

3. 법정대리권·소송대리권 또는 대리인이 소송행위를 하는 데에 필요한 권한의 수여에 흠이 있는 때. 다만 제60조 또는 제97조의 규정에 따라 추인한 때에는 그러하지 아니하다.
4. 재판에 관여한 법관이 그 사건에 관하여 직무에 관한 죄를 범한 때
5. 형사상 처벌을 받을 다른 사람의 행위로 말미암아 자백을 하였거나 판결에 영향을 미칠 공격 또는 방어방법의 제출에 방해를 받은 때

– '형사상 처벌을 받을 다른 사람의 행위'에는 당사자의 대리인이 범한 배임죄도 포함될 수 있으나, 이를 재심사유로 인정하기 위해서는 단순히 대리인이 문제된 소송행위와 관련하여 배임죄로 유죄판결을 받았다는 것만으로는 충분하지 않고, 대리인의 배임행위에 소송상대방 또는 그 대리인이 통모하여 가담한 경우와 같이 대리인이 한 소송행위 효과를 당사자 본인에게 귀속시키는 것이 절차적 정의에 반하여 도저히 수긍할 수 없

다고 볼 정도로 대리권에 실질적인 흠이 발생한 경우라야 한다(대법원 2012. 6. 14. 선고 2010다86112 판결).

6. 판결의 증거가 된 문서, 그밖의 물건이 위조되거나 변조된 것인 때

– 재심사유인 판결의 증거가 된 문서가 위조된 때라 함은 허위진술이 판결 주문에 영향을 미치는 사실인정의 직접적 또는 간접적인 자료로 제공되어 허위진술이 없었더라면 판결 주문이 달라질 수도 있었을 것이라는 개연성이 있는 경우를 말한다(대법원 1997. 9. 30. 선고 96다32539 판결).

7. 증인 · 감정인 · 통역인의 거짓 진술 또는 당사자신문에 따른 당사자나 법정대리인의 거짓 진술이 판결의 증거가 된 때

8. 판결의 기초가 된 민사나 형사의 판결, 그밖의 재판 또는 행정처분이 다른 재판이나 행정처분에 따라 바뀐 때

– 여기에서 재판이 판결의 기초로 되었다고 함은 재판이 확정판결에 법률적으로 구속력을 미치는 경우 또는 재판내용이 확정판결에서 사실인정의 자료가 되었고, 그 재판의 변경이 확정판결의 사실인정에 영향을 미칠 가능성이 있는 경우를 말한다(대법원 2005. 6. 24. 선고 2003다55936 판결).

9. 판결에 영향을 미칠 중요한 사항에 관하여 판단을 누락한 때

– 판결서의 이유에는 주문이 정당하다는 것을 인정할 수 있을 정도로 당사자의 주장, 그밖의 공격·방어방법에 관한 판단을 표시하면 되고 당사자의 모든 주장이나 공격·방어방법에 관하여 판단할 필요가 없다(민사소송법 제208조). 따라서 상고심 법원의 판결에 당사자가 상고이유로 주장한 사항에 대한 구체적 · 직접적인 판단이 표시되어 있지 않았더라도 판결 이유의 전반적인 취지에 비추어 그 주장을 인용하거나 배척하였음을 알 수 있는 정도라면 판단누락이라고 할 수 없고, 설령 실제로 판단을 하지 아니하였다고 하더라도 그 주장이 배척될 경우임이 분명한 때에는 판결 결과에 영향이 없어 판단누락의 위법이 있다고 할 수 없다(대법원 2008. 7. 10. 선고 2006재다218 판결).

10. 재심을 제기할 판결이 전에 선고한 확정판결에 어긋나는 때

11. 당사자가 상대방의 주소 또는 거소를 알고 있었음에도 있는 곳을 잘 모른다고 하거나 주소나 거소를 거짓으로 하여 소를 제기한 때

– 민사소송법 제451조 제1항 제11호의 재심사유인 상대방의 주소가 분명함에도 불구하고 재산을 편취할 목적으로 고의로 소재불명이라 하여 법원을 속이고 공시송달의 허가를 받아 상대방의 불출석을 기화로 승소판결을 받은 경우, 그 소송의 준비단계에서부터 판결확정시까지 문서위조 등 형사상 처벌을 받을 어떤 다른 위법사유가 전혀 개재되지 않았기 때문에 오로지 소송사기로밖에 처벌할 수 없는 경우라 하더라도, 형사상 처벌을 받을 타인의 행위로 인하여 공격 또는 방어방법의 제출이 방해되었음을 부정할 수

없으므로, 이러한 경우 같은 법 제451조 제1항 제5호의 재심사유도 위 제11호의 재심사유와 병존하여 있다고 보아야 한다(대법원 1997. 5. 28. 선고 96다41649 판결).

5. 재심절차

가. 관할법원

(1) 재심은 취소의 대상인 확정된 종국판결을 한 법원의 전속관할로 하는 것이 원칙이다(법 제453조 제1항). 따라서 항소심에서 본안판결을 한 사건에 관하여 상고심 법원에 재심의 소를 제기하였다면, 항소심으로 이송해야 한다(대법원 1984. 4. 16. 선고 84사4 판결).

(2) 상고심 법원은 법률심이므로 사실판단을 할 수 없고 사실심의 사실인정에 구속되므로 위증(대법원 1967. 11. 21. 선고 67사74 판결), 확정판결에서 사실인정의 자료가 된 재판 또는 행정처분이 변경되었다는 사정(대법원 2007. 11. 15.자 2007재마26 결정) 등과 같이 사실인정에 관한 재심사유는 사실심의 재판을 대상으로 하는 것이다. 따라서 위와 같은 재심사유에 대하여는 사실심 법원에 재심을 청구해야 하며 대법원에 재심을 청구할 수 없다(앞의 판결).

(3) 심급을 달리하는 법원이 같은 사건에 대하여 내린 판결이 있다면 재심의 소는 상급법원이 관할한다(법 제453조 제2항). 다만 항소심 판결과 상고심 판결에 각각 독립된 재심사유가 있는 때에는 그러하지 아니하다(같은 항 단서).

나. 재심의 소의 제기

재심청구를 위해서는 민사소송법 제458조에 규정된 사항이 기재된 재심소장을 관할법원에 제출해야 한다. 이때 재심원고는 재심대상판결의 취소와 그 본소청구에 대한 판단을 구하는 외에 새로운 청구를 병합하여 제기할 수 없으므로 새로운 청구는 별소로 제기하여야 한다(대법원 1997. 5. 28. 선고 96다41649 판결). 예를 들어 원고의 소유권이전등기청구가 인용, 확정되어 원고에게 토지에 관한 소유권이전등기가 마쳐진 후, 피고가 위 확정판결의 취소를 구하는 재심의 소를 제기하면서 새로운 청구인 위 소유권이전등기의 말소청구를 병합하는 것은 허용되지 않으므로 이러한 청구는 부적법하여 각하된다(앞의 판결).

한편 재심사유가 있는 자의 상대방 측에서도 그러한 사유를 주장함으로써 이익을 받을 수 있는 경우에는 이를 재심사유로 삼을 수 있다(대법원 1990. 11. 13. 선고 88다카26987 판결).

다. 심리방법

재심절차에도 처분권주의가 적용되므로 본안의 변론과 재판은 재심청구이유의 범위 안에서 해야 한다(법 제459조 제1항). 그리고 재심의 소송절차에는 각 심급의 소송절차에 관한 규정이 준용되므로(법 제455조) 각 심급에서 가능한 모든 소송행위를 할 수 있다.

라. 재심사유에 관한 중간판결

재심요건과 재심사유가 갖추어지지 않은 경우에도 당사자가 본안청구에 관하여 주장과 입증을 하는 것은 소송경제에 반하는 문제가 있다. 이러한 이유로 법원은 재심의 소가 적법한지 여부와 재심사유가 있는지 여부에 관한 심리 및 재판을 본안에 관한 심리 및 재판과 분리하여 먼저 시행할 수 있다(법 제454조 제1항). 만일 법원이 재심사유가 있다고 인정한 때에는 그 취지의 중간판결을 한 뒤 본안에 관하여 심리 · 재판을 해야 한다(같은 항 제2항).

마. 본안청구에 대한 판결

재심청구를 받아들여서 원판결을 취소하는 경우에는 본안청구에 대하여 판단을 해야 한다. 예를 들어 주문에서 "1. 재심대상판결을 취소한다. 2. 제1심판결을 다음과 같이 변경한다. 피고는 원고에게 금 500원을 지급하라."와 같이 취소주문과 본안청구에 대한 주문을 함께 기재해야 한다.

그러나 재심의 사유가 있는 경우라도 판결이 정당하다고 인정한 때에는 법원은 재심의 청구를 기각하여야 한다(법 제460조). 예를 들어 법정대리권에 흠결은 재심사유에 해당하지만 그러한 사유만으로 피고에 대하여 소유권이전등기를 명한 확정판결의 결론이 변경될 수 없다면 재심의 이익이 인정되지 않으므로 재심청구는 기각된다(대법원 2000. 12. 22. 선고 2000재다513 판결).[15]

제 2 절 항 고

I. 의 의

(1) 법원의 재판 중 판결을 제외한 소송절차에 관한 신청을 기각한 결정이나 명령에 대하여 불복하는 것을 '항고'라고 한다(법 제439조). 본안에 대한 불복과 결정 또는 명령에 대한 불복을 함께 심사하게 되면 소송지연의 우려가 있으므로 간이하고 신속한 해결

15) 재심사유가 인정되지만 원판결이 정당한 경우에 해당하여 청구를 기각한 것으로 보인다(법 제460조).

을 위하여 인정되고 있는 제도이다.

(2) 모든 결정과 명령에 대하여 항고를 할 수 있는 것은 아니며, 그 성질상 허용되지 아니하거나 법률에서 다른 구제방법을 규정하고 있는 경우에는 허용되지 않는다. 예를 들어 헌법재판소법 제41조 제4항에서 위헌여부심판의 제청에 관한 결정에 대하여는 항고할 수 없다고 규정하고 있으므로 위헌제청신청을 기각하는 결정에 대하여는 민사소송에 의한 항고나 재항고를 할 수 없고(대법원 2009.1.19.자 2008부4 결정). 또한 가압류신청이나 가처분신청을 인용한 결정에 대하여는 민사집행법에 별도의 이의신청절차를 규정하고 있으므로 그 인용결정이 항고법원에 의하여 행하여진 경우라 하더라도 이에 대하여 재항고나 즉시항고로는 다툴 수 없다(대법원 2008.12.22.자 2008마1752 결정).

II. 항고의 종류

(1) 통상항고는 항고방법에 관하여 특별한 규정이 없는 결정·명령에 대하여 불복하는 항고를 말한다. 통상항고는 항고제기의 기간에 제한이 없는 항고로서 소송이 종료되기 전에는 언제든지 항고를 제기할 수 있다.

(2) 즉시항고는 이송결정에 대하여 즉시항고를 허용하는 민사소송법 제39조와 같이 법에서 즉시항고를 허용하는 경우에 불복하는 항고를 말한다. 즉시항고는 재판이 고지된 날로부터 1주일 이내에 해야 한다(법 제444조). 당사자가 법원으로부터 명령서나 결정서를 송달받는 등의 방법으로 결정을 직접 고지 받지 못한 경우라도 결정이나 명령을 고지받은 다른 당사자로부터 전해 듣거나 기타 방법에 의하여 결론을 알게 된 경우 본인에 대해 결정이나 명령이 고지되기 전에도 항고할 수 있다(대법원 2014. 10. 8.자 2014마667 전원합의체 결정).

(3) 특별항고는 민사소송법에서 규정하고 있는 불복할 수 없는 결정이나 명령에 대하여 재판에 영향을 미친 헌법위반이 있거나, 재판의 전제가 된 명령·규칙·처분에 헌법 또는 법률의 위반이 있는 경우 대법원에 불복하는 항고를 말한다(법 제449조 제1항). 특별항고는 재판이 고지된 날부터 1주 이내에 하여야 한다(같은 조 제2항). 그리고 특별항고만 허용되는 재판의 불복에 대하여는 당사자가 특히 특별항고라는 표시와 항고법원을 대법원으로 표시하지 아니하였더라도 항고장을 접수한 법원으로서는 이를 특별항고로 보아 소송기록을 대법원에 송부하여야 하고, 항고법원이 항고심으로서 재판하였더라도 이는 결국 권한 없는 법원의 재판이 된다(대법원 2016. 6. 21.자 2016마5082 결정).

III. 항고의 절차

1. 항고의 제기와 그 효력

가. 항고장의 제출과 재도의 고안

항고를 하기 위해서는 항고장을 원심법원에 제출해야 한다(법 제445조). 판결에 대하여 상소를 제기하면 원심법원은 상소의 정당성에 대하여 판단할 권한이 없지만, 항고에서는 원심법원이 항고의 정당성을 판단할 권한이 있으므로 항고에 정당한 이유가 있다고 인정하는 때에는 스스로 그 재판을 경정할 수 있는 특징이 있다(법 제446조). 이를 '재도(再度)의 고안(考案)'이라고도 한다. 스스로 경정하지 않은 경우 소송기록을 항고법원으로 송부해야 한다. 어느 법원이 항고법원이 되는지에 관하여는 법원조직법에 규정되어 있다.

나. 집행정지의 효력

즉시항고의 경우에는 집행을 정지시키는 효력이 있다(법 제447조). 항고법원 또는 원심법원이나 판사는 항고에 대한 결정이 있을 때까지 원심재판의 집행을 정지하거나 그밖에 필요한 처분을 명할 수 있다(법 제448조). 그러나 민사집행법상 집행절차에 관한 집행법원의 재판에 대한 즉시항고에는 집행정지의 효력이 없다(민사집행법 제15조 제6항).

2. 심리방법

(1) 항고법원이 항고사건을 심리할 때 변론을 열거나 이해관계인을 심문할 것인지 여부를 결정하는 것은 항고법원의 자유재량에 속하므로(법 제134조), 특별한 사정이 없는 한 항고법원이 변론을 열거나 이해관계인을 심문하지 않은 채 서면심리만으로 진행할 수 있다(대법원 2020. 6. 11.자 2020마5263 결정).

(2) 항고심의 심리에 대하여는 항소심에 관한 규정이 준용된다(법 제443조 제1항). 따라서 항고심에서 새로운 사실과 증거를 제출할 수 있는데, 항고심에서 심문을 연 때에는 그 심문종결 시까지, 심문을 열지 아니한 때에는 결정의 고지 시까지 제출할 수 있다(대법원 2010. 7. 30.자 2010마539 결정).

(3) 항고법원이 제1심 결정을 취소하는 때에는 특별한 규정이 없는 한 사건을 제1심법원으로 환송하지 않고 직접 신청에 대한 결정을 할 수 있다(대법원 2008. 4. 14.자 2008마277 결정).

Ⅳ. 재항고(在抗告)

(1) 항고법원의 결정 및 명령이나, 고등법원 또는 항소심 법원의 결정 및 명령에 대하여 대법원에 불복하는 것을 '재항고'라고 한다. 재항고는 재판에 영향을 미친 헌법 · 법률 · 명령 또는 규칙의 위반을 이유로 드는 때에만 할 수 있다(법 제442조). 재항고에 대하여는 상고심에 관한 규정이 준용된다(법 제443조 제2항).

(2) 재항고도 항고와 마찬가지로 통상항고와 즉시항고로 나누어지나 그 구분은 원래의 항고 자체가 통상항고인가 즉시항고인가에 의하는 것이 아니라 재항고의 대상이 되는 재판의 내용에 따르게 되므로 즉시항고를 항고심이 각하, 기각하였으면 그에 대한 재항고는 즉시항고로서의 성격을 가진다(대법원 2007.7.2.자 2006마409 결정).

제 8 편

독촉절차
(지급명령신청)

I. 의 의

채무자가 채무의 이행의무를 부정하지는 않지만 그 이행을 차일피일 미루는 경우가 적지 않다. 이러한 경우에 채권자가 필요한 것은 소멸시효의 중단과 집행권원인데, 이러한 효력만을 위해서 최소 몇 개월이 소요되는 소송절차를 거치도록 하는 것은 적절한 해결방법이라고 할 수 없다. 위와 같은 경우에 간편한 방법으로 소멸시효중단의 이익과 집행권원을 얻을 수 있도록 마련된 제도가 독촉절차(지급명령신청)이다.

II. 요건(법 제462조)

1. 금전, 그밖에 대체물이나 유가증권의 일정한 수량의 지급을 목적으로 하는 청구일 것

물건에 대한 인도청구, 부동산등기청구, 의사진술을 구하는 경우 등에서는 지급명령을 신청할 수 없다.

2. 대한민국에서 공시송달 외의 방법으로 송달할 수 있는 경우에 한한다

지급명령은 채무자가 지급의무를 부인하지 않고 있다는 점을 확인하고 채무자에게 이의신청의 기회를 부여해야 하므로 채무자에게 직접 송달될 필요가 있나(법 제469조 제1항). 따라서 채무자가 직접 송달받기 힘든 해외에서의 송달이나 공시송달에 의하는 경우에는 지급명령이 허용되지 않는다. 지급명령을 공시송달에 의하지 않고는 송달할 수 없거나 외국으로 송달하여야 할 때에는 법원은 직권에 의한 결정으로 사건을 소송절차에 부칠 수 있고(법 제466조 제2항), 이때는 지급명령신청을 한 때에 소가 제기된 것으로 본다(법 제472조 제1항).

III. 신청절차

1. 관할법원

독촉절차의 관할법원은 채무자의 보통재판적, 근무지특별재판적, 거소지 또는 의무이행지 특별재판적, 어음 · 수표 지급지의 특별재판적, 사무소 · 영업소가 있는 곳의 특별재판적, 불법행위지 특별재판적에 따른다(법 제463조).

2. 신청방법

지급명령의 신청에는 그 성질에 어긋나지 아니하면 소에 관한 규정을 준용되므로(법 제464조), 신청취지와 신청원인이 기재된 신청서를 법원에 제출해야 한다. 현재는 전자소송홈페이지에서 전자적 방법으로 지급명령신청을 할 수 있다.

3. 신청의 각하

지급명령신청이 신청요건을 갖추지 못하거나 관할을 위반하거나 신청의 취지로 보아 청구에 정당한 이유가 없는 것이 명백한 때에는 그 신청을 각하하여야 한다(법 제465조).

Ⅳ. 지급명령의 발령

1. 지급명령의 발령과 송달

지급명령신청에 각하사유가 없다면 법원은 채권의 존재에 대한 심리를 진행하지 아니한 채 지급명령을 발하고, 당사자에게 송달해야 한다(법 제469조). 이러한 지급명령에는 당사자 · 법정대리인 · 청구의 취지와 원인을 적고, 채무자가 지급명령이 송달된 날부터 2주 이내에 이의신청을 할 수 있다는 것을 덧붙여 적어야 한다(법 제468조).

2. 채무자의 이의신청

채무자가 지급명령을 송달받은 날부터 2주 이내에 이의신청을 한 때에는 지급명령은 그 범위 안에서 효력을 잃는다(법 제470조 제1항). 이 기간은 불변기간이고(같은 조 제2항), 이의신청이 부적법하면 각하된다(법 제471조 제1항). 채무자가 지급명령에 대하여 적법한 이의신청을 한 경우에는 지급명령을 신청한 때에 이의신청된 청구목적의 값에 관하여 소가 제기된 것으로 본다(법 제472조 제2항). 따라서 지급명령 사건이 채무자의 이의신청으로 소송으로 이행되는 경우에 지급명령에 의한 시효중단의 효과는 소송으로 이행된 때가 아니라 지급명령을 신청한 때에 발생한다(대법원 2015. 2. 12. 선고 2014다228440 판결).

Ⅴ. 지급명령의 효력

1. 집 행 력

지급명령에 대하여 이의신청이 없거나, 이의신청을 취하하거나, 각하결정이 확정된 때에는 지급명령은 확정판결과 같은 효력이 있다(법 제474조). 이에 따라서 확정된 지급명령은 집행권원이 되는데, 집행문을 부여받을 필요 없이 지급명령 정본에 의하여 집행할 수 있다(민사집행법 제58조 제1항).

2. 소멸시효의 중단

(1) 지급명령 신청은 권리자가 권리의 존재를 주장하면서 재판상 그 실현을 요구하는 것이므로 본질적으로 소의 제기와 다르지 않으므로 민법 제170조 제1항에 규정하고 있는 '재판상의 청구'에 지급명령 신청도 포함된다(대법원 2011. 11. 10. 선고 2011다54686 판결).

(2) 민법 제170조의 재판상 청구에 지급명령 신청이 포함되는 것으로 보는 이상 특별한 사정이 없는 한, 지급명령신청이 각하된 경우라도 6개월 이내 다시 소를 제기하면 민법 제170조 제2항에 의하여 시효는 당초 지급명령 신청이 있었던 때에 중단되었다고 보아야 한다(앞의 판결).

3. 기판력의 부존재

가. 기판력의 부존재

민사집행법 제58조 제3항에서는 지급명령에 대하여 청구이의의 소를 제기할 수 있도록 규정하면서, 한편으로 청구이의의 이유를 변론이 종결된 뒤에 생긴 것으로 한정하고 있는 민사집행법 제44조 제2항의 적용을 배제하고 있다. 지급명령에 대한 청구이의의 소에서는 지급명령 발령 이후의 그 청구권의 소멸이나 청구권의 행사를 저지하는 사유뿐만 아니라 지급명령 발령 전에 생긴 청구권의 불성립이나 무효 등의 사유를 가지고도 그 집행력을 소멸시킬 수 있다(대법원 2009. 7. 9. 선고 2006다73966 판결). 이와 같이 지급명령 발령 전의 사유를 가지고 지급명령의 효력을 다툴 수 있다는 점에서 지급명령에는 집행력만 있을 뿐이지 기판력은 없다(앞의 판결).

나. 지급명령과 모순되는 청구

지급명령에는 기판력이 없으므로 피신청인은 지급명령에서 확정된 신청인의 채권이 부존재한다는 사실을 밝히기 위하여 채무부존재확인의 소를 제기할 수 있거나, 강제집행이 개시되면 청구이의의 소를 제기하거나, 만일 이미 집행되었다면 부당이득반환청구나 손해배상청구를 할 수 있다. 이러한 점에서 확정된 지급명령은 소액사건에서의 확정된 이행권고결정이나 집행수락의 의사가 기재된 공정증서와 동일하다.

4. 지급명령이 무효인 경우

사망자를 채무자로 하여 지급명령을 신청하거나 지급명령 신청 후 정본이 송달되기 전에 채무자가 사망한 경우에는 지급명령은 효력이 없다(대법원 2017. 5. 17. 선고 2016다274188 판결). 설령 지급명령이 상속인에게 송달되는 등으로 형식적으로 확정된 것 같은 외형이 생겼다고 하더라도 사망자를 상대로 한 지급명령이 상속인에 대하여 유효하게 된다고 할 수는 없다(앞의 판결). 그리고 회생절차폐지결정이 확정되어 효력이 발생하면 관리인의 권한은 소멸하므로, 관리인을 채무자로 한 지급명령의 발령 후 정본의 송달 전에 회생절차폐지결정이 확정된 경우에도 채무자가 사망한 경우와 마찬가지로 보아야 한다(앞의 판결).

제 9 편

민사소송절차와 강제집행

제 1 장 민사집행의 종류

제 1 절 강제집행과 임의경매

I. 강제집행

확정판결, 조정, 청구인낙 등과 같은 집행권원을 가지고 사법상의 청구권을 강제적으로 실현하는 것을 '강제집행'이라고 한다. 확정판결과 같이 기판력이 발생하는 경우뿐만 아니라 확정된 지급명령과 같이 기판력이 없이 집행력만 있는 경우에도 집행권원이 된다. 강제집행은 금전채권의 변제를 목적으로 하는 경우뿐만 아니라 비금전채권의 집행을 위해서도 사용된다는 점에서도 아래에서 보는 임의경매와 차이가 있다.

II. 임의경매(담보권 실행을 위한 경매)

저당권, 질권, 전세권 등 담보물권의 실행을 위한 경매를 '임의경매'라고 한다. 임의경매는 담보권의 존재만으로 경매개시의 원인이 되므로 강제경매와 같이 따로 집행권원이 필요 없다. 그리고 임의경매는 담보가 설정된 특정재산만을 대상으로 하므로 채무자의 다른 재산에 대하여도 경매를 하고자 한다면 집행권원을 취득하여 강제경매를 해야 한다.

제 2 절 강제집행의 종류

I. 금전채권의 집행

금전채권의 실행을 위한 강제집행은 채무자의 재산을 현금으로 만들어 이로부터 채무의 변제를 받는 데 목적이 있다. 채무자의 재산을 현금으로 만들기 위한 원칙적 방법이 채무자의 재산에 대한 강제경매인데, 다만 채무자의 재산이 금전채권의 경우에는 경매를 할 수 없으므로 전부명령 또는 추심명령을 통하여 강제집행을 한다. 강제경매의 경우에는 부동산(선박, 자동차, 항공기는 부동산의 예에 따라서 집행), 유체동산, 그밖의 재산권의 경매 등이 있다.

II. 비금전채권의 집행

금전채권의 변제를 목적으로 하지 않고, 부동산점유인도와 같은 작위·저작권침해금지와 같은 부작위·부동산등기절차이행과 같은 의사표시를 구하기 위한 강제집행절차를 '비금전집행'이라고 한다. 이에 관하여는 민사집행법 제257조 내지 제263조에서 규정하고 있다.

제 2 장 집행권원과 집행문

제 1 절 집행권원

I. 집행권원의 의의

'집행권원'은 사법상의 일정한 이행청구권의 존재와 범위를 표시함과 동시에 강제집행으로 그 청구권을 실현할 수 있는 집행력을 인정한 공정의 증서를 말한다. 집행권원에는 강제집행에 의하여 실현되어야 할 급부의 종류 · 내용 · 범위 등이 직접 · 구체적으로 표시되어야 한다. 집행권원의 기능은 집행절차를 집행권원 절차에서 분리하여 집행기관으로 하여금 급부의무의 존부 · 내용을 조사함이 없이 집행을 실시하도록 함에 있기 때문이다. 이를 '채무명의'라고도 한다.

II. 집행권원의 종류

집행권원의 종류에 대하여는 원칙적으로 민사집행법 제24조, 제56조에서 규정하고 있지만, 그밖에 가압류와 가처분과 같이 민사집행법의 다른 조문이나 공증인법 등 다른 법률에서도 규정하고 있다. 중요한 집행권원만 정리하면 다음과 같다.

(1) 확정된 종국판결, 가집행선고 있는 종국판결

(2) 외국 법원의 판결에 대한 집행판결, 중재판정에 대한 집행판결

(3) 소송상 화해조서, 제소전화해조서 및 기타 확정판결과 동일한 효력이 있는 것

(4) 확정된 지급명령, 확정된 화해권고결정

(5) 가압류 및 가처분명령

(6) 집행증서[1)]

---

1) 공증인법에 따르면 집행수락의 의사가 표시된 공정증서인 집행증서에 대하여도 집행력이 인정된다. 그러나 기판력은 없으므로 집행증서의 집행력을 다투기 위하여 청구이의의 소를 제기할 수 있다. 공정증서가 집행권원으로서 집행력을 가질 수 있도록 하는 집행인낙의 표시는 공증인에 대한 소송행위이므로, 무권대리인의 촉탁에 의하여 공정증서가 작성된 때에는 집행권원으로서의 효력이 없고, 이러한 공정증서에 기초하여 채권압류 및 전부명령이 발령되어 확정되었더라도 채권압류 및 전부명령은 무효인 집행권원에 기초한 것으로서 강제집행의 요건을 갖추지 못하여 실체법상 효력이 없다. 따라서 제3채무자는 채권자의 전부금 지급청구에 대하여 그러한 실체법상의 무효를 들어 항변할 수 있다(대법원 2016. 12. 29. 선고 2016다22837 판결).

제 2 절 집 행 문

I. 집행문(writ of execution)의 의의

집행권원에 집행력이 있다는 사실과 집행력이 미치는 주관적, 객관적 범위를 공증하기 위하여 집행문 부여기관이 집행권원의 정본의 끝에 덧붙여 적는 공증문언을 '집행문'이라고 한다. 즉, 집행권원만 가지고 강제집행을 신청할 수 없고, 집행문에 의하여 집행권원에 집행력이 있다는 사실이 확인되어야 한다. 집행문에는 "이 정본은 피고 아무개 또는 원고 아무개에 대한 강제집행을 실시하기 위하여 원고 아무개 또는 피고 아무개에게 준다."라고 적고 법원사무관등이 기명날인하여야 한다(민사집행법 제29조). 그러나 지급명령, 가압류명령 또는 가처분명령과 같이 재판 자체에서 집행력을 확인되는 경우에는 별도로 집행문을 필요로 하지 않는다.

II. 승계집행문

(1) 집행문은 판결에 표시된 채권자의 승계인을 위하여 내어 주거나 판결에 표시된 채무자의 승계인에 대한 집행을 위하여 내어 줄 수 있다. 다만, 그 승계가 법원에 명백한 사실이거나, 증명서로 승계를 증명한 때에 한한다(민사집행법 제31조 제1항). 만일 그 승계가 법원에 명백하지 않거나 증명서로 증명할 수 없다면 집행문부여의 소를 통하여 자유롭게 승계사실을 증명할 수 있다.

(2) 예를 들어 피고의 변론종결 후의 승계인에 대하여 판결의 효력이 미치지만, 판결문에는 그 승계인이 표시되지 않으므로 승계집행문을 부여받아야 비로소 강제집행이 가능하다. 그리고 이러한 승계사실은 채권자에게 증명책임이 있다(대법원 2015. 1. 29. 선고 2012다111630 판결).

(3) 또한 토지에 대한 점유이전금지가처분 이후에 매매 또는 임대차 등의 사유로 채무자로부터 점유를 이전받은 제3자에 대하여 가처분채권자가 그 점유를 배제하기 위해서는 승계집행문을 부여받아야 하며 가처분 자체의 효력만으로는 점유를 배제할 수 없다(대법원 1999. 3. 23. 선고 98다59118 판결).

(4) 만일 강제집행의 기초가 되는 채무가 판결에 표시된 채무자 이외의 자가 실질적으로 부담하여야 하는 채무라거나 채무가 발생하는 기초적인 권리관계가 판결에 표시된 채무자 이외의 자에게 승계되었다고 하더라도, 그 자가 판결에 표시된 채무자의 포괄승계인이거나 판결상의 채무 자체를 특정하여 승계하지 아니한 이상 승계집행문을 부여할

수는 없으며, 그 자에 대하여 새로이 채무의 이행을 소구해야 한다(앞의 판결).

(5) 예를 들어 어떤 부동산에 대하여 점유이전금지가처분이 집행된 이후에 제3자가 가처분채무자의 점유를 침탈하는 등의 방법으로 가처분채무자를 통하지 않고 부동산에 대한 점유를 취득한다면, 설령 점유를 취득할 당시에 점유이전금지가처분이 집행된 사실을 알고 있었다고 하더라도, 특별한 사정이 없는 한 민사집행법 제31조 제1항에서 정한 '채무자의 승계인'이라고 할 수는 없으므로 승계집행문을 부여받을 수 없다(앞의 판결).

(6) 마찬가지로 채무자의 채무를 소멸시켜 당사자인 채무자의 지위를 승계하는 이른바 면책적 채무인수에서 인수인은 위 조항에서 말하는 승계인에 해당한다고 볼 수 있지만, 중첩적 채무인수는 당사자의 채무는 그대로 존속하며 이와 별개의 채무를 부담하는 것에 불과하므로 판결에 표시된 채무자에 대한 판결의 기판력 및 집행력의 범위를 중첩적 채무인수인에게 확장하여 승계집행문을 부여할 수는 없다(대법원 2016. 5. 27. 선고 2015다21967 판결).

III. 집행문부여기관

판결 · 소송상화해 등 법원의 절차를 거친 집행권원의 경우에는 이러한 절차를 진행한 법원으로부터 집행문을 부여받아야 한다(민사집행법 제29조, 제30조). 집행증서의 경우에는 공증사무소에서 작성되므로 그러한 집행증서를 보관하고 있는 공증인으로부터 집행문을 부여받아야 한다(공증인법 제56조의2 제3항, 제56조의3 제4항).

IV. 집행문부여절차

집행문을 받기 위해서는 집행문부여신청을 해야 한다.

집 행 문 부 여 신 청

원 고 최 유 진

피 고 고 유 미

위 당사자 간 귀원 2012가합222 대여금청구사건에 관하여 2012.12.3. 선고된 원고 승소의 판결이 2012.12.17. 확정되었는바, 피고에 대한 강제집행을 하려고 하니 판결 정본에 집행문을 내어 주시기 바랍니다.

(집행문의 예시)

위 정본은 피고 고유미에 대한 강제집행을 실시하기 위하여 원고 최유진에게 내어 준다.

제 3 절 청구이의의 소

1. 의 의

채권자의 집행권원의 내용이 현재의 실체관계와 일치하지 않는 것을 주장하여 그 집행권원이 가지는 집행력의 배제를 구하는 소를 '청구이의의 소'라고 한다(민사집행법 제44조). 집행권원의 집행력을 배제하는 소송이므로 형성의 소에 해당한다. 이러한 청구이의의 소를 제기하였다고 하여 진행 중이던 강제집행이 자동적으로 정지되는 것은 아니고 당사자의 신청에 의하여 법원이 강제집행정지를 명해야 비로소 강제집행이 정지된다(민사집행법 제46조 제1항, 제2항).

2. 요 건

가. 변론종결 후에 발생된 사유

민사집행법 제44조 제2항에서는 변론종결 후의 변제, 면제, 소멸시효의 완성과 같이 변론종결(표준시) 후에 발생된 사유만을 청구이의의 소의 원인으로 규정하고 있다. 변론종결 전부터 있었던 사유는 차단효 또는 실권효에 의하여 이를 이유로 집행력을 배제할 수 없으므로 청구이의의 사유가 되지 못한다.

나. 불법집행

다만 변론종결 전 · 후의 사유에 관계없이 판결을 집행하는 것 자체가 불법한 경우에는 청구이의의 소가 허용된다(대법원 2006. 7. 6. 선고 2004다17436 판결).

i) 채권자가 확정판결의 변론종결 이전에 부진정연대채무자 중의 1인으로부터 금원을 수령하고 더 이상 손해배상을 청구하지 않는다고 합의하였다면 채권이 소멸한다. 그런데 채권자가 이러한 합의의 존재를 모르는 다른 부진정연대채무자에게 이미 소멸한 채권의 존재를 주장하여 확정판결을 받아서 강제집행을 개시하였다면, 이러한 강제집행을 용인함은 이미 변제, 소멸된 채권을 이중으로 지급받고자 하는 불법행위를 허용하는 결과가 된다 할 것이므로 청구이의의 소로써 집행력을 배제시킬 수 있다(대법원 1984. 7. 24. 선고 84다카572 판결).

ii) 금전지급청구의 소에서의 소송물은 금전지급청구권의 존부이므로 피고가 원고에 대하여 갖고 있는 반대채권은 심판의 범위에 포함되지 않는다. 따라서 채무자가 확정판결의 변론종결 전에 상대방에 대하여 상계적상이 있는 반대채권을 가지고 있었다고 하더라도 확정판결의 변론종결 후에도 상계의 의사표시를 할 수 있고, 만일 전소의 원고가 강제집행을 개시한다면 당사자가 확정판결의 변론종결 전에 자동채권의 존재를 알았는지 몰랐는지에 관계없이 적법한 청구이의의 사유가 된다(대법원 2005. 11. 10. 선고 2005다41443 판결).

다. 강제집행이 종료되기 전

이러한 청구이의의 소는 강제집행이 종료되기 전에만 가능하며 집행권원에 기한 강제집행이 일단 전체적으로 종료되어 채권자가 만족을 얻은 후에는 더 이상 청구이의의 소로써 그 강제집행의 불허를 구할 이익이 없다(대법원 2014. 5. 29. 선고 2013다82043 판결). 이때는 강제집행을 통하여 이익을 얻은 자에게 불법행위에 기한 손해배상청구나 부당이득반환청구 등에 의하여 구제를 받을 수 있을 뿐이다.

제 4 절 금전채권에 대한 강제집행

I. 압류가 금지되는 금전채권

공무원연금법 제32조의 급여청구권, 근로기준법 제86조의 재해보상청구권과 같이 법률상 양도가 금지되는 채권 또는 부양료청구권과 같이 성질상 양도가 금지되는 채권은 압류가 금지된다(민사집행법 제246조). 이러한 채권에 대하여 압류명령을 받았다고 하더라도 압류명령은 무효이고, 이러한 압류명령에 따라서 추심명령을 받더라도 채권자에게 추심권이 발생하지 않으므로 제3채무사는 압류채권자의 추심금지급청구에 대하여 지급을 거절할 수 있다(대법원 2008. 6. 12. 선고 2008다11702 판결).

한편 장래 발생할 채권이나 조건부 채권을 압류할 수 있지만, 다만 현재 그 권리의 특정이 가능하고 그 가까운 장래에 발생할 것임이 상당 정도 기대되어야 한다(대법원 1982. 10. 26. 선고 82다카508 판결).

덧붙여 자기의 금전채권을 보전하기 위하여 채무자의 금전채권을 대위행사 하는 대위채권자는 제3채무자로 하여금 직접 대위채권자 자신에게 그 지급의무를 이행하도록 청구할 수 있고 제3채무자로부터 그 변제를 수령할 수도 있으나, 이로 인하여 채무자의 제3채무자에 대한 피대위채권이 대위채권자에게 이전되거나 귀속되는 것이 아니므로, 대위채권자의 제3채무자에 대한 위와 같은 추심권능 내지 변제수령권능은 그 자체로서 독립적으로 처분하여 환가할 수 있는 것이 아니어서 압류할 수 없는 성질의 것이고, 따라서 이러한 추심권능 내지 변제수령권능에 대한 압류명령 등은 무효이다(대법원 2016. 8. 29. 선고 2015다236547 판결). 그리고 채권자대위소송에서 제3채무자로 하여금 직접 대위채권자에게 금전의 지급을 명하는 판결이 확정되었더라도 그 판결에 기초하여 금전을 지급받는 것 역시 대위채권자의 제3채무자에 대한 추심권능 내지 변제수령권능에 속하는 것이므로, 채권자대위소송에서 확정된 판결에 따라 대위채권자가 제3채무자로부터 지급받을 채권에 대한 압류명령 등도 무효라고 보아야 한다(앞의 판결).

II. 채권압류의 효력

1. 제3채무자의 지급금지

채권압류결정에는 "제3채무자는 채무자에게 채무를 이행하여서는 안 된다."와 같이 지급금지명령이 포함된다. 이러한 지급금지명령을 받은 제3채무자가 채무자에게 채무를 이행하더라도 압류채권자에게 변제의 효력을 주장할 수 없으므로 여전히 채권자는 제3채무자에게 강제집행을 할 수 있다. 만일 압류명령을 받은 제3채무자가 압류채무자에 대하여 반대채권을 가지고 있다면 압류의 효력발생 당시에 양채권이 상계적상에 있거나 반대채권이 압류당시 변제기에 달하지 아니한 경우에는 피압류채권인 수동채권의 변제기와 동시에 또는 그 보다 먼저 변제기에 도달하는 경우에 상계할 수 있다(대법원 1987. 7. 7. 선고 86다카2762 판결).

한편 소유권이전등기청구권에 대한 압류가 있으면 그 변제금지의 효력에 의하여 제3채무자는 채무자에게 임의로 이전등기를 이행하여서는 아니 되는 것이나, 그와 같은 압류는 채권에 대한 것이지 등기청구권의 목적물인 부동산에 대한 것이 아니다(대법원 2000. 2. 11. 선고 98다35327 판결). 따라서 소유권이전등기청구권의 압류는 청구권의 목적물인 부동산 자체의 처분을 금지하는 대물적 효력은 없어서 제3채무자나 채무자로부터 이전등기를 경료한 제3자에 대하여는 취득한 등기가 원인무효라고 주장하여 말소를 청구할 수 없다(앞의 판결). 결국 제3채무자가 압류결정을 무시하고 채무자에게 이전등기를 이행하고 채무자가 다시 제3자에게 이전등기를 경료하여 주었다면 이러한 제3자는 유효하게 소유권을 취득하고, 다만 압류채권자는 제3채무자에게 불법행위에 기한 손해배상청구를 할 수 있을 뿐이다(앞의 판결).

2. 채무자에 대한 처분금지의 효력

채권의 압류는 제3채무자에 대하여 채무자에게 지급 금지를 명하는 것이므로 채무자는 채권을 소멸 또는 감소시키는 등의 행위를 할 수 없고 그와 같은 행위로 채권자에게 대항할 수 없다(대법원 2015. 5. 14. 선고 2012다41359 판결). 그런데 이러한 채무자에 대한 처분금지의 효력은 절대적인 것이 아니고, 압류채권자에게 대항할 수 없는 상대적 효력을 가지는데 그친다. 예를 들어 채무자는 자신의 계약당사자의 지위를 제3자에게 양도하는 계약인수를 할 수 있지만, 이러한 계약인수의 효력을 압류채권자에게 주장할 수 없으므로 제3채무자는 계약인수에 의하여 그와 채무자 사이의 계약관계가 소멸하였음을 내세워 압류채권자에 대항할 수 없다(앞의 판결).

그리고 채무자는 압류 후에 피압류채권을 제3자에게 양도할 수 있지만, 이러한 채권양도의 효력은 압류채권자에게 미치지 않으므로 압류채권자는 여전히 양도된 채권에 대하여 강제집행을 할 수 있다(대법원 2015. 5. 14. 선고 2014다12072 판결). 다만 처분금지의 상대적 효력으로 인하여 위와 같은 채권양도는 채무자의 다른 채권자 등에 대한 관계에서는 유효하므로 채무자의 다른 채권자는 양도된 채권에 대하여 권리를 행사할 수 없다(앞의 판결).

3. 채무자의 권리행사

채권에 대한 압류가 있더라도 채무자로서는 제3채무자에 대하여 채무명의를 취득할 필요가 있고 또는 시효를 중단할 필요도 있는 경우도 있으므로 채무자는 제3채무자를 상대로 그 이행을 구하는 소송을 제기할 수 있고 법원은 채권이 압류되어 있음을 이유로 소를 각하하여서는 안 된다(대법원 2002. 4. 26. 선고 2001다59033 판결). 이와 같이 채무자는 제3채무자를 상대로 하여 이행의 소를 제기할 수 있지만, 채무자가 제3채무자에 대하여 확정판결을 받은 후에 제3채무자에 대하여 강제집행을 개시한다면 제3채무자는 압류의 효력을 주장하여 강제집행을 저지할 수 있다(앞의 판결).

그러나 소유권이전등기를 명하는 판결은 의사의 진술을 명하는 판결로서 이것이 확정되면 채무자는 일방적으로 이전등기를 신청할 수 있고 제3채무자는 이를 저지할 방법이 없으므로, 소유권이전등기청구권이 압류된 경우에는 변제금지의 효력이 미치고 있는 제3채무자로서는 일반채권이 압류된 경우와는 달리 채무자 또는 그 채무자를 대위한 자로부터 소유권이전등기청구소송이 제기되었다면 이에 응소하여 그 소유권이전등기청구권이 압류된 사실을 주장하고 자신이 송달받은 압류결정을 제출하는 방법으로 입증하여야 할 의무가 있다(대법원 2000. 2. 11. 선고 98다35327 판결).

만일 제3채무자가 고의 또는 과실로 위 소유권이전등기청구소송에 응소하지 아니한 결과 의제자백에 의한 판결이 선고·확정됨에 따라 채무자에게 소유권이전등기가 경료되고 다시 제3자에게 이전등기가 경료됨으로써 채권자가 손해를 입었다면, 이러한 경우는 제3채무자가 채무자에게 임의로 소유권이전등기를 경료하여 준 것과 마찬가지로 불법행위를 구성한다(앞의 판결).

4. 채권의 압류와 소멸시효

채권자가 채무자의 제3채무자에 대한 채권을 압류 또는 가압류한 경우에 채권자의 채무자에 대한 채권에 관하여 시효중단의 효력이 생기지만(민법 제168조 제2호), 채무자의 제3채무자에 대한 채권에 관하여는 확정적인 시효중단의 효력이 발생하지 않는다. 채권자가 채무자의 제3채무자에 대한 채권에 관하여 압류명령 또는 가압류명령을 받아 그 결정이 제3채무자에게 송달이 되었다면 소멸시효 중단사유인 최고로서의 효력이 인정된다(대법원 2003. 5. 13. 선고 2003다16238 판결). 따라서 채권자가 채무자의 제3채무자에 대한 금전채권에 대하여 압류 및 추심명령을 받아서 6개월 이내에 추심금청구의 소를 제기하였다면 압류의 효력이 발생한 때에 시효중단의 효력이 발생한다(앞의 판결).

5. 원인관계를 소멸시키는 행위

채권에 대한 압류는 채권의 발생원인인 법률관계에 대한 채무자의 처분까지도 구속하는 효력은 없다. 따라서 채무자와 제3채무자가 아무런 합리적 이유 없이 채권의 소멸만을 목적으로 계약관계를 합의해제 하는 등의 특별한 경우를 제외하고는, 제3채무자는 채권에 대한 압류가 있은 후라고 하더라도 채권의 발생원인인 법률관계를 합의해제하고 이를 가지고 압류채권자에 대항할 수 있다(대법원 2001. 6. 1. 선고 98다17930 판결).

III. 금전채권의 현금화

금전채권을 현금화하는 방법에는 추심명령과 전부명령이 있다.

1. 추심명령

가. 의 의

압류채권자가 채무자에 갈음하여 제3채무자에 대하여 채무의 이행을 청구하고 채권의 변제에 충당하는 제도를 '추심명령'이라고 한다. 추심명령에 의하여 압류채권자가 취득한 추심권은 독립된 재산권이 아니므로 이를 압류할 수 없고, 압류명령이 있다고 하더라도 무효이다(대법원 1988. 12. 13. 선고 88다카3465 판결). 추심명령은 제3채무자에게 송달된 때에 효력이 발생한다. 추심명령은 제3채무자에 대한 지급금지명령도 있으므로 제3채무자가 채무자에게 채무를 이행하더라도 이러한 이행을 가지고 추심채권자에게 대항할 수 없다(대법원 2011. 12. 13. 선고 2009다16766 판결).

(추심명령의 주문)

채무자의 제3채무자에 대한 별지 기재 채권을 압류한다.

채무자는 위 채권의 처분과 영수를 하여서는 아니 된다.

제3채무자는 채무자에 대하여 위 압류된 채권을 지급하여서는 아니 된다. 채권자는 위 압류한 채권을 추심할 수 있다.

나. 추심명령의 경합

추심명령은 추심채권자에게 추심권을 부여할 뿐이고, 추심채권자는 제3채무자로부터 변제받은 금원은 다른 채권자와 안분해야 하므로 같은 채권에 관하여 추심명령이 여러 번 발부되어 경합될 수 있고, 그 사이에는 순위의 우열이 없다(대법원 2001. 3. 27. 선고 2000다43819 판결). 이러한 점에서는 경합이 허용되는 압류와 동일하다.

다. 추심권능

(1) 범 위

추심명령을 받아 채권을 추심하는 채권자는 집행법원의 수권에 따라 일종의 추심기관으로서 압류나 배당에 참가한 모든 채권자를 위하여 제3채무자로부터 추심을 하는 것이므로 추심명령은 자신의 채권액에 관계없이 채무자의 제3채무자에 대한 채권전액에 미친다(민사집행법 제232조 제1항). 다만 법원은 채무자의 신청에 따라 압류채권자를 심문하여 압류액수를 그 채권자의 요구액수로 제한하고 채무자에게 그 초과된 액수의 처분과 영수를 허가할 수 있다(같은 항 단서). 이와 같이 추심권능이 제한되면 추심권자가 추심된 금액으로부터 우선변제를 받을 수 있다(민사집행법 제232조 제2항).

(2) 추심권능의 행사방법

채권자는 채권추심에 필요한 일체의 권리를 채무자를 갈음하여 재판상, 재판 외에서 행사할 수 있다.

(가) 해약권 등의 행사

정기예금, 보험계약과 같은 경우에는 이를 해지해야 비로소 청구권이 발생하므로 채권자는 추심권을 행사하기 위하여 채무자가 갖고 있는 해약권, 해제권 등을 행사할 수 있다. 그리고 이러한 보험계약의 해약권 등은 명시적으로 행사될 필요가 없고, 추심명령에 기하여 제3채무자를 상대로 추심금의 지급을 구하는 소장에는 추심권에 기초한 보험계약 해지의 의사가 담겨 있다고 할 것이므로, 그 소장 부본이 상대방인 보험자에 송달됨에 따라 보험계약 해지의 효과가 발생한다(대법원 2009. 6. 23. 선고 2007다26165 판결).

(나) 재판상 청구

민사집행법 제229조 제2항 및 제238조에서 따라서 채권에 대한 압류 및 추심명령이 있으면 추심채권자는 추심금청구의 소를 제기할 수 있는 원고적격을 취득한다. 그리고 제3채무자에 대한 이행의 소는 추심채권자만이 제기할 수 있고 채무자는 피압류채권에 대한 이행소송을 제기할 당사자적격을 상실한다(대법원 2010. 11. 25. 선고 2010다64877 판결). 그리고 채무자가 제3채무자를 상대로 제기한 이행의 소가 이미 법원에 계속되어 있는 상태에서 추심채권자가 제3채무자를 상대로 제기한 추심의 소를 제기하더라도 채무자의 전소는 원고적격의 부재로 각하될 운명에 있으므로 추심금청구의 소는 중복제소에 해당하지 않는다(대법원 2013. 12. 18. 선고 2013다202120 전원합의체 판결). 이러한 추심금청구의 소에서 피압류채권의 존재는 채권자가 증명하여야 한다(대법원 2015. 6. 11. 선고 2013다40476 판결).

(3) 추심권의 포기

금전채권에 대해 압류 · 추심명령이 이루어지면 채권자는 민사집행법 제229조 제2항에 따라 대위절차 없이 압류채권을 직접 추심할 수 있는 권능을 취득한다. 추심채권자는 추심권을 포기할 수 있으나(민사집행법 제240조 제1항), 그 경우 집행채권이나 피압류채권에는 아무런 영향이 없다. 따라서 추심권을 행사하는 이외의 방법으로 강제집행을 할 수 있다. 추심권을 포기하기 위해서는 법원에 서면으로 신고해야 한다(민사집행법 제240조 제2항).

(3) 제3채무자와의 관계

(가) 집행채권 부존재의 주장의 불허

추심금청구의 소에서 제3채무자는 자신이 집행채무자에 대하여 채무를 부담하지 않는다고 다툴 수 있지만, 추심채권자의 추심채무자에 대한 집행채권이 부존재한다거나 소멸했다고 이를 항변으로 주장하여 채무의 변제를 거절할 수 없다(대법원 1996. 9. 24. 선고 96다13781 판결). 만일 집행채권이 부존재하는 사유가 있다면 이러한 사유는 집행채무자가 청구이의의 소에서 주장해야 한다(앞의 판결).

(나) 추심 목적을 넘는 행위의 효력

추심채권자는 추심 목적을 넘는 행위, 예를 들어 피압류채권의 면제, 포기, 기한 유예, 채권양도 등의 행위는 할 수 없다(대법원 2020. 10. 29. 선고 2016다35390 판결). 따라서 추심금소송에서 추심채권자가 제3채무자와 '피압류채권 중 일부 금액을 지급하고 나머지 청구를 포기한다.'는 내용의 재판상 화해를 한 경우 '나머지 청구 포기 부분'은 추심채권자가 적법하게 포기할 수 있는 자신의 '추심권'에 관한 것으로서 제3채무자에게 더 이상 추심권을 행사하지 않고 소송을 종료하겠다는 의미로 보아야 한다. 이와 달리 추심채권자가 나머지 청구를 포기한다는 표현을 사용하였다고 하더라도 이를 애초에 자신에게 처분 권한이 없는 '피압류채권' 자체를 포기한 것으로 볼 수는 없다. 따라서 위와 같은 재판상 화해의 효력은 별도의 추심명령을 기초로 추심권을 행사하는 다른 채권자에게 미치지 않는다(앞의 판결).

(다) 제3채무자의 지체책임이 발생하는 때

추심명령은 압류채권자에게 채무자의 제3채무자에 대한 채권을 추심할 권능을 수여함에 그치고, 제3채무자로 하여금 압류채권자에게 압류된 채권액 상당을 지급할 것을 명하거나 그 지급 기한을 정하는 것은 아니다. 따라서 제3채무자가 압류채권자에게 압류된 채권액 상당에 관하여 지체책임을 지는 것은 집행법원으로부터 추심명령을 송달받은 때부터가 아니라 추심명령이 발령된 후 압류채권자로부터 추심금 청구를 받은 다음날부터이다(대법원 2012. 10. 25. 선고 2010다47117 판결).

라. 추심의 효과

채권자가 제3채무자로부터 채권을 추심하면 채무자의 제3채무자에 대한 피압류채권은 소멸하고, 제3채무자는 변제의 효과를 다른 압류채권자를 포함한 누구에게나 주장할 수 있다. 추심 후에 채권자는 집행법원에 추심신고를 해야 한다(민사집행법 제236조 제1항). 추심신고 때까지 일정한 채권자가 배당요구가 있으면 배당절차가 실시된다(민사집행법 제247조 제1항). 채권자는 배당받은 한도에서 변제받은 것으로 본다.

마. 제3채무자인 외국국가에 대한 추심명령과 추심금청구의 소

채권압류 및 추심명령은 집행법원이 일방적으로 제3채무자에게 채무자에 대한 채무의 지급금지를 명령하고 피압류채권의 추심권능을 집행채권자에게 부여하는 것으로서 이에 따라 제3채무자는 집행채무자에게 채무를 지급하더라도 집행채권자에게 대항할 수 없어 여전히 추심명령을 받은 집행채권자에게 채무를 지급하여야 할 의무를 부담하게 된다.

이와 같이 채권압류 및 추심명령은 제3채무자 소유의 재산에 대한 집행이 아니고 또한 제3채무자는 집행당사자가 아님에도, 채권압류 및 추심명령이 있으면 제3채무자는 지급금지명령, 추심명령 등 집행법원의 강제력 행사의 직접적인 상대방이 되어 이에 복종하게 된다. 이와 같은 점을 고려하면 제3채무자를 외국으로 하는 채권압류 및 추심명령에 대한 재판권 행사는 외국을 피고로 하는 판결절차에서의 재판권 행사보다 더욱 신중히 행사될 것이 요구된다. 더구나 채권압류 및 추심명령이 제3채무자에 대한 집행권원이 아니라 집행채권자의 채무자에 대한 집행권원만으로 일방적으로 발령되는 것인 점을 고려하면 더욱 그러하다.

따라서 피압류채권이 외국의 사법적 행위를 원인으로 하여 발생한 것이고 그 사법적 행위에 대하여 해당 국가를 피고로 하여 우리나라의 법원이 재판권을 행사할 수 있다고 하더라도, 피압류채권의 당사자가 아닌 집행채권자가 해당 국가를 제3채무자로 한 압류 및 추심명령을 신청하는 경우, 우리나라 법원은, 해당 국가가 국제협약, 중재합의, 서면계약, 법정에서 진술 등의 방법으로 그 사법적 행위로 부담하는 국가의 채무에 대하여 압류 기타 우리나라 법원에 의하여 명하여지는 강제집행의 대상이 될 수 있다는 점에 대하여 명시적으로 동의하였거나 또는 우리나라 내에 그 채무의 지급을 위한 재산을 따로 할당해 두는 등 우리나라 법원의 압류 등 강제조치에 대하여 재판권 면제 주장을 포기한 것으로 볼 수 있는 경우 등에 한하여 그 해당 국가를 제3채무자로 하는 채권압류 및 추심명령을 발령할 재판권을 가진다고 볼 것이다.

그리고 이와 같이 우리나라 법원이 외국을 제3채무자로 하는 추심명령에 대하여 재판권을 행사할 수 있는 경우에는 그 추심명령에 기하여 외국을 피고로 하는 추심금 소송에 대하여도 역시 재판권을 행사할 수 있다고 할 것이고, 반면 추심명령에 대한 재판권이 인정되지 않는 경우에는 추심금 소송에 대한 재판권 역시 인정되지 않는다고 봄이 상당하다(대법원 2011.12.13. 선고 2009다16766 판결).

2. 전부명령

가. 의 의

전부명령은 압류된 금전채권을 집행채권의 변제에 갈음하여 권면액으로 압류채권자에게 이전시키는 집행법원의 명령이다. 따라서 전부명령이 효력이 발생하면 채권자가 제3채무자에 대한 채권자의 지위를 취득한다. 통상 금전채권의 압류와 전부명령을 동시에 신청하지만 양자는 별개의 신청에 해당한다. 따라서 전부명령이 무효라고 하더라도 압류에 하자가 없다면 압류는 유효하게 될 수 있고 이에 따라서 소멸시효 중단의 효력이 발생할 수 있다.

나. 요 건

(1) 양도금지특약이 있는 경우

당사자 사이에 양도금지의 특약이 있는 채권이더라도 전부명령에 의하여 전부되는 데에는 지장이 없고, 양도금지의 특약이 있는 사실에 관하여 집행채권자가 선의인가 악의인가는 전부명령의 효력에 영향을 미치지 못한다. 압류금지특약으로 강제집행을 무력화시키는 것을 허용할 수 없기 때문이다. 그리고 이와 같이 양도금지특약부 채권에 대한 전부명령이 유효한 이상, 그 전부채권자로부터 다시 그 채권을 양수한 자가 그 특약의 존재를 알았거나 중대한 과실로 알지 못하였다고 하더라도 채무자는 위 특약을 근거로 삼아 채권양도의 무효를 주장할 수 없다(대법원 2003.12.11. 선고 2001다3771 판결).

(2) 압류 또는 가압류가 경합되는 경우

전부명령은 제3채무자에게 송달된 때에 채권양도의 효력이 발생한다(민사집행법 제229조 제4항, 제231조). 그런데 전부명령이 효력을 발생한 때에 이미 그 금전채권에 관하여 다른 채권자가 압류 · 가압류 또는 배당요구를 하였다면 이러한 채권자의 변제받을 기회를 보장해야 하므로 전부명령은 효력이 없다(민사집행법 제229조 제5항). 그러나 제3채무자가 선의 · 무과실로 그 전부채권자에게 전부금을 변제하였다면 이는 채권의 준점유자에 대한 변제로서 유효하므로 제3채무자의 채무자에 대한 채무는 소멸되고 제3채무자는 압류채권자에 대하여 2중 변제의 의무를 부담하지 아니하며 전부채권자에 대하여 전부명령의 무효를 주장하여 부당이득반환청구도 할 수 없다(대법원 1980. 9. 30. 선고 78다1292 판결).

그리고 동일한 채권에 대하여 두 개 이상의 채권압류 및 전부명령이 발령되어 제3채무자에게 동시에 송달된 경우 당해 전부명령이 채권압류가 경합된 상태에서 발령된 것으로서 무효인지의 여부는 그 각 채권압류명령의 압류액을 합한 금액이 피압류채권액을 초과하는지를 기준으로 판단하여야 하므로 전자가 후자를 초과하는 경우에는 당해 전부명령은 모두 채권의 압류가 경합된 상태에서 발령된 것으로서 무효가 된다(대법원 2002.7.26. 선고 2001다68839 판결). 만일 전부명령이 무효라고 하더라도 압류는 유효하므로 채권은 압류경합 상태에 있고 시효중단의 효력이 발생한다.

(3) 채권자대위청구소송 후 채무자의 다른 채권자가 받은 전부명령

채권자대위소송이 제기되고 대위채권자가 채무자에게 대위권 행사사실을 통지하거나 채무자가 이를 알게 되면 민법 제405조 제2항에 따라 채무자는 피대위채권을 양도하거나 포기하는 등 채권자의 대위권 행사를 방해하는 처분행위를 할 수 없게 되고 이러한 효력은 제3채무자에게도 그대로 미친다.

그럼에도 그 이후 대위채권자와 평등한 지위를 가지는 채무자의 다른 채권자가 피대위채권에 대하여 전부명령을 받는 것도 가능하다고 하면, 채권자대위소송의 제기가 채권자의 적법한 권리행사방법 중 하나이고 채무자에게 속한채권을 추심한다는 점에서 추심소송과 공통점도 있음에도 그것이 무익한 절차에 불과하게 될 뿐만 아니라, 대위채권자가 압류 · 가압류나 배당요구의 방법을 통하여 채권배당절차에 참여할 기회조차 가지지 못하게 한 채 전부명령을 받은 채권자가 대위채권자를 배제하고 전속적인 만족을 얻는 결과가 되어, 채권자대위권의 실질적 효과를 확보하고자 하는 민법 제405조 제2항의 취지에 반하게 된다.

따라서 채권자대위소송이 제기되고 대위채권자가 채무자에게 대위권 행사사실을 통지하거나 채무자가 이를 알게 된 이후에는 민사집행법 제229조 제5항이 유추적용되어 피대위채권에 대한 전부명령은, 우선권 있는 채권에 기초한 것이라는 등의 특별한 사정이 없는 한, 무효라고 보는 것이 타당하다(대법원 2016. 8. 29. 선고 2015다236547 판결).

(4) 피압류채권의 부존재

전부명령이 제3채무자에게 송달된 때에 피압류채권이 존재하지 아니하면 이전될 채권이 존재하지 않으므로 전부명령은 무효이다(민사집행법 제231조 단서). 예를 들어 채권양도의 확정일자 있는 통지가 제3채무자에게 도달된 후에 전부명령이 제3채무자에게 송달되었다면 앞서 이루어진 채권양도가 무효이거나 취소되지 않는다면 이전될 채권이 존재하지 않으므로 전부명령은 효력이 없다(대법원 1997. 6. 27. 선고 95다40977, 40984 판결).

그리고 장래의 채권에 대한 전부명령이 확정된 후에 그 피압류채권의 전부 또는 일부가 존재하지 아니한 것으로 밝혀졌다면 그 부분에 대한 전부명령의 실체적 효력은 소급하여 실효된다(대법원 2001. 9. 25. 선고 99다15177 판결).

한편 채무명의에 표시된 채무자의 상속인이 상속을 포기하였는데, 채권자가 그 상속인에 대하여 승계집행문을 부여받아 그 상속인의 채권에 대하여 전부명령을 신청하여 집행법원으로부터 전부명령을 받더라도 효력이 없다(대법원 2002. 11. 13. 선고 2002다41602 판결).

(5) 무권대리인에 의하여 작성된 공정증서에 의한 전부명령

공정증서가 집행권원으로서 집행력을 가질 수 있도록 하는 집행인낙의 표시는 공증인에 대한 소송행위이므로, 무권대리인의 촉탁에 의하여 공정증서가 작성된 때에는 집행권원으로서의 효력이 없고, 이러한 공정증서에 기초하여 채권압류 및 전부명령이 발령되어 확정되었더라도 채권압류 및 전부명령은 무효인 집행권원에 기초한 것으로서 강제집행의 요건을 갖추지 못하여 실체법상 효력이 없다. 따라서 제3채무자는 채권자의 전부금지급청구에 대하여 그러한 실체법상의 무효를 들어 항변할 수 있다(대법원 2016. 12. 29. 선고 2016다22837 판결).

다. 효 과

(1) 소 급 효

전부명령에 대하여 즉시항고가 가능하므로 1주의 즉시항고기간이 지난 때에 전부명령이 확정된다(민사집행법 제229조 제7항). 그러나 전부명령의 효력은 제3채무자에게 송달된 때에 발생하므로 전부명령이 확정되면 전부명령은 제3채무자에게 송달된 때에 소급하여 효력이 발생한다(민사집행법 제231조).

(2) 채권양도와 변제의 효력

전부명령이 있는 때에는 압류된 채권은 지급에 갈음하여 압류채권자에게 이전된다(민사집행법 제229조 제3항). 그리고 전부명령이 확정되면 전부된 채권의 권면액의 한도에서 변제된 것으로 본다(민사집행법 제231조). 따라서 전부명령의 효력이 발생하였지만 제3채무자의 무자력 등의 이유로 채권자가 금원을 수취하지 못하더라도 변제의 효력에는 변함이 없다.

이러한 점에서 제3채무자에 대하여 추심권만을 취득하고, 추심된 금원으로부터 실제로 변제를 받아야 비로소 변제의 효력이 발생하는 추심명령과 차이가 있다.

(3) 제3채무자에 대한 효력

전부명령에 의하여 피전부채권은 동일성을 유지한 채로 집행채무자로부터 집행채권자에게 이전되므로 제3채무자는 채권압류 전에 피전부채권자에 대하여 가지고 있었던 항변사유로서 전부채권자에게 대항할 수 있다(대법원 1984. 8. 14. 선고 84다카545 판결).

[채권의 준점유자에 대한 변제]

채무자(을)가 제3채무자(병)에 대하여 가지고 있던 채권에 관하여 제3자(정) 앞으로 대항력 있는 채권양도가 이루어진 후 을이 정의 승낙 없이 임의로 병에게 채권양도철회의 통지를 한 상태에서 을에 대한 채권자(갑)가 위 채권에 대하여 채권압류 및 전부명령을 받고 이어 갑이 제기한 전부금소송에서 병이 패소판결을 받고 갑에게 그 금원을 지급한 경우, 법률전문가가 아닌 병으로서는 을의 채권양도철회통지로 인하여 채권양도가 없었던 것과 같이 되었다고 믿을 수밖에 없었고, 더욱이 갑이 제기한 전부금청구의 소에서 전부명령의 효력을 적극 다투었다가 패소판결을 선고받았다면, 병이 갑이 유효하게 임대보증금반환채권을 전부받은 채권자인 것으로 오인한 데 대하여 과실이 있다고 볼 수 없고, 따라서 병의 갑에 대한 변제는 유효하다(대법원 1997. 3. 11. 선고 96다44747 판결)

판례색인

대 법 원

지방법원

사항색인

이 헌 묵

고려대학교 법학과 졸업
사법연수원 수료
변호사(국제해상, 항공, 무역, 금융, 저작권 등 수행)
영국 에딘버러 대학교(University of Edinburgh) 대학원 수료
영국 에딘버러 대학교 방문교수
사법시험 및 변호사시험 출제위원
(현재) 경북대학교 법학전문대학원 민사소송법 교수

(논문)
"국제재판관할의 결정에서 피고의 예측가능성의 기능"
"국제재판관할의 결정에 있어서 몇 가지 문제점"
"법정지법의 적용에 있어서 절차와 실체의 구분"
"영국법상 상계제도와 영국법이 적용되는 채권의 상계와 관련한 국내법상의 문제"
"일괄정산네팅(close-out netting)규정의 운용을 위한 UNIDROIT 원칙의 소개"
"국제물품매매협약(CISG)의 본질적 계약위반과 신용장 개설의무위반"
"국제적 강행규정의 판단기준"
"국제거래에서 판매점계약(Distribution Agreement)의 판매자의 보상청구권에 관한 비교법적 고찰"
"화환신용장의 중간은행의 법률관계와 독립적 은행보증의 제2의 은행의 법률관계에 대한 준거법"
"선하증권 이면약관의 준거법조항에 관련한 몇 가지 문제점에 대한 논의"
"인터넷 하이퍼링크에 의한 전시와 명예훼손"
"도메인이름 이전등록에 따른 부당이득의 준거법과 국제사법 제31조의 개정의 필요성" 외 다수

제 4 판 **민사소송법**

2015년 8월 30일 초 판 발행
2016년 8월 20일 제2판 발행
2020년 2월 20일 제3판 발행
2022년 8월 25일 제4판 발행

저 자 이 헌 묵
발행인 임 권 규
발행처 弘 文 社

저자와 협의 하에 인지를 생략함

05855 서울시 송파구 송파대로 167 테라타워 B동 802호
등록 1993. 6. 24 제 1－1543 호
TEL : (02) 712－5311(代) FAX : (02) 716－5311
http://www.hongmoonsa.co.kr

값 41,000원

ISBN 978-89-7770-730-6 93360